U0045023

浮生微言錄

從公聞政，所思所念

浮生起落百十年，匆匆而過
微言縱橫萬千意，悠悠在心

朱承武／著

作者的話（代序）

筆者生為中華民國的國民，童稚之年即因日寇侵略戰火，與「清算鬥爭」的禍亂，而家破人亡，漂泊天涯！有幸承蒙國府收容到流亡學校，輾轉來台，得以倖生，且培育成人，經歷軍公教職，皆戮力克盡為人之本分。1978 年再出國進修，「流」美以迄於今，已是中華民國一介化外之民。但對我成長的故土——台灣台北，想望不已；對育我培我的親長故知，感念無已。

個人自幼失學逃亡，從未順利地受過完整的學校教育。但在既往八、九十年顛沛流連之際，一生都在爭取讀書求學的機會，一生都是與筆墨為伍。而且，或投身軍旅，或服行公職，或因教學之需，或是遠去家邦，每見時政情勢不利，莫不挑燈夜戰，敲敲打打，斷斷續續，撰擬成不少的研究報告，抒陳了不少「也哀，也善」的文稿，時或發表在台美兩地的報刊，以之訴諸於公知當局與草根庶民的共鳴。

而今，已是八十有九的老朽了！有好多日子，常想要將這些文稿彙集成冊，以茲能為一己，胸懷故鄉，心繫親長的所思所念，俾能留個些許見證的文字紀錄。但如何將如許文稿，編輯成書，正如先賢所說，「文如其人，其人如文」，乃按筆者個人「身分」之不同，而將全部文稿，區分為四個時期的篇章：一、「兵哥習作」；二、「從公聞政」；三、1978 年後，再出國進修，對故鄉與親長「所思所念」，以及在美作寓公的四、「浮生隨筆」時期。

其一，「兵哥習作」時期

筆者來台即投身軍旅，僅數月之後，被保送鳳山陸訓部軍士隊受訓，繼之又被甄選考入由孫立人將軍主持的第四軍官訓練班，不久，以之改為陸軍官校（數年之後，總統頒給我「陸軍官校第廿四期畢業證書」），結業後，被分發至台北某野戰步兵師，想補習英數報考大專院校，被禁止。乃報考高普考的檢定考試，尚未及格，於民國四十二年即隨部隊調防至金門，次四十三年九月三日上午，我隨部隊去湖南高地集合聽訓，中共炮轟金門（史稱「九三炮戰」），從對岸的大、小嶝打來的第一群炮彈，就落在我的身旁，幾乎為國成仁！但在戰地，竟然讀了不少的書刊。

民四十四年請假回台參加高普考試，拿到「全國性公務人員普通考試及格證書」！為之高興不已呢。（關於參加高普考試和遭遇「九三炮戰」兩件事，我曾分別撰寫了兩份小品文〈憶金門「九三炮戰」及其餘事〉與〈追思周孝友將軍立己立人的二三事——兼談國府依據憲法舉辦高普考試的德政〉，發表於世界日報與中央網路報，且皆收入本書之中。）兩年後，調防回台，竟然於民四十七年，又很幸運地，拿到「全國性公務人員高等考試及格證書」。當我在中央日報上，看到我花了整整七年的青春年華，分秒必爭地苦讀方能及格的名單，竟然抽抽噎噎地哭了一個多小時！

民四十九年，我由野戰部隊徵調到後勤軍管區，駐防基隆，那時，個人無錢無財，無房無產，可是意氣風發，志氣可比天高。這也是我習作最為「勤快」的時期。其因是，高考已及格了，沒有為應考而讀書的壓力與限制，每晚只是去台北補修英文，所以譯作就多了些；再為似乎有個憧憬中的淑女，而作好逑之舉，風花雪月的詩歌情話也就隨興而發了；更為我去復興崗進修，而寫了〈革命軍人奮鬥的目標〉、〈革命軍人精神修養的精義〉、〈略論「信，望，愛」

三達德〉、〈論政治學是否科學〉，以及談說〈文學與道德〉等等的文稿。繼之考進了軍官外語學校，再去美國陸軍聯絡學校接收軍援訓練，回國後調國防部任職參謀。在「軍職外調」前，受頒了「忠勤勛章」。這些，都成為我服役軍旅，最為懷念的生活情境。

其二，「從公聞政」時期

民國五十四年，我從國防部「軍職外調」到行政院當公務員，兼學做「教書匠」。民國六十年十月留英訪美返國，仍服務於行政院。民國六十六年任職於中央日報，至六十七年再出國進修。此期間，除了為教學研究而出版三部管理學著作之外，個人寫作概為公務之需，要為首長備為施政決策之參考，而撰寫輿論分析和問題研究約數十萬言，分裝成四冊，保存至今。

在行政院服務時期，因首長更易，個人工作隨之有所調整。所擬撰文稿的內容與性質，也就有先後之不同。先前的首長（靜波公），其一切政策措施，講詞文告，概以實現「建設台灣，光復大陸」的基本國策為主旨。首長先生博學多聞，對國家政務的了解鉅細無遺，有「百科全書」之美譽。其在財經建設的成就與貢獻，更是中華民國從風雨飄搖，危急存亡之期，能排難紓困，將復興基地台灣建設成為民生樂利、安定繁榮的社會，是無出其右的「功臣」。個人來美後，曾撰文尊譽先生為「萬世仕表」，發表於中央日報網路報（已收入本書之中），以申崇敬仰止之忱於萬一。那時，個人為首長先生服務，所從事的工作，除了每天上午十時前，必須在各大報刊上，將有關國內外大事、政院與首長的新聞和輿論等，彙整呈閱而外，僅屬擬文稿、作紀錄、整理錄音講詞。迄今所保存的文稿複份計有十六、七本之多，其中所承辦的文稿皆非個人的「創作」。所以，毋論個人出文集或選輯，對於所擬撰、所整理的的文稿，自不可有一文一句，所能考慮採為己用的。

後任首長（小蔣先生）於民國六十一年六月一日就職。那時我國退出聯合國尚未及年，國內外情勢「動盪」，處在所謂「臨危受命」之時，因而銳意行政革新，建立大有為的政府，來創建「均富安和」的福利社會，以三民主義來統一中國為標的。記得那時行政院每有重大決策或行政措施；或是國際方面，發生對我國有負面情勢的衝擊，例如日本田中內閣欲乘「順風車」與中共建交、美元貶值，世界性經貿處於「停滯的膨脹」，以及石油風暴之類的不幸情事，工商各界、新聞媒體咸皆竭誠反映，建議盈庭。個人乃主動決定首要主題、整合資訊、分析研究、撰成報告，備為參考，陸陸續續寫了數十萬言。這些文稿，皆是以國家為主體，秉持「憲法一中」的基本國策，就內政外交、財政金融、經濟開發、教育文化以及社會建設等等，來發現問題，解決問題，以實現國家目的為要旨。

說來，去時已四十多年，這類資訊已屬「時過境遷」，成為「明日黃花」？其實不然。由於這些研究的問題，都是真實史料，對曾經生活在那個時代的人們讀來，自會追憶起不少感到親切的往事，重溫起酸甜苦辣五味俱陳的「往日舊夢」；對於行政管理學家與研究經濟開發學者們，讀到這些管理實務，必有莫大的興趣，認之為是極具研究價值；對於很有史識的歷史學家與公知們，從這些真實史料發展的經過，必然能「見微知著」地領悟到，當年中華民國退出聯合國以後，是如何度過重重難關，且能創造舉世稱許的經濟「奇蹟」，成為亞洲四小龍之首的。

其三，「所思所念」時期

當 1971 年我留英訪美之際，對中華民國發生猶如「地動山搖」的突變事故，諸如「乒乓外交」，季辛吉偷赴大陸「拉肚」，尼克森「朝毛」，美國為了一已國家利益，採行「聯共制俄」策略，而「助共入聯」，皆曾與聞。繼之十年後，美國為了與中共關係正常化，而應允中共要求，與中華民國斷交、毀約、撤軍。從此，中華民國內有台獨鼠輩叫囂「外來政權」的叛亂顛覆；外有中共以「一個中國」原則的威脅逼降：中華民國政府被困於台灣，國運日趨衰敗。終至當年在大陸，槍桿子敗給中共，失去政權以後，播遷到台灣，現在輸了選票，憲政傳承的法統大位，又淪失於主張台獨的黨派分子。思之，念之，是多麼令人惋惜，多麼令人痛心!?

個人從 1978 年再出國進修，來美以迄於今，在既往這四十多年來，我這化外小民只能就情勢的發展與所面臨的「問題」，為懷念故土故人，祈求天佑中華，而抒抒說說一已情懷與建言，在業餘時間，斷斷續續寫了六、七十篇文稿，且大多數皆發表於美台兩地的報刊或網路雜誌。但由於來美前後，身分與所處環境與所識見的問題皆有所不同，這前後兩個時期所寫的文稿，其內容與性質，也就不盡相同。以往「從公聞政」所寫的文稿，是「從國內看世界」，其所發生與解決的問題，都屬內部的。而今所寫的文稿，是「從世界看國內」，所論述的內容，多屬外在的因素。也由於對中華民國與台灣主權盛衰走勢的探討，而論及「九二共識」，有關「一個中國」問題，著墨較多。這些論述的主題，是皆為海峽兩岸草根全民所關心者，也確有必要，讓國際友人，對中華民國當下處境，有所瞭解者。是故，將本篇「所思所念」全部文稿，擇其有關論述或可參證者，皆依撰稿或刊載的時序，分別列入「所思」與「所念」兩章。企望有關當局與公知讀者們，能有個全盤的認知，俾便於檢閱研究。設如對文中「一得之見」的建言有所研議採行，是乃所願，更是莫大企盼之事也。

其四，「浮生隨筆」時期

本篇全部文稿，都是在美，寓居紐約時期，為懷念故土故人，或是見聞及「不平」「不公」情事，或是為讀書、旅遊而學藝作文，或是對漂泊生活，有所思，有所感，有所得，而應時的隨筆。這可算是我「從公聞政」與「所思所感」的「外一章」。今天，閱讀這些小品文，可領悟到生活情境，人生際遇，竟是「多樣性」的與「偶然性」的，對於浪跡天涯八、九十歲的老朽而言，大有不可想像的意外之感！這也是個人將之列為本集一篇的要因。

上述這四個時期，並非個人一生中所撰擬的全部文稿，但在篇二、篇三兩篇中的文選，足可代表個人，對服務公職，關懷國是的研究報告與論述建言。其所以將之增添「兵哥習作」與「浮生隨筆」兩篇，編輯成書，固然是以之用作個人「回憶，自述」的文字紀錄，更是為中華民國又處於「風雨飄搖，危急存亡」之秋！鑒於「從公聞政」諸文中的主題是，創建民生主義的均富安和福利社會，這豈不是當下中華民國要「拚經濟」，最好的模式或榜樣？在「所思所念」篇章的論述主題是，從是否承認「九二共識」，而爭論如何落實「憲法一中」基本國策，來確保中華民國民主憲政永續發展。這豈不是「論政治」最好的命題或原則？更何況今日台海兩岸三地的政經與管理諸方面，所面臨的問題，又莫不處於類此情境者。所謂「以古為鑑，可知興替」，不論個人所言是否中的，建議是否可行，謹抱赤誠之心，獻曝之忱，將之編成文集，在台發行，分贈親長故知，公知學人。懇切希望悲天憫人，心存「為生民立命，為萬世開太平」，而為國家開發經濟，為民族謀求福祉的有關當局與研究機構，用為「借鏡」，而能有所舉措也。然唯筆者職卑人微，學殖尤屬有限，所論或有不明不確之處，尚望先進學人，見諒賜教，則幸甚矣。

朱承武（繩祖 止戈）
2019 年 9 月 3 日謹撰於紐約市寓所

目　錄

第一篇　兵哥習作

當自強：戰火餘生，求學上進，乃成長的歷程

如何把握我們奮鬥的目標和方向

前些日子，國防部總政治部結合國內學者，組成三民主義學術講演小組，分區巡迴各部隊講演，為我們帶來豐富的精神食糧。個人幸蒙潤澤，並願就其體要，略抒所感。

我們固知反共抗俄戰爭，關係著我國家民族的存亡絕續，也影響著世界人類的安危禍福，這是正義對邪惡的一戰，公理對強暴的一戰，正義必然勝利，邪惡必然敗亡，我們毋用懷疑，但這仍有待我們一致的行動。

把握思潮主流：

在西洋文明史上有兩個重要元素是所謂「兩希」；一是希臘，一是希伯來。前者受優美的自然環境所影響而走自然主義，故偏重個性，是所謂「自由之母」。後者為苦難的厄運所激發而走普世主義，故偏重群性，是所謂「平等之母」。他們的思想都沒因襲，沒竊取，皆在正視現實為求生存、求理想生活，求「止於至善」而努力創造。

然而不幸的是這兩種思潮各走極端，固已失之於偏激寡情，不能概全兼愛，再為自私者予以曲解，野心者加以變質，而相互激盪，已為近數世紀人類社會先後帶來無窮的災害。法國的「恐怖時代」、西歐的「社會兩極化」，與蘇俄「大斯拉夫主義」殘害附庸國的極權恐怖政治皆由其因。而今日人類面臨毀滅戰的邊緣，仍是由此。先知先覺者無不因之痛心疾首思索補救，至我　國父融通了中外思想，考證於古今得失，而創造了偉大的三民主義，用於中華民族、世界人類解決根本的問題。我們把握了思潮主流——為實現三民主義而戰，是何其榮幸。

維護悠久文化：

三民主義啟示了我們，世界大同的基礎在於民族先能求得解放，使國際地位得以平等；自由民主的精義是要確認革命民權，求團體的自由，講立足點的平等；民生經濟的繁榮是必須重視「社會價值」與共同的利益，將生產、分配兩大問題同時解決。三者（民族、民權、民生）的追求不可分割，但卻有先後緩急之分。

這一偉大思想的源流，是出於我國傳統的「仁」、「義」二德目。它是由親及疏，由近而遠，以次遞推，勻稱而有條理，所謂「群倫攸敘」，所謂「維齊非齊」的中道思想。它是兼具了保群（仁）與自保（義）的兩種德性，不偏不易，悠久至大。我們祖先就憑這一思想而維繫了獨有的、偉大的五千餘年悠久文化。我們可以斷言，解決人類的紛爭災害亦唯有此途是循。今日中華民族子孫既為維護悠久文化而反共抗俄，就不能忘本絕源地學了「胡語」來罵漢兒，更何能豺狼待側之時而鬩攘於室，為中共幫兇。

國家先於個人：

個人為國家組成的要素之一，當然不能離開人民而講國家，但個人是絕不能離開國家而存在。無國家，人權無由保障，生命無可附著，申言之，有國家始有個人。

因國家之目的是在啟發這個集體中的各個分子的利群能力，個人在大社會中立定腳跟，邁步前進，發揮能力，開掘儲力，是所謂「人盡其才」。個人為效力貢獻於文化之大流而在歷史上佔有一地位，得以永垂不朽。中外史乘上若干立德、立功、立言之偉人，無一不是以國家為服務中心而光輝一己生命的。反之，覆巢之下一無完卵，亡國奴的生活價值，我們皆已熟聞，猶太人未復國前的遭受排擠、迫害即其一例。再以第二次大戰初期的蘇俄為例，如沒有「保衛工人祖國而戰」的呼號，發起紅場誓師，用何抵抗希特勒的大軍，拯救危亡？

今日世界人類，仍無一獨立於國家之外。有認國家與政府為罪惡的共產主義者，仍在組政府，要「專政」。個人主義者為何不正視及此？又為何不去共產地區社講「自由」、談「民主」、爭「平等」？

鞏固革命領導中心：

任何一個社會文明的進步，國家民族的復興，都是有先知先覺者創造發明，成為領導中心，啟發後知後覺者努力模仿，鼓勵不知不覺者合作循進而然。我中華民族所以能維繫了五千餘年的悠久文明，皆因代出賢能，秉承正統思想，表現民族正氣，在危難中振臂而起，內誅漢奸，外逐敵寇；至於個人能否擴大生活境界，提高一己人格，概取決於他對中心負責的程度。所謂「高山仰止，景行行之」，在現代心理學上是謂感應作用。質言之，個人成功，在於受有完美人格的影響與前導為充足條件。我偉大領袖一身繫國家民族及世界人類的安危禍福，其豐功偉業與崇高人格更已深入人心。以往中共對領袖極盡詆毀之能事，致使民心士氣惶惶若失，使國民革命迭遭頓挫。今日思之，猶有餘痛，由此我們應深切體悉，要得復國建國，欲求無忝所生，必須鞏固革命領導中心，絕對效忠領袖。認定有悔蔑領袖者為我民族公敵，為時代渣滓，應奪其一切革命的權利。

追求無限生活：

革命是在打破一切不合理的事物，而創造美滿的生活。故在奮鬥過程中，自不能以理想的境界來衡量當前的現象，否則為何要來談革命、求進步？

今日，我們所處的革命環境確屬相當艱辛，革命前途上也滿佈著荊棘和毒蛇猛獸，個人面對此一責無旁貸的義務——復國建國——可謂任重道遠，責任無限，故凡「仁」者必忠勤體國，「智」者必堅貞不渝，「勇」者能犧牲奮鬥。唯有民族的敗類——自私自利的個人主義者，始無的放矢，出賣人格，寡廉鮮恥，破壞革命。

我革命軍人忠勤衛國，堅苦自勵，作狂瀾中砥柱，為國家之至寶，在勝利前夕，更須堅定五大信心，嚴防思想走私，以保持革命的純潔本質；努力良知良能，注重精神力量，來追求個人的無限生活。我們深信三民主義一定能實行於中國，弘揚於世界。

（《前鋒報》1958.06.20）

從倫理道德看──中共「人民公社」必敗

人皆有父母，誰不愛妻兒？人類社會因有親倫之教養和慈愛，而使生活得近美滿，文明因而進步。

我中華民族之所以能繁衍綿延五千餘年，其歷史文化之所以博厚燦耀，皆賴有優良之文化道德，及以「家」為社會組織基礎，以「家」為人群結合單位。其思想是謂「彝倫攸敘」、「維齊非齊」之中道思想，其生活是為「親親而仁民，仁民而愛物」之合理生活。溫馨篤實，和諧敦厚，為一最至當之倫理道德。

而今，中共在大陸上大力推行「人民公社」，其在政治上是屬冒險行為，在經濟上是為竭澤動機，已注定其必敗，姑置不論外，而它之以澈底摧毀家庭組織，狂妄泯沒人倫情愛，企圖改變原有之社會組織，造成史無前例之大集中營，以便其奴役，而為其主子蘇俄執行命令，更是自掘墳墓，加速潰亡，乃屬無疑。

蓋中共推行「人民公社」，在主觀方面，無正確之理論為根據，在客觀方面，無有建立其所謂「共產主義社會」之經濟條件。因朱毛落後之物質生產基礎，而企圖趕先建立共產主義社會，自是一幻想，其真正意圖，只為掩飾農業合作化之失敗，及挽救內部之危機而「冒進」，而「苦戰」，使人民在所謂「生活集體化」、「組織軍事化」、「行動戰鬥化」三口號下，以控制人民口糧至供中共鞭策；其無自由幸福，無理想事業，無天倫樂趣，無愛情生活，苟安求全亦已不可能，何能控制人民之「玉碎」決心？何能鎮壓人民之「偕亡」行動？以往歷史事實，而今大陸群起抗暴，均為確證。

以此，我們可見中共欲以「人民公社」摧毀我根深蒂固之倫理道德之理想生活，是為不可能，且亦無從逃避我民族大義民族精神之嚴厲制裁，是所謂玩火焚身必矣。願我們努力培植人倫情愛，發揮道德力量，早日消滅中共之「人民公社」拯救同胞，建立合理而幸福之生活方式。

（《前鋒報》1959.03.22）

來富

「來富」是一隻非常壯美的大雄狗，是我兒時最好的友伴，牠雖然早已死了，但牠卻永遠活在我的心頭。

說起兒時，甚而現在仍是，我對於家生動物如小貓啦！小兔啦！小雞、小鴿及小鵝、小鴨……等等，一直都非常的喜愛，並且把牠們當作自己的弟友一樣的看待，親自撫飼，雖然用不著我來。有時和牠們談談心，有時和牠們伴在一起逗逗笑，真是別有情趣。而對狗的喜愛更是尤甚，我想，對於牠們的忠誠和靈敏，我敢說大多數人一定有與我同好的。我記得在我可以記事的幼年，母親和姨媽分別贈送我一隻小狗和小貓，並為牠們梳洗打扮得非常的清潔漂亮，這可把我樂不可支了，我日常為牠們也平添了太多的工作。說來也奇怪，牠們倆是非常的懂事，愛清潔，相伴在一起也不發生衝突，有時在陽光下草地上，牠倆還相互糾纏，追逐撲捉，家人也看得開心極了。可是沒幾個月牠倆竟先後莫名的病死了，我眼看牠們悽愴地瞑目，為這，我難過了好多個日子，飲食和其他興趣都大大銳減了，直到我外公在城裡把他家中的大狗「來富」送給我，這才使我似乎有所補償地慢慢度過了這一個難過的事。

「來富」到我家時，據說牠的年齡和我差不多大了，至於牠是不是出自名門貴系，那時我們也不研究這些，但牠長得非常的雄美，高及我胸部，如牠頭仰起來就可和大桌邊沿相等齊了，牠除了胸、足和臉上、尾後有點褐黃色的毛而外，渾身都是烏溜溜的，嘴巴短短的，耳朵又大又圓，兩隻眼睛炯炯發光，頂上還有一些虎頭一樣的花紋，尤其是牠尾巴螺旋樣的繞起來，像一個非常圓圓正正，很別緻的大髮髻一樣（但牠是雄的），尾尖圍在正中央，盤掛在牠的右臀部上。當牠進大門，牠中正的尾尖就指向東方。據我們古老的傳說，這是叫做「進門東」，有這樣的狗會發財的，所以外公家就叫它為「來富」，其實在我呢，可不顧問這些，我記得牠隨外公一進我家大門讓我瞥見了，還等不及外公對我說是專程送給我的，就很快的上前去，抓著牠的「頂花皮」扯抱在一起，媽為我嚇了一跳，深怕牠咬了我，可是出乎她意料之外，「來富」卻搖頭擺尾的蹲下去了，舔舔我手臂，擠挨著我的身子，這樣我就和牠成為最好的朋友了，真是一個我永難忘卻的友伴。

以後「來富」時時刻刻都追隨在我的身旁，我上學，牠會一直伴我到書房去並且坐了一會兒才走，到了放學時，牠就來迎我，很少是不在家的。據媽和姨媽說，每當我在外面玩得不按時歸來，總教牠去找，沒久，準是和我一道回來。牠很愛清潔，更守規矩，每逢過年過節時，種田的分別送來一些糕呀，糰呀，水餅，還有蛋、肉之類時，都用草蓆圍堆在地上，牠一抬頭就可吃到，但牠連聞都不去聞一下，家人悄悄揀一塊給牠吃，牠也不敢銜走，非等到把這整塊的弄碎了才敢吃。到了夜晚守門，那更是不用說的了。所以我們一家人沒一個不喜歡牠的。記得，我如隨大人出門，我都要計算來去的時日，留下足夠的錢，讓「傭人」能夠每天買點東西給牠吃。不久，日本鬼子要來了，我們一家為了躲飛機和汽油艇，就常常跑到鄉下逃命去，把牠留在家裡，沒法顧及這些了。等到這種風險過去，再又回來時，來富見到了，每次都高興得要向我們頭上爬，圍著我們團團轉，親舔我們，不就咬著我的衣服不放，再又從前屋穿到後屋，然後又跳回來。我呢，什麼事也不管了，搶先帶著牠外去溜一趟，買點東西給牠吃，說起來真是親切得不得了。

接著，中共到了我們的家鄉，這情形可就不同了，首先遭殃的就是狗子，中共指牠們是什麼封建的惡霸，不管是野生家飼或是大的小的，見到了必要戳殺打死。我們把「來富」拴在後屋裡，除了每日三餐，和我不時去撫撫而外，牠似乎寂寞透頂，有時見我們，牠就低叫，牠的神采也沒平常那樣的雄健了。沒幾個月，中共在我們鎮上真的盤踞下來了，一個夜裡我在睡夢中被姨媽叫醒，上了船跑到城內去。「來富」呢？臨走時，我也沒摸撫牠一下，自己滿以為沒幾天就可以回來的，但一兩個月快一年了，都回不去，我常常吵叫著要「來富」，媽和姨媽都說不久就可回家見到牠，總是支吾其辭的，之後她們對我已是無可奈何，才告訴了我，說是，當我們走了還不及一個月，起先牠成日成夜的在房子四週轉，入夜蹲在後門口，鄰人餵牠飯也很少吃，一天天地瘦了，不時嗚嗚的叫，看到中共來了，大吠了幾聲就溜走，但結果終被中共套著頸子拖走，活活打死了！我聽到這些，傷心哭得無以自止，媽和姨媽也賠上了一把淚水，她們勸我說：「我們對不起你，沒儘先設法把來富帶出來，牠被中共殺了，我們不也一樣的難過？但是想想，你所認識的伯伯叔叔或是同學家，他們不是爹媽被中共殺了，就是哥弟也為中共活埋了，我們比起他們來不是太幸運了嗎？」他們這些話當然說得對，但那時「來富」在我心中所佔的成份，並不是如他們所想像的如此微小呀，怎樣也無法使我不長久的難過。十多年了，昨夜我又夢見了「來富」，想到這些，忍不住又掉下一把辛酸的淚水！

（《聯合版》1960.02.28）

奇跡（譯作）

瓊是一個堅毅而沉默的人，他生活依靠位在美國西部的一個牧場，當他年輕時，他自己僅有一些羊，他的牧場在這個地區來說，比任何一個都要小。在那時，和其他所有的牧人一樣，對於讀或寫他都不能，但他卻很有志氣，他把自己的鈔票都積蓄起來，十多年後，他自己的羊竟有了二千多頭，還有很多的土地，這以後，他遇見了露意絲。

露意絲是一個年輕的女孩，她的家就在鎮的附近，她在一個食堂內當女侍。這是鎮上唯一的食堂，瓊就在這裡邂逅了她，那時，她是廿歲，而他卻已四十五歲了。之後，他每天早晨都非常高興的從他的牧場駕車來喝杯咖啡，他每次到達食堂都在早晨十點，他從來沒遲到過，也從不會早來。

當瓊坐在食堂裡喝咖啡的時候，露意絲總要和他問長道短，關於氣候啦，收成啦，這兒的人們啦，以及談問到他們日常生活中瑣碎的小事，瓊是從來不回答什麼，他只坐在那兒凝視著她，帶著微笑，不時點點他的頭。大約一小時後，他總是千篇一律的說：「我必須要去做工作了，再見。」

這樣經過了三個多月後，在一個早晨（據老醫生格斯說，這時他也在這食堂裡），瓊說：「露意絲，我願您能嫁給我。」

露意絲幾乎將她手中的咖啡杯丟墜掉，「可能我會嫁給您的。」她回答說：「但對這事，我希望有一兩天讓我來考慮一下。」

瓊點點他的頭，喝了她手中的咖啡。「我必須要去做工作了」他說：「再見。」

新婚的第一年

兩週以後，他們就結婚了，在瓊的牧場裡，他們籌辦婚禮後的生活，瓊油漆房子，並把整個房間的牆壁糊起來，露意絲在附近的城內買了一些新的傢俱。在這新婚的一年中，牧場裡也常常有些工作幫助著瓊，以後，他又為他的妻子買了一所新的廚房，並又油漆裱糊了一番。

但老醫生格斯卻在擔憂，他知道這些並不能就得到快樂。有兩次瓊邀他去牧場並看看露意絲，他就發覺到，露意絲並不快樂，她也不健愉，在她則說，她有了一種可怕的疾病，但對於這疾病，她向老醫生又說不出所以然來，最後，格斯醫生說：「露意絲，瓊是一個好丈夫嗎？他對妳溫存嗎？」

「在世界上再沒有比他再好的丈夫了。」露意絲說：「但……」她欲語還休。

手術治療

十八個月以後，在一個早夜的三點半鐘，格斯醫生聽到房外有一種喧囂的聲音，原是瓊在敲門，「醫生！」瓊叫喊著：「露意絲有了嚴重的疼痛，您無論如何總要來為她診療看看，趕快的吧，醫生。」

醫生將露意絲接到他的小醫院內去，經過了一番的診斷和施行嚴重的手術後，雖然他認為，她是有希望活下去的。「在廿四小時內我們是無法確定。」他告訴瓊：「但我想露意絲將會獲得痊癒的。」

瓊有如小孩一樣的哭喊：「使她活下去吧，醫生。」他說：「要她活下去。」

將近黃昏，她的脈搏又微弱了，在夜晚這醫生為她輸了兩次血漿，但這輸血對她毫無幫助。

「我是無法健康了。」她對醫生喘氣地說。

「妳必須要深信會像瓊一樣的壯健。」他回答。

「瓊並不需要我了。」她閉上了眼睛。

醫生就注視著瓊，並問她：「妳愛那個女孩子嗎？瓊。」「我和她結婚了，我還有什麼緣由不愛她嗎？」

「曾經告訴過她，說你愛她嗎？」

「沒有，然而我所能有的都給予她了，一個男人還需要做些什麼呢？」

「和她談談心。」醫生說。

「我是不會和女人談心的呀。」瓊說：「這露意絲是知道的。」他把手放到醫生肩上：「讓我為她輸血吧，醫生把我的血輸些給她。」他接著說。

醫生思索了一會兒，他知道露意絲在輸過兩次血以後，不需要再多的血了，他也知道瓊的血型是不同的，但這時瓊在等著他的回答，醫生沉思後，想一個辦法：「好的。」他說：「請在這兒等一等。」

最後瓊說話了

醫生就到露意絲房內並告訴她瓊願意將他的血輸些給她，瞬間，她的臉上現露了一些悅色。他按了她的脈搏仍是很微弱，他感覺到，依這樣的脈搏挽回她的生命祇有一線希望了，他把護士叫到走廊上，告訴她如此這般的去做，但不能不使他看到是在輸血。

醫生就讓瓊進入露意絲的房內，並叫他躺在露意絲床邊的檯子上。瓊用力地握著露意絲的手，並說：「現在，我可能使妳健癒了，露意絲。」

她沒有看他，祇喘息地問他：「為什麼呢？」

「因為妳是我的妻子呀。」他說。

他們不講什麼了，護士將針插進瓊的手臂裡，醫生則將針為露意絲插上，他並將手指按在她的脈搏上。

「這樣，您的感覺如何？露意絲？」瓊問。

「很好。」她細聲的回答，她的脈搏也立刻強些了。

「瓊。」她耳語著。

「這裡。」

「我愛你，瓊。」

靜默了片刻，接著瓊說：「露意絲，妳必須要健壯起來。」

「為什麼呢？」她低問著。

「因為我需要妳。」靜默了片刻：「因為我愛妳。」他說。

一個奇蹟

在醫生的手指下，露意絲的脈搏脈突然的強而有力了。他取去她手臂上的針，並把血漿移去床下，他感覺她的脈搏不可能會如此的穩定有力。護士也拔去了瓊手臂上的針，隨著醫生很快的溜出這房間。

「露意絲那時仍是病得很厲害的女孩。」格斯醫生說，當他在講述這事實的時候。「我確信她已完全健癒了。我不是也把真情告訴了他們嗎？」

當然，對這奇蹟出現，我並沒太大信心的，瓊的血型和露意絲並不相同，我只好給他輸了同型的血漿，那時他的血是注到另一隻空瓶裡去了，而且這女孩也壓根兒不需要瓊的血，她所需要知道的是瓊愛她罷了，這樣奇蹟就出現了，當她聽到瓊確是如此的愛她。

（《聯合版》1960.04.18）

鏡中倩影（譯作）

夜晚，外面很冷，因為是下一點小雪，俱樂部裡僅有我們幾個人。我們俱樂部的會址位於第一一三街的樓上，是一個政治學會的俱樂部。通常每個禮拜三晚上，俱樂部裡是有一個定期的聚會，其他的日子，會員們則常來玩紙牌，聽廣播或者看電視，我們則佔在彈子台和一些人打彈子。

今晚，俱樂部只有我們四個人在玩紙牌，我們已玩了兩個小時，正打算停止的當兒，傑克・詹姆遜來了，並偕來一位友人。在我們俱樂部中的會員帶他們的朋友來，這是很平常的事，假如這些朋友，如對政治感到興趣，以後他們也可成為會員。詹姆遜和他的朋友和我們打了幾分鐘的紙牌，然後，他們就看電視，輪到是達林個人的電視節目了，我們乃停下來看，這是一個使人很感興趣的節目，大家都稱達林為最知人心思的人。他出現在觀眾的面前，他一一說出他們的心思，說出每個人的姓名、住址、電號號碼和他們的嗜好等等。這並不是件容易的事，因為這些人並沒和他在一起工作過，有時，觀眾裡有一些很有名氣的人，他也能測出他們的心思，正如遇到普通人一樣的容易，當然這些名人自也沒和他在一起工作過。

以後，我們開始談論有關達林的事，我們有一些人認為他一定有什麼把戲的。傑克・詹姆遜卻說，他有時候自己也可以猜想到別人的心思。我們爭論了大約十五分鐘，在反覆地辯駁，有些人認為這很簡單，有些人則認為非常困難。詹姆遜的朋友一直是緘默著，最後他說：「假如我在你們興頭的時候來講一個有趣的故事，你們會介意嗎？」

我們全就圍著他靜聽，他差不多有四十歲了，長而清瘦的臉孔，兩眼深陷，他的面部表情仍稍與眾不同，他開始說：

「大約在廿年前，我第一次到紐約，住在第五十街的一個小房間內，那時我對戲劇頗有興趣，希望住在劇院的附近。我這房間很簡陋，只有一張床、一張桌和椅，以及一些小用具，牆上掛了一面鏡子和幾張壁畫，我住在這房間大約有三年了，在這房間裡也消磨了我很多的時間，在那時，我是有幾位朋友，並且也有點積蓄，也很少想外出，對房間內每一個角落我都非常的熟悉，又住了一年以後，一件奇怪的事發生了，假如我躺在床上看著鏡子的時候，我可以看到有一張非常明顯的女人面孔在鏡子中，那是對面牆上壁畫的反影，它已舊得顏色都褪了，上面有幾朵大的紅花，那些花也和那女人面孔一樣印在鏡上，她的面孔很清秀，是很美的女人，也很豐腴，長的亂髮，面型是如此的完美，她表情又溫柔又安嫻。

「您可以說我是與那女人戀愛了。她面孔總是隨伴著我，我躺在床上看著她有上千次了，我瞭解她比瞭解其他人可能更多些。她表情常常會換的，她快樂，或者沉思或是憂鬱，但我感覺這變化都是很好的。

「我不想儘使你們疲倦。」他繼續說：「我將故事縮短來說吧，或者您不會相信這事實，有一天我親自看到這樣的女人了，那女人的面孔，是和我在鏡中看有上千次以上倩影是一模一樣，她的眼睛、頭髮，以及她的溫柔而又嫻靜的表情都是別無異樣。她名叫瓊·蘭格，或許你們也知道，在那時她是十分有名氣的。一天下午我去她那戲院，看一幕劇，瓊·蘭格就是這劇中的女主角，當演這劇時，我自始至終眼都不霎離她一下，直到劇演完後，我還目送她離開劇院，我真毫無懷疑，她就是如我鏡中的倩影一樣，我真想希望能和她談談，我要告訴她我們之間的微妙關係，我知道她將會認為這是顛狂呢，因瓊・蘭格在這時卻是非常有名氣，經常有些人是在那劇院等待她的。

「這一週我每天都去這劇院，我坐在第一或第二排，我並寫了一封長長的信給她。在信中告訴了她所有經過的情形，我並說在明天晚上等她劇演完後，我請求她至少能讓我和她談幾分鐘的話。在第二天晚上我像平常一樣又去劇院，但這一天，瓊・蘭格並沒有出現在劇中，以後一連幾天我都沒有看到她。

「就在這時，一件奇事發生了，在我那鏡中的倩影，變得愈來愈淡了，那面容也變得愈來愈蒼白了，沒有光彩了，面孔也消瘦下去。

「幾天以後，我在報上影劇欄裡得悉瓊・蘭格因病而不得不停演住到醫院去了。這鏡中倩影漸漸地蒼白了，一天晚上，這倩影竟完全不見了，自後就一直再也看不到那張面孔了，這真是不堪想像的事，那晚正是瓊・蘭格死在西乃山醫院中的一天。」

他停頓了一下：「故事就此結束了。」片刻他又說：「對這你們相信不？你們自應記得它有三個要點吧？第一，這鏡中的玉容和瓊・蘭格的面貌是完全一樣；第二，當瓊・蘭格生病死了，那鏡中的倩影也就消失了；第三……。」

「這對於您自是非常不幸的經歷了。」我們中有一人突然的說：「以後您的感覺如何呢？」

「這乃是我生命中最大的悲劇了。」那人說：「我感覺到有如失去了極其重要的東西了，就說是我愚蠢吧，我自後也永不結婚了，因我對其他女人再也不能發生興趣了。」

「這對女人來說是多麼幸福啊！」有一個人說：「您知道已過十二點多了，假如我不立刻回家，我那太太將會殺死我的。」

我們真的為這有趣的故事而毫不覺得時間過得是如此的快，我們幾個人已經回去了，但我卻惦記到那人所說的傳奇性的故事，乃又返回見他：「我就便問您，就是故事中的第三點還沒講完。」

「我非常的高興您還能記得。」他微笑地說：「這第三點就是我揑造這故事差不多有半個多小時了。」

（《聯合版》1960.06.09）

玉不琢　不成器（譯作）

一位傑出的法官指出：不良少年們也認為「犯法不是件光榮的事」！

在印第安諾州惠田城內，一個小的獨立法庭上，法警為了維持秩序而吆喝著。威廉・奧柏彌勒法官，則瞥視著那些姓名已紀錄在訴訟事件內，年齡自十五至二十歲的八個孩子們。他們被捺低了腦袋，才倔強地作了個鞠躬的樣子。警察是因為他們在密西根城的湖邊上，一個宴會內，對三位遊客，毫無原由的開始猛擊的當兒，才抓了起來。這些孩子們都有遊蕩、逃學和打架等等的不良紀錄。他們的伙伴，這時皆擠坐在法庭後面，得意洋洋地笑著，等待觀看被告們怎樣對付這位法官。

奧柏彌勒法官坐在庭長席上，審閱他們污穢的紀錄，又看看他們污穢的面孔，他們也不屑地回他一眼。法官發現這些孩子們，都是穿著黑色皮夾克，紮著寬皮帶，胸前口袋上像似徽章似地，皆露著一把梳子，頭髮則蓄得長長的，塗滿了油，翹在後面，猶如一隻鴨尾巴。「這些被告，沒打算審問他們。」半晌，法官宣佈說：「法警，請您把他們先統統帶到理髮師那兒去。」

在對面街上，兩位理髮師，請示奧柏彌勒法官，要替他們剪成什麼樣子。「剪得短短的。」他指點著說：「剪得像士兵頭。」

等到厚厚的頭髮被剪掉以後，再帶回到法庭時，孩子們那種侮蔑和蠻橫的態度，顯然已消失了。奧柏彌勒法官就誇讚地說：「你們好看多了，真像以前和我在海軍服役的戰友一樣了。現在檢察官將站起來，告訴你們那晚所發生的事故。」

這已是司空見慣的老故事了，一種湖邊宴會，幾罐啤酒，當著一些女孩子面前，爭著耀武揚威。最後，當檢察官指控他們還搶劫的時候，奧柏彌勒法官就問被告們，有無任何申辯意見。他們皆啞口無言。

「法庭足可以將你們送到感化院去。」他告訴他們說：「但這樣對你們是沒有好處的。現在你們的新髮型，使人看起來覺得多漂亮可愛。你們可以參加農墾實習隊，或是少年服務隊了。在這個區域內，我們有好幾個團隊，是相當有名氣的。我將會看到你們，能為其中某一個團隊允予參加。

「從現在開始，把你們的皮夾克脫下來。等到你們在校內考試成績有了進步，並且獲得少年服務隊的獎章，或者是其他的榮譽，而且能繼續努力的話，你們可以再把這夾克穿上。現在你們是准予緩刑。」

法官對這八個孩子，一直保持著嚴密的考核。迄今，沒有一個再犯過。他們在學校內，或是對他們的工作，都得比以前好多了。鴨尾髮、口袋內梳子、以及他們喧叫吵鬧的特徵，再也看不到他們表現出來了。

卅九歲的奧柏彌勒法官，出生於惠田城，是一位煉油工人的兒子。他畢業於路達•湯姆法律大學。他仍是一位市鎮委員，而不是少年法庭的專任法官。通常，每個禮拜，他只有一個早晨，或是兩個晚上來出庭，其餘的時間，他是主管美國石油公司地區煉油廠的公共關係。他在一九六〇年才被選為法官。那是因為他發起了一項運動：請各教會社團、每個婦女俱樂部，還有許多的家長會，告訴每一個人，引起不良少年犯罪的主要原因，是由於家庭的管教不當。他承諾，假如他當選為法官，他將設法使這些孩子們「改邪歸正」。所以，他經常所判決的案件，都是遵循這一項諾言而來的。

他第一次獲得，在自己事業圈以外的人讚賞和禮遇，是在去年，少年法庭分派他處理四個孩子，兩個十六歲，一個十五歲，另一個十七歲，被控打架，借用汽車肇事後，就溜之大吉，並且在公共場所酗酒滋事。當四個孩子們，大踏步地走上法庭後，那個十五歲的孩子，很傲慢地將手肘彎支撐在法官席上，從口袋內掏出一捲鈔票來，威風凜凜地對著法官，「好吧，」他說：「又是罰鍰？你要好多？」

「坐下。」奧柏彌勒喝責了這個孩子。然後轉過面來對著庭上其他的人說：「這件案子延期到下週四晚上再審。」他說：「並且，請法警注意，我要求這四個孩的父母親，一同陪他們來出庭。」

到下禮拜四晚上，孩子們依舊高視闊步地走上法庭，當那年齡最小的孩子，又老臉皮厚地對著法官，又把上次所講的話，重說著的當兒，他的母親在旁邊就告誡他要輕聲點，這孩子就頂撞她說：「住嘴。」奧柏彌勒法官往椅中起了半身，隨又坐下，靠緊著椅背，面孔氣得鐵青。

「從您上次打這孩子到現在有多久了？」他問這孩子的父親：「從沒打過？你從來沒揍過他？」

隨即，法官就向法警招呼著說：「來幾位警官，把這幾個孩子為我翻轉過身來，按著他們，讓屁股朝上，然後重重地揍他們一頓，並且用力打，先給他們嚐點苦頭，或許可以教訓他們，不敢再對他們的母親回嘴。」

當法警們按住這個掙扎不停的少年，依照法官所吩咐的狠狠地揍他們屁股時，奧柏彌勒法官就向法庭內四週瞥視了一下，那些看他們這一幫英雄，如何逃避刑責的孩子們，都像蛇游一般地悄悄溜走了。

因此，那天晚上，這四個孩子再回答問題時，皆謹慎小心了。他們都准予緩刑，只命令他們定期地來法官處報到。根據惠田學校的校監柏曼所說，這四個孩子當中，有三位是「在校的成績有了顯著的進步，他們都安靜下來，也不在班上製造糾紛了」，那第四個孩子，因為已經隨家遷居他去，惠田方面沒有獲得到他進步的情形。

「在今天，金錢對於孩子們是毫無作用。」奧柏彌勒法官說：「假如我處分一個孩子罰鍰二十五元，他就會向他父母親索取或是騙來這些錢。只有工作和學習，才是較理想的感化方式。」因此，他科以罰鍰，不是以好多元來計算，而是以好幾小時，好多天作單位，要他們做些建設性的勞工，使其肌肉痠痛；用閱讀方式，疲勞他們的眼睛。這些辦法，他深信可以使他們更像個成年人。

「八個週末在湖邊上工作。」已是對於帶到奧柏彌勒法庭上的，十三到十九歲的孩子們，最普遍的判決了。這因為有許多游泳的人、來湖邊野餐的人，經常亂扔瓶子、罐子、破玻璃和廢物垃圾，使得該城每年要花費上千元，用在保持湖面與岸邊的整潔工作方面。奧柏彌勒法官乃將此事引為己任，他風雨無阻地親自出來指揮，著意誇讚少年們的成績，使清掃工作做得非常順利圓滿。曾經有兩位作父親的，因為沒有為他們孩子立下個好榜樣，也被邀請參加到他這一夥內來。

去年夏天，奧柏彌勒法官，曾判決一群少年們，去幫助惠田城的教堂，清掃房屋和園地。另外一群被判決為每個星期六早晨穿上工作服，在惠田公立圖書館內和法官見面，幫助館內清掃和油漆生鏽的鐵欄柵。有些孩子，因為違反駕駛規則，被帶到他前面。

他說：「我罰你們每天十個小時在公立圖書館內，明晨我們就在那兒見面。」在圖書館內，他帶著這群孩子，去讀一本厚厚的印第安諾州駕駛手冊，這是一本誰也不想在暑期內來讀的刊物。他講解給孩子們聽，規定他們照抄一遍，用正楷，還要整潔，不得有錯字，然後再就所教的內容，來個各別測驗，誰不及格，就再從頭做起。還有類似的判決，是為那些在密西根湖上，不守操舟規則的不良少年，在圖書館內準備了一部官方審定的航行手冊。

這種非正式的處分方式，實際上正是防止少年們，在犯過後受到不良的影響。假如一個孩子命令他們罰鍰，或者要他們在監獄內或是感化院內浪費一段時間，這將成為他個人紀錄上永久的污點。但如罰他們打掃湖邊、油漆圖書館的柵欄，在警方檔案中，不會把這些事紀錄上去的。

奧柏彌勒法官這種平實的作為，任何地方都應該實行才對。「我為何要如此努力而為呢？」奧柏彌勒法官解釋說：「在今天有百分之九十五以上的孩子們，都是好孩子，他們不會製造問題，這就是顯示了這些少年們，也認為犯法並不是件光榮的事。只要我們面對此事花點腦筋，那麼拯救其中百分之五的不良少年，並不是件非常辣手的事情。」

（譯文《書目書評》，1960）

吉屋出售（譯作）

一部紅色的敞篷轎車，掛著紐約的行車牌照，停在亞倫·海克房地產公司門前，車主對春籐鎮很陌生。

這位胖客跳下車，一直向辦公室走去，溽熱的氣候，汗水已將他那件夏衫濕透了。他可能已有五十歲，他的面色發紅，但在他狹小的眼睛裡，竟流露著冷靜和寒霜般的神色。

他向亞倫點點頭：「海克先生。」

「您好。」亞倫微笑地招呼著：「我可以為您效勞麼？密士特……」

「華特柏萊，」那人回答說：「我沒有太多的時間，最好我們就開始談談生意吧。」

「那太好了。華特柏萊先生，是否這兒有您非常中意的房屋？」

「正是如此。從舊房這兒穿過一條街，到鎮的邊緣上，有一幢房子。」

「是有石柱的那一幢？」

「對啦！我記得曾經看到過，有『吉屋出售』的標誌。」

亞倫不禁啞然失笑：「是的，我們已登記下來了。」

他一張張翻閱活頁帳簿，指在一頁用打字打成的登記表上。

一百六十年的古屋，房間八，洗澡間二，自動火油爐，大的走廊，有樹木，靠近市場和學校。七萬五千元。

「還感興趣不？」

那人有點兒不自然地：「為什麼不？難道有什麼不對嗎？」

「說老實話。」亞倫說：「我所以把它登記在我的帳簿上，僅是看在莎達・格蕾蒙老太太的面上而已。因為這所房子的價格，並不值她所開的那樣貴。這並不是一幢堅固有如巖石的古屋。我是說，這的確是幢古老的屋子，但從未驅除過白蟻，有些屋樑，再過幾年就要蝕斷了，地下室全年有一半時間還浸滿著水。」

「那麼，她為何要開出這樣高的價錢呢？」

亞倫聳聳肩：「可能是情感用事吧，自從她家庭裡發生事故以來，有些事總是如此的。」

這位胖客凝視著地板：「那多糟呵！」半晌，他抬起頭來看著亞倫，勉強地笑著說：「我對那地方感到非常的親切，因它是——我不知道如何解釋才好——我就需要這種房子。」

「假如最多花一萬元能買它的話，還有成交的希望，倘要七萬五千元呢？」亞倫格格地笑著：「我想，我知道莎達為何要如此的原因了。她現在沒有很多的錢，但過去她的兒子，經常寄給她的錢，在這鎮上算是最多的了，不幸他死了已經有五年。她認為出售這幢房子，才是聰明的辦法。但她又不能夠使自己離開她的故居。因此，她就把標價開得如此的高昂，使無人敢於問津，這樣她就可以心安理得了。」他不禁感慨地搖搖頭說：「世事多怪哪！您說不是嗎？」

「是呀。」華特柏萊冷淡地說。一會兒他站了起來！「這樣好不？我開車出城去，當面和她談談，或許她能減低些價錢。」

華特柏萊駕車緩緩地穿過一條靜僻的街道。到了格蕾蒙的住所，把車停在一邊。屋前那一排木樁柵欄，已經朽爛了，像似一群散亂的哨兵，草坪竟變成蕪雜的藪林了。

開門的老太太，頭髮已斑白脫落，她臉上的縐紋，都聚向她那小而堅毅的下顎，雖然天氣那麼炎熱，她還圍著一件毛絨披肩。

「大概您就是華特柏萊先生。」她說：「亞倫海克說您要來我這兒。我想您打算要進來看看，是不？」

「這地方外面的氣候好熱呵！」他咯咯地笑說著。

「那麼，請快點兒進來吧，我已放了一些檸檬汽水在冰箱裡。」

屋內幽暗而涼爽，帷幔都是垂放著。他們進入一間四方的會客室，內面設著一座大形的三牆帆船的裝飾品。老太太坐在搖椅內，兩手緊緊地搓握著。

「有何見教？」她問道。

這位胖客清了清喉頭說：「格蕾蒙太太，我剛才已和您的房地產經紀代理人談過了……」

「我全知道了。」她很快地插嘴說：「那是亞倫的愚蠢，他竟讓您來我這兒，妄想改變我的主意。」

「嗯！那麼，假如是我自己要來這兒，那教我怎麼說起呢？格蕾蒙太太。我想過，有些事我們是可以談談的。」

她向後仰擺了一下，搖椅咯吱咯吱地響著：「那隨便談好了，悉聽尊便。」

「好吧。」他用白襯衫擦擦他的臉：「事情是這樣的，我是一個人──單身漢。我已經商了好多年，也賺了一筆相當可觀的錢，現在我已打算退休了，想尋覓個安靜的住所。我喜歡春籐鎮，幾年以前，在我去，嗯，奧本立時曾路過這兒，我就希望有一天能定居在這兒，今天當我駕車再經過貴鎮時，看到這幢房子，它正是我夢寐所求的。」

「我也喜歡這房子，華特柏萊先生，這就是我現在，為何要求一個公道的價錢。」

華特柏萊霎霎眼：「公道的價錢？您必須瞭解，像這座房子，在目前的開價，不應超出……」

「夠了。」老太太叫起來：「華特柏先生，我不願和你爭論什麼，假如您不肯照我的價錢購買的話，那麼我們能夠完全忘卻它過去的一切。」

「但是，格蕾蒙太太……」

「再見，華特柏萊先生。」

她站了起來，表示待他也離座時送行。

但他沒起身。「等一等，格蕾蒙太太。」他說：「我知道這樣做的話，簡直是發瘋了，但，好吧，您要好多，我就給您好多。」

她注視著她，半晌：「您真的願意嗎，華特柏萊先生？」

「絕對的。我有足夠的錢，假如您必須如此才肯賣的話，我也只好依這一個辦法來買它！」

她淡淡地笑著：「我想檸檬汽水已冰夠了，我去為您倒點來，然後我再和您談談關於這房子的事情。」

當她捧著盤子回來時，他又在擦拭著他的面額，他迫不及待地豪飲著冰凍果汁。

「這所房子，」她邊說邊回坐到搖椅內：「從一八〇二年就屬於我們家庭所有了。我知道在春籐鎮這地方，它不是最堅固的房子，從我兒子邁克出生以後，地下室又浸滿了水。這以後我們好像從來沒有能夠把它弄乾過。但我仍舊愛這種房子，您能瞭解嗎？」

「當然。」華特柏萊說。

「當邁克九歲時他父親死了，這以後，我們就生活在苦境中，邁克思念他的父親，或許比我尤甚。他長大了，變得……嗯，我想起了，就是所謂粗野。」

這位胖客同情地應著聲。

「當他高中畢業以後，他懷著很大的野心，就去城裡了。我並不知道他在城裡做些什麼，但他必然是很成功，因他能按期地寄給我相當多的錢。」她閉上了眼睛：「一連有九年，我沒見到他，但當他回家時，他已陷於困境中了，在深夜裡跑回，看起來又瘦又蒼老，除了一隻手提的旅行袋而外，他一件行李也沒有，當我正想接過這旅行袋時，他幾乎要打我，要打我──他自己的母親。」

「第二次，他要我離開這屋子幾個小時，他沒告訴我他打算做些什麼，但我回來後，我發覺到那隻旅行袋已不見了！」

這位胖客的一雙眼睛張得大大的，瞪著冷飲杯。

「就在那天晚上，一個陌生人，來到我們的屋內，我不知道他是從何處進來的，我聽到邁克房內有說話的聲音，我就躲在房外竊聽，想弄清楚我的孩子所牽涉的是什麼困難。但我只聽到叫喝聲和恫嚇聲，還有……」

她停頓了一下，她的雙肩鬆弛下來。

「還有砰然一聲。」她接著說：「那是槍聲，當我衝進房內時，我發現臥室的窗戶已敞開了，那位不速之客已不見了，邁克則躺在地板上──死了。」

「這是五年以前的事，在那時警察曾當面告訴我事故發生的起因。原來邁克和另外這個人皆牽涉了罪案，一件很大的罪案，他們偷得了好多萬塊錢，邁克竟拿了這些錢跑了，他把這些錢就埋藏在這屋內某一個地方──但直到現在我還沒知道是埋在那裡。以後另外那個人來找我的兒子，索取他的一份，當他發覺錢已不見時，他就殺了我的孩子。」

他抬起頭來凝視著：「這就是我為什麼要把房價抬高到七萬五千元才賣的原因。我料到終有一天，殺我孩子的兇手會再來的，終有一天他會願付出任何價錢買下這幢房子的。我過去所作的努力，完全是為了等待這樣的一個人，他來這兒願意為一個老太婆的房子，不惜付出很高很高的價錢。」

她徐徐地搖擺著。

華特柏萊放下空杯子，舐了舐他的嘴唇，他的眼神消失了，他的頭垂在肩上，搖幌不定。

「唉！」他傷心地說：「這杯檸檬汽水好苦呵！」

（譯文，《書目書評》，1960）

憶港都學作新詩七首

航

扯滿了帆，航；
航向幸福底那方，
用自己的智慧和力量——
實現自己的美麗希望。

把穩了舵航；
航向安樂的那方，
以我們的堅強與合作——
創造我們的共同理想。

扯滿了帆，
把穩了舵，
航！航！航！
四九、二、廿六　完稿

（《聯合版》1960.03.01）

時間頌

您——時間，
是造物之主，
真理的評判者，
永恆地，
鼓勵著人們向前邁進。
善良者，
您必賜以光明，勤奮者，您會給予成功，
您更為人們，
譜寫所希望的優美旋律，
繪成所想像的美麗畫面。
一切因有您而——
更真，更善，更美。

（《聯合版》1960.04.05）

我怕驪歌再奏

一
霓裳曲未和，
陽關已疊，
從何訴？
「餘恨」自古原是多！
驚逢又惜別！
欲語能不又止休。

月濛濛，
星稀稀，
霧籠柳梢，
鵑鳥盡眠憩，
誰還理個清風是非。

花謝為花開，
月缺為圓時，
護花只有作春泥，
莫再重相逢，
我怕驪歌再奏。
英雄還是任由濁浪淘，
只把「鑄情」事兒永慰記。

二
點點白鷗，

已隨人，舟皆揚翅，
海燕亦不把碧波作伴，
只有我踟躕灘頭，
一個個細把浪珠兒數。

逝去莫敢再追訴，
正如創傷怕撫。

春花不為入計留，
秋月亦不為我永伴，
任教風蝕雨凋，
但剩個景象，
——真實，美善，
把伊人念思足夠。

花謝花開，
雲倦雲舒，
世事乃等閒，
陵谷亦滄桑，
莫作希求，
只把伊人嫣笑永刻心頭。

三
餞杯舉，且盡酣，
但莫把珍重別離言，
相期難再，

深恐顆顆心淚串串珠墜，
為的妳。
深恐顆顆心淚串串珠墜，
為的妳。

就此塵揚曳斷，
任人去，
毋作揮手別，
願莫再逢見，
我怕再聽，
驪歌聲聲敲下我心淚。

四
驪歌聲聲敲下我心淚，
我怕再聽，
願莫再逢見，
毋作揮手別，
任人去，
就此塵揚曳斷，
只存個靈犀一點，
永為伊人憔悴，
常把伊人思念。

「餘恨」自古原是多，
我何訴言，
讓我獨個兒把淚珠兒細數，

聊將「鑄情」事兒自慰羨。
四十九年五月十五日於基港。

（《聯合版》1960.06.08）

無題

一

有女以魚目混珠兮，
吾真價以求。
人責其何愚昧兮，
吾亦不有追悔。
是信我至誠之己識付兮，
吾能不珍愛此膺品！

二

有美玉之在璞兮，
嘆愚夫愚婦之不識。
曲高本自難和兮，
又何有怨知音於難求？
我寧獨守自賞兮，
亦不甘囫於濁流。

三

天生萬物雖各有其則兮，
但光明常與強者同在。
寧願與黃鵠比翼而莫及兮，
毋為與雞鶩爭食而得意。
海闊天空有燦爛之朝霞兮，
應奮而破浪扶搖。
有淑女可逑同乘此雲程兮，

吾欣偕其共譜霓裳之曲。

（《聯合版》1960.06.04）

我為妳

我為妳：
　　夢見夜夜，
　　念思再再。
　　那──
千言萬語
　難述我心悠悠，
　　我心愀愀。
辭賦詩歌，
　怎能頌您優美，
　　讚您神采。

我──不問山壯花麗，
只願雲兒為我寄語；
　　毋敢星月輝映，
但祈風兒為我傳箋。
誰再羨那；
小橋流水，
　　低絮細語，
林鳥蕊蝶，
　　閒情逸趣。
只有；
夢見夜夜，
念思再再，
為的妳。

（《聯合版》1960.08.10）

家，甜蜜的家！（譯文）

縱有快樂的天堂，任我們遨遊其上，
但沒有我歡樂的家，也是微不足償！
在家我們有如天之驕子，
踏遍世界再也不會得見於他鄉。

家！家！甜蜜，溫馨的家！
何處是我歡樂的家！
何處是我歡樂的家！
我凝視月兒，宛如置身於淒愴的曠野上，
似覺得我的母親正在為我感傷，
因她正也在這月下的故鄉對我倚望，
雖然冬青也是馥郁，予我仍無一歡樂。
家！家！甜蜜、溫馨的家！
何處是我歡樂的家！
何處是我歡樂的家！

我如失去了家，煊赫功名也屬虛幻，
啊！還給我那故鄉卑微的茅屋吧，
歡唱的鳥兒，妳應知我的呼喚，
快給我的懇切渴望的幸福吧。

家！家！甜蜜、溫馨的家！
何處是我歡樂的家！
何處是我歡樂的家！

（譯文《聯合版》1960.06.22）

紅裙

紅裙飄飄，
藍衫綃綃，
夜夜夢見，
我為之纏倒。

嫣笑忽忽，
嬌嗔即即，
刻刻思念，
我為之魂繞。

紅裙飄飄，
藍衫綃綃，
夜夜夢見，
我為之纏倒；
任我搖曳，
愛寧不撻伐？

紅裙飄飄，
藍衫綃綃，
我為之纏倒。
夜夜夢見，
任我搖曳，
愛寧不撻伐。

嫣笑忽忽，
嬌嗔即即，
刻刻思念，
我為之魂繞；
教我神鑄，
愛寧不提斥?!

嫣笑忽忽，
嬌嗔即即，
我為之魂繞，
刻刻思念，
教我神鑄，
愛寧不提斥。

（《聯合版》）1960.07.15）

革命軍人精神修養的精義

界說：

「精神」一辭，語出《莊子》「澡雪而精神」句， 國父對它的詮釋是「凡非物質者為精神」，在英語中 Spirit，與此同義。故於事物，是為其「精微之處」；於人，則可解之為「靈」，為「氣」。所謂修養之「修」者，「砌磋琢磨，求其粹美也」；「養」者，「涵育薰陶，期其充足也」。如是，我們對「精神修養」一詞的界說，當可見其梗概矣。人之「理性」、「思想」、「氣質」、「品格」，以及「精神生活」與「道德勇氣」等等，皆莫不是為精神修養的具體表現。

革命軍人的精神修養，當是以如何發揮革命軍人的特質，傳統的榮譽，以克盡革命軍人的職分，完成所負的歷史任務為其主旨所在。

我偉大 領袖對於革命軍人的精神修養，綜述聖學精英，感以崇高人格，身教言教數十年如一日，我革命軍人，苟能實踐十之一二，則終身必受用無窮矣，茲闡述其精義如次。

精神修養的重要

首言精神修養之重要。由於今日戰爭，毋論科學發明是如何影響，決定戰爭的型態，而其握制勝算的因素，始終取決於「人」。科學研討在於「人」，自衛攻戰在於「人」，而「人」的「力量」發揮，則係依其「精神修養」的程度而定。處於悲慘殘酷之戰鬥，山崩石漂的變亂中，當可奏見精神價值與精神修養的重要，而革命尤益如是。以我們辛亥、北伐諸役勝利，即並非全憑武力而獲致，故領袖常說：「戰爭勝負的因素，關於精神方面的至少為十之七，關於物質方面最多為十之三。」更又不憚其煩剴切指明，革命軍人要能得成功之業，就必須有淬礪氣節，發揮心力的精神修養作基礎。

往古，聖哲先賢之所以能利慾不足動其志，刀俎不能變其節或履險如夷，或從容赴義者皆為精神修養「有得」以致。　領袖說：「人的生活，除了物質以外，還有更重要至高無上的精神生活，這精神生活的本質就是生命所生。」又常說：「革命軍人只要精神修養有得，那他對戰爭的思想，自能靈明澄澈，對戰爭行動亦必堅定果敢，對於生死存亡，禍福成敗的重大關頭，絕無猶疑不定，或臨難苟免的妄念。」而達到「配義與道，無是餒焉」的正氣，及至「與天地合德，與日月合明」的境界，獲得「永不中斷，人生中真善美的最高生命」。今日，我革命軍人處於功利邪說橫行於世道、物慾毒素戕害深及人心之時代，我國家民族又復瀕於生死存亡的關頭，自更應如何著重精神修養。

精神修養的基礎

關於精神修養的要目，　領袖在多篇訓詞中闡述頗詳，統攝其精義，要為以哲學作其基礎，以「危微精一中」作其心法，以「定靜安慮得」作其程序，而以「存養省察」為其修養入門的基本工夫，以之達到「有得」而「允執厥中」，這是再簡明精確也沒有了。

關於精神修養的基礎——哲學，一般學者予它的定義是為：「研究宇宙、人生、認識等根本原理之學。」這自是非常明切。古代，甚至現今，對哲學思想的發生咸皆認為起源於人類對自然之驚駭而起，此說甚當。蓋哲學思想實與神之觀念同為人與生俱來者，皆為人內心自然之要求，確認宇宙自然界存在有一「根本」「統一」之原理。所謂「人同此心，心同此理」是為其最普遍之驗證。今人，多有為科學（武器）發明而忽略了它的重要性，這實是捨本逐末已足可哀，至唯物論固不堪言述其害，而類似實證主義者，一切重在實驗，一切要拿證據，這種「科學精神」應用於科學研究，自屬應然，但如以之為目的，一直固守，這無異是南轅北轍，杆格不入。我們應深知，真理多有存在於「信托制度」之上，而科學所知，較之宇宙原理實是微不足道，且科學如無哲學思想作其指導，則不但流於支離破碎，使人智迷途茫茫，且將自陷於物慾，人獸相食的危險。以此，人類無論在理論與實質上皆需要哲學作其根本、統一之原理，講精神修養者，自是尤為必要。　領袖說：「哲學思想為心靈的源泉，智慧的鎖鑰，亦是生命的指針，更為人生和事業的基礎。」又說：「凡是對哲學不感興趣，而又毫無精神修養的人，我可以斷言其必無成就，縱使他能沽名釣譽，揜惡著善得到一時的成功，不久亦必致澈底失敗，決無持久的道理。在古希臘哲學柏拉圖還曾將理想國的統治權畀予哲學家。」由此，當可見其重要了。

哲學研究範圍頗廣，但近代哲學論點皆置於與人類有密切關係之「人生論」。我　領袖所提示哲學精神是亦在此。　領袖認為：「研究哲學的目的是為研究如何才得稱之為人，和如何做人，人做什麼，以及解決生死苦樂的問題。」這一論點是何等精闢獨到。這也就是我國固有正統的「天人合一」的哲學精英。是一修身不惑，盡性俟天的天人一貫的思想，人的地位與生命價值，因此而更益提高。我革命軍人研究精神修養的基礎——哲學——須應著意及此。

精神修養的心法

《書》曰：「人心惟危，天道惟微，惟精惟一，允執厥中。」這「危、微、精、一、中」，實就是治國平天下的政治與軍事的哲理。所以　領袖把它反復闡述，以之作為精神修養的心法，要我革命軍人「知危求微，專精專一，而後得以執中」。審其精義，乃是「集仁體義，致其良知」的訣竅。

蓋人之患皆由於不「自知」，天道雖遠，但失於不能取譬於「近」，而一個人之所以對生命短暫悲愴疾慨而甘居於自暴自棄，行屍走肉，與草木同腐者，皆由其心靈游移不「一」，事理未有專「精」以致。

象山先生謂：「宇宙即吾心，吾心即宇宙。」又說：「學苟知本，則萬物皆自備於我，六經皆為我註腳。」所謂「心」，依陽明先生解釋是「心即理」，「心在物處為理」。　領袖則以「寓理帥氣」來表達心之所在與心之作用；它——心——不僅為一身之主宰，而且統攝天地萬物之理，但「心」常為私慾所蔽，是即「人心惟危」。故必須時時戰戰自危，克其私慾，戒慎恐懼，致其良知以明本體。如此，天道雖是難見而易昧，亦得能相交感相貫通矣。而以「心」作為主宰之「人」，其生命當是屬於繁衍綿延生生不息的民族生命，其生活當歸之於互助合作開創文明的群體生活。個人盡其職分，對中心負責，貢獻一己才智於文化之大流，服務創造，則其生命才有所附麗，其生活自是無限燦輝，而無往不利，永垂不朽。這就是專精專一而得允執厥中的主意所在。所以　領袖說「危微精一中」的要義，就指的人心最易以私慾自蔽，陷於危殆的絕境，必須時時要以臨深履冰的戒慎恐懼的知危之心，來克服它，又說：「我們必須時時刻刻要存著安不忘危，存不忘亡之心，自知戒懼，以深造於精一之境而後對於一切事物，無論計劃或行動，亦就能握其中心與重點而不失了。」這一教人去人慾存天理，與「操危慮患」、「見微知著」的精神修養心法，乃是我革命軍人不可須臾或離、稍懈的修養要道。

精神修養的程序

領袖說：「我們既知『危微精一中』是革命軍人的精神修養的心法，但如何能夠實踐這個心法？我以為《大學》上『定靜安慮得』底工夫，就是我們進於『危微精一中』的門徑。」並又引述元儒吳草盧所說：「窮理知言（本）則知止，集義養氣則有定，定則靜矣，靜如止水，安則無慮而不自得。」指出「定靜安慮得」，是進於「危微精一中」的程序，而「窮理知本」的「知止」又為「定靜安慮得」的初階。

所謂「窮理知本」乃是擇善固執之意，也就是今日革命軍人堅定五大信念，堅鞏革命與領導中心，努力革命，實現主義的「止於至善」的精神。再如繼之以「持志養氣」、「鎮靜堅忍」，或作絕望奮鬥之行動，或存光榮戰死的決心；總為保護所「愛」而求個人死得其所，則未有不「心安理得」，而及於「神而化之」的不朽的人生境地。我們從「大學之道」，一段訓詞中，就可明悉這一修養程序：「先要能求得真知灼識，見到獨一至善之境，在事既有不易之理，在心自無不安之趨，這樣心才能安定下來，心能安定，然後妄念不萌，外物不搖，這就歸到靜的功夫；靜了之後，便能泰然怡然，無入而不自得，這就歸結到安的地步；安了之後，對於事事物物，便能深思遠慮，精究體察，無往而不得其宜，亦無往不收其功。」

而這一「定靜安慮得」修養工夫，更是克制恐懼、憤怒、懷疑的心理大敵之最有效靈丹，其對革命軍人成功立業的影響是太屬切要了。

結論

孟聖有言：「人之異於禽獸者幾稀。」人之其所以為「人」，實是因有理性；君子能以「仁」存心，以「禮」存心而已。凡人智慧愈高，愈是注重其精神生活，使物慾利誘皆不能迷其心志，萬難險阻不足淬礪其氣節。所以精神修養愈純粹有得，其成亦愈高愈大，證諸古今中外史乘上先聖先哲之燦輝事蹟，磅礴正氣是無不因此而然。

革命事業為一非常之事業，革命軍人必須毋我忘我，犧牲小我始克名實相符，竟其萬世不朽之事功。故革命軍人重視精神修養，自是至主要。

關於精神修養之道，賢哲學者立說殊多，且亦因人之稟賦各異而有不同。諸說雖亦得其要義，然多有偏一執固之憾，而對我革命軍人精神修養尤難適切。至我偉大　領袖述作精神修養義理，不但切合於我革命軍人，實亦為我民族哲學精英；其說基於人類與生俱來萬世不易之「心」（良知，天道），而又以人類永恆至一之根本原理——哲學思想作精神修養之基礎；「存養省察」與「見微知著」修養工夫，求得「定靜安慮」，進而體及「危微精一」達至允執厥中，「天人合一」的境地，為生命大流，為個體生活求得生生不息，萬古常明。這是何等篤實博大，悠久普遍。

今日，我革命軍人提高精神修養唯一之道，自無須他求，是以領袖之言行為言行，以「定靜安慮得」作修養程序，以「危微精一中」作修養心法，堅定信念，創不可能為可能。三民主義得以實現，人類社會德澤福祉，而個人自亦是「德配天地，與日月同明」矣。

（《復興崗》186 期、196 期，1960.08.13 暨 1960.10.15）

從「文學與道德」說起——敬獻復興崗文藝運動

我們聽到的許多介紹辭，總是把一個人的文章、道德，相提並論的加以說明；我們又可能都瞭解，為何英國人有了一位莎士比亞，卻引為無上的榮耀。從這兩個例子，就不難瞭解到文學與道德之間的密切關係，以及文學和偉大的著作家是何等的受人敬重。

今天以復興崗為起點的復興崗文藝運動，已著手開始推展了，就其時代任務來說，自是重大而艱難的。個人是寄予很深切的期望，但我在藝術方面，可說一無心得和修養。謹以「文學與道德」為題，用作獻言。

我們知道，藝術表現的「素材」，雖各有不同，但它的精神卻是一致的，所以，這兒所指的「文學」雖是狹義的，但總不失其「普遍性」。至於文學與道德所要解說的論點，在我認為有三個：第一是，創作文學的動機是為什麼？這就是所謂「為藝術而藝術」和「為人生而藝術」的爭論。第二是：創作文藝的目的是為什麼？是不是應該遵守「文以載道」的說法？再由這方面衍生的第三個問題是：黑暗是否應該暴露。這三個論點概括地說，就是「文學是否道德底」，再簡明的說，文學是否應該用道德為尺度去衡量的問題。所以我不必逐項的去分析論說，如將文學與道德作一比較，從兩者異同的關係中，自會得到明晰的概念。

談到文學的定義，我不必嚕嚕囌囌的引述一些曖昧的名詞，但就文學的內容和眾多文學家公認的說法：「文學就是人生的表現。」道德呢？以康德所說：「道德之於人類社會，猶日月星辰之於宇宙。」

最為精到。所以，我們首先得到個基本認識：文學和道德皆與人生有不可分的密切關係。

但這兩者的表現是不相同的，文學追求的是藝術的「美」，道德所標榜的是行為的「善」。文學是由作者將自己的思想與情感，顯示一種意象中的美感，使人們在精神方面獲得安慰與鼓勵；道德呢，則是以人類社會共同生活的理想為準據，判斷人們的行為和動機在現社會中實踐其善良的德行。

再有不同的呢？雖是文學的題材，雖是取擷於現實的人生，反映這一時代的生活理想和願望，但它所表現的卻是超現實的。道德則是依循傳統的規範，保存固有的生活方式，它絕不能違背這一時代，這一社會人群的利益。也就是說，文學可以超越時空，似乎永遠走在人們的前面，道德則否，它是有時空性的，它常因事實演變而變更其標準。

這樣，我們就可以認識，文學是予人積極的啟發，道德是對人消極的規範，雖是一為求美，一為求真，但對人生的影響卻是殊途同歸的。而且它們所表現的精神，都是一個「真」字。這就是說文學的創作動機不是為人生的道德，但它的效果影響卻是與之一致的。如此我們自不能同意「文以載道」的規律，因為這是混淆了文學的特質，抹殺了藝術的價值。

至於黑暗是否可以暴露，也不必去爭論它，因為問題焦點是在於為何人所暴露？為什麼要暴露它？是怎樣的去暴露它？而且讀者還要負很大的責任的。比如《金瓶梅》對讀者的影響就是一例。總之，文學不必用道德去衡量它，因為偉大而不朽的作品，它必然是與道德不謀而合的。

談到這裏，我自然要說及創造的中心問題。我們是知道的，「文如其人，其人如文」。李時勉在《文體明辨》中曾說：「夫文章之所以傳美於世者以其人也，苟非其人，雖美不傳。」這就是說，作者的道德、人格對作品是何等的重要。明確地說，沒有高尚的人格，良好道德修養的人，就沒有偉大而不朽的作品。屈原的《楚辭》，諸葛亮的〈出師表〉，以及陶淵明和杜甫兩人的詩，在意境上和風格上皆有不同，都是好例。

我們更認識「文人無行」和「武官怕死」，同樣是可恥而可鄙的事。所以我認為復興崗文藝運動，無須先以文藝創作多寡為主要目的，因為道德就文章，也不必專門定原則、講技巧，要求滿紙的光明、道德。否則就先已犯了個「立理以限事」的錯誤了。我們必須先要求我們會員，人人以敦品勵行為基本任務；求真求實，實踐力行，也就是以發揚我們的「誠實」校風，影響及於社會風尚，為個人的基本修養。如此，我們生活內容充實了，生活意境深厚了，我們人格提高了，道德宏揚了，自然有創作：偉大而不朽的創作，而這些創作也自然與道德不謀而合的。謹此曝獻一得，並願與知者共勉，祝復興崗文藝運動發展、壯大、完成偉大而艱矩的時代任務。

（《復興崗》203 期，1960.12.10）

略論「信、望、愛」三德——讀《荒漠甘泉》書後

基督教全部教義，可一言以蔽之為「信」(Paith)，「望」(Hope)，「愛」(Love)三德目。《荒漠甘泉》一書是為傳揚基督教義之著述，思想豐富，體證精闢，風格優雅，文字清美。　總統指定該書作我革命軍人精神修養日課，實有深長意義。研斯書義理是亦為「信、望、愛」三德之宏揚，茲就所知略論如後。

歷史背景

在西洋文明史上有兩個重要元素，是所謂「兩希文明」，一是希臘文明，一是希伯來文明。前者是受優美的自然環境所影響而走「自然主義」，取科學態度，對於人世道德，而尋求一合理的標準，有稱「自由之母」。後者，為苦難的命運所激發，而走「普世主義」，將道德與宗教混融為一，先天上堅信神之存在與其絕對之權威，認為人類一切思想行為皆應以為依歸，是稱「平等之母」。

蓋以希伯來屬於閃族，在西洋史上我們可見其一直遭受厄運，顛沛流離，生活煎熬，內心疾呼，遂而產生了超自然的基督教義，在精神領域中，開闢一無限的天國，為西洋甚而世界文明開放奇苑異彩，為人類寄予「全能」的「力量」，以「大我」慰償了人類的缺陷。基督教第一代神學家聖保羅氏（St. Paul's），所提出的聖靈三果——信、望、愛，即是其主要德目義理之所在。

異同比較

在希臘之「節制」(Temperance)、「勇敢」(Courage),「智慧」(Wisdom)與「公正」(Justice),四元德是以「公正」為諸德之德；至「信、望、愛」基督教義乃是以「愛」為其中心。所謂「盡心盡性盡意以愛主上帝。愛人如己」。我中國正統思想的「仁、義」卻可兼具此「正義」與「愛」兩德之長可說是道心不謀而合，亦是為我國文化博大精深之所在，然其內涵意義自略有不同。希臘講自然，可謂重在知識之「知」，希伯來求神道，可謂重在意志之「意」。而我國一貫之道統思想，厥在盡其「人道」，重在情感的「情」。

三德義理

「信」。宗教信仰，為人心無限追求之表現，其價值不存於內容而在於形式，不可以論證，而只可以體驗。故「信」為宗教精髓特質之所在。希伯來人可說是天生的信仰民族，他們認為人世是殘酷黑暗，是非顛倒，沒有公道的，例如彌賽亞基督來拯救他們，反被一群蒙昧頑愚的罪惡之人打死、殺死、釘死。但天國則一切得直，那兒有真正的道德，我們認為「主耶和華，鑒顧他的子民，連他們頭上有幾根毛髮都數得清清楚楚」，而這天國卻是「在我們每個人的心中（耶穌直說）——你應深信，上帝在憐憫、拯救世人，你一心歸依我主，你必能得救」。此即是要將有限之小我對於無限之大我履行其應盡義務，以求得其善果也。

「望」。望德所表現者為祈求、為忍耐、為創造、為力行。耶穌教人為禱：「願神的國來臨，願神旨得行於世。」即是為啟示人們向著最高理想，而堅貞奮鬥、不退後、不喪氣、不推諉、不怨不尤；在不斷的希望中作堅貞的奮鬥，以堅貞不拔的毅力，作不斷的希望。這樣乃使你人格善，使你精神純粹，使你生活富有，使你生命光輝。這就是自我選擇，自我鬥奮，自我創造的德性，當然亦是提高了人底生命意義與生活價值。

「愛」。耶穌一生所躬親實踐者，厥是「愛」德。故基督教有譽之為「愛的宗教」，既「愛主上帝」，又「愛人如己」。耶穌使盲者明、跛者行、死者得生、厄者得福，故是其行；中世紀無數修道士嘗行乞食濟人，與麻瘋者同食，惠澤植動，推恩木石；而後世之求和平，廢死刑、善遇監犯、解放黑奴等，莫係基督愛德之發揚。這「神的愛是無限的、豐富的、不變的」。不是一般所想像的如仁慈寬恕、博愛、同情、服務社會的熱忱等等詞類，所能涵攝其義，當然更不是姑息，婆婆媽媽，不是煦煦為仁，孑孑為義。但是要「把我們自己造成一種神聖成身底最完美的產物」。這就是耶穌彌賽亞底自覺。所以，這一愛的本質，可謂是導源於「自我保存」的本能，而修臻於「自我實現」底極致。

時代使命

再簡要其精義以言：要為「信」依冥冥中「全能」之「神」，在愴痛憒疾、苦難煎熬中不斷祈求希望；而發揮廣博慈「愛」，使人使己皆得拯救，「天國」正義真理的光耀得永照世界。這自是宗教意味，但卻含有不可磨滅之真理。他們為人世罪惡悲哀，但不為罪惡所脅從，而思拯之救之；他們面對一切苦難，但不為苦難所屈服，而因之更粹己，勵己；他們承認人生「缺陷」，但不為這「缺陷」斲喪其崇高意志，而因之追求無限，創造不朽。

顧我大陸錦繡河山，已為唯物無神思想者共產黨徒攫竊十有餘年；斬絕文化，毀滅倫常，率獸食人，一片血腥，國族生命固已岌岌殆危，而「功利」思想、「現實」主義，又多橫行於自由世界，遠去道義，承認既成事實，比比皆是，短視姑息，不惜割肉餵狼時時可見，當又是人類處於空前浩劫，文明遭受最嚴厲考驗之時代。我反共抗俄戰爭，是一有神思想對無神思想之戰爭，為爭求世界人類和平幸福最重要之環節。我人深信正義必然勝利，邪惡必定敗亡，是無所懷疑。以往重重厄運，處處暗礁，我們在偉大　領抽指航下，風雨同舟，戮力一心，皆一一渡過，而奠立於不敗之基。但勝利須堅持至最後才能獲得，將「接近成功之時，也是危險更大的關頭」。今後在我們革命前途中，更多考慮，險阻自是無可避免，故是應積極發揚這救人救世基督之思想、精神和行動；以此堅定之「信仰」、誠摯之「希望」與博厚之「仁愛」，來開掘我們無限的生命的源泉，根除灰心、失望和自私等一切心中賊，使生命昂揚光輝；更以此「信心」、「希望」和「仁愛」作為我們精神武器與共產惡魔作戰，止其邪說，正其戰行，懲其罪惡。

「信心」即是無比力量，「希望」乃能實現想像，而「仁愛」更使我們不斷生長。我們深信共產惡魔將必敗亡於「神」靈之下，三民主義必能實現，為世界人類帶來真正和平與永恆幸福。

永生之路

《荒漠甘泉》一書，所宏揚中心思想，是為「信、望、愛」三德已如前述。其言可謂字字珠玉珍貴，其義實是句句扣人心弦，讀來使人頓覺清醒明澈，人性為之昇華，精神為之充沛，勇氣因以倍增。它啟示我們：「人生的偉大目的是培養一己人格。」效忠於大我；人生可貴之處在於自我選擇，自我奮鬥和自我創造，自我實現。又使我們體識苦難之於人，不是折磨摧殘，而是如煉洗之於黃金，琢磨之於美玉，如能淬礪志節，堅貞奮鬥，益見其光輝、潤澤；痛創之於人，不是斲喪毀滅，而是如斧斤之於林木，絞匙之於琴弦，能承受考驗，忍耐煎熬，必因之成棟材、成大器；而任何光明和成功成仁皆是如一粒麥穗之死，在為孕育更多更美之生命——無限發展。

該書等等聖潔思想，人生真理，自不能一一列述，深信我革命軍人加以精研深思，當會得益領悟尤多，並願皆能發揚光大「信、望、愛」三德，來蛻除我們靠「命運」、貪苟安之觀念，而確認「人定勝天」之真理，將苦難創痛引為考驗，將失敗經驗作為淬礪教育，堅毅忍耐，不斷希望，讓生命潛力綻放美麗奇葩，創造不可能為可能，庶可修己立己，救人救世而不有辜負　總統指修該書之愛意。

（《復興崗》208 期，1961.01.14）

論政治學是否科學

前言

在知識中，自培根（Bacon）首倡經驗主義，洛克（Locke）起而從之，自然科學遂以肇興，影響所及，迨至十九世紀以至今日，「科學」是已籠罩一切。學者追求知識，莫不是以科學精神、方法為依歸。今日物質文明之進步，真理追求之謹嚴，尤者，人類以之能利用自然，更能在既定的原則和理想指導之下，促使物質世界逐步邁向「至善」境地，是皆科學所賜也。

「政治學為一切社會科學濫觴之始」，其與人類社會底合理與幸福的生活之追求關係至切且深，它是否屬於科學，茲試論之。

什麼是科學

通常，言及「科學」總易使人認之為屬於研究自然現象「物質文明」。這乃是狹義的認識。考究「科學」二字，在英、法文中 Seience 同出於拉丁文（Scire）即為知識（Knowledgs）之意，故大英百科全書中對科學廣義的定義：是為一種學問或知識之謂，即任何有系統的學問，皆可謂之科學。

《科學大綱》的作者湯姆生教授認為：「科學的目的是用以證實說法，描寫人類經驗中客觀的事實，這種說法愈正確愈簡單愈完全越好。」邦家萊（Poincare）說：「科學告訴我們的是事物的真正關係，而不是事物的真正本質，這樣我們可以說，凡是以精密方法，嚴謹態度，從事物眾多而紛雜的現象和關係中，探究推證而得之有條理，有系統，且確實而可靠的原理原則，皆是為科學。」本篇所論及之「科學」一辭，其內涵意義即屬此範疇。

政治學梗概

何謂「政治」，此以　國父所說最為簡明精賅：「管理眾人之事是為政治。」這一事實自應是隨人類經營社會生活而俱有，但它成為一種學說，卻是由古希臘諸哲人對當時城邦政治制度的反應而起。但斯時所謂政治學實是包容各種社會、人文科學，諸如經濟、文化、教育、倫理等等，且又為抽象的理念探討，繼之在政治哲學中推論演繹。

然政治學最根本之思想，厥為追求每個人所共同享受的和諧生活，並皆以國家為研究對象，以求原理為中心。在現代政治學中，追求「好」的政治理想，講求制衡和諧的政治組織（制度），謀求最大多數人幸福的政治主張等等，皆是其思想學說餘緒的發揚。

註：該篇為應政治大學徵文之入選佳作，曾得贈書，該校之校徽，續稿因該報編輯職務調動而遺失，可惜！

（《復興崗》210 期，1961.01.28）

我買了「半本書」——談《未來的震盪》中譯本

六十一年九月卅日君弢先生以〈未來的震盪〉為題，在中副方塊裏談到一本轟動世界的名著，即歐文‧陶夫雷所著《未來的震盪》（Future Suack By Aivin Toffler）。君弢先生並提及這本名著，「包括中國在內，已有九種文字的譯本。」由於本人算是該書的讀者之一，略知一二，所以讀到方塊文章頗感親切，知道這本名著已有中譯本，更暗暗為我們有譯作家與出版社介紹這本最值得一讀的名著而欽佩、高興不已。

不過，當時我抱撼的是一直沒見過中譯本，直到上週在報上看到預約該書的廣告，才知道尚在出版中。再看看預約的書價僅為新臺幣二十一元，想到我前年在紐約買英文原著本竟花了美金一元九角五分，兩相比較實在太便宜了。於是興沖沖地親自到郵局辦劃發預約。昨天下班回來時，見到該書已寄送到家，真是說得上服務迅速。可是當我撿起這本書，覺得那麼輕，心中不禁有個疑問，再打開譯本，前前後後翻了一下，真如小孩受騙一般，難免有點羞愧氣憤之感，也為這個中譯本給譯作界、出版界增添一份污點，而不得不借《書評書目》說兩句話以就教於知者。

該書原著英文本從一九七〇年七月分出版，到一九七一年四月，僅僅九個月，就印了十五版。全書計五六一頁（評介與書名頁等尚未計算在內），共六大章二十節。內容以「事」為經，以「變遷」為緯，描繪出我們這一代所處的社會，現在以至未來所受和將受到令人不敢想像的衝擊，洋洋灑灑，一氣呵成，根本沒有上下冊之分。而我所買的中譯本只譯到原書第三章第二節（即第十節）就出版了，即使算是上「半」冊，也應把第三章各節譯完（譯到第十四節）才免可出版。而令人覺得「受騙」的是，該書預約沒說明是上冊，在譯本上無論是封面、書名頁以至版權頁上，都沒有「上冊」兩個字，僅僅在譯文最末一句加個「上冊完」三個字，實在想不出是什麼道理，存的什麼心。如果說，因我們出版界惡性競爭，要搶先出版，也不應不為讀者著想而「急」得書不成章；更不應連「上冊」兩個字也不按成規印出來。自由經濟制度最大的特色就是公平競爭，但是在別人愈競爭對顧客愈有利，因他人常以提高品質或提供較佳服務來爭取顧客。而我們競爭結果，往往是顧客吃虧，因為我們有一些敗類常以「偷工減料」、「粗製濫造」、投機取巧地來騙顧客，先「撈」它一筆再說。這家出版社的做法實在令人寒心。

不僅如此，該中文譯本最令人生厭的地方，乃是「譯者的話」。其中說，「全世界已有八個國家──連中國則有九個國家──出版或翻譯」，我不知道其他八個國家是否也有譯了「半」本就「佔了一份」的情形，其中又說：「本譯本直接自英文原著譯為中文，茲將日文譯本在日本受到輿論激賞的形情，簡單摘錄如下。」接著就條列一些日本各新聞報刊的評語短句，看來實在令人作嘔。查原著英文本上確刊載有書評，而且很多，有書評家個人的、有報紙和期刊的。這些書評者除了美國的而外，還有英國、法國甚至印度的，但就沒有日本的。譯者既然是由英文原著譯來，要譯該書書評，以助讀者認識「原著是怎樣的書籍」，為何不把如許多的書評譯出，而偏偏只找一本「日文譯本」來專譯它的「書評」呢？如果猜得不錯的話，該譯者日文程度一定比英文更好，譯點日文好讓讀者看出他還「傍通」日文。

筆者所以用「生厭」、「作嘔」等不雅的名詞來形容它，就是因為譯者介紹該書的書評，捨原著所載很多書評不譯，偏偏夾帶些日本新聞報刊的書評。這是因為日本新聞報刊的評論係世界權威？抑是譯者的偏好？或是根本沒看到英文原本？看到日本的新聞報刊，就想到他們極偏極左的「言論」，不僅已污蔑、出賣了我們，且已傷害了日本人自己。不僅我國人絕對多數對之憤慨，即使他們前任首相佐藤先生也曾聲色俱厲地斥責過他們自己。譯者有什麼理由對之偏愛呢？如果說，該出版社所出版的譯文書籍都是日文譯本（見該社圖書目錄正是如此），而要求譯者加點日文譯文以資點綴，譯者又看在稿費份上只得如此，倒是情有可原。

最後要說的是，中副方塊所載的都是嚴謹的評論文字，前些日子呂方先生一篇極富正義而感人的文章〈廢止聯考〉，只因以幽默方式寫出，就曾引起若干讀者的「誤解」。所以個人對這「半本書」──《未來的震盪》中譯本的譯者與出版者無從獻言之際，作為中副忠實讀者之一的我，對於君弢先生的方塊文章中「包括中國在內，已有九種文字的譯本」句，倒有一點出自誠敬的建議：等那半本書出版時再說。

（《書評書目》3 期，1973.01.01）

書評漫談——兼覆書評信箱

在本刊第四期「書評信箱」內，高先生全之來信，談到《未來的震盪》兩篇評文，認為一篇未指明批評的對象，另一篇則沒有詳盡標註該兩種譯本的版本資料。高先生還指出兩篇評文分別依據原文本的章數不一致，而認為如果不是所據原文本不同，其中必有一位是錯誤的。並以此對編者提出「居中策應」，主動與作者合作等等高見。筆者對於高先生讀書細心、認真的精神甚表欽佩。又因筆者為該兩篇書評的作者之一；更因為《書評書目》等於是我們自己的刊物，讀者、作者、編者應該打成一片。有任何意見大家應誠懇的說個明白。所以筆者要借這個機會，以〈書評漫談〉為題，談談個人內心想說的話。

首先應該答覆和討論的是，書評的對象是不是必須要指明。我想，這不僅是筆者所要說明的問題，也可能是本刊所應討論的重要問題之一。

記得筆者撰寫拙文〈我買了半本書〉（刊本刊第三期），在草稿中曾經把譯者和出版商寫了出來，但清稿時又把它刪除了。所以如此，其因有二：一為筆者當時認為只有一種譯本，指出書名，見到該書，自會知道所批評的對象。及至拜讀到第三期 TA 先生大作，才知道另有譯本問世了。這當然是筆者對於出版消息「孤陋寡聞」所致。但如果說，批評的對象不明白的指出版本上全部資料就會使讀者不知道所談的著者是何許人，是哪家出版社，倒未必如此。只有一種譯本，固然不用說。即使有兩種以上的譯本，只要讀過拙文，知道了批評的重點，再去買這本書時，翻翻前後頁及「譯者的話」，自然會明白所批評的是不是這本書。至於「考據」更不成問題，不必多言。不過對於以預約或郵購方式買書，因為沒見過該書，自是免不了有不方便的感覺。但話又說回來，凡是讀過書評的人，得悉某種書有不妥的地方，他自會細心選購的。

再則，筆者認為，作學術研究、評論及某種書或某篇論文，自必須一一交代清楚。但書評，尤其是對所批評的書有很不好的意見或論斷，就不必一定要叫著名字，指著鼻子來「責罵」。因為書評的主要對象是書，不是「人」。尤其是因對某人有成見，而來批評他的書，或是有好感，而說些「讚頌」的話，更失去了書評應有的地位。

至於書評的目的，就積極的意義來說，應是：

第一、幫助讀者認識該書的內容。

第二、藉書評而傳播有關學說的知識。

第三、為社會大眾介紹可讀性的書刊，培養其欣賞能力，以造成社會優良的風尚。

就消極的意義來說，至少也有下列兩點：

第一、調整作者與讀者之間的思想觀念，以致糾正兩者的謬誤。

第二、對於「不肖的作家」和「害群之馬」的出版商予以適當的抨擊，以儆效尤。

需要解說的自是這最後一點。筆者總認為，廉恥之心人皆有之。以筆者拙文來說，只要該譯者和出版商聽到或讀到書評，他們一定會感到慚愧的。如果壓根兒看不到這篇書評，或是「痳木不仁」，把他們大名寫得再大也沒用。設如他們因此而修正再版，其他人也不再犯類似的錯誤，也就算達到批評的目的了，又何必把別人的「面子」一定要戳破呢？

關於高先生所說沒有註明兩種譯本的版本資料，我想這不是TA 先生的事，因為 TA 先生對此已有交代（見本刊第三期第十六頁第二段），可能是指拙文。正如前面說過，拙文並未指明批評對象，所以對該譯本的版本資料自不必提及。但第三點意見，即高先生認為 TA 先生與筆者對該本所譯的章節「判斷」不一致，也可能是誤解。因為 TA 先生所說明「震盪」僅兩百一十頁，尚不及「衝擊」之半。又說，兩位蔡先生只譯到第十章（同上第十九頁第一段），此與筆者所說：「只譯到原書第三章第二節──即第十節──就出版了，即使算是上半冊，也應把第三章各節譯完──即譯到第十一節──才勉可出版。」並沒「判斷」錯誤。令人誤解的是，TA 先生沒說出原文本有六大部，而筆者將「部、章」譯為「章、節」之故。至於兩種原文書版本是不是有所不同，筆者願將個人所據用的原文本（該書是一九七一年八月 Random House, Inc. 所出版）其中六大部章節抄寫於後以供參考。

Part One: The Death of Permanence（Chapter 1-3）

Part Two: Transcience（Chapter 4-8）

Part Three: Novelty（Chapter 9-11）

Part Four: Diversity（Chapter 12-14）

Part Five: The Limits Of Adaptability（Chapter 15-16）

Part Six Strategies Fo Survival（Chapter 17-20）

談到書評，筆者雖非書評家，但個人因喜愛讀書，對於書評倒也有些不成熟的意見和感想。除了在本文中已約略談及的一點外，我還認為書評的「評」字釋為「評介」、「評論」或「批評」也好，它總是具有「吹毛求疵」或讚譽之意，具有比較和鑑賞的成分在內。

但書評者在立場上作到「客觀」、「公正」，尤其是在內容上要達到中肯、深入而富有知識性與學術性，這就要看書評者的修養了。

當然，為了幫助讀者瞭解該書，為了評介該書有無學術價值，書評可以評及著者或編者的學養與能力，應該比較論述及該書取材的範圍是否正確、新穎、有無偏見等等。甚至該書印刷、裝訂等特點也可一併說明。

如果書評者論及作者，筆者認為對名家作品的批評不宜失之寬，而對未成名作家則不應責之嚴。因為名作家有時也會寫出「草率」的作品，而未成名的作家則常有力作問世。可是，一般的書評者，恰恰相反，對於未成名的作家雖未必常常打擊，但對名作家作品多屬一味「歌頌」，這在書評界來說，實是不應有的現象。

總之，修辭立其誠。但書評家寫書評時，如何做到如孔子所說的「毋意」、「毋必」、「毋固」，尤其是「毋我」，則實在太重要了。

（《書評書目》7 期，1973.09.01）

第二篇　從公聞政

拚經濟：必須重建福利社會，以爲生民立命

管理思想的探原與應用

一

人類管理行為的發生，可以遠溯到群居生活的開始。即使依據古籍所記載的史實也有三千年以上的歷史。例如埃及人建造金字塔，中國人構築萬里長城，舊約聖經「出埃及記」中所述摩西（Moses）領導希伯來人為掙脫埃及人束縛而領導游擊求生的經過，以及我國《周禮》書中所載古代設官分職的情形，莫不合乎管理思想的原則。只是那時沒有一一提出管理學說的名詞而已。直至十九世紀美國泰勒氏（Frederick W. Taylor）倡導科學管理，管理學說理論於焉產生，並且將之作為繩墨之準則，競相推行起來。所以，很多學者共認泰勒氏為「科學管理之父」，可謂實至名歸。至少他的貢獻，他的影響，的確應受後人所崇敬。可以說，如果沒有「科學管理」的倡導興起於前，恐怕今天的各種管理學說的產生、以至政府公共行政和社會進步的情形，可能要遲緩若干年。

二

關於泰勒「科學管理」的介紹和評論的著述實在很多。但如舉其精義要點，可歸納為：一、如何使工人和機器結合為一，以發揮高度工作效率為其研究中心課題。二、注重時間與動作研究，以尋求每一工作的最高效率標準。三、論值給酬。四、選擇最適當的人置於適當的工作，使生產利得眾受其惠。

在泰勒學派諸輩中，宏揚其思想與方法卓有貢獻者，尚包括甘梯（Henry Gantt）注重改進與控制生產的技術，以提供決策所需的資料；吉爾勃雷斯（Frank and Lillian Gilbreth）終身致力時間與動作研究，以尋求每一工作最具效率的方法；傅萊特（Mary P. Follett）則認為人群關係重於組織上的問題，而特別強調領導的重要。費堯（Henri Fayol）對於「科學管理」最重要的貢獻是在行政組織與管理方面，即劃分了指揮與參謀的系統，說明管理方面的重要活動。

三

自後，由於時代演進，管理學說亦因以增益發揚，對泰勒「科學管理」的批判者也就日見其眾，而以重視人性之行為學派麥葛里格（Douglas McGregor）為最。他認為傳統的組織原理係模仿軍隊和教會而得，其與現代工業組織在基本上大有出入，且囿於「故步自封」的境地，忽略了政治、社會、經濟的外在環境。尤其是有關人類行為的假設未盡其實。

當然，古典學派的行政管理對於組織的動態行為有未盡說明之處。尤其泰勒視人為機器之一部份，又認為人們工作動機皆屬經濟的，確是為人詬病的論點。儘管如此，亦無損於泰勒科學管理的貢獻。因為在泰勒當時的社會與現代情境不同，在那種工業社會環境裡產生如此學說，實在無可厚非，如來個「古事今判」，自屬不公。何況其若干原理原則仍為我們所應用所遵循。如時間與動作研究，管理五大要素（即計劃、組織、指揮監督、協調合作、管制考核），在今日無論對民營企業或是公共行政方面皆有其學術上和實用上的價值。又如集體生產的倡導，工作專業化的設計，謀求改善生產方法以提供良好服務，主張計劃應就生產資源、工作性質以及發展趨勢做一彈性規劃，重視員工教育訓練以提高生產能力，以及傅萊特重視良好的領導，費堯強調國際合作的重要等等，皆為管理上顛撲不破的準則。

四

今天，除了「科學管理」之外，又有若干倡行的論說或方法，諸如「作業研究」、「系統分析」、「行為科學」、「XY 理論」、以及「目標管理」，還有「網狀圖」、「邏輯樹」、「計劃評核術」、「緊要路線法」等等應用的管理方法。我們當然承認各有其深度與廣度，在某方面是超越了「科學管理」的理論範疇，也可彌補了「科學管理」某方面的缺失。可是管理上原理原則以及基本目的在為求取經濟有效的方法，來實現組織目的或達成管理使命，依舊是彼此一致的。不同之處在於方法的應用，在於所強調的重點各異。所以有此不同，並非由於科學管理不切合需要，而是因為先後情境不同，其各別需要也就相異。不過，文化是累積演變而成的。任一思想學說多屬經由繼承因襲而成長而發展，以至創新發明而興起的。在歐美國家，一直到今天，無論政府機關或是企業單位的教育訓練和管理方法的原則，對於泰勒「科學管理」的重視與遵循依然如故，可是對於各種新的、時髦的管理方法的應用則各不相同。如英國的公私營企業單位多重視「目標管理」。法國政府與企業單位則強調國家經濟計劃配合管制的重要。而美國政府機構以及公民營企業又無不強調激勵員工的重要。為何有此不同？一言以蔽之：「情境不同，需求各異。」以美國為例，他們為何重視激勵員工，其原因是他們深深感到工業產品成本之所以偏高於其他工業國家，尤其日本，皆是由於直接參加生產者常常逃避工作所造成。這些情形都是筆者前兩年在國外進修考察時所親聞目睹。前此不久「美國新聞與世界報導」曾有兩篇文章也討論到這個問題，舉鋼鐵生產為例，每噸勞動力成本，美國為六十七元六角美金，西德為三十八元四角，日本最低，為二十二元七角美金。

再次談到如何激勵員工，雖然極大多數人皆主張發給「獎金」，但獎勵的種類和方法並不盡相同，且有特別重視「工作樂趣」的，認為激勵員工最好使其對所做的工作發生興趣，縱然是辛勞，依然有高度的工作情緒。這樣就涉及人類慾望及其各別不同的個人工作動機的問題和工作態度的心理問題。因此，縱然激勵員工有若干方法可以應用，但難在如何才能發現員工各別的工作動機和心理上真實需求，激勵方法的應用也就不能千篇一律的要求彼此相同。

五

總之，任何管理方法皆有其窮拙之點，也就是說，任何一種管理方法絕不是萬靈丹，也不是用「科學」一詞就可以把管理工作做得盡善盡美。因為事是人做的，有人的地方，對於人的領導就極其重要。人非如物，可在特定情境下控制他的行為發展。所以，管理既不是純科學，但也不是一種藝術，其故在此。一個成功的管理者，對於機構、企業、部屬員工的重要性，猶如英明將帥之於部隊士卒，實在是難得難求。管理者不僅對管理學說、現代管理趨勢要有正確的認識，對於自我之內在外在的影響因素，更需有深刻之研究，把握住管理上的中心問題，靈活運用，殆可計日成功，達成管理目標。

原載於《企業經理月刊》
民國六十二（1973）年三月十五日

建議制度

民國六十二（1973）年八月二十七日應邀在台肥公司動員月會講

陳總經理、主席、各位主管、各位先生、各位女士：

一

今天承蒙貴公司陳總經理的交代，要承武前來在動員月會上向諸君報告「建議制度」，作為貴公司推行「發掘問題運動」的參考，個人甚感榮幸。同時，能和各位見面，相聚一堂，更有一種親切感。因為諸君都是國營事業的從業人員，個人雖然不在國營事業單位服務，但對於國營事業從內心就有一份好感。這乃是由於國營事業的經營發展，關係著國計民生的增進，也有助於國家經濟建設的成功。說得更廣義一點，發達公營事業，對於實現民生主義「養民」的目的，和「均富」的理想有著極大的關係。我們看，今天的公營企業與民營企業總生產量的比例，雖然是三與七之比，但各位知道的，我們的國營事業都屬基本工業，關鍵工業，關係國防與民生的工業，例如貴公司生產的肥料，對於農業增產和發展農業有著極大的關係，這就可以說明我們國營事業的重要性。所以，到我們的國營事業單位來和諸君見面，並能以拋磚引玉的方式來求教，就自然感到既愉快又親切。

二

關於「建議制度」，也就是如貴公司即將推行的「發掘問題運動辦法」，其內容是一樣，可能各位對之已有所了解，它是基於管理學說上「參與理論」的一種管理方法，要鼓勵全體員工來協助各級主管們，為省時、省錢、提高工作效率，實現組織目的，而提供具體可行的興革建議或意見。它也是一種獎勵優秀員工，擢拔真正人才的制度，而且更是增進人群關係、恢弘團隊精神的主要工具之一。

有關建議制度理論的基礎及其實施的辦法，承武在《管理之鑰》一書中已作過簡略的論述。今天不擬再重覆地向諸君報告。不過，在這方面另有一點心得值得加以補充說明，就是：管理上任何學說及其方法，就其自身來講，都有它立論的根據，也有其存在的價值。可是，在實際應用上，雖然難說個好壞優劣之分，但有選擇性的比較。也就是說，任何管理學說或方法的應用，都要適合於自己的環境，設計策劃實施的辦法更要針對各別的需要。也唯有適合於自己環境針對各別需要的管理方法，才能推行得普遍而持久，並且著有成效。例如建議制度在美國其所以倡行的原因就是最好的說明。記得承武在英國唸書期間，在校方為我們安排之下，可說大部份英國著名的公民營企業都曾前去研究訪問過，聽到他們都一致強調說，我們如何實施「目標管理」。到法國巴黎去實習，也訪問了法國各大國營企業，即電力公司和鐵路公司，以及法國的經濟計劃長官辦公室，他們則一致反覆指說計劃、協調與管制對於管理是如何的重要。後來到美國考察，參加了美國文官委員會所舉辦的三種公務人員訓練的講習班，也訪問了他們很多政府機關和龐大的公民營企業，言談之間，發現他們無不認為激勵員工的重要而說到如何認真推行建議制度。為什麼有如此不同的情形呢？這並不是某一種管理學說或方法不好，而是由於每個國家、甚至每個公司之間的實際情況和各別需要不盡相同，因此，所重視的方法、所強調的重點也就不一致了。以美國為例，他們為何要設法激勵員工呢？主要是因為他們發覺到，他們工業產品的成本所以高居世界第一，其原因是由於直接參加生產的員工經常逃避工作所造成的。不久以前「美國新聞與世界報導」就曾有兩篇論文討論到這個問題，據他們統計，美國直接參加生產的員工，至少平均約有百分之十五以上經常是在休假、請假或罷工之中，至於怠工還未計算在內。論文中並以鋼鐵生產為例，每噸勞動力的成本，在美國為美金六十七元六角，西德為美金三十八元四角，日本最少，為美金二十二元七角。再因為美國是典型的自由經濟制度國家，企業與企業間競爭得很激烈，任何企業要想不斷生存發展，不是循著企業合併的道路，甚至大型企業發展成為「多國性公司」（multinational firm， or MNF）以求多角經營，或擴大統合經營；就是想盡方法來降低生產成本，或是謀求技術革新，創造新的產品以利競爭。所以美國企業家、公司主持人，不僅鼓勵員工要努力從事生產，更是特別獎勵員工多多建議，提出降低生產成本或是發明新產品的辦法。

三

說來，建議制度並不是一種新奇的管理方法，因為它在美國已倡行了三十多年。但也不是一種禁不起考驗的管理方法。好比我們流行歌曲和黃梅調一樣，流行的時候，大街小巷都聽到梁兄哥，老老少少也會叫聲梁兄哥，可是今天呢，就很少聽到了。建議制度在美國不僅倡行了三十多年，而且是成效日見顯著，的確可以稱得上是一種歷久彌堅、日新又新的一種好制度。承武在《管理之鑰》這本書內，曾以一項成功的實例和兩項統計數字來說明建議制度在美國實施的成效。最近，美國文官委員會又寄給我一些關於實施建議制度的最新資料，知道他們實施的成效比上一年度更有進步。

在美國聯邦政府方面，因員工建議使聯邦政府所節省的公帑一年比一年的增加。這裡有一張統計表，就是從1962年到1972年聯邦政府員工建議成果統計表，各位可以看到它是在直線上升。到1972年，因實施建議制度為政府所節省的公帑已超出二億元美金。尼克森總統於去年十二月二十四日曾為此項成果，特別致函文官委員會表示祝賀與嘉勉之意。如果把最近十一年，從1962年到1972年美國聯邦政府因員工建議而所得利益或節省公帑的數字相加起來，總共有十五億九千二百七十三萬四千四百九十二元美金，可以說是十六億美金。這僅僅是美國聯邦政府，還不包括州和地方政府在內，各位想想，十六億美金並不是個小數目，我們一、二十年來全國同胞辛辛苦苦努力經濟發展的結果，所積存的外匯存底亦不過十六、七億美金，但如除去外債、外資，真正憑我們勞力智力賺來的外匯存底，不過六、七億美金而已。或許有人說，美國那麼富有，這十六億美金算什麼，這話可把錢財看得太輕了。各位可以知道，自從尼克森訪問大陸以後，美國政府一再引用美國人對華投資與貸款反而日漸增加的事實來說明中美邦交依然密切如故。各位可知道目前美國人在華投資及貸款總共好多呢，總共六億三千餘萬美金而已。可見十六億美金並不是一個小數目。這都是因員工建議而得來的。這還是可以用數字計算而得的利益，而無形價值更是無法估計。至少，實施成功的建議制度，可以提高工作效率，可以發揮團隊精神，可以培養與擢拔到真正的人才，當然也是實現組織目的的最好、最可靠的途徑之一。

在工商企業界方面，據美國建議制度協會最近寄給我的該會1971年年報，其中顯示該會就會員單位中抽樣調查了二百一十三個公司組織，有關建議制度實施成果統計，在該年度內，這二百一十三家公司組織共計處理了二百零八萬零一百六十八件建議案，建議案被採納的比率為百分之二十六，較上年度的百分之二十三升高了百分之三。頒授的獎金總數為三千五百四十八萬七千五百五十七元美金，其個人最高獎金額為四萬七千元美金，每一建議案平均獎金為六十四元八角九分美金，較上年度六十三元增加了一元八角九分美金。

而最值得注意的是投入與產出的比率。亦就是因實施建議制度支出費用與建議案採行後所得利潤或節省費用的比率數，在1970年抽樣調查七十家公司組織平均統計結果為一與四點三六之比，即是實施建議制度支出一元，可為公司節省生產成本四元三角六分。到1971年抽樣調查了七十五家公司組織統計結果，投入與產出的比率上升到一比六點一〇，亦即是為實施建議制度支出一元，可為公司增加六元一角的收益，可見其成效日益顯著。

當然，毋庸諱言的是，美國的工商企業界並非百分之百的都採行建議制度。據全美建議制度協會1971年五月份統計，全美國的公司企業，其員工人數在一千人以上者，將近有十分之四還沒有實施建議制度，而全美國前五百名最大企業有一百二十五個還沒有實施建議制度。可是，全美建議制度協會的會員數確是在日益增加之中，1970年為一千三百多個會員，到1971年就增加到一千四百多個會員。而且，有一項無可否認的事實就是，凡是實施建議制度的工商企業，他們所獲得的利益，或是降低生產成本，無不是較以往為多。

還有一種值得報告的現象是，在美國的外國公司加入全美建議制度協會也日漸增多。而在海外的美國公司也同樣地把這個制度推行到海外的分公司。各位也許會知道，例如台北希爾頓（Taipei

Hilton）便是，今年六月六日在中國英文日報第七版上就曾刊載過他們總經理給兩位建議案被採納的員工頒發獎金的照片。我們當然也會知道，這是生意經，是在借題作宣傳，但他們實施建議制度而且重視建議制度是不錯的。即使說希爾頓用這種方法來宣傳的話，也是相當的高明，至少它向人們暗示：

第一、該飯店管理方式是很民主的，一個小 boy、小職員所講的話，總經理都能聽到並且採納他們的建議意見。

第二、頒發的獎金每人只有新台幣四百元，但總經理親自頒獎並與之合影。可見其上下一體，合作無間。

第三、該飯店人才濟濟，大家都會動腦筋。

第四、該飯店處處力求進步，必然是服務周到而完善。

再說，建議制度不僅倡行於美國，也倡行於其他國家，如西德。西德也有個類似美國的全美建議制度協會的組織，但西德稱之為 German Institute for Business Administration，美國的全美建議制度協會每年年報中各項成果的統計數字都要和西德的統計數字相比較。

英國最近也組織了全國建議計劃協會（National Suggestion Schemes Association），這是由 Joseph Lucas， Ltd. 這個大鋼鐵公司帶頭推動組成的。據該協會的執行秘書 Albert Bayliss 報告說：「成立三個月就加入了六十個會員，其中，包括所有英國鐵路公司的單位，所有英國鋼鐵公司單位，以及每一個政府機構，至於 Hoovers、Mobile Oil 和 Goodyear Tyres 則不用說了。」

更值得向各位報告的是，建議制度並不是資本主義國家、民主國家才有，據全美建議制度協會的報告，連共產國家如蘇俄也在推行，不過蘇俄不叫建議制度，而稱之為 Improvers Movement，可翻譯為「改良者運動」或「進步者運動」，工人的建議案被採納以後，也是頒發第一年純利潤總數百分之十的獎金。在1970年，蘇俄的企業為建議案所頒發的獎金就有三百萬美金之多，雖然僅及美國的百分之十，但他們建議者所得的獎金是免繳所得稅的，而在美國，是要扣繳所得稅，而且是累進所得稅呢。

四

以上就建議制度在美國以及其他國家推行的概況作了極其簡略的報告，如果下句總評的話，建議制度可以稱得上是一種禁得起考驗的好制度，因為它不僅有三十多年歷史，而且依舊倡行，成效日見顯著，並且逐漸普遍擴大推行起來。

至於我國是否也需要推行這個制度呢？承武在《管理之鑰》這本書裡曾肯定地說是，不僅需要而且特別需要。一方面因為，過去我們國內有好多公司企業或機關團體也早已實施了建議制度，只是推行的成效不大。這並不是說行不通。而問題發生在方法上沒有把握住建議制度的真精神，在執行上更不夠認真徹底所致。但也有實施著有成效的單位，如郵政局以及士林電機就是好例子。如果作一次廣泛的調查訪問，可能發現有更多成功的例子。再則因為，以現在情況來講，我們更需要建議制度。承武在《管理之鑰》一書中已經從研究發展的觀點加以概略分析。為了避免重覆，不必照書再講說一遍，我想從另外幾個角度來做一個簡單的說明：

第一、從行政革新方面來說：

目前，我們在行政方面發現了重大缺失，最時髦的方式就是委託專家學者來研究改進，可是，專家學者研究的結果又常常感到學術理論與行政經驗似乎總有一點距離。即使學術與行政配合得相當密切，但是學術機構為政府所討論研究的問題都屬少數重要的個案調查研究，而行政管理上千頭萬緒的「日常工作」，學術機構就無法一一研究討論得到。而且一項改革，在事前縱然經過專家學者們的設計，附諸實施以後，也不能永遠一成不變，這是因為時代情勢日有變遷，任何工作必須不斷求新求變，才能永遠適應現況。這就是如我們蔣院長所說的：「行政革新永無止境。」以及英國組織與方法單位（O&M）將「向陳規挑戰」作為工作座右銘，其道理是一樣的。所以日常工作方法要時時刻刻研究改進，實在是行政方面最根本的問題。而且，這些問題的解決都要靠實際從事這些工作的人，大家來不斷的研究改進才行。實施建議制度，就是鼓勵從事實際工作的全體員工，大家腳踏實地的來參與行政革新研究發展的工作。可以說，有了建議制度，不僅彌補了我們行政工作方面的缺失，改進了管理實務，也是提高行政效率最可靠的途徑。

第二、從縮短管理差距方面來說：

《美國之挑戰》（The American Challenge）著者舒萊伯氏（Jean-Jacques Servan-Schreiber）以及《智識的革命》著者邱勒佛史教授（D.N. Chorafas），都指出當前歐洲與美國在發展方面的差距，主要是在於管理上的差距。至於我們和先進國家之間的管理上的差距更不知要相去多遠了。我們想迎頭趕上並不是不可能，但問題決定在我們能不能取人之長補己之短。

我想，諸君也會感覺到，我們在管理方面固有的優點，要在各種目標政策、指導原則、條例綱要等等，無不完備，也無不正確。這種情形從古到今都是如此。例如，我們有所謂「半部《論語》治天下」之說，而《大學》上所謂的的正心誠意、修齊治平的一套政治哲學，在今天說來依然算是完整而進步的理論。我們也可以大膽地說，現代各種管理學說有若干理論都可能在我們線裝書裡找得出來。但是，我們在管理方面最大的缺失要在方法的欠缺，也就是不在實際的施行辦法上多下功夫。所以，我們有運用之妙存乎一心的、論說極其精確的領導哲學，但是除了蔣總統所著的《行政三聯制》以外，就少有一套實實在在、完完整整的管理科學的方法。諸如動作研究、工廠設計、工作簡化、作業研究、網狀圖、邏輯樹、緊要路線法、甚至目標管理等等，很多有實用價值的管理科學方法都不是我們發明的。因此，要想縮短我們和先進國家之間管理上的差距，怎能不在管理方法上多多下功夫呢。實施建議制度，來鼓勵全體工作人員貢獻智慧，就事論事，拿出具體可行的改進或創新的方法來，對我們管理方面來說，實在太重要了。

第三、就宏揚團隊精神方面來說：

我們蔣院長在去年六月一日第一次主持院會時就特別強調團隊精神的重要，認為團隊精神能否充分發揮是今後成敗的關鍵。院長說：「個人突出的時代已過去，任何個人或少數人不可能完成偉大的事業，只有集體的思考，集體的計劃，集體的努力，集體的創造，才能完成時代的任務。」諸君，怎樣才能做到集體的思考，集體的計劃，集體的努力，集體的創造，來發揮團隊的精神呢？就全體大眾員工來說，就是要多多的建議。所以，院長於同月八日在「要求於各級行政人員之十項革新指示」中，又特別指出：「向上級提供意見是每一工作人員之權利，接納部屬意見是每位主管的義務。」由此可見，院長對工作人員來提供建議意見是何等的重視。要想做到這一步，實施建議制度乃是最切合實需不過的了。因為建議制度不僅是鼓勵員工大眾建議的制度，更是增進人群關係最佳工具之一，它不僅有公允的獎勵制度，而且也配合人事上用人唯才的政策，來擢拔真正的人才，可使個人的前途利益與單位的前途利益相結合一致，大家自然會時時刻刻樂於為團體進步更求進步而設想、而奮鬥創造。這樣，團隊精神就自然地形成了，團隊精神的效用也自然能充分發揮出來。

第四、就人才發展方面來說：

《美國之挑戰》作者舒萊伯氏又曾說：「今天我們所尋求的財富不在於土地資源，不在於人數與機器的眾多，而在於人類的精神，尤其是我們思想和創造的能力。」這當然是說，我們所欲開發的資源以「人」礦最為重要。所以院長所說的，「設法啟發他人的才智，才是才能真正的發揮」，實在是發掘人才和運用人才的精闢之言。但怎樣才能啟發他人的才智呢？最簡單而實際的方法就是實施建議制度，讓大家有貢獻才智的機會。

今天，我們可以看到在現職人員當中確有很多學識才能相當優秀的員工，尤其是有若干人才因境遇關係而用非所學或是學未致用，比比皆是，如果沒有一種良好的方式，鼓勵其充分貢獻他們所學所能，在個人來講固然是一種悲哀，對於國家對於團體而言，又何嘗不是一種莫大的損失呢。實施建議制度，不僅是智能較高、學有專精或是學未致用的員工，可以為他們提供一種發揮潛力、貢獻才智的機會，也可促使全體大眾員工自我努力學習，主動埋頭研究，這實在是開發人礦、發展人力的「最經濟」而且最有「實效」的辦法。人力素質提高了，人人樂於就各事各物，時時刻刻貢獻他們的智慧，大家來發掘問題，來解決問題，來創造成果，這樣，組織上任何所欲達成、所欲實現的重大目標，何愁不能達成，何愁不能實現呢。

第五、最後就貴公司來說：

這幾年來不斷在引進新技術，更新設備，來發展多元肥料，這不僅對於農業增產著有貢獻，而且產品外銷從日本東南亞及印巴諸國，遠至美國及澳、紐等國家，爭取外匯也有相當的績效。尤其是國內的肥料售價一年比一年地降低，受惠獲益的不僅是農民，就是全國消費者大眾，也能因此而食用到便宜的糧食，實在是難能可貴。然而進步往往發生問題，例如政府廢除肥料換穀制度以來，竟因有中間商套購肥料，而使真正需要肥料的農民感到缺肥。而今天在國際性物價漲風之下，我們的肥料還要減價，以及在世界有可能面臨糧荒的情形之下，政府為了防範未然，而鼓勵多多種植稻穀以充裕軍需民食，決定肥料不再外銷，並要求增加產量及降低成本。這幾種富有挑戰性的問題，在在都需要服務於貴公司的每一位員工大家貢獻智慧，人人致力於研究發展，來發掘問題，來解決問題，俾能創造更大更輝煌的績效和成果。所以貴公司要全面推展「發掘問題運動」，也就是實施建議制度，的的確確正適其時，正合所需。

五

至於如何實施建議制度，當然要參考借鏡他人其所以實施著有成效的實例。但主要還得依據自己的實際情況來訂定推行的辦法。個人很榮幸的能夠先拜讀到貴公司所擬訂的「實施發掘問題運動辦法」，承武可以很坦誠的態度向諸君報告的是，這項辦法不僅完善周到，而且有很多特殊的優點，使我很欽佩，諸如——

第一、規定全體員工都有建議提案的資格。

第二、要求各級主管人員協助員工代繕建議提案書。

第三、提案書不僅充分供應，並且要將提案書附於員工薪資袋內一併分發。

第四、提案書直接寄送給總經理。這可算是優點中的特殊優點。可說是這項運動實施成功的最大保證。個人對陳總經理如此重視員工的建議，更不辭辛勞的親自先來處理員工的提案書，至表敬意。

第五、提案審議會之組成人員不定，以保持充分的彈性俾能靈活運用。尤其是總經理親自主持，這樣可以簡化了若干作業程序，更可使審議會能夠發揮它應有的功能。

第六、提案採納後，按第一年內所報純利潤百分之十的獎金發給，而且沒有最高額的限制。除此之外，還有提案累積的實物紀念獎品。這點，就個人所知，連美國也沒有如此優厚。

當然，正如聖經上所說的，太陽之下世界無最完美的事物。所謂無缺點計劃也只是屬於它能做到及時改正錯誤而已。所以這項辦法自也免不了有需要補充的地方，至少，在實施一段時間以後，可能會發覺某些條文要修正或是要增補。這是自然的現象，不值得加以推敲論說。而最重要的是在於認真的推行，徹底的實施。尤其是要靠全體員工都能做到「人人在研究，事事求發展」的地步，多多的提案，也要靠總經理以下的各級主管們以極其真誠合作的態度與作法來保證貫徹這項運動才好。所以承武為了諸君如何才能多多提案，也為了各級主管們如何來保證貫徹這項運動推行得有聲有色，著有成效，特別選譯了一份資料，貢獻於每一位建議者諸君和各級主管先生們參考。

這份資料內容計分為兩大部份：一為建議者提供了二十六項如何建議的方法和竅門。一為主管人員提供如何支持建議制度的五戒和五守。茲分別說明如下：

第一部份：建議者訣竅（ABCs for Suggesters）

A. 問題研究：依六何（何人、何事、何地、何時、如何、為何）方法來尋求了解問題的答案。

B. 一定要以最好的方法來做你的工作。

C. 從各種不同的角度來檢討你的工作，相信會找到更好的方法。

D. 培養你好奇的習性，即常常自問，我們做這項工作為何要用這種方法！

E. 要想盡方法來消除重覆，節約時間，減少浪費。

F. 首先確實了解你的工作，然後建議一種較佳的工作方法。

G. 憑藉你的聰明才智來贏得額外的收入。

H. 運用你的思想常能減輕你的工作負擔。

I. 對於任何人來說，良好的思想就是金錢和才幹。

J. 只要處處留心，良好的思想俯拾皆是，只待你設法去運用它們。

K. 經常提出建議案，會使你有滿意的收穫。

L. 請主管幫助你寫出詳細的建議案，他會樂意為之。

M. 建議用更好的方法來做一項工作，會使你既往的努力獲得應得的報酬。

N. 絕不忽視你工作中任何一個步驟。需常加詢問其可以再改進嗎？

O. 其他人對工作有所抱怨，可能會激發你的靈感與才智，來想出改進的辦法。

P. 建議案要寫得詳盡而完整，提出具體可行的辦法來。

Q. 不要羨慕他人獲獎，你也能同樣得到它。

R. 記著隨時寫下你的想法，以免遺忘。

S. 研究你工作的每一部份，並建議更好的方法來做它。

T. 定期提出你的建設性建議案。

U. 運用所有可能幫助你的事物——如過去的工作經驗、閱讀參考書等等。

V. 一個極簡單的思想常常會節省很多金錢與時間。

W. 注意你的每一種工作動態，同時尋找一種更簡化、更省力的方式來做好你的工作。

X. 一筆額外的獎金在等待你良好的建議來頒發它。

Y. 你經常提出有實用價值的建議意見就能增加你的收入。

Z. 不斷提出建議案可使你收入直線上升。

（註：上述原文二十六項，每項第一個字母即 ABC，並且依此順序排列，很有寫作技巧，但譯成中文後，只能達意，不能傳神，未免美中不足。）

第二部份：主管人員的五戒和五守（Do's and Don'ts for Supervision）

甲：五戒（Don'ts）

1. 不要認為一種建議或意見就是專門為了批判你的工作。事實上切切相反，這正是證明對你的工作發生興趣，而且有一種幫助你的真誠意願。
2. 不要認為你自己想到什麼就可做好什麼。語云：三個臭皮匠賽過一位諸葛亮，你一定要想辦法爭取每一個人對你職務內所應做的工作發生興趣，進而一同為你思考，參與工作。
3. 不要對任何人吹毛求疵地說某人的建議案不應該也不會被採納。
4. 不要認為實施建議制度計劃是鼓勵他人來暗中傷害你，要知道，建議案的調查及其全部作業程序都是為你的工作而設計而實施的。
5. 不要認為高階層主管們不會關心這項計劃的成果，他們隨時在注意到哪一部門的建議制度實施計劃有了良好的紀錄。就總經理的觀點來看，每一部門都是他不可或缺的部份。

乙：五守（Do's）

1. 要設法使大家知道，你對建議制度實施計劃支持合作的事實，要以幫助員工建議的方式來幫助你自己。
2. 要公開宣揚任何好的建議或意見，讓你的部屬知道其所得獎金和嘉勉的經過。也讓你部屬知道，你也為此事而高興不已。

3. 要把榮譽歸諸得獎或受嘉勉的員工，向他道喜，並鼓勵他以及其他員工再多多提出其他的建議意見。
4. 要鼓勵建議案未被採納的員工，督促他繼續嘗試，並協助他研究新的建議案。
5. 要迅速答覆在調查中的建議案需要你提供意見的問題。對於任何一項建議或提案遲遲作答，可使你單位遭受財務上的損失，並斲喪了員工的士氣。

總之，作為一位主管，鼓勵和協助員工們多多提出建議案乃是你份內應盡的職責。激勵他們去運用智慧，提出良好的建議來做好工作，也是你份內應盡的職責。你能遵循五戒，做到五守，則建議制度實施計劃將為你帶來意想不到的利益。

六

承武深深相信貴公司即將推行的「發掘問題運動」，也就是如承武所報告的建議制度，有陳總經理的賢明領導，親自主持，在計劃辦法方面又訂得非常充實完美，準備工作也相當周到；如果再得到各級主管們的通力合作與支持，以及全體員工同仁多多提出建議案，必定推行得極其成功，獲得豐碩的成果，使貴公司的業務蒸蒸日上，諸君前途光明成工。

最後，承武仍要說聲謝謝陳總經理給我和諸君見面的機會，也要謝謝各位不怕浪費寶貴的時間來聽承武的報告。

謝謝各位。恭祝成功。

原載於《台肥月刊》

民國六十二（1973）年九月三十日

穩定物價安定民生芻議

政府自今年七月一日起實行十六項限價措施以來，已歷三月有餘，有關十六項實施限價，除鋼筋一項外，據孫部長運璿於九月二十四日在記者招待會中表示：「執行成效尚稱良好。」但事實上，近月以來，物價均告上漲，尤其是日用必需品零售價格被哄抬得較厲害。在執行限價措施方面，分析問題所在，其顯見者要為：

一、限價項目僅有十六項，雖然皆為民生必需品，但不能作到全面限價，於是未限價者「自然」上漲，影響所及，使已限價者物品惜售待價，彼此交互影響，於是「預期上漲」心理促成一片漲風。

二、在「限價」措施與「補貼」政策下，對「合理價格」與「合理利潤」難求難訂，更難求其「平等」「一致」。於是，「維持成本」、「維持經營」成為商人業者要求漲價的盾牌。

三、限價措施僅及於該貨品出廠價格，而零售價格則因有價無市，或因囤積居奇，或以運費增加，甚至以工費提高為由，而任意上漲，限價政策予消費者所得實惠因以大大沖銷。

物價上漲之因，就一般情形而言，有國際性原料上漲，與經濟性自然上漲，有供需失調上漲與人為哄抬上漲之分。就前者而言，物價上漲為不可避免之情事，尤其是國際性原料上漲，只有透過外貿（包括進出口），改進本身生產結構，以精密工業產品外銷來避免外來衝擊，維護我經濟穩定成長。至於經濟性自然上漲，如果上漲率不超過百分之四至五，乃屬正常現象，但如超過此一上漲率，除受國際性上漲因素而外，即屬後者供需失調與人為哄抬而使物價上漲，尤其是人為哄抬造成通貨膨脹結果，所得再分配，使薪資階層遭受損失，升斗小民生活困苦程度加重。處此情況，即須由政府採干涉措施，加以矯正，以安定社會大眾生活。

當前國內物價上漲，上述四種因素皆有。所以穩定物價措施，正如蔣院長指示，經濟問題需用經濟方法來解決，而人為因素則以行政權力加以干涉。政府所採各項措施，三月以來，在限價物品方面尚稱穩定，然因近日來日用品「沒有一樣不漲，物價上漲情勢，已逐漸走上全面性」，所以穩定物價問題確如本月二日蔣院長在立法院宣稱：「穩定物價是當前最重要的問題。」需要：「審慎研議明年度物資調節及穩定物價的全盤計劃。」謹就一個中心課題，三項根本要領，分別貢獻補充芻見於後：

注重一個中心課題——即合理分配所得的問題。

蔣院長曾指出：「政府的財經措施，不能僅從增加經濟成長率高低來評斷其得失，也要從其措施是否足以擴大或縮短貧富差距來衡量。」並且明白指出，穩定物價係為「民生安定」，政府必將盡心盡力有效、經濟地運用一切可用的力量，來改善和安定民眾和軍公教人員的生活。準此，穩定物價最根本課題當是為合理分配所得，亦即在消極方面保障薪資階層與升斗平民，確能保有免於凍餒之虞的安全生活。在積極方面則為縮短貧富差距，實現均足均富的理想。此因：

（一）限價措施因廠商業者或惜售待價，或囤積居奇，零售價格又無法全面限定，一片漲風，百物騰貴結果，所有物價的負擔與損失悉由消費者所承受。

（二）廠商業主總以「利潤」第一，「成本」至上，政府難於要求其做虧本生意。有利潤可圖時，則競相爭求，如某些業者一再要求開放出口。有成本虧損顧慮，則減少生產，如鋼筋供應內銷事例。所以，任何物價上漲，廠商均以圖利為主，至少可以保產保值。

而通貨膨脹更可使其「增值」，真正受災受害者皆為薪資階層與無產無業的升斗小民。

（三）政府為收縮通貨所採提高利率或將台幣升值，對已賺得大批錢財之廠商或投資生產或週轉套利，均屬利多於弊，而薪資階層與無產無業平民無利潤可賺，縱或增加薪資，也因通貨膨脹造成所得再分配，抵銷所增「收入」，而生活困苦每況愈下。因此，在求「民生安定」方面，下列芻見或有參考價值。

A. 研訂合理薪資制度以避免薪資階層與大眾平民因通貨膨脹造成所得再分配而遭受損失。如此，亦為免於限價措施的最有效途徑，其方式列舉如下：

 1. 採「實物」折算法。我國抗戰期間通貨膨脹，薪資計算有以米或其他實物計算者，甚至公私交易往來如繳納學費政府田賦實徵皆是。今者，政府無妨擇定二三民生必需實物如米、肉、布、鋼筋等等，作為薪資折算單位，並訂定自動調整比率與折換時機與方式，於「非常」時期要求全面或局部實施。如此縱然物價波動，通貨膨脹，則薪資所得者可減少因所得再分配而受之損害。即使不實施，亦可收「嚇阻」廠商哄抬物價與安定民心之功效。
 2. 採物價指數計算法。比如英國薪資依物價上升指數而要求同時增加，我們似可考慮參酌採行。
 3. 依各業勞力生產力適時調整其工資。此法行之於產業界為最合宜而公平之方式。
 4. 要求民間企業廠商參照軍公教人員實物配給制度，以員工福利名義，對受雇員工負責配予定量食用必需品，如此，亦可收安定薪資所得者大眾人心與生活之功效。

B. 與其對少數生產者難作「公平」之「貼補」，無如將此龐大貼補費用移作全面建立社會福利制度之基金，諸如先行舉辦失業救濟、養老給付、醫藥保險等等，必然惠澤平民，福及全國，是亦為仁政宏圖的具體措施。

C. 由政府運用軍工力量，大量建造國民住宅，務期中下階層，住者有其屋，所謂有恆產者有恆心，此點對於安定民生大有助益。

D. 及時策劃民生必需品之配給制度。此因資源缺乏物價波動恐非近年內所能平息，設如情勢再行惡化，則限價絕不能奏效，而目前平價抛售辦法，對於普遍嘉惠真正消費者大眾，難收實效。所以民生必需品依家庭人口採行平價配給制度自有必要。

E. 以貼補或融資或減稅進口之物資，嚴格監督其平價產銷，俾使此項政策收到真正實效。

F. 在縮短貧富差距方面，最主要手段當在稅制的改革，加強稽徵直接稅與遺產稅。如劉大中先生建議對於外銷已獲厚利的企業，不必再給予優惠的退稅待遇，以及徵收出口附加稅，皆是方式之一，而西德在穩定物價所採各項措施，對個人所得超過一定金額者課以百分之十「安定附加捐」，對於縮短貧富差距更不失為良策之一。

致力三項根本要領：

依據蔣院長對於穩定物價與經濟建設各種指示，當以確保資源不虞匱乏、經濟穩定成長以及縮短管理與技術差距為亟需致力之根本要領。謹試議如下：

（一）確保資源不虞匱乏：

1. 類似公民合資向國外投資開發木材資源的計劃宜擴大進行。

2. 對民營企業爭取國外資源宜訂有獎助辦法，促其積極進行。

3. 對過份依賴進口原料之工業宜不再鼓勵其擴充生產，並有計劃地指導與協助其更換生產設備，改弦更張。

4. 派駐國外使館官員，尤以經濟參事、商務專員及公（民）營貿易採購團體，宜課以尋找所需原料物資為首要任務之一。

5. 以寓「節」於「徵」的方式，促使國人節約能源與高價進口之原料。例如徵收汽車燃料費以「隨油徵收」替代「隨車徵收」辦法，以節約油源（參六十二年八月二十日經濟日報）。以及對消費過高者，課以累進稅金，以促其節約。

（二）維持經濟穩定成長：除目前爭論中之出口是否鼓勵，台幣是否升值等問題而外，似宜把握下列各點：

1. 充分就業。

2. 集中公民營企業力量加速發展石油化工業。

3. 對民營企業採行「適當輔導」，即對已賺得不少外匯與有可靠利潤可圖之出口工業，尤以大型企業，其融資貸款力求減少，而以之用於有發展前途之中小企業，以防止私人財富過度集中，俾實現均足均富之目的。

4. 以公營企業為中心，有計劃結合民營企業，使公私相關企業組成一大「集團」，俾利對外競爭與發展，以收發達國家資本與扶植民營企業之雙重功效，而達經濟穩定成長。

5. 長期經建計劃務須將民營企業納入，多方協調，編訂「集中化的計劃」，並適時檢討調整，以確保經濟繼續穩定發展。

（三）縮短管理與技術差距。發展經濟仍以拓展外貿為首要。但今天以我們出口工業皆屬勞力密集的加工工業，賴其繼續對外拓展貿易，不僅生產原料難求，且其所賺蠅頭小利亦不足補償因外銷價格刺激內銷價格上漲幅度所受的「損失」。所以政府早經決定發展高級精密工業乃屬極明智決定，但此點呼之有年，如何使構思加速地成為事實，當在加強研究發展，以縮短管理與技術的差距。蔣院長對此已要求國科會。目前某些大學研究所亦有開始進行「應用」研究的事例，似宜因勢利導，借鑑於美國施行辦法，由政府編列足夠經費，釐定周詳計劃，責成各大學研究所為民營企業負起研究發展與管理服務之責。此外，並嚴予保障專利權，以獎勵私人發明創造。協助與指導民營企業引進新技術與改進管理等等。如此，假以時日，必能打破當前有礙發展的障礙，走向高度工業化。斯為發展經濟、安定民生的長遠宏圖。

原載於《自立晚報》

民國六十二（1973）年十一月一日

能源開發與國防工業發展

世界性「能源問題」，特別是石油危機，因此番中東戰爭，阿拉伯石油輸出國組織十個國家以石油作為「政治武器」，而使之急遽升高。其為若干國家人民帶來損害之程度，全世界為之震動。如果以阿和平未得「合理」解決，其情勢繼續惡化，將不知伊於胡底。特別是阿拉伯國家在「禁運」、「減產」、「加價」之外，再進一步採取其他手段，諸如「沒收石油公司的股權及資產」、「撤回阿拉伯在美國的石油化學工業的投資」，尤以「以石油所獲巨額美元在國際貨幣市場拋售，並將存在美國銀行的資金全部提出，製造另一次美元危機」，則情形之嚴重，更不堪想像矣。

目前各受害國家無不採取緊急性的能源節約的應變措施，即使富強如美國僅短缺來自中東的百分之六的石油，也噤若寒蟬地採取了若干強迫性節約措施，無不令人有觸目驚心之感。我政府正已加強石油、天然氣、地熱、煤礦、銅礦的礦業資源的探勘開發工作，並策訂了各種能源節約方案，各方無不擁護支持，且競相提出建議，對於政府多日以來不計盈虧，油價、電費迄未調整提高，全國同胞更是稱頌不已。而關於能源開發與節約方面，各方所作建議意見，不僅至多，而且無不值得政府參考研究者。然而，如就石油危機，從各方新聞報導中稍作深入分析，捨眾所談論的能源開發與節約而外，至少仍有下列諸點亦屬亟需及時加以慎謀遠慮者，茲試言之，以供有關當局參考。

第一、國防應變的準備

據權威性的年鑑1973-74年版的《珍氏武器系統》報導，未來石油缺乏可能改變現代戰爭情況，並對世界和平形成新的威脅。亦即由於油料的缺乏可將世界少數部隊軍力目前機動力喪失百分之九十，其餘大多數喪失百分之九十九的動力，珍氏年鑑並警告說，核子武器和傳統軍力仍可在缺少石油的世界上作戰，但對世界和平至少可產生兩種新的威脅，此由於人們了解喪失坦克、飛機、燒夷彈、大多數海軍軍艦和其他依賴石油產品的武器系統而迅感不安，可能很不幸地導致對化學和生物戰重估的危險，再則是大國武裝奪取石油結果，產油國家向大國尋求保衛結盟，造成大國之間衝突的情勢。斯言自有根據，情勢發展到如此地步，亦有可能。我們處於戰時，除了大量存儲戰備用油而外，我國防政策方面，目前保衛台澎防衛體系與未來光復大陸軍事作戰有關戰略戰術，武器裝備之整調，運輸補給之適應等等，均須加以深入檢討，適時策定肆應之方。所謂多算決勝，何況此絕非杞人憂天之舉。

第二、工業系統的調整

目前油價直線上漲，油源減少情形之下，不僅要改變貿易情勢，而且也震撼了工業體系。諸如油價上漲，美國在中東將失去貿易順差。而日本每年可能額外支付十六億美元，長此下去，將可能耗盡日本的外匯準備而妨礙其經濟成長。而油源枯竭，則現代石油化工業，運輸、鋼鐵工業，可以說全球性的工業均將解體。即以目前石油系統化工原料貨源減少、售價不斷暴漲而言，其影響即非常巨大深遠。現在經濟部國營事業委員會決定成立專案小組，研究如何長期有效地掌握我國所需的工業原料，如以我台灣地區所需原油僅佔總需量千分之三，為數甚微，加之儲產量最多的沙烏地阿拉伯與我邦交甚篤，保持油源，依情理可能不致困難。然而，世情常有令人莫測的劇變，而世界能源問題亦非短期間所能妥善解決者。因此，我石油化工業中下游計劃，其投資重點，擴展範圍，皆須加以縝密研究決定。在爭取油源方式上，據美國開發總署糧食和平計劃負責人邁爾說，諸如沙烏地阿拉伯之類的阿拉伯國家對糧食進口依恃甚深，美國會運用糧食以影響阿拉伯國家，使其解除對美國的石油禁運。果爾如此，我台灣地區資源足可依恃者是為糧食增產。在不影響民食軍需原則下，似可以糧食作為與沙烏地阿拉伯國家簽訂長期交換或開發石油計劃，即使本「易貨制」（barter system），以糧食易取石油，則從石油價格中所「賺」利潤亦可用於改善糧農生活發展農業，可謂兩得其利。而積極的作為，當應把握情勢，創設與發展適應能源危機的工業，諸如最近國內幾個大學研究所研究發展之電動汽車工業，及立委李文齋、胡秋源等所議成立飛艇工業等等，皆宜及時考慮，如有可行性，自應加速發展，亦可能因此新興工業可為我經濟成長、民生福利謀求得莫大利益。

第三、外交關係的轉變

據中國時報今年十月十二日社論分析：「第二次大戰結束後，國際關係的主要樞紐，第一階段是共黨國家與自由國家的冷戰與局部熱戰；第二階段是匪俄分裂導使國際關係的敵友不分，一片混亂；第三階段即是暫時擱置觀念差距，在能原糧食與貿易中，各自爭取對本國有利的條件，對某些國家謂之掙扎圖存，亦不為過。」並且進一步指出：一旦波斯灣被封鎖，在 Hormuz 海峽擊沉一艘巨輪，則世界為之立即變色，大多數國家的生產以至社會生活將陷於全部癱瘓，其禍害所被，將無異於一場毀滅性的核子戰爭。」衡度情勢，斯論當非「危言」。就此番以阿戰爭而言，阿拉伯產油國家所採石油戰術，把各主要消費國分成二大類，其一是「停止供應國」。目前被列為的有美國和荷蘭二個國家。另一類是「繼續供應國」，又細分為三小類：「友好國」、「存疑國」和「非友好國」。據報導，東京為希望阿拉伯國家將日本列為「友好國」，不惜故意不對以色列表示過份親熱的姿態，同時也已謹慎地對美國所提石油消費國家組織一個多國消費的同盟共同與產油國進行談判的建議不予支持。而西歐諸國對於此次以阿戰爭也抱隔岸觀火態度，不敢置一詞，更不敢左偏右袒，足可見其在外交關係方面之影響程度是何等嚴重。阿拉伯國家如果堅持石油戰，則目前美國與西歐與日本以至美蘇關係將發生令人意外的劇變，大有可能。我國處此情勢中，在外交方面如何掌握契機，作扭轉乾坤的打算，似宜由有關單位密切注意研究。其要有二：一為消極方面，須慎防中共以開發渤海灣石油為餌，加緊勾結美日。周恩來最近雖然否定了日本投資石油探測和開採計劃的可能性，然依中共「否定的否定」的辯證法及其一貫的欺詐行為而言，中共與美日合作開採石油，而以此在「外交」上對美日作更大的敲詐，以逞犧牲我國的陰謀，實有可能，故不得不嚴密注意者。而在積極作為方面，即係加緊探勘與開採我海域石油，多多尋求與美日技術合作，共同投資開採。尤須將中油公司協助菲律賓探勘開採石油方式，加強其陣容，設法推展及於印尼、馬來西亞、婆羅乃、泰國、特別是越南、高棉諸國。多方趁時尋求「合作」，自可加深外交關係，設如開採到大量石油，在經濟上、政治上，帶來無限的福祉，特別是在外交上將有扭轉乾坤的轉變，更為必然之事。

第四、探求油源的坦途

據聯合國亞洲暨遠東經濟理事會五年前報導以及美國海軍科

學家宣稱，台灣至日本之間的大陸礁層，是世界最大可能石油貯藏之一。我已加強探勘開採要如前述。但依據調查統計，世界石油蘊藏量除亞洲佔百分之六十六點六，北美洲佔百分之十二，西歐佔百分之零點五而外，南美洲亦佔全球百分之七，以往非洲無完全估計，但據最近我駐象牙海岸大使館經參處報告，非洲石油蘊藏非常豐富，估計約佔世界百分之十五點三。而且這兩大洲產油量，南美洲的委內瑞拉居世界第三位，非洲十年來自三千三百萬噸增至三億噸，幾為十倍，其發展之速可以想見。固然這兩個地區距離我國較之中東阿拉伯國家更為遙遠，爭取得油源，其因運輸所費成本將為之大為增高，但在分散採購地區政策下，特別是南美洲國家邦交多屬敦睦，而非洲不僅有多數國家與我保持極友好關係，我先鋒計劃所創成果與貢獻更得其頌讚，在當前外交情勢方面，這兩大洲實大有可為。因此，向這兩地區探求油源，可能較之向中東國家單純便利多多。如我力能所及，更宜設法爭取合作探勘開採的機會。此舉無論在政治、外交、以及經濟方面均有其莫大裨益。斯皆建議責由有關單位多方研議，以作長遠之佈署。

原載於《自立晚報》

民國六十二（1973）年十一月十八日

有關實現「均富」理想論述之平議

一

今年九月二十五日蔣院長於立法院五十二會期所提「口頭報告」中指出：「我們的社會建設，是依據民生主義的社會政策，逐步建立一個『均富』『安和』的福利社會。」國內各新聞報刊多就「均富」、「安和」理想的實現或發表社論，加以闡揚，並示擁戴；或增訂特刊，提供建議意見以供政府參考，在在均可見及蔣院長所強調之「均富」、「安和」的理想與政策深為國人所重視與稱道。

二

關於「均富」的定義，　總統於「土地國有的要義」訓詞中解說得最為簡明切要。　總統認為民生主義「平均地權、節制資本」就是「均富」。並明確指出：「『均富』是要使人人有田種，人人能發財，但是不許每個人在限田額數之外，再壟斷成為大地主，亦不許財主集中社會財富，成為托拉斯，而再有社會不平的現象。」　總統又闡明：「總理的民生主義，就是在使人人有土地，人人有工作，人人有權利，人人有自由，亦就是人人能自由生活，人人能自由生存，人人皆能享受其康樂幸福。」這當然又是「安和」的最佳寫照。至於「均富」與「安和」的關係，卻如蔣院長此番向立法院「口頭報告」中所說：均富是安和的前景，安和是均富的結果。是「兩者相輔相依」的關係。皆應為眾所共識無疑的詮釋。

三

然而，從最近國內報刊就當前經濟發展，限價措施，以及金融貿易等等衝擊性的問題，而對「均富」、「安和」所陳議論，所提建議中，其需加以辨正之點至少有下列兩端：

首為「均富」是否為「平等」「分配」「社會的財富」。此因有學者以「經濟平等的意義」為題（註一），論述「均富」為「平等」「分配」「社會的財富」，而指出「財富的重分配對於窮人所能產生的利益畢竟是短期的，如因其而延緩了經濟成長的速度，則就長期的觀點看來是很不值得的」，因而主張「對於經濟不平等的現象亦須予容忍」。然筆者認為「平等」「分配」「社會的財富」或「財富的重分配」雖絕不同於「共產」主義，但也不能以此與民生主義所揭櫫的「均富」目標混為一談。其一，「均富」在求縮短貧富之間差距，它是以合理分配所得為主要手段。其二，「均富」是為「改善大眾的生活，增加全體人民的財富」，要在於公民營企業相互配合發展而得（註二）。所以民生主義的「均富」理想是「分配」與「生產」同時兼顧的，絕不是單純的「平等」「分配」「社會的財富」。

次為縮短貧富差距是否阻礙經濟發展。縮短貧富差距不僅為民生主義「均富」理想所欲實現的具體目標，也是當代極大多數經濟學家所一致稱許的主張，但也有其爭論之點，就最近我國內學者專家們對此問題所發表的議論而言，至少有兩點應加辯正者：一為先「富」後「均」或求「富」同時求「均」之爭；再為縮短所得差距之結果可能斲喪了企業家甚至國民大眾奮鬥創造的精神，違反了現代社會組織的「上進原則」（principle of advancement）。有論者謂，縮短貧富差距之旨在預防財富集中，除暴力的共黨革命而外，政府可運用的手段有二：即「累進課稅」與「移轉支出」。但累進課稅與移轉支出結果，將影響「資本形成」，政府的稅收因以無法增加而阻礙了經濟發展。論者並以美國自1964年的百分之九十一累進稅率降低到今年的百分之七十，明年還要降低到百分之六十五，以說明高峻所得稅率之不足取（註三）。

事實上，美國已「富」了仍在求「富」，將來一切仍是為求「富」有，這是他們在自由競爭的經濟制度和市場化（marketization）的社會中，莫不以利用資源增加財富，這種「功利的」、「理想的」思想方式為使然。並非純為增加稅收為加速「資本形成」。而這種自由競爭的制度，其最大價值「在於增加社會的財富，而不在維護社會的和諧，美藝的快感，神祇的服務」（註四）。如果美國政府未及時訂定反托拉斯法案，未建立種種社會保險福利制度，恐怕美國在經濟與社會各方面的公害與禍亂的情形可能到了不敢想像的地步了。我們　國父講民生主義為「思患而預防」早就提出「一次革命論」，要「畢其功於一役」。所以民生主義的「均富」當是求「富」而同時求「均」。這是不容置疑的真理。是富國立民的大政至計。即以「均富」而論，要增加社會大眾的財富，其因正如中央日報今年八月二十一日社論所闡釋：「所有自由經濟上軌道的國家，其經濟基礎之所以堅實，其企業資金之所以充沛，都是建立在廣大殷實的社會中小資產階層，而不是依靠少數大資本家口袋中的財富。」實是切當之論。

至於「均富」結果會斲喪創造精神，違反「上進原則」亦屬未然。試觀美國實行高累進稅率之際，大型企業依然日漸增多；致力研究發展以求技術創新；或多角經營，組織多國型公司向海外擴張投資，種種事實皆是說明其創造精神與「上進原則」並未因徵收高累進稅率而有所斲喪。而我們致力縮短貧富差距，要儘量減少不勞而獲的所得，以增進社會福祉，保障國民「合理的生活水準」。而且，民生主義經濟仍在「經濟自由」之保持，對於人人依其智能與勤勉而求得的富裕，累積了財富的經濟上的「不平等」，並未排斥。準此，民生主義「均富」理想的追求，何有喪於奮鬥創造的精神與社會「上進原則」。

四

關於如何實現「均富」，就純經濟觀點以言，要在為財政政策，金融政策與所得政策之合理運用（註五）。茲就各方論述意見，試予平議如次：

首言財政政策方面。本月十五日李部長國鼎在立法院已表示：「今後將以財政手段，未雨綢繆，力求縮短貧富之間差距；將改革賦稅以加強所得稅的建制，草擬新的土地稅法以收地盡其利與地利共享的效果；並計劃改採營業加值稅制度以達稅負之公平。」果能建立起這種「量能課稅」的合理而健全的財稅制度，而政府因稅收之增加又能在「轉移支出」方面用之於社會福利多所擘劃，以影響國民所得之均等，是為實現「均富」以晉「安和」最有效用之正途，然下列諸點有屬爭議至多者：

（一）高所得稅率問題。採高累進所得稅率是為防止資本過度集中之有效手段，但亦有學者認為「『累進課稅』對平均財富的作用有限，而其阻礙經濟發展的貽害卻大」。所以主張不宜採高所得累進課稅，使社會財富集中，以利資本形成。

當然，在開發中國家，運用租稅政策，如減稅免稅之優惠，甚至採適度之通貨膨脹手段使所得重分配，俾利資本家獲至高利所得以加速資本形成，或有必要。但捨此以外，仍有外資、外債，技術援助，國民儲蓄，尤其是公營事業的收入，皆不失為資本形成之重要來源（註六）。我國租稅結構以間接稅為主，所得稅率及其徵收績效之低亦遠在日韓之後，且年有退步。提高所得稅率，加強稽徵，以矯正偏低猶恐不及，從何言及「採高累進稅率」取「削平高所得」政策。

而且，資本形成是屬投資的結果。如果不當得利的暴富者，將其所得財富變「投資」為「投機」，在股票市場掀風作浪，在房地產經營，囤積居奇方面下「功夫」，加速造成通貨膨脹，以坐享更大「暴利」，豈是願為「大戶」集中財富，期望資本形成所願見者。

（二）租稅政策與物價穩定問題。當前國內有關安定民生之短期經濟問題是在物價的穩定。物價如何穩定，自有多方面措施，租稅政策即是其重要環節之一，諸如減稅免稅措施，對於穩定物價自有相當影響。一般論者總以「量能課稅」既符公平原則亦可維護社會大眾利益。我們租稅政策亦是以「提高直接稅而減輕間接稅」為既定目標。此番李部長國鼎所表示之主張正是邁向這一目標的措施。然涉及物價問題，論者又謂：「短期的價格雖然受支配於市場的需要及若干人為的因素，而平均的長期的物價則必決定於成本。」「間接稅是成本構成因素」，而「所得稅的加強徵收，其最顯著的經濟效果，是社會購買力的減少」，因此主張「應該先從事於間接稅的減輕，以降低生產成本」，又謂：「如果這一步驟不先實行，貿然加強所得稅的徵收，提高所得稅率，則短期物價穩定的效果也許可望發生，但多年來獎勵投資儲蓄成績，恐將因而退步，經濟成長與出口貿易亦必因而改觀。」（註七）

關於這一問題的分析，其先決前提應是我國間接稅之徵收率是否偏高。其二是成本提高物價上漲之因是否單純由於課稅太重所致。事實並非如此。我們營利所得稅率為百分之二十五是屬偏低，有提高之必要。而當前國內物價上漲之因所謂「成本提高」是受國際性物價上漲，以及人為哄抬因素所造成，是為眾所共識者。再則，我國目前稅收仍以間接稅為主，間接稅佔全部稅收四分之三至五分之四，如果不加強直接稅及所得稅建制，又要減低間接稅以求降低成本來穩定物價，捨政府稅源可能「枯竭」而外，即使做到「免稅」商品，對於消費者而言，其所得實惠，能否與生產者所獲「保護」或「保障」利潤相當一致（不當暴利更不必談），能否使物價就此穩定，頗有問題。

（三）改變外銷退稅影響出口問題。這又是議論紛爭的問題，且因此而有「經濟成長」與「經濟穩定」的「論戰」（註八）。持此說者總認為改變外銷退稅必然削弱我們在海外市場競爭的力量，也就是砍掉了出超，必然妨礙經濟的發展（註九）。

言及外銷退稅是否應予改變，據統計：「目前有六千多種物品可以享受出口退稅，退稅項目且擴及貨物稅，進口臨時稅、港工捐、鹽稅及冷凍豬肉屠宰稅等項，此外，出口物品並可享受減免營業稅及印花稅。根據獎勵投資條例，產品外銷達年銷量百分之五十至百分之八十以上之新設食品、木材、橡膠、化學、電子、紡織……等等工業並得享受免徵營利事業所得稅或加速折舊之優待。」此種保護程度實在太過偏高。不僅如此，「出口物品於享受退稅優待外，尚可獲得低利貸款，又為一種變相津貼」（註十）。因此，加強稽徵，如果對於這種過於偏高的優待不予取消的話，自是有失「公平」。李部長國鼎已指出，要「減少若干錦上添花，徒然增加暴利的免稅獎勵」。付諸實施，絕對是福國利民的政策。而保護太多，也難養成我們外銷產品在海外市場真正的競爭力，何況永遠減稅免稅如此保護下去，也違反了經濟正常發展，「暴富」與「赤貧」也會由此形成。所以改變外銷退稅政策是為勢所必需。亦為消除不當所得以達「均富」的應循之途。問題在一旦如此偏高之優待遽予取消，是否會更暴露了我們以外銷為主的中小企業先天性弱點，經營逾益困難。準此，減免之速度與程度，以及減免之對象是否先以較大型企業為主，或以獲利較大之企業為先，然後及於一般之中小企業，或則採取「差別待遇」來訂定取消退稅辦法，是否較為穩健之圖，是為必須計議所及者。也唯有在我們的出口工業能不在優厚「保護」之下坐享不當「暴利」，在海外市場的確有了競爭的力量，那時，任何出口擴張的努力，皆可為我們經濟發展與社會建設帶來真正的福祉。

（四）合理分配所得承認的問題。經濟日報於十月四日以政府擬調整營利事業所得稅累進稅率而認為這是朝向「均富」目標的財稅措施。但亦建議，如果企業界以其日益增加的營利所得，合理的分配於員工薪資及福利，合理的分配與員工訓練和進修，以及合理的分配與設備的更新、產能的提高等，這些合理的分配如能得到政府稅收機關的承認，當是企業員工兩蒙其利而又合乎「均富」政策的最佳措施之一。此說立意頗佳。如果對於利用「剔除」免稅而逃稅漏稅——例如「財主設立一個免稅的『基金』，把他大部份的金錢投入，然後自己花用。普通人到娛樂場所去玩的時候，自己付錢，而大亨們帶著朋友，飛到高級遊樂區，以『業務費用』的名義支付『免稅』」（註十一）這類方式。能有效防止的話，此議甚符「均富」精神，似宜並予考慮者。

在金融政策方面要為低利貸款於低所得者，諸如蔣院長所提及之低利農貸，以及政府舉辦之國宅貸款等等皆是。即以上述兩種貸款而論，對於低收入者農民及都市平民均有極大利益。對於政府「放寬農貸的條件，由農貸行庫與農會辦理聯合專案生產貸款，對計劃發展中之貧困地區，辦理農業信用部，都積極有所改進」，以及「可以一律先辦信用貸款，俟農民投資生產後，再補辦抵押手續。又借款未還之農民，經專案審查，確因天災無力償還者，仍可繼續予以貸款」等等，十月四日中央日報社論曾對此有所稱道，當可想見其績效。然而國宅貸款，協助國民興建住宅部份，則始終未應所需，所謂：「有恆產者，有恆心。」此點至屬重要，似宜極應研究大力加強者。

在所得政策方面，政府對勞工採取最低工資政策，對於軍公教人員待遇之改善，以及為顧及薪資階層大眾生活之安定而採限價措施等等，皆為「均富」、「安和」理想之實踐。就下述兩項議論意見甚值當局所宜參考研究者：

其一，為經濟日報十月十日陳文龍先生撰文認為：「政府年來減輕農民稅負，提高農產品價格，加強農村貸款，以及降低原料進口關稅，補貼黃豆小麥差價以平抑物價等，都是賢明的『均富』措施，值得國人感佩與讚揚。倘若進一步以財政節餘（如六十一會計年度高達七十多億元），大幅提高低級軍公教人員待遇，使之力能仰事俯蓄，安居樂業，則隨著經濟加速發展，建立一個安和樂利的均富社會，短期內必能達成此一理想。」此議甚合蔣院長「改善和安定民眾和軍公教人員生活」的基本政策。

其二，丁幼泉先生於經濟日報「雙十國慶特刊」中，以「均富的起點」為題，認為：「最低工資的實施，將迫使雇主汰弱留強，新進勞工的技術不夠水準則不予雇用，勞動生產力賴以提高。」但為有助於工資水準之提高，須採行下列幾種配合措施，一為「合理工資」及「績效獎金」之倡導，以使「工資」與「生產」及「利潤」維持適當之比率，次為利潤分配制度的推行，使員工除可以獲得正常工資以外的「紅利」，並配合「入股」辦法，以改變其經濟地位。再為勞工置產辦法之仿效，即仿效西德的「促進勞工置產法」幫助勞工能有屬於自己的房屋。所議亦甚合蔣院長所定「增進勞工福利」政策，有關單位允宜加以研究者。

要之，當前收入偏低者為農民，薪資收入有限、且常受通貨膨脹所得再分配而使生活無從改善者為軍公教人員，以及收入偏低又常受通貨膨脹之害者為勞工大眾。上述建議皆與此三類人員有關，設法一一研議採行，在社會福利政策方面並作一整體擘劃，確可改善低所得者大眾平民之生活，對於縮短貧富差距，實現「均富」、「安和」理想是為最基本的起步點。

五

就民生主義「均富」方法而言，其主要辦法除「節制資本」而外，尚有「發達國家資本」，亦即公營事業之經營發展，在實現「均富」、「安和」理想過程中，將扮演極其重要的角色，以謀求社會全體大眾財富之增進。然學者專家對於公營事業經營之範圍每有若干意見，新聞報端載有開放民營的呼聲亦時有所聞。此番蔣院長在立法院一再明確地指出，公營事業之目的與功能及其經營之範圍，當屬止「爭」之定論。

然以我國營事業直接經營事業與間接投資事業共二十六個事業單位分屬於經濟部、財政部、交通部、內政部、以及總統府（註十四）。除經濟部有國營事業委員會能對該部所屬各事業單位作整體擘劃之外，其他各府、部以及對全國所有公營（用）事業單位資源之統籌分配，發展計劃之協調，進而結合民營企業之共謀發展，則有未盡善之處。是故創設「總管處」，健全組織體系以利經營發展，似宜即時加以考慮者。

六

民生主義之內容除食衣住行物質生活而外，仍有育與樂方面的精神生活。蔣院長已就「精神與文化生活水準的提高問題」，提醒大家不要「因為經濟發展物質生活水準提高之後，反而在物慾中迷失了自己」。各新聞報刊多先後就此問題發表社論或專欄文章，予以闡釋強調，似已引起社會的注意與重視。然以「均富」、「安和」之理想境界是　國父畢生革命以求的「大同」之治，欲求其實現，所涉範圍至為廣泛，舉凡政治的、社會的、財政的、經濟的、教育文化的、以至立法、司法部門皆須各盡其職能，事功殆有可期。以往，政府有「政治」、「經濟」、「社會」與「心理」四大建設之鼓吹提倡，今則眾所重視為四年經濟計劃，而與「均富」、「安和」最有關係之「社會建設計劃」尚未有具體之擘劃。目前，台灣省政府與台北市政府為消滅貧窮，縮短貧富差距，而分別訂有「小康計劃」與「仁愛計劃」，此舉無論在號召與推動各方面，其影響力量必然因以倍增。而今蔣院長強調「均富」、「安和」，立即獲得新聞各界一致頌讚喝采與竭誠擁戴，可見「均富」、「安和」之提出具有何種重大意義。因此，建議中央除對「小康計劃」與「仁愛計劃」主動盡其綜合協調之功能而外，似宜將現行之「四年經濟計劃」合以「社會建設計劃」等等，並正名為民生主義四年經濟建設「均富計劃」，以符合蔣院長對經設會指示，依據「均富」原則，檢討修正該計劃之真正意義。如此，名正言順，且責有專司，其在國內外政治號召與全面建設方面，皆可產生無比的力量，獲致實質上的莫大助益，可以定言。

備註

註一：見經濟日報「雙十國慶特刊」

註二：見蔣院長民國六十二年八月五日「對經設會提示事項」文。

註三：參見經濟日報「雙十國慶特刊」陳文龍先生文。

註四：參見 F.W. Riggs， The Ecology of Public Administration，金耀基編譯，《行政生態學》。

註五：參見經濟日報民國六十二年十月八日何瑞坤先生文。

註六：見 Gerald M. Meier, Leading Issues in Economic Development, Oxford University Press, 1970, 2nd Edition, pp. 165-327.

註七：見中國時報民國六十二年十月十日張則堯先生文。

註八：見中國時報民國六十二年十月五日阮登發先生報導文。

註九：見中國時報民國六十二年八月十日社論。

註十：見中央日報民國六十二年十月十日徐青珠先生文。

註十一：參見自立晚報民國六十二年六月十二日燕青先生文。

註十二：見主計處「統計提要」。

（《中國經濟評論月刊》（1973.11.24）

輔導中小企業之芻見

關於如何輔導中小企業，日來各方論點多以協助解決當前所面臨的資金與原料不足兩大難題為中心，這自是重點所在，但除此以外，我國中小企業仍有若干造成經營困難、發展有限的其他重大缺失，諸如「家族企業」的保守排外，設備陳舊，經營規模狹小；管理知識缺乏，財務結構不健全；以及技術不足，外銷市場困難等等，皆是眾所共見的。

目前，由於國際性物資缺乏（嚴格說來是物資爭奪戰）以及金融危機，區域性經濟合作的倡行與雙邊互惠關係的拘束，為國際貿易形成壁壘重重的諸般情勢，特別是因「能源問題」，石油短絀危機，震撼了整個世界工業體系所造成的損害，誠非短期內所能平息。一旦我們中小企業再次承受外來的衝擊，則情形之嚴重已非限於輔導中小企業之事了。所以「未雨綢繆」及時採取長遠而周全的措施是為亟需之圖。僅依消除兩大「病根」，確立輔導原則，以及做好輔導的關鍵工作，略陳芻見，以供有關當局參考：

消除中小企業的兩大「病根」

中小企業存在的事實在高度開發國家亦可見及，且成為大企業所必需者，而我國的中小企業多是經營不善，問題過多，其根本原因在「家族企業」與惡性競爭，前者為我國中小企業一切落後與艱困的根源。後者，惡性競爭則是唯利是圖，一窩蜂盲目投資，造成資源浪費，不顧商譽，常使兩敗俱傷，也影響及經濟順利發展成長。

故言輔導中小企業，首應重在設法，諸如修改公司法使企業的「所有」與「管理」分開，以政府干涉力量，督其計劃生產等等，來根除這兩大「病根」，大效宏功方可有望。

確立輔導原則

我國中小企業佔企業總數百分之九十以上，加之若干中小企業先天上存有若干重大的缺失，欲求普遍而徹底地做好輔導工作實非易事。所以台銀成立之「中小企業融資服務中心」訂定了優先輔導次序，至屬允當。設再合以下列條件作為優先輔導原則，當能執簡馭繁，求得實際的功效。

——非屬「家族企業」者。

——有發展前途且商譽良好品質管制優良者。

——配合政府經濟計劃要求者。

——參加工業職訓制度依規提供職訓基金者。

——參加國民就業輔導系統者。

——無逃稅漏稅行賄走私種種不良紀錄者。

做好輔導的關鍵工作

由於中小企業數量之多，行業之廣，尤以中小企業擁有企業人數佔全部企業員工把分之八十以上。所以輔導中小企業無異是我國經濟結構之轉變與企業體質之改善。任何措施，其牽涉之廣，影響之深，自不難想見。加之，今日任何一國之經濟成長發展又無不與外在客觀情勢相牽連。因此，言及中小企業輔導自非僅僅改進中小企業本身某方面困難所能竟其功。不僅「管理、技術及資金三方面必須兼籌並顧，不能有所偏廢」（見民國六十二年十二月十九日經濟日報載俞國華先生講詞），更須從整體著想，謀求多方配合，即發揮「團隊精神」，克服諸般困難，殆可望其生存發展，日見其盛。準此，做好下列各項輔導的關鍵，似為根本之圖：

（一）擘劃衛星工廠合約制度的建立。這是中小企業最正常的生存發展之道。已開發國家風行企業合併，而若干中小企業依然可以生存，即是由於中小企業能發揮它對大企業配合與輔助的等等獨特功能，使大企業能收到「節約」「增產」的利益，而中小企業在技術上、經營上又無不受中心工廠之指導與協助，而進步而發展。此為眾所共識之事。以往，對於「衛星工廠」制度我們也早在推動，但成效不著，其因是雙方過度重視一己「近利」，尤其是彼此不能坦誠相對，本著「互助合作」的精神來共謀發展。例如中心廠對衛星廠只提供加工原料而不提供加工技術，只要求如期交貨，而無長遠合作計劃，尤其是在加工價格方面彼此明爭暗鬥，淡季旺季，常使對方吃虧犧牲，所以欲求建立此項制度，使大中小企業皆能蒙受其利，有助於我國經濟整體發展，似宜由政府調查全盤實況，作一整體擘劃，並釐訂規章辦法，使雙方皆有「保障」，皆能「互惠」，以之來積極鼓勵、協助以至監督這項制度的建立。大中小企業如能建立起唇齒相依、血肉相連的關係，表現出同舟一命、和衷共濟的團隊精神，其貢獻、其影響豈限於輔導中小企業共謀經濟發展。

（二）導使民營工業與國防工業的結合。一旦建立「衛星工廠」制度，再就若干與國防有關之民營企業如鋼鐵、化工、紡織、食品等等工業予以組織起來，在不涉及國防機密原則下而有計劃有步驟地優先輔導此類民營企業，協助其改善設備，灌輸其承製零件、製造加工的技術，使民營企業能經常、大量地為國防所需而生產。這不僅是輔導中小企業經營發展邁向可靠的成功之路，也是貫徹了政府財經措施方面「經建計劃應與軍事發展密切配合」的基本原則。過去已推動有「教育訂貨」而改為「軍品試驗採購」，成效雖不太顯著，但如針對缺失，檢討改進，必有所成。

（三）致力公民營事業管理合一的實現。現代經濟學者由 GNP 的倡導，而至 NEW（net economic welfare）的追求，開發國家更轉向於安定經濟學的研議採行（見民國六十二年四月十八日暨八月二日經濟日報）。即使在自由經濟制度的國家，政府對經濟行為的干預也是日見其加重。例如美國政府接管鐵路客運，管制工資物價，防止暴富，保證窮人有一定的收入等等，便是最好說明（參考「國際經濟資料」一七八期第五頁「公私管理合一」文）。我國民生主義經濟政策係以建設「均富」「樂利」「安和」的社會為理想。實施「公私管理合一」自亦屬順理成章之事。過去政府藉公營事業的經營，協調與輔導民營事業的發展已有顯著成就。今後如何將中小企業經營發展配合公營事業的經營發展納入經濟建設計劃體系，要求相互支援，配合執行，共謀整體發展，實在是輔導中小企業可見大效的重要思想與法則。

（四）鼓勵企業的合併聯營。扶植與發展中小企業可以有助於民生主義全民均足均富理想的實現，加之有若干企業無法也無必要發展成為大型企業。可是在自由經濟制度，國際競爭情勢下，我們中小企業如不走上合併聯營道路，不僅不利於對外競爭，且其自身亦恐難長久生存下去。此據工業局五十九年底止統計所知，全省小型製造業或加工業，其資本額在三萬元以下者有一萬八千三百一十六家，佔百分之五十四點五三。一百萬以上至五百萬者有兩千七百二十七家，佔百分之八點一二。一千萬以上至五千萬者有六百七十家，佔百分之二（參「企業與經濟」二卷八期第四十頁）。資本在三萬元以下，經營規模過於狹小者，竟佔百分之五十四點五三，豈能不設法使其合併經營。經濟部為獎勵中小企業聯合更新設備並實施合營，已訂有優先貸款與減稅免稅之獎勵辦法，雖因「家族企業」阻礙與「寧為雞口，不為牛後」觀念根深蒂固，其合併經營成功的實例並不多見，但如不斷疏導，再特加獎勵，例如無妨先選擇若干中小企業予以大開大闔的獎勵，促其合併經營，使業者感到合併經營確有實際而較大的利益，自會樂於從事。此為極富挑戰性且必須悉力以赴的重大課題。

（五）致力縮短「技術」與「管理」的差距。「技術」與「管理」差距不僅存在於開發與開發中國家，也存在於已開發國家之間，而在開發中國家技術落後，或則有新舊技術並存的現象，亦屬自然，不過，技術落後而又不能作有計劃的全面地努力研究發展，就值得檢討了。我們中小企業甚至大企業，多列「利潤」為第一優先，大多因陋就簡，安於現狀。能投入大量資金或編有足夠預算來研究發展之有遠見的企業主持人實不多見。即使我們企業界各別進行研究發展工作，其力量其成效也可能很難盡符所望者。加之任何技術不能直接移植，成功的經營管理有賴於各方的配合，尤其技術革新是屬於生產結構的轉變，影響是多方面的。所以有關改進中小企業技術與管理的各種建議，諸如成立公私合營的研究機構，建立商情中心，建教合作舉辦各種觀摩講習，以至計劃實施「低成本自動化」等等，必須如《美國之挑戰》著者舒萊伯氏所期望於歐洲各國能仿效美國發揮「組織化的藝術」將「企業—大學—政府」三者結合為一，著眼於全面，共同致力研究發展，自可望有大成大效。

（六）結合企業力量積極拓展外貿。輔導中小企業對內在為安定民生，均衡發展，對外應為結合所有企業界力量積極拓展外貿，以爭取外匯，以獲得資源。此因我國中小企業多以出口為生計之故。可是，據統計，在兩年前台灣地區從事出口貿易的廠商就有八千三百九十家，不僅分散了對外競爭的力量，且因其間良莠不齊，為私利而損公益者有之，加之各已開發國家企業無不以龐大組織型態進軍國際市場，甚至「多國性公司」（multinational firm）日漸增多，即使我們大企業亦難與之匹敵。所以輔導中小企業擴張外銷，不僅要由金融業者提供商情，促進聯繫，更應統合其所有力量，以利對外競爭，自屬必須之圖。現在，關於如何加速建立世界貿易網，以拓展對外貿易問題，政府已在進行研議，而企業界亦決定籌組專業公司，籌組機器聯貿公司，以至計劃成立世界貿易中心等等，皆是具體辦法，是亦為輔導中小企業團結一致，拓展事業的宏圖大計。似宜積極推動，促其及早實現。

至於一旦國際間種種不正常情勢愈益惡化，我們中小企業如何來迎接其更大的衝擊，此種應變計劃亦宜由有關單位有所規劃，以備不時之虞才是。

以上僅為筆者一得之芻見。此外，從報刊中可以見及各方所提有關如何輔導中小企業之建議意見，亦屬至多，或博引詳證，或專題論述，皆有其參考採行之價值。有關當局如加以廣泛蒐集，從「科際整合」的觀點，作一徹底而有系統的研究分析，必能以之作成極其完整的輔導方案。在此，最值得引述的乃是李部長國鼎於去年七月二十七日在中小企業協會演講所提出的輔導中小企業之五大新方向：1. 作經常的輔導，2. 輔導力求整體配合發展，3. 由各單位協力推動，4. 從經濟的、分工的、以及配合發展的角度全面展開輔導工作，以及 5. 中小企業必須本身先建立具備履行計劃的條件和接受現代化挑戰的決心。這五大新方面可以說是五大輔導要領或原則。也唯有從整體配合，全面輔導，特別是中小企業自身須具備履行計劃的條件和接受現代化挑戰的決心，唯有如此，才能切符蔣院長一再強調的發揮「團隊精神」來「積極輔導中小企業」，以加速我們經濟發展，實現「均富」「安和」的理想。

原載於《中國經濟評論月刊》

民國六十三（1974）年一月二十四日

我對行政革新的看法

一、引言

從蔣院長於本黨十屆四中全會報告行政工作時，曾坦率指陳了當前行政工作方面的五項缺失，即組織功能不夠靈活，行政效率不夠理想，基層組織不夠健全，政治風氣不夠清明，以及團隊精神不夠貫徹。國內新聞與學術各界就此項問題，再次各陳所見，論述至多，所作檢討性之各種建議意見，對於改進上述五項缺失，使由行政革新而政治革新，皆有其參考採擇之處。筆者不才，願本諸獻言興邦之忱，抒陳一得之見，以供有關當局之參考。

二、成因分析

言及政府致力行政革新已歷相當時日，特別是從蔣院長組閣一年七個月以來，訂頒十項革新指示等等革新措施，雷厲風行，並以發揮團隊精神勗勉互規，所收績效亦得國內外一致稱頌讚許，而迄今仍有此五大缺點者，如果從整體行政，所謂「科際整合」的觀點，或行政生態的觀點來分析，可能為下列四端客觀因素所形成。

第一、處於過渡社會的情境

美國行為科學派行政學家雷格斯氏（Fred W.　Riggs）在其所著《開發國家的公共行政》一書中認為，要了解一個社會的行政行為，必須跳出行政本身的範疇而從其社會背景中去了解，亦即去了解公共行政與其環境之關係。所以他在《行政生態學》一書中創造了一種能夠解釋各種類型社會的公共行政的「模型」（model），即其著名的「鎔和的—稜柱的—繞射的模型」（fused - prismatic – diffracted model），此一「模型」既可適用於現代工業社會或傳統社會，更可適用於開發國家或「半開發」社會。此說猶如羅斯托（W. W. Rostow）把經濟成長分為五個階段頗有相似，雷氏的公共行政的三種「模型」也可以釋之為「傳統的」、「過渡的」與「現代的」社會。並且亦如羅氏把「起飛」期視為社會變遷的一個決定性階段，雷氏也特別重視「過渡社會的公共行政」。

據雷氏的觀察，在過渡社會中最特殊的現象有三，即「異質性」、「形式主義」與「重疊性」。所謂「異質性」是指一個社會在同時間裡，同時呈現了不同的制度，不同的行為與觀點。所謂「形式主義」是指理論與實際的嚴重脫節。所謂「重疊性」是指一個機關組織的「結構」並不一定產生其當有的功能，「行政行為」往往受「非行政標準」主宰，而一部份的改變常會引起許多其他部份不可預見的改變，即所謂某一部份改革「進步」了，往往在其他部份又「發生了問題」；雷厲風行的實施改革，頂多把「組織表重新調整一番」，但對實際的行政行為的影響力則微乎其微，層層相因，又限於「形式主義的惡性循環」。

雷氏還指出，在「過渡社會」中，其領袖們皆以為人民創造新命運的面目出現，他們推動「現代化、工業化，為進步」而鼓吹，這種「自我推動的變革」的意識又構成了「過渡社會」的一大特徵。

我們的社會和行政從某些現象來觀察，似乎類似這「過渡社會的行政」，其在行政上某些革新措施與政治建設之所以不能全程貫徹，收其大效者，其因可能在此。

第二、面臨急劇變遷的衝擊

二十世紀以來，在經濟加速成長發展，社會大眾需求倍增情境下，政府公共行政事務因以日見繁重，特別是開發中國家在公共設施之增建與社會福利之舉措方面，成為政府一項極富挑戰性的工作與負擔。其結果是公務人員與機關組織日趨膨脹，政府財政支出逐年遞增，是為普遍共有之現象。以公務員人數為例，美國在1946年為二百一十萬人，到二十七年後，1971年竟增至一千二百六十九萬一千人。我政府公務人員在遷台之初不滿十萬人，二十五年後的今天已接近三十萬人。其在行政管理上也就有問題叢生的現象。此種情勢發展，可以我台灣地區國民生產毛額增加率為例，我台灣地區在民國四十五年國民生產毛額為三千四百五十四萬三千元，至五十年增為六千七百七十九萬兩千元，到了六十年竟又增至兩億四千九百二十七萬五千元，十五年之間就增加了七十倍。可以說工商生產、社會建設各種事業猶如幾何級數在增加中，影響及於政府公共行政事務的處理，其繁其重當可想見。僅就這方面客觀因素以言行政，其在各方面努力與進步，所以不能適應實際環境的需求，其因自明。

第三、傳統習性的影響

再次，就行政方面「人」為因素所造成的缺乏，諸如行政效率不夠提高，政治風氣不夠清明，團隊精神不夠貫徹等等而言，此與我國傳統的觀念與習性又有其重要關係。例如「為政之道以不擾為安，以不取為與，以不害為利，以行所無事為興廢除弊」的消極治道，和「為士為農有暇各勤爾業；或工或商，無事休進此門」的衙門習氣，以致一般人所抱持的「各人自掃門前雪」，「不問國事」的個人主義，影響及於公務人員所常見的，總有一小部份人抱持「得過且過，能推便推」，「多一事不如少一事」因循敷衍的態度，這種傳統的積習惡習無不是我們努力行政革新有年，若干缺失之所以依然存在的病根之源。如果本位主義、個人主義之外，再加上個私心忌才，或則是貪墨敗行，故不可能望其自動自發來努力行政革新，而失人誤事，成為革新中的蟊賊，又為必然之事。

第四、組織與方法的欠缺

據聯合國經社理事會研究各國公共行政所知，過去二十多年來，各國政府機關與企業組織，都紛紛建立且加速成長發展一種所謂「組織與方法」的單位。其名稱縱或各異，如有稱之為「管理分析」、「管理顧問」、「作業與方法」、「行政管理」單位等等，但皆以之協助各級主管人員不斷推動行政改革的工作為目的而設置者。就世界各國政府機關來說，該「組織與方法」單位有屬於預算單位者如美國、荷蘭、巴西；有屬於財政部者如英國、挪威、委內瑞拉；有屬於人事機關者如丹麥、比利時；各不一致。然其作業範圍則大致相若，從行政革新的政策研擬以至日常事務工作的改進；從自身行政管理程序——例如工作目標分類設定，資源（人、財、物、時等等）運用計劃，組織協調與業務管制、員工激勵、決策、溝通等等——以至影響行政改革諸因素——例如國民的支持合作，立法功能的配合，各級主管與全體員工之努力貫徹，教育機構與社教團體的宣導活動，工商職業團體等等的意見溝通聯繫與交互影響，以及國際組織間（如聯合國公共行政司）的支援協助等等——皆在其業務職掌範圍以內，而予以糾合運用，以利行政革新的加速推動，圓滿貫徹。

我政府研考單位應屬此類組織，但如以之與上述「組織與方法」（O&M）單位職掌相比擬，實是相去過遠。以至我政府在行政革新方面不僅缺少一全盤計劃方案，予以有方法有步驟地循序漸進，逐次推展；而最足影響便民利民的日常工作，更缺少專業人員如O&M 單位的的管理顧問或研究員，時時刻刻在注意，在協助，積極而主動地研究改革，力求進步，斯又為行政改革之所以不能全程貫徹，圓滿竟其事功的根本要因之一。

三、建議意見

由於二十世紀有「科際整合運動」的興起，特別是近二十餘年來將「行為科學」應用到行政管理方面，而使政府的公共行政工作無論是在研究和實務方面都有實質上的變革。再如參照上述行政缺失成因的分析所得，言及如何改進我們的缺失，建立我們行政管理科學，以造成一個有能力有效率的大有為政府來為民服務，來實現國家目的，似宜從下列諸端著力：

第一、樹立我們的管理哲學

《企業的人性面》著者麥克理格（Douglas McGregor）曾說，由於管理上假設之不同而有不同的管理措施，亦即是理論 X 與理論 Y 的不同而有傳統的管理與現代化的管理方法之分。雖然麥氏本人在其遺作《行為科學與管理》一書中，又闡釋理論 X 與理論 Y 並不是兩個極端，未來可能有介於兩者之間的管理理論，名之曰理論 A 或理論 O 或理論 S 皆無不可，但這一學說的詮釋，對於管理方面因假設之不同而產生各異的管理措施，這一理論並未變更。以及對「人」的重視，對「個人」在「組織」中之行為的重視，特別是個性差異與環境影響兩種「變數」對於管理上能發生相當的影響力，這一理則也未變更，而且是倍加重視。我們在管理方面，各機關首長各級主管對其所屬員工的看法是基於何種假設——理論 X 抑是理論 Y，或是理論 A 或 O；是否基於理論來策定其管理方法，又對人的看法是否一致或是否適合個別真實情境，負責行政革新的有關單位如研考會、人事局等，似宜為各級主管人員加以探討研究，設計成我們自己的管理理論或哲學，以為策訂各種管理方法與革新措施的依據，這乃是行政管理方面謀求實效大用的先決要因。

再則，蔣院長曾勉勵全體公務人員「要為工作而生活，不要為生活而工作」。依據行為科學者馬斯洛（A.H. Maslow）人類基本需要說，唯有以為工作而生活，才能使員工一一充分發揮其潛在能力，否則，為生活而工作的情境，員工潛能的發揮都是低於百分之五十以下。可見蔣院長所示極符「行為科學」管理的理論，但問題是如何創造一個使員工能為工作而生活的環境，則是負責執行行政革新單位必須盡其協助設計的職責。

第二、健全組織與方法的單位

各國的組織與方法單位隸屬雖不盡相同，但其自身組織可分為集權與分權兩種型態；其工作支援達至政府組織中各個階層；研究改進的業務範圍及於行政工作中諸般作業，皆為其共同特色。此可從下列四點見其一斑，即「組織與方法」單位——

（一）對於各級行政主管人員在日常執行任務之際，無暇顧及且問題較多之處，能夠提供適時適切之研究改進的協助工作。

（二）組織方法單位的管理顧問與研究人員不僅深入政府各機關各部門，且能為全盤行政工作提供其所需的專門知識和管理技術。

（三）由於組織與方法單位研究顧問人員來自「部外」，故能以其客觀的立場進行精到而允當的研究分析。以及

（四）對於行政與業務人員在日常工作方面甚感繁難的問題，能以主動、進取而熱忱的精神，賡續不斷地協助其致力改革，力求進步。

關於 O&M 單位自身的組織分工，聯合國經社理事會依據研究各國 O&M 單位結果所得，訂成 O&M 單位組織體系表及中央單位 O&M 單位內部分工表各一種。前表所示，中央 O&M 單位係隸於如我國行政院秘書處之下，部會以下及其直屬單位均置於秘書單位，一直延伸至地方的政府機構，其特色是指揮管轄採「分權」制，而幕僚作業則透過秘書單位採「集權」制。雖然該組織構想係以內

閣制為背景，內閣係受制於國會，此與我國除行政院長向立法院負責外，行政與立法兩院地位平等有所不同。然就 O&M 組織體系以言，甚符時代組織理論與實際。在 O&M 單位自身分工方面，採「程序」或「功能」分工方式區分其內部作業單位，如計劃單位、組織部門、自動化作業部門、文書處理制度部門、工作方法與標準部門（含獎勵與建議制度單位）、以及一般行政管理研究部門等等。可以說，將政府行政工作方面所必需研究發展的工作都概予明確地設立了專司其責的部門，來經常不斷地致力革新再革新，進步再進步的工作。

我國研究考位的組織與工作的性質，有學者認之為 O&M 單位。但是僅就前述組織體系與內部分工方面，兩者作一比較，雖然不能（且無必要）定其優劣，但我們研考單位——如認之為 O&M 單位，以之來推動行政革新工作，其須加以檢討改進求其健全之點尚多，例如行政院研考會地位因與秘書處平行成一獨立單位，研究發展方面行政革新實務的工作須提報院長決定，其在實際運用上是否相宜或有不便之處，似有檢討改進之必要；又如研考單位與人事、主計等有關行政單位，是否已因現行研考委員會已包括了這些機關的首長、副首長或副主官們，而能在工作上、業務上確可作到適切而具體的聯繫密切，配合無間，亦有再檢討加強之必要，至少要消除重覆，或是「夾縫中的責任」使有攸歸，殆能符合「組織與方法」單位之工作精神與組織原則等等皆是。而特別需加研究改進者，至少尚有下述兩端：

（一）研展單位內部分工亟須檢討加強。我們的研考單位內部業務編組雖不必完全仿照前述聯合國所擬之編組方法，可是研展單位，除管制考核而外，研究發展方面僅採研究、發展、綜合等業務編組方式，似失之籠統。如果將行政方面各種實際需求的工作方法和設施應用方面需經常研究改進以力求進步的職掌，採取「職能」分工方式似較適宜。如此，事有攸歸，責無旁貸。俾能不斷提出改進方案，符合蔣院長所示：「行政革新永無止境」的要求。

（二）研究發展業務應以直接支援行政革新工作為其主要職掌。我國研展單位與其他各國 O&M 單位，最大差別之點在為我研展工作似著重於委託或合作的專業研究，研展單位人員只作些「承承轉轉」的文書幕僚業務，所有研究人員不以直接支援各單位改進工作方法為主要職責。至於鼓勵各機關人員「自行研究」亦只見諸文書規定，其在施行辦法及實際成效方面亟待研究加強之處至多，此與其他各國 O&M 單位研究人員或管理顧問以直接支援各級行政主管與工作人員解決行政上所遭遇之實際困難，提供力求進步的改革方案，而且特別著重於行政上千頭萬緒的日常工作之研究改進，大者如決策程序，小者如文書之收發傳遞與保管等等，皆引為研究發展的中心工作，皆以之為主要職責，兩者相較，實不能相提並論。至於研展單位在「尖端」研究方面，即選擇某些「重大問題」進行委託研究，縱或有所「表現」，其因委託研究而多所花費亦不予計及，而研究結果——假定學術理論與實際行政配合密切——但付諸實施以後，也不能收到四海「皆準」百世「不惑」的成效。他方面，學術機構也無法為行政機關事事進行研究。因此，欲求實效宏功，自必須加強研究單位研究人員直接支援各行政單位主管與工作人員協助其解決疑難問題為其主要職責——當然，欲使現行研展單位做到這一地步，自須先解決其編制員額，特別是人才等困難問題——只有在這方面多所致力，才可望其真正盡其為行政革新而研究發展的功能。

第三、集體智慧的激發與運用

行政組織是推行政務的工具，也是一種觀念或謂思想。「領導」

與「決策」的功能則為全體職員所共擔共享。而組織中的成員極大多數皆有貢獻智慧以解決組織內部問題的能力。所以現代管理對參與式的領導與激勵員工充分發揮潛在智能，多加以特別重視。即所謂作「有組織的努力」，亦如蔣院長所一再強調的「團隊精神」的高度發揮。所謂「有組織的努力」或「團隊精神」的貫徹，其最大意義是為集體智慧的激發與運用，此可分為兩方面而言：

（一）在決策程序方面——要在「參與方式」的運用。此如新聞輿論界建議建立的「聽證制度」，雖有「何人參與」、「是否會侵害到立法權」等等問題尚待研討，但應予採擇施行，以接納部外大眾人士的意見，這一原則是無疑問的。不僅如此，對於部外人士申訴請願的處理，部內人員意見溝通的加強，以及新聞各界輿論意見之研究分析，特別是如蔣院長一再指示各機關首長所應重視的立委們——當然也包含各級民意代表質詢的意見等等，均宜有專司其責的單位，透過管理情報系統，提供於機關首長，以為決策之參考依據。

（二）在行政實務改革方面——要在「建議制度」的建立。使做到「人人在研究，事事求發展」的地步，以為行政革新工作奠建極其可靠的成功保證。此因建議制度要在鼓勵全體員工來協助各級主管們，為省時、省錢，提高工作效率，實現組織目的，而提供具體可行的興革建議或意見。它也是一種獎勵優秀員工，擢拔真正人才的制度，而且更是增進人群關係，恢弘團隊精神的主要工具之一。這項制度不僅倡行於美國政府機關與工商企業界已歷三十餘年，且成效日漸顯著，他如西德、英國等民主自由國家，甚至共產國家如蘇俄亦不得不推行這項制度。真可謂禁得起考驗的極其良好的管理方式。以美國為例，在1972年，美國聯邦政府因員工建議而節省的公帑已超出二億美元。尼克森總統於該年十二月二十四日曾為此項成果，特別致函文官委員會，表示祝賀與嘉勉之意。如果把最近十一年，從1962年到1972年美國聯邦政府因員工建議而所得利益或節省的公帑相加起來，總共有十五億九千二百七十三萬四千四百九十二元美金，可以說是十六億美金。這僅僅是美國聯邦政府，還不包括州和地方政府在內。十六億美金不是個小數目，我們一、二十年來全國同胞辛辛苦苦努力經濟發展的結果，所積存的外匯存底亦不過十六、七億美金，但如除去外債、外資，真正憑我們勞力智力所賺來的外匯存底，不過六、七億美金而已，可見十六億美金並不是個小數目。這都是因員工建議而得來的。這是可以用數字計算而得的利益，而無形價值更是無法估計。至於建議制度的內容及其設計與實施辦法，可參考筆者編著之《管理之鑰》，在此不必深入介紹。

第四、健全組織發揮功能

總統曾剴切指出：「組織是行政的張本，只有組織適切有力，然後行政工作才能期其有效。」這次蔣院長所坦陳的行政上五大缺失，可以說直接間接都與組織有關。如何健全組織以發揮其應有的功能，從學理上言，當以遵循「完整統一」、「管理經濟」、「事權確實」、「指揮靈變」以及「團隊意識」的五大原則。但以下述兩項論述或實證，對於我政府精簡機構以健全組織，尤其是組織編制員額彈性的保持，組織功能的發揮，甚具參考價值：

（一）美國名作家陶夫雷氏（Alvia Toffler）在其世界名著《未來的衝擊》（Future Shock）一書中，論及時代組織趨勢，他說，由於急劇變動的情境，加以知識爆炸，和技術革新一日千里的壓力之下，傳統的官僚組織已無法適應，代之而起的將是一種適應極強變動極大的暫時性系統組織。亦即以臨時性的「任務編組」或「專案小組」（task force）來解決所面臨的特殊問題；以「聯合作業」

（associate）來加強平行機關的協調合作成為最大的特色。

（二）美國 IBM 公司為介紹管理情報系統設計而論及行政與企業組織發展的過程。他們指出，從1930年到1950年有很多單位由於組織龐大而無法掌握，於是從集權制管理方式轉變為分權制管理方式。現在，由於電子計算機以及各種管理科學的應用，又趨向集權制管理方式。可是這種集權方式與1950年以前的集權方式迥不相同，而是一種行政愈益集權、決策愈益分權的「整體管理系統的設計」。過去組織猶如金字塔形式的官僚制度；今後的組織則是中間層次銳減，一如 X 形式的以專家為本位的組織。它是一種透過情報管理系統，使各階層管理者皆能以「總經理的觀點」為依據，來下定決策，保證貫徹的制度。

依照上述組織原則與組織發展趨勢，又為了強化核心領導，發揮整體行政力量，在組織方面，除了管理情報系統與幕僚作業等方面亟宜設計與加強而外，並作兩項似應特加注意的建議如下：

其一：專業人才之運用——此因傳統的靜態組織已不足肆應急劇變遷之客觀情勢，而固定分工的組織又必須繼續遵循。故在決策機構似宜組織各類專家人才，備為臨時「任務編組」，來處理各項應變事宜，或支援某一單位參與重大計劃方案之設計。（據悉，目前國科會將計劃成立「諮議委員會」，確係此意，然筆者認為宜將之隸屬於行政院，由一二政務委員領導之，不僅更能發揮它的功能，也更具政治上號召力，為人才內流，四海來歸開闢了坦途。）

其二：聯合作業之倡導——美國政府各重要機關均設有「府際行政官」職位，職司上下與同等機關之間業務協調承辦涉及兩單位以上之作業計劃，工作甚具成效，我政府機關似宜參酌採行。至於不相隸屬之同等級機關直接處理公務之規程，以及公共關係之加強等等，亦宜深入研究設計，俾使機關內部協調無間，外部聯繫密切，恢弘了大團隊精神，組織的統合力量自必大大發揮出來。

四、結語

總統於「行政革新的要旨」訓示中指出：「行政是政治的基礎。」又說：「行政工作的優劣良窳，直接影響政治的成敗，間接關係國家的存亡。」即如蔣院長於十屆四中全會所作「政治報告」中說：「如再不大覺大悟，自動自發的厲行全面革新，所有建設都是植基在沙灘之上，全不可恃。」這項要求而言有關改進行政缺失之各方建議意見，似宜責由肩負行政革新的單位深入檢討認真研究，引為當務之急才是。而在我們全體國民方面，也能竭誠支持政府的各項革新措施，人人守法，諸如不逃稅，不行賄，個個向上，諸如重義禮，尚節儉等等皆是。有了大有為的政府，再有如此健全的國民，這樣，其成就，其影響，豈僅止於政府的行政革新而政治革新者。

原載於《自立晚報》

民國六十三（1974）年二月二十七、二十八日

「雇用傷殘」問題研討

一

去年考選部舉辦司法官特考時，有中興大學法律系畢業生宋惠亮同學，以雙腿「殘廢致不能服務」的理由，被取消考試資格，當時曾引起司法界與社會方面不少的議論。本（五）月三日報載，殘廢青年陳國雄自修苦讀通過高等檢定考試，但因雙手殘缺，未能合於考試法第四條規定，通過體格檢查，致被拒參加高普考試，悲痛失望之際終於自殺。自殺前一週並致書立法院陳述考試法第四條規定，剝奪了殘而不廢者考試權，不僅「殘酷」，也與憲法第十六條、十八條及一百二十五條所規定不符，請求修改，俾公平合法而符合我國固有的「仁愛」美德。各界對於這一不幸事件無不為死者同申哀悼，而紛紛發表議論，各陳所見，其中有藉「哀陳國雄」而指責考試院「亂考一通」，趁此反對高普者；有指責考試院者；有認為考試院並無不當者。其實，今後如何才可避免如此不幸的事件再次發生，才是我們所應爭論、所應努力的問題重心。

二

傷殘之人是否得應公職考試，就考試法第四條規定：「各種考試應考人於考試前應受體格檢查，不合格者，不得應考。」並規定：「體格檢查標準由考試院定之。」以觀之，體格檢查「標準」應採「差別待遇」的方式。事實上，考試院亦採有類此規定，如要求標準較一般為嚴格者有關務人員考試，河海航行人員考試；有要求標準較一般規定為低者例如對榮譽軍人體檢標準從實便是。所以應考人應參加體檢並無不妥。他方面，殘而不廢之人亦可參加考試也為法所容許。陳國雄因體格不合而被拒參加於法並無不合，此因從事公職之人，「智能」合格僅為要件之一，他如「體能」與「品德」亦同屬重要。但應檢討改進的則是陳員所欲參加之高普考，其類科學門至多，工作性質不盡一致，但體格檢查標準並未依個別特定要求訂定明確的「差別」標準。

不過，生理殘廢或心智低能者的工作權之所以被「剝奪」，其根本問題要在於機關用人對於上述不幸者尚未建立一種「優待」或寬允的制度。據宋惠亮同學於五月八日在中華日報發表「含淚的微笑」一文中，敘述她爭取參加司法官特考的經過，其中指出：「據悉去年數位情形與我相同的人，通過人事行政科考試，分發工作時，主管大打官腔。有關人員告訴我，最妥當的方法，是在體檢表上註明只想取得資格，不請求分發工作。」可見問題癥結所在。再就社會上一般用人風氣來看，似乎大專畢業成為尋求較佳工作的資格要件，求職者體格不僅要求健壯，如有口試面試，必然又評核其儀表風度，傷殘青年能接受大專教育實是鳳毛麟角，能受中上教育者為數也不多，在就業資格條件上已無法競爭，再有自身傷殘缺陷，不受歡迎，參加工作權也就「自自然然」予以「剝奪」。設陳國雄在社會上果能有其他較好的工作機會，想也不致由悲憤而絕望而自殺。現在全國傷殘之人究有若干，雖未有詳確數字以證，但為數不少，乃屬毋庸置疑的事實，如何照顧這些極需照顧的不幸者，實是社會問題之一。我國傷殘重建工作早已開展，目前因加入了國際傷殘重建協會而能取得較多經驗、知識與合作，但在傷殘就業輔導方面猶待政府與社會各方面共同努力以赴之處至多。

三

次言，傷殘之人有無「工作權」，是否應有工作機會均等的權利，這是一項極其嚴肅的課題。想我　國父窮畢生之力，努力革命所欲實現的乃是大同之治。大同之治的社會最具體的寫照是為　國父誦之再三、銘之不忘的禮運大同篇。其中不獨要求做到「老有所終，壯有所用，幼有所長」，也要做到「矜寡孤獨廢疾者皆有所養」。這充分表現了我中華民族固有的仁愛精神。蔣院長於立法院五十三會期中也曾勗勉公務人員多做些雪中送炭的事。幫助社會上需要幫助的人。為應社會青年需要而擬定「幫助殘廢青年恢復健康」的十大重要原則之一。所以在今天，「雇用傷殘」之人當是社會各行各業共應合作努力以成的道義和責任。就政府機關以言，已非是否應該雇用傷殘之人，而是如何做好這項工作，以為民間企業社團雇用傷殘之人的榜樣。

試觀美國為一素稱之為資本主義社會，但美國政府機關雇用傷殘之人卻特別重視，推行不遺餘力，且著有成效。此予傷殘者「幸福」的追求，社會公道的維護，仁愛精神的宏揚，以至國際人士對美國政府的觀感和讚譽皆有莫大的增益。

四

言及美國政府機關「雇用傷殘」(hire the handicapped)，不僅早已建立有制度，且設有訓練傷殘員工的機構。尤者，甘迺迪政府時代，推行「工作機會均等」，特別重視「雇用傷殘」而成立「總統的雇用傷殘委員會」，此名稱中原有「生理上」(physically）一字，甘迺迪總統特將之刪去。自後，精神病患治癒者與低能者也就列為輔導雇用的對象。

據美國聯邦政府文官委員會（U.S. Civil Service Commission）

統計報導，自第二次大戰以後，聯邦政府各機關雇用傷殘之人已逾二十五萬人。自1970年前五年，每年平均雇用人數已超過一萬二兩三百五十人以上（見 Federal News Clip Sheet No.98， November 1970， Washington D.C.）。

我國在起用「青年才俊」之際，也同時積極建立「雇用傷殘」人員的制度，其對內國家社會安和福祉的增進，對外國際組織仁愛政治的宣導，皆有極大的利益。茲將美國政府如何雇用傷殘的辦法，撮述其要，以供我政府參考採行：

（一）基本信念：

1. 殘而不廢之人皆為國家人力資源，尤其彼等具有某方面知識與技能，如果棄而不用，於個人是屬不幸，於國家社會則是為損失。

2. 生理上或心理上殘疾之人，如于適當訓練，任使得宜，不僅皆有工作能力，而且工作績效可能較正常健全之人擔任更為穩定適宜。如傷殘之人一旦適應所擔任之工作，皆能專心一致，堅守工作，勤奮愉快，忠實可靠。

（二）目標政策：

1. 予傷殘之人一律平等之工作機會，且予優先錄用之權益。如賦予傷殘退伍軍人優先甄選之權利。

2. 傷殘之人可以申請擔任公職，並予某些較正常健全之人為優待之條件。但被任用之傷殘人員須證實其工作時對自己、對他人皆無妨害，無安全上之顧慮，並能勝任所擔任之工作者為限。

（三）雇用對象：

1. 生理上殘疾之人，如盲者、聾者、小兒痲痺者。

2. 精神病患治癒者。

3. 低能者。

4. 傷殘退伍之榮譽軍人。

5. 貧困而遲鈍的不幸的青年。

（四）主管機關，其要者有：

1. 總統的雇用傷殘委員會。

2. 聯邦文官委員會暨各地區文官委員會。

3. 各州地方政府職業重建辦公室。

4. 聯邦政府各機關派充之殘疾工作者輔導員。

5. 退伍軍人協會。

（五）申請程序：

1. 申請者教育與經歷應合乎所申請之職務相配合，其體能需適於所擔任之工作。因此，一般申請者首須取得醫師體檢合格證書，如精神病患者必須由合格醫師證明其已經治癒為合格；以及向職業重建會取得所需資格能力證明。退伍軍人則諮請退伍軍人協會辦理上項手續。

2. 向文官委員會或所屬當地聯邦工作新聞資料中心索取有關說明資料填交申請書。

3. 申請者之資格經審查合格後，即列冊送擬任用機關甄選，並協助其參加考試。

（六）考試方式：依傷殘類別，分別採取適當之考試方法，例如：

1. 盲者：指定讀者讀試卷問題，由盲者口頭作答，此以個別應試方式行之。

2. 聾者：由應試者帶翻譯一人前來為其說明試題，測驗其毋須口頭（有聲者）指示即能做好擬任職務的工作。

3. 精神病患治癒者：採試用七百小時方式證實其確能擔任所擬任職務。

4. 低能者：以取得州政府職業重建辦公室發給之可擔任所指

定工作之證明，而免試任用。

5. 傷殘退伍軍人

a. 參加公開競爭之考試可加總分五至十分。

b. 為其單獨舉行考試。

c. 越戰歸來者如所受教育期間總數未超過十四年者，可免試參加正式考試，而以參加適當之教育訓練及格後任用之。

（七）任用程序：

1. 依文職人員正常任用程序予以任命。或——

2. 由指定之任用機關逕予七百小時臨時職位，經考驗確能勝任所擬任之工作後，則予以正式任用。

3. 對貧苦與遲鈍的不幸青年採取兩種方式：

a. 暑期支援工作：自1968年以後，美國聯邦政府每年暑期雇用逾有七萬人之眾，現在雇用該等不幸青年總數平均佔正式任用人員四十分之一。所擔任之工作有以「臨時指派的工作」為之者。

b. 兼職工讀辦法：不幸青年申請參加此項辦法後，開學期間每週工作十六小時，假期每週則工作四十小時。但工作時間以不影響其學業為原則。

4. 傷殘退伍軍人可依軍中資歷比敘轉任。

（八）工作種類：傷殘人員所能擔任之公職有其限制，總以能依各別「體能」所能擔任之工作為限。經多年事實的驗證，傷殘之人確可勝任若干工作。例如：

1. 盲者，可運用他們在管理的、技術的以及專業性方面的才智，賦予適當的職位。

2. 聾者，可從事工程、人事、電子資料處理、律師事務、寫作、研究、文書以及其他多種「藍領」階層的技術與半技術的工作。

3. 精神病患治癒者，除基於「安全」理由，不可從事重要之職務，例如海外工作，或責任重大事務而外，該等任職範圍概與正常人視同，無他限制。

4. 低能者，如能給予良好的訓練，適當的安置，一旦能熟練所擔任之工作，彼等將終身不渝且安心愉快地從事該項工作，且成績與常人有過之而無不及。據美國文官委員會經多年試驗求證所得，彼等從事下列諸般工作最具成效——文書、工役、打字、洗衣、傳達、郵件搬運、實驗室助手、看守倉庫、圖書館助理員、打卡員、工程助手、門房、辦公室機器操作、炊事、物理實驗助手、醫療技術士、售貨員、物卷收發、幻燈機操作員、油漆工人、動物管理員、補給品管理員、清潔工作、裝訂工人、建築工人、印刷品收發等等。

（九）服務事項：

1. 聯邦政府文官委員會為貫徹「雇用傷殘」政策，印發有多種說明手冊資料，廣為宣導。甚至公用信封上亦印有「雇用傷殘」字樣，郵寄達至國內外。

2. 有關傷殘之人如何申請工作，除印有詳細說明資料可隨時取用，並設有專責機構，除文官委員會分佈全國之單位而外，各州尚設有職業重建辦公室，以解答與協助傷殘求職者。

3. 在生活輔導與工作協助方面，美國全面各機關為協助傷殘工作人員，指派有「輔導員」總數在四萬人以上。

4. 對於每一盲人規定指派一助讀者協助其工作。

（十）成效獎勵：

1. 自1968年後，美國文官委員會訂定「十大傑出傷殘工作人員」甄選獎勵辦法，每年通函全國各機關推薦績優傷殘工作人員，由十四人組成委員會審查後，選出該年度全國「十大傑出傷殘工作人員」，隆重頒授勳獎（第一次主持頒獎典禮者為前美國副總統安格紐），以資激勵。

2. 據美國文官委員會於1970年抽樣調查三百九十七位傷殘工作者之研究結果所得，他們不僅未發現從事所任工作有何困難或發生不尋常問題，且工作成績較之常人並無遜色。三百九十七人中有一百四十一人獲得一次以上晉升，二百三十一人希望擔負較多的責任。

五

我政府機關如何建立類似美國的「雇用傷殘」的制度，似宜本諸我國固有的仁愛精神，民生主義社會政策，以及蔣院長的訓示，參考上述例證，責成有關機關從速研究辦理。尤其是主持考政的機關，對於各類考試當應作一通盤檢討，針對每一科類的工作特性，訂定不同的體檢標準，設有某些職位工作能予傷殘人員擔任者，似宜允准其參加應試，俾用人機關與應試人皆有所準據。或則協調用人機關決定某些職位若干名額優先雇用傷殘之人，而為此類人員定期舉行「特考」，合格後分發工作，更為妥當。他方面，社會上各行各業之用人，或為響應政府號召，或本諸親政而仁民的愛心，也多多雇用傷殘之人。此種作為乃為傷殘之人最大福祉，亦為國家仁政社會道義的具體表現。此項制度一旦建立，想類似陳國雄不幸事件絕不致再次發生，在我國人力資源發展與運用方面，也可能獲有更輝煌的豐碩成果。際茲已我們「仁政」對抗「暴政」的今天，我們積極建立起「雇用傷殘」制度，其意義之重大，影響之深遠，則又不復贅言矣。

原載於《自立晚報》

民國六十三（1974）年五月三十、三十一日

人力開發應循的途徑

一

加強人力開發以支援九項建設，已成為當前經濟建設方面極其重要的課題之一。據行政院秘書處於四月二十五日向院會簡報統計，政府推動九項建設，自六十三年至六十七年五月間共需補充各類技術人力五萬四千六百九十七人。繼於本（六）月二日新聞局表示，政府為推動各項重要建設計劃，在上述五年內共需補充技術人力六萬三千五百餘人。未及兩月即增加了近兩萬人。雖然後者包括農業建設與電力電信的建設，但技術人力的需要，隨著我國經濟建設的推動在日益增加之中，乃屬事實。如果再擴大範圍就社會上所需技術或半技術工人言，每年約為八萬餘人，則人力之缺乏更見其嚴重。可是，他方面在社會上又存在有「失業偏高」和「人浮於事」的現象。據教育部在昨日公佈的中上學校畢業生就業調查報告統計，專科以上畢業學生半數以上均赴國外留學，高中高職以下畢業生未就業者，去向不明者，為數有一、二十萬人是在「飽食終日，無所事事」。從這些情形來看我國人才培育、人力發展、以至人力供求調節方面皆有若干亟待改進之處。

二

技術人力並非特別是高級人才所以外流而發生嚴重短缺現象，除了待遇問題而外，論者都歸咎於「升學主義」為最大病根，讀書只為了求得更高學歷、學位而不計及其他。例如國中畢業生都競相升學，不升學的也無一技之長，無法補充每年亟需的七、八萬技術與半技術的工作。他方面，初級技術人員如技工在社會上沒有地位，工作前途又不具發展性，使受過較為完整教育的青年又望而卻步。如此惡性循環，更助長了升學風氣。在政府方面還有教育與考用不能「配合」的「問題」，擢拔人才又增添一份困難。

目前，政府推動各項重要建設亟需人才，已由各有關部門研訂「十項建議」，以應迫切需要，如果一一貫徹，順利實施，則所需人才當可得以補充。然而，社會上全盤人力供求失調現象是否能就此大有改善，不無疑問。

此因，人力總供需所以失調，「結構性失業」所以偏高，如作深入分析，當知其根本問題似在於沒有建立起一種終身教育的進修升遷的觀念與制度，把育才與用才脈絡一貫地聯繫起來。現在工商界缺少技術人才或爭奪人才多用「挖角」方式；政府機關缺少人才每每設法「修正」考試任用規章來遷就人事，可說，皆是由此形成的。因為人才如不予以經常培育，繼續進修，一旦需求人才，皆寄望於引進新的人才，其在任用、待遇、工作經驗諸方面徒增困擾不談，且引進之人才，三年五年後因時代與科技之進步，其原屬人才者，又成為非人才，也可能日久成為機關的冗員。此所以有若干願意回國服務的人才，因見及國內設施與研究環境不能使其日新又新地學以致用，而打消原意，或回國了而「來來去去」不作久留之計者，與此不無有關。

很明顯的，沒有藉教育訓練以升遷的制度，高級人才與專業人才則是永遠缺乏。更可以說，沒有終身教育訓練升遷的制度，人才供求固屬必然失調，其現有員工素質也無顯著提高之望。而各級人才或人力，沒有能力或缺少機會從低級職業升遷或轉換至更高一層職業，其對國家進步、經濟發展、福祉增進，也勢必因之格於一局。

因此，今後人力發展似宜循下列四種原則或努力途徑或可更有成效。

三

首為職業教育與職業訓練互為補充。在發展職業教育與加強職業訓練一片要求呼聲中，學校職業教育與工商職業訓練無不悉力以赴。但因職業教育與職業訓練之間存有「門戶之見」而「各自為政」，結果在調節人力供需、發展人力方面諸般問題未能順利消除。

其較明顯的問題是所謂「基本觀念」，即職業訓練與職業教育兩者有別，認為後者是長期的養成教育，以學校學生為對象；前者則為短期的職前適應教育，以後就業人力資源為教育對象。於是在職業教育方面無論數量與質量之發展均不遺餘力；他方因職訓基金支收繳盈億，經費充裕，各種職訓中心、訓練協會紛紛成立，長期訓練、短期講習處處創辦。但結果是職業學校畢業學生只懂理論，不諳技術；職訓結果徒生只知操作機械，不懂理論，難望「大成」。因此，職業教育依然走上升學途徑；職業訓練也只限於為工商企業提供初級的、廉價的半技術勞工。對於提高人力素質而技術創新以求經濟長遠發展，更上層樓，均是助益無多。而且兩者自身亦各有問題，在職業教育方面商工各科發展不合實需；職業訓練有無人報名參加者。

因此，欲求建教合作臻至理想地步，當宜使職業教育與職業訓練互為補充，打成一片。不僅學校與工廠相互結合，而且在學歷與技術兩方面必須彼此承認。職業學校學生須至工廠或職訓中心學習實用技能；參加職訓徒生須至程度相當職校修讀一定課程。職校畢業學生須參加技能檢定考試，畢業同時即取得就業資格；職訓結業生如修畢學校課程考試及格亦可取得學歷證書。其短期講習無適當學資可予比擬取得者，可發給「課目」及格證明書，計其「訓練期間」，以為他日受進一步訓練時疊計其「學年」，以參加學歷檢定考試或入學補修相當時日課程而取得相當學歷。職業教育學生增強了技能訓練，職業訓練徒生修讀一定理論知識，從初級半技術工人即國小程度，以至相當高職之技工均能彼此結合，互為補充，則技術人力供求必可因此調節；職業教育與職業訓練正如涇渭合流共為經濟發展與國家進步，發揮無比的推進的動力。

四

其次，在高級人才方面則是人才引進與學校教育主動配合。此可從兩方面著手：一為教育與任用之配合，再為人才儲備登記以備徵召。

言及教育與任用之配合，其最適切之辦法，是將現行職位分類制與原有之品位制融合成為一新的人事制度以擷取兩者之長而消除其缺失。此要在於劃分政府員工職位為四大體系：即一般行政管理職系、理工農醫等科技職系、文書打字雇員職系以及技士技工職系。其主要精神是將行政與科技人員分成兩種管道，一般行政管理職系人員採品位制精神，非經全國性如高普考試及格不得任用，且從基層職位歷練升遷，以培養成優秀之管理領導人才。其升遷有保障，但待遇則依國家財力、社會一般薪資水準訂定。而理工科技人員則採嚴格職位分類制精神，但可以特考與檢覈，或不採筆試而以口試或實地測驗方式錄用，並畀於中高級以上職位初任之，待遇可偏高；以適應某方面特需之人才予以順利引進，然升遷則可能不如前者可計劃升任至高階層主官職位。目前計劃擬以技術人員聘派任用條例來羅致九項建設所需之人才，實與本建議精神相一致，但如趁此時機整理有關法規使成一單一的新制度，則一勞永逸，其在人事運用上必可收到執簡馭繁和任使得宜的功效。

人才羅致循公告考試方式乃是正當途徑。然人才絕不致在「賦閒」中等待政府錄用。而所謂調整科系，統計供需，常因未來情境變遷，人地不宜，以至結構性失業的諸般影響，各種預測與實際情形總是不盡相符。所以，欲求引進所想望之人才就必須於平日對國內外現有之各種高級專業技術人才定期多方調查，經常聯繫，建立儲備登記候用制度。甚至適時適地邀請其來政府機關參觀訪問、座談研究、講習討論等等，如此，政府自可建立起無形的人才銀行，可隨時遴選徵召；也可因對政府的了解而增強了才俊之士報效國家的向心力。

五

再為，公費獎學與公職進修結合為一。當前政府方面之人才不易羅致，困難問題之一，是為民營企業機構待遇較之政府機關多屬偏高，此為不爭之事實。富強如美國亦有如此現象，但美國聯邦政府常以在政府機關服務可享有各種「額外福利待遇」（fringe benefits），諸如醫療保險、休假旅遊、特別是完備的教育訓練進修制度等等，來吸引人才加入政府工作。所以企業界有時不得不前往各大學，以畢業後到該企業服務為條件，擇優贈予在校學生相當獎學金，以與政府爭人才。我政府公務人員亦有相當之「額外福利待遇」，雖不能與美國比擬，但我公務人員生活安定堪可稱道。然在教育訓練制度方面，除國防部軍事學校階段教育訓練制度而外，一般公務人員之終身教育在職訓練，尚缺一完整制度，諸般努力必須假以時日。但目前教育部公費留學生考試似以服行公職之青年才俊報考為宜。此因以公費來培植之人才，以服行公職之人為主要對象這一原則絕對正確。而且，服行公職之現職青年，有家有室，有工作經驗，更有安定工作，且經過考核甄選，出國進修，則當前公費留學生一去不返的現象必不致發生。政府如為公務人員建立一種由國內進修而出國深造的有體系而完整的教育訓練制度，則優秀才俊之士，特別是家境清寒的優秀才俊之士必然爭相投入政府工作行列，吸收人才與獎掖才俊自是一舉兩得。

另據報導，台灣省政府設置大專生獎學金，凡是肄業國內各公私立大專院校二、三、四年學生，學科成績在總平均八十分以上、操行體育成績在乙等以上者，均可提出申請。此一獎學金領受人畢業後，由省府就其所學科系及在校成績分派工作，如尚未取得任用資格，則以約聘方式聘用。其服務時間至少應與所領獎學金之時間相同，考取國內研究所或出國留學者，得延至畢業後再行服務。如未履行服務，或服務年限未達規定時間，則應繳賠已領受之全部獎學金。此項獎學金制度甚值大加推廣。對此類獎學金生如再予有計劃的甄選、聯繫與輔導，則公務人員當可不斷增加新血才俊。人才有無匱乏之虞。再如，對在職人員亦參考美國文官制度，擬訂獎助辦法，鼓勵與保送員工入大專院校及研究院進修，則完整之公務人員教育進修制度因以建立，而學術理論與行政經驗也可由此相互參證可臻至結合境界。

六

至於全國工商企業以至政府機關在調節人才（力）總供求方面所應通力合作以赴的，則是建立與學校教育全程一貫的學徒制度。建立學徒制度，不僅可培養所需人才，對於當前青年失學就業的重大問題也可因以正本清源的加以解決。但這一學徒制度絕不是以廉價勞工的方式，使工商界藉此雇用未成年的童工，而是有如西德、美、英之學徒制度，是教育訓練各級技術人才的制度，使國小、國中、以至高中程度的社會青年與退除役軍人，皆可分別接受不同等級的學徒訓練。接受職訓之技術生，其技術操作在廠隨師歷練，學識理論則送相關學校修讀，學校考試合格，技術檢定合格，則畢業文憑與就業資格同時取得。此種學徒制度如普遍建立於工商企業生產機構以及政府事業單位，則每年大專聯考落第青年自有最正當之出路，升學風氣可以戢止。再如大學研究所能為工商企業界之實際需要，開設職業性深造教育的課程，授予相當較高級學位的文憑（diploma），則教育部蔣院長所倡議建立的職業技術教育一貫體系的教育制度可由此而真正實現。據悉，政府有關機關已分別研訂規章辦法，深願早日見諸事功。

七

教育訓練是屬投資抑為浪費，端視人力發展是否與經濟發展國家需要相結合一致而定。上述建議四種努力途徑其立論皆是著眼於此。他方面，據內政部統計，我國按行業分類，在全國各行各業中應有三百三十五類行業技工必須接受職業訓練。又據統計，六十一年全國辦理職訓者有兩千四百四十四個單位，舉辦有兩萬九千四百二十七個班次，受訓人數高達九十六萬兩千六百六十二人。現在因九項建設需才至切，各種職業訓練又將見加強。對於這種情形，某立法委員曾經表示，職業訓練不必一窩蜂的舉辦，必須針對實際需要，採取有計劃的作法，庶使供需配合。同時強調，互相爭權似的辦訓練是一大忌諱，因為就目前師資與設備來說，是不夠的，那麼競訓的結果顯而易見的就是粗製濫造，此說甚中時弊。

再則，在政府機關方面與職業訓練就業輔導業務有關的機構，有青輔會、內政部、教育部、經濟部、台灣省政府、台北市政府等等至少二十個以上單位。就其個別職司以言，各有專責，但從全盤計劃、整體發展來看，其間是否能配合密切，運用得宜，必有可檢討之處。因此，如何本諸「事權集中原則」，來謀求改進，當屬重要課題。例如由有關機關合組成一個有如美國聯邦職訓委員會的組織；或加強某一部會權責；或本「職能」分工——如教育訓練職能，所有職業訓練之課程設計，督導檢查概劃歸教育部掌管；訓練設施登記職能，所有全國公私職訓班隊設立標準概由內政部規定備案等等皆是——使權責分明，業務簡化。如此，消極方面可以避免重覆，減少浪費。積極方面，可收到統籌策劃，事半功倍的效果。類此問題，皆似宜一併研議採行者。

原載於《中國經濟評論》第四十期

民國六十三（1974）年六月二十四日

九項建設與自強經濟

一

九項建設的完成乃是我們建立自立自強的經濟體系，能在經濟穩定的基礎上求得發展的成功保證。然而，持經濟穩定論者依據「總供需定律」，認為需求超過總供給，必有害於通貨膨脹加劇，也有害於經濟穩定成長。因此主張抑制擴張性的投資，不宜提高經濟成長率。以至大刀闊斧削減政府預算和節約開支。僅以九項建設所需資金一千九百零四億兩千九百萬元而言，如此龐大資金流入市場，可能引起物價波動，再因巨量人力物力投入，也可能影響及其他方面的正常發展，適與政府大力穩定經濟的措施相背。可是，不積極進行重要建設，不及時發展經濟，以爭取外匯，以提高國民所得，則經濟穩定亦將失去保障。何況所謂總供需是可以創造的，諸如擴大資本形成，增加就業機會，輸入物資，引進技術，使經濟結構更上層樓等等方式皆是。問題在於如何將現有及可能取得之資源作最有效最有價值之利用，又如何將多方需求作最適切之配合以共謀發展。

二

目前九項建設所面臨的問題一為資金的籌措，次為人才的引用，以及物資的來源。在資金籌措方面，蔣院長在立法院五十三會期中答覆立委質詢已強調了兩項原則，一為不影響通貨的正常發行，二為不影響經濟的穩定發展。如何符合這兩項原則，各方建議至多，但不外從開源與節流雙方面著手。以開源來說，要在整頓稅收以充裕財源，借貸外債與吸收外資，發行公債或出售國有財產，運用民間儲蓄與公營事業收入，以及鼓勵私人投資甚至捐獻等等。節流方面在於加強民間消費節約，特別是奢侈性消費，節約政府開支，避免不必要的擴張，使國家有限的財力、物力都能集中投向於這九項建設。不過，務須重視研究者似為下列諸端：

其一，不可寄望於動用有限之外匯存底。

其二，可以借貸外債，但須本諸「平等互惠」、「操之在我」的原則。更須考慮及舉貸外債的最大缺失即是「利息」的給付。如果負債過高，未來不勝負荷。如果國民所得的增加率不能超過應付外債利率，則後果堪慮。以下年度所籌經費四百餘億以言，竟有三百八十億以上係舉債者，今後四年如果皆以舉貸外債為主，自然成為及時多方考慮的重大問題也。

其三，吸引外資是必然之事，也是加速資本形成的可取方式之一，但如不加選擇，或予過多的獎勵，則吸引外資過多對於經濟發展並不完全有利。

其四，即使屬援助性的外資，因常需有國內配合款的支出，即所謂 local cost 的問題，也可能增加國內貨幣的供給與流通，有促成通貨膨脹之虞。

從上述分析，籌措九項建設財源自以動員內資投向建設其副作用較少。諸如外貿、公賣與公營事業收入、公債、稅收的支應、民間儲蓄、投資以及活躍於市場的游資皆是。而在籌集公債與鼓勵儲蓄方面如能激發起國人踴躍從事，於資本形成於收縮通貨均有其助益。

三

九項建設在人才引用方面亦如蔣院長所說，較之資金籌措的困難程度有過之而無不及。現在政府對各項重大建設五年內所急需的六萬三千五百餘技術人才，分別檢討作成十項建議，訂定引用與訓練的計劃，如能順利實施，咸信可以順利解決人才缺失的問題。然一般論者仍多指望於應屆大專畢業生參與建設行列。主張「以工代役」，以檢覈代考試種種方式來促成之。「以工代役」因涉及役政公平的維護，蔣院長已說明不作考慮。以檢覈代考試則正修改技術人員任用條例以適應之。不過，此為權宜之計抑是長遠之方似應有所考慮者。

如果今後技術人員一概循此途徑引進認用，當無問題。此因法律與制度是為人為事而設，只要有利於國家建設事功的制度就是好制度。但如僅為權宜之計，只應用於九項建設或則當前其他重要建設人員，則不相宜。此外仍有待遇問題以及與之有關的未來出路問題。抗戰期間「十萬青年十萬軍」，他們投身軍旅確係不計「待遇」不計「職位」，今天大專學生掀起參加九項建設的高潮是否亦不計「待遇」不計「職位」，如果計較這些，政府是否能作到「公允」而令其「滿意」。如果真不計較，以現代社會情勢來看，政府自不能以任何「契約」方式「限制」彼等服務期限。不予限制，則從事九項建設的技術人員其流通率勢必偏高而影響及工作的正常性。據悉，關於技術人員的待遇，擬以專技津貼、績效獎金、趕工獎金等方式以提高其待遇。此種以變相方式增加待遇之法，或可吸收得人才。但也可能衍生另外兩個問題。一為參加其他建設的技術人員沒有如此「待遇」，是否會引起「同工不同酬」的問題。再則，九項建設完成以後，對於獻身建設的青年仍予繼續任用，轉投入另一建設行列，則此種「津貼」「獎金」是否仍予維持，如繼續保持，則成為正式的待遇，此與積極實施單一俸給制背道而馳。不予保留，恐怕這類人才勢必又要外流了，斯皆為人力運用與發展所宜考慮的重大問題之一。

四

至於九項建設的物資來源問題，此與健全組織發展外貿有關。據海關的統計，去年貿易總值為八十二億六千三百多萬美元，今年估計將增至一百二十億美元。現在國內貿易商竟有四千八百九十七家之多，可見拓展貿易的重要性。他方面，由於當前能源危機短絀，工業原料不僅價格日升且來之不易。且我對外貿易仍以美日為主，美國因經濟衰退，我輸美貨品勢必減少，而日本因石油危機，工業原料輸出亦必大幅削減。因此，有健全的外貿，對於爭取資源推動國內工業化、努力經濟建設、提高國民生活水準皆有直接的助力。但許多年來，我們苦於缺乏具國際信譽的大規模貿易商社，於是不得不依賴別國的大貿易商，透過他們從事外貿與進貨。據統計，我國三分之一貿易操在日本商社之手，久而久之，我們的貿易主動權，無形中為外商所操縱、控制、予取予求，造成賓主倒置的局面，這是我們外貿最弱的一環。前幾年成立第一家綜合性的大貿易商世界通用公司，已獲有相當的績效，目前工商界擬再成立一大貿易公司，蔣院長在立法院答覆質詢時已表示政府決全力推動建立。事實上，經濟部已擬訂了大貿易商組織辦法將予付諸實施。確是明智而適切的決定。然而，部份企業人士所擔心的在籌備的大型貿易公司成立後，將無業務可做，無利潤可賺，因而抱有猶豫的心理，甚至因此寄望政府特准予以其他貿易公司所享受不到的優待與獎勵。新擬辦法是否能如所望，而特權是否能給予，自宜從長考慮者。筆者總認為，保護或保障太多也必失去過多的自由競爭的能力。因此，為因應全力拓展外貿之需，似宜先從擴大公營貿易機構的業務著手，此可以中信局為中心，將各公營企業單位外貿業務密切聯繫起來，並以募股方式吸收民資，鼓勵民營企業參加，籌組一「持股公司」，以充實其資金與人才來增強我們外貿競爭的能量。同時在有邦交國家以我使領館經濟參事與商務專員為指揮協調的機關；在無邦交地區以我與當地人士所設的民間社團為聯絡推廣的中心點站。從而強化世界華商會議組織與活動，結合各地僑商，擇其有發展能力者，約為代理商，給予相當優待與輔導，使其共為拓展外銷，爭取資源而合作努力。如此，不僅較之在國內成立一、二大貿易商有力量、有實效，我全球貿易網與點站真正可望以建立，無論拓展外銷或爭取九項建設暨各方面所需資源皆可收大功宏效。甚至以之與中共展開經濟貿易戰，推展總體外交也增添足可憑藉的力量。

五

經濟發展成功的秘訣之一是為維持各部門之間的均衡發展。我國過去所採均衡發展政策相當成功，但因工業化的加速尚且發生農業發展有所緩慢的現象，而致今天須以各種措施來大幅提高農業的成長率。今以全盤經濟資源分配以言，當前九項建設（如合核能電廠則為十大建設）已成為今後五年經濟建設的中心，從所需的人力、物力、財力來看，似乎趨向不均衡發展途徑，有人擔心因此會影響到其他部門的正常發展。其實所謂均衡發展的含義，毫無疑問的是，並非一切均是百分之幾的平均分配，而在於彼此適度的配合，不有所偏愛之謂。因此，進行九項建設（或十大建設）務求兼籌並顧及經濟的整體發展，在經濟結構方面真正做到「脫胎換骨」，如使我們生產結構由淺盤式工業均衡發展成為以石油化、或造船、或鋼鐵重化工業，高級或精密工業為重心，亦即有計劃地結合與轉換國內大中小企業各使成為一相關的生產體系。如此，九項建設的成功必能帶動全面性的發展，突破艱困躍入於開發國家行列。如果九項建設僅作一孤立的單方面的事件來努力，其結果最多在公共設施方面有所增益，在工業化過程中只多了幾種工業而已。再如過於集中注意力而使其他必要的建設與發展有所偏廢或緩慢，未來就可能因此而遭遇更多瓶頸，面臨更為艱困的問題。是不可不慎者。

六

並世經濟發展的最大目的在為創造社會的福祉。社會主義經濟與自由主義經濟在這一目的要求實現之下，相互激盪，而形成有今日的計劃經濟，分別走上公私合營的「混合經濟」型態。我們民生主義經濟政策是以「均富」為目的，並以節制私人資本，發達國家資本為主要方法，更具計劃經濟型態。但也維護自由經濟制度，對於民營企業的發達亦予以相當的鼓勵與協助，過去二十多年來，我台灣地區經濟發展成功，有政府鼓勵與輔導民營企業的成長發展不失為主因之一。但問題是在所謂「混合經濟」制度下，其經濟自由的程度與範圍則時有爭論，我們常見及的爭論是，民營企業為何不能投資於重化工業、高級工業，民營企業為何不可以經營某某企業。爭論如何調和，實又為當前重要課題之一，因此，似宜從下列兩端著手：

其一，公營企業更應善盡經濟發展中所應扮演的職能。在這次物價風暴中我國（公）營企（事）業單位在去年貫徹蔣院長「公營事業絕不漲價」的指示，確已樹立了足可傲視任何國家公營事業的榜樣。今後我國營事業在經濟發展過程中作好「加速推動者」（pace-maker）並以之為生產中心各各發展其相關企業，多角經營，統合營運，必能發展更大的開拓、前導和輔助的力量，作為民營事業的標準尺度，能為國民爭求更多福祉。

其二，鼓勵企業家善盡其社會責任，此當從教育宣傳方面繼續下功夫，並從法制上著手，多訂立一些獎勵創辦公益事業的法令規章，也訂定有如美國反托拉斯法案以防止私人資本過度集中，至少不宜再有「錦上添花」的獎勵。此外，並以積極而有效的手段來鼓勵與要求業者走上「資本大眾化」道路，打破「家族公司」型態，則為爭私利而惡性競爭的種種病態方可望其消除，在管理與技術方面也可望其有較滿意的進步與成就，而有助於我國經濟加速發展。

七

本月六日行政院院會通過「當前財、經、金融政策說明」，其中指出「政府決定以不影響財政、經濟基礎為條件，將積極推動各項建設，建立自立自強的經濟體系，來緩和基本設施與資源不足所加的限制」，並呼籲「希望大家與政府合作，共同克服今後可能遭遇的許多困難，邁向繁榮發展之路」。這實在是該「政策說明」的中心主旨，也是我全國上下各界必須響應的行動。眾所週知的，在三十年代世界經濟陷於不景氣時期，美國總統羅斯福實施「新政」結果，雖未徹底解決經濟上的艱困問題，例如失業人數尚有七百五十萬之眾，但在民主制度下採國家干涉主義，政府在金融與公共福利方面盡到了最佳的職能，並組織勞工，發展人力，也使其在整個國家建設中成為最重要的力量。而舉國上下表現的通力合作精神，高度效率的行政工作，確為美國人民帶來無比的奮鬥信心，也為世人樹立了足可範式的榜樣。今天，世界經濟衰退在望，特別是發展中國家，正如聯合國經濟學家警告說：「本來已在不穩定的處境中，將可能難以立足。」我國處於如此情境下，論及蔣院長所宣佈的九項建設當然不必與美國的「新政」相比擬，但我們進行九項建設過程中，如果也能表現出猶如當初美國貫徹「新政」的精神與行動，則九項建設的完成，建立了自立自強的經濟體系，不僅從穩定經濟而發展經濟，作到「脫胎換骨」，邁入開發國家的行列，也可從物質建設而精神建設，真正「變化氣質」，具備了開發國家的條件，其在民族文化奮鬥進步史上將必寫下最輝煌燦爛的一頁。

（《自立晚報》1974.06.24-06.27）

加強／結合海外學人之我見

一

近兩年來暑假期間，海外學人專家以至留學生多應邀紛紛回國參加各種討論座談集會，為國家建設工作提供興革意見，今年活動較之以往尤為生動。其為各方所矚目者要如七月八日「工程技術討論會」，由旅美六十餘位專家學者及美籍專家就電子、能源供應、運輸工程、工程教育、水資源、房屋建築、石油化工、機械加工及造船工程等九項舉行為期三週的分組討論。另為由中央研究院劉大中等六位海外學人院士所發起的「當前台灣經濟問題座談會」，以「物價變動」、「對外貿易及國際金融」、「財政及國內金融」以及「經濟建設」為主題，邀集國內外經濟學者與政府首長，共一百八十餘位，於七月十二、十三兩日共聚一堂進行廣泛討論。以及七月二十八日至八月十三日由教育部救國團及青輔會共同召集之「六十三年海內外學人國家建設研究會」邀請國內外學者專家一百九十餘人參加，分「文學與科學」、「工業發展」、「國際關係」、「財稅金融」、「交通建設」及「農村建設」等六個研究組分別研究提供興革意見，以加速國家發展。此外，於本月五至八日又邀有海外年輕學人十餘人，合國內專家學者舉行一年一度的財稅金融研討會等等。以上這些研討座談會議的舉辦，不僅對當前國家正在推動的各項建設與經濟發展以及對外關係所面臨的問題都可能因此求得適切而具體的解決方案與發展之方，僅就號召與團結海內外學人專家共為國家建設貢獻智慧而言，其意義就非常之重大。

二

「當前台灣問題座談會」經過為期兩天的廣泛討論，已圓滿結束，發表座談會之綜合要點。而且，發起舉行座談會的六位院士就會中所得「原則性意見」從「通盤看法」本「彈性作法」繼續研究，已於八月七日以「今後台灣財經政策的研討」向政府提出建議，無論建議是否可行與採行，但各方對此次座談會所予評價甚高。然對座談會本身之檢討，其應有所改進者，可以經濟日報七月十五日報導所作評論為代表。該報認為——

其一，會議的規模太大，使得會議進行諸多不便，尤限制發言時間為三分鐘，使發言者不能暢所欲言。

其二，會議依四個主題，分次進行綜合討論，發言意見難於把握題旨而成為「漫談會」。

其三，專家們談論爭論激烈的問題，對於不同意見未作坦率批評，更少有所辨明。

其四，與會專家分配不均，如財稅問題論述至多，但財政專家比例最少。

其五，經濟發展不能空談理論，但所邀對象獨少出身於企業界的專家。

至於其他尚未舉行完畢之各項研討會議，尚未見「定論」，然關於國家建設研究會依據既往舉辦二次的結果，各方反映甚佳，但在會議舉辦方式上，亦有若干改進的建議意見，要如如何協助應邀學人了解國內問題與蒐集研究資料，如何結合所有海外人才共為國家建設貢獻智慧，以及對於建議意見如何予以適切處理等等。

再如就各種座談會議作一綜合觀察，其討論課題是否有重覆現象？與會人員有無重覆參加？以及時間過份緊湊，其在籌備單位工作人員與負責首長主管們對問題之處理是否有應顧不暇之感。似宜作一深入之分析，俾有利於事功之增進。

三

上述各種座談討論會議的舉辦，充分表現了現代管理學家們所推崇的「參與管理」的精神與作法。然據創造理論 X 與理論 Y 學說的麥克理格（Douglas McGregor）在其遺作《行為科學與管理》一書中，對於「參與管理」的驗證所知，主管人員對於「參與管理」的態度，可概分為四類，一為贊成者認為「參與管理」猶如萬靈丹，可以解決一切難題；一為反對者認為放棄管理上「權力」實在不可思議，實施「參與管理」結果將是危險之事；再為視「參與管理」為一種手段、工具，僅可以此來「攏絡」人心而已，「參與」形式與實際「管理」仍各行其是。而最正常一類的領導主管們即是既不視「參與管理」為萬靈丹，亦不迷信「權力」而對之「深惡痛絕」，更不以之為一種「手段」，僅是「虛應故事」。此類主管們能適當適切地施行「參與管理」而走上成功之路。此種論證有其實際價值。但真正的關鍵問題並不在於實施參與管理對於管理上評價如何，而在於實施參與管理對於所得建議意見，如何抉擇採行的實際效能而定其成敗。且以中研院經濟問題座談會為例，其所作「原則性意見」或「具體的建議」，其「可行性」與「實際價值」是否必須責由某部門加以「研究」與「判斷」，以供蔣院長作為抉擇之依據。如果不作「研究」與「判斷」即逕予採擇施行，則對主管部門職能存在性不無影響，而且施行後，一旦實際情境與結果與所建議之預測大有出入，其責任誰屬。反之，對於各種建議意見「判斷」、「評估」以後，未敢或未能提出確切「結論」，致多未採行。或僅以「研究」、「參辦」、「研究辦理」、「參考實施」等等方式「處理」結案，則對於未來座談討論諸般「參與」管理活動必大有影響。另一方面，「參與」座談討論之學者專家，皆為碩彥之士，然因去國多年，甚至一、二十年者，今回國數日，僅憑「資料」作學理研究，或就「參觀」、「訪問」所得作為「論證」的依據，總欠深入了解，而難於作成詳確的改革方案。以「經濟問題」而論，通常有理論與實際的「差距」；「計劃經濟」的「模型」對於潛在能量的評估，無形因素影響的分析尚無兼容並包的功能。而我國當前經濟問題除「穩定」與「發展」而外，又有「理想」與「現實」的爭議，對於建議之提供採擇與問題之處理，自也倍加不易。如各方對於「今後台灣財經政策的研討」中所建議的「機動匯率」就有見仁見智的不同看法和主張，即是最好例證之一。

四

但無論如何，運用集體智慧研討困難問題，委由專家學者評估政策方案，其所得建議意見，對於消除艱困，發展創造的消極與積極雙方面皆有莫大的裨益。今後，為有效糾合群力，發揮眾智，更為增強海外學人愛國情操，報國壯志，在團結海外人才方式上，似宜將國科會擬議設立中的「科學諮議委員會」予以擴大，並直隸於行政院之下而外，爰依上述檢討分析，試薦舉改進之要點如下：

其一，以座談討論方式研擬當前財經問題對策，無如實際參與經濟設計，或分別指導與協助各有關部門研訂問題處理方針。

其二，以一年一度集會方式討論建設國家事項，無如釐訂長期通訊聯繫辦法，俾便「遙控」與「諮詢」各項亟待解決的重大「問題」。

其三，為從整體著想，宜就國家全盤行政工作之需，網羅海內外人才分門別類各自成立「研究小組」，由政府資助必要之經費，以鼓勵學人經常為建設國家而貢獻其智能。

其四，居住海外學人組成「研究小組」應就研究性質邀請當地曾經來華訪問、研究之有關人士參與觀摩，諮詢意見，既可廣開「言路」收「攻錯」之效，對於爭取友邦重要人士亦為極妥善之方式。

其五，每年應先適時適地分別舉行財政、經濟、新聞、文教、國際關係等之分組研究而外，綜合研究宜合併一次舉行，會期較長，研討主題兼及年度以上之中長期建設方面之問題。

其六，有關分組研討或綜合會議之各項建議意見，訂定處理作業程序，追蹤查核，適切褒獎，公佈週知，對於學人報國忠誠必能產生極大的激勵作用。

其七，再如由團結海外學人，在國內又致力於「團體諮商」，建立員工「建議制度」，彼此結合，協調溝通，作到內外一體，上下一心，則國內外才智之士無不盡為國用，有關國家建設任何問題無不可得其助力，大有為的開放的政府亦可於此奠建其最穩固的基石。

五

總之，海外學人不僅為我國之瑰寶，其在僑居地亦為有影響力之智識中堅分子，如果能善加運用這份力量，對於建設國家與匪鬥爭，爭取與國共策反共大業，皆可發生極其重大的效能。現在政府號召海外人才為建設國家貢獻智能已著有成效，似宜因利乘便，因勢利導，責由有關部門進行檢討加強結合方式，發起「旅美學人」或「世界華商學人支援國家建設研究會」之類組織，並有計劃地經常展開活動，其貢獻，其影響，較之任何海外工作組織必大有過之而無不及，可以斷言。

原載於《自立晚報》

民國六十三（1974）年八月十二日

均富安和政策的秉持及其努力方向

一、引言

由中央研究院「當前台灣經濟問題座談會」發起人劉大中博士等六位院士，就會中所得「原則性意見」負責繼續研究的具體方案或建議，已於八月七日以「今後台灣財經政策的研討」為題公佈提出。綜合其中所陳七項建議意見，要在於如何藉有效控制通貨以穩定物價作為中心主旨，從而論及如何加強土地增值稅等之徵收以闢財源，支應九項建設為主要目的。此與「座談會」討論的四大主題，即「物價變動」、「對外貿易及國際金融」、「財政及國內金融」以及「經濟發展」內容相較，似有失之簡略，特別是對於「經濟發展」未公開其具體之建議方案，種種臆測與爭論之問題，可能由是而愈益繁複，自有澄清明示之必要。

二、均富政策的秉持

無論就短期與長期而言，我們致力經濟穩定與發展，當以民生主義為最高指導原則，是為不可稍有變易的方針。民生主義經濟政策是以建立均富安和的社會為鵠的。蔣院長對於安和均富政策的秉持已一再重申強調。而當前的經濟政策要在「穩定中求發展」，其真正意義可稱之為「穩定」為求「安和」，「發展」是為「均富」。

然而當前有若干人士討論任何問題，每就純經濟觀點來處理問題，而少有顧及民生社會問題者。結果，談發展經濟，猶如販賣商人然，認為擴張出口就是發展經濟，賺取外匯，可以提高國民所得，就是大功告成。此有七月十八日自立晚報社論所指出的：「依我們理想目標而論，當然要建設一個以民生主義經濟型態為基本國策」，而現實趨向「我們正在建立一個以販賣為中心的商業國家或貿易國家」，形容甚得其要。為堅持貫徹民生主義均富安和的經濟政策，此種「各說各話」、「各展其長」的爭論就有及時加以戢止的必要。

三、當前情勢的檢討分析

民生主義經濟政策的主要辦法為「耕者有其田」、「平均地權」、「節制私人資本」與「發達國家資本」。過去二十多年來我們經濟社會所以安定繁榮，都是成功地貫徹了「耕者有其田」土地政策而得有的。今後欲求經濟發展更上層樓，當亦有賴於「平均地權」、「節制私人資本」與「發達國家資本」三者一一成功地予以實踐。可是，當前情勢發展是否能把握住這一方向？不無亟待端正的爭論問題。例如財稅方面，現在工商界與政府爭論最烈的，除了爭取各種減稅免稅的優惠，要求降低利率，便利其資金融通等等而外，就是對獎勵投資條例第十三條的修正，取消了對盈餘轉投資所得稅延緩課稅的優待問題。在經濟方面言，其最足以混淆視聽，使民生主義經濟政策可能「走樣」的乃是「先富」「後均」的主張。認為政府如取消了增資股緩稅的優惠就是殺雞取卵。不先幫助工商界一本萬利大發其財就是阻礙經濟發展。

（一）節制資本的趨勢

論及「節制資本」，這不僅是我們民生主義早經揭示的最正確的政策，也是今天自由經濟制度發展所必循的正途。據七月三十一日新生報所載丁琴南先生「美國『節制資本』的暗潮」文中就曾指出，世界性最大的十家商業公司每年營業收入都超過世界上三分之二國家的國民總生產量，這些公司妨害了企業自由，影響了地主國的政治經濟，也觸犯了美國社會的公憤。鑒於商人的暴利促成物資缺乏，通貨膨脹和失業，犧牲全國無數消費者和納稅者的利益，美國國會不得不考慮商業國有化立法或者加強對商業的管理，而準備這個生與死的鬥爭。更有不少人引述1911年公營鐵路以及田納西電力局的前例，強調商業國營為正當可行的途徑。這不正是資本主義反轉回來走尚我們民生主義的「節制私人資本」、「發展國家資本」的大道嗎。顧然，我們的大企業尚未發展到如此地步，但絕不能要向美國亦步亦趨，也要到準備生和死的鬥爭的時候才談這項問題。

（二）一切應以「養民便民」為重

民生主義經濟政策的主要目的並不是一切為了「賺錢」，而是重在「養民」。因此，政府對企業自有協助輔導的職能，而企業亦必盡其社會責任，要想及為社會大眾作些什麼，可以貢獻些什麼。也唯有把「攘利唯恐不先」的「歪風」自行戢止，多為社會大眾消費者著想，為國家全盤建設設想，則當前所爭論劇烈的問題皆不成其問題了。

以取消增資股緩稅優待而言，納稅是國民的義務，政府給予免稅、減稅、緩徵其稅，是一項為某種更有益的目的而設定的「優惠」，並不是基於憲法所賦予的基本權利，不可侵犯，不可拋棄。何況課徵此稅並非剝奪一切利潤。如果取消此項優惠，對於經營者「合理」所得並無損失，自絕不應再有修正、恢復之議。

至於營利事業稅率調整為百分之三十五，論者謂此勢必迫使僑資他去。此項稅率是否偏高可不必言及，此因外來資金除僑資外尚有他國人所投入者。如果他國人投資未見有何影響，則「唯利是圖」的僑資，不如任其他去為宜。

再從匯率、利率問題來看，工商界總希望台幣不貶值以免影響其外銷競爭力；匯率固定，使其便於計算成本利潤；採取低利率政策，以降低其成本，可擴大增產，可多賺其錢。為此，每以「民生」為藉口，要政府多聽聽工商界的意見，總以能符合其願望才為是。但在物價哄抬，百物皆漲，升斗小民叫苦連天之際，我工商生產企業有多少是如北歐國家商人以百分之一利潤為限度，與政府合作，不哄抬物價，更不大賺其暴利。事實猶如六月七日中國時報社論指出：「自去年通貨膨脹以來，約三百萬三軍公教人員及其眷屬，以及數以百萬計之其他固定收入者與升斗小民，困頓於高物價之下，其真實收入不斷減少，生活水準不斷降低，而其所損失之收入，與降低生活所節省之財富，則皆集中於連其眷屬不會超過十萬人之工商企業界之手，而此輩復不知檢點，在國內外窮奢欲極，所謂一屋連城，一食萬金。」如此現象豈為我們努力經濟發展所願求？當前物價穩定果真得力於「提高利率」、「緊縮措施」的話，則為「大眾利益」計，工商企業界就應本「民主」原則，「少數服從多數」，不及十萬人的工商企業，為千百萬大眾安定生活計，而「安」於合理所得，莫作非分之想才是。

（三）「均富」之道

政府秉持「均富」政策的貫徹，現以無人表示異議，但有心者卻以「加速資本形成」以利經濟發展為由，而大力主張「先富」「後均」。甚至劉大中院士等也認為「總要在相當富裕之後才講究『平均』」的論調（見七月二十三日聯合報葉耿漢、楊士仁報導文）。而主張先讓企業家生前大賺其錢，於其死後再重課其遺產稅。這實在是我們經建方面最須深切關注的核心問題。此可從幾方面加以分析：

首為民生主義經濟政策揭櫫的「均富」是「先富」「後均」嗎？不是。　國父遺教，三民主義中民生主義講說得很明白，　總統也有多次闡釋的文獻，皆是主張求「富」之同時求「均」。我們如果依據憲法，遵循民生主義經濟政策來釐訂我們的經濟措施，就不應對此有所自作主張的曲解。

次為如何「先富」「後均」？為了加速資本形成，而優惠資本家使其累積財富，以能作更多的再投資，以擴大生產，加速經濟發展，這是低度開發國家所依循的過程。我們既往的經濟措施也具有這一特色。例如獎勵投資條例、減稅免稅、外銷補貼，以至採百分之六十的低所得稅率皆是。但二十多年來經濟高度發展的結果，已邁入開發國家行列，進行的十項建設一旦完成，將見我們經濟結構有脫胎換骨的轉變。可是，他方面，我們社會也有了富者一屋連城、一食萬金的現象，而貧者依舊仍有仰賴貧戶救濟金者，極大多數薪資所得者也在低工資中爭生存，通貨膨脹使其真實所得每況愈下，生活日見失其保障。在此情勢下，今後還要錦上添花，變本加厲地幫助資本家大發其財，再求「先富」？「先富」到何種程度？到何時才可以「均」？是否要待我們資本家的企業也富到有如美國的大公司，成為碩大無朋的多國性公司，然後才作生和死的鬥爭來求其「均」？民生主義經濟政策的「均富」絕不是如此。

再則是「先富」「後均」實際上行得通嗎？民生主義的「均富」政策是合理分配所得與增加生產同時並重，絕不是單純的「平均」社會的「財富」。即使就「平均」社會的「財富」而言，其方法有二：一為如中共所採用的「清算」、「鬥爭」，使富人「掃地出門」且賠上性命的手段，來「均」其「富」，想來絕不為任何富者所樂見。另一是資本主義自由經濟制度，以高累進稅率徵收所得與遺產稅，以及托拉斯法案不使企業聯合獨佔，以之保證其巨利，防止財富過度集中而妨礙企業自由與影響大眾生活。以美國為例，實施結果又如何？並不理想。今天美國的大企業一天天地膨大，也一天天地增多，不僅促成通貨膨脹和失業，犧牲了全國無數消費者和納稅人的利益，而利用金錢對國會遊說操縱，很多活動都出乎正常人想像之外。美國國會不得不考慮商業國有化的立法，主張對他們徵收「暴利稅」，主張分散他們的公司組織，準備對他們進行「生和死的鬥爭」(見七月三十一日新生報丁琴南報導文)。可知「先富」「後均」之不易。我們的工商企業之富雖然與美國的中小企業亦不可比，但所發現的「歪風」卻是無有遜色，如逃稅、漏稅無所不用其極，如擁有五部私家名牌汽車者仍免繳所得稅，某富翁省議員死後無一文遺產，連棺材板都要人捐助。在如此情境之下侈言「先富」「後均」，豈非自欺欺人之誤，何況與民生主義經濟政策相背馳。

因此，我們的「均富」政策的實現，是在求「富」之同時，並求其「均」。不容曲解，更不容變質。

四、我們努力的方向

當前，我們的經濟「在穩定中求發展」正處於重要的轉變期。我們為秉持「均富」「安和」的民生主義經濟政策的具體貫徹，其現階段努力的方向，其犖之大者似為下列數端：

（一）致力生產技術的突破

我們的經濟發展似已由「起飛」階段而晉至「工業化社會」的開發國家行列，其間成功的要素固有賴於管理的革新，而生產技術的突破尤具決定性的影響。如果我們一切生產技術依然仰賴於與外人「合作」，仍停留在「加工」階段，如果所有產品都求之於向他人購買專利，仍以廉價勞工來與人競爭，則是侈言「起飛」，空談「工業化」。即使我們進行「傾銷」，再大事「節約」，也無濟於事。因此，我們謀求經濟發展，除加強管理革新而外，重要課題即是如何積極進行生產技術的研究發展，使我們的產品不僅能降低成本，而且能推陳出新，不斷創新，在國際上佔有獨一無二的市場。如此的經濟發展，其前途才是一片光明，未來有無限的希望。

管理革新與技術突破自以公營企業先樹立標準繩墨，以之與民營企業、特別是中小企業互助合作，盡其領導、開拓、輔助的職能，是為一種可靠的成功之路。而目前工業技術學院的成立，亦為加強工業生產技術研究發展重要建樹之一，如果工業技術學院真正能與企業結合為一，能大量造就工業界真正所需的人才，將必成為技術革新一個重要發源之地。但真正的動力確在於林林總總的大眾。如果結合海內外學者專家，使其為國家生產技術可以適時適切貢獻智慧，能夠發揮集體智慧，激勵每一員工都能開發其潛能，提出必可受到重視的建議意見。研究發展作到如此地步，我們生產技術自有一日千里的保證，經濟發展真正向下紮了極其深厚的根基。

（二）減少對外依賴的程度

我們經濟發展所面臨的困難，除了人為的因素，即「管理」與「技術」的差距問題而外，尚有先天性的困難，即海島經濟，資源貧乏。經濟高度發展，對外貿易越擴張，對外依賴程度也就越大。此外，國際金融制度的紊亂，全球性的通貨膨脹，舉世驚駭的能源危機與工業原料的取之不易，又使我們對外依賴度越高，其所受衝擊的損害也就越巨大。

又據統計，我外貿金額已高佔國民總生產百分之九十以上，兩者比重，在全世界僅次於荷蘭，而居第二位，已嫌過高。而對外貿易關係雖已達一百二十八個國家或地區，但進口依賴於日本，出口依賴於美國，均超過百分之五十以上。加之進出口貨物多屬輸入原料再加工輸出，商品價格彈性不高，競爭能力自也不大。在此種對外高度依賴情勢下，國際間，特別是美日兩國政治經濟金融的變動，予我們的衝擊，將無一左右的能力，安全自保均為堪慮之事。

如何因應情勢，減少對外依賴，其有採行價值之建議要提高國內國民的購買力；分散輸入輸出的外貿國際市場；以「機動匯率」或適時調整匯率，以自動調節對外貿易；發展服務事業；致力生產高級精密工業產品輸出；特別是積極開發新資源，如石油之探勘，及研究資源之代替品，如建議利用「高分子化學」技術來製造新產品等等皆是。

（三）合理分配所得，縮短貧富差距

持「先富」「後均」論者最大之理由是為「先富」可以提高國民所得，這當屬可能，但國民所得提高並不表示所得分配合理，更不能以之求得高低所得或貧富之間差距可以縮短。經濟高度發展結果，在開發中國家，特別是租稅系統不健全，優惠過多，貧富差距通常是逐漸擴大，總有一部份個人的真實所得並不能隨國民所得提高而增加，如薪資所得者，利息所得者，再如處於通貨膨脹時期，所得再分配結果，其真實所得反是逐次降低。所以，適時調整薪資所得者待遇，以安定其生活；運用利率政策，有效控制通貨以穩定物價，皆是為合理分配所得的重要手段。

在當前舉世通貨膨脹情勢之下，有論者引巴西以物價指數為準適時調整幣值，而使新資所得者免於通貨膨脹所造成的所得再分配的損失。如果既有所得分配均屬合理，在穩定物價，發展經濟等方面均有切當的措施，自不失為極其良好的辦法。所以民生主義的均富政策以合理分配所得為重心，來縮短貧富之間差距，在當前就益見其迫切急需。

至於我國經濟高度發展結果，貧富差距是否有縮短現象，此有經濟部孫部長與財政部李部長兩種不同的論說。孫部長曾數度引述美國海外開發協會主席葛蘭特（James P. Grant）於1972年六月間向美國眾議院所提證詞中有關這方面的研究報告稱，台灣最高百分之二十所得與最低百分之二十所得階層，每戶每年平均所得比率在民國三十九年為十五比一，到民國六十一年初，此項比率已降為四點六比一，而認為台灣國民所得的分配在過去二十年已有顯著改善，貧富差距因已日趨縮小（見八月四日香港時報載孫部長「台灣經濟建設之回顧與展望」文）。但李部長於五月二十七日在立法院報告則認為，因我國股份有限公司組織之資本多未能社會化，致社會財富集中於少數人，且獎勵措施已使社會貧富差距日趨擴大（見五月二十八日聯合報）。此兩種說法何者為正，自不必探究，但不容置疑的事實是我們租稅結構不健全，所得稅率固低，徵收績效尤差，而各種錦上添花、跡近浮濫的種種免稅減稅辦法，不僅拉長了貧富之間差距，而在「家族公司」企業型態之下，種種減稅免稅優惠特權，無異令少數私人坐享不當暴利，實欠公允。因此，改善租稅，及早建立以直接稅為中心的稅制；革新稅務行政，務期豪富大戶無逃稅漏稅之可能，皆為當務之急。而此番劉大中等六位院士所建議的加強稽徵土地增值稅，實施營業加值稅，甚符合理分配所得以縮短貧富差距之精神，似宜積極採行者。

（四）增進社會福利設施

均富政策除了藉財稅政策使財富不至於過度集中，所得合理分配可縮短貧富差距而外，尚有將財稅所得「轉移」於社會大眾，使低所得者能有合理的生活。現在政府考慮擬將預算中社會福利經費由中央總預算的百分之十二，台灣省百分之十四，台北市百分之十七寬列到百分之二十五左右。並積極研擬社會救助法，殘障福利法，果能積極實施，順利推行，其在貫徹民生主義經濟政策方面自又邁進了一步。

然而，為了激勵人們上進精神，也為防止在良好社會福利政策之下養成懶散而「自甘墮落」，故有人主張仿照香港不用增加稅收而用「榮譽」方法，贈以「總理」名銜來激勵富翁捐款，辦理慈善事業（參見實踐一〇九期第十一頁）。此種議論當是鑒於福利社會也有其流弊而發，無可厚非。但所議作法實有損於窮困者人格尊嚴，也非根本而有效的辦法。諺云：「給以一魚，僅飽一餐；教以漁撈；可飽終身。」因此，目前台灣省政府和台北市政府所實施的「仁愛計劃」和「安康計劃」實在是消滅貧窮促成均富的根本而有實益的辦法。以往台北市貧民申請做一臨時工總要排二十四小時的隊。而今，因九項建設的進行，人力需求至多，如果趁此時機配合「仁愛」與「安康」兩計劃的實施，擴大訓練貧民，使其各有一技之長，從此可得合理之生活，其在實現均富，光大仁政，皆可獲致重大成效。此外，提高農民所得；改善漁民、工人生活；輔導中小企業研究發展；協助中下級收入者興建住宅；推行「分紅」、「入股」的制度，以至透過合作社經營組織，實現「人人有其股」的經濟政策，皆是實現民生主義「均富」「安和」理想社會最具體而切需的辦法。似宜碩畫盡籌，悉力以赴者。

五、結語

總統於《民生主義育樂兩篇補述》中，提出均富與安和的理想，要建立一個自由而安全的社會，認為「現代經濟的目的與我們現代化經濟的前提，乃在均富與安和，避免資本制度財富不均，和消滅共產主義階級鬥爭的流弊，乃為我們民生主義經濟思想所特具的功能和屬性」，因而揭櫫「工業民主化，資本大眾化，消費社會化，享受合理化」，以之來完成富強康樂的國家建設（見《蔣總統與民生建設》上冊第二十四頁）。我們當前經濟穩定與發展的中心課題與努力方向，盡在其中，如何運用集體智慧，激發個人潛力，以克服困難，求其圓滿實現，當是我們共同的責任。

原載於《新聞分析》第三十六號
民國六十三（1974）年八月十日

「行以待變」與「總體外交」

一

不久前蔣院長於院會中曾就當前世局和大陸共黨正在劇烈變化，提出「行以待變」、「應變」與「制變」，勉勵全國民眾同心一德，運用智慧，做好自己應做的工作，使一切變化成為有利於我的因素，則我們反共復國自無不勝不成之理。國內各重要報刊也就此方面問題先後發表社論，或釋「行以待變」，或分析「待變、應變、制變」的必要準備，或論述大陸內部的動亂，主張：「積極插手於大陸的變局！」值茲國內工商各界為經濟穩定與經濟發展有關問題，對於有關外貿、財稅方面問題，眾口喧騰，莫衷一是之際，斯言斯論，誠如暮鼓晨鐘，發人深省。

二

所論及「待變、應變、制變」皆為如何處變之道，因此，如何「知變」實又為待變、應變、制變的先決條件。聯合報七月五日社論曾有切當的解說。然就「變」的本身以言，周易論之其義有三：即「易簡」、「變易」與「不易」。所謂易簡者「百姓日用之道，日可見之行也」，變易者「推此日用之道，可以及於天地萬類也」，而不易者「雖天地之大，事物之眾，不能改易此道也」。準此三種易變之義，綜觀既往世局演「變」的事實經過，對於「變」的性質、範圍及其方式等等，可以從「日可見之行」中體識到「變易」有其可尋之軌跡。為簡明起見，可以「六何」為題，試答如下：

六何	政治上	經濟上	軍事上
為何變？	政治結合	經濟利益	國防安全
怎樣變？	集團對立	互惠排他	共同防禦
如何變？	條約承諾	資源控制	核子威脅
何處變？	外交關係	市場開拓	海權擴張
何人變？	執政高峰	富庶地區	強權國家
何時變？	權力轉移	利益衝突	均衡破壞

至於中共在大陸上內部的動亂，對外的騙局，其混淆黑白，反覆無常，陰謀詭詐，極盡其能事的「變」，也無不是依循其唯物辯證法的三定律，特別是「矛盾率」，認為「矛盾是絕對的，統一是相對的」，要使「一分為二」，要不斷「與人鬥爭」，不僅是「其樂無窮」，也是其「求生存」、「求發展」的唯一法則。所以中共永遠陷於「矛盾」「鬥爭」中，終必「自我否定」而毀滅絕亡，乃是必然的。

三

在當前世局與匪情變易的事實經過中，我們所面臨的挑戰亟待「行以待變」、「應變」、「制變」的「變」局，其關係最為密切者應為下列三端：

首為眾所共識者是為中共內部的權力鬥爭。現已由「批林批孔」而至「揭發批鬥」階段，雖有「文鬥不准武鬥」，只可「就地鬧革命」不准「大串聯」的「規定」，其武鬥已蔓延二十五個省市，由「大字報」指名攻擊而演至流血造反的地步。與此同時，大陸逃港難胞人數之多，均較以往十年驟增。大陸暴亂至此，無論其是為「林彪事件」的另一高潮，抑是以江青為首的「文革派」為整肅異己分子——周恩來——的另一次「文化大革命」，其暴亂「易發」「難收」，其內部傾軋不安而造成一種巨變之局殆屬無疑。正如輿論界所議，如何「積極插手大陸變局」使大陸「動亂」轉變為反共抗暴革命運動。既根除中共極權統治，亦免其淪於赤色蘇俄的控制，而還我大陸河山，予我苦難同胞自由，當是我們「行以待變」的首要課題。

次為中俄之間的矛盾衝突。即是現在所謂邊界緊張情勢所予世人的幻視錯覺，及其武裝衝突可能導致的大「變」局，我們如何因應制變。從1965年中俄之間為了「和平共存」政策，為「修正主義」路線的「思想」「理論」性的「鬥爭」演變至今日為邊界糾紛而武裝衝突的情勢，已歷有八、九年之久，其間中共利用這一情勢確已獲得極大的利益，其最為顯著者當為便利其對內部的鎮壓控制，對海外僑胞心戰、統戰的運用。可以說：特別是因中俄衝突而肇致季辛吉暗自勾結中共，安排尼克森訪問大陸，造成美中「關係」一百八十度的大「變」局。而他方面，蘇俄在這「虛張聲勢」中，其海軍力量也伸入了印度洋；印度於1971年八月與俄簽訂了「俄印二十年和平友好合作條約」之後，於今年五月十八日舉行核子試爆等等皆因中俄衝突所引起的如此「變」局，正日見其發展。

而蘇俄陳兵百萬於大陸邊境，如果中俄衝突確屬「真正」事實，一旦軍事戰爭全面爆發，就常理所知，中俄大戰結果，中勝，則大陸同胞更無法掙脫共產暴政；中敗，中國大陸焉不淪於赤俄魔掌！設如中俄核戰結果兩敗俱傷，核子為害，豈非人類共同之浩劫？而在中俄軍事「大戰」之際，我政府如何「插手」，當為最大「難題」。而最可怕者為中俄「合作」演其「雙簧」，蒙蔽自由世界，俟機一舉赤化世界！因此，對於當前中俄邊界衝突，緊張情勢應如何結合友邦，共同合作。機先主動，掌握這一「變」局，利用這一「變」局，實是關係我們國族民命與人類共同命運極其重大之課題。

再為中共在對外「關係」方面，在各種國際組織之中仍以使我孤立為其主要陰謀，且在變本加厲地進行。如中共與大馬「建交」使我全世界華僑最多之地區東南亞的反共堤防決潰之後，又於我在外交方面尚有可為之地，中南美洲的委內瑞拉，非洲的尼日分別「建交」，使我官方外交關係日處於萎縮情勢之中。民間組織方面，我在羽球總會年會及崇她社年會中會籍維護成功，國人甚以為慶。但中共在各種國際組織及較具影響力之各種社團協會如民航組織、世界體壇等等則無不盡其所能，利用其「爪牙」以排我納中者。今天中日航線中斷未久，據七月八日自立晚報報導，中共又正向英國利誘表示，如果英國 BOAC 與 BEA 獲准開北平航線則必須禁止我中華班機飛入香港，可見其用心狠毒。諸如上述情勢如不及時遏止、扭轉，不僅我在對外關係上日益艱困，也可能為我經濟發展方面帶來莫須有的阻力。誠如有論者謂，我台灣地區經濟發展為七十年代之奇蹟楷模，並未能以之阻止聯合國接納中共；而我為日本貿易最有利之伙伴，田中依舊靦腆與中共「建交」，甚以我中日航線為日本之黃金航線，亦甘冒斷航而終於斷航。可見經濟高度發展的成就，可以清除或取代對外關係的艱困之說，並不盡然。而且，我們經濟發展對外貿易，雖然未因外交情勢逆轉而逆轉，反有較前增進者，但觀諸各國之重要物資資源，最後依舊受政府的政治性控制，因此，如何衝破孤立，不僅關係政治外交，且亦為確保我經濟發展不容稍有忽視的重大課題。

四

論及我們對外關係，當以堅固中美關係最為首要。兩三年來，我們在這方面的有進展？美國也一再重申條約義務，表現其踐履承諾的決心與行動。但我們並不能就此無憂，特別是有自我樂觀的看法。而須以更客觀的態度，更努力的行動，來加強對美外交關係，才有踏實而可靠的成效。

關於我們如何推展總體外交，蔣院長於立法院五十會期口頭報告中所指出的我們不變的原則是：「中華民國憲法所制定的國體絕不改變，中華民國反共復國的總目標絕不改變，中華民國永遠站在民主陣營的一邊，以及中華民國對於中共叛亂集團絕不妥協的堅定立場絕不改變！」繼於五十二會期中所提示，將繼續透過政治、經濟、貿易、文化、科技等各方面的相互交流，來增進我與國際間的彼此了解與認識，發展良好關係。

可說是我們處「變」中的「不易」與「變易」之道。但在「日可見之行」的具體而實際的作法方面，各方建議意見不一而足。就目前情勢而論，其當務之急者應是為——

其一，擴大救助大陸難胞義民。我們如何插手大陸變局，自然以增強我敵後武裝力量，積極掀起革命抗暴為上乘之策。但如擴大救助大陸逃亡難胞，號召與鼓勵大陸同胞以至共軍共幹投奔自由，起義來歸，當亦為加速催毀竹幕最有效之方。政府似應大大充實我救災機構人事與經費，以能不寄望於國際性救濟組織的支援為原則，以能照顧所有難胞義民為標的。此種工作雖然所費不貲，也可能阻礙重重，但為政治號召，摧毀極權暴政所產生的力量是極其巨大的。

其二，僑務活動方針的修正。我們三千餘萬華橋散佈之廣，可以說世界上有水的地方就有華僑。其僑居地政治越民主，社會越開放者，華僑反共意識也越堅定。結合世界各地僑胞就可匯為反共抗暴、推翻中共極權統治的洶湧澎湃莫之能禦的力量。因此，中共對華僑社會的誘騙、滲透、顛覆的陰謀也就無所不用其極，對於僑胞而言，雖難收大效，但當地政府對中共「僑務活動」多有容忍者。此因中共對華僑的「政策」為當地政府所歡迎故。以馬中「建交」為例，據分析，馬中「建交」之成功厥因於此。早在數年前周恩來即公開告訴大馬貿易代表團說，中共在鼓勵海外華人視自己為他們所歸化國家的公民，而不要視自己為居住在海外的中國人。大馬貿易團返國報告，極得大馬當局所稱許。此番馬中「建交」，在其「公報」中即有不承認雙重國籍之條文。反觀我們對華僑輔導政策是相當成功的，但因容允「雙重國籍」，致若干僑務活動可能很不為當地政府所願見有識者。今後我們如何使每一僑胞所居住的當地政府認為有我僑務工作，就可使僑胞更忠心於所歸化所僑居地的政府，是為我僑務政策上、宣傳上、以至僑務活動方法上，亟須修正，俾可適應情勢而免為中共所乘的要務。否則，僑胞最多的地區東南亞，僑胞糾紛問題最多的國家如墨、泰、菲律賓，均將會有困擾。

其三，強化官方外交。自我退出聯合國後，有正式外交關係者仍在減少之中，如何維持與強化現與我有邦交國家之間關係，論者無不認為加強駐外人員陣容，充裕經費，統一指揮，積極展開外交活動，以及增進經濟貿易關係，促進文化科技交流等等為主要作法。然下列諸端實作性措施當亦屬可行性的良策：

一為促進我與他國重要關鍵人物之間的了解。比如陶百川先生於一月十日發表於中國時報「要與季辛吉互增了解」一文中主張我們應當積極幫助這位關鍵人物增進對我們這個盟邦的了解。此說甚是。對於爭取與國之重要關鍵人物，特別是對我有誤解的重要人物，當應規定為我駐外人員引為主要工作之一。

次為區域合作，多國聯盟的促成。目前我在東南亞、中東、以至南美洲與非洲皆有若干邦交至為敦睦密切的友好國家，如果能排除萬難，無論其為軍事，或經濟，或政治，或科技文教，以至民間社團，旅遊事業，一一予以促成區域性合作，多國性聯盟，其在國際政治中所產生的影響力，實不可以道理計。

再為以實際貢獻爭取與國。例如我國先鋒計劃農技援外，其成效與貢獻真是有口皆碑。土地改革示範講習也獲得國際人士稱道贊助。諸如此類工作，對於爭取與國最具成效，自須繼續擴大舉辦。再如將我們七十年代經濟開發奇蹟的成功經驗有計劃地介紹於開發中國家，進而具體地協助開發中國家，使低度開發與開發中國家以我們為中心，能主動合作，共謀經濟社會的發展，國民福祉的增進，較之中共煽動第三勢力，揑造第三世界進行政治鬥爭，陰謀顛覆，真不可同日而語。

至少，我政府可循國際技術合作途徑，透過美國政府或其他友好國家擴大第三國訓練計劃，爭取更多國家或地區派員來華受訓，實又為最具體可行且有大效大益的舉措。

其四，大力增進實質的關係。在無邦交國家或地區進行總體外交以與中共鬥爭誠非易事，亦難收立竿見影之效。但中共幹部與西方開放社會接觸，其所受的民主自由的衝擊，也必成為中共極權暴政最大的致命力量。所以在如此外交「戰場」上，我操勝算，實端視我政府與民間共同努力的程度而定。下列臚舉之建議意見，當甚具採行價值：

▲應竭智盡能地爭取現在與我與中共均未建交之國家以建立邦交。如馬來西亞為中共所爭取是為失算。他如愛爾蘭、以色列、不丹、印尼、孟加拉、斐濟以及可能獨立之新興國家，自須及時設法爭取建立邦交。

▲對於無邦交國家亦應認之「國際法主體」可與之締結條約，藉以擴大與增進實質關係，也明示我對國際義務與道義的尊重。

▲我與歐洲各國實質關係的增進應加重視。對現已在歐設立之我方機構，尤以倫敦自由中國中心，使成為我在歐洲推展總體外交的據點。

▲對於無邦交國家或地區均須設法建立據點，至少派遣我方留駐人員，保持通訊聯絡。目前我有八位他國的名譽領事，此種運用當地有力人士為其工作的方式，大可為我參考仿行者。

▲加強「地方政府」與「國會」以及民間各種社團的對外活動，對於促成我與無邦交國家或地區之關係必具成效。

▲文化交流以建立「校際合作」交換教授留學生，以及提供中文教材交換科技知識皆為上乘之方。此外：

▲對在台之無邦交國家或地區所設機構所派代表以至民間工商組織人士，宜責成有關機構或團體，一一加強聯繫，適時舉辦聯誼活動，當可大大增進彼此之間實質關係。

五

總體外交即系全民外交，不僅外交、經濟、文教、新聞、僑務、觀光等等工作彼此不可分割，不得各自為政，務必互為體用，彼此支援，對於黨政關係，國內外民間社團，以至各別重要人士，亦須主動爭取，密切結合，才能發揮無比力量，獲致預期成效。早在去年二月二十二日自立晚報社論即認為，言及「總體外交」應有決策中心和作業計劃，才能動員國民的全體力量，開展國際的全面關係。繼於該年四月九日聯合報亦發表社論建議：「政府應該在外交部之上，行政院之下，成立一個外交決策最高幕僚機構，授以大開大闔的設計作業全權，授以當機立斷的選人用錢之權，嚴格要求工作績效，並課以責任，然後我們朝野咸認的對美重點外交，方可收到預期的成效。」衡度當前情勢發展，所議建立推展總體外交的決策中心或協調指揮的最高幕僚機構，益感需要。否則，各自為政，「動」而不「行」，不僅不能發揮力量，且既有的實質關係亦恐日漸消失。

目前為國內推動九項建設，尚成立有協調會報，並由蔣院長親自主持。推展總體外交當更須有一健全有力的決策指揮中心。諸如總體外交全盤政策之綜合與策訂，駐外重要人事之審議，預算之分配，國內外對外機構之統一協調與指揮，以及涉及兩部會以上重要工作計劃之審議，均應屬由該指揮協調中心的主要執掌。又為統合全國力量，支援總體外交，宜由黨政各部門對外機構首長或代表，工商各界及民間社團組織領導人組成「僑外事務聯合委員會」，俾能在統一指揮，密切協調之下，集結力量，齊一行動，推展總體外交，順利達成各項任務使命。此外，指揮協調中心之下須設有研究設計組織，以為指揮協調審議研提各項對外計劃重要方案，並以外交部情報司為業務策劃單位，成立「情報管理中心」，以結合經濟、文教、新聞以及研究中共情勢的各部門的情報資料處理的人員與設施，採分散「查詢制度」或集中管理分析方式，提供情報分析資料，以供決策之依據。健全了組織，釐訂有推展總體外交的全盤工作計劃，合以「劍及履及」的行動，則「行以待變」而「應變」、「制變」，才有可靠的成功保證。

六

總之，在當前世局急劇「變」化中，我外交處境日見艱困，而大陸上的大暴亂，一朝一夕之間都可能有驚天動地的「變」化，是為我復國建國終底於成之所寄望者。因此，「行以待變」，除推動各項建設「作好自己應做的工作」而外，當以積極推展「總體外交」為主要張本。國人對此已咸有正確的認識，問題在於政府如何有效結合公民之間所有力量，充分予以運用發揮。而在對外關係方面，鑒於各國為其自身之利害，一向反共而與我至為友好者如韓國，尚有「六・三聲明」，採「多元化外交」有與中共示好的作為；至無邦交國家，其地區與對象之廣之雜等等情勢，不僅增加我處境的艱困，也使我對外關係增進之不易。因此，我們在對外工作方面，自最高決策組織，以至每一業務單位，各個公民組織之間，就必須建立起脈絡一貫的組織關係，靈活暢通的情報系統。並要在一個猶如四年經濟建設計劃的全球性對外關係的戰略計劃之下，分工合作，齊心協力，共同為總體外交而努力貢獻，是為「行以待變」「應變」「制變」應有的作為，也是為我們國脈民命求生存求發展最根本的要圖。

原載於《自立晚報》

民國六十三（1974）年九月十六、十七、十八、十九日

促使企業經營公開化大衆化

一

十月十二日中國時報以第一版首條新聞報導政府計劃獎懲並用促使企業公開化加速推行，以抑制私人或公司之逃稅，鼓勵國民參與企業活動，而加速資本形成有利於經濟發展。該項報導並列舉了獎懲的要目。繼有十三日中央日報以「企業經營的公開化與大眾化」為題，亦發表社論，從政治、經濟以至企業的經營發展諸方面闡釋企業公開化的時代意義與真正價值，從而就推動此項工作提供四種途徑的建議。

二

就當前國家經濟發展情勢而言，促使企業公開化，固屬經濟措施，但亦極具社會的和政治的意義。可以說是為我們實現「均富」「安和」理想以建立三民主義國家奠建其堅固不拔的基石。

此因，企業公開化與大眾化，不僅可以此抑制逃稅漏稅，可以加速資本形成，有利於經濟發展。且正如中央日報社論所指出：「由於多數人都能持有公司股票，使資本家與勞動者之間的階級意識日趨淡薄，使馬克斯認為西方社會將因少數資本家與多數勞動者的對立而導致崩潰的預言不能實現。」則煽動勞資衝突，進行階級鬥爭的共產主義邪說謬論自也無法蠱惑社會人心了。他方面，由於「股票可以隨時買賣，使投資人樂於購買股票，集合少數人資金，集中成為龐大的資金，企業經營固以擴大，政府的直接稅及間接的稅收增加，消費大眾的生活水準也獲得了不斷的改善」，其有助於經濟發展社會繁榮，皆為眾所共認有識者。

企業的擴大經營，對於謀求工業化、加速經濟發展不僅是一種主要的動因，也為必然的必須應循的發展途徑。十九世紀繼第一次工業革命之後，有產業的集中和聯合經營的出現，使企業經營無論在經濟上、政治上、社會上皆扮演了重要的角色，所以史家譽之為第二次工業革命，所論的是允當。今天，企業經營似已面向「多國性公司」的發展途徑而努力。彼得‧德魯克（Peter Drucker）在其近著《管理學——使命，責任，實務》（Management: Tasks, Responsibilities, Practices）一書中，雖認為多國性公司能否順利地發展，尚須尋求能維護世界經濟亦能維護國家政治主權而能和平共存的解決辦法，但杜氏確認為「多國性公司乃自二次世界大戰以來的重要經濟成就，也可以說是本世紀收穫最豐的社會改革」。今後史學家是否亦認之為第三次，或繼電子計算機的發明與應用之後，列為第四次的工業革命，想來者必有所評斷。

我國的企業經營在目前固然談不上發展到如歐美國家的多國性公司這一境界，但我與外貿合作經營的企業已日見增加，對於這一發展的趨勢不能不存個「心理準備」。而擴大企業經營，以革新管理，以降低成本，以增強對外競爭能力，而能生存發展，既為顛撲不破而必須遵循的法則，在我們的經濟發展而國家發展過程中，自也不能有所例外。更何況我國較大企業逃稅漏稅，甚至資金逃避者；中小企業侷限於人才資金與管理技術的落後，不能有所發展；企業與企業之間固無可靠可信的會計帳目，不能由聯合經營而逐漸蛻化為大型企業以增加生產力，擴大營運，增強對外競爭力，為我國外貿貢獻出基石的力量，可謂一切病根都是肇因於「家族公司」，使企業經營不能走上資本大眾化，資金證券化而然。「家族公司」

焉得不竭盡所能予以打破。

所以，當前九項（或十項）建設，如果說是關係著我國經濟發展邁入開發國家的重要建設，在此同時，以獎勵方式來促使企業公開化、大眾化，將之列入九項建設同等齊觀，並不為過。且如打破了阻礙經濟發展，妨害工業化的瓶頸——「家族公司」，其在政治上、經濟上與社會上所發生的深遠影響與價值又有過之而無不及者。

三

如何促進企業公開化大眾化，除行政院於今（六十三）年九月十九日院會所通過的獎勵投資條例，對企業公開者所訂各項獎勵辦法而外，中央日報本月十三日社論並建議採取四種途徑：即對新公司成立鼓勵其採取大眾化型態；對營利事業所得稅採優待之稅率：公司盈利用於增資在租稅減免可獲優惠待遇；以及為績優之家族公司轉變為大眾公司者給予榮典性獎勵。綜合上述兩項促使企業公開化大眾化的辦法，都在減免租稅與榮典獎勵範圍之內，且純屬「鼓勵性」措施，固可有所激勵，但是否能收立竿見影之效，尚待事實驗證。

鑒於民生主義「均富」「安和」的經濟政策是以平均地權，節制私人資本，發達國家資本為主要內容。「平均地權」在「耕者有其田」、都市平均地權方面均立有條例法案，而有土地改革的成功。「發達國家資本」在國營事業管理經營以至重大建設方面，亦訂立有相關的法令規章，致有既往國營事業的領先開拓，帶動了民營企業的勃興；今後將亦因九項建設的完成，成為國家發展的重心力量。然在「節制私人資本」方面，見諸於自由經濟國家如美國之反托拉斯法案，見諸於有社會主義色彩如英國的「國有化」法案，在我國內尚未見有類此必需而完整的法制規章。今有獎勵投資條例訂定促使企業公開化大眾化的獎勵辦法，縱然有論者視為「此係針對以未分配盈餘轉為增資配股時，不得享受緩徵所得稅的優惠」而發，又認為「今天許多大型企業或許願意化家族資本為大眾資本公司，然而權衡股市態勢已失其正常，也無不感覺殊屬難以插手介入」，所以主張「先應從復甦股市著手」(見十月十六日經濟日報)。所議不失為值得考慮的意見。另當別論。但在實現民生主義「均富」「安和」的經濟政策方面，有此項獎勵辦法的公佈施行，當是立下了極具意義的里程碑。語云：「道無術而不彰。」民生主義立有崇高完美的理想，能否徹底實現則有賴於切實可行的辦法。為促使企業確能公開化大眾化，捨「獎勵」辦法之外，仍似宜本諸民生主義「節制私人資本」的精神，考證先進國家的立法內容，循「立法」途徑，再行增訂必要的法律條例，規定公司企業其員工與資本額數超過某一限度者，無論新設或現存者，「必須」採取或轉變為大眾化公司組織型態。並訂定企業經營能盡其「社會責任」者，頒授種種榮典獎勵的規章辦法，予以認真而徹底地執行，則我們的經濟發展當可以真正達到利益均霑，成果共享；為實現「均富」「安和」奠建堅固不拔的成功基石；如此的經濟發展也必能如蔣院長所期望，「使之成為國家發展的基本力量之一」。

原載於《新聞分析》第三十九號
民國六十三（1974）年十月十六日

世界糧食危機因應之道

本（十）月十九日美國眾議院農業小組委員會在透露的一項工作報告中說，如果糧食生產不增加，人口方式不改變，全世界將發生饑荒。又指說這一切足以影響各階層的糧食危機，要比1973-74年能源危機的影響更大。此前，美國於十月三日中止與蘇俄一項將售予三百四十萬噸價值五億美元的玉米和小麥的交易。繼於七日美農業部長布茲宣佈一項「美國穀類出口自願合作制度」，要求穀類出口商對其出口交易應獲得政府的批准，使世人對「糧食危機」恐懼的程度有過於對石油危機者。

然又據華盛頓二十一日合眾國際社電報導一項未公佈的研究報告結論說，實際上並無世界性缺乏糧食的問題，它並將外國的饑荒歸咎於人為的價格結構，補貼，管理不善，政治決定和「廉價糧食」政策。此說確如該社所形容的實在「政治上具有爆炸性」，並可能使農業部長布茲難堪的報告。不過，就當前實際現象觀之，石油與糧食價格彼此激盪，相互高漲四倍至五倍，使產油的阿拉伯國家和世界最主要的糧食輸出國家美國以外的第三方面的國家倍受其害，其間可能有「人為」促成的因素，也確屬想當然耳之事。再如從下述事例中認識所知，所謂世界性糧食危機已不是有無的爭論，而是其程度深淺輕重之分而已。

第一，存量的銳減：聯合國亞洲與遠東區糧食組織，今年九月二十四日集會東京時曾提警告世界食糧的儲備量出現驚人的減少，目前正臨第二次世界大戰以來最大危險時期。此據統計，1973

年世界穀物貯藏已下降至接近一億公噸，今年將降至一億公噸以下，僅可維持三個星期的供應。

第二，供求失調：由於若干國家特別是蘇俄不惜以高價競相搜購囤積糧食，而影響了正常供需導致失調，助長了糧食缺乏的危機。

第三，生產減少：此因年來水旱災頻仍，已使各類糧食普遍減產，復因開發中國家無力購買高價石油製造肥料，缺乏肥料自無法生產所急需的糧食，於是產量下降，危機盡見。

第四，人口急劇增加：此為增大糧食需求的主因。據統計，現在全世界人口年增長率為百分之二，以此為準，則每三十五年將增加一倍，到2060年世界人口將超過二百億。而世界糧食增長率僅約百分之二到百分之三，且係數學的增加率，但人口卻是幾何級數的增加。是故，此番美國眾議院農業小組所說者，世界糧食危機較之石油危機其「影響更大」，當謂言之有據。

台灣地區居民已超過一千五百六十萬人，每人每年稻米消費量平均以一百四十五公斤（糙米）計，全年稻米消費量約兩百二十六萬公噸，另需飼料、加工、種籽及損耗等約十七萬公噸，合計全年稻米總需要量約兩百四十三萬公噸（見余玉賢「台灣主要農產品及農用品價格變動分析」文）。去（六十二）年稻米產量為兩百二十五萬公噸，不足之數需以庫存量或進口來抵充。今年糙米產量估計可達二百五十三萬公噸，如果人口數量不再增加，當堪可自給，但無餘糧可資庫存以供國家緊急需要。又據統計，民國五十年政府掌握之糧源為六十三萬公噸，唯自五十九年後肥料換穀一再降低，至六十二年廢除肥料換穀制度以後，政府所掌握的糧源已大幅降低至二十五餘萬公噸，僅為一個月所需。今天面臨世界性糧食危機，各界對於政府已原則決定明年的稻米生產以不少於二百五十萬公噸為目標，並提高稻米安全存量為四十萬公噸，軍公教儲糧仍為五十萬公噸，同時決定以新台幣五億元作為興建與整修糧倉所用，無不認為是適時而正確的措施。但對於糧政以及增產之道，各方希望政府考慮採納之建議意見亦復不少。

首為糧政，亦即所謂糧食定義問題。本（十）月二十一日中國時報在其「如何建立正確的糧食政策」社論指出，「若言糧食政策，必先將糧食的定義確定」，同時認為「我們從世界糧食市場取得糧食供應之能力及可能性均甚樂觀，但廣義之糧食自給自足不十分可能」，因而主張「為求米之自給自足，及實行以糧易糧，並配合世界糧食供需趨勢，我們應全面從事糧食之合理增產，不能不顧一切盲目的追求自給自足」，所論甚是。縱然我國民以米為主食，但「唯米是糧」的觀念與政策應有所轉變。此因稻米生產面積之增加有其極限，而在邁入開發國家之時，如果農業仍以生產稻米自給自足，不僅不能配合工業化同時並進，而在當前農民以漸漸重視「機會成本」（opportunity cost），勉其作不經濟生產恐亦難於長久維持。再以國民生活水準越提高，人民對食品之質的要求也就越高，不但要好看（looking quality），好吃（eating quality），而且要營養（nutritional quality）與衛生（sanitary quality），特別是對後者為然。我國民在「食」的方面改進年有提高，民國五十年平均每人每日消費熱量為2430卡羅里，蛋白質為60.34公分。至六十一年即增至2702卡羅里，蛋白質增至73.29公分。其所以提高即是由於食物「質」的提高，以肉類、蔬菜等具高營養單位之副食取代了以米為主的澱粉食物。因此，為提高國民營養，更為發展經濟所必須，似宜及時積極發展漁牧事業，注重食品工業的擴張，而在不影響民食最低需求之下，儘量將農地種植經濟作物，如蔗糖、蘆筍、各種菜蔬，並建立農—工企業，一則可拓展外銷，二則亦可「以糧易糧」，換取我所需之食糧如小麥、黃豆、玉米等，當為因應當前世界糧荒之際，同時能兼顧我經濟順利成長的積極之道。

次為糧源的掌握。此可分收購與儲藏兩者。在國內收購米糧方面，自六十二年一月起廢除肥料換穀制度以後，主要是以田賦徵實為主，收購為百分之四十六強，故尚需採用其他適當方法向農民收購。例如最近無息糧貸，如合以合理價格，當能收到大效。目前美國有限度的管制糧食出口，據各方分析結果，對我供應所需的玉米、小麥、黃豆，不致有所影響。同時鼓勵民間籌設「海外雜糧公司」以提供農技與管理方式，協助華僑在農業生產方面投資以與有糧源發展潛力的國家進行合作，以開闢糧源，一旦促其實現，我政府糧源掌握自當更可無足堪慮。在倉儲方面，政府亦已決定撥五億元作為擴建糧倉之用，且撥有三十億糧食平準基金，無限制收購稻穀，然在目前，據報導，各地普慶豐收，而各地農會卻以缺乏資金週轉及糧倉爆滿為由，拒購新穀。分析其因所知，一為儲存泰米滯未出倉，再為保證價格高出於市價而使然。如屬事實，前者原因容或可言，但無資金而拒購，而任令農民轉售於商人每公斤平白損失九百元，自有違糧食平準基金精神，更與提高安全存量掌握糧源政策相背，似宜責由有關主管部門檢討改進者。

至於新聞各界對於糧食增產所提其他意見，除涉及農業政策及農業發展，需另文分析而外，僅就其大要綜合申述如次：

第一，「上山」「下海」。所謂上山即山坡地開發利用，以擴大農業專區，種植經濟作物，特別是發展畜牧事業，以增加菜蔬肉類食物；所謂下海，乃為漁業的發展，以增加魚介類食物。

第二，防止廢耕。目前廢耕情形據去年底內政部會同台灣省政府抽查二十個鄉鎮結果，廢耕之地就有一千公頃，可見情形已相當嚴重。廢耕之因咸認有三：一為農民所得偏低而廢耕；次為已買下高等則農地，在未建築前，政府頒佈了農地實施限制移作建地而廢耕；再為土地投機者買下農地，繳納些微田賦而不耕作，以待價而沽。現在內政部正草擬「廢耕農地處理辦法」，計劃對廢耕者徵收三倍於田賦之荒地稅或照價收買，實施針對時弊的措施，似宜責其及早提出，完成審議公佈施行，對於增加糧食生產必具實際效益。

第三，改進農作。在當前仍以小農制為主的情形下，改進農耕技術以求單位面積之增產是為最正確的途徑。此有肥料之充分供應、種籽之選用、害蟲之防治、尤以農技推廣、以及適時提供倡導與協助的服務工作等等。此為眾相談論之點，但欲收實際效益，則有賴於各有關部門以「綜合性」的觀點，作共同之努力。

第四，比較利益。發展農業不能永遠囿限於糧食的自給自足，特別是「唯米是糧」的觀念和作法。而且事實上廣義的糧食自給自足，以台灣自然環境而言，實不可能實現。因此，在國內講求「機會成本」，以協助農民儘量多多種植經濟性農作物，已成自然趨勢，如果進一步依循「比較生產費用理論」（Theory of Comparative Cost）而與鄰國友邦協議約定彼此合作，分別種植較有利益的農作物，「以糧易糧」，互通有無，既可在經濟原則下，開闢了可貴的糧源，也可因此種合作行動而使邦交益臻敦睦，在政治上收到更大利益，當又為極其自然之事。

原載於《新聞分析》第四十號
民國六十三（1974）年十月二十四日

石油危機面面觀

一

從九月二十三日美國總統福特與國務卿季辛吉分別在底特律世界能源會議和聯合國大會同時發表演說，就石油價格不斷上漲問題，提出前所未有的強烈措詞，警告產油國家不可以石油作武器，繼續危害世界各國的經濟，威脅到低度開發貧窮國家的生存。於是石油危機的嚴重性、衝擊性又加深了世人對之關切的程度。

二

福特總統就石油問題曾在一週內先後提出三次警告。第一次為九月十八日在聯大發表演說，警告原料生產國家特別是產油國家，不應將他們的資源用作武器。第二次為九月二十三日在底特律向來自六十九個國家的四千三百多位代表們所組成的世界能源會議明白地指陳出：「主權國家不能任由世界商品市場的人為壟斷和扭曲去操縱他們的政策或決定他們的命運。」又說：「全部歷史中，國家一直在為水、糧食、或陸上海上方面的通行等自然利益而作戰。」而認為，如果石油的價格與供應問題不能獲得解決，可能發生全球性戰爭的景象。繼於九月二十五日福特總統在歡迎義大利總統雷昂抵達白宮會談時再次提出警告，指出高昂的油價和其他通貨膨脹問題，威脅到世界經濟的穩定。

其間，季辛吉於九月二十三日在聯大發表演說更率直地警告阿拉伯產油國家說：「一個瀕於普通不景氣邊緣的世界，負擔不起目前的石油價格，更負擔不起繼續不斷的漲價。」並說，石油出產國有權作「公平的分享」，但偏高油價則不符合任何國家的利益。他認為：「石油的高價並不是經濟因素的結果，也不是實際產量的短缺或是供需的自由作用的結果。」因而主張「政治因素所造成的油價上漲，也能由政治性的決定予以降低。」

不僅如此，除強烈的言詞外，繼世界能源會議之後，又由美、英、法、西德及日本五國財長於九月二十九日在華盛頓舉行秘密會議，據悉曾擬定一項對抗石油生產國家提高油價威脅的戰略。甚至建議，美國將拒絕降低油價的石油輸出國家實施糧食和武器的禁運，西方國家提高對石油生產輸出的產品價格，以抵銷油價的上漲；沒收石油輸出國家的資產；出賣以色列；軍事佔領等等激烈的報復行動。

三

美國為國際石油的漲價態度為何突然疾言厲色？據分析其因有二：一為過去的懷柔政策未見效果，二為以強烈的警告給世界一些激盪，使人警覺到問題的嚴重性。但是否有成效呢？今年九月三十日工商日報社論認為石油對抗在第一回合中已在攻心的戰術上發揮了作用。其實，這些警告與嚇阻行為也可能僅止於心理上發生作用。至於美國會採取「軍事佔領」等等強硬手段？正如美國國防部長斯勒辛格表示：「未考慮任何此種行動。」即使強硬的言詞和態度也有其危險性。

例如貝魯特的「夏洛報」以「美國警告阿拉伯國家，對石油以核子戰相威脅」作標題；石油輸出國家組織（OPEC）秘書長凱尼嘲笑說：「欺騙他們自己和其餘的世界。」科威特石油部長沙林也不屑地說：「讓福特總統暢所欲言，盡量傾吐吧。」伊朗國王於九月二十六日在全國記者聯誼會餐會上更明白地宣稱：「沒有人能夠指揮我們，沒有人能夠對我們頤指氣使，因為我們將還以顏色。」

四

原油在去冬第四次以阿戰爭以前每桶售價僅三元六角五分美金，現金高達每桶十一元六角五分，又要抽增稅百分之三點五，勢必轉嫁到用戶。今後可能還要以每月百分之十的比率繼續漲價，還要提高產油權利金，提高通貨膨脹補償稅，更要實施減產以維護高價。要求原油減價希望實在渺茫。此因阿拉伯國家，正如敘夏克沙報所說：「僅要求降低油價，而不抑低數百項其他日用品及重要製品的價格是不公平的，何況那些日用品及重要製品的價格已漲了數倍。」所以 OPEC 秘書長凱尼對於福特總統的警告「甘冒著世界全面衰退，並勢將使世界秩序與安全頻於崩潰」而「不以為然」，認為「對於全世界所發生的事務，不應歸咎於我們」，此說也不無其因。例如從今年初至九月底為止，世界石油基本公告價格一直在維持去年所訂的十一點六五美元一桶的標準，未曾變動，何以各工業國家的通貨膨脹率繼續不斷上升？又何以在去年十月戰爭石油價格大量上漲前，各國的通貨膨脹也一直存在？

眾所週知的是，造成石油價格飛漲的起因為以阿糾紛，但加速促成的通貨膨脹又成為油價高漲的論據。要降低油價，除了發現新的能源或則核能成為主要動力，也只有寄望於以阿糾紛合理的解決與通貨膨脹有效的戢止。前者要如沙烏地阿拉伯石油部長雅曼尼於十月二日在華盛頓說：只要以色列退出1967年以來佔領的阿拉伯領土，沙烏地能勸服所有阿拉伯產油國大幅降低石油價格。再如通貨膨脹戢止，物價平穩，生活指數不再上升，油價也自然無由再行高漲。

關於調解以阿糾紛，季辛吉此番中東之行結果，尚未有具體成效。即使以阿糾紛可以順利解決，阿拉伯產油國家在政治上再無理由實施禁運、減產、漫天要價。但通貨膨脹依舊不能有效戢止，正如法國總統戴斯亭對於世界通貨膨脹的看法，它是由於需求過高，由於原料成本，受鄰邦經濟與匯率牽帶，以及工資與物價形成的螺旋形相互上漲等等因素所引起。工業國家的基本經濟病症，並非完全由於高價石油一項因素所引起的，則 OPEC 為收入保值計，更為石油依現行所知蘊藏量及消耗量推算，在今後五十年到七十年，將見其枯竭，焉得不要求漲價。

至於消費國家合作來抵制油價的高漲，由於現實利害各不相同，更為彼此保證的基礎不固，很難作到推心置腹地團結一致。以十二最大石油消費國家為例，其在布魯塞爾協調，一旦緊急情況發生，將彼此分享能源，美財政部長班奈特尚且說，每一個國家在作決定之前，有必要知道其他國家準備如何節約能源。至於有如日本採取「石油外交」，法國與阿爾及利亞個別簽訂長期購油合約的行動更不必論說了。所以，在以阿糾紛不能合理而「令人滿意」的解決，通貨膨脹也無法戢止，更沒有其他能源可以取代石油的情境下，則福特總統的警告只是徒費唇舌。所提五原則仍是具文。其可行可見的解決辦法可能有二：一為各國只顧一己的利害而自求多福地節約能源，尋求能源，來個別解決自己的問題；另則為如阿拉伯國家所說，在現行原油價格合理水平之上，依通貨膨脹率逐月升高，即如 OPEC 專家克希尼於九月二十四日在維也納宣稱，如果世界性的通貨膨脹率是百分之十二，則每月升高價格百分之一將是「可行的」。或是如伊朗國王於九月二十六日在坎培拉提議的，依據其他二十種或三十種商品價格指數，建立一項固定的世界石油價格，或如阿爾及利亞在能源會議宣佈的，根據工業化國家生活消費指數為油價準據的長期供應石油簽訂合約。

五

從以上種種事實因素分析所知，當前石油之戰至少反映了三項值得注意的情況：此即政治的影響、經濟的危機以及共產主義的陰謀。

據華僑日報今年九月二十五日社論認為，今日石油危機一切成因皆是「美國一手鑄成的大錯」。亦即是季辛吉過於相信蘇俄、向蘇俄下跪的「對蘇外交」，與對以色列作有限度援助，甚至阻止以色列大軍進入大馬士革的「中東政策」，使俄共勢力伸入了阿拉伯國家有以促成的。此說縱有偏頗，但政治因素影響及於經濟的發展，政治關係與經濟利益密切而不可分確是事實。觀諸石油禁運，繼之價格大幅上漲種種危機始於去年十月第四次以阿戰爭；如今沙烏地阿拉伯石油部長雅曼尼於十月二日在華盛頓對記者稱：「我可以向各位保證，假如我們能夠解決這一（以色列）問題，石油價格將會降低。」又說：「現在就要看美國了，以色列的力量的唯一來源是美國。」當是具體證明。

在經濟方面，石油危機如不獲合理解決，則世界性通貨膨脹將如火上加油日見蔓延，國際性蕭條跡象將如快馬加鞭迅速出現，但已可見之「災禍」至少有下列諸端：

就國際金融以言，根據世界銀行所作石油輸出國家組織積聚能力的估計，三年之內將達六千五百億美元，至1985年將達一萬兩千億美元，如果成為事實，則世界上許多國家政府和工商業勢必難逃中東各產油國的操縱、控制。以目前而論，歐美各國收支無不普遍惡化，義大利有瀕臨破產的情勢；而 OPEC 突然有巨大盈餘出現，對銀行制度造成了困難，且因投機倒背形成了「銀行危機」；對先進工業國家的國際貨幣和商業市場也構成了危害性的重重打擊。他如美國一旦成為油元回流的主角，對於歐洲美元市場機能的麻痺與赤字疊疊瀕臨破產的國家又無適當資助方式，國際金融危機的程度勢必加深加劇。此其一。

就資金以言，各國因能源負擔太重已赤字疊疊，為發展其他的能源又增加了對資金的需求，而油元又不能直接投資於有收支赤字的國家。正如關貿總協定（GATT）於今年九月間預測報告，全球經濟因需要龐大的資金用於調整，如工業結構的實質改進以及社會優先秩序重新安排，故可能面臨一個資本短絀的時期。此其二。

就國際市場以言，OPEC 突然增加的油元財富，根據世界銀行估計，1972年度收入為一百四十二億美元，1973年增至兩百二十三億美元，至今年預測有高至一千一百五十億美元，且石油消費國的美元仍繼續如洪水般地流入 OPEC。而 OPEC 因人口稀少，須從工業先進國家輸入為數有限，於是石油美元大部份存入歐美銀行，形成「銀行危機」，如果 OPEC 運用這些財富從事投機，則擾亂世界市場其嚴重性實不敢想像。例如過去九個月中，以伊朗和科威特為首的石油國家花了十億美元搜購食糖囤積居奇，致使食糖的零售價格以及數以百計以糖為基本原料的產品成本，正作破紀錄的猛漲。此其三。

就世界糧荒以言，據美國加州大學食物科學家於九月九日在其「飢餓的世界——向農業挑戰」報告中說：亞洲非洲和拉丁美洲出現可怕的饑荒，這些地方可能有數百萬人就要餓死，此因世界糧食的儲量以及賴以促進農業生產所需肥料的儲備量目前降於自二次大戰以來的最低點。而肥料不足，其要因之一是為油價的暴漲，缺乏糧食的發展中國家，無力購買更昂貴的肥料。所謂「綠色革命」由於缺乏肥料的支持也趑趄不前。此其四。

然在石油危機爭戰之際，另一最重大的禍亂根源是為中共藉石油危機進行統戰陰謀。此據香港時報九月十四日社論報導，九月九日李先念對奈及利亞利戈溫致詞中就說：「廣大第三世界國家出於共同利益，正協調步伐，堅持團結，紛紛以石油和其他原料為武器……中國政府和人民堅決支持第三世界這一正義鬥爭。」在當前石油爭戰情勢中，產油國家頗能團結一致，而石油消費國家則因彼此利害關係不一，迄今尚未見有具體而有效的協議行動，確予共產主義者煽動世界一切開發中國家的大好時機。所以共產主義者叫囂「發展中國家對自己的自然資源享有行使和永久主權」，煽動「發展中國家應建立各種原料輸出共同組織進行聯合鬥爭」。事實上，中共早以石油作餌，軟化若干國家反共立場，如1973年九月日本與中共建交，上月菲律賓第一夫人訪中國大陸皆是其成果。再如中共以產油國自居，而「擠」入阿拉伯產油國家組織，在產油國與消費國家之間，能左右逢源地分化離間，歪曲操縱，不僅「天下大亂」，恐怕中共世界革命的實現更將隨心所欲了。民主與非共產國家為了石油，在所謂鷸蚌相爭之際豈能不慎防共產主義者趁機居間得利，而使全球人民淪入魔掌，盡受其困。

六

我國台灣地區所需石油百分之九十八以上都是從國外輸入。從去年石油危機發生以來，因高昂的油價所受的衝擊已相當沉重，如物價上漲指數偏高；四百三十家以上的中小企業宣佈停工停業；投資設廠數較前降低；若干製造業出現不景氣現象和隱藏著有被迫停工的危機——此即電子工業如非因航空運費率維持最低水平，打消美國人所投資的三十餘家電子業公司停工撤廠的意圖，否則所雇用十三萬工人就立即失業。最近國際油公司將自明年一月起增加稅金每桶原油三十三分。果爾：我國油價支出將又增加四億四千一百餘萬到八億八千兩百餘萬元。這筆負擔究作何消化，由中油公司，由政府抑轉嫁到消費者大眾，又為目前所將面臨的問題之一。

我們在當前石油爭戰危機中如何善為肆應，記得筆者於去年十一月十八日在本報以「能源開發與國防工業發展」為題，抒陳拙見，不復弁言。今後，筆者認為，首在政治方面似應及時考慮到我們的政治立場。即目前產油國家以沙烏地阿拉伯國家為首要，消費國家以美國為最力，此兩者國家皆為我最親切而極重要的有邦交的國家，如果以美國為首的石油消費國家能與以沙烏地阿拉伯為主的產油國家直接和平談判求得合理的解決途徑，自是眾人之福。可是如果雙方由呼籲警告，昏齒相對，而至相敵對抗，互不相容的地步，我國能採取「中立」嗎？如不可能，其在政治立場上將何去何從，自不能不及時「杞憂」及此。同時中共在其間以石油為餌，以孤立我國為目的，在中美邦交之間，在與我友好國家之間進行分化剝離，製造矛盾衝突，我政府又如何善為應變，自為亟需籌謀以對之事。

在經濟方面，要為有限之外匯存底如何善為運用以及經濟發展方向之調整與適應。此因舉世通貨膨脹束手無策，而石油價格不斷上漲，產油國家驟增的財富助長了國際金融危機，我有限之十餘億外匯存底稍受些微衝擊，必然損失無存，如何善為運用，諸如以之作為「原油期貨交易」的資金；以之用於十項建設；以之用於工業結構的調整和生產資材的投入等等皆宜有所考慮。至於所謂經濟發展方向的調整與適應，亦可稱為經濟的安全措施，諸如內銷市場的開拓；工業產品的多元發展——不僅要求創新的產品來開拓「獨佔」的市場；也須重視形式的轉變，俾能迎合新的市場等等皆是。

由於我國核能電廠至1976年始可望其開始作業，即使至1983

年第六座核能電廠亦開始發電，其在石油需要方面僅是電力所需油方面由百分之三十五降至百分之二十五。但我國對能源的需要平均每年的增長率為百分之十，所以核能電廠的建立尚未能完全解決我們的能源問題。最近國內外均報導我在高雄附近的海床已發現了更多的天然氣，甚至石油，當是極其振奮人心的喜訊。但在舉世能源危機重重情境下，自須更加珍惜地利用。因此，及時淘汰需求過多能源的舊有工業，以轉變生產結構，仍是政府與產業界合作努力實現的重大措施。而響應政府節約能源的號召，則是為我們每一國民必須躬行實踐的要務了。

此外，現在我與沙烏地阿拉伯無論是政治或經濟關係，至為敦睦密切。我正以協助沙國發展電力、建立肥料廠、煉油廠、石油化工業，以至進行農、漁業合作，今後確保油源無缺當屬自然之事。設再能經由政府與民間工商界的共同努力，爭取得沙國等巨大財富油元，使之投入我們的生產建設，則所謂「因禍得福」，蒙受其利，勢必無法估計，可以定言，斯又為至願拭目以待者。

原載於《自立晚報》

民國六十三（1974）年十一月十二、十四、十五、十七日

全面合作度過經濟難關

一

中國時報於本（十一）月二十二日就本院繼十四日所公佈的十四項財經新措施以後，又頒佈三項金融方案而發表社論，呼籲「政府與工商界全面合作度過經濟難關」。該報認為目前工商界所面臨的困難是屬於國際性的，須以非常手段，當機立斷方式辦理，否則將發生嚴重後果。故希望政府方面要防止不肖分子利用漏洞騙取巨額貸款；而受到政府保護和扶植的廠商應當從行動力求圖報，以度過難關。

關於十四項財經金融新措施與三項金融方案公佈後，各界無不稱頌而同表支持。然各方建議意見亦復眾多，其為各方所一致關切者，一為寄望政府有關部門如何有效而徹底執行這項新措施毋使其變質；一為如何進一步採取更積極措施，以協助業者開拓外銷，謀求經濟發展。對前項建議意見，院長已於最近一次院會中有明確指示，要求各有關部門注意辦理，不復贅言。至於如何協助工商界突破外銷困境的有效辦法，其為眾所爭論的焦點是為再行降低利率與考慮台幣貶值以降低業者生產成本，庶可提高對外競爭能力而扭轉貿易逆差，尚待慎重考慮有所抉擇。

二

要求降低利率是為工商界一致的呼求，認為「再度降低利率，不僅可降低生產成本，且可促進投資的增加，為阻止明年經濟衰退最重要的力量」（六十三年十一月十五日經濟日報社論）；「如顧及儲蓄，未便一時作存放款利率的全面降低，亦應運用選擇性信用政策，對外銷貸款利率做特別處理」（六十三年十一月十五日聯合報社論）;「對出口融資巨幅降低利率至適當程度，例如百分之八左右」（六十三年十一月十八日中國時報社論）。且有主張「利率為重要指標，中央銀行應擺脫對利率的直接控制，建立自由的貨幣市場，使利率能自然地反應資金的供求」（六十三年十一月十八日中國時報）。一般認為利率降低後，第一可緩和廠商積壓的利息負擔不致被迫削價求售，得以耐心等候全球工商界「河清」之日。第二，有助於政府積極鼓勵的資本密集工業。第三，可增加貨幣供給量，提高有效需求，繁榮工商（六十三年十一月十七日中國時報）。

至於調整匯率則有正反不同的兩種看法。主張貶值者要在認為目前外銷遭遇困難主要是由於對外價格較高，而價格較高的原因，又由於我國匯率歷久不變，而別國家卻多次調整匯率（六十三年十一月十五日中央日報）。此因在不同工業國家之間，如工資與生產力水準的相對關係不變，其競爭的大小，大部份取決於匯率（六十三年十一月十七日經濟日報）。例如造成對日入超迅速擴大的重要原因之一就是由於新台幣的高估所致（六十三年十一月十五日經濟日報）。如果不作適當調整，無論目前之短期利益及以後之長期利益均將受損，而最後仍須調整，反不如目前當機立斷，將新台幣貶值至百分之五至百分之十（六十三年十一月十八日中國時報社論）。甚至認為外貿逆差如繼續擴大，工業因不能圓滿地完成再生產過程，而引起更大之倒背及失業增加，百業受累，物貨匱乏，大量逆產，物價亦會上漲，陷入「不景氣的膨脹」，治理更難（六十三年十一月十七日經濟日報）。

調整匯率可以直接使外銷獲利，但是相對的卻不利於進口，可能刺激物價，有違經濟穩定政策（六十三年十一月十五日中央日報）。而且各國均處於「停滯膨脹」中，國內存貨均如山積，拓展外銷唯恐後人，如我國採貶值政策，他如日韓也會跟著貶值。何況小幅貶值以降低價格是否能夠發生大幅擴張出口的效果，不無商榷餘地。而新台幣貶值後，勢將增加進口物資的外匯負擔，促使國內物價上漲，使因貿易條件惡化而下降的國民經濟福利水準更見下降。特別是目前因十項建設的進行，所需資金兩千餘億元，半數向國外舉債，新台幣貶值將使上述對外借款的債務負擔相對加重。復以十項建設過程中所需大量進口設備物資的成本提高，亦必沖銷貶值後對外貿的好處（六十三年十一月十四日經濟日報，十一月十七日中國時報）。

三

此外，因財經新措施的公佈，工商界希望於政府協助其突破外銷困境，尚有下列各項重要的建議意見。

（一）調整租稅。主張對進口加工外銷的基本原料一律免稅；減少消費稅稅目並降低稅率，停止證券交易所得稅（六十三年十一月十五、十六日經濟日報社論），甚至擬議中對營利事業資產重估其增值資應依所得稅法規定辦理亦有建議從嚴考慮慎思者(六十三年十一月十八日自立晚報）。

（二）擴大融資。新財經措施是以金融政策為主，其執行成敗完全操在各行庫之手。所訂責任輔導與聯融資金辦法希望充分發揮服務精神來實施（六十三年十一月二十二日中國時報社論），不要因「昌貸案」與新舊年關而保留餘款影響融資（六十三年十一月十四日經濟日報）。對於負債多於資產的公司，除非是面臨破產等嚴重情形，中央銀行似乎也應另訂融通的辦法，以及資產多於負債，其「多」的標準應有明確比率俾有所遵循（六十三年十一月二十一日經濟日報）。至於購儲鋼筋、鋼錠以替業者存貨找出路，其資金來源與盈虧問題，如價格、保管、去路等等要有詳細計劃，以利執行（六十三年十一月十七日經濟日報）。

（三）挽救股市。除了一致希望免徵證券交易所得稅而外，並認為台幣貶值，中央銀行降低準備率放寬信用，以公開發行公司之業績、庫存、財務情況，對於挽救股市皆有直接與間接的效能（六十三年十一月十七經濟日報）。

（四）採取更積極的措施。如政府支出方面要能創造有利於工商業發展的環境；擴大公債發行，加速推行十項建設；預算要重視經濟的效果，積極期求國民經濟實益的平衡（六十三年十一月二十一日經濟日報社論）。特別是建議政府加強蒐集各地商情，把握商機，主動爭取市場以拓展外銷（六十三年十一月十五日聯合報），皆是紓解商困，恢復景氣的重要之圖。

四

依各方意見分析所知，當前工商業者最大困難一在存貨堆積如山，無法外銷，一在資本積壓融資困難而面臨減產、停工以至倒背的情境。造成困難的主因，外在於世界各國普遍陷入「停滯的膨脹」，而競相出口；內在於業者盲目地大幅度擴張增產所至。此番財經新措施公佈實施其可能獲致的成效將如何，有謂「可使工業界獲得一點喘息的機會，並不能克服當前的困難」（六十三年十一月二十一日經濟日報）。但上述各方建議是否皆應為政府所採行；亦復見仁見智，自須慎加周詳考慮。如果從整體觀點分析，其本諸全面合作度過難關的可行方策，可歸納為下列數端蒭見說明之。

第一，降低成本要以改善管理為主要手段。

論者所建議降低利率，調整匯率，對外確可降低業者生產成本有利於外銷的競爭力，但並非唯一可循之正途。因為完全依賴於政府金融政策以及財政上免稅減稅的種種保護優惠，並不能增進其對外真正的競爭力。而且大幅度降低利率，調整匯率後，國內物價必受波動，極大多數薪資所得者生活越失其保障。在對外競爭方面，如此小幅度調整後，在世界經濟普遍不景氣情勢中是否能真正發生效力？又怎能保證他國不致採取同樣方式而惡性競爭彼此受害益烈？據分析所知，生產成本所以提高，由於在國際搶購物資之際，大量高價進口原料或囤積居奇或盲目擴張為要因之一；而抱靜待觀望態度，不願以較低報價外銷產品，亦為存貨堆積如山的成因。所以降低利率與調整匯率有降低成本可能，但絕不能以之保證可以對外提高絕對的競爭能力。從經濟發展歷程以觀之，資本家生產者利潤的獲得最初是以「低工資」、「長工時」、「高售價」為主要方式。但從政府採社會立法，干涉主義興起，導致產業革命，生產者則無不講求科學管理以降低成本，以利競爭，以增加利潤，惠澤大眾。今日，世界貿易壁壘重重，互惠要求不一而足，而我台灣地區所謂海島型經濟，資源不足，產品原料多仰賴輸入，利潤悉由半技術加工出口的勞務報酬而得，其有賴於致力經營管理的改善以降低成本，實是切需而根本的要圖。如果再能著重研究發展，以創造新產品來開拓他人無法競爭的獨佔市場，則我們的經濟發展必可承受任何外來的衝擊而可自保，而能繼續順利成長。所以，如何促使工商業者普遍而徹底地掀起改善管理降低成本運動，似有責由有關部門及時策劃推動的必要。

第二，擴大融資應以靈活股市為首要之圖。

新財經措施要在為擴大融資以紓商困。目前，多數公司負債比重皆非常之高，且百業皆呈停滯狀態，需求融資者不可勝數，政府難能擴大融資普惠及每一業者。如採自由利率、浮動匯率以自動調整金融，基　於考慮因素太多，條件未具，自不便立可實施。所以鼓勵儲蓄轉為投資以活潑金融；便利業者資本形成，以發展企業，亦即設法——甚至採優惠方式以振興股市是為最正當途徑。

振興股市之道，除防止大戶操縱投機之風而外，應盡一切可能之優惠辦法，諸如暫緩徵稅，對有股票上市之公司可優先融資等等皆可考慮實施。目前有股票上市的公司不到六十家，對如此狹小市場，以政府的督導與獎掖，使其振興，不致有何困難。即使對這六十家有股票上市的公司特加優惠，對於鼓勵工商業者打破「家族公司」競相公開財務，發行股票，走上資本大眾化，資金證券化，必大有助益；防止逃稅漏稅，健全經營管理，亦可立見效益。果爾如此，無異是我國「產業革命」，不僅剷除了邁向開發國家的障礙，也為民生主義「均富」理想的實現奠建更穩固的基石。

第三，合作外銷宜以國營事業作開拓前鋒。

合作外銷為業者所一致呼求，也為事實所必需。而今後如何突破困境，皆在於如何打開外銷以為斷。但如業者財務不能公開，同業相忌，彼此惡性競爭，欲求有組織有計劃有目的地「合作」外銷，一時難見大效，可以預言。國（公）營事業無論在組織、營運方面，均較一般民營企業為優。如果以國（公）營企業為中心，在國內結合相關廠商建立生產與服務組織體系，以減少浪費，計劃生產；對外則組合各個外貿公司團體，有計劃地逐步建立世界性貿易網，以擔負開拓市場，採購原料，以及協調處理一切有關對外貿易事務，則合作外銷自必較易推動實現。國營企業在此如能善盡這一領導開拓的功能，一旦健全了組織，確立了制度，固可突破當前外銷的困境，也可能由此創立了民生主義「混合經濟」體制，為社會大眾謀求得更多的福祉。

第四，突破經濟困境當以適應情勢為變革的準則。

在現行產業結構下，擴大融資，降低成本，以利對外競爭，皆為消極濟急的辦法。觀諸石油危機衝擊未平，原料採購亦漸受托拉斯聯營的箝制，而糧食短缺，更威脅及世人生存，各國無不處於所謂「停滯的膨脹」情境中，世界經濟是否能在短期內復甦，經濟學家皆無確切證言。因此，以往企業界所一致相信「輸出將永無止境地成長」的情境自必不易再現，而現行經濟結構，生產組織今後又是否能適應已大為變遷的情勢，亦屬須加關切之事。例如所謂「夕陽西下」的產業，或則面臨困難最多的產業，即使充分便利融資，盡力協助，是否能使之有所發展，對全盤經濟有所貢獻，甚難確定。論者有謂此時不宜淘汰邊際產業，以免引發社會問題，但情勢迫使停業，又何能保持現狀。所以，紓解商困之同時，當就善後應變與積極作為雙方面有所策劃，前者如對失業工人輔導其轉業投入另一生產建設體系；倒背之產業協助其與相關產業合併經營；後者，要在適應情勢，發展有利外貿的生展事業。如糧食之增產，糖業之大量投資，全力發展，皆是為實例。

五

據近期「美國新聞與世界報導」透露，美國政府將對年入十五萬美金者課以百分之五的「附加稅」（surtax）。西德在石油危機發生之初即對高所得者徵收百分之十的「安全捐」。我國租稅結構實有改進之處，但某些應改進的稅目終因有固定「預算」用途，就財政所需，實無法一時予以轉變。他方，工商業者對政府有申請輔導協助的權利，但對國家全盤經濟發展也應有特殊貢獻之義務。然在去年底今年初，當石油危機正烈，國際搶購物資風潮緊急之際，百物騰貴，民生疾苦，但生產者無不利市百倍，賺得過多甚至不當的利潤，並未見有業者自動捐輸，惠及升斗小民大眾，而高所得者反有逃稅漏稅之事。正如二十二日中國時報社論呼籲：「政府與工商界全面合作度過經濟難關」然，也可考慮徵收高所得「附加稅」或「安全捐」，即使不便普遍徵收，但對受政府融資優惠之工商業如賺得利潤超過某一數額者，得課以「附加稅」，當為合情合理之舉。以此稅收用於建設，用於增進社會福利設施，則紓解商困與照顧全民利益當可兼達，似宜在貫徹新財經措施同時一併加以考慮，作為恢弘民生主義「均富」精神的另一具體可行的方策。

原載於《新聞分析》第四十二號

民國六十三（1974）年十一月二十五日

當前農業發展中心課題的探討

一

關於當前農村建設與農業發展，其需研討之問題實不勝枚舉，各方抒陳所見亦可謂鉅細無遺；而如何解決農業發展之困難，也一直為政府各有關部門所關切。尤其從蔣院長頒佈加強農村九大措施，並先後撥出十八億兩千萬與二十億元台幣作為農貸和支援農村之用，實施以來，所收成果至為豐碩，但阻礙農業發展的瓶頸尚猶待設法予以打破。探究實際問題的癥結所在，可將之歸納為農業生產組織型態；農村人力轉移；以及經營企業化三事。如以此三項懸為中心課題，則目標簡明，力量集中，一旦排除艱困，打破瓶頸，則建設農村，發展農業，皆可望其圓滿達成。

二

所謂農業生產組織型態，即是改採大農經營，以推行機械化，使農業發展邁向現代化的課題。

言及農業機械化早已推行多年，但成效並未盡如理想，實有客觀的困難因素。就一般而言，機械化耕作為大農制所採行。雖然「大農制」一詞難於確定其含義，有指四五百英畝者，有指一千英畝以上者。台灣可耕之地面積甚少，且多為丘陵地、山坡地，如依當前農村土地分割零碎現況，欲採大農粗放式機械化耕作，自不太適宜。而且，推行農業機械化除了土地條件之外，還須基於下列要因：

（一）勞工缺乏，工資高昂，須以機械代之。

（二）有大量投資之需要。

（三）有大幅度技術改革之條件。

（四）管理效能相當良好。

（五）商業化農產品有國內外市場。以及

（六）經濟發展趨於工業化。

因此，所謂農業機械化並不只是要農民購買一兩部耕耘機、收割機就算達成。我們是否已具備上述各項條件，可以不予探究，但推行機械化時，其他各方面的條件必須能配合起來才行，此即所謂 Mechanization must bein the condition of other things being equal。

三

眾所週知的是，當前本省推行農業機械化，其最大的障礙是為耕地分割日趨零碎分散。農民所擁有之耕地面積平均每戶僅為一公頃，且百分之三十八的農戶耕地面積尚不及半公頃。如果要求每一農戶皆自購農耕機，捨農民有無負擔能力？願否負擔？以及是否有使用機械化的常識等等問題不談，購買了也屬一大浪費。即使目前所提倡的代耕制度，亦「規定申請代耕者，其面積至少須在二十公頃以上，而且田坵畸形者則不代為收割」，可見其困難所在。至於實施代耕，又如何集合數十家農戶齊一行動？農忙時有多少代耕公司可以支應申請？代耕者是為農村實際耕作者？抑是來自農村以外的農業「技術人員」或「專業人員」？實施了代耕則農村現有之勞力又如何運用？所以代耕制度在當前小農制度下，並不能徹底實現農業機械化的目標。至於山坡地、丘陵地、海埔地以至山地農業是否便於機械化的推行，實際問題尤多，自不待言。

在農業生產組織型態方面，就目前所已設立的二百零六個「農業生產專區」而言，確能符合經濟原則地建立與使用農村的公共設施，增加了貧苦地區農民收益，也提高了農民耕作的興趣。但總因專區組織成員過多，合作行動不易，而且專區未予普遍設立，致有「區內」「區外」之分，優惠農民就不一致而引起「厚此薄彼」的議論。實際上「農業專區」也無法蛻變為大農經營制，便於機械化耕作。

現在農村中又有各種經營型態的農場，要如合作農場、共同經營、企業經營、委託經營等等，耕地面積是可因以擴大。但據分析，此類合作農場與農會系統農民組織有「對立」形勢。而各種農會之下的班隊組織是由計劃而產生，隨計劃而結束，使共同作業缺乏自發性與持續性，成為當前專區發展的「瓶頸」，自己無法循區域性綜合開發，作到「地盡其利」，發揮整體經營的功能，使農業發展邁向現代化。

四

基於以上探討，台灣地區農業機械化的推行，其必須考慮的因素是為自然環境地理條件的適應，和農業生產組織型態的變革兩者。亦即在山坡地、丘陵地、海埔地，以至山地農業，可就其土地特性和自然環境條件，以設置「農業專區」為主，指導其共同合作經營，種植具有高度經濟價值的特用作物，並盡可能同時發展農林畜牧，以收地盡其利。由於特用作物以密集耕作或栽培為尚，且收入較高，當可維持現行農制。而在「嘉南平原」、「蘭陽平原」，甚至「台北盆地」，以其地形較為平坦開闊，當應徹底實施重劃，予以合併，使成為大農經營，便利推行機械化，實是農業發展最有利的途徑。不過，採大農制經營，擴大農場經營面積，此與現行耕者有其田政策可能難於相符一致。所幸，去年九月三日公佈實施的「農業發展條例」中曾就此問題考慮結果，對已開發的農業地區仍維持耕者有其田政策，避免農地為農業企業所壟斷，對尚待開發利用的農地鼓勵農業企業機構或農業團體投資經營，以期迅速增進農業生產與成長。今農復會又擬會同政府有關機構研訂農業合作法草案，採納公司與合作社的優點，以建立大規模農業合作制度，使當前小農制度做到大農經營，達到最高經營效率，如果順利施行，不僅是劃時代的重大舉措，也為我「第二次土地改革」開闢了成功的坦途。此所謂合作對象，在未開發地區部份，則因農業發展條例中已有規定，可採企業化經營，法有所據，想無須再議。問題在於已開發地區，亦即在如何不影響農地所有權，不有違耕者有其田政策之下，由合作制度而轉變為大農經營。故應考慮者其要似應為下列各點：

（一）經營之合作農場以由自耕者所組成為原則，其面積得依區域開發計劃核定可擴大為三公頃以上。

（二）為防止土地過份集中趨向商業化，有違土地國有與「均富」政策，除國家經營之農場而外，宜訂定最高「限額」數，俾有所遵循。

（三）納入「合作」體系之農地，宜將土地所有權，以土地面積與等則為單位，化為「股權」以保留其所有權，但耕地之經營作業自主權應歸之於合作組織，俾便統一規劃合併耕地，便於實施機械化作業。

（四）合作農場組織在民主方式下，本權利分享，義務分擔原則，統一管理產銷，所得利潤則依每戶「股權」數平均等分之。而參加耕作之農民，因每戶人數不等，故以每一勞動力另計工資所得。

（五）農戶耕地一旦納入「合作」體系後，其耕地所有權只能轉讓於該合作組織或政府。土地繼承亦以「股權」為限，不得請求耕地之收回自耕。

（六）規定所有農戶耕地必須納入合作體制，並在政府指導與協助之下，作區域開發，行整體經營。

五

當前農業發展的瓶頸，一為耕地面積日益分割零碎，無法推行機械化，使農業邁向現代化有利於經濟整體發展。再則是農民所得較之非農民所得偏低，農民耕作誘因普遍低落，使農業發展面臨困境。其所以如此，皆是肇因於過多農民依賴於有限之耕地。惡性循環，困難益增。所以實施農業合作制度，以實現大農經營，使農業發展邁向機械化、現代化，皆有賴農村人口之轉移於非農業部門。

據統計，當前台灣農戶人口由四百餘萬人增加至六百餘萬人，侷限於八十萬公頃農地上，平均每一農戶耕地面積約僅一公頃左右，而實際上耕地面積在半公頃以下者高佔百分之四十，加之專業農戶日益減少，由四十九年百分之四十八降至五十九年為百分之二十八，對於農業生產力皆有極大的影響與阻礙。近十年來農村人口移向都市約達八十萬人，但所移出之勞力多為年輕力壯者，其結果反使農村勞力缺乏，使農村發展增其困難。今後如何以正常而有計劃地轉移農村人口，減少農戶，俾使有限之耕地能由較少數農戶農民合組成較大型適合於機械耕作之合作農場，當是今後農業發展邁向現代化的中心課題。此據余玉賢先生於十月三日在中央日報發表之「擴大農場經營規模途徑的探索」文中曾舉出「送走農民」、「調走農民」、「帶走農民」、「稅走農民」、「買走農民」諸般途徑。但如欲送走農戶農民以使目前一公頃農場擴大為二至三公頃，其所需時間從五十年長至一百五十年者。而且關鍵問題猶視諸公商界每年是否能提供兩萬個就業機會。所以擴大農場面積，期使農業機械化現代化，非僅著眼於農業部門，從農業部門自身努力所能盡其事功者。

復因農村人口如何順利轉入非農業部門，固然視諸非農業部門能否提供相當的就業機會，亦視諸勞動者自身就業的能力。所以有計劃有步驟地訓練農村農民待轉業的技能，實又為成功的關鍵所在。際茲九項建設亟需大量人力，如能及時配合以消化農村「剩餘」人力，當是兩全其美的途徑。

六

再次為農業經營企業化的問題。轉移了相當數目的農戶農民，擴建了「大」的農場，尚須合以企業化的經營方式，農業發展才能達到最高經營的效率。所謂企業化經營，其正確的含義已非僅在於投入最少產出最多謀求最高利益之謂，尚須盡其經濟的、社會的功能。因此，發展農業，其努力固為建設農村，提高農民生活，但更須為農工均衡發展盡其應有的功能。有關農業之生產組織、銷售系統、資金融通、技術服務、行情報導、研究發展等等均須有利於區域性開發，著眼於整體性發展，務期「人盡其才」,「地盡其利」,「貨暢其流」,「物盡其用」。如此的農業發展將必同時福澤農村，惠及工商，成為社會安定的根本。

七

上述建立農業合作制度，轉移農村人口以及推展企業化經營三者，彼此是互為條件，相為成因的。實現大農經營，必須先轉移了農村現有人口，並且經營企業化，方能收到最高效率。而轉移農村現有人口必須實施大農經營機械化耕作，並且以企業化方式經營農業，才可使農村不因人力移出而發生勞力缺乏或廢耕的現象。至於企業化經營也唯有大農經營情境下才可見其功能。循此三種途徑努力，則建設農村，發展農業當能收到執簡馭繁的宏效。三者如能全面推行，順利達成，則是為我國台灣地區第二次的土地改革成功，其在農業發展現代化，加速工業化促進經濟發展，邁入開發國家行列諸方面所作貢獻絕不有遜於第一次土地改革對我國經濟發展的影響和成就。

鑒於第一次土地改革是由「合」而「分」，亦即由少數地主手中將耕地囀放於大多數佃農，其導致成功的誘因相當巨大，而且經營方式，耕作技術皆無何重大變革。而今要採合作制度擴大耕作面積，要轉移相當數目的農民於非農業部門，無異由「分」而「合」，要從大多數自耕農手中，將耕地轉讓於少數幾個合作「組織」來經營，而且農業經營耕作技術將有重大的變革。加之農戶農民如不能順利轉移向非農業部門，其所有權自主權有礙於合作制度的推行，必使這次改革之不易。因此，所謂第二次土地改革不僅要在立法方面尋求解決途徑，更須要從區域開發、整體規劃、人力發展、農工結構，以及農民組織、企業經營諸方面有週到之執行方案，其事務之繁鉅實遠過於第一次土地改革不知凡幾。為保證改革工作順利進行，似宜責由農復會負綜合設計工作，協調有關部會設定期限，管制執行。深信在得到農民之信賴合作，工商業之支持配合，則第二次土地改革不僅可望成功，也必能再為開發中國家的農業發展，創立另一足式足範的楷模。

原載於《中國經濟評論》第四十六期
民國六十三（1974）年十二月二十四日

對全國經濟會議建議意見之分析

一

國內工商企業各界，對於「全國經濟會議」的舉行，皆寄以極大的關切與期望。早於今年二月十七日中國時報聞及此事，即發表「欣聞政府將召開大規模經濟會議」的社論，陳述此項會議的重要，發抒四點檢討性的感想，從而表達殷切的願望：「使政府的政策能獲得最大的經濟效益」，「這一構想能迅予實施」。自後各重要報刊均先後發表社論，且作專題訪問報導，或以「會談」方式，容專家學者與有關人士分別貢獻意見，皆可說明此番「全國經濟會議」之舉行，其意義是何足重大！

二

各方建議意見，除有關會前應如何準備之建議意見從略而外，可依下列各項綜合臚舉其要：

（一）有關於會議舉行之方式：

1. 與會學者專家要重視我們的特定的社會經濟條件與要求，務必以實踐為主。在政府部門應先行放棄以現行政策為準則的概念，即放棄順我本位者可，逆我本位者否的觀念。
2. 會議的重大意義應在「做事」，不在「講話」，尤其不應叫苦叫難。
3. 對重大問題的決定要兼顧理論與實際。
4. 老生常談的話不必多說，並嚴格限制發言時間和次數，務使每人都有發言機會。

5. 簡報力求精要。
6. 擴大分組討論題目，即增加更基本的問題，如合作制度、社會安全制度、環境衛生等問題。
7. 會議中考慮成立「國家經濟顧問委員會」，使民間亦有參與經濟決策的機會，或成立法人性質的研究機構，延攬經濟專家經常做學術研究，或在整體之下考慮成立個別組織，並擴大人選，使社會、安全退休學者皆能參與會議。
8. 成立電腦資料庫。

（二）有關於經濟的整體發展者：

1. 四大特急的問題：A. 經濟措施應符合憲政的體制。B. 經濟思想融會貫通。C. 經濟規模應與人力資源配合。D. 經濟政策要把握時效。
2. 就公民營事業如何結成一體，以及目前公營事業如何能在能力範圍內支援民營事業度過難關，加以討論。
3. 健全政府財、經、金融等三個部門之組織體系與配合，俾發揮行政效率，有效掌握恢復景氣的機會。
4. 迅速改變原來重工輕商的作法，而改為工商並重。
5. 通盤檢討與修正華僑回國投資條例，尤以要改進華僑投資人身分之認定，應以僑委會所認定者為標準，而不以在國內居留日期為認定標準。
6. 坦陳現存問題，尋找對症下藥之方法。
7. 要有完整可靠的國內外資源開發政策，以確保自然資源供應的不斷。
8. 消除一窩蜂的投資生產現象。
9. 「以農為本」、「配合外張」，要在於先謀「足衣足食」之際，配合國內外客觀情況，向外擴張經濟貿易的活動與作為。

10. 建立一種政府人才與工商人才互為流通的制度。
11. 發揮自由競爭效能以安定物價。
12. 不宜放任工商業自由擴充。
13. 國家利益與商人利益要設法調和。
14. 從事十項建設與鼓勵私人投資在資源分配上應求得統一。

（三）有關於農業增產者：

1. 改善農業生產結構應以擴大農場經營規模，推行農業機械化，設置生產專區為主要途徑。
2. 本島可耕之地究竟多少？水稻田佔耕地面積為百分之幾？均須有詳實可靠資料，方可規劃開發。
3. 加強山坡地開發，要擺脫全以政府資金建設的方式，而改以吸收民間資金配合開發以加速推廣。
4. 「上山下海」有效開發人口稀少地區。
5. 發展鰹竿釣漁業。
6. 人工之育林與木材之充分加工利用。
7. 水資源分配，應有效配合：A. 區域性水資源再分配及高度利用。B. 各種作物在不同氣候土壤環境下之灌溉需水量合理分配。C. 灌溉技術、設備力求管理科學化與現代化。D. 地下水的充分開發利用。E. 排水系統及土地改良技術應有所改進。
8. 為防止荒廢農田及土地投機，對工業用地須規定在一定時間內仍未建廠使用者，准由現耕人以原價取回土地。土地移轉並採許可制度。
9. 健全農會組織。

（四）有關工業發展者：

1. 工業結構的轉變以求輸出值的增加為主，以降低生產成本為首要。

2. 改正觀念日益求新，不能再以簡單的設備、低廉的工資獲取利潤為主要手段。
3. 以租稅減免方式，鼓勵資本密集及技術密集產業的建立。
4. 拓展內外銷，使閒置資源與機器設備重新投入生產行列。
5. 將鋼鐵工業、汽車工業、造船工業和機械工業連成一氣，以成為工業發展中的領導部門。
6. 加速中間原料工業的建立。
7. 制訂中小企業法規，鼓勵中小企業合併。
8. 大規模興建國民住宅，以大量吸收過剩勞力，使許多相關行業的產品有所出路，也可使土盡其利，增加政府稅收。
9. 協助民營企業提高產品品質，並改善經營管理和設備的現代化。
10. 將品管列為產業登記條件。
11. 必須設法戢止中小企業倒風的發生。
12. 運用有限而合理的差別稅率，適度保護民族工業。

（五）關於拓展外貿者：

1. 採用契約制度以擴大貿易商與生產事業的合作。
2. 國貿館經常陳列和展覽國產商品。
3. 加強對外經濟往返性活動，讓別人了解我們。
4. 訓練貿易人才，建立對外貿易網。
5. 加強國際市場的調查。
6. 設立徵信及仲裁機構。
7. 目前推動外貿的各部門各自為政，不能密切聯繫，分工合作，甚至彼此牽制，造成力量的抵制，這種缺失亟需改正。
8. 成立貿易部以推廣外銷。

（六）關於金融、財稅方面者：

1. 迅速開放部份商業銀行轉為民營，以應當前經濟發展所需。
2. 在財經方面務求制度完整，組織健全。
3. 建議免課棉花進口稅，免辦保稅及沖退稅捐手續。
4. 編算地價指數，按時發表，分析其盈虛消長，作為國家觀察經濟發展之有力測算標準。
5. 辦理向國外採購原料貸款，信用狀分割，D/A、D/P 外銷貸款再融通等等擴大融資辦法。
6. 全盤考慮國民所得收入，以達均富的政策。
7. 運用赤字收支來達到外匯存底的充裕。

（七）有關工商業者困難問題：

1. 人織業者已經遭遇到相當困難，應予相當重視。
2. 工業局舉辦七次分業座談會，綜合結論提出十三點建議，要切實加以支援。

（八）有關全民福祉者：

1. 穩定地價，安定民生仍須繼續努力。
2. 力求避免發生失業問題。
3. 社會福利重於一切——除產量指標外，應有社會福利指標。
4. 積極改善「生活水準」和「生活素質」。
5. 建立社會安全制度保障國民最低生活水準。
6. 舉辦失業保險。
7. 加強社會救助及福利服務。

三

如就國內經濟發展情勢作一較廣泛的探討，其在最近報刊上直接間接可供此番經濟會議參考之論述意見，亦可就會議中兩項中心議題，分別擷述其要：

（一）有關增加農業生產，加速農村建設部份：

1. 請再度增撥二十億或更多經費以充實農村建設，俾使各項規劃能迅速進行。
2. 國內農業生產體制的健全和國外穀類輸入來源之開闢均待同時進行。
3. 應選擇有利的農作物從事生產，並配合國際市場的需求作彈性的政策運用。
4. 由農復會聯繫國內各有關方面加強與國際研究機構合作，以科技學術，加速農業發展。
5. 為達成今年糧食增產兩百七十六公噸的目標，各方反映問題與建議要如下列：
   A. 復耕高等則水田，保留必需農地，實施土地分區劃分使用辦法，徹底解決農工爭地的現象。
   B. 提高單位面積產量，設法減少稻作生產期和收穫後的損失，並教育國民改變以米作主要食糧的觀念。
   C. 繼續推行水稻綜合栽培，加強高產穗型優良品種的選育；改善施肥法；推行稻田機耕；加強病蟲害發生之預測工作；倉儲的改進與推廣等。
6. 在農貸、土地所有權制度、運銷制度、推廣教育等各方面同時採取有利的配合措施。
7. 保證價格要能貫徹保障農民收益的目的，「無限量收購」是為最重要的關鍵。
8. 儘速編訂國土利用計劃，朝向「寸土必爭」途徑努力。
9. 肥料貸放不可輕言廢除。
10. 化學肥料用太多，如不及時推廣有機肥料，增加地質微生元素，將使地力每況愈下，影響收成。

11. 無息貸款償還稻穀的計算，宜以市價折算。
12. 農業專區既以雜糧、特用作物和農牧綜合經營為主，則專區田地的田賦就不應仍須繳納稻穀及隨賦徵購稻穀。
13. 農業專區的制度化尚須在公共設施的配置、組織管理的改進、農民領導的強化以及投資的推動等方面多加努力。
14. 「農家養豬已日暮途窮，十間豬舍九間空」亟待政府大力扶助。
15. 內銷農品宜有統一指揮機構，其零售商規模亟需擴大，拍賣底價應根據產地價的加運費以免農民損失。
16. 農會中地方派系紛爭為害須設法消除。
17. 農會支票猶如借據，為善用空頭支票者所樂用，亟宜加強管理。
18. 農貸基金撥到行庫，不可挪用套利。
19. 成立「農業銀行」以利農業發展。
20. 採取合作農場的「合耕合營」的經營方式。
21. 積極推動「農村工業」以增加生產，增加就業機會。

（二）有關發展工業推廣外銷方面：

1. 有計劃的與世界各埠僑商加強合作，組成龐大有力的全球性貿易網。
2. 積極推銷大量存貨。
3. 由政府供給土地以為設立台灣世界貿易中心之用。
4. 有計劃培養一批優秀的貿易、管理、醫藥、教育、金融、保險、證券和運輸等方面的人才，充實國內的需要，以發展服務事業。
5. 具有規模的停工或減產的工業，應協助其恢復生產。
6. 強化企業結構，改進經營管理，健全財務制度，使企業在技術及成本方面立於不敗之地。
7. 國營事業的基本原料和中間原料產品售價再求降低，以支援外銷工業。

8. 認定貿易商與生產廠商同為外貿的重心，而列為獎勵與融資對象，並加強輔導，以拓展貿易。
9. 加強外貿宜有通盤計劃，財經機構輔導工商界須有果斷的作為。
10. 外貿、造船與運輸三者須作密切配合的發展。
11. 台灣得地利、人和之利，允宜使之發展成為世界新的造船中心。
12. 石油化學工業的開拓宜由中油公司與下游的工業，成立聯合外銷推廣組織，拓展外銷。
13. 以我中間的工業技術，試向比較落後的開發中國家，尤其是世界原料供應國，策定投資辦法，以積極拓展外銷。
14. 能源規劃與工業規劃應充分協調。
15. 擺脫對日依賴。
16. 大貿易商成立不應予以特權，可鼓勵大企業成立貿易部門。
17. 公營機構對外貿易之功過優劣，宜成立小組了解領導之。
18. 刺激出口主要措施仍在金融政策上便利工商界解決其困難。
19. 對企業年終營利的結帳與納稅，應重視其「虛盈實虧」的問題。
20. 為建立貨幣市場，似宜先發展各種貨幣市場的工具，如銀行存款憑證、承兌匯票、商業票據等，在守法與技術兩方面有效管理之下推廣應用。
21. 為防止土地投機及收到土地漲價歸公效果，宜按土地原價之漲價倍數與較土地原價所增金額兩種計算方式配合施行，稅率則仍用超額累進。
22. 公債之運用宜慎重，不能將所有投資完全依靠公債的發行。
23. 歷年歲計剩餘累積總額已達三百六十六億元，宜以此剩餘資金，有計劃的作經建支援，使之負起公共投資的任務，不必以之用作政府之間的債務償還。
24. 調整租稅結構的幾項建議：A. 將整個所得稅的級距與稅率重

新劃分，使所得累進的重心放在高所得上。B. 迅速開徵奢侈財產稅。C. 逐漸或分期的降低間接稅之比重，以利租稅結構的轉變。

25. 將合會與信託公司改制為「國民銀行」以支援中小企業融資需要。
26. 輔導「老年才俊」充分利用人力。
27. 設立「勞工銀行」以促進社會經濟成長。
28. 強化各工業之間的連鎖關係。

四

目前世界經濟衰退已是突破？亦或加深？尚無定論。而種種共見之危機，如能源危機、糧食缺乏、通貨膨脹、失業日增、國際金融紊亂、工業國家破產等等，均未見有良好的轉機。我們如何衝破內在與外在的困難與限制，爰依據上述各方對經濟會議諸般建議，綜合分析，作成十項蒭見如下：

（一）以整體發展的觀念，促成整體發展的政策與制度。

本月二十日聯合報社論「為新階段的經濟發展定方針」文中，對於經濟會議的中心主題裡「整體經濟發展觀念」一詞，認為「整體經濟發展的觀念只是一種經濟認識論，它並不等於政策」，因而主張「這一中心議題，需作政策性的演釋」。分析此說，可知其主要著眼於經濟發展階段之升高，必有「不均衡」發展之趨勢而不能適用，而論陳及此，是否有商榷之處，自當別論。但就舉行經濟會議，謀求國家經濟之整體發展而言，「觀念」必使之成為「政策」或「制度」，不僅為會議之主要精神，亦為全國各界之期望，而會議有無實際成效，經濟能否走上整體發展皆繫於此。蓋為「經濟會議」僅為經濟「計劃」作為協調的「手段」或「工具」之一，與會代表與會期時間皆有限制，會中所討論之諸般問題，實不可能立予解決，而會前各方眾多寶貴建議是否能一一列入檢討處理，亦不可能；更何況計劃尚須因情勢變遷而適時修正。是故，為確保此番經濟會議之實際成效，更為實現經濟整體發展，似宜採行下述兩者或擇其一之方式：

1. 參考法國經濟企劃組織（有關組織系統及說明請參《新聞分析》第十五號），在經設會下設「現代化委員會」（Modernization Commission）及其所屬各種「專業工作小組」（Working Parties），並在省、市政府設置「區域經濟發展委員會」（Regional Economic Development Commission），共同從事經濟規劃工作。此較上述學者所建議考慮「國家經濟顧問委員會」或「個別小組」，其組織體制更為完備。整體發展之制度建立，整體發展政策自能因以順利貫徹。或則——
2. 會中研訂一項「諮詢與建議作業處理規程」由經設會或研考會或院方秘書處負責辦理經常性有關經濟——甚至擴大範圍及於一般重大問題之政府向民間團體人士諮商詢問；民間社團人士向政府提案建議處理事項。如此，不必增設新組織機構，而可收到前列第一款之實效，且院長所倡建立「雙線溝通」亦可因此而具體實現。

（二）以健全組織與管理，用為降低生產成本的正途。

目前生產廠商叫苦叫難，認為外銷停滯最大成因是為「成本過高」而無法對外競爭，拓展外銷。為求降低成本，又無不寄望於政府調整匯率，降低利率，減免各種課稅，國營事業中間原料產品務必降低售價等等。而少有如開發國家現代企業經營方式，在健全組織、革新管理方面下功夫，來降低成本者。據自立晚報本月十九日記者聯合採訪分析，我出口價格為何仍然偏高，曾以韓國紡織與我國紡織業相比較，中韓兩國各擁有兩百餘萬錠，但韓國紗廠僅有二十餘家，而我國多達一百餘家。韓國可由大量生產，成本低廉來壓倒我們。而在我國，董事長、總經理人數就較韓國至少多出五倍以上，又增加一大筆薪資支出，成本焉得不高。又據分析，若干廠商其所以對外報價偏高而致存貨堆積如山，有因高價搶購原料，囤積投機，和盲目擴充生產所致。這次全國經濟會議，舉國額首拭目，寄以無限期望，設如在會期中，就工商界近日內為響應院長號召而簽訂之「自律自強公約」特予嘉勉宏揚，因勢利導，要求與協助工商各界就此掀起健全組織革新管理運動，以降低成本，增加對外競爭能力，開拓外銷，其號召與影響必然深遠，而真正有利於事功。

（三）以保持充分就業的努力，謀求經濟的穩定和社會的安定。

據調查統計，目前台灣地區的青少年，年齡在十五歲至十八歲而不在學者，估計有五十九萬人之多。又據統計，高職與大專程度勞動力之失業比重亦大幅增加，而當前若干工廠停工減產甚至倒背，亦使失業問題日趨嚴重，且今後仍有一段漫長的艱苦歷程，實是隱憂重重。雖然失業問題為國際性經濟衰退普遍現象之一，且我國失業率還不及歐美國家為高，但在先進工業國家，有健全的社會安全制度和失業保險等等福利措施，失業者不致立有凍餒之虞。在我國則不然，失業問題不僅是經濟問題，造成社會問題，且極可能導致政治問題。現在省政府已遵照院長指示，設立「勞資協調機動小組」，輔導廠商儘量減少裁員，對被裁員勞工應依法發給遣散費，省府且訂定十九項重要措施，以創造國民就業機會，允宜積極大力全面推廣。但有效防止失業問題日趨嚴重，其關鍵固有賴於政府運用財政政策，以公共投資方式創造就業機會，而民間生產廠商之合作，共度難關尤為重要。在這次經濟會議中，應在第二中心議題發展工業方面增列此主題：以藉討論來敦促生產廠商表現合作支持政府輔導就業的各項措施的決心和行動，實有必要。

（四）健全國營事業管理組織，使能結合與協助民營企業的發展。

以國營事業支援民間工業已成為政府所欲實現之既定政策，更為民間企業共同之期望。十項建設之完成，國營事業在我國經濟發展過程中將擔負起更重要的角色。然國營事業自身尚存有若干缺失，亟待大刀闊斧的改革。此以成立「國營事業總管處」，直隸於行政院之下，俾能統合現行分屬於經濟、交通、財政、衛生以至總統府之國營事業與金融機構，在整體規劃管理下，方能使之成為我國經濟發展的動力之源，成為結合與協助民營企業發展的中心組織。

（五）以增建國民住宅為起點，帶動經濟發展繼續成長。

「住者有其屋」政策的貫徹，在經濟、社會與政治上所發生的影響絕不有遜於「耕者有其田」的貢獻與成效。此番台北市市民爭相搶購國宅，是為最佳說明。在不太影響十項建設資金籌措原則下，寬列經費，或如工商界所建議，讓民間投資，大量興建。如此，在實行「住者有其屋」政策之同時，當可發達相關工業，創造更多就業機會，而能帶動經濟繼續成長，度過經濟衰退的難關。

（六）以鼓勵員工研究發展力求技術創新，來創造市場。

借重國外學人引進先進國家技術，和國內研究機構的積極發展科技教育，固為突破科技瓶頸，建立高級工業，掙脫當前困境的主要之道。但科技不能直接移植，科技之應用尤賴於企業之全體從業人員。因此，藉此番經濟會議，敦促工商企業界廣為推展工作建議制度，鼓勵全體員工為產品推陳出新而致力研究發展。有創新之產品，不僅可創造市場，且可「獨佔」市場，是為拓展外貿最根本而有大利之作為。

（七）以產銷聯營方式，建立「合作」組織的民生主義經濟制度。

陳立夫先生最近於四學術團體聯合座談會中闡釋民生主義是以推行合作制度為基礎的基本組織，進而提出「國家經濟建設與合作制度的配合」，希望四學術團體研究一切實際可行的方案，送請政府參考。此項立論攸關於國家全面建設的大政至計。目前倡導設立大貿易商，以合作外銷，總因要求「授信」之特權而遲遲未能建立，無如先採產銷聯營方式，再就全面「合作」體制研訂具體可行法案，積極要求貫徹，則以整體力量拓展外銷，恢弘我民生主義經濟體制，可由此而同奏其功。

（八）以建立社會安全制度，作為貫徹「均富」政策的基石。

學者向經濟會議有主張編製「經濟福利淨額指標」，此項建議正為貫徹民生主義「均富」政策所切需之作為。據統計，我台灣地區高所得者正年年增多，年淨所得逾百萬元者，由五十七年之一百六十一人，至六十二年則增加道一千零二十一人。縱然我國在縮短貧富差距方面較之一般開發中國家為佳，但高所得者所得增加率，與低所得者所得增加率之間差距是逐漸加大，如果在低工資政策下，所得分配又有欠合理，則經濟的加速發展，國民生產毛額的增加，可能與「均富」政策的貫徹不相一致。為國家社會全民福祉計，在無礙資本形成前提下，政府宜透過財經政策的「轉移支出」手段，逐次建立社會安全制度，如優先辦理失業保險、疾病保險與養老給付等，實不容稍待。此番經濟會議中似宜就此有所規劃。

（九）以開發資源有效利用，來創造更可靠的財富。

目前台灣海域石油的探勘已具樂觀跡象，一旦開採及大量石油，不僅我國經濟大為改觀，國家前途更具無限光明。又據專家探勘所知，台灣東部海岸中央山脈蘊藏資源極豐，原油、天然氣、煤、金銅礦、鐵、砂金、石灰石、水泥等業原料；海洋更是無盡寶藏，如台東外海已發現有相當豐富的「錳核」便是。此外，漁業、林業的發展均有深厚潛力。此番經濟規劃對此似應研訂久遠開採發展之計，以創造最可靠的資源，使台灣超脫於所謂「資源貧乏」的海島型經濟的缺陷。

（十）以「比較利益」用為國際合作的準繩。

一味努力出口賺取外匯，對於發展經濟、安定民生未必真正有利，已有實際驗證。但對外貿易關係的增進是為必須而不可或缺的作為，尤其處於區域型經濟集團之間，貿易壁壘重重之下，且有各種稀有重要礦產原料生產，甚至咖啡、橡膠、棉花輸出國家，皆有仿效石油輸出國聯盟，紛紛組織卡特爾（cartel），以控制產銷的趨勢，對外貿易關係的增進自更見其重要和必需。然在世界性經濟衰退情勢所迫，各國無不望其增加輸出，要求國際收支平衡，此時如採「傾銷」輸出，固不易見效，對已亦無實際利益。以是之故，對外貿易關係之增進，當以「比較利益」作為彼此合作、互通有無的準備，才是真實而有效益的坦途。我國率先倡導力行，則又為實踐總統向紐約時報所提「如何推動國際合作以解決全球性經濟問題」主張之最佳具體例證。此番經濟會議中似宜宏揚此說，敦促國際合作，共同實踐，則我全國經濟會議，已不限於僅在求一己之利，而亦增其重大之意義。

原載於《新聞分析》第四十四號
民國六十四（1975）年三月二十二日

台灣企業經營之現代化之途徑

行政院科長朱承武說：員工的利益與公司成功的結合，這是個重大的問題，可以說是今天研討會的中心課題。因為它不僅關係某個公司企業經營成功、成長繁榮，也關係著整個國家謀求經濟發展，來建立「均富」「安和」的社會。

如何把員工和企業的利益結合起來，彼得・德魯克（Peter Drucker）曾自謙地說：「我也不曉得。」他僅指出，在已開發國家，由於裁員的恐懼早已不發生作用，所以只有就業保障、退休給付或分享企業成果等辦法。其實我們僅就「德魯克在台北」這一篇記敘文稍作研究探索，可以發現，尚有其他若干有意義的、具體的作法，例如，建立終身雇用的制度；有計劃的長期培養員工，使成為經理人才；成全優秀員工事業的慾望，萬一他們要離開公司的話，幫助他們創辦自己的事業。但是，最為德氏所特別強調的，而且對我國眾多家族企業發展特具意義的作法，就是讓企業主持人和員工之間建立真正的夥伴的關係，亦即待員工猶如親屬，讓員工充分發揮才能，使員工們變成管理團隊中的真正夥伴。

談到如何使員工變成管理團隊中的真正夥伴，正如德氏所說，要在於使員工們感到自己有成就、有貢獻。這實在是至理名言。今天，行為科學家和管理學者們對於人們基本需求的學說，已有很多的論證，大家重視參與制度的建立就是要滿足工作人員的成就慾和「自我實現」的需求。此因，人們在工作方面最值得重視的因素，待遇固是基本問題，現在我國內已有一些很有遠見的企業開始推行

「人人有股」，確是最值得稱道的方法。但是，人們認為「對工作有興趣」，「有升遷的機會」，甚至「老闆的為人很好」往往看得比金錢更重要。準此，如何使員工們感到有成就、有貢獻，而樂於為公司的成功努力效命，另有一種最切實可行而且最為我們所需要的辦法，就是加強推行「獎勵建議制度」。

現在，國內好多很有作為的公司企業已經實施了獎勵建議制度（或稱為提案制度），都可以了解到，實施這項制度，不僅是讓員工有發揮才能、貢獻智慧的機會，而且因為尊重員工的建議意見，對於任何個人提出的建議皆作公允而迅速的處理，付諸實施，有所貢獻，並予以適當的獎勵，再如配合「用人唯才」的政策，以這方面的貢獻來據以擢用他們，如此，既滿足了人們的參與感，可以使努力的員工感到有貢獻，當然，也可以滿足了人們「自我實現」的慾望，確可培養成整個企業的大團隊精神，使每一個員工成為管理團隊中真正的夥伴，能時時刻刻在為企業的成長發展而貢獻智慧，發揮才能。而公司在獎勵員工之際，也已獲得了極具報酬率的有形的和無形的利益。其投入產出的比例至少是一比六以上。所以說，實施「獎勵建議制度」乃是使員工的利益與公司的成功相結合為一的最為實際而有效的辦法之一。

（《經濟日報》1976.04.26）

推行獎勵建議制度

一

「獎勵建議制度」在美國及其他先進國家推行有年，成效日著，工商企業界無不稱譽之為降低生產成本之鑰，政府機關則認之為最具成效的管理工具。

以美國而言，工商企業界普遍實施的結果，其投入—產出至少為一與六之比以上。而聯邦政府由國會立法，推行於全國各個行政與軍事單位，迄今節省了公帑或所得利益已超過四十億美金。而且，實施獎勵建議制度無論在工商企業或政府機關，皆可因以培養團隊精神，增進人際關係，在「融合的原則」下，順利達成組織的使命與目的，這種種無形利益更是無法估計。

二

當前，我政府為建立開放的大有為的政府，而極力宏揚團隊精神，要運用集體的智慧，發揮集體創造的力量，來改進工作方法，提高工作效率，以便民利民，使由行政革新而全面革新，以實現復國建國的大目標。獎勵建議制度既經多年驗證，在行政方面是最具成效的管理工具，則我政府各行政機關普遍加強推行該獎勵建議制度，自是正合所需，其在行政方面所發生的作用至少有下列諸端：

（一）促進行政革新。我們在行政方面如發現缺失，認為最切要的辦法是委託專家學者來研究改進。當然，學術與行政可以配合得相當密切，但是，學術機構能為政府討論研究的問題，都屬少數重要的個案調查研究，而行政上千頭萬緒的「日常工作」，學術機構實無法一一代為研究改進。而且，一項改革在事前縱然經過專家學者的設計，付諸實施以後，也不能就此百世不惑。此因時代情境日有變遷，任何工作必須不斷求新求變，才能保持適應現況。正如蔣院長所說：「行政革新永無止境。」以及英國組織與方法單位（O&M）將「向陳規挑戰」作為工作座右銘，其道理是一樣的。所以日常工作方法要時時刻刻研究改進，實在是行政方面最根本的問題。而這些問題的解決，都要靠實際從事這些工作的人，大家不斷的研究改進才行。建立獎勵建議制度，就是鼓勵從事實際工作的全體員工，大家腳踏實地的來參與行政革新研究發展的工作。可以說，有了獎勵建議制度，不僅能消弭工作缺失，改進管理實務，也是提高行政效率最可靠的途徑。

（二）縮短管理差距。《美國之挑戰》（The American Challenge）著者舒萊伯氏（Jean-Jacques Servan-Schreiber）以及《智識的革命》著者邱勒佛史教授（D.N. Chorafas）都指說出，當前歐洲與美國在發展方面的差距，主要是在於管理上的差距。至於我們和先進國家之間的管理上的差距，又不知要相去多遠。我們要迎頭趕上自有可能，但問題決定在我們能不能取人之長補己之短。在管理方面，我們固有的優點，要在於各種目標政策、指導原則、條例綱要等等，無不完備，也無不正確。更可以大膽地說，現代各種管理學說，有好多理論都可以在我們線裝書裡找得出來。但是，我們在管理方面最大的缺失，要在方法的欠缺，也就是不在實際的施行辦法上多下功夫。所以，我們有《論語》極其精闢的領導哲學，可是，除了總統　蔣公所著的《行政三聯制》以外，就少有一些實實在在完完整整的管理科學方法，諸如動作研究、工作簡化、邏輯樹、網狀圖、作業研究、以及目標管理等等，很多有實用價值的管理科學方法都不是我們發明的。因此，要想縮短我們和先進國家之間管理上的差距，豈能不在管理方法上多下功夫。實施獎勵建議制度，來鼓勵全體工作人員貢獻智慧，就事論事，拿出具體可行的改進或創新的辦法來；亦即把我們種種的良法美政，一一化為具體可行的實施方案，對我們行政管理方面來說，實在太重要了。

（三）宏揚團隊精神。蔣院長在六十一年六月一日第一次主持行政院院會時，就特別強調團隊精神的重要，認為團隊精神能否充分發揮，乃是今後成敗的關鍵。蔣院長說：「個人突出的時代已過去，任何個人或少數人不可能完成偉大的事業，只有集體的思考、集體的計劃、集體的努力、集體的創造，才能完成時代的任務。」怎樣才能做到集體的思考、集體的計劃、集體的努力、集體的創造，來發揮團隊的精神呢？就員工大眾來說，除了努力工作而外，就是要多多的建議。所以蔣院長於同月八日在「要求於各級行政人員之十項革新指示」中，就特別規定：「向上級提供意見是每一工作人員之權利，接納部屬意見是每位主管的義務。」由此可見蔣院長希望每一工作人員來提供建議意見是何等的重視。建立獎勵建議制度則是把這項指示，化為實際行動的最為具體而有效的辦法。獎勵建議制度不僅是鼓勵員工大眾建議的制度，更是增進人群關係最佳工具之一。它不僅有公允的獎勵制度，而且也配合人事上用人唯才的政策，來擢拔真正的人才。可使個人的前途與單位的成功相結合一致，大家自然會時時刻刻樂於為團體進步更求進步而設想、而奮鬥創造。這樣，團隊精神就自然地形成了，團隊精神的效用也必能充分發揮出來。

（四）發展人力資源。舒萊伯氏又曾說：「今天我們所尋求的財富不在於土地資源，不在於人數與機器的眾多，而在於人類的精神，尤其是我們思想和創造的能力。」可見人礦的開發，其重要性無復置言。蔣院長所說：「設法啟發他人的才智，才智才能真正的發揮。」則又是發掘人才和運用人才的精闢之言。但怎樣才能啟發他人的才智呢，最簡單而實際的方法，就是實施獎勵建議制度，讓大家都有貢獻才智的機會。今天，我們可以看到在現職人員當中，真不知有多少學識才能相當優秀的員工，尤其是有若干人才因境遇關係，而用非所學或是學未致用，比比皆是。如果沒有一種良好的方式，能鼓勵其充分貢獻他們所學所能，在個人來講固然是一種悲哀，對於國家、對於團體而言，又何嘗不是一種莫大的損失？實施獎勵建議制度，不僅為智能較高、學有專精或是學未致用的員工，可以為他們提供一種發揮潛力、貢獻才智的機會，也可促使全體大眾員工自我努力學習，主動進行研究，使不會寫文章的員工也能提供一得之見的建議，這實在是開發人礦、發展人力最「經濟」而且最有實效的辦法。人力素質提高了，人人樂於就各事各物，時時刻刻在貢獻他們的智慧，大家來發掘問題，解決問題，創造成果，這樣，組織上任何所欲達成、所欲實現的重大目標，何愁不能達成，何愁不能實現？

三

很顯然的，獎勵建議制度在行政方面所發生的作用並不止於上述各點。例如，張金鑑教授就認為，建立工作建議制度是為溝通協調的重要方法。它可以改進工作方法，增加工作人員興趣；可以消除怨懟憤懣的心情，促進和諧安寧；也可以發現職員才能，免除人力浪費。

然而，獎勵建議制度最大的特點之一是，不僅要求拿出具體可行的辦法，同時對任何建議的辦法，採行與否，都要經過一番詳實的調查、客觀的審議，以及公允的處理，和保障權利等等一套完整的程序。這樣的制度至少可以收到兩種效果：一是可以避免提出一些徒增主管人員困擾的不著邊際，或不負責任的建議事項，另一是可以防止確有價值的建議辦法，為承辦人僅憑一己好惡而拒絕採行，或凍結不理，或「研究參考」就此了了。所以，政府鼓勵各界「建言」，重視各方意見，再在行政機關內部建立獎勵建議制度，不僅是幫助機關主管來解決問題，而且是為主管謀求該機關的進步提供了成功的保證。如果大眾對政府貢獻的智慧，有獎勵建議制度的建立，也能循此作業程序使之實現，對政府所產生的大效宏功，豈止於建立一個開放的、大有為的政府？工商企業、社會大眾皆與政府結為一體，蔣院長所說的一種大團隊精神於焉形成。

不過，獎勵建議制度雖屬一種最具成效的管理工具，在行政方面可發生如許多的積極作用，有利於充分發揮開放的大有為政府的功能，但能否使之推行著有成效，其成功的主要關鍵，則有賴於開明的領導者主管們的重視與支持。

原載於《中央日報》

民國六十五（1976）年六月一日

現代管理科學之內涵

在管理學上區分「科學管理」與「管理科學」，乃起始於二次大戰期間，有作業研究與系統分析應用於決策而提出的。繼之有電子計算機的應用之便，益使注重計量技術的管理科學方法引人注目。一般說來：

「科學管理」係泰勒學派應用科學方法於「工作描述」，來尋求最佳的工作方法，以提高工作「效率」為重點。

「管理科學」要指計量學派應用數學模式與計量技術，為決策者提供與選擇解決問題的最有利的方案，以謀求工作「成效」為重點。

所謂「效率」與「成效」之分，前者就經濟原則以言，即是投入最少，產出最大；後者「成效」從管理觀者言之，在能圓滿解決問題，順利達成目的之謂。由於有效率不一定有成效，顯示決策的重要，因而使某些管理學者，不僅區分為「科學管理」與「管理科學」，而且有卑前尊後的意向。

然而，在管理學說上區分學派，自有利於研究，易於了解其實用特性，但從現代科際整合觀點言之，實無必要。蓋以各種管理學說與科技方術並未彼此排斥，互不相容，實是互為補充，相得益彰。從1911年泰勒著《科學管理原理》；1927年起梅約進行「霍桑研究」；1949年後費堯管理基本功能說開始大為盛行；1958年西蒙提出了正式組織論說，繼而倡導決策理論；1960年計劃評核術由美國軍事單位公諸於世；以至現代以行為科學取代社會科學的努力，在管理學說與實務方面皆有其重大的影響。這一發展過程，無不是後說增益前說，或求其創新，期有「突破」的貢獻。自「科學整合」運動興起以後，科學的研究發展，又無不是以應用「科際整合研究法」為重。

一

科際整合的貢獻，可認之為二十世紀五十年代最值得稱道的事。它遠超過核子物理的發展，或太空科學的成就。現代科學之所以有如許成就，無不得力於「科際的整合」而然。此因十九世紀以來，科學發展日益趨向於專門化、部門化，「知識高度專門化」發展結果，儘說些有若「江湖黑話」的術語，對於全人類並無實益。於是，據有遠見的科學家們咸認為，而且已在努力建立起統一的科學，合力創造一種具有共同見解且能相互關聯的基本定律，俾使科學步向正確的道路，更有益於全人類。這一發展趨勢，在管理學說上自亦不能例外。

事實上，由科際整合發展而成為取代社會科學的行為科學，在區分科學管理與管理科學之際，已產生了巨大的衝擊，為現代管理科學增添了新的意義，開拓了新的領域，使各種管理學說與方術能相輔相成，靈活運用，為人類社會帶來更大的繁榮與安和。

由於行為科學家研究組織與管理時，強調心理社會系統與人性組合的重要，著重人們在管理方面實際生活行為的探討，而確認管理上民主和參與的重要價值。此種思想觀念已經強烈地影響了組織理論與管理實務。不僅在理論上尋求管理問題的解決，也進而參與到管理的決策與執行的過程。行為科學在管理方面產生如此巨大的衝擊，其未來發展及其可能貢獻，實不可限量。

二

論及現代管理科學的內涵，首應確認的是「管理」乃係一種科學，從「治人」觀點言之，亦可稱之為藝術的藝術，其內涵自非計量學派所能代表。僅就「科學」而言，凡屬用科學方法與科學態度建立起來或將建立起來的學術，皆可稱之為科學，廣義的科學方法正如大英百科全書的解釋：「任何研究方法，凡可據以獲得科學的或其他無偏頗而有系統知識者，皆為科學方法。」管理上各種理論與方術皆屬一種科學，皆是以科學方法為必要因素，自不能執一自珍，貶斥其他。而「管理科學」真正的意義，也非如一般所謂之「計量學派」而有別於「科學管理」。據大英百科全書解釋「管理科學」一詞，是代表眾所接受的有關研究和解決管理上各種問題的科學方法或規律。緣自二次大戰期間以及戰後，一些應用科學家們對於軍事與工業管理方面問題的解決興趣日增，而組成各種社團，即所謂「作業研究社」，「作業研究」一詞於焉產生。二次大戰期間，英美的軍事單位中，為便於從事研究軍事作戰的科學家們工作指派之用，而直接稱之為「管理科學」（其實 operational research 在此應譯之為作戰研究）。其後，則引用至對於任何主管人員在其發起與控制下的作業，所應用的科學方法皆謂之「管理科學」。因此，「管理科學」與「作業研究」由是而交互使用。雖然後者「作業研究」是有關於在合約下從是應用研究的行為，同樣，由於大家對於決策過程，決策理論，以及組織理論興起研究的熱潮，也往往以管理科學一詞稱之。

所以，管理科學一詞的涵義，係代表一種以上具有共同知識興趣，彼此也共有一種方法哲學，且能就管理上各種複雜的問題作嚴謹的分析研究之謂。而管理科學家們之所以用「計量」作為來表現其特性，乃是因為他們感到「計量」一詞可意示他們所期望的「精確」與「嚴格」，而不是認為數字特別重要。

管理科學真正的涵義既是在以「精確」與「嚴格」的科學方法來解決管理上諸般複雜的問題，則泰勒的科學管理是以應用於基層運作部門工作效率的提高為範疇，但其所應用的科學方法無不是在「嚴格」的實驗程序下，求其「精確」的結果。又如，今天極大多數管理學家們莫不確認「管理」是為解決組織內各種問題，所有努力皆為實現組織的目的或目標，而這些努力活動又無不發生在人群組織的目的或目標，而這些努力活動又無不發生在人群組織之中。行為組織是以個人在組織中行為之研究為其中心課題，自與管理有極其密切的關係，其在對人性了解的實驗過程中，所應用的「科際整合方法」，又豈僅止於「精確」與「嚴格」的要求。如此，「科學管理」與「行為科學」豈能不將之引為現代管理科學的重要內涵。

事實上，以計量學派稱之為管理科學，而有別或排斥其他，也不妥當。蓋以管理科學自居的作業研究，其所用的研究方法並不限於計量方法，他如非計量方法的直覺法、經驗法、事實法、判斷推理法等皆不能捨棄不用；而系統分析以價值判斷為重，更非計量方法所能盡其事功。

尤者，以應用計量方法為主的作業研究或系統分析，對於決策、規劃確有真實的貢獻和助益，但是，管理的基本功能，捨決策規劃而外，尚有組織，指揮激勵，溝通協調，以及管制考核等等，特別是在人類行為的了解與管理，計量學派的作業研究則毫無意義。是故，稱計量學派的作業研究為管理科學之一則可，僅以此視為管理科學而排斥其他，則係一偏之見。

三

管理乃一整體，各種管理的科技方術皆為整體的一部份而非全體。健全的、有效的管理須兼求決策的「成效」與工作者的「效率」。科學管理與管理科學以至行為科學皆是應用「科學方法」來解決管理上諸般問題，以達成組織的目的，何能分個彼此，作名詞遊戲。在事物情境急劇變遷的今天，也沒有一種學說理論能四海皆準，百世不惑，也沒有一種科技方術能解決所有管理上的問題。而人與事孰輕孰重更難於分別。因此，本諸「科際整合」要求，應用「科際整合方法」，對現代管理科學而言，不僅需要，而且是必然的趨向。是故，現代管理科學的正確涵義應是：除計量學派而外，行為科學與科學管理均屬之，亦即本諸「科際整合」的精神，以科學管理為基礎，行為科學為重心，應用計量學派各種管理的科學方法與技術，來建立良好的人際關係，善加利用有限的資源，發揮管理功能，以增進工作效率，獲致努力成效，而實現組織目的，謀求群體福祉之謂。

很顯然的，更廣義的詮釋，他如經濟學、政治學、社會學、心理學，以至法律學之類科學，皆與現代管理科學有關，然因此類學科在管理功能方面僅屬間接的影響，除管理者應有所涉獵，具備應有的學養而外，自宜作別論。

原載於《台灣新生報》

民國六十五（1976）年十月二十二日

解決青年升學與就業的途徑——從改革聯招說起

一

多年以來，眾所關切而議論至多的，是為改革大專聯招與青年升學就業的問題。這兩者有其相關性，但聯招的改革存廢與否，並不能徹底解決當前青年升學與就業日益嚴重的問題。必須就教育制度和人事制度各方面作通盤的檢討，從系統分析觀點，來尋求正本清源的解決途徑。

二

試言廢除聯招後，志願升學者是否皆能進入理想的大學，是否皆可就讀符合志願的科系，中上學校畢業生是否皆能滿意地學以致用達到充分就業？很明顯的，除非大專院校招生名額和科系設立不受任何限制，除非為各級學校畢業生建立「分發就業」各行各業必須無條件接受的制度，自不能作一肯定的答覆，而現行聯招所見聞的缺失，廢除聯招改由各院校各別招生，也無法肯定其不會發生，甚至特權、人情包圍的流弊可能比這些缺失尤壞尤烈，蔣院長所說的，只有一百一十五戶農家的偏僻農村，大學生卻有二十五人，清道夫的子女可以讀書求得博士學位，這種情形將可能不復見及。

如以高中畢業會考取代聯招也有未符實際之虞。此因，會考成績優良者，始予報考大專的資格，不及格者，自始即剝奪其升學機會，實有違憲法上「國民受教育之機會，一律平等」的宗旨。而學生與家長們為爭取大學入學資格，競爭奔走的結果，在大專聯考之外，勢必又增加了另一個「聯考」，使一個高中未畢業的學生就面臨如此「殘酷」的「考驗」，豈僅是「虐待」！一個高中未畢業的青少年只因會考成績欠佳就「決定」其終身，其在教育理論與制度上是合理嗎？設予「第二選擇」的機會與權利，將又如何再年年參加「會考」。

以高中會考取代聯招，也忽略了很多失學自修上進的青年。此如以「同等學歷」報考大專者、國軍隨營補習教育畢業者、普考及格者、學力檢定考試及格者，此外，如僑生回國升學者、駐外人員子弟回國就學者，以及早已取得高中畢業資格者，也要他們一一再行參加會考？如不參加，他們報考大專個別測驗或聯考，可一視同仁以「平等」態度對之嗎？聯考需要改革，但不可抱「嘗試性」的心理來自亂章法。

又如以高中學生能力評量與輔導，根據學生的性向和能力輔導其升學，以疏導升學競爭，也只能做到「輔導」，因為教育機會均等是憲法賦予每一國民的基本人權，盲啞殘疾者尚且輔導其接受高等教育，一個正常的青年，豈能以「性向」不合為由，而強制其不得升學？又何況高中學生能力評量可以保證做得比聯考還要公正無私無弊？也不無疑問。

三

具體言之，今天使聯招制度成為眾矢之的的因素，乃是升學主義和文憑主義。因為聯招的各種缺失縱然一一加以改革，至多僅能求其更公平、更合理；各院校如個別招生，也可能錄取到所「想要的」學生，但每年依舊有百分之七十以上落第的考生，建教也未必就此密切配合，人力供需也未必能保證其徹底改善。所以，如何疏導升學競爭，打破文憑主義，才是當務之急的根本問題，也是解決青年升學與就業的正本清源的途徑。

青年升學與就業有合理的解決，高等教育的素質自然會因以提高，人力發展將能發揮到極致的地步。但是，在這方面的努力，不是宣訓、輔導所能濟事的，必須建立制度，把造成升學風氣和文憑主義的種種人為因素徹底剷除，才能見其功效。所謂正本清源的途徑為何？此可歸納為三種首要之圖，即解除「學位」授予的「管制」；建立以學徒教育訓練為中心的職業教育制度；以及貫徹用人唯才的人事政策。

第一，解除「學位」授予的「管制」。

就現行教育制度而言，凡任何入學考試和深造教育，無不是要「文憑」，且無不是以「文憑」建立在「文憑」的基礎之上。當初教育部蔣部長沒唸過小學和初中就可考上滬江大學附屬中學，在今天的教育制度下可以允許嗎？所幸教育部還辦過多次大陸來台學生學歷鑑定考試，又有軍中隨營補習教育的舉辦。蔣部長領導教育部門後，又開始舉行高中以下各級「自學進修學力鑑定考試」，據報導參加考試的人數一年比一年增加，報考者有青年人也有老人，有家庭主婦更有出家人，當可想見這是一項何等成功的施政，不知有多少人會感受到政府的德澤。現在教員暑假進修與空中教學皆已晉至專科教育階段，更獲得各界不少的稱道之詞。可是「學位」授予仍是嚴格「管制」毫未放鬆，學士學位的取得必須通過聯考，必須在大學正正式式上四、五年課才可取得；研究所入學資格則嚴格限制，必須具有學士學位與碩士學位才有資格報名參加入學考試，絕無例外。

學位是授受教育程度的一種標誌，應為人人所敬重，絕不可濫於授受，但如學位的授予為所謂「正規」教育的大學所「管制」，再如將之認定為學術成就，而據以為用人的唯一準據，則非所宜。

現在，社會上對於聯考落第的高中畢業生，雖不是以「不值一顧」的態度對之，然考試用人每每以「大專畢業」為要求、為號召則是常見的事實。但如通過聯考，就等於取得大專文憑，則情形就迴然不同，可以服軍官役，可以考高考，可以被視為人才，要求國家為其選擇職業，也較易找到好伴侶。尤其出國留學三年五載求得碩士、博士歸來，可以報考職位分類八至十等以上的高級職位，可以當副教授，如果被選為青年才俊則更如天之驕子而飛黃騰達。不回國，也被稱譽為學人，回國講學，來來去去，身價更高。這一切都是因通過聯考，取得學位而得來，捨此別無他途可循。這種情勢怎不會「逼」使大家一窩蜂參加聯考，拚命擠向大學之門？所以解除學位授予的嚴格限制，乃是疏導當前升學風氣，打破文憑主義，減少參加聯招的人數，使若干青年學子及時投入國家建設的行列一種正本清源的最有效的途徑。

所謂解除學位授予的嚴格管制，並非是降低學術水準，或是有違正規的學校教育，而是本諸我國「有教無類」的崇高的教育理想，循推廣教育方式，來建立雙軌制或多管道的教育制度，以使教育制度配合各方需要，使考生有多種升學的機會，而不必完全非擠向聯考一途不可。教育學術水準的維持與提高，則在大學師資的素質與研究設施方面多所致力，特別是以較聯考更公正而嚴格的畢業考試方式行之，（大學研究所教育也必須如此。）雙軌制或多管道教育制度的最大特色與功能乃是可以同時而徹底地解決了青年升學與就業的兩大問題，教育與經建由此能配合密切，而現代所謂「無圍牆大學」的「全民教育」和「終身教育」的理想也會由此而充分地實現。試言芻議如下：

（一）舉辦空中大學：參考英國的 Open University 方式把大學為社會各階層人士開放。入學資格雖不能完全如英制無任何資格限制，但必須力求放寬，不必要求繳送如參加聯考的文憑。畢業考試則務求從嚴，及格者始授予學位。

（二）高考及格者授予學位准其報考研究所：高考及格者不論其報考資格為大專畢業，或是檢定考試及格，或是普考及格滿四年後報考，皆具有高於大學學力是無疑問的。此因通過高考較之參加其他考試困難多多，及格者學力自不能因有無學士學位文憑而加以否定，不予應得的禮遇。然依現行規定，普考及格可報考大學，高考及格可申請留學，但不可報考研究所，想是為及格者未持有學位文憑之故——四十四年政大曾開放一年，該年邱創煥先生即是以高考及格資格報考入學而培植出來的黨國棟材——而且高考及格視同大專畢業，又不可報考大專，此種規定是否合理？今如對高考及格者（不論高考時由教育部加考取得學歷的科目或是及格後補修學分）授予學士學位，准予報考研究所（報考不是保送），若干青年高中畢業後可不必非擠向聯考，而先行就業，以自修苦讀方式，參加高等考試，求得學位，同樣可得深造教育上進機會。這不僅把我國考試制度固有的優點充分發揚光大，而且以此鼓勵青年與社會人士造成讀書求知風氣，端正社會善良風尚，尤能見其宏效。至於高普考試因此而更提高錄取素質，為政府甄選更優秀的及格者服行公職，又屬必然之事。

（三）准許具有良好經歷有專科教育程度者報考研究所，直接攻讀碩士、博士學位：在英美國家的專科學校畢業生具有相當經歷者皆可申請就讀到研究所。去年八月三日紐約時報曾在一篇「美國大學正改進認可學分觀念」文中報導說：「目前美國有一百五十所大學承認學生在入學前已獲得的那些無法以傳統學術標準來衡量的經驗，可當作學分而獲得學位。」可見其發展的趨勢。我國工專畢業學生在英國大學直接攻讀碩士、博士學位的事實，更可一一道名舉證。試想一個專科畢業（或高考及格）者，在政府機關或工商企業界服務了十年八年，幹到主管經理職位，且成績良好，或是有專門著作，或是有重大的創造發明，就不能如甫自大學畢業獲得學士學位有同樣的資格報考研究所？如果認定學位與經驗不同，則許多僅具學士學位，甚至沒有學位的名教授，怎能容允其指導研究生修讀碩士、博士學位？任何學問知識只有從實際的事功中求得成功的驗證才是真正的學問，有良好經驗的專科畢業生豈能因無一紙「學士」證書而不如應屆大學畢業生可以報考研究所？何況准予報考並非保送，仍須經過淘汰的入學考試或甄試。果如准許具有相當經驗的專科畢業生報考研究所，直接攻讀碩士、博士學位，則當前考入專科學校又報考大學聯招或畢業後再設法擠向大學之門種種有欠正常的現象必可改觀。也是將學術理論與實際經驗相結合印證的良好方式之一。

（四）舉辦自學進修大專學力鑑定考試，及格者授予相當大專畢業學歷文憑——此可由教育部就考試院考選部每年舉辦的高等檢定考試加以改進，定期舉辦，及格者授予相當大專畢業文憑。深信此項制度一旦建立，對於疏導升學競爭、消弭升學主義、打破文憑主義，必能產生意想不到的效力，也必將是我國教育史上最輝煌的一頁。

第二，建立職業教育訓練體系。

以上四種方式皆為疏導升學競爭的有效途徑，而既可疏導升學競爭又可開創青年就業的良機，乃是確立以學徒制為中心的職業教育訓練體系。亦如採行如英國、西德的職業教育制度。其要——

（一）建立完整而有體系的學徒訓練教育制度：由工商界招收國中與高中畢業程度的青年（未具學歷文憑者，先予補習再予甄選）為「職訓生」即學徒（apprentice），以五至六年為期，在工廠學習手藝，至學校修讀學術課程，期滿後考試及格者，分別授予技師或技士執照，同時取得大學或高中畢業學歷證書，並可以此學歷證書升讀大學與研究所深造教育。

（二）大學研究所為在職人士開設「工讀」進修課程（英國大學研究所稱之為 part-time 或 sandwich course），以便利在職人士一面工作，一面能循正規教育繼續進修，修滿規定學分並考試及格者，授予學士或碩士學位。如此，應屆畢業生自不必急於參加聯考或研究所入學考試，而先行就業，努力服務，以爭取保送升學、深造的機會。

（三）大學研究所依工商企業界資助委託研究項目以決定甄選適當之研究生及其論文或研究實驗之專題，既可為工商企業界做研究發展工作，以利技術創新與經濟發展，研究生除能獲得獎助深造，也可由此而順利進入工商企業界服務，當為最密切配合的建教合作方式。

第三，樹立用人唯才的制度。

造成升學主義與文憑主義的另一重要原因是為人事制度上一味講求學位文憑致有「不平」待遇而使然的。下列數端可見其要：

其一，學歷文憑遠超於經驗才能，升學留學成為登躍龍門的最佳捷徑。既往大專畢業只有參加高等考試，及格後取得荐任（十二級）任用資格，除成績優等及現職人員外，及格者通常以委一任用。自然雖有高於高等考試甲等特考，但僅舉辦一次，且似為現職人員解決其任用資格問題而舉行者。但自職位分類實施以來，「學位」身價就特別提高了，專科降格只能報考五職等（低於高考），然碩士學位可報考八、九等職位，相當高級荐任。博士學位則可報考十至十二等職位，相當中級的簡任。試想，大學畢業後留學讀個博士學位最多五、六年，就有資格參加政府的簡任以上的高級職位的文官考試，如果在國內大學畢業高考及格以委一任用，升到簡任至少要十五、六年以上。再如是高中畢業普考及格以委任中級任用，爬到高級又不知要好多年，除非再參加高考及格或就讀大專畢業，否則根本莫作簡任想（職位分類現職人員晉等無學歷限制，但亦有待改進之處），如此人事待遇，怎不令人擠向聯考，怎不令人不重視「學位」「文憑」。

其二，對無學位文憑者每予不平待遇。如高考有檢定考試的舉辦，使因境遇關係未能就讀大專但確具大學學力的人士開闢了一條光明的入仕正途，這項制度是為我國考試制度上最光輝的一面，但在今天升學主義文憑主義衝擊之下，竟有某些人士對此圍攻指責，正如攻擊聯招制度然，有非予廢除高普考試不予罷休之勢。高普考試之廢除尚未成定論，然歧視的事實則已見之，例如同樣大學畢業，參加高考及格者以五職等任用，參加職位分類六職等考試則以六職等任用，前者為委任，後者則屬荐任。此是高考錄取比率不高？素質不好？係高考較職位分類考試容易及格？皆不是，而且恰恰相反。所以有些大學畢業參加高考及格的人士就曾大發「不平」之鳴。

又如高考及格者（此處專指無學位人士）服務六年，服務成績「特優」始准報考甲等特種考試，而大學畢業取得學位者，服務六年，成績「優良」即可參加十職等考試，也可參加甲等特考，一要「特優」，一是「優良」，是否有別？如有分別，豈非是重視學歷文憑的不平待遇。

其三，堵塞失業青年自修有成者上進之塗。高普考試，每年定期舉辦檢定考試，及格者如大專高中畢業生可報考有關科類。但近年來有某「界」某「業」有團體組織的人士則想盡方法堵塞這些失學自修有成者上進之路，例如已設法禁止了高檢及格者報考某類專業人員考試就是最明顯的實例。

高普檢定考試每年定期舉辦，職位分類考試法的六職等也有舉辦檢定考試的規定條文，但職位分類施行已有七、八年之久，舉辦過幾次檢定考試？如果真正廢除了高普考試，不是要斷絕了貧苦失學者一條最光明正大的上進之路。

這些不平的待遇皆為升學主義、文憑主義所由生：但有此類不平待遇又助長了升學主義和文憑主意的倡行。所以改正前述對無學歷文憑人士的種種不平的「待遇」實有利於消除升學主義和文憑主義，此宜：

（一）定期加強辦理高等檢考與職位分類六職等的檢定考試，兩者可相互承認其報考資格，以為落第青年開闢一條可力求進取的正途。

（二）政府與工商企業界考試用人應以高中畢業者為主要對象。中高級職位則依經歷與服務成績訂定合理調升的制度，並建立在職教育訓練的升遷制度。果如此，則高中畢業生多為就業所消化吸收，青年升學與就業的壓力必然大大降低。

（三）釐訂合理的待遇，尤其對於基層亟需的技士、技工不僅要提高他們的薪資，也要滿足他們精神上、心理上的需求，更讓其有升遷發展的機會。如此，高工職校學生自然不必擠向大學之門，我國也自然有了「千千萬萬熟練的技師來操作和維護精密高價的機械裝備和對已開發（社會）」的需要提供服務」。

（四）建立公務人員在職訓練深造教育的完整制度。考試用人以高中畢業為主要對象，則在職訓練與深造教育亦以具有高中程度，服務成績良好，有發展潛能的員工為主體，不論是機關自行舉辦，或是與大專院校和國外訓練教育研究機構合作，必須作整體之規劃，甚至教育部公費留學考試亦應以年輕有為之公務人員為考選對象，庶合其以公費為國選才育才服行公職的主旨。建立此種階段而有體系的教育訓練制度的良好作用，有其多方面的利益，乃是顯而易見的。

四

在建教合作方面與青年升學就業有關的另一項措施是所謂「計劃教育」的調整科系。這項措施就事實情形來說也有商榷的必要。在先進國家尤其是學術自由的國家，有多少這麼做，而且做得很有成效的？因為培植一個大專畢業生要經過五、六年才能就業，也就是說「計劃教育」的規劃要預測至五、六年以後的就業情形，其準確性就有問題，又何況計劃教育出來的人才，能保證其個個可以學能致用嗎？不要說無法採行分發就業，而個人的環境和際遇等等因素也會影響其就業志願。例如出國留學、繼承家庭事業、就業地區和人事不適等等皆是，政府也不能強迫他們必須用其所學。

計劃教育調整科系的理論既是以經濟行為的「供求」律為基礎，但經濟行為中影響供求的槓桿有「價格」，還有「國民所得」甚至個人對需求物的邊際效用等等皆為決定的因素。果爾，則將此引用到人力供需的話，自宜在提高某種需求人才的「待遇」，以及增加升學者多種接受教育的途徑才是自然調節之途。高中畢業生有良好的就業機會，有多種升學求知的途徑，有誰願一窩蜂參加聯招，填上百把個「志願」不顧一切地擠向大學之門。

五

眾所週知，經濟發展絕不可造成貧富懸殊，必須本諸經濟平等原則，謀全民之福，教育制度亦復如此，絕不是為提高高等教育素質，而極力培植少數頂尖的「人才」，必須循守有教無類的原則，普遍提高國民素質，指人人有增進與發展才能的平等機會。是故，聯招人數的限制，如因教育經費無法支應，必須使其有名額限制則可，如果說大專畢業生人數太多，國民的教育程度必須形成金字塔，而限制大專畢業生人數，才是人力發展，才不是人力浪費，則大大不然。試說，某一家庭有子女四人，則家長必須「合作」，只准一子讀大學，一子讀高中，一子國中，一女國小畢業，才符合人力發展之道？「求知欲」、「向上心」是人人皆有的本性，父母對於子女明知其智能平庸，但如設法多加栽培他們，以教育的功能來補救他們的缺失，為何非要限制不可。再說，國家教育經費許可，將國民教育提高到大專程度，難道絕對不可。一個文化教育落後的民族，絕不會造成富強有為的國家；一個不想讀書的青年，家長千方百計的「逼」使他升學，也無能為力，枉費心機。所以，教育固然要配合經建，但從國家民族教育文化程度普遍提高而言，經濟建設與工商企業發展等方面也要配合國民教育程度的升高，而作整體規劃，多方開創就業機會，才是健全發展之道。

六

總之，聯招是一項好制度，其所以為人詬病並非因它在行政作業和考試技術上犯了些瑕疵，而是由於大家都擠向大學之門，落第考生一年比一年增多，畢業學生就業又日見困難，因而聯招就成為眾矢之的。而所以形成如此嚴重的問題，則完全是由於教育制度上和人事待遇上種種「逼」使大家抱定升學主義和文憑主義等等人為因素所造成。在當前限定錄取名額以及政府不能採取分發就業的情況下，唯有從教育制度和人事待遇兩方面剷除那些造成升學主義和文憑主義的人為因素，亦即如前述解決「學位」嚴格的管制，建立以學徒制為中心的職業教育體系，以及開創用人唯才的人事制度，疏導了升學競爭的風氣，配合了就業環境的需求，才是解決青年升學就業正本清源的根本之途，所謂聯考存廢之爭與此無關緊要。

（《中國論壇》3卷、2期，1976.10.25）

有效融資以紓商困

一

近來各方新聞報導，目前工商界幾乎所有外銷行業，尤其所謂「艱苦工業」如化纖業、鋼鐵、機器、植物油等，都發生資金週轉不靈，陷入困境，於是削價求現，同業火拚；高利借貸，以債養債；信用破產，瀕臨倒背。其影響所及，在經濟復甦中，外貿大幅順差，進口卻大量減少，識者無不為此隱憂。而工商企業在告貸無門之際，外匯存底已增至三十餘億美元，公營銀行竟有百餘億超額準備，除用以購買外匯而外，可說是任令爛掉，損失利息固屬不貲，工商企業各界更就此批評銀行業的缺失，有認政府未能紓解商困。

從本院頒佈「對於當前艱苦工業處理方針」，繼之成立融資小組，以至財政部及中央銀行同時公佈了「融資作業十二要點」以來，據中國時報上（十）月二十日專文報導，上述各項措施施行的效果似乎有限，僅有「一小撮」廠商得到實益，無法照顧群體企業利益，也無法解決企業體系的共同困難。當二十二日中央銀行宣佈降低貼放與存款利率，次（二十三）日中國時報就此事分析，認為「降低利率不一定會促進融資放寬」，「這一次的降低利率，絕不會促使信用擴充，除非金融當局另採放寬辦法」。又據經濟日報二十四日社論指出：「放款利率降低了，雖然降低的幅度很小，但可以減輕工商業的利息負擔，也就能減輕成本，這是應可充飢的餅。」但是，「現在這個餅，對於工商業並不能充飢。因為工商業如果要享受降低後的利率，按照現在銀行的規定，必須先還清舊帳，前帳未清，便免開尊口了」。

二

分析目前若干工商企業之所以陷入艱苦境地，論者多認為是咎由自取。主要肇因於盲目擴充，經營不善；內銷太少，同業火拚。加之財務結構不健全，以至於無法申請到融資，而且被逼追繳舊欠，於是百病齊發，一籌莫展。在銀行方面，從「啟達案」發生後，對工商業放款突減且逼追舊欠，究其原因，固是由於承辦貸款人員為了「自保」，以免造成呆帳，受到牽連，而申請貸款者條件不合規定要求亦是其要因。至於「融資小組」的成立，由於不能為授信銀行免除「行政」上責任，所通過貸款案轉送至銀行亦只作「參考」而已，並無實質上拘束力，該小組自是形同虛設。

很顯然的，當前政府對於紓解工商艱困無法亦無能全面給予融資，而且本乎救急不救貧原則，對於某些無發展前途的工商業，應使其改變經營方針，俾有利於未來經濟結構的轉變，經濟發展的升高。然而，各行各業如發生連鎖倒背風氣，則非屬淘汰某種個別企業的問題。而且，很多所謂艱苦工業，皆為政府公營銀行債主，任令倒背，自也是銀行債權的損失，再如造成社會與經濟的問題，其危害程度更不必論述。

三

放寬融資不唯工商界所渴望，事實上，院長在本院與立法院會中早已多次提出如此要求。十月二十七日中央銀行發表金融統計指出，九月底貨幣供給額為一千兩百二十四億，比八月底降低百分之零點四，銀行超額準備已達一百三十二億元，顯示銀行準備情況亦趨寬鬆。唯鑒於政府對工商企業已貸放出三千億元以上，再如貸出千百億元，是否能就此解除商困，拯救艱苦工業，就當前一片呼求融資聲中測度，自須存疑。當然，銀行現代化問題乃屬必須大力革新，計日程功的重要課題。然就目前紓解商困而言，確定放寬融資原則與確保放款安全雙方面作一整體規劃，分析其可行途徑，當為切要之圖，下述分析蒭見可供參考採行：

其一，以超額外匯準備設立融資基金並辦理計劃貸款——現在外匯存底已累積至三十億美金，且在直線上升之結果，既賠上利息損失，也使國內有限資源供國外利用；銀行超額準備超過一百三十餘億，任其爛掉，甚為急需資金的工商企業所不諒解。是故如何有效運用超額準備，已非限於紓解商困，而成為財政、金融與經濟方面亟待妥善處理的重要課題。學者專家已就此提出各種建議，足資參證。然就放寬融資與有效運用超額準備而論，當應以銀行超額準備，即以除開足供三個月外貿進口所需之外匯準備的「超額」外匯存底，設為融資基金，預先採購農工原料，進口設備，購買技術（know-how）；並辦理計劃貸款，在不使信用過度擴張要求之下，以「聯合外銷」授信為主要對象，力求放寬融資。同時，對公營銀行績效之考核除以盈虧作標準而外，則以存、放款營運方式、幅度、以及授信對象之多寡為主要依據，來促其積極從事放寬融資，以免因超額準備過多而遭受損失。

其二，訂定融資合理尺度——據今年七月二十一日中央日報社論就台灣銀行一項工礦企業資金調查報告，六十三年底企業之流動資金與流動負債比率為一百一十一點七，各業自備資金僅佔百分之三十四點二，而借貸資金中，國內銀行貸款竟佔百分之七十八點三六，已超過安全標準。所以，無論從企業財務結構與公營銀行放款安全起見，必須明訂一種合理尺度，公諸社會，嚴格遵循，來促使公商企業務須自行增資，以健全財務結構，以杜絕虛設行號，「以債養債」的「欺」業。

其三，依申報綜合所得稅額取代業績憑以申貸融資——對工商企業放寬融資的主要目的是為獎勵外銷，發展經濟以富國裕民。是故對外銷績優者定期獎勵，依「業績」分配出口數額，甚至此番規定申請融資最高限額亦以去年「業績」作為計算因素之一。然探求實際，並不盡符獎勵的本意。就根據「業績」分配出口數額而論，已發生有不事生產而轉售「出口配額」賺取不當利得，因此憤慨不平之鳴早有所聞。購買「出口配額」也提高了成本，削弱了對外的競爭力。其實，工商業出口賺錢對富國裕民究有何實際助益，當依其所繳綜合所得稅多寡而定，如果逃稅漏稅，賺不正當之錢，不僅無助於公益，且為風氣敗壞的罪惡根源。準此，對於自有朋馳轎車數輛的商人竟是「依法」免報所得稅者；在陽明山上置有上億房地產的富商，近四年來所申報綜合所得稅總共僅僅兩百萬元者，類此商人，雖然外銷「業績」特優，也不應將之列為融資對象。融資額限自須依據申報綜合所得稅多寡與資本額及其週轉額作成合理計算公式決定之。

其四，對中小企業力求放寬融資——檢討啟達案違規貸款造成呆帳因素之一，是為集中大戶重覆貸款。而中小企業由於規模小，無人事關係，基礎欠固，風險較大，欲得所需融資，有形容之比登天還難。中小企業以所持信用狀向銀行抵押申請融資，因其多屬短期且為數甚少之額數，銀行所收手續費不夠成本，又因承辦人手不足，於是自行「設限」藉故拒絕。中小企業銀行成立之後，則又為一般商、專業銀行增加一種拒貸的理由，使中小企業者為之「氣結」。目前國內中小企業所佔生產單位數，雇用員工數比重皆在百分之九十以上，以一個甫行成立，資金極其有限的中小企業銀行，如何能支應如許多行業的需求。為積極拓展外銷，為謀求整體發展，對中小企業必須設法放寬其融資。此宜：1. 增加銀行貼現作業的人手；2. 增加中小企業銀行的資金；3. 財團法人中小企業信用保證基金鼓勵其增資，積極運用；4. 規定各公營銀行對中小企業貸款繳費的比例；以及5. 台銀實施甚有成效的「衛星工廠貸款辦法」可擴大推行於全國各公營銀行。中小企業得到所需融資，則所謂商困，於焉近乎解除。

其五，改進「聯貸」作業，推行「聯保」制度——「聯貸」亦有稱「統案」或「專案」貸款，多為有人情關係者奔走門路爭貸而得。且因「聯貸」結果，某一申貸者為一家銀行所拒貸，其他銀行亦相繼跟進，而喪失一次以上的申貸機會。經濟日報於八月十八日分析建議：「可由財政部規定聯貸銀行不得有『否決權』，或決定凡是拒絕聯貸的銀行，在企業情形好轉，已有能力償還以前所欠下之貸款時，這家銀行將是該企業還款的最後一家。」此說當有參考價值。然因當前艱苦工業無法向銀行申請得貸款，皆因舊債積欠未清，所能抵押借款的財物均已抵押，以時價重估抵押品價值，其手續繁複亦無標準可能；以第二、三順位再申貸融資，很可能重覆貸款亦無安全保障，銀行自不便接受。加之銀行徵信工作欠健全，信用貸款很難安心授予，在此情況下，不如推行「聯保」制度，即規定在申貸額數內，如覓得兩家以上非關係企業公司作保證，即可授予信用貸款。又，為免聯保浮濫起見，宜訂定簡約，其中規定，每一公司企業保證申貸總額數若干，以及保證與被保證各以三次為限。此為放寬融資，紓解商困的權變之方，但亦可以此促進企業間之推廣合作。

其六，製發「融資信用卡」以加強徵信稽查——從啟達案之檢討所知，重覆抵押，徵信不足；重覆融資，查驗困難，是為作業方面最大缺失。今後設如以每一申貸融資廠商為單位，設計一種「融資信用卡」，其中註明廠商名籍資金等基本資料而外，主要在敘明該廠商融資最高額數，全部融資紀錄，及其信用方面有無不良紀錄等等資料，製發每一廠商，規定廠商申貸融資時，必須憑卡辦理，則重覆抵押，重覆融資，特別是如啟達集團負責人虛設行號，甚至辦公室、電話，均與啟達相同，開出客票為自己擔保的情形，必然可以防止。

其七，實施企業評鑑，免除行政責任——宣佈成立融資小組之初，工商界曾寄予莫大厚望，但因融資小組並非「銀行聯合貸款中心」，對於融資小組決議案而放款的銀行亦不能免除其「行政上」責任，且基於不干涉銀行行政的原則，嗣即有主張融資小組不宜長期設立的議論。事實上融資小組亦不便「決定」何者可貸，何人不合「規定」，真正問題在於銀行作業人員在不貪污、不舞弊情形下，依正常作業放款，一旦形成呆帳，是否可免除其「行政責任」。今如將融資小組改設為「企業評鑑小組」，小組成員分為當然與臨時遴選兩類，即由銀行主管、企業界碩彥之士、以及專家學者各三分之一組成，就每一企業作定期與不定期評鑑其現有資產與發展潛力，並決定其最大可能融資的數額，以及政府如何協助輔導其經營發展。此項制度一旦建立，對於全盤徵信工作有其重大價值，即銀行貸放款項所承擔何種風險，亦有所準據，而不致藉詞推諉，不認真貫徹放寬融資的要求。

其八，以集中支付加強追蹤督導，來防止「流用」弊端——銀行放款所以常常發生呆帳，在於款項貸出後，疏於繼續追蹤督導，或人力不濟，無法一一進行督導。而某些工商企業一旦貸得款項即不按原定申貸目的而任意「流用」，甚至賺得利潤後，設法將資金逃避國外，再以艱困為由，又要求政府協助給予融資，否則倒背倒債，銀行所貸款項悉成呆帳。此類弊端實是改進融資作業中最為棘手而必須矯正的根本問題。就實際現況而言，如果採行中央銀行「集中支付」的精神與辦法，由各銀行聯合設立「集中支付」處，或由各銀行稽查徵信單位分別辦理此項作業，則銀行對於工商企業所貸之款項如何運用？是否正當？有無「流用」？營運是否正常？有無資金逃避情事？皆可因以了解而便於掌握。不僅是最簡便有效的追蹤辦法，也可為銀行減少貸款風險，也可能有利於貨幣供給額的控制。

四

放寬融資以紓解商困乃屬濟急之方，其治本之道則在於工商企業自身改善其管理以降低成本；政府掌握企業發展政策，以免盲目擴充遭受無未損失；以及健全金融市場，有便業者自我籌措資金，業者的密切配合。

以改善企業經營管理而言，若干公司企業無一本完整的會計帳目，遑論財務報告由會計師簽證，無法申貸得款項自屬必然。高利借貸，飲鴆止渴，內部管理不善，形成浪費結果，又使生產成本增高，外銷競爭力降低，於是訂單減少，週轉尤難，惡性循環，日見嚴重。是故工商業者必須改善管理以降低成本，自助以得人助，早為識者所提出。然「當局者迷」，業者可能有改革之心，但家族式的企業經營，實無改革之能，政府也無足夠人才與人手一一協助輔導。即以促其產業合併而言，問題重重，並非一蹴可成。有效之策，當以由政府經貿單位與研展部門鼓勵並補助各行業聯合成立組織與方法（O&M）單位，從事企業診斷與研究發展工作，使由家族企業個人經營方式，逐步邁向現代化企業經營途徑，對於國家全盤經濟結構的轉變而至經濟發展的升高，助益皆不可限量。

據分析所知，當前艱苦工業促成之因，固在於企業自身管理不善，財務結構不健全，但有五十一年計劃型外銷貸款，不僅利率低，而且採取先借後還的循環運用方式，信用由是過份膨脹，很多工業多以「負債促進成長」，不思以盈餘轉增資以改善財務結構，而且大量拓展外銷，信用緊縮，凡擴充過速者，艱困越大。六十三年初計劃型外銷貸款雖然取消，然因欠缺一種明確的工業發展政策，指引與輔導企業何者應予擴充，何者應予轉變經營策略，致有今日的「苦果」。因此，放寬融資紓解商困之際，亟宜同時訂定輔導方案，對應擴充的企業列入計劃，主動予以協助，不宜再求發展者，則及時輔導其轉業。如此，對企業經營，對經濟發展皆有必要。

再次，政府銀行資金終屬有限，所予工商企業融資，並不能全面解決如當前工商企業界資金短絀的問題，根本之圖是為建立貨幣市場。目前已成立有中興證券公司，發行商業本票已見其績效，所認為採取分離課稅辦法以利誘導資金進入金融市場的建議，亦為財政部考慮採行，自有利於貨幣市場的建立。今後，再次成立第二、三家證券公司，積極推廣發行商業本票的業務，使短期資金問題自求解決；再擇定若干專業銀行發行金融債券，吸收國民儲蓄存款，作為工商界中、長期營運資金的來源。工商業建立了自己的金融貨幣市場，不再依賴政府融資，而且在政府融資，而且在政府健全的工商政策指導之下，致力管理革新，邁向經營現代化，紓解商困的終極目的才能達至。

原載於《新聞分析》第五十一號
民國六十五（1976）年十一月四日

意見溝通的有效方法——推行獎勵建議制度

民國六十六年對經濟部司處科長以上主管人員現代管理研討會講詞

談到管理的意義，最簡明的定義，可以解釋為「目標的設定與達成的一種『過程』」。在這「過程」當中，管理方面所表現的基本功能有五種，即是費堯（Henri Fayol）所說的：第一是規劃，第二是組織，第三是指揮領導或激勵，第四是溝通協調，第五是管制考核。費堯且將這五種功能認之為人類管理活動所共有的基本功能。事實上確是如此。我們可以看到各個政府機關、軍事單位和工商企業界，彼此的組織目的和組織功能各不相同，就是一個部如貴經濟部內的各局各司處，彼此的業務也不相同——但是，在管理方面的活動，都是一樣的，軍事機關為了打勝仗也好，工商企業為了賺錢也好，政府機關為民提供良好的服務，實現國家的目的也好，都要講求規劃、組織、指揮領導或激勵，都要做好意見溝通，也要管制考核，這樣才能有利於任務使命的達成，實現了組織的目的。

現在，我們所研討的題目「意見溝通」就是這五種基本管理功能之中的一項功能。而且是極重要的一項功能，有學者就認為溝通協調乃是管理基本功能當中的基礎。這也是對的，因為欲求規劃完善、組織健全、組織靈便、管考確實，都要把溝通協調的工作先做好，意見溝通的重要性於此可以想見。對於主管人員來說，尤為重要。例如巴納德（Chester I. Barnard）不僅以溝通作為管理的中心課題，而且肯定的說：「主管人員乃是最首要的溝通中心。」（The

Executive was Primarily a Communication Centre.）這是因為主管人員權力權利的行使，皆是以溝通為中心。從政策的決定，以至政策的貫徹，沒有溝通意見的方法，根本無法獲得他人的合作，不能發揮團體力量，來達成其任務使命。

談到溝通一詞，很多人會將之解釋為各種的事物。如有些人會想到書信、文件、報告以及小冊子等等書面溝通的文件。另外有些人可能會想到現代的通訊設施——如電話、電報、無線電、電視等等視聽方面的溝通工具。還有一些人只可能會想到各種座談、討論、會議或協商等等平行溝通的形式。這些想法和看法都不錯。但如以此來給「意見溝通」下個很明確的定義就顯得太繁複了。簡明的說法是如 William H. Newman 與 Charles E. Summer 對「意見溝通」的解釋，即是：二人或二人以上相互交換事實、意見構想或是感情，使彼此之間或與組織中其他成員有共同一致的了解與認識。然就一個機關的主管而言，「意見溝通」乃是使機關職員對機關的問題與任務獲得共同了解，使思想一致精神團結，而相互信賴的方法和程序。由此可知，所有溝通的工具和媒體都有一個目標，即是交換訊息、思想、狀態、觀念以及意見等。而交換的要件即是了解。

溝通的特性或要素

要達到了解，意見溝通就必須合乎溝通的特性或要件，這些特性要見，可分為六種：

第一，必須是雙向溝通——也就是說，必須是往來式的，雙方要作自由溝通之際，越能成功地充份交換思想、觀念，也就越能達至了解的途徑。

第二，必須有輸送者與接受者——也就是說，它必須有二人以上言之有物，一人在輸送，另一人在接受。

第三，必須有共同的媒介——溝通所用的語言文字必須和所欲傳達的人兩者意義一致，彼此共同了解。

第四，必須言行一致——這是很重要的一項因素，因為語言的意義並不在語言的本身，而在於我們自己。所謂言教不如身教，行為的語言較之語言大為響亮而可信。

第五，必須繼續溝通——所謂「重覆乃是學習之母」。講說一次，常會失之「聽而不聞」（deaf ears），唯有重覆溝通才望其作到有效溝通。而最重要的是——

第六，必須要反饋——溝通的管道是否暢通，尚待我們知悉接受者已經了解才可確定。所以，訊息傳達以後，必須盡其可能來鼓勵接受者表示他了解的程度。

一般來說，作到有效溝通並不容易，因為在意見溝通過程中，如發動、傳遞、接受三者之中，每一步驟都可能存有障礙，而使溝通發生阻塞或導致誤解。這些可能的障礙一般說來，有下列諸法：

（一）地位上的障礙。很顯然的，由於地位上的距離，使上下之間的意見溝通發生困難，乃是機關組織中共有的現象，很難克服的障礙之一，因為在上位者每每自以為是，或是為了保持個人地位的尊嚴，及神秘性，多不肯抱著「不恥下問」的態度向部屬開口，下位的人員也存自卑或自保心理，沒有機會或心不情願向上的坦率陳言，或是說了，皆是討好上級的話，使上級對現況總有一份「滿意」的錯覺。再則，居下位者，不僅是覺得人微言輕而不願說話，即便說了，也會為層層節制的主管將意見的內容加以簡化綜合以至變更，到了最後，送到高階層主管面前，可能是面目全非，不知所云了。

（二）地理上的障礙。機關工作單位過於分散，難作面對面的協商交談，也是溝通的障礙之一。雖然現在溝通的設施為電話、電報等等技術確是盡不迅速，但以此代替當面交談，既受到限制，一則受「量」的限制，電話電報既不為當面所談能「暢所欲言」。再則受「經濟」的限制，使用長距離的任何現代通訊設備，皆較彼此相處一室當面交談花費過多。而且，這些溝通方式皆不能如面談可以表情、姿勢、語氣的協助來得生動有力。再則，總機關與分支機關也往往因地理上的距離而產生溝通不足的情形，例如總管機關已將重要決策透過電視空傳於美國，但分支機構還未收到總管機關的正式通知，有關人員就前來詢問詳情或要求新的決策辦理，處境就相當尷尬。或是過份的溝通，也會造成溝通障礙，就是說總管機關為了對下級分支機關嚴予要求，厲行督導起見，往往將很多規章辦法、會報訓令作業手冊等分別送至下級，下級無法一一辦理，也就一律束之高閣檔案存查。這種意見溝通乃是毫無作用。

（三）語文上的障礙。這是最嚴重的障礙之一，不用彼此共同了解的語文，當然是無法溝通，但使用了共同的語文，也會發生障礙，主要因為語文和所須表達的與活生生的事物仍有很大的距離。再如使用陳腔濫調，或是如江湖生活的專門術語，既無感情，也會誤解，或是根本不懂。

（四）心理上的障礙。人們總有先入為主的習性，對人生的看法，其最弱的認識或印象總是牢不可附的存在心理，作為評斷或取捨後來訊息的尺度，如果上下彼此之間的觀點不同，要想作有效的溝通就很困難了。再如上級對下級要求報告的事項太多，部下認為是一種侮辱而無言以對。或是上級討厭下級經常向其報告實際困難問題，使部下怕上級認為他無能而三緘其口，也會在心理上造成嚴重的障礙。

（五）其他方面的障礙。例如為了保密而發生的有意的障礙，或因工作過於繁忙，主管無暇顧及溝通，部下也無法一一向上級陳述詳情。這些都是溝通過程中常可見及的障礙。如何克服這些障礙，我們可就溝通的方式，溝通的管道，再分別加以論述。

溝通的方式通常有將之分為正式溝通如命令公告，和非正式溝通如餐會、旅遊等。但如以溝通的媒體為主，討論最多而且最為主要的是為口頭或語言溝通，和文字或書面溝通。

溝通的方式

（一）口頭或語言溝通，有兩種方式：

1. 個別的——凡在下達特殊指示或訓令時，當某項政策或決策直接影響及個人時，當檢查某個人是否已了解時，當不適應於或無必要宣知於團體大眾時；則採個別的方式。
2. 團體的——當溝通必須急速進行時，當所有人員必須在同時獲得某種相同的情報之時，當主管希望或團體要求實施團體參與之時，當借助於「關鍵」員工的助力來影響大眾員工之時，當同一性質的指示必須為全體分子所遵行之時，則實施團體的溝通方式。

聽的問題：

在口頭語言溝通方面，最重要的因素就是聽的問題。即是要避免不良習慣的聽法。例如：就聽的速度來說，思想的速度是每分鐘四百個字，談話的速度是每分鐘二百七十五個字。當講話者以正常速度談話時，聽者就可能利用這一差距而神遊他方，想到其他美妙的事物。

還有些聽者只急急地要求對方直接了當的講事實和數字，不能耐心聽詳細情形，或是認為說者對方是不重要之人，對於他人所講的話也就不予重視，偽裝在聽，實則聽而不聞。

或是情緒很不好，一邊聽，一邊想到煩苦的事。或是邊聽邊寫，其忙於書寫筆記而不能全神貫注去聽。

還有些不良的聽的習慣，諸如「情緒上的蒙蔽」，就是當聽到某些使他很高興的話，就只想到這些好聽的話，而不能再靜心地去聽以下的話。

或是規避艱難的話題，不願去聽那些需要多加思考的話，也不想去用心體會「字裡行間」所謂「雙關語」的真正有意義的話。這些都算是不良習慣的聽法，都要力求避免。

書面溝通：

應用書面溝通的理由主要為：（一）避免錯誤——口頭溝通經過三人以上，其內容可能就會變更了，如經過很多人傳述，到最後將是不知所云了。書面文字則不致發生如此錯誤。（二）為了保存合法的查案紀錄。（三）由於文函信件可以在下班時間口述，尚可以節省時間。

書面溝通最重要的要求是「易讀」（readability）——必須使之適合於溝通對象的水準。如何測驗是否「易讀」，這有兩種方式：

第一是費爾希（Rudolf Flesch）公式，在他所著 The Art of Plain Talk 一書中認為「標準的」易讀，必須有百分之八十三以上的人能讀得懂，能了解。計算的公式是就書中某一段落的一百個字，其平均的句長為十五至十七個字，大約有一百四十至一百四十七個音節，以及每百字中的人稱就涉及六個人稱（你、我、他）。

第二種是甘寧（Robert Gunning）的計算方法，也是以一百字為準，先求其平均的句長為幾個字，再計算其中「難」字有多少，將這兩種數字加起來，除以零點四，其所得商數如是八，則該文件如我們國中生就可讀了。如商數為十四以上，則須大學程度才可能讀懂。

這兩種方式都是用於英文的，我們中文是否有人也研究過，個人尚不知其詳，但為根據上述辦法，也可得到幾項衡量的原則，第一是句子要短，二是要多口語化、用常用字，三是人稱不可舉得太多，此外所寫的內容也要富於關懷對方的感情，如此的殊面溝通效力就更大了。

溝通的媒體，除了語言、文字外，尚有圖畫、姿勢、表情、聲音、行為等等。

溝通的管道及其方法與要領

溝通的管道在學理上可概分為下行、平行與上行溝通三種。但實際上常因溝通的管道存有障礙，而不能發生效用，或根本不通。

最值得高級主管們注意的是，對於溝通管道往往有一不太正確的安全感，就是假定他的各級主管們已為他在上下之間溝通提供了一種很明晰的管道，對部際之間平行的溝通也同樣可以信賴。實際上並不如此。極大多數監督階層的管理人員都是障礙多於橋樑，並且是溝通障礙多於溝通中心的橋樑，也就是每一階層主管都會形成溝通的瓶頸。以下分別說明三種溝通管道的方法與要領。

就下行溝通來說：

下行溝通的目的是「為了發佈命令和提供指導和訓令等等，使上級的意志能明白而切實的傳達於下級，使之了解而有利於任務使命的達成」。下行溝通如是保持暢通，員工也深信管理者的良好意圖，對於主管們所說的話也就深信不疑，對所服務的單位也不會存有任何不滿的情緒。反之，員工對於溝通者主管不信任時，使用任何溝通方式，其反應都不會有良好的成效。

據哥倫比亞大學企管研究所 Dr Leonard Sayles 發現下述諸項因素皆是造成下行溝通的障礙：

1. 同一語言文字對於不同的人事有不同的意義。

2. 說話者與聽話者彼此背景與經驗各不相同。
3. 員工尚未了解的訊息又變更了內容，也就是朝令夕改。
4. 上司曾失信於部下。
5. 員工有先入為主的成見。
6. 牢不可破的信念而左右著個人的見聞。對於創新的或重大的改革就不太了解與順從。
7. 下級懷疑上司的動機。
8. 員工一旦發覺團體將要改變他的思想觀念，他因此也就不熱心於溝通。
9. 溝通的內容不明白確實，模稜兩可，或有悖常理，或是辦不到，或是下級不善解人意。
10. 下級存有恐懼心理，於是唯唯是聽，人云亦云，作毫無意義的溝通。

下行溝通的方式，除了正式的公文書函，以及作業手冊等等而外，尚有其他非正式的溝通方式，諸如——

1. 機關的信條（company creeds）——「機關信條」可以表示機關的價值觀念、理想、抱負、以及機關的重要政策，來指導員工，增強合作的信念。信條可以是一種很簡明扼要的說明書，或是就機關的目的與具體的目標作一詳細的敘述。該種信條通常印在紙張精美且便於保管的小冊子上。
2. 海報（poster）——吸引人的海報乃是激勵員工的良好設施。大致來說，這些海報所表現的內容多屬安全工作、品質管制、提供良好服務、建立成本觀念、避免浪費、財物保養、以及不無故缺勤等等。這些海報必須張貼在員工必經的要點，而且要經常更換。由於海報製作乃是一種藝術，在美國很多公司多向專門製作海報的商業公司去購買來應用。

3. 圖書館——很多機關的圖書館的職責就限於技術的主題，但有很多單位也提供一般的讀物。但不論為何，其服務設施應包括：出版的定期刊物，收集論文與書刊，保存本單位的案卷，應個人要求作特定項目研究，翻譯外國語文的報告、信件、以及其他文件，剪報資料處理，辦理實際交換工作。
4. 外部公文書刊（outside service）——訂閱外部的公文書刊（services）定期分配於每一管理人員，其目的在於保持主管人員「要知道」（in the know）其他人正在做什麼，俾能增強本機關的活動與政策的執行。
5. 閱覽架（reading racks）——閱覽架是用於傳送文件資料於員工，其主題可包括運動日程表、烹調、嗜好、家政、家庭預算、退休計劃、保健、稅務、經濟、自由企業、以至於與本單位有關的消息。閱覽架並不像其他溝通方式，它並不具有「強迫讀者」的性質，這項制度完全是自願的。
6. 影片——美國工商業界為了要告訴員工及一般大眾有關「商業故事」（business story），每年要花費三億美金在影片方面，有些首屈一指的公司還擁有自己的導演與製片者。前年，我們新聞局製作「政府在為你做些什麼」的電視節目就是好例子。
7. 公共參觀接待室（open house）——邀請公眾來參觀工廠、辦公室或是電子計算機中心的「內部情況」（insides），它是具有雙重作用，其一是徐徐灌輸員工對做工作所在單位引以為榮，其次為能從參觀者對本單位的觀感來求進步。我國內也有類似辦法，但多是藉此做廣告，訴苦經，更不樂意聽到批評的話，實在要改進才好。
8. 擴大器（loudspeakers）——擴大器或公共播音系統（public addressing system）可作為高階層主管人員與員工直接溝通的系

統，它用於空傳一般的命令、指示、例如宣佈消防演習，教官訓話，以及為員工播送音樂。

9. 閉路電視（closed-circuit TV）——閉路電視通常用於較高階層管理人員，居地分散而舉行宣傳大會。在極下層人員之間，則用於下達指示。

10. 家庭刊物（house organs）——良好的家庭刊物較之其他溝通媒體更為有效，此因資訊的提供採取新聞故事與個人有關事物相結合的方式。一種家庭刊物通常有下列諸目標：（一）有關員工們福利事項提供迅速而確實的消息以解釋本單位的政策。（二）告知有關本單位的各種工作動態產品與服務事項。（三）嘉獎員工。（四）作為家庭與工作之間差距的橋樑。（五）促進安全和衛生的習性。（六）鼓勵發展抱負與創造力以及提高教育水準。（七）作為主管與員工之間聯繫物，解釋彼此的目的。

平行溝通（lateral communication）：

根據調查研究所知，主管們用於平行溝通的時間，較之用於上行與下行溝通聯繫協調的時間要大得多，而平行溝通的次數尚在急速增加之中。事實上 Willard V. Merrihue 就說：「最為主管長官所關注的乃是因錯誤的平行溝通而引起的誤解、猜忌、喪失聯繫、協調不夠、以及彼此勾心鬥角。」因為「人們職務都是彼此相關聯的，人們必須能藉彼此關係來完成其工作，而不是完全依賴上級機關下達命令所能濟事的」。

平行溝通通常所經由的方式要如：（一）任務小組會議。（二）規劃協調會議，例如行政院的副首長會勘，對於院會的貢獻就相當的大，各種會報、小組，都是良好的平行溝通方式。此外如舉行集體演講，舉辦訓練講習等等。還有資訊中心的運用，尤其現在有 MIS 的設計，如能建立起來，更有益於平行溝通。

可是，平行溝通存有很多若干的障礙。例如直線與幕僚之間意見不一致，各機關之間因任務使命的不同，所持觀點和要求也就各異，都是形成障礙的因素。再如缺少一種共同的語言，特別是人們為急於保護自己的特權，或為憤恨他人給予勸告、干涉，或者指陳他們彼此猜忌，更是平行溝通方面最大的障礙。

主管們對於平行意見溝通，應當互有諒解並遵守下列準則：

（一）鼓勵部屬多作平行溝通，不論是正式的或非正式的方式。但要約束下屬發表意見不可越權，或作政策性的承諾。並規定部屬所作平行溝通的結果應向其報告，尤其是重大困難的問題要立即報告。以及涉及他人業務事項一定要徵求他人的同意。因為這是溝通，不是授權參與決策會議。

謠言（rumors）——愛說閒話似乎是人類的天性之一，所以任何單位都會有謠言的發生。通常將謠言視之為員工之間非正式的溝通方式。主管人員從謠言中可以察看到員工的態度。適當地利用謠言，也可為員工提供一種情感發洩的途徑。謠言也可用於散佈有用的訊息，要想知道員工們對於擬定中的政策或變革事項有何反應，也可應用有計劃的「謠言」來滅除。

很顯然的，謠言也能因傳遞不正確的觀念或是較之正式通告更缺少內容而導致不良影響。是故，有害的謠言必須加以防範。其方法要如透過「反饋」管道、面談及「小型會議」（minute meetings），來為員工的情緒、希望和抱負提供一種自然發洩的途徑。

其次，凡屬對員工有影響的變革事項儘量先予通知。務須降低不正常的躁急和猜忌。

美國政府於1967年四月就成立了謠言管制中心。現今美國共有三十個以上的謠言管制中心，對於了解人們心理緊張，達到社會控制，調解與便利的目的，甚有效用。

順便談及的是對外的平行溝通也是極為重要的。美國文官委員會在各地區各大城市以至重要機關皆成立一個新聞資料中心，為民眾提供各種的書面資料，回答各種諮詢的問題，甚至從中指引協助民眾向政府機關辦理公務。這是很值得我們仿效的良好設施。

我們知道，政府與民眾之間的溝通，除了具有良好的基本要件，如（一）單一的語言、文字，（二）一致的宗教信仰，以及（三）普及的大眾傳播工具而外，有良好而健全的聯繫組織是有效溝通的必要條件。例如各位所了解的，法國的經濟計劃是一種典型的指示性的經濟計劃，但它為什麼能作到有效的溝通，全國公民營企業都能自動而樂願地合作支持呢？就是由於他們在經濟規劃方面有良好的意見溝通的組織，這就是在法國內閣的經濟企劃長官及公署之下尚設有「現代化委員會」，再以下設「專案工作小組」，「專案工作小組」的組成分子，除政府官員而外，尚有工會代表、農業專家、企業主持人、各職業團體代表、以及其他專家學者、青年運動者與地方政府代表等，總共人數由第一期三年計劃四百九十四人，到第五期經濟計劃參與的人數就增加到一千九百五十人之眾。可以說，計劃長官所擬訂的經濟計劃，完全是依據工作小組所提背景資料而設定的。斯皆因有良好的意見溝通組織而然，甚值我們參考。

上行溝通：

簡言之，上行溝通的目的要為：（一）鼓勵員工就機關組織的政策計劃充份加以討論。（二）在組織中建立一種明確的管道以輸送訊息，意見與員工態度傾向於上級。（三）良好的上行溝通，還可鼓勵員工們為機關、為工作貢獻他們的很有價值的建設意見，來增進工作效率。

可是，上行溝通的障礙相當地多，尤其是如主管不重視下級意見，則根本談不到「上行溝通」這回事。據美國新澤西州普林斯登

「意見研究公司」所作一項「員工與基層主管對於上行溝通的認識」研究發現，上行溝通的障礙，在主管人員方面要在於（一）上級主管人員恐怕因交談而使員工「親近」，而糾纏不休。（二）又認為管理並不是為解決員工的問題，主管人員就不必對員工的建議意見有所反應。（三）或是缺少溝通的訓練。（四）或者認為上行溝通沒有必要。

上行溝通的方式，除了常用的工作座談會議和報告而外，尚有——

（一）意見調查：值得注意的是，意見調查之後，除非將不滿意之點迅速加以改進，否則將得到比不調查更壞的反應或損害。所以有很多單位於意見調查之後，安排一個監督小組會議來追蹤工作改進。

（二）申訴會議（grievance meetings）：這也是一種有效的溝通制度。從員工所申訴的不平之鳴，或抱怨的情事中，可以及早發現與改進工作情境方面的缺失，而作防患於未然的措施。

（三）熱線電話（hot-line telephones）：熱線電話可裝置在主要場所（strategic locations），員工們可以拿起電話，聽到錄音講話中告知有關工廠中各種重要狀況。通常，每天準備一份錄音帶，錄下各種不同的主題——例如安全通冊，公司新聞，或是有關公司計劃方案的訊息。讓員工了解，要求員工注意和提供良好的建設意見。

推行「獎勵建議制度」

另一種最有效的溝通方式是為推行「獎勵建議制度」。這不僅是上行溝通最佳的管道，是平行溝通最有效的方式，也能促進下行溝通的成效。不僅如此，獎勵建議制度的推行還有其他方面的良好作用和貢獻。因為這項制度在美國及其他先進國家推行有年，成效日著。工商企業界無不稱譽之為降低生產成本之鑰，政府機關則認之為最具成效的管理工具。

以美國而言，早在1880年就由蘇格蘭將這項制度的構想引進美國，自後工商企業界普遍實施的結果，在1974年其投入產出已達至一比六點五以上。而聯邦政府於1954年由國會立法普遍推行於全國各行政機關與軍事單位，迄今已節省了公帑或所得利益已超過四十億美金。而且，實施獎勵建議制度無論在工商企業或政府機關，皆可因以培養團隊精神，增進人際關係，在「融合的原則」下，順利達成組織的使命與目的，這種利益更是無法估計。

依據梅納德參照各家學說，和實際情況，將推行「獎勵建議制度」的目的和利益說明如下：

（一）在基本目標方面有：

1. 降低生產成本。
2. 激發員工創造的思想。
3. 嘉勉與獎勵有特殊貢獻的員工個人。
4. 保證建設意見能作公正的審議和最大的運用。
5. 改進雇主與員工之間的關係。

（二）次要的利益：

1. 可改進競爭的態度。
2. 可養成員工更為良好的合作態度。
3. 能滿足個人的成就感。
4. 可以發掘真正的人才。
5. 能由此建立雙向溝通的制度。
6. 可使主管人員注意到未實施此項制度可能無法發現的重大問題。
7. 也可為訓練創造力與工作簡化提供很自然的媒體和工具。

8. 以及培養成員工們與他們的主管監督者之間的團隊精神。

就政府方面以言，實施獎勵建議制度，不僅有利於政府管理階層，參加建設的員工以至納稅的國民皆受其惠，美國文官委員會曾就事實分別加以說明：在政府機關方面——可藉獎勵建議制度的推行而以極少的投資獲得最大的利益，可為納稅人提供更好的服務，改善安全設施，以及改進工作方法。在主管與員工之間，也可因推行獎勵建議制度而大大增進了良好關係。至於建議者員工，有獎勵建議制度的推行，可以為員工們在其日常工作以外提供一種藉可表現其主動創造的能力和志趣的機會，使他們因表現其才幹而能贏得上級主管和同事們的賞識和讚譽，當然也可獲得適當的獎金。當員工熱心參加建議過程中，也可以增進他們的研究能力，經驗見聞，有益於他們的事業發展。

獎勵建議制度的真精神

我們政府機關與工商企業很重視建議，但在方法上實在不能視之為獎勵建議制度。提到「獎勵建議制度」，有很多人可能會將之視為意見箱設置辦法，這更是個大大的誤解，必須先就「獎勵建議制度」的真精神稍加說明，才能對之有正確的認識，不致被誤認為意見和設置辦法而加以忽略。

第一，有健全的行政組織和周詳的作業程序。

獎勵建議制度與「意見箱」設置辦法，無論在精神上或實質上，最大不同之點在於一個有適當的行政組織，如設置審議委員會、指定承辦單位以及專兼任的建議案調查人員等等有關作業程序皆有周詳地公佈通知，而另一則否。意見箱之所以使人失去信心者，其主因之一即在此。因為「意見」投入「箱」中，不是石沉大海，就是徒增困擾。在已經設有「意見箱」的單位，如果想把獎勵建議制度真正能有效地推廣開來，如何宣導員工們不以「意見箱」的觀念與態度來看待獎勵建議制度，自須花點智慧與精力才行。

二，徵求具體可行辦法。

鼓勵員工建議不是要員工來寫長篇大論的文章，也不是如「腦力激盪法」（brainstorming）讓與會的員工們漫無邊際地說些異想天開的「意見」，而是鼓勵員工就事論事，提出具體可行的辦法來，並且要以文字書寫於規定的表格上，以便利於調查研究。在建議表上必須寫明現行辦法，建議改進或修正的辦法，以及採行該辦法後可能獲得的利益，所以任何建議絕不可能是空泛的議論。也就成為推行獎勵建議制度必須重視的特色，自然也是既有意義且有價值的事。

三，實施詳實的調查與公正的審議。

員工所提建議意見，即使顯見其具體可行，但如不經過一番詳實的調查與公正的審議，作成採行與否的意見，即提陳於主管，將使決策者處理此項建議意見，產生莫名的困擾。尤其是高階層主管人員，時間有限，而對不成熟的建議意見，實在傷腦筋。一種我們可常見到的事實，即有若干機關首長或是企業主持人，求治心切，鼓勵員工提供研究發展的興革意見，員工也熱烈響應，提出了成千上百的建議意見，不經調查審議，即直接陳達至主管，結果不是累得主管「焦頭爛額」地來處理，就是心有餘而力不足地將這些可能具有極其重大價值的建議意見放在抽屜裡提供「參考」而已。推行了獎勵建議制度，就不會發生這種現象，可以說是幫助主管來解決問題。

四，公佈明確的獎勵政策。

過去的「意見箱」所以不能收到預期的效果，其另一重大原因乃是它沒有一項明確而完整的獎勵政策，忽視了建議者應得的酬報，縱有獎勵之舉，也只是一種任意的、象徵式的勉勵。獎勵建議制度則不然，它基於人性的需求，以激勵員工為著眼，並配合人事運用政策，而訂有具體明確的獎勵辦法，不僅建議者優秀員工獲有應得的獎勵，而且也可以為公司組織通過獎勵建議制度選拔得所需人才。設計與實施自己的獎勵建議制度，必須把握住這項精神，才能把該制度的功能發揮到極致的地步。

五，訂定權利保障的措施。

獎勵建議制度另一項特色即是對個人意見與知識的尊重。對於發明創造建議者賦予類似「專利權」的保障，如此可以有效地鼓勵員工積極地發揮他們創造發明的智能，取之不盡且極其可貴的人力資源因能開拓與利用，無異為公司組織增添了一種極具發展性的「資本」財富。

很顯然的，獎勵建議制度的真精神不止於上述數端。試想，一項實施著有成效的獎勵建議制度，可以為本單位培養成團隊精神，可使員工大眾時時刻刻為本單位的利益著想，而竭智盡慮地貢獻其所長所能，做到群策群力，集體創造的地步，也會使各種管理科學的推行，主管任何決策的貫徹，以至組織目標的達成，因而有了確實而可靠的成功保證。僅此一點，就值得機關首長的重視。此外還有其他的作用。

今天政府確是要求做到廣開言路，蔣院長提出的十項革新指示中，其中第十項就明白規定：「向上級提出意見是每一工作人員之權利，接納部屬意見是每位主管的義務。」此後又倡導推行「四大公開」案，做到「意見公開」。並且指出：「一個好幹部，除了將上級交付的任務徹底執行而外，而且要能主動的提出許多辦法來改進自己的工作，對於政府與民眾之間更希望做到『雙向溝通』。」可是，總因沒有一套實實在在的具體的實施辦法，這些要求和期望似乎仍屬一種「觀念」，推行「獎勵建議制度」正是建立直接溝通管道最有效的方法，可以將院長的希望和要求都能具體地予以實現。

有些反對實施獎勵建議制度的人會這樣說，算啦，你不必定個什麼計劃以便員工們告訴你如何管理你的事業，他們有意見的話，自會告訴他們的上司付諸實施的。

這種假定對不對呢？依據多方調查研究結果所知，員工們基於好些理由或原因，他們並不將建議意見告知他們的上司。

其一，他們覺得他們的上司通常都是相當忙碌的，沒有時間來靜心和耐心聽起他們的需求和意見。

其二，可經常發現的是，不建立一種制度，員工就不便向主管長官提供建議，而以隨意的方式來處理建議意見，可能不知道誰是真正的建議者，獎勵時也就張冠李戴，弄錯了對象。

其三，怕被指為自私的動機。上司為他增加工作獎金，別人會說他工作不做，只會逢迎說好話的老怪物。

其四，員工不願直接向上司提供建議意見也因為如果有許多建議意見拒未採納的話，怕受到惡意的奚落和攻擊。

其五，將建議意見由上司送請有關部門採納，其效果總是緩慢的，所以建立一種儘速處理建議意見的作業程序乃是眾所希求的事。

實施獎勵建議制度最大優點之一就是高階層主管人員可與全體員工建立起一種緊密而親切的意見溝通。一位下級的員工，如果他的建議意見親自獲得高階層主管人員的答覆反應，特別是予以嘉勉的表示，這位員工必然感到無限的榮譽和歡欣。即使一項建議意見未被採納，高階層主管人員給予適當的答覆，他也會心悅誠服地依照你的意見去努力工作的。所以說推行獎勵建議制度乃是最良好的雙向溝通制度。

恢弘四大公開的功能

現在我們所願建立的開放的政府，在機關內部而言，自然是以實現「四大公開」為基礎。建立「獎勵建議制度」正是將「四大公開」的功能更具體而積極的發揮出來。

首就「人事公開」而言，最為稱道的人事政策，乃是人才主義和功績主義。這一政策的實現，則在於透過公正的考核來擢拔真正的人才。現在行政上人事考核考績常常受到批評。蔣院長也曾慨歎其不實不確。這都是因為主管考核考績缺少一種客觀的事實根據，縱然無偏無私地鑒明主管，也難免有被誤解的可能，認為有不公不平之處。如果建立「獎勵建議制度」，舉凡任何員工個人為團體、為工作有特殊的貢獻，有良好的建議被採行，而獲得獎勵的資料皆存於人事單位，作為人事上考核考績、升遷調補的主要依據，則「人事公開」擢拔真正的人才，豈不有了紮實而可靠的基礎。

推行了「獎勵建議制度」在「人事公開」方面還有更積極的意義，就是可由此而充份發揮了人力資源。

《美國之挑戰》作者舒萊伯氏曾說過：「今天我們所要求的財富不在於土地資源，不在於人數與機器的眾多，而在於人類的精神，尤其是我們思想和創造的能力。」可見人礦的開發其重要性毋復置言。蔣院長也說：「設法啟發他人的才智，才是才能真正的發揮。」則又是發掘人才和運用人才的精闢之言。但怎樣才能啟發他人的才智呢？最簡單而實際的方法就是實施獎勵建議制度，讓大家都有貢獻才智的機會。今天，我們可以看到在現職人員當中真不知有多少學識才能相當優秀的員工，尤其是有若干人才因境遇關係而用非所學或是學未致用，比比皆是，如果沒有一種良好的方式，能鼓勵其充份貢獻他們所學所能，在個人來講固然是一種悲哀，對於國家對於團體而言，又何嘗不是一種莫大損失。實施獎勵建議制度，不僅對智能較高、學有專精或是學未致用的員工可以為他們提供一種發揮潛力、貢獻才智的機會，也可促使全體大眾員工自我努力學習，主動進行研究，使不會寫文章的員工也能提供一得之見的建議，實在是開發人礦，發展人力最「經濟」且最有實效的辦法。

「經費公開」與「獎勵建議制度」似乎沒有直接的關係，實際上有很大關係，這因為「獎勵建議制度」是基於參與管理理論，鼓勵全體大眾員工，來協助各級主管們，為省時、省錢，提高工作效率，實現組織目的，而提供具體可行的興革建議意見的一種管理方法，員工的建議，會使機關經費支用能精打細算，因而節省了公帑，杜絕了浪費，或是增加了收益，正是將經費公開的精神和原則積極地實現了。

「意見公開」與獎勵建議制度關係最為密切。這乃是今天我們研討的主題，不妨稍加說明。首先就「意見公開」本題來說，以往在軍中推行意見公開之初，曾因提倡檢討批評，以致有一些能言善道的，就借此「播弄是非」，確實為主管領導與管教方面帶來些許困擾，再如少數氣量不大的主管也存心整治「無的放矢」者，所謂意見公開，利未見之，弊端先生。此所以現在行政機關推行「意見公開」之初，舉行動員月會就講講課，訓訓話，下級員工少有表示「意見」的機會，可能都是鑒於此因而造成的。「獎勵建議制度」則不然，它不重在申訴反映，或是檢討批評別人，而在於積極的提供改進或創造的建議，使工作日有改進，使團體不斷進步。如果將「意見公開」採取「獎勵建議制度」的實施辦法，鼓勵員工積極地為工作為團體隨時提供興革的建議，設想出具體可行的辦法來共求進步，其成效豈僅是做到雙向溝通，而且是促進行政革新最佳最有成效的途徑。

我們可以看到，現在行政方面如發現缺失，認為最切要的辦法就是委託專家學者來研究改進，研究結果，提供一些改進要點或原則，其符合管理的客觀性有之，也能說明一般共有的現象，但公佈週知，付諸實行，是否能適合各別機關的情境，顯然是個問題。再如牽涉及非本單位所能解決的困難，研究所屬單位無能協助解決，則研究發展只有在文書作業上求其表現。例如，戶政之類革新便民工作，早在六十年研究發展單位就作過專題研究，公佈了改進辦法，結果在五、六年後的今天，又有「公僕與納稅人」的風波，還得要內政部與有關單位重新全面檢討改進。當然學術與行政也可以配合得相當密切，但是，學術機構能為政府討論研究的問題都屬少數重要的個案調查研究，而行政上千頭萬緒的「日常工作」，學術機構實在無法一一代為研究改進，而且，一項改革在事前縱然經過專家學者們的設計，付諸實施以後，也不能就此百世不惑。此因時代情境日有變遷，任何工作必須不斷求新求變，才能保持適應現況，正如蔣院長所說：「行政革新永無止境。」以及英國組織與方法單位（Q&M）將「向陳規挑戰」作為工作座右銘，其道理是一樣的，所以日常工作方法要時時刻刻研究改進，實在是行政方面最根本的問題。而這些問題的解決都要靠集體從事這些工作的公務人員，大家自己來不斷的研究改進才行。建立獎勵建議制度，就是鼓勵從事實際工作的全體公務人員大家腳踏實地的來參與行政革新研究發展的工作。可以說，有了獎勵建議制度，不僅能消弭工作缺失，改進管理實務，也是提高行政革新最可靠的途徑。

在「獎懲公開」方面，推行「獎勵建議制度」也與之有很密切的關係，有更積極的意義。我們知道獎勵自是禮遇賢者能者，但是懲罰的作用固然是以儆效尤，其真正目的仍是希望要改過遷善，從今而後有良好的行為表現。

今天，可以說，管理學家和管理者無不確認，管理的重心雖然在於「治人」與「治事」兩者，但推至於極致，則是以「治人」為基本。因為任何管理機能、組織、計劃、指揮激勵、協調溝通、以及管制監督，甚至各種制度、方法和程序，無不涉及人的因素，無不有賴於「人」去運用。可以說：「組織成敗決之在人。」人是最可貴的資金，「人為世間最大的資產，亦為最大的問題」。佛朗西斯（Clarence Francis）也曾說：「儘管你有錢，你能買到一個人的時間，使之出席於特定的時地，你也能賣到其有限的體力和技術活動，但你絕不能買到他的熱忱、創造力、想像力、決心、忠誠和靈魂。」人，實在不容易了解。「人應該怎樣鼓勵？」也就成為管理者眾所關切的問題。

在傳統上，激勵員工的方法主要有二，一是「努力工作，否則另謀高就」，一是「優待員工」。這種「恩」、「威」並濟的方法到二次大戰後，由於工作上出現更加現實的情況而開始褪色，所謂更加現實的情況，即是大家都體認到，人們願意工作，並不都是為了金錢，人們在職位方面最值得重視的因素，金錢往往列在第三或第四位。「對工作有興趣」，有「升遷的機會」，甚至「老闆的為人很好」都比金錢重要。此外，意見被重視，早在梅約（Elton Mayo）的「霍桑研究」（The Hawthorne Studies）就指出：「主管們為求有效管理，必須認識與了解一個人是一具有慾望、動機、衝動與個人目的而需要滿足的個體。」所以激勵之道，必須從了解人性上著手。今天，許多學者專家們已經無不認為激勵員工工作最重要的基本動力乃是如何讓員工自我滿足，使他們對團體事務能夠有機會貢獻自己的意見，分享團體的成就，承擔責任，有一定的目標讓他發揮才能，完成目的等等。由於「獎勵建議制度」重在激勵，訂有明確而公正的獎勵政策，對於任何員工不問其職的高低，只要對團體、對工作有所貢獻，皆適時而主動地公開表揚，作適當的獎勵，這真是適應了人性，滿足了人們成就感和自我實現的基本需求。一個人的努力能為上級所見識，意見為主管所重視，其成就為公眾所讚賞，他在機關團體中就成為一個「快樂的工作員」，必然奮發有為，樂觀奮鬥，而違紀犯法字也相對地消弭於無形。可以說，獎勵建議制度的推行，對於「獎懲公開」具有更大的更積極的作用，大大恢弘了四大公開的功能。

此外，推行「獎勵建議制度」尚有兩項更重要的作用：一是縮短管理差距，一是發揚大團隊精神。

談到縮短管理差距方面，《美國之挑戰》著者舒萊伯氏（Jean-Jacques Servan-Schreiber）以及《智識的革命》著者邱勒佛史教授（D.N. Chorafas）都指說出，當前歐洲與美國在發展方面的差距，主要是在於管理上的差距。至於我們和先進國家之間的管理上的差距又不知要相去幾多。我們要迎頭趕上自有可能，但問題決定在我們能不能取人之長補己之短。在管理方面，我們固有的優點，要在於各種目標政策、指導原則、條例剛要等等，無不完備，也無不正確。更可大膽地說，現代各種管理學說，有好多理論都可以在我們的線裝書裡找出來。但是，我們在管理方面最大的缺失要在方法的欠缺，也就是不在實際的施行辦法上多下功夫。所以，我們有論說極其精闢的領導哲學，可是除了總統　蔣公所著的《行政三聯制》以外，就少有一些實實在在的完完整整的管理科學方法。諸如動作研究、工作簡化、邏輯樹、網狀圖、作業研究、以及目標管理等等，很多有實用價值的管理科學方法都不是我們發明的，因此，要想縮短我們和先進國家之間管理上的差距，豈能不在管理方法上多下功夫。實施獎勵建議制度，來鼓勵全體工作人員貢獻智慧，就事論事，拿出具體可行的改進或創新的辦法來，亦即把我們種種的良法善政一一化為具體可行的實施方案，對我們行政管理方面來說，實在太重要了。

發揚大團隊精神：

管理在為成事，而管理的成就則是經由並依賴他人共同努力而獲致的。意見溝通的終極目的就是為順利達成任務使命，實現機關組織的目的。意見溝通有各種的管道與方法，但有效的溝通存在有若干的障礙，而且是難以克服的障礙。可是，推行「獎勵建議制度」則不然，不僅可由此建立最佳最有效的雙向溝通，而且有很多更積極的作用。再如「獎勵建議制度」最大的特點之一，它不僅要求拿出具體可行的辦法來，同時對任何建議的方法，採行與否，都要經過一番詳實的調查，客觀的審議，以及公允的處理和保障權利等等一套完整的程序。這樣的制度至少可以收到兩種效果，一是可以避免提出一些徒增主管人員困擾的不著邊際或不負責任的建議事項。另一是防止確有價值的建議辦法為承辦人員僅憑一己好惡而拒絕採行，或凍結不理，或「研究參考」。在行政機關內部建立「獎勵建議制度」，不僅是幫助機關主管來解決問題，而且是為主管謀求該機關的進步提供了成功的保證。他方面主管人員感到機關組織中，有任何重大的困難問題，更可以通告週知，例如每週發一「問題在哪裡」的通報，透過這項制度，要求和鼓勵員工提供解決的辦法。再如就此了了，所以，機關外部的國民大眾對本機關，對政府貢獻其智慧，有「獎勵建議制度」的推行，也就循此作業程序使之實現，對政府所產生的大效宏功豈止於建立一個開放的、大有為的政府：工商企業、社會大眾皆與政府結為一體。蔣院長所說的一種大團隊精神於焉形成。

成功的首要因素：

不過，「獎勵建議制度」雖屬一種最具成效的管理工具，在行政方面尚可發生如許多的積極作用，有利於充份發揮開放的大有為政府的功能，但能否使之推行著有成效，其成功最主要關鍵，則有賴於開明的領導者主管的重視與支持。

規劃與實施的要領：

——請詳考拙作《獎勵建議制度》。

結論

上行溝通的管道能否暢通，或是說下級意見能否為上級所重視，皆基於機關主管允許下屬參與管理決策的程度大小而定。一般來說，在民主領導方式下，主管允許參與的程度就較大。反之，專斷式的領導，就談不到要求部屬提供意見，參與管理決策。但是，無論就理論和事實而言，參與管理的實施是為不可或缺的需求。即使在軍事作戰時，指揮官下定作戰決心之前，也必須作敵情研究，狀況判斷，並不是憑藉指揮官法定權力任意下定決心。除非是烏合之眾，或是不想打勝仗。所以說，參與管理在任何領導方式之下都有需要。只是參與的程度有大小不同而已。從下圖中可以見其要。

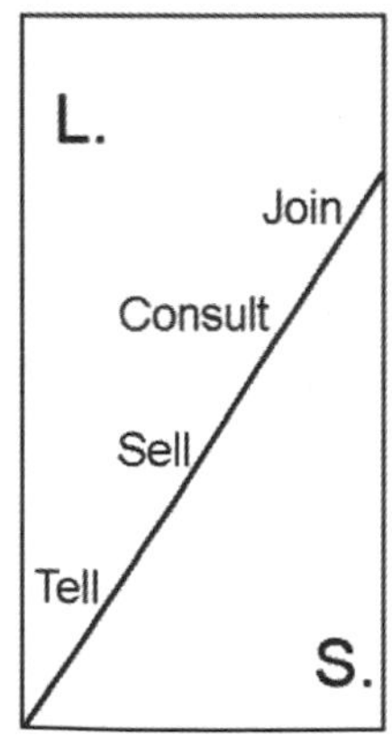

當然的，意見溝通，也不可能作到「絕對公開」，親密如夫妻要作到「絕對公開」的意見溝通，也可能會帶來莫須有的麻煩。在政府機關裡，沒有節制方法的過度的意見溝通，也可能造成行政的困難，甚或發生不良的影響。事實上，參與管理在人際關係方面也常為人們予以各不相同的一種見解。有些人予以褒揚，有些人予以貶抑，更有些人成功地予以運用。褒貶之間見解差異之大，有如共產鐵幕和自由世界對於人民一詞之見解是一樣的。

贊成參與的人，似乎以之作為一種神奇的模式，能夠消除各種衝突意見，幾乎可以解決任何管理上的問題。

相反地，反對參與的人，認為那是一種管理上的廢物。捨棄管理特權是最為危險的事。

第三類的管理者視參與為一項管理上有用的錦囊妙計，那是他們為驅使人們聽從命令的操縱法術，矇騙人們使之誤以為他們在決策之制定上有其地位。

第四類的管理者很成功地應用參與的方法，但他們不認為是一種萬靈丹或神奇藥方的模式。他們既沒有醉心者那種的熱狂，亦沒有批評者那種的杞憂。他們斷然拒絕以參與的方法作為壟斷的銷售方法。

實際上，參與管理並不是一種萬靈丹，更不可以之作為操縱一切的奸計法術。因此，主管人員就必須了解其性質，而真誠有效地運用參與管理方式，作好意見溝通。推行「獎勵建議制度」，不僅是沒有副作用的，最有成效，最有價值的意見溝通，也可發揚團隊精神，作到群策群力，更有利於任務使命達成，而圓滿實現機關組織的目的。

謝謝。請批評，指教。

（1976・02.28、(1977.01.06暨01.10，在經濟部分期講述的全文稿)

成立中國文化研究服務中心芻議

去年五月底蔣部長訪美歸國時發表談話曾經指出，加強漢學研究是極為重要，但成立一個「漢學研究中心」並不允當。因為台灣復興基地到處皆是研究中心，成立一個中心，不僅「掛一漏萬」，使人忽略了其他眾多的研究機構，而事實上，要求一個中心負起全盤的漢學研究，也無能為力，不足勝任。但是，國內各有關學術機構，在一般研究業務方面尚有待加強，再如期望眾多機構在漢學研究上有統一作法，有計劃進行研究，則努力之處更多。尤以，我們要想對國際學人提供研究服務，要與中共在海外展開文化戰，自必須有一個執行的中心機構。因此，成立「中國文化研究服務中心」，以協調業務，來加強漢學研究，統合力量，以對外有所貢獻，就確有必要。

漢學研究的途徑

就我們而言，漢學研究或中國研究實乃係復興中華文化救國救世的工作，復興文化之道不僅在於研究闡揚，亦在於創新發展，從而實踐力行，亦即「真知」與「力行」要結合為一，由「行以求知」而「知成於行」，使中華文化萬古常新。故其應循之途徑應有下列五項：1. 以實現三民主義為研究的中心課題；2. 以恢弘闡揚與創新發展為研究的重點要求；3. 以權責明確且結合密切為研究的組織原則；4. 以主動服務與積極推廣為研究的工作要領；5. 以創辦事業及獎勵貢獻為研究的自給辦法。

「服務中心」的組織與方法

一、成立管理指導委員會：

加強漢學研究的方法或要領，要在於統一規劃，致力協調，相互支援，提供服務。成立「中國文化研究服務中心」的主旨及其作用即是在此。就目前情況而言，其允當的方式即是以教育部所籌建的「國際文化中心」大樓以此命名，在教育部督導與協調之下，實際上擔負起此項責任。服務中心的組織體系不論採財團法人方式，或列為行政機關之一，但成立一管理指導委員會，以結合各方力量，協調全盤工作皆屬必須。該委員會委員除由有關學術文教機構主管或副主管兼任為當然委員外，另過半數以上委員應由教育部長敦聘文教工商界有聲望之學者專家社會賢達擔任之，該委員會對中心管理作政策性之指導，向教育部負責。

二、健全中心的管理組織：

1. 設執行長一人，由管理指導委員會提名，教育部長聘任之，任期三年，得連任一次，負中心全部管理之責，向委員會負責。2. 助理執行長二人，由執行長提名，委員會通過任命之，協助執行長管理中心全盤管理工作。3. 下設「研究」、「服務」、「行政」、「活動」等四組，各有其特定執掌。（其組織體系與業務概況如附表）

中國文化研究服務中心

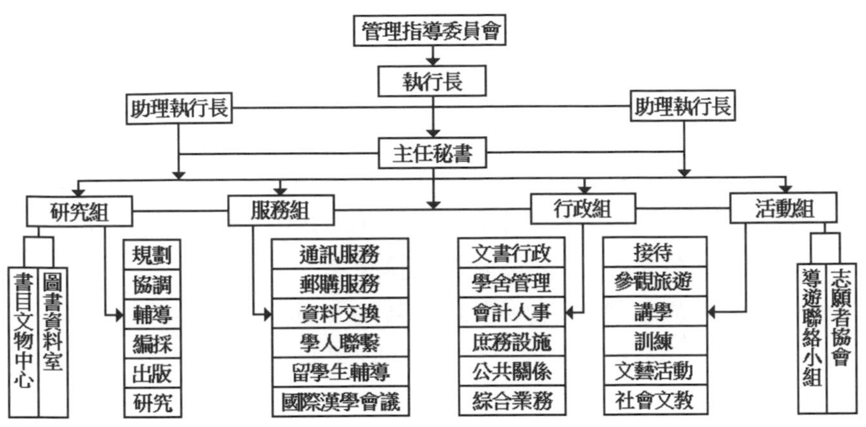

三、明定中心的任務

1. 研訂方案，以執行政府所定復興中華文化的政策；
2. 統合或協調規劃國內各學術機構漢學研究的方案；
3. 促進國內文教學術機構之合作研究；
4. 輔導並舉辦社會文化活動；
5. 為國際學人研究漢學提供服務事宜；
6. 接待訪華國外學人與外賓；
7. 輔導留華外籍學生學業與生活；
8. 承辦國際文教合作交流計劃；
9. 發行學術文化書刊。

四、充實中心的設施：

1. 學舍，以半數房舍可容納留華外籍學生定期住宿為原則，另一半數房舍則備為來華訪問之文教界研究人士短程留駐；2. 設大型講堂一個與小型研究室十個以上；3. 歌劇舞台與視聽室；4. 大型公共交誼廳；5. 室內活動設施；6. 圖書資料及複印設備；7. 日用品、文具、禮品商店；8. 餐廳、茶點咖啡室；9. 郵政、電信、衛生等公共設施。

五、中心活動項目之偶舉：

1. 舉辦「中華民國簡介」講習。凡初次來華留學、研究訪問之外籍人士，第一日即為其安排此項講習，為期一日至一週，講習專題可分為共同與專業兩類，此可指定國內大學或學者先行多作準備，依參加人員性質再分別排定。
2. 舉辦各種觀光旅遊活動。此可分為兩大類：一為對留學生所舉辦者；另則為來華作短期訪問研究之外籍人士所安排者。中心訂有「週」、「月」活動表，並公告臨時性活動項目。此項工作須結合觀光局、各文化學術團體有關單位，慎予選擇活動項目，多次實施以後，必能駕輕就熟，績效可與日俱增。
3. 接待來華訪問學人。從機場接迎，食宿安排，以及訪問計劃之實施，均分別由專人承辦。
4. 促進「國民外交活動」。即為來華訪問外賓於正式訪問節目外，另為其安排與我國內相當人士家庭聚會，或則個別導遊市郊名勝，以增進彼此情感。
5. 組織留學生舉辦「某某日之夜」。以居住學舍之留華學生為主，指導其在中心分別舉辦文化活動，彼此切磋砥礪，增進了解與友誼。
6. 介紹並代辦欣賞各種文藝演出，或參觀體育活動。此宜先作一周詳調查，選擇若干固定項目，約定優待辦法；臨時演出活動則於一週前進行聯絡，公告週知。
7. 協助學習中國語文。
8. 介紹中外學人會晤。

9. 為來華學人安排演講會或研討會。

10. 其他有關宣揚中國文化活動之舉辦或輔導。

六、加強國際學人服務的工作：

1. 為國際學人與文教機構，辦理訂購書籍資料服務事宜；
2. 接受委託或合作研究漢學；
3. 為國際性漢學會議提供資訊；
4. 接受有關中國文化研究查詢服務事項；
5. 與曾來華訪問研究之學人繼續保持聯繫，並作必要之支援協助；
6. 定期寄贈學術性與聯誼性刊物；
7. 主動提供漢學研究成果及書目書訊；
8. 介紹國際學人有關漢學研究著作論文，並作適切之獎勵；
9. 資料搜集整理與交換。

七、推展研究服務工作的要領：

1. 設立「協調會報」。有關漢學研究之國內各學術機構應由中心定期召開工作協調會報，從業務規劃之配合，以至困難問題的處理，交換資訊，彼此支援，以加強漢學研究。
2. 成立「書目文物中心」。「聯合目錄」與「館際互借」辦法，當由國立中央圖書館負責辦理，有關文物史蹟典藏之介紹則由國立故宮博物院統一籌劃，中心則須搜集所有此類文獻資料成立中心，俾便來華外籍研究人士與中心服務工作查考之用。
3. 出版「漢學研究」學術性研究性與報導性之月刊，以之聯繫結合國內外有關中國文化研究之機構與人士。
4. 成立「郵購服務中心」。此可責由出版界精選書刊，統一議價，編訂書目，對外提供書訊，透過服務中心，辦理郵購服務。
5. 成立「志願服務社」。參照美國「志願者」組織及其服務辦法，發起組成「志願服務社團」，從事文化服務，外賓接待。其成員無妨先從曾經留學返國人士以及退休之優秀公教人員為主要爭取對象，前者以為外賓服務為主，後者則在支援文化服務研究工作。如果形成風氣，人人以作志願服務社社員為榮，其對社會優良風尚的培養和國際友誼的增進皆有極大作用。

6. 擇定「中國家庭」。凡家庭情況良好，有社會地位或是在學術上有成就人士，徵詢其列為「中國家庭」，以自費個別接待來華訪問之學人外賓為主要服務工作。國際人士直接與中國家庭聚會聯誼，既可助其了解現代中國家庭生活方式，也較易增進友誼，於國民外交自必大有助益。
7. 輔導留學生。國內各大學凡接獲國外（含橋生）學生申請入學，應即通知中心協助辦理入學手續，準備接待，照顧其生活，有計劃地安排其參與文教旅遊活動，並輔導其學業，迄至畢業離華為止。此項工作應由中心協調各大學外籍學生顧問，與青年救國團等有關單位共同負責辦理。
8. 建立「承辦人」制度。除留學生而外，凡是應我國公民機構邀請來華訪問之外籍文教界人士，均應透過中心指定之承辦人執行其訪問計劃；有關訪問人士資料，由中心成立完整檔案，以經常聯繫與運用。
9. 「保持聯繫」。凡曾經訪華人士與留華學生返國後，應定期寄贈刊物，保持聯繫，並且應其要求繼續提供所需之資料。我駐外機構，對於此類人士尤須主動聯繫，促進合作，使在國際漢學會議上，或當地社會中，為我們報導與提供有關我們漢學研究的正確資料與評論意見，庶有利於復興中華文化，促進世界大同崇高理想的實現。

結語

構想中的「中國文化研究服務中心」是一規劃協調的中心，是一服務輔導的單位，是一有計劃有組織的活動團體，其所應發揮的功能，所應努力的工作內容，當非上述各項所能盡舉其要，而最為難能者，可能為經費的籌措。在美英國家類似之國際文教服務中心，多有基金會支援之，我國內各界是否為這一中心亦能成立財團法人，合力支援，自有待努力。但如政府對中華文化研究與服務方面有貢獻之個人與團體，訂定獎勵表揚辦法，責由本中心定期予以表彰，必能獲致各方較多之助力，使中國文化研究與服務工作必有較多之貢獻與更大之成效可以定言。

（原載於民66年4月19日中央日報）

談拓展外貿的有效途徑——從擬議設立大貿易商說起

一、幾項因素應先考慮

論及拓展我國對外貿易，為有鑒於韓國在一、二年內設立了七個大貿易商，在外貿方面已與我並駕齊驅，且有後來居上之勢，國內工商各界亦寄望於大貿易商的設立，認為一旦設立大貿易商，拓展外貿成效可以立見。但因業者總希望能獲得若干「優惠」與「特權」，俾能保障其賺錢，以至當年一直未能排除的障礙依然存在，諸如保稅認定的範圍，應否列為獎勵投資的對象，以及是否應予相當額數的融資等等，猶待研議。其實，為拓展外貿，大貿易商的設立確有必要，但基於下述因素，尚應多方考慮。

其一，基礎不固。韓國能在最近一、二年內設立七個大貿易商，皆因其企業組織亦趨向合併之故。我國中小企業仍在百分之九十五以上，現在設立大貿易商似如建基在沙灘之上，貿易人才亦復難求，欲大展鴻圖，希望並不可靠。

其二，力量不夠。目前我國外銷商品泰半以上都操之於日本大貿易商社之手。日本十大貿易商社每年營運額在1973年即高達兩百六十七億美元。我業者所想望設立的大貿易商，認為實收資本額有五億元，前年營運額達至一千萬美元即可。以此「大貿易商」如何能與日本貿易商社競爭，欲擺脫其操縱，除非在其他各方面努力配合，恐難如願。

其三，習性不合。成立大貿易商旨在集個力以發揮群力，匯微小力量以收最大的效率。我國外貿廠商有五、六萬家之多，皆係於國人「寧為雞口，不為牛後」的觀念與作為所致。欲求大而化之，並不容易。今如以人為力量，給予新設立之大貿易商以某些保障的特權，恐怕利未見之，其因優惠特權所帶來的相互傾軋，明爭暗鬥的種種副作用，可能得不償失。

其四，政策不宜。設立大貿易商給予少數私人種種優惠特權，實有悖於我國民生主義均富政策的精神，尤其在賦稅制度未臻健全，反托拉斯法案尚付闕如，如給予免繳營利事業所得稅，准許開辦授信業務，給予一定額度的信用融資，以及辦理大宗物資進口業務等等優惠特權，未來財稅損失固屬不貲，而資金過份集中結果，形成有如日本之大財閥，壟斷市場，使極大多數貿易廠商無法與之作公平競爭，實非相宜，對整個社會福利並無實益，亦可想見。因此，大貿易商必須促其設立，但大貿易商的設立必須在公平競爭的原則下，循市場機能法則，任其自然成長，且具備各方配合的條件，方可收其預期的成效，否則，揠苗助長，適足以產生副作用。

二、韓國先例值得參考

根據報導，韓國七個大貿易商設立的條件為：1. 過去外銷實績在一億美元以上；2. 實收資本額須達二十億韓圓；3. 輸出產品必須在十種以上，且每種產品的外銷金額須達到一百萬美元；4. 輸出國家須在十五國以上，每一國家之輸出金額須超出一百萬美元；5. 在海外設置的分支機構須有十五處以上。

我國情形若何？經濟部國際貿易審議委員會第二四九次大會通過，決定將現有貿易商資本額提高為兩百萬元；過去外銷實績提高至二十萬元；每年進出口總額應達到二十萬美元。此項要求應當能淘汰一些「迷你」貿易商。如果適時修正，提高其資金、營運額數及其專業知識的標準，加強管理，假以時日，我國有真正競爭能力的合格的貿易商必然逐漸增加。而研議中的大貿易商設立的標準，論者多著重在實收資本額應在新台幣五億元以上，其他條件則少有論及。嗣有經濟部國貿局建議的原則中，增加了大貿易商須在國外有五個以上的地區和國家設有分支機構，此項原則自較穩健，但與韓國所定條件相比較，相去尚遠。尤其韓國所規定的第三、第四項條件，對我國而言，大可促進分散貿易地區，達成拓展新貿易據點的要求，如設置大貿易商，就必須參考此點，將之訂入。

然衡度我貿易商能具有此類條件者並不多見，只有先從已見經營績效的所謂「外銷聯營」與「合作外銷」方面多加努力，亦即透過統一報價、產品儲運、原料採購及資金籌劃等方式，來發揮集體力量，向國際市場進軍。如此，既可避免惡性競爭，促進同業之間團結合作，也較適合國人心理，合乎「均富」、「安和」的經濟政策。也唯有在這自然發展情形下，促成大貿易商的出現，方為正常而且是必須循守的途徑。

三、強化既有外貿組織

在世界貿易方面，由於區域經濟盛行，雙邊互惠成為國際間貿易的特色。近以美日保護措施益見增強，各國如群起效尤，世界貿易戰必然白熱化。我們研議設立大貿易商，對於拓展外貿自屬重要手段之一，但真正能使我突破外貿的困境，拓展外貿，其根本要圖則在於既有外貿組織的強化和經營管理的革新。

所謂既有外貿組織的強化，可歸納之為三項：一為加強現有駐外的經貿商務單位或代表的功能。次為有效結合全球華外商。再為在國內成立一個外貿的指揮協調中心。在這三方面努力，有所成效，較之成立大貿易商，其功效真不可同日而語。

就加強公民營外貿組織而言，我國駐外商務機構年有增加，根據統計，現有四十五處之多，遍及歐美亞非。除官方代表外，民營工商事業的海外分支機構也有五十處以上，如將這許多公民營外貿組織或代表結合起來，其業務之廣，資本之大，人數之眾，恐任何議擬設立的大貿易商皆不可能望其項背，如能訂定加強運用的辦法，使之從地區責任制而至整體的協調配合皆能發揮應有的功能，所謂設立大貿易商也就不太迫切需要了。然據各方反映分析，官方代表因衙門辦公積習太重，多未能發揮積極性作用；而民營代表在海外因缺乏指揮協助或彼此勾心鬥角，也未能相互呼應，連為一體。改進之道，自待政府有關機關的有效管理和民營企業的推誠合作。不論是否成立大貿易商，為拓展外貿，是為必須努力的要務。

在世界華商組織方面，從民國四十二年經建計劃開始，即著重於鼓勵華僑回國投資，嗣於四十四年制定公佈「華僑回國投資條例」，四十九年制訂公佈「獎勵投資條例」，對於華僑投資人權益提供了保障，並予以各項免稅減稅的獎勵，嗣有對世界華商會議的重視，不僅歷年來回國投資年有增進，且因華外商熟悉海外市場，在當地也有經營的事業和良好的社會關係，使我在海外推銷國貨，溝通國內外經濟交流，拓展外貿因以獲得不少助力。今後如與世界華商更進一步地建立起聲息相通，利益與共的密切關係，其所構成的世界貿易網，恐日韓所有的大貿易商社也難與我相匹對。

而最為各方關切的是為成立統一指揮協調的中心組織。此因，很多有關拓展外貿的措施常發生緩不濟急的現象，固是由於國貿局工作本身性質複雜，牽涉廣泛，但也由於在與國貿有關的機關如財政、經濟、交通等部門之間，大至政策的協調貫徹，小至貿易訊息的傳遞，皆未臻密切無間，靈通有效的地步。現在為拓展中東貿易已採取「聯合作業」；去年經濟部國貿局就設立了商務聯繫中心和設限小組；在海外有關商務貿易工作單位更成立了「商務會報」，定期開會，以收統一協調之效，這些皆為統合力量，拓展外貿應有的措施。問題在於這些組織和措施能否真正地發揮其所期望的功能，尚待事實驗證。

但可想見的是，這些組織與方法之間仍然缺乏一個強有力的指揮協調的中心機構。加之，對外貿易方面，問題最多且需求亦多的乃是民營工商企業，如何使政府與民間在拓展外貿方面，各盡其能，合力創造，又為當前亟待加強的重大課題。職是之故，如不可能成立貿易部，似宜責成經設會或由一、二位政務委員授以全權，負責外貿方面由日常協調配合與仲裁爭議的工作，而做到統一指揮的要求。為了使其有能力執行這一工作，並宜建立外貿方面的管理情報系統，使能了解與掌握全盤情況，從事研究與規劃的工作，以指導與協助公民營企業，以集體的力量開拓新市場，推廣貿易，其成效必有可觀。

四、革新經營三個重點

革新經營管理的方法有多種努力的要圖，然而，就與拓展外貿有關而言，其應悉力以赴者要為下述三端：

第一，加強品管，維護商譽。據經濟部國貿局統計，六十五年一年內受理國際貿易糾紛案件竟有一千兩百五十九案，其中因國內製造商未按指定規格生產而遭受退貨者為引起糾紛之主因。現今國貿局已採取七項措施，防範國際貿易糾紛的發生，經濟部且引用公司法及農礦工商人員出國條例的處分規定，來加強管理貿易商，並就機械、電子、家庭電器、紡織與食品加工業五大類工業擴大實施合格外銷工廠制度，以建立貨真價實優良國際信譽，相信必能取締若干不肖的外銷廠商。

唯鑒於目前國內五、六萬生產廠商之中，已登記列為品管合格者，為數僅千百餘家，所採加強管理防範措施，是否能發生全面性、積極性作用，實在令人存疑。如果矯枉過正，使眾多廠商無法外銷，其不能外銷的產品，如不買用他人合格廠商名義出口，勢必充斥國內市場，形成另一問題，乃屬意料中事。

因此，為了徹底要求加強品管，以維護商譽，一則鼓勵廠商自動申請列為品管，他方，簡化品管檢驗的行政作業程序，尤其在輔導與協助廠商使其樂於實施品管方面，多所致力，當是扶植廠商，拓展外貿的首要之圖。

第二，了解市場特性，推出特定產品。當前我們在外貿方面令人憂心忡忡的乃是產銷地區過度集中，以及一窩蜂模仿製造眼前有利可圖的產品，而且多屬薄利多銷的廉價品，在銷售地區的市場上一無引人注目的地位。因此，欲拓展外貿，亟待開發新貿易據點，尤須了解各市場的特性，針對其風尚需求，推出各種特定、精密的產品，形成「需要」、「獨佔」該市場才有可能。

再如將勞務、技術以及生產設備向低度開發國家輸出，協助其致力經濟發展，使我外貿事業能在國外生根成長，又屬上乘之策。此方面工作行之不易，但有關單位如釐訂具體可行的發展計劃，和獎勵執行的辦法，公佈週知，認真推動，當可計日程功。

第三，協助改善管理，降低生產成本。工商企業界不可亦不可能一味依賴於政府的低利融資或調整匯率，以利於出口，必須改善管理以降低成本，自助方得人助，早為識者所提出。然以「當局者迷」，業者或有改革之心，但家族式的中小企業經營，實無改革之能，政府也無足夠人才與人手一一輔導。即以促其產業合併而言，問題重重，難望大成。有效之策，當以由政府經貿單位與研展部門鼓勵並協助各行各業聯合成立組織與方法單位，從事企業診斷與研究發展工作，使由家族企業個人經營方式，逐步邁向現代化企業經營管理途徑。

他如，產品的創新突破，則由政府部門，如國科會的規劃推動，新竹工業區的實驗示範，來領導與協助國內工商企業進行尖端科技的研究發展，但如此類研究非一蹴可成，工商企業界也必須編列足夠預算，有計劃地配合推動；更須普遍推行獎勵建議制度，讓大家來提供減少浪費或增加收益的建議，以降低生產成本，或是提供改進現有產品與創造發明的建議辦法，俾能推陳出新。

降低了生產成本，提高了產品品質，才是增強對外貿易競爭力，突破設限拓展貿易的正途。而且這種群策群力的團隊精神一旦培養成，對公司企業的成長發展，我國經濟成長的升高，皆有莫大的助益。

（《中央日報》1977.04.22）

激發投資意願，促進經濟升段

一

今年五月十九日行政院通過了「獎勵投資條例修正草案」，各方反映相當良好，認為政府已「竭盡所能」，採取了「最大限度作法」，是配合當前「成長與穩定並重」經濟政策的具體措施。尤其對於蔣院長的特別指示，要求簡化投資手續，改善投資環境，更是一致稱頌。但也有認為如欲真正獲致獎勵投資的具體效果，促進高級工業的發展與經濟開發的升段，尚有諸端猶待補充之點，和若干必須合力克服的艱困。其中認為最美中不足之處是未將一再建議採行的「投資扣抵法」考慮列入，作為激發投資意願的主要手段。又為使該修正案能發生預期作用，並建議要作多方配合努力的措施，諸如改革稅制，減免稅捐；降低利率，融通資金；鼓勵有名望的公司股票上市；對僑外人投資取消資本百分之八十的限制；以至設立專業銀行，為業者分擔投資的風險等等。

二

獎勵投資條例的修正，旨在激發民間投資意願。所謂投資意願低弱的現象，主要見之於年來進口機械設備的減少。以六十五年度而言，為全部結匯進口總額的百分之十七點六八，較之六十四年度以前各年度的平均所佔百分之三十三至三十六，幾乎低至一半以下。而在進口的機械設備中，生產民生日用品的機械設備仍繼續增長，其他卻大幅下降，特別是工具機械銳減，紡織機械幾乎完全停止進口，因而使人為工業生產的萎縮，經濟發展的頓挫，而憂心忡忡。此種現象的發生，論者咸謂係由於民間投資意願的低弱所致。

民間投資意願所以低弱之因，據經設會分析，在於投資利潤偏低；若干企業閒置的設備未能有效利用；以及缺乏有力投資計劃。然作一深入分析，上述三種因素顯見有未盡真實之處，蓋進口機械設備的大幅減少，並非投資意願低弱所致，相反地，係屬投資（擴張）過剩（速）的結果。此因六十二年外銷最為旺盛，眾多廠商因利潤優厚，而過度擴充生產設備，不幸突然遭逢高價石油，世界經濟衰退，成本增加，外銷停滯，凡擴充過速過大者，其財務與生產經營越為困難，有因而倒閉者，停工減產或削價求現者比比皆是。去年世界經濟稍有復甦，且因我國內十項建設達於最高潮，故有外貿出超現象，但是，國際貿易保護色彩日見濃厚，且因我產銷地區集中，對我設限之求，接踵而至，由是認為投資利潤豈止偏低，且不可靠，艱困業者自然視投資為畏途。而實際上，廠商一片要寬予融資的呼聲不絕於耳，民間是否有「投資能力」也不無疑問。是故，所謂獎勵投資條例的修正，以提高減免賦稅的比率，來設法緩和廠商眼前的困難，或有其意義，但如以此來激發民間投資意願，發展資本與技術密集工業，可能是徒有其名。

三

現今，由於我國正邁入開發國家行列，工業生產結構亟待轉換，生產技術尤須突破，而六年經建計劃中，今年固定投資訂為新台幣兩千一百七十五億元，其中民間投資應在一半以上，在在均需努力以赴，獎勵投資確屬必要。但獎勵對象、獎勵的事業必須深入研究，慎重決定。以採行「投資扣抵法」而言，不失為經濟不景氣時期激發民間投資意願的有效方法，唯因其獎勵對象是為持有「股資」的個人，如不予明確限定獎勵的對象，可能不應予以優惠獎勵的生產事業也得到了獎勵。然鑒於目前一般業者多視投資為畏途，且為張羅頭寸，日坐愁城，有無投資能力，大有疑問。如寄望於少數大戶投資，由少數人得享獎勵優惠，自非立法本意，亦有違社會公道，至於「虛偽投資」之弊，更無庸言述。可是，國民大眾持有的游資，多流入儲蓄；銀行則皆有過多之超額準備，任令頭寸爛掉，在此種情形下，採行「投資扣抵法」，其投資何種事業方可享受此項獎勵，由政府詳予規定，則不失為博採眾議，可引導國民大眾的儲金和游資於投資一途的良好方式之一。

至於獎勵僑外人投資，但如投資人只投入資金，享受百分之二十低所得稅率，並以百分之二十結匯權，逐年提走資金，對於我經濟發展究有何益；或如設一裝配工廠，則國內除了可培養裝配工人而外，對於生產技術的革新又有何助益。論者以日本人在我國技術合作為例，既可將欲淘汰的生產機械設備整廠轉售於我國，又藉機械零件與原料必須由其供應，而壟斷我國市場，以至外銷產品的操縱，「使台灣成為日本的經濟殖民地，獎勵投資受惠的乃是日本人，我們只啃骨頭」而已。而且，外資（外債）充斥市場也適足以妨害自己經濟發展。所以，吸引外資不僅投資的範圍加以確定，以免妨礙國內既有生產事業的發展，吸引投資的對象也要加以選擇，以避免為某一國家操縱我國生產事業。

四

獎勵投資以激發投資意願是為加速資本形成，促進經濟發展升高過程中手段之一，但純以減免捐稅方式也不能保證可以激發起投資意願。他如拓展外貿、改善大投資環境、健全金融市場、充裕企業經營者資金來源、以及良好的規劃以引導投資，其重要性皆為眾所共識。然真正對經濟成長發展有重大作用者，則在於金融政策、財政政策的適當運用，公共企業的領導誘發，以及管理方面的進步。以當前情勢而言，激發投資意願之外，下列諸端設能配合努力著有成效，確屬達成經建大目標的保證。

其一，超額外匯存底與準備的妥善運用。目前我外匯存底已逾三十七億美元，其中固然有若干外債與外資，但除去三個月外貿進口所需約二十億美元而外，其餘十六、七億美元可以用作中長期資金，投入生產建設。如果存入外國銀行，其利率抵不上外債應付的利息，等於將國內資源供外國人使用，委實可惜，何況通貨膨脹迄未能有效抑止的今天，外匯準備不予投入生產，亦必任其貶值。而外匯準備不斷增加，也適足以引起國內通貨膨脹，但如以此數十億美元作為投資開發生產基金，以此支持工商企業輸入原料與資本財，較之以相當財稅損失的獎勵吸引投入的少數資金，所能發生的作用，實在不可同日而語。

其二，增進公共設施的投資。運用赤字預算以擴大公共投資，來增加國民就業機會，彌補私人投資之不足，以刺激經濟的復甦與繁榮，其成效實績俱在。譬如十項建設的興辦，使我們在世界經濟風暴中能安然度過。去年，國際經濟不景氣興替之際，也因有十項建設支出而維持外貿的持續成長。現在十項建設高峰已過，今後如將這十項建設的人力、物力，轉投入其他重大建設，當同樣能帶動其他相關生產事業的勃興，以及增加國民就業機會，是為必然之事。例如中部與東部地區的開發，國民住宅的興建，道路水電各種公用設施的擴增，各種工業專區和農業專區有計劃的推動開闢，其帶動經濟發展的升高，皆可想見其實益。

其三，社會公道的維護。自由經濟最大的特色就是在公平競爭原則下，各盡所能，各取所得。從經濟立法與社會立法以後，社會公道的維護，經濟平等的促進，亦即為極大多數謀最大幸福，成為努力的中心鵠的。我國民生主義的「均富」經濟政策，充分表現了這一哲學思想及其仁愛精神。目前，工商企業界所形成的一種依賴風氣，即凡投資開創某種企業，有投資能力者，總寄望於政府給予相當的優惠或特權，否則即裹足不前，甚且有認為政府未善盡其應盡的獎勵功能。而獲得優惠特權者，每有坐享其特權優惠，成為阻礙他人自由平等競爭進步的絆腳石，實是有違社會公道與民生主義的經濟政策，必須予以導正，以保障極大多數人在公平競爭環境下，皆能自由而順利地成長發展，讓經建的成果能歸由全民所共享。

其四，企業家的培養。當前工商企業所以發生艱困，其根本要因之一是為家族公司經營之故。家族企業有其優點，但亦有其發展的極限，而最顯著的缺點是為資本形成之不易，欲使企業不斷成長發展，鮮有可能。再人才難求難留，慾望其發揮集體創造的智慧與才能，更難想像。而企業所以能贏得利潤，並不在於資本、土地與人工，實在於「辦法」的有無。有「辦法」才能利用這些工具生產財富。這些「辦法」的來源要在於企業家的有效管理所由生。現在鼓勵中小企業合併，乃屬最正確的決策，但如合併後的組織模式仍屬家族式合夥型態，則所預期的成效必難圓滿達至。可靠的辦法是為修改公司法，規定所有者與管理者予以明確劃分，或則於獎勵投資條例中規定，凡是現代化的公司企業，始予重大獎勵。在如此挾持的情境下，培養成眾多的企管專家才有可能。極大多數企業都能由企業家作現代化經營，則當前若干不正常現象，諸如虛設行號、虛偽投資、變造帳目、逃稅漏稅等等弊端，將少有發生。而且，資金證券化，資本大眾化，亦可由是而促成，對於實現我國民生主義經濟建設自有相當作用。

其五，生產技術的革新。經營管理的進步和生產技術的革新同為先進與落後的分水嶺。如就生產力的增進，市場的開拓，利潤的提高，則以生產技術的突破與創新為重。新產品不僅能輸向新的市場，也可創造市場，自然激發了投資者的投資意願。投資的增加，即生產力的擴張，如以現代化企業經營之，其利潤必隨之提高，因而促成經濟景氣繁榮。對我國而言，生產技術的革新尤為重要而迫切，今後的產品如果不能推陳出新，以新的產品向國際市場進軍，仍依靠紡織品為大宗出口，其後果不堪設想。此次獎勵投資條例的修正，對於研究設備機器進口，一律免繳稅捐，經濟部並擬訂辦法吸引學有專長學人回國加入技術密集工業發展的行列，實是極合時宜的措施。不過，研究發展工作能否有豐碩成果，尚待各方配合作有計劃的、通盤的努力。不僅要使政府—企業—學府三者結合為一，也要做到「人人在研究」,「事事求發展」的要求。亦即尖端的科學研究，由學者專家們作基本研究，而現有產品的改良創新，生產程序的簡化改善，則有賴於各行各業如何獎勵從業人員大眾提供智慧，建議具體可行的辦法。造成如此的風氣和行動，產品的推陳出新始大有可能，在國際市場上才能佔一席位，投資大環境必因以大大改善。

其六，公營企業的領導。近二十多年來每一新興開發中國家莫不設立了一些公營事業，以之領導民營企業，帶動整個國家經濟的成長，已開發國家如美英也重視公營企業的經營，以之作為民營企業的尺度，庶有利於社會大眾民生福利的增進。我國以公營企業的經營為促進經濟發展的重心，早已見之於民生主義。政府在台灣地區，對於這一政策的執行也確已盡其應有的功能。今天，民營企業之所以能蓬勃興起，既往有公營企業作前驅領導，乃為成功的要因。目前公民營企業的生產比例，縱然降至三與一之比以下，但因公營企業多為中上游的基本工業，國防民生工業，如能繼續善盡其領導職能，即以各公營企業為中心，各別發展相關企業群組，建立所謂衛星工廠或關係企業，從而作整體之配合，共求發展。凡私人無力或無意興辦之重要企業，悉以公營企業型態作先驅開拓，再如以小額面股份，或公司債形式發行上市，並限制私人最高持有股份，以普遍吸收國民大眾儲金游資，則國營企業與大眾平民結合為一，對於安定民生又有其極大的積極性作用。一旦該公營實業營運者有績效後，即逐次轉讓於民營，以此資金再轉投入另一企業。如此有計劃地逐次發展，對於我國經建的推動和真實的貢獻，必然無法估計。當然，目前公營企業在經營管理方面的缺失必須革除不為功。不論如何，設能以周詳之規劃與決策的真誠動機公諸於民，取信於民，公營企業本身之經營管理方式決之於投資者大眾，一切以公開公正努力為之，必然大有可為，大效可期。

五

總之，年來我國機器設備的進口突然大幅下降，無論係由於民間投資意願低弱所致，抑係尚有無投資能力所形成，猶待探討。但如僅以減免捐稅方式，來激發民間投資意願，以加速資本形成，並不能保證收到立竿見影之效；他方面，民間投資者也不可能完全依賴於政府的優惠獎勵，可保障大賺其錢，必須力求進步，自助人助。如果政府與民間共同努力，創造一個公平公正的社會風氣，改善投資的大環境，眾志成城地發揮大團隊精神，這才是經建大目標達成的主要保證，所謂投資意願的激發也就微不足道了。

原載於《中國論壇》第四卷第七期

民國六十六 (1977) 年七月十日

建言方式的研究改進——推行獎勵建議制度

一

最近幾年來，每屆暑期，政府有關部門皆分別邀請海外學人回國，舉行「國家建設研究會」之類的研討會議，去年，中國國民黨為召開第十一屆全國代表大會，又特別發起了一項多元性的「建言計劃」。由於海外學人有如國之瑰寶，其踴躍回國與會的愛國情操，本於學術報國所作的建言，影響深遠，貢獻尤大。而「建言計劃」的推展，也大大激發了國人參與國事，為國效力的忠誠意願。今年暑期，學人回國參與各種研討會議，將必有一番盛況。而執政黨如為辦好選舉工作，再行發起全國性建言計劃，咸信也能獲得熱烈響應和良好的效果。

然而，每年在海外學人舉行研究會結束以後，總認之為尚未充分發揮其功能，而有主張成立一永久性委員會組織或專家小組，隨時備為政府顧問諮詢，以使人才「外流」做到人才「內用」。論及「建言計劃」則更希望將之建立為制度，「對於各方的建言，即使來自販夫走卒，應由中樞適當人員分別處理並答覆」。可見在建言興邦的方式上，如予研究改進，將能收到更多更大的成效。

二

很顯然，要改進加強海外學人參與各種研討會議的建言方式，

「建言計劃」必須成為制度，並重視任何個人意見，理由是能夠參加座談會議，能夠向公眾表示意見者畢竟是少數；一年一度的百「議」俱興，對於千頭萬緒日常政務的改進和加強，也有緩不濟急，難盡配合之處；所提「意見」則多屬一般性，原則性的檢討改進要點，能否採行，尚需作一可行性，實作性的研究；而意見提出以後，其接收、研議、處理與採行的作業程序，以至如何作適切之獎勵，如何使之成為眾所共知，便於共行的常軌制度，就成為亟待研究的中心課題。此亦即是如何擴大推行「獎勵建議制度」的課題。也唯有推行了「獎勵建議制度」，才是將結合所有海外學人隨時備為國用這一構想，能予具體實現；且是為鼓勵全民參與國事，隨時提供具體可行的興革建議，以匯合集體智慧，發揮集體創造力量，來創新制度，完成復國建國使命的最佳方式。

三

「獎勵建議制度」在美、英、加拿大以及歐洲其他先進國家，推行有年，且成效日著。政府機關視之為極具成效的管理制度，工商企業界則稱譽之為降低成本之鑰。無論從理論或實務而言，這項管理制度最能發揮參與管理和激勵管理的良好作用。由於「獎勵建議制度」著重就事實「問題」，以書面（設計專用之「建議表」）提供改進或創新的具體可用的辦法，並就所建議辦法作有「價值」分析，所以它不是如開座談會談些檢討批評的話；也不是如腦力激盪法提出一些異想天開的意見；更不是如意見箱設置辦法，只作些虛應故事的花招。而且，獎勵建議制度的推行計劃有負責承辦的單位，有專設的委員會，一旦建議案提出，其調查、審議、而至決定可否採行，以至核獎或函謝，皆依循明定的規章程序，作公正而迅確的處理，因而能激勵大眾，造成人人在研究的風氣，做到事事求發展的地步，而促進行政革新，縮短管理差距。且因有獎勵建議制度的推行，可以建立起雙向溝通，或直接溝通的管道，行政與學術可以因此而配合密切，可以將人力資源發揮到極致。

四

推行獎勵建議制度，可將建議者對象區分為兩大類，一為政府外部的國內外人士，另為政府內部的各級服行公職的員工。前者，國內外人士「獎勵建議制度」計劃之承辦可劃由各級行政機關研究發展單位。後者，政府機關內部員工建議案之處理，則歸由各單位人事部門承辦。

建議案之處理，雖因對象之不同，分為兩個系統，但其作業方式和處理程序並無實質上之相異。正如美國推行獎勵建議制度，係由國會立法，公佈於全國各政府與軍事單位然，我國亦宜由中央訂定推行該制度的法令規章，公佈週知，普遍推行於全國。學人建議就不必等待至一年一度的集會，政府機關只要持有一份完整的國內外人才調查資料，就可以將「建議案」主動寄送給有關學者專家，又為避免提出無法執行的建議辦法，並將有關「問題」的背景資料一併附送，學人了解問題所在，其建議辦法自能切符實際而可行。同時，國內外人士了解「獎勵建議制度」的實施辦法，也能就實際問題，主動提送「建議案」於有關部門。政府機關收到海內外人士建議案以後，立即回覆收件通知，在進行研議過程中與建議者保持聯繫，必要時請其補充說明建議辦法。研議結果，付諸執行者，依辦法獎勵之，不能執行者，除覆謝函中說明其原因，勉其另作建議而外，並保留其建議案採行權利二至三年，在此期間，一旦再考慮採行，仍依辦法獎勵之。

所謂「獎勵」，一般而言，包括有金錢和榮譽獎勵。事實上，為國建言的人士並不在於獲獎。可是，對於建議案提出後，是否受到重視，是否已作客觀而公正的調查研議，是否能予執行，可能比獲得獎勵感到重要。設計與推行「獎勵建議制度」自不必為「獎勵」的經費而有所躊躇。而且，推行「獎勵建議制度」來擴大結合國內外學人，來鼓勵全民參與「建言計劃」，至少有如下的優點：1. 國內外學者專家以至社會大眾人士可隨時向政府提供極有研究或是一得之見的建議，不必待至集會座談時再行建言。2. 政府需要解決的困難問題可以適時徵求而獲得實際可行的解決辦法。3. 「建議案」循明確而迅速的程序處理，可增進建議者興趣和信賴。4. 政府機關主管對建議案採行與否也可免卻左右為難的處境。但最主要的還是在於透過「獎勵建議制度」可將國內外人士緊密地結合起來，共為國家貢獻其智能，大團隊精神於焉真正而具體實現。

五

然而，最需推行「獎勵建議制度」的乃是政府機關內部。因為由各種研討會議所提出的原則性的改進意見，對於政策的決定大有可供採擇參考，但如何將這些建議意見一一付諸實施，則完全有賴於現行實際從事公職的中下層人士來進一步設想具體執行的辦法。尤其是「一般行政工作，不僅國外學人感到隔膜，即國內學人，亦因未躬親參與，亦未必能提出具體有益的意見，反而中下層基幹人員，因為接觸的實際事務太多，對其中利弊得失，自較任何人清楚」。再則，情境是不斷變遷的，即使設計相當週密的方案，仍須依情勢而適時適切地加以修正或增益，這就更有賴於實際從事公職的全體人員，除在本職上戮力從公而外，猶能貢獻其智慧才能，就所見所聞，主動建議，積極創造，各項施政方足成其大，方能成其久。

說來，蔣院長在十項革新指示中，早就明白規定：「向上級提供意見是每一工作人員之權利，接納部屬意見是每位主管的義務。」此後又倡導「意見公開」，並且指出：「一個好幹部，除了將上級交付的任務徹底執行而外，而且要能主動的提出許多辦法來改進自己的工作。」對於政府與民眾之間更希望做到「雙向溝通」。可是，總因沒有一套實實在在的具體的施行辦法，這些要求和期望似乎仍屬一種「觀念」。

蔣院長又曾說：「行政革新永無止境。」這確是至理名言。現在行政機關的研究發展工作在合作或委託研究方面確有不少的成果，但在行政上實際問題的解決方面，尚未能做到防微杜漸的地步。很多專題研究皆為早已發生，缺失可見的大問題，研究結果，提供了共通性的改進要點或原則，但能否適合於個別機關的特殊情境，顯然是個問題，再如牽涉及非本單位所能解決的困難，研究發展單位無能協助解決，如此研究發展只能在文書作業上求其表現，「公僕與納稅人」風波也就難免發生了。所以，在行政機關內部建立一種「人人可參與」的制度，培養「個個有責任」的大團隊精神，亦即推行獎勵建議制度，來鼓勵全員參與，重視任何個人良好建議。如此，可以滿足員工個人自我實現的成就慾，激發起員工「自願效力」的熱忱，共同為機關首長分擔憂勞，解決所面臨的問題；主動為團體進步而設想而適時提供具體可行的改進或創新的辦法，問題自可消弭於無形，團體自因以不斷進步。

六

政府機關推行「獎勵建議制度」，尤可將「四大公開」目的促其實現，使我大有為政府的功能更具體而積極的發揮出來。

首就「人事公開」而言，最為稱道的人事政策，乃是人才主義和功績主義。這一政策的實現，則在於透過公正的考核來擢拔真正的人才。現在行政上的人事考核考績是否公正，論者所舉弊端不一而足。蔣院長也曾慨歎其不實不確。歸因是主管考核考績欠缺一種公開性、客觀性的事實依據。加之，直屬主管對下級所作考核考績，機關首長無法盡知其詳，其他主管更無權過問，考核會議也就聊備一格，縱然主管公正賢明毫無偏私，所謂不公平之鳴也會由此而生。若建立「獎勵建議制度」，舉凡任何員工個人，為團體為工作有了特殊的貢獻，有良好的建議被採行而獲得獎勵的資料皆存於人事單位，作為人事上考核考績、升遷調補的主要依據，則「人事公開」，擢拔真正的人才，豈不有了紮實而可靠的基礎。

「經費公開」與「獎勵建議制度」似乎沒有直接的關係，可是，因員工建議，使機關經費支用能精打細算，節省了公帑，杜絕了浪費，尤其是增加了收益，正是將經費公開的精神和原則積極地實現了。

「意見公開」則與「獎勵建議制度」關係最為密切。因為「意見公開」如果只做到消極的批評，而無積極性的建議，則可能利未見之，弊端先生。現在機關裡推行「意見公開」之初，舉行動員月會，所以只能講講課，訓訓話，與此不無其因。「獎勵建議制度」則不然，它不著重申訴反映，或是檢討批評他人，而在於積極的提供建設性、創造性的建議，使工作日有改進，使團體不斷進步。如果將「意見公開」採取「獎勵建議制度」的實施辦法，鼓勵員工積極地為工作、為團體隨時提供興革的建議，設想出具體可行的辦法來共求進步，其成效豈止是做到雙向溝通，改進了工作方法，提高了工作效率，而一個機關的團隊精神，正由是而培養，而宏揚光大起來。

在「獎懲公開」方面，由於「獎勵建議制度」重在激勵，訂有明確而公正的獎勵政策，對於任何員工，不問其職務高低，只要對團體、對工作有所貢獻，提出良好的建議而被採納施行，皆適時而主動地公開表揚，加以適當的獎勵。一個人的努力能為上級所見識，意見為主管所重視，其成就為公眾所讚賞，他在機關團體中就會成為一個「快樂的工作員」，必然奮發有為，樂觀奮鬥。而違紀犯法也相對地消弭於無形。所以，獎勵建議制度的推行，對於「獎懲公開」具有更大更積極的意義，大大恢弘了四大公開的精神。

七

要之，推行很成功的「獎勵建議制度」，人人可以主動地貢獻他們所學所能，人人皆有表現才能的機會，而激發了他們潛在的能力與生命的活力。員工為組織目標努力實現的同時，也自我實現了他的願望，這正符合《企業人性面》作者麥克里格所說理論 Y 的「目標融合原則」，也實踐了管理大師德魯克一再強調重視的，要把員工當作「工作夥伴」看待，來建立管理團隊，作有效的管理。再如，以之擴大結合海內外人士，共為國家貢獻才智，使這兩者密切配合，則大至政策的決定，小至日常為民服務工作的改進，就皆有所恃，亦無不成功。而上下同心，內外一體的行動表現，造成了「建言興邦」人人有責的環境和風氣，其對開放的、大有為的政府運用集體智慧和集體創造的力量，使由行政革新而全面革新，以實現復國建國的大目標，其成效之大之著，影響之深之遠，必將未可限量也。

原載於《中央日報》

民國六十六 (1977) 年七月十二日

推行獎勵建議制度的要領

獎勵建議制度乃是基於行為科學的激勵理論和參與管理方法而推行的一種管理制度。其消極目的是為鼓勵員工們協助各級主管，就現行工作程序或生產方法主動地提供改進或創新的辦法，以提高工作效率，降低生產成本。其積極目的則在於發揮員工們潛在能力，運用集體智慧和集體創造的力量，亦即是增進人群關係，宏揚團隊精神，為組織目標的達成，而群策群力，保證貫徹。

獎勵建議制度，我國工商企業多稱之為「提案制度」，已根深蒂固地在很多工業先進國家的工商企業和政府機關建立起來，而且成效日見顯著。

以美國為例，據「全美建議制度協會」早在1971年五月的統計，全美國公司企業，其員工人數在一千人以上者，就有百分之六十以上，全美最大的五百家公司企業就有三百七十五家都推行了該制度，而且很多大公司企業，還將這項制度，推展到海外的子公司。

又據該協會1974年的年報統計，美國工商企業界普遍推行的結果，其投入—產出的平均比率，最低為一與六點五以上（據國際管理月刊最近報導，在日本與英國的公司推行這項制度，其收益有高至一與三十至五十之比，即每投入一元，可以收回三十至五十元的利益）。美國聯邦政府於1954年由國會立法，普遍推行於全國各行政機關與軍事單位，迄至1975年所節省的公帑或所得利益已超過四十二億美金。此外尚有很多難於估計的無形利益。所以，美國工商企業界無不稱譽之為降低生產成本之鑰，政府機關則認之為最具成效的管理制度。

我國工商企業界若干有抱負、有作為的企業主持人已在他們的公司組織裡推行了這項制度。然就我國整體發展方面來看，尚未形成風氣，普遍而認真地推行。不過筆者深信，我們工商企業主持人一旦認識這項制度，必然樂於推行。普遍推行結果，其成效也必能與美國工商企業界相比美。減少浪費，降低生產成本，才是紓解艱困，自求多福的最有效的途徑。

推行的程序

如何規劃推行獎勵建議制度，由於制度設計和推行方式常因實施單位的大小、工作性質的不同而各異。因此，如何建立自己的制度，並無統一規定的標準。不過，在建議案的處理方面，依據美國政府與工商企業各界推行三十餘年的經驗，在全美建議制度協會不斷研究改進之下，已得知若干必須循守的程序或要項。此可歸納為如下各點：

一、建議案之提出應書寫於規定的表格上，主要內容有三項：1.現行辦法。2.改進辦法。3.採行後之效果。

二、何人具有建議資格，何事可予建議，宜作明確之規定。

三、員工提出之建議案，須建立有直接溝通處理的管道。

四、每一建議案均編予永久性查考之案號，並將該案號註明於收文回執上，通知建議者。

五、建議案之可行性如何，須迅速交由專任或兼任之調查人員作一詳實調查，提出有無採行價值之報告，敘明可否之理由，以示負責。

六、建議案調查後，提送「審議委員會」予以覆核，作成可否採行之結論，提報主管核示。

七、對不採行之建議案，宜以謝函方式將原因復知原建議者，並鼓勵其再行另提建議。

八、可採行之建議案交付執行時須詳實登記起訖日期及其成效。

九、核獎辦法必須明確規定。對可計算利益者，通常以建議案實施後第一年所節省費用或所得利潤總額為基準，核予百分之六至二十之獎金。對不可計算之無形價值，另訂評核標準表。有貢獻之員工，並配合人事上用人唯才政策，優先擢用。

十、為保障建議者權益，須建立資料查詢檔案等等。所謂保障建議者權益，即二或三年內對原決定不予採行之建議案而又採行實施者，原建議者有申請接受頒獎之權利。

成功的要因

推行獎勵建議制度的辦法雖因單位不同而各別有異，但沒有比較性的好、壞、對、錯之分，要在能適合自己單位的情境。如就若干公司推行獎勵建議制度著有成效的經驗，來探討其推行成功的要因，可約為下列五項：

一、主管的支持。推行獎勵建議制度最首要的成功保證，在於高階層主管人員的支持。有銳意創新，積極進取的主管來領導，才能產生更多更大的成果。公司主持人對於獎勵建議制度的推行熱心而積極地予以支持，縱然委由一位能力平庸的行政人員來承辦這項計劃，也能獲得良好的成效。相反地，即使精明頂尖的某位主管來推動，如果不能獲得高階層主管合理的支持，也一樣難有作為。

二、基層主管人員的了解。通常，基層主管們總認為其單位內各項興革事項，上級主管是期望他們親自設想考慮。有時，他們也懷疑員工們建議的價值，或則憎厭要求其對建議案可行性進行調查，提出報告，或則頒授獎金之類的「額外」工作。因此，務須讓基層主管們體認到，推行獎勵建議制度，可以贏得員工們的忠誠與敬意，能增進工作效率，降低生產成本，以及可使他們工作輕鬆愉快，方能得到基層主管們足可信賴的支持。

三、做好準備工作。推行獎勵建議制度的計劃常因良好的醞釀和準備工作而奠建成功的基礎。但所謂醞釀，絕不是空喊口號地大事宣傳。要在決定推行該制度後，於正式開始實施前，為各級管理人員與員工們預置若干足以接受和適應的時日，並早期宣佈計劃內容，使全體員工對之有充分的了解。有關實施獎勵建議制度的規章及作業程序的小冊子，至少要在正式推行前一兩週編印分發。他如宣傳海報、公告欄、通訊刊物等等各種輔助措施，亦應準備週全。再如為全體基層主管以及其他重要人員舉辦訓練講習，使他們在計劃實施過程中能妥善的處理與解答員工的問題，則更有助益。

四、迅速而公正地處理建議案。當員工提出一項建議後，此項建議對他本人就形成關切的問題，他必然迫切地希望知道將發生何種作用，但並不永遠地期望著。假如建議案提出後，並未立刻接到收件回單，或則建議案提出數週後，仍未收到任何有關審議他提案的通知，他將深深感到主管們抹殺了他的建議，而斲喪其建議的熱誠。他方面，任何公司如果一味抱殘守缺，因循苟且地不求進步，不設法衝破陳軌，將會浪費所賺得的利潤，甚至為時代所淘汰。因此，迅速而慎重地處理各種建議案件，對於員工固屬重要，對公司經營發展也同樣重要。

五、成立建議案審議委員會。賦予某一個人對建議案具有採納或否決的權力，不僅對某些建議案可能會判斷錯誤，也可能常被責難為一偏私不公之人，這乃是成立委員會的主因之一。委員會的功能在於：1. 作業規程的制定與修正。2. 獎金額數的決定。3. 計劃的解釋與推動。4. 統計資料的審核與報告的撰擬。5. 接受與處理員工們申訴的案件。但如何使員工們了解建議制度審議委員會的決定，深信其對建議案能作公正的調查與決定，又為確保這項制度推行著有成效的重要課題。

原載於《經濟日報》

民國六十六 (1977) 年十月十日

決策者情報系統的設計（譯文）

編者按：情報系統一詞在我國流行已久，然對其真正了解者並不多。此文由理論談到實際，極具參考價值，譯筆尤其精彩。

S.D.Catalano、P.D.Wolker 作　朱承武譯

前言

自一九五〇年初期電子計算機引進到美國工商各界，其應用範圍之廣及其流傳之速，為其他任何技術所難望其項背。甚以，電子計算機在管理制度上所已發生的重大影響將必與日俱增。本論文旨在依賴 IBM 公司使用電子計算機的經驗，來論述其在管理上運用電子計算機變革的過程。此外，並敘述在 IBM 或其他龐大而複雜的公司組織中未來使用電子計算機的觀念與目標。

本文係作者就個人十餘年來從事電子計算機設計、安裝，以及指導電子計算機從業人員所獲得的經驗撰寫而成。同時，作者也從若干在管理情報系統工作方面著有貢獻的電子計算機專家們採擷了很多寶貴的經驗。由於 IBM 在電子計算機使用與發展方面一直保持「前導」（Leading Edge）的地位，作者在公司中得一重要職位，並能就電子計算機對於工商企業所已發生並將繼續發生無以倫比的衝擊加以申論和解說，至感榮幸。

本文內各章節都曾提送於很多專門職業社團、大學院校，以及若干大型公司的行政管理部門，就論作內容分別予以實驗，證明其可行性，而一致稱道讚譽，備加重視。

簡明的來說，本文要討論情報系統在大型公司裡所已具有和所能具有的功能。所謂情報系統之類設施，在今日說來已表現其為管理工具之鑰的功能，負有影響公司經營成敗的重大責任。本文即在為運用情報系統者提示一種歷程圖（Road-Map），來幫助他們適當地運用這項極具價值的工具。

所討論的主題大要如下：

1.龐大企業組織的定義。

2.從以特殊技術為本位的電子計算機設計者以至該企業的總經理，六個階層的程式設計師，給予一明確的界說。

3.管理情報系統的定義。

4.在大企業組織中情報系統所已發生的變革情形。

5.提供於總經理的情報系統的分類。

6.為調整設施和使用未來情報系統所需的技術革新的使命。

7.大型公司所面臨的組織上各種複雜問題。

8.為詮釋和闡揚觀念與目標所必須，特於本文中提示十三項具體改進實務。

一、情報系統管理

情報系統管理的任務係就情報系統職能所擁有的資料來源予以計劃和管制，因能使其適切而有效的加以運用。通常所謂資源可包括人力資源、物力資源、財政資源、科技知識資源，以及在所有資源當中最受限制的資源——時間。衡度任何情報系統的功能是否適切有效，其最基本的方法即是視其為該單位企業的總目標——如財政收入、生產支出、投資收益以及其他方面管理目標的達成，有何具體而良好的貢獻而定。

為了肆應上述任務的達成，首先需要為情報系統型式設計、工作指示、要求標準，及其全盤作業活動程序確定一整體觀念（Overal Concept）目標與切合實需的策略。

二、情境

今天，我們正處於電子計算機發展轉變時期，即是從過去純為某一單項作業功能或某一單位部門提供服務工作的「資料處理」作（Data Processing）時代，轉變至成為整個組織中樞紐部門的「情報系統」（Information System）時代。

「資料」（Data）現在已將之視為猶如傳統上眾所共認的關鍵資源，如人與錢一樣重要的資源。但不幸的是，雖然我們已經為了管理眾所共認的資源製訂了一種特殊而明晰的譯碼（Coding）以及分類制度，可是我們還沒有一種能將資料資源予以充分運用的相類似法則。例如主計人員有他們自己的工作要求標準和作業程序來管理與控制現金資源，人事單位有統一的法令制度來發現人力資源。可是迄今就沒有相似的設計（Architecture）來管理與控制爆炸性的資料資源。為了作進一步比較，關於源資、控制與管理此三者之間關係，可作如下說明：

資源種類	處理程序
人員	組織
金錢	預算
資料	情報系統

在此，首先容我們就龐大組織的特性作一簡要說明，因為此類組織特別須要一種整體設計的情報系統。茲提出可用以詮釋龐大組織的事實因素，要如下列各項：

△**組織大小**——此須以各種方式來衡量：諸如員工人數、業務費預算、各地區分單位的數目，以及服務對象的多寡（如顧客、學生、居民）等等衡度之。

△**蛻變速度**——此可從企業成長率、生產技術革新、短期產品壽命，以及外在情境變遷對組織所發生衝擊的程序高低如何等方面來決定之。

△**生產與服務的複雜程序**——即其生產部門或組織單位之間負有彼此高度依存的特性。

△**對現在資源要求與有效利用的績效**——亦就是該組織有一種其經營需求和收益機會遠超過資源供應的情境。

這些大型組織不僅存在於工商企業各界，而且也存在於聯邦政府、州與市政府；存在於大型的大學、大型的財政金融機構以及存在於其他組織龐大，變遷迅速，資源需求超過舊有制度和組織系統可以供應能量的單位內。

須加注意的，我們在使用電子計算機和系統設計方面所欲考慮的，乃是由單位組織大小及其複雜性所構成的問題。但無論如何，情報系統的設計與管理的基本定理原則，即使不是大型企業單位都可適用，不過，有些讀者也可能會感覺到，在本文中所提示的定理原則過於精密複雜，又有些讀者則可能認為在此所討論及的各項問題還是第一次所見及，或者，至少，它是著重於以系統為主體而與現行技術理論有所不同。

正因如此，當我們常常有機會與情報系統單位，與很多大型企業、教育和政府單位管理者討論有關情報系統管理職能方面的問題，我們研究人員問得最多的問題乃是：「您是如何設計和考核情報系統？」在本文裡也就研討此類思想觀念和實際作法。

三、職能

為了確使本文著者與讀者之間雙方溝通瞭解，在管理與情報系統範圍內有關思想觀念和專門名詞首需要作一確當的定義。又為簡明起見，在該公司裡各個職位的功能也應予以明確的區分。故本文中將詮釋一項公認的極其基本的專有名詞，即「程式師」，希能因此，在思想觀念的溝通方面達到明晰而正確的程度。

通常所稱「程式師」（Programmer）乃是「一能運用現在處理工具，將『一系列指示事項』組合成合乎理則次序的計劃，以實現所希望的作業程序或功能之人」。雖然電子計算機程式師很自然的認為「程式師」這一職銜正如其他專門職業是一種專稱，但如就前述解釋，也可很恰當地用於其他類似的工作人員。最好的例證，如作曲者，即是藝術方面的程式師，因為他能將一系列指示（思想觀念）組成了樂譜（即合乎理則的計劃），而以樂器作為演奏（處理）的工具。

圖表一：程式計劃的等階層級

階層	程式師	設計標的	指令業	工具
1	電腦系統設計師	電腦系統	設計理則	電腦
2	程式系統設計師	作業系統 語言處理	機器指令基本符號傳釋制度	電腦
3	應用程式程式師	部門之經營管理	程式語言（通用商業語言程式）	電腦
4	情報系統設計師	情報之傳遞方法設計與基本資料之	企業之職能電腦應用資料素材	情報系統資源

		鑑定運用		
5	組織設計師	權職分明的組織	企業之職能管理方法及內部分工	管理制度
6	總經理	投資所得的利潤	生產計劃企業目標預算	企業之單位與資源

在企業方面，有很多顯然不同等階的程式師，正如第一圖例中提出了，在龐大複雜的公司中常可見及的六個等級階層的程式師。這些定義界說將會有益於確定情報系統設計師（Architect）與該組織中其他所熟知的有關職位的工作關係。

電子計算機是一、二、三階層程式師的處理工具，但在第四階層的程式師，其處理工具則完全是從情報系統職能中所標示（Identified）的全盤情報資源。

情報系統設計師（Architect）為第五與第六階層的程式師，在此類層級結構組織系統中提供了邏輯鏈（Logicl Link）。然在不太繁複的單位組織中，第三、第四階層的程式師可予，並且應予合併。同樣，在組織非常龐大而分工繁複的單位中，或則電子計算機製造單位，第一、第二階層的程式師也不見得會將之納入組織之中。

四、管理情報系統

「管理情報系統」一詞已為很多人予以濫用。可是我們認為，除非將各不相同的管理階層予以很明確的界說，以及他們之間各不相同的權責劃分清楚，這一名詞的應用，很難予人正確的認識。在圖表二中顯示了一個單位組織之中三種典型的階層：總管、部門和運作單位（Genearl, Function and Operational）。在圖表二中我們還可更進一步地在運作單位與部門階層中區分了基本業務（Initiative）與行政管理的種種活動。例如銷售部門的經理，銷售行為就是其基本業務行為。因此，處理訂貨單則是行政管理的行為。銷售部門經理從事處理訂貨單所使用的時間總數，就不應不成比例地多於他們為基本業務所使用的時間。如何始能適當地從事基本業務活動問題，此因管理階層不同而有別，但必須以能發揮組織功能作為評估決定的準據。

情報系統的功能（Function）猶如「生命的血液」（Life Blood）它是與組織結合為一，不可截然劃分獨立存在的。實際上，兩者正是相輔相成，同等重要。簡言之，情報系統主要功能要在使每一階層管理人員能增進他們用於首要的基本業務——如銷售、服務、製造以及研究發展等等的工作時間。然而，我們在電子計算機應用方面，正處轉變交替時期，即從僅為某部門中某項作業管理系統，轉變到可為總經理提供情報下定決策的系統。對龐大繁複的公司而言，這兩種制度的設計有極其顯著的差別。

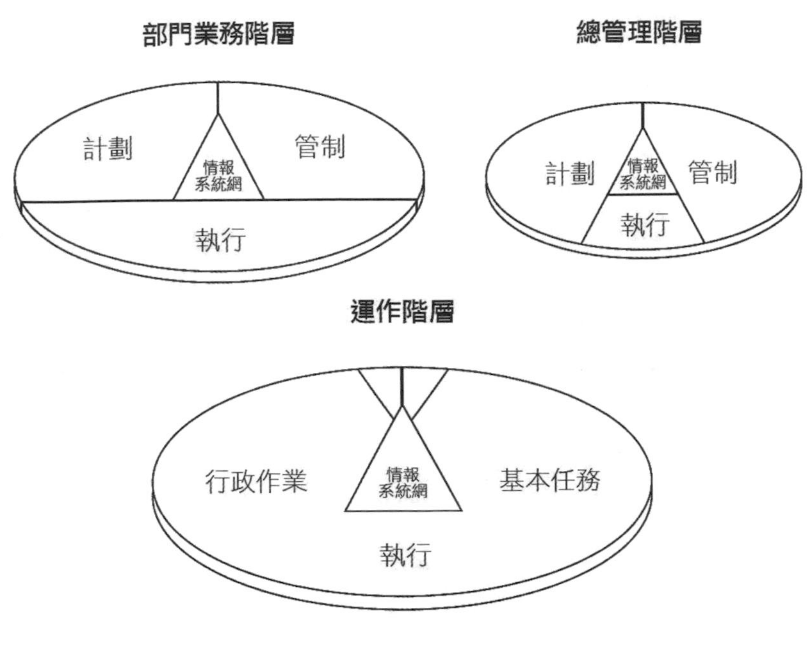

圖二：管理層級

五、情報系統的變革

為提供一種足以瞭解龐大而複雜的單位組織中情報系統實際情況，容我們就情報系統的變革早已發生於電子計算機用戶之間的一事略加引論。

早在一九五〇年初期以至一九六〇年初期，電子計算機主要視之為解決某部門作業問題的一種甚具使用價值的工具。因此，電子計算機就通常使用於某一部門組織如財務、製造、人事部門等。在很大的單位組織中，電子計算機還可由某一部門分單位所使用。可是每一使用單位電子計算機的作業制度則是各自獨立的。

約在一九五〇年後期以至一九六〇年初期，終於體識到有關資料銀行（Data Bank）在作業系統部分所產生的情報，對於支持部門管理者所需的情報並無實際效用。那時，資料銀行僅為各種經營管理部門提供其綜合性檔案資料。例如財務和市場調查；經營管理方面現已存有客戶方面的情報資料；人事管理方面存有員工方面的情報資料；採購管理方面存有販賣者（Vendor）的情報資料。但由於末端工作站設計方面的技術發展與進步，電子計算機系統能量的增進，以及網狀通信能量的提高，而給合了這些部門綜合功能的資料庫，且益以為發展普遍化軟體計劃的急切所需，要從這些資料檔案中吸取經過研判分析而得的情報資料，「管理情報系統」一詞於焉產生。如前所提示，我們認為這一名詞並不精確。如就其資料所表現為能量來說，稱之為「詢問系統」（Inquiry System）時期，或則充其量稱之為「艾拉管理詢問系統」（Era of Management Inquiry Systeem）時期而已（註：ERA 全文 Engineering Research Associates 為工程研究部）。

在我們所稱「企業經營需要」（Operationae Business Need）時期（一九五四－－一九六一），各種系統都是在未經協調和不據學理準則方式下設計而成的。各種檔案資料都是支離破碎，此因為分權作業所致。此後，以歸併統合與經常提供情報資料的基地，就成為某一部管理範圍之內趨向集權化所必須的集中化關鍵檔案（Centralize Key-Files）。同時，變得更顯著的是，將資料和方法所代表的意義及作用予以標準化，成為必須的步驟。而且由於在企業經營需要時期所設計而成的資料組成系統，其內容範圍非常之廣泛，它仍需發展一種具有高度效能和效率的統一化的軟體程式，始能對之作適度的肆應。也惟有能建立在「標準資料基地」（Standard

Data Bases）的處理系統，才能取代今天分歧繁複的資料處理系統而予以統合化。

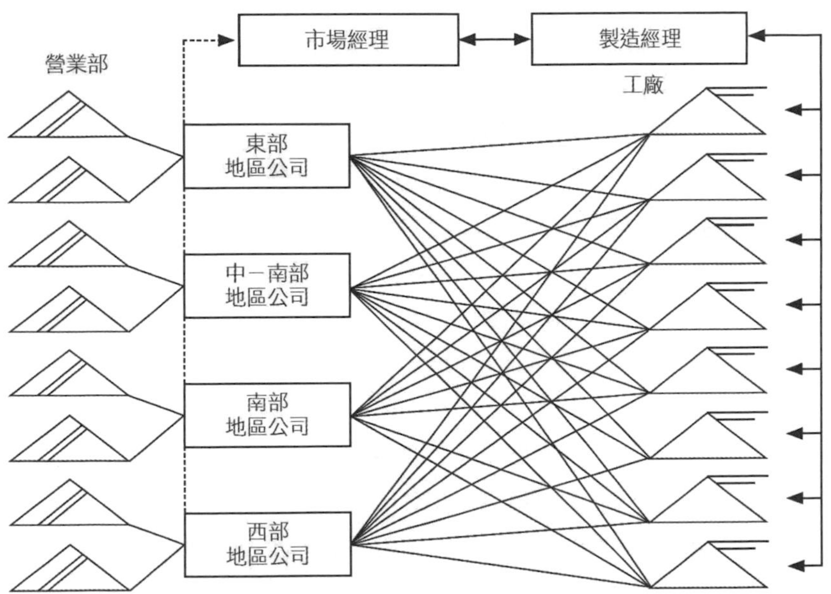

圖三：生產登記與處理程序（業務管理系統設計）

目前，「管理詢問系統」已經發展並且繼續發展其軟體的能量。這些統合化的詢問制度是與資料基地結構並行運用的。同時也創制了「部門管理情報系統」（Functional Management Information System）。這兩者的區別是，後者之計劃與設計係為滿足部門經理人員的目標與所需。因此，前者乃係另一目的的系統設計的產物。使用管理詢問制度，在今天已使經營管理上過去認為甚難獲致的情報資料也能極其順利地取得。同時，它也使組織系統能更滿意地適應了較高階層經理人員在各種問題方面特別的需求。今天，若干主要業務系統（Functional System）如市場調查、生產製造，以及研究發展等等仍在發展之中。這些系統的發展始於一九六〇年初期繼續到一九七〇年初期。

圖表三所示關於「資料流程」（Data Flows）錯綜複雜的交通網係由有關「業務系統」（Operational System）所構成的。這一資料流程係從市場部門作業基點傳達至生產部門作業基點。每一部門高階層主管人員對於他權責範圍以內主要活動並不能獲得完整的情報資料。此外，由於每一業務系統又有各別的差距，一旦經營急速發展，很難及時配合密切地採取權宜措施。不僅如此，由於不能適時獲得情報資料，資料結構（Data Structure）又各有一不同，以及所用辭句一般皆缺乏明確一致的定義，以致使主管很難對其處境，即市場需求為先，抑係生產供應第一，作一明智的抉擇。

圖例四所示，部門管理情報系統在市場與生產兩部門建立起來以解決上述種種問題。其執行之任務與圖例三所示系統之業務功能相同，但是各個市場與生產部門經理可以經常獲得有關他們所主管部門的最新資料。隨著這種改良的系統設計，在組織上與管理上的實務也就有所變革（指第五階層程式設計師）。

部門管理情報系統設計時代很可能繼續到七十年代中期。所以，我們可以說今天是為設計支持「總經理」（General Manager）的情報系統在繪圖打樣，奠建基石。在圖例五中所示為「層級結構的情報系統發展」（Hierarchy of Information System Development）的變革經過，圖中頂端所示，為今天總經理們管理決策參證，與計劃、執行（管制），及考核所需要的兩種情報系統，通常，總經理們一旦處於重要資源──如合格員工、資金、金錢──漸感缺乏而對之又孔需甚亟之際，對於資源作最有利之運用就益見其極端重要。在龐大而複雜的公司裡，如果缺少一種精確完整的資源分類結構和提供情報的系統，欲求做到這一點就極其困難。然而，總經理必須有能力使用有效方法來計劃、管制和衡量他的資源。因此，他就必須擁有最好的工具來協助他來下定決策。

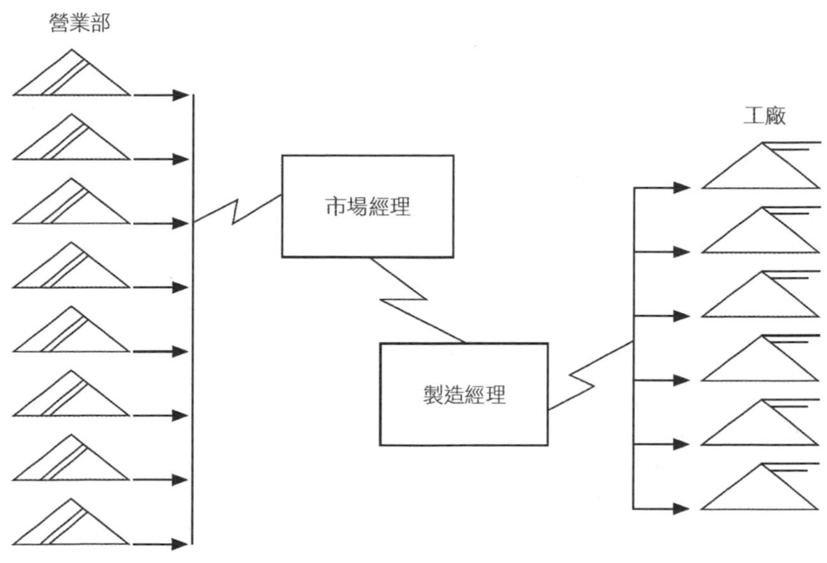

圖四：生產登記與處理程序（業務管理系統設計）

我們深信未來的情報系統欲使其發生效能，必須以「總經理的觀點」（General Management Point of View）來設計。此有兩點：即設計業務系統的作業程序以及研訂一種可以普遍施行的一般規章（General Convention）來掌握關鍵資料。在這個新時代，資料是被認為關鍵資源而且必須依其性質有效地加以管理運用。不過，就今天很多使用大型繁複電子計算機的用戶實際情形來看，有關必須的規章尚待建立。

下列所討論的仍是情報系統活動的主要部分。但因其情報系統的設計並未與「總經理觀點」相符一致，故採用「資料－管理系統設計」（Data-Management System Design）一詞稱述之。

六、為總經理所分類的情報系統

在一九五〇年初期及中期，電子計算機使用者，對於電子計算機應用的區分非常不嚴謹，一般都稱凡屬快速處理二進位的電子計算機稱為「科學應用」型。二進位碼十進位數字的電子計算機則列為「商業應用」型。今天，我們區分電子計算機主要準據部分乃係就該系統必須滿足某一「企業經營所需」，以及各別的裝備設施兩者而定。由於情報系統不僅僅注重資料處理的裝備設施，而極其重視的乃是該制度在企業管理各部門中溝通情報的全面性的經營效能。因此，我們就須注意到電子計算機與非電子計算機雙方面的功能。

正如主計長為計劃與管理現金而訂有「主計規程」，在情報系統職能方面，為了計劃與管理如何使用情報系統的資源，也建立了一套很精確的分類制度。今天，為了管制與計劃的目的，在這方面所作的各種努力（Effort）可歸併成為下列五大部分：

▲經營

▲生產程序

▲生產種類

▲支援生產

▲科技

上述五大主要部分皆關係於與總經理情報系統所需者有關，茲分別詮釋如下：

經營部分──在支援總經理方面可將之複分入業務系統與計劃：管制及管理系統兩大部分。業務系統所關切的是，如何掌握足可影響關鍵資源（諸如生產、現金、人員、資料）的營運量。而計劃、管制，以及考核乃係為支援總經理就其權責範圍內管理「事業單位」（Business Unit）的系統。

圖例六所示乃係有關總經理與關鍵事業經營系統之間關係。

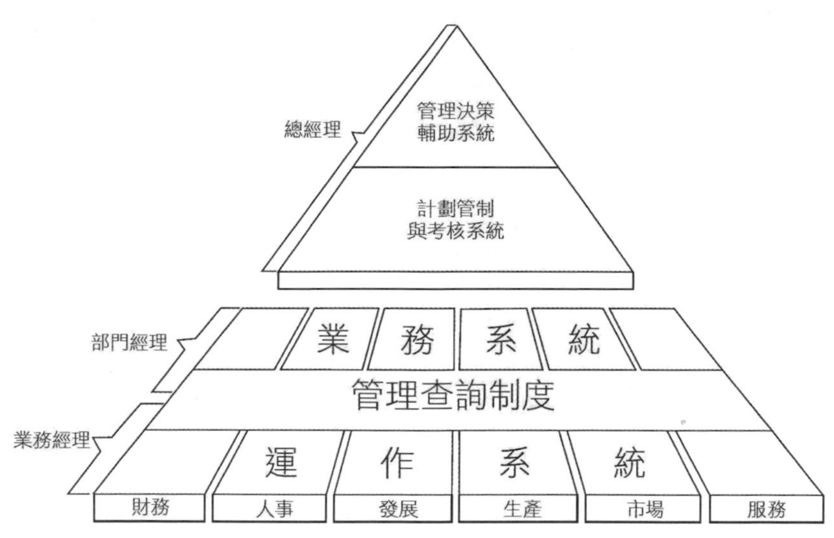

圖五：情報系統的革新

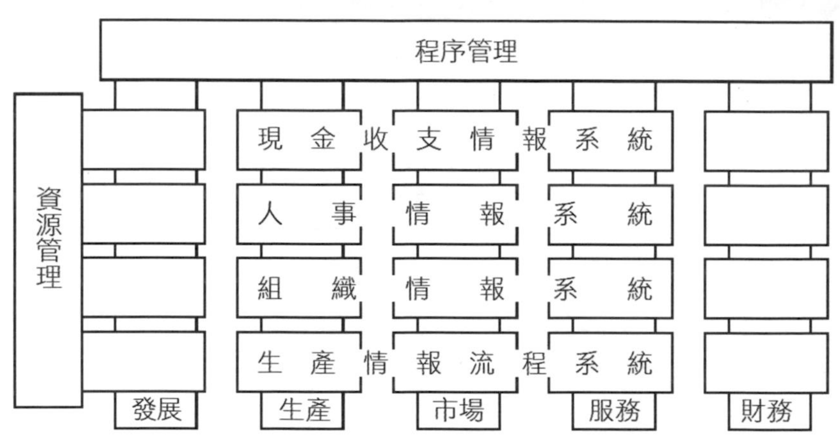

圖六：總經理的業務單位

圖例六所示乃係有關總經理與關鍵事業經營系統之間關係。公司組織或「事業單位」包括有「部門的程序管理功能」（Functional Process Management Functions），即圖中由垂直線所示──發展、製造、市場、服務以及財務；以及「部門的資源管理功能」（Functional Resource Management Functions），即由同表中水平線所示──如現金、人事、組織情報系統以及生產情報流程系統（但本表並未包括所有可能的資源或部門功能在內）。對於這些整體經營作業以及資源企劃予以有效且具效率地管理乃是總經理無可旁貸之責。他必須有能力來評估與平衡其工作指派，以及在各別處理程序中，對重要資源作最有利的使用。

舉例來說，他必須能體識到市場上在何種時期的銷售需求量將會遠超過製造供應的能量。在龐大而複雜的單位組織，並且生產種類繁雜、技術變遷迅速以及處於長期衝擊情境中，總經理就更須有能力來評估與經營目標和業務開展有關的外在可能的情境和內部計劃，作為雙方的影響與效力如何。因此，支援總經理此項職務上的要求乃就成為情報系統設施的主要目標。

總經理在計劃、管制方面的責任，參圖例二，乃是其職務上極其重要的內容。我們正如其他公司一樣，現在依舊對這些與情報系統有關而設定的責任及其彼此關係予以明確區分。如圖例七所示，即是目前我們對於管理階層以及計劃、管制、與考核之間關係構想中的區別界限。業務經營計劃作業程序已經全面推展開來，而且成為各個部門之間溝通協調以及為整體管理提供一種能力，可使各部門業務均衡發展的一種最重要的程序。不過，除非此類計劃程序特別著重在持續作為的基礎上，以及可以充分發揮情報系統職能上的優點，此種程序是不能完全地有效。可是，過去的計劃作為正是一種靜態的程序——每年擬訂兩次。今加以「總經理觀點」而設計的情報系統，即利用資料管理系統設計，當能使計劃持續作為的技術問題迎刃而解。

發展持續計劃制度在技術上是可行的，但是就我們知識所知，在任何地方任何龐大而複雜的公司組織裏還未完全做到這般地步。今天我們正以設計一種非常精密而有效的計劃系統，以持續作業程序來改進現行缺失，作為努力以赴的目標之一。也惟有將該作業程序納入情報系統網的整體之中殆能成功能。

整體經營管理系統概念圖如圖例十五所示（刊後期）。在龐大而複雜且以技術為本位的企業，很少人會對計劃作為制度的需要及其價值發生爭論，但很少人可就此觀點對計劃成本加以評估。也就是在極大多數大公司裏，尚未將計劃作為潛在價值充分發揮出來，未能認識其最大價值之所以未能發揮到極致，其關鍵問題乃是計劃管制與考核還未在整體基礎上持續的推行之故。

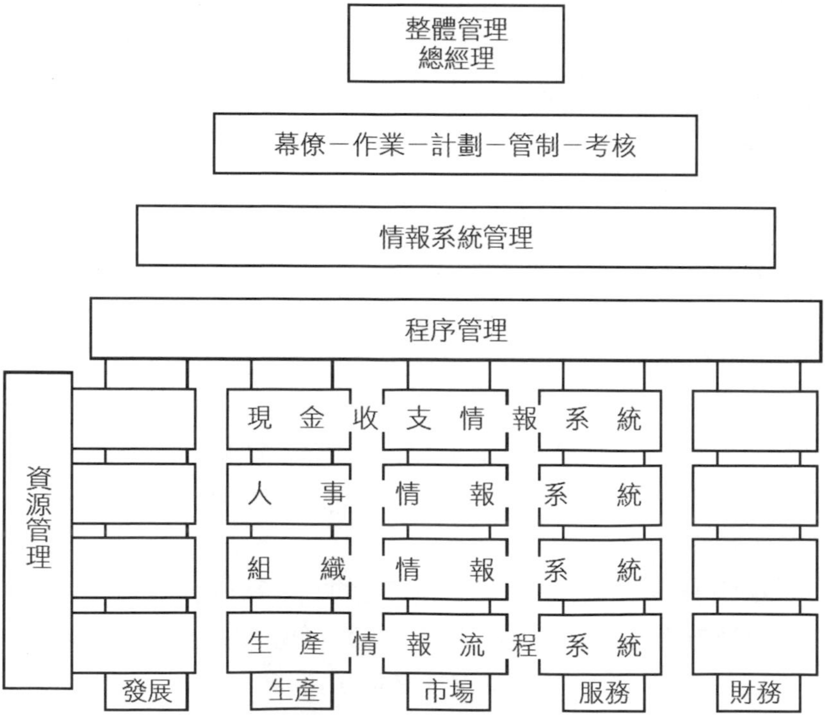

整體管理
總經理
幕僚－作業－計劃－管制－考核
情報系統管理
程序管理
資源管理
現金收支情報系統
人事情報系統
組織情報系統
生產情報流程系統
發展
生產
市場
服務
財務

圖六：總經理的業務單位

其次，討論有關總經理的另一種情報系統部分，即生產程序部分。今天的電子計算機可以用於設計電子計算機和其他有關的產品。這些「生產設計」（Product Design）的應用是在工程發展部門很有組織的發展。但是應用設計所產生的「理則資料」（Logie Data）必須由製造部門中為自動處理和應用層級管制的系統來運用。在此部分另一種「資料流程」可提供給客戶的乃係該項已發展的各類計劃系統生產的程序——即作業系統或語言程式——。

在上述例舉的雙方資料予人是不易理解的，但是這種資料在機械處理過程中是會瞭解的。這些都是屬於整體管理系統，因他們直接與我們以新產品提供市場和對現有產品予以技術改良的能力有關。他們並不因陳舊觀念或地域區別而有停滯不進。對於高度技術性的工業而言，對這些關鍵資料在各使用部門之間的流傳時間使其縮短到最小限度乃是最基本的要求。

現在我們討論生產種類部分，因為他是有關於總經理和業務門雙方面的情報系統。電子計算機以及其他非常繁複的生產，為了各類用戶保持計劃實施以及生產作業傳達所需的全部情報，而要求更多更充實的紀錄資料（Documentation），類此問題亦存在於廣泛的工作領域裏，從國稅局通知國民如何繳納所得稅，以至於國家太空計劃蒐集與應用所必須的無盡數的太空資料皆是。現在一種有時序地書面手冊已成為達成這一願望的手段。但是需用以詮釋非常複雜的生產或是作業程序的紀錄資料其數量是不斷增進，而且可能很迅速地超乎個人所能理解所及的程度。新的技術已為必須。電子計算機正是一種可提供新的方法——即是經由電子計算機訓令的協助與資料反饋作用來推動作業的工具。此外，發展一種繁複、有高度技術性的新產品，電子計算機同樣能藉技術性的查詢與指導方面溝通其情報資料，有助於龐大且為地域所分割而獨立的技術性幕部門的作業。在生產作業達到發展頂峰（Plateaus）之際也可使重複多餘的情報資料降低至最低限度。無庸置疑的是，欲求達到這一點，除非使用者所提供的產品能瞭解其使用方法，總經理將會面臨一種由於他的事業單位執行無方，以致拖延和喪失市場，結果減少他產品的可能收入。

生產支援部分，此與使用電子計算製造的裝備設施──諸如程式系統發展、生產試驗、顧客測驗中心，以及在電子計算機生產程式方面提供其他所需要的支援 職能者有關。總經理在選擇產品以及開拓市場方面負有重大的責任，生產支援自然成為總經理極關心的事。

科技部分是提供電子計算機的權力予面臨有非常複雜問題的工程師、科學家或數學家個人有關。此項定義可能為古典的科學系統應用者所爭論。因為這些人將「科學的系統」（Scientific System）與電子計算機的特定歸類相提並論者有關。現在的分類是基於「經營所需」（Business Need）。在當前分類型態中一項關鍵因素乃是彼此依靠其他組織（Groups）提供資料和持續處理的作為。同樣，總經理在全盤生產領域中對用於支援科學化系統研究發展費用的總數能夠並且必須逕予決定；為應各部門作業需求，在技術上也能使之共同享有處理的權力，成為這一情報系統管理所關切之事。因此，在可能範圍裡增強處理權力與有效利用科技資料至最大極限，以及在獲利極限之內和整體管理範圍之內提供適切的服務，應是為竭力以赴的目標。

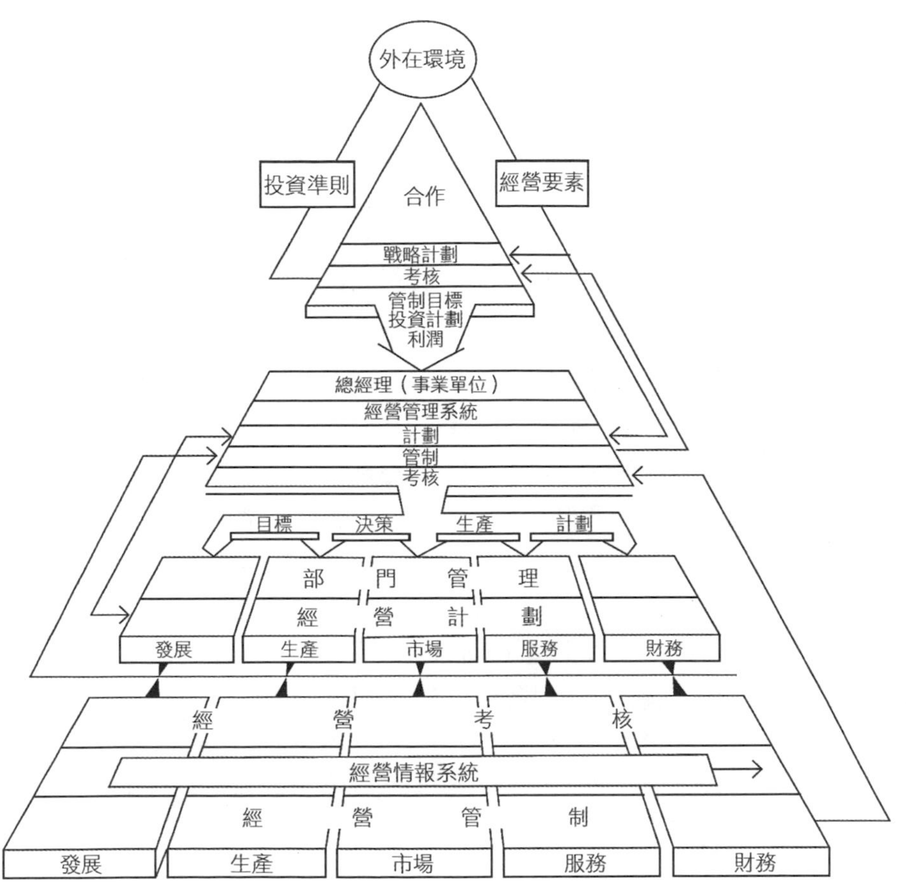

圖七：計劃、管制、與考核層級設計概念

前章已經簡明扼要詮釋了情報系統部分以及與總經理之間關係。其中包括了多方面的問題，抑言之，即電子計算機能夠並且必須用於解決今天以及明日存在於龐大而複雜的公司複合生產

（Complex Product）方面的問題。從支援經營作業需求的系統設計轉變至支持總經理的系統設計乃是一項極具挑戰性的事業。此因它自身有其可敬畏之點。對於任一企業的目標，只要是為繼續生存以增進利潤，它就可以成為唯一可取的上策（Alternative）。因為沒有一個單位和組織擁有取之不盡的豐富資源來實行它的總體任務。這就需要為確定優先順序建立一種價值結構。

七、考核

今日尚無任何組織能夠在運作單位、業務部門以及總經理三個階層就他們全盤經營利益目標提供獨立的情報系統。此外，我們在各方面仍面臨有一種更迫切的問題，即是起於無法引進具有足夠知能的勝任的人來支援我們現行的系統以及發展一種新的制度。因此，我們必預設計一種能用於企業管理實現其目標的制度，同時要設計一種足能保存（Conserve）我們人力資源的制度。亦即從總經理觀點來設計的制度以支援（Support）雙方面的目標。在此，容我們談論考核方面有關策訂運用資源優先順序的評估要項。

在情報系統管理方面，於圖例一中已明證到對每一種計劃方案皆有一種層級結構的考核程序。不過考核程序可就其有關的計劃階層將之歸併為兩大不同的類別。

1.企業經營成效（在第 4、5 及 6 計劃階層）

2.技術效率（Technical Efficiency）在第 1、2、3 計劃階層

企業經營成效的考核乃是衡量與企業經營單位全盤目標有關之各別計劃方案及其活動所獲致何種價值的一種方法。就一般情形來說，在這種考核程序中包括有若干衡量的準則，諸如利潤、歲入、成本以及投資的收益等等便是。

技術效率的考核所關切的是在執行所負任務過程中對於資料處理組態（Configuration）評核其如何使用的方法。通常，其評核尺度包括有內部處理速度、普及程度、回復時間、編譯程式性別、高層作業系統以及在端站導向應用反映的時間等等。

由於一項個別計劃方案的實施，或是電子計算機的應用，可使其著有效率，但不一定是有成效的。所以首要在決定什麼是成效，然後再談到為符合成效的標準，如何以各種有效率的活動來執行所要實施的計劃方案。

過去，為了決定成效為先，抑係效率第一，在各種考核方式之間存有一種很大的差距。如何使這種差距縮短，同時認識其間確有一種非常確定的垂直關係（包括上行與下行雙方面的）——而且，使之成為全盤考核程序的重要部分，就成為我們工作的主要目標。

情報系統設計師或是第四階層程式設計師有關在情報系統所擔負的工作，不僅要滿足總經理所策訂的全盤企業經營目標以及企業功能要求——即是經營成效；而且要做到該部門現在資源最有利的應用——即效率。準此，凡屬較大而繁複的單位組織，就必須適切地考核他們情報系統的要求要項。

八、組織上的繁複問題（Organizational Implications）

組織為了生存必須隨所處環境的變遷而有所變革。可是今天為了支持不斷變遷的技術上的需求，或是繁複產品的發現，組織因以發展變遷的結果，其龐大而複雜的情況真是到了史無前例的地步。組織上的哲學思想及其實際應用就必須為這些變革過程預為設想。正如情報系統設計師與應用程式師的各種活動不可分割獨立一樣，組織的本體與組織設計師的各種活動也需彼此適應而不可分割獨立。

正如把現代噴射引擎裝配到噴射時代前期所設計的飛機上的錯誤一樣，今天如果低估了極富權能的管理工具而將之置於結構不健全的組織和納入陳舊的管理狀態中，也是同樣地錯誤。

從一九三〇年到一九五〇年，有很多公司，由於組織龐大而無法控制，於是從集權制管理方式轉變為分權制管理方式。現在電子計算機以及現代各種管理方法的應用又為管理者提供一種重新考慮集權制管理方式的時機。可是，如果認為現在所採取的集權制管理方式猶如一九五〇年以前實施的一樣，那又大錯特錯了。

九、限制

欲實現上述經營目標及觀念，我們當可瞭解到所面臨的若干限制，在過去許多限制當中最為顯著者如下。

（一）縱然觀念是極其明顯地易於瞭解，但是極其繁重的工作驅使著今天的主管人員，以及今天的電子計算機專家們皆牽涉到若干與實際目標相去甚遠的技術上及其應用方法的難題。

（二）今天的考核制度是以一個年度為基準，而此一轉變（Conversion）則是屬於一種持續考核的歷程，有關每一發展方案必須要若干具體可行的周詳計劃，通常每一計劃方案又需要二至五年始能見其著有成效的實績。

（三）對於稀有資源的運用未收到相當價值時，如何予以不斷地發展使其不再囿限於低等價值的活動。例如計劃程式的轉變（不需要有很明顯的新的系統設計）、累贅技術的發展（Redundant Technigue Development）、細末事件的檢討（Insiqificant Evaluaton）（如編譯速度、程式比較）等。

（四）由於遭遇意外的阻撓而不能達到企業與技術上所競爭的目標。

（五）如何以管理再教育方式使公司能將最佳的整體利益置於局部的下層組織的利益之上來下定決策。此即適度抑制次適度（Optimization Versus Supoptiization）的問題。

（六）高階層經理人員為情報系統職能設定全盤方針所瞭解與涉及的問題，通常所關切的是技術效率重於企業經營成效。

十、設計要務（Architecture Tasks）

在這一章節裡我們將提示各種活動以尋求在過去系統設計為何由滿足企業經營上的需求而轉變到三種管理階層作業系統設計；同時也能對企業經營上的需求作更有成效的支持。圖例八所示為用以詮釋（Define）和制訂新設計體系所要致力的關鍵任務。必須要認清的是，此種轉變並非一蹴而成，它須經由持續不斷地就現代企業經營所需而漸次更進。事實上，這些任務並未產生某種確定的界說或定義。他們的活動要在持續不斷鍥而不捨地努力，以適應內部與外在不斷變遷的境遇，來達成其未來不斷變易的目標。

為了簡明起見，茲將就這些任務逐一加以梗述。又為了便於參考，每一任務皆予一編號。但因在這些任務之間彼此依賴性是非常之大；所以給予之編號並不僅僅表示其先後次序的連續性質。

正如前章所論及的，情報系統結構與組織計劃是不可分割。故言首要的基本任務（任務一）──它必須持續不斷地全程貫徹──乃是有關於明確劃分整個單位組織內各部門的關係。與此更有莫大關係的，是確定情報系統部門的任務及其決策程序以之與其他各種企業經營關鍵部門如生產發展、財務政策、組織計劃等等決策程序能作綿密之結合。

任務二、「設計資料分類」係有關於建立一種管理資料所必須的規程；同時主管負責修訂譯碼使其切符今日企業經營在計劃與管制企業方面所需的資料一一予以編號。這可包括重新評估用於查證重要企業資源──如人員、現金等等──譯碼的結構及其用於計劃與管制新近發現的資源──資料的一種新秩序。建立資料分類結構方面的秩序，其目標乃是──（1）為情報系統方案計劃、管制與考核制度建立一種統一驗證的譯碼；（2）在情報流程體系中建立一種結構來為每一系統與次系統以及應用方法予以邏輯地研析；（3）以一種標準結構來從事與研究，並使之通行於電子計算機所有工作系統中，俾建立標準的報告制度；（4）一種資料辭典與指南（Dictionary and Directory）的分類編號制度……以及為建立（5）一種用於情報系統回復與管制的標準制度。

任務三、即「現狀研究與情報流程計劃」，此係為基本企業經營業務及其彼此依持的情報需求提供一種「路線圖」（Roadmap）。同時也將有關支援這些企業經營業務的情報資料及其情報流程融會於電腦通訊的應用程式。為在「總體層級」（Macro Level）建立與維持關鍵情報網，即指前節所詮釋的關鍵情報系統部分──如經營、生產程序、生產種類（Description）──將整個問題予以復分；在企業經營部分，又分別依據關鍵資源──如現金、生產、人力等等，再進一步予以復分，如圖例八所示。

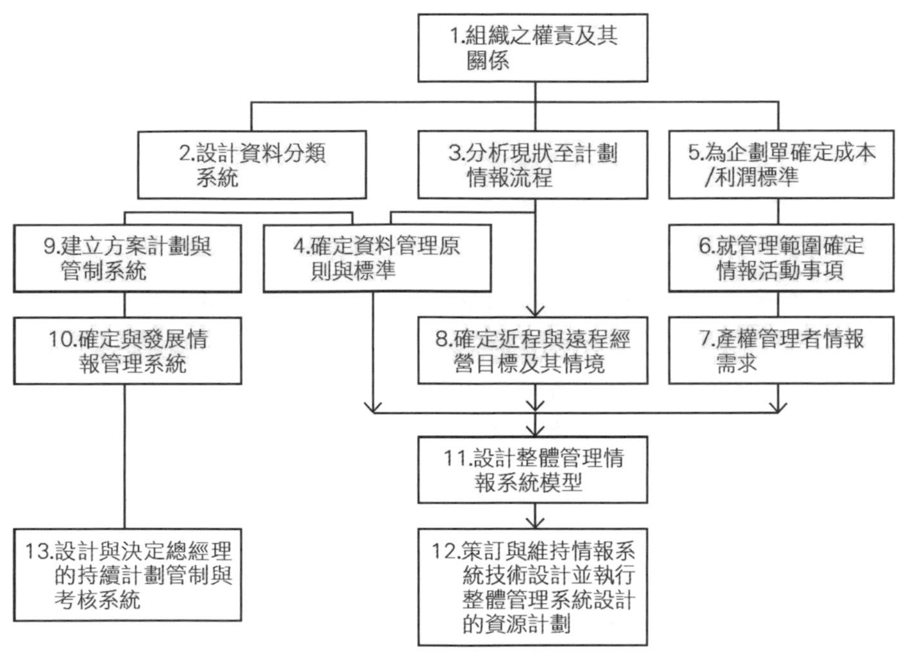

圖八：情報系統設計

茲就三種階層中，每一情報流程，予以分析研究和說明。第一，企業經營業務因其存在於每一部門之故，每一部門之內皆可以電腦程式獨立予以檢證。第二，支援企業經營業務方面，在計劃與作業雙方面一項最完整的定義即是電腦化制度。第三，關鍵規程檔案（Key Status Files）都予以合併一致，茲以第九至第十三種圖例說明如下。

圖例九，生產情報流程圖，代表企業經營部門（Function）研究的產品。本圖梗述（Highlights）我們企業整體的需求，以及表明在關鍵企業經營部門作業程序其間所必須的適當資料，垂直軸線表示幕僚的部門（Functional Divisions）；平行軸線代表某一產品的生產壽年（Life Cycle）。

圖例十，描述情報資料在「業務系統設計」下所產生的流程。每一單位均彼此各不相涉地從單一論點來詮釋其資料。此項設計另一不健全的特徵乃是資料由於「連續傳播」（Serial Dissemination），此即資料由使用者彼此不斷傳遞，時間就重覆而阻延，以及沒有計劃地予以補充與修正。（如此實行結果，在資料管理方面就喪失其可靠性和有效性的價值。）所有使用資料者都有不同的決策基準，高階層經理就不能從任何兩者以上的單位資料取得適當的論點。

圖例十一，說明基本設計原則來管理，以總經理觀點為基準的資料處理系統。它詮釋了資料要素辭典—指南的準據，成為「資料－管理」系統設計的基本原理。關於此點，前章所作資料要素定義現已建立起來，並通行於全體企業單位之中。為了整個單位組織說明資料的用途，此有一種用於辭典—指南系統的定義和解釋。在辭典部分提供資料定義，指南則是提供一種「何處使用」的索引。

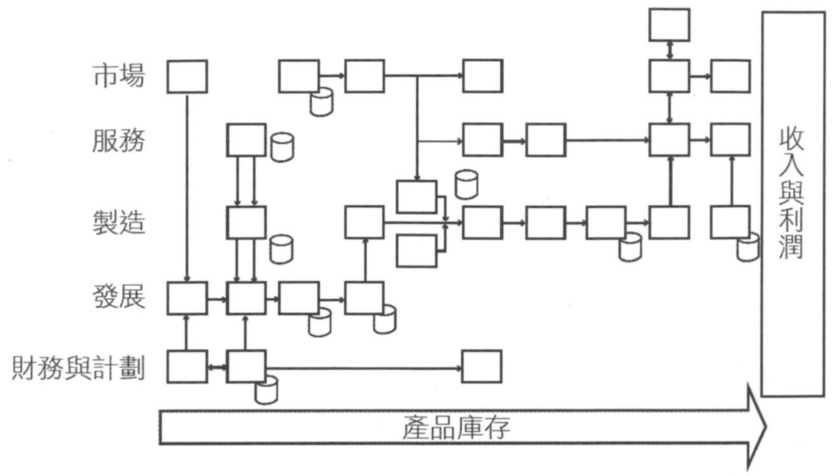

圖九：生產情報流程

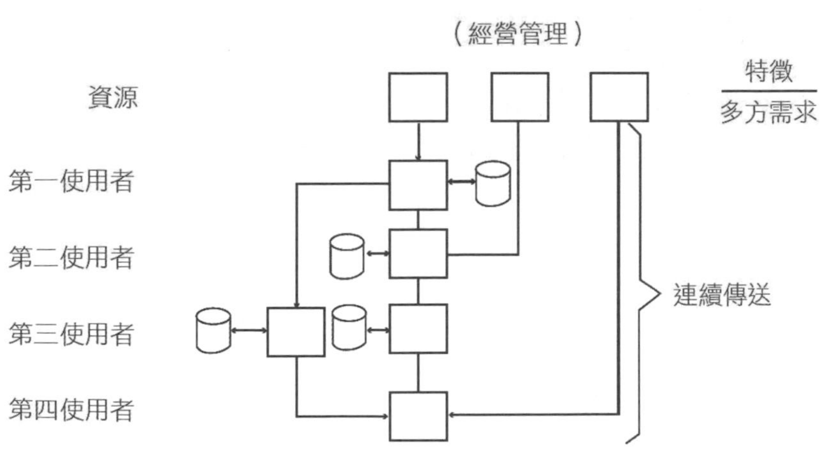

圖十：運作系統設計

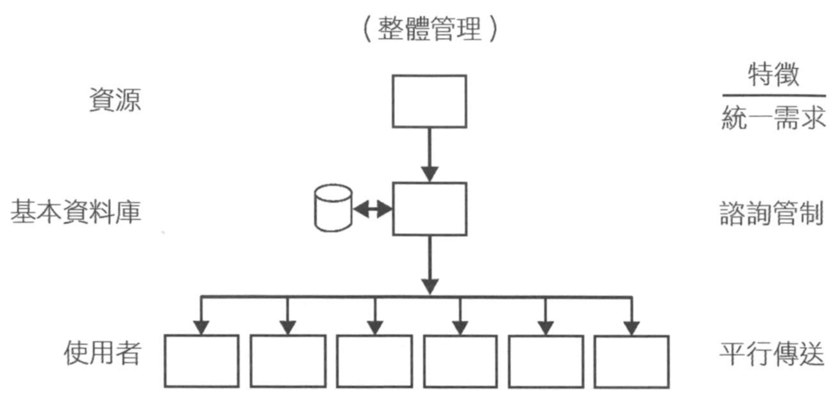

圖十一：資料管理系統設計

為便於適應未來控制所需，資料辭典—指南系統將及時為所有程式編譯（Program Compilations）提供一種控制能量（Controlled Capability）。應用程式的資料敘述將由辭典—指南系統提供於第三階層的程式設計師（見圖例十二）。新的資料要素（Data Elements）在加入前關於他們對該系統的費用與價值將先予詳估。此類資料控制系統今天已實施於 IBM。但他們並未強制地施行於所有單位組織，但在若干部門裡已將之用為以單位為導向的系統設計的一部分。其與以往不同的是，在「整體管理」（General Management）時代，僅有一種辭典—指南存在，它為整個組織單位所一致採用。

圖例十三說明辭典－指南系統與組織階層有關的觀念。它為上行與下行資料索引提供其能量（Capability）。我們並不幻想有一種龐大、獨立的資料檔案用於整個組織。但我們確實寄望於電子計算機對於電子計算機（Computer-To-Computer）在一個非常龐大能為資料儲存與維護作索引「階層」的合作基礎上彼此溝通交流，將情報資料傳達於所有組織單位之間。

任務四，乃係「闡述資料管理原則和標準」，為企業經營提供建立基本資料檔的根據。此類檔案將使圖例十一所述系統設計目標大要有實現可能。例如，用於多角經營單位的各方「訂單積壓檔案」（Order Backlog Files）可依此方式予以詮釋，亦即以一單獨的「訂單積壓檔案」由各種依附的企業單位所共享。此項觀念在圖例十一中有所提示。

任務五，為「成本／利潤選擇方案的詮釋標準」。此係普通一致的需要，它不僅為情報系統管理所需，也為任何凡需建立一種優先順序使資源作更適當地分配的單位所需要。

任務六，是「以管理思想來詮釋情報活動」，以及任務七，為「識別管理的情報需求」，彼此皆有密切的關係，亦與任務五建立一種方法以為系統設計決定全盤設計標準，彼此皆非常接近。所需要明瞭的是經營活動的管理指導在整個公司中，是如何影響整體管理的利益以及其他重要政策。因此，教育經理人員與第二、第三階層的程式師使其更能瞭解此類的關係，當為必須之舉。

任務八，係有關於近程與長程經營目標及其境遇如何使之相互配合一致。準此，系統分析與程式師在作業時就必須根據決策以及有關事項的價值判斷，來策訂近程經營目標所需。舉例以言，何種可能是較佳的經營決策？選擇並使用現行較有能量的軟體？或者鑒於現行生產已作成的全盤業務，經技術檢驗結果，證實其不切實際。為了追求理想產品而以一年以上時間來重新設計策訂一種新能量的程式計劃？從近程經營目標觀點對實際事業經營評核來判斷，自以選擇較佳的軟體為宜。但另一方面，對於整體經營管理而言，使其時存警惕之心而尋求新制度以應發展需求亦是必須的。以及我們工作必須為評估這些長程計劃方法。這就有賴於系統設計師們必須竭盡智慮地從事這項工作來保證他所設計的產品，可與未來企業經營境遇相符合而不以僅作歷史性需求的設計為已足。

任務九、十與十一皆係支援方案，它將使其他任務在整個使命中繼續執行的可能。任務九是「建立方案計劃與管制系統」，旨在增進我們獲得全盤所需物質與人力資源的能力。任務十是「決定與發展情報系統管理制度」將為我們在情報系統作業全盤考核與計劃方面提供必須的工具。因此，情報管理系統具有若干目標，諸如（1）代替系統設計考核；（2）方案優先順序制定；（3）情報系統方案的計劃、管制與考核；（4）資料素材（Elements）管制等。

（資料管制與情報系統計劃系統界說）

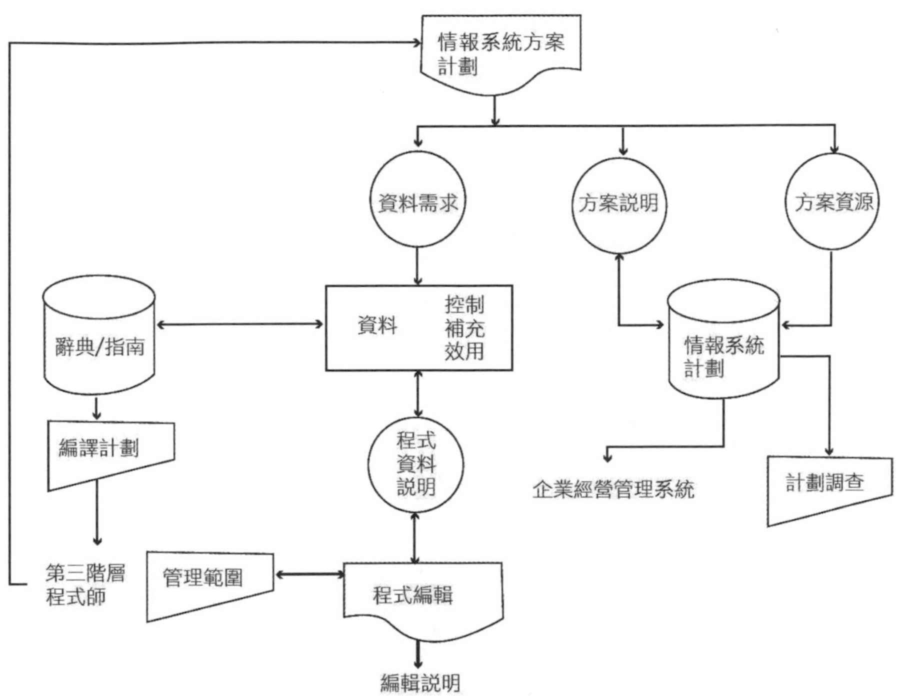

圖十二、資料管理設計（資料管制情報系統計劃系統）

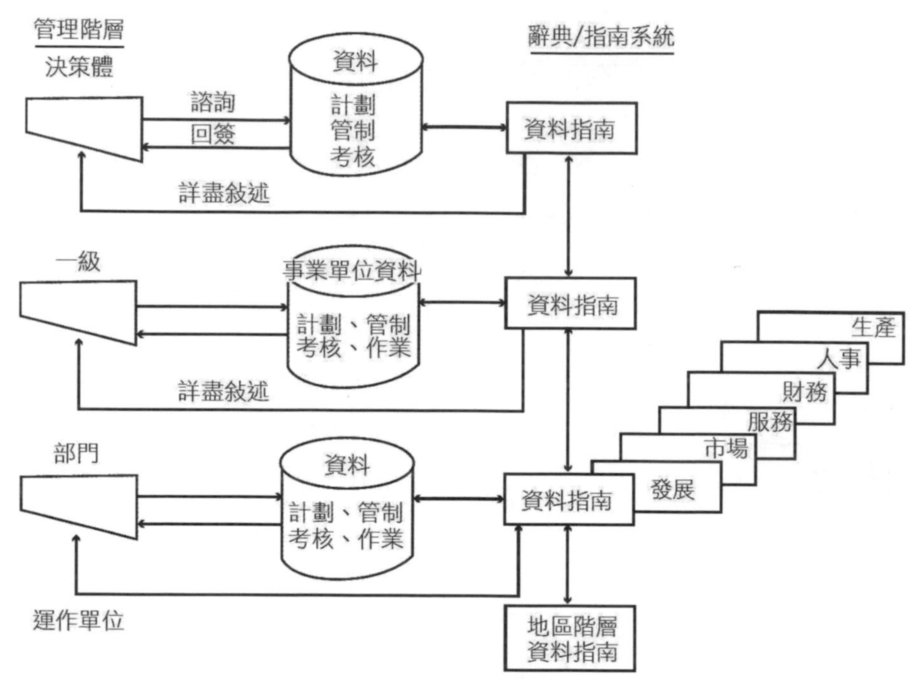

圖十三、資料管理系統設計

大致來說，情報系統管理制度在今天並沒有一種整合體（Integrated Entity）存在。不過個別輔助單位（Componterts）已有不少存在。此項制度在圖例十四所提示的構想觀念乃是表現為情報系統部門盡其計劃與管制責任所需的管理決案的程序。在龐大而繁複的公司組織中，除非各項程序均予電子計算機化，這些功能很難有效地執行。可能的是，將這些程序予以制度化，使我們能夠達成為我們為情報系統管理單位的持續計劃、管制、考核所詮釋的功能。任何一個單位發展此項程序所獲致的實際效益，均將有利於發展全盤企業經營管理的制度，這一制度能為所有企業經營單位提供持續的計劃、管制與考核。

一種構想中的制度用以施行經營管理的制度提示於圖例十五。任務十一「設計整體管理情報系統模式」，它是有關於為支持整體管理情報系統設計的需求而確定業務情報系統模式。任務十二，是研求各項事件技術上的因果和必須的資源，以「確定與維持情報系統技術設計與資源計劃來施行整體管理情報系統設計」。

上述所有活動順利進行之後，任務十三，即「設計與制定總經理的持續計劃、管制與考核制度」，始能徹底而有效地予以執行。

如前所述，此一組類活動程度是無止境的，它是一種不斷創新，持續發展的行為，但每一項活動均具有能改進我們內部情報系統的效能。

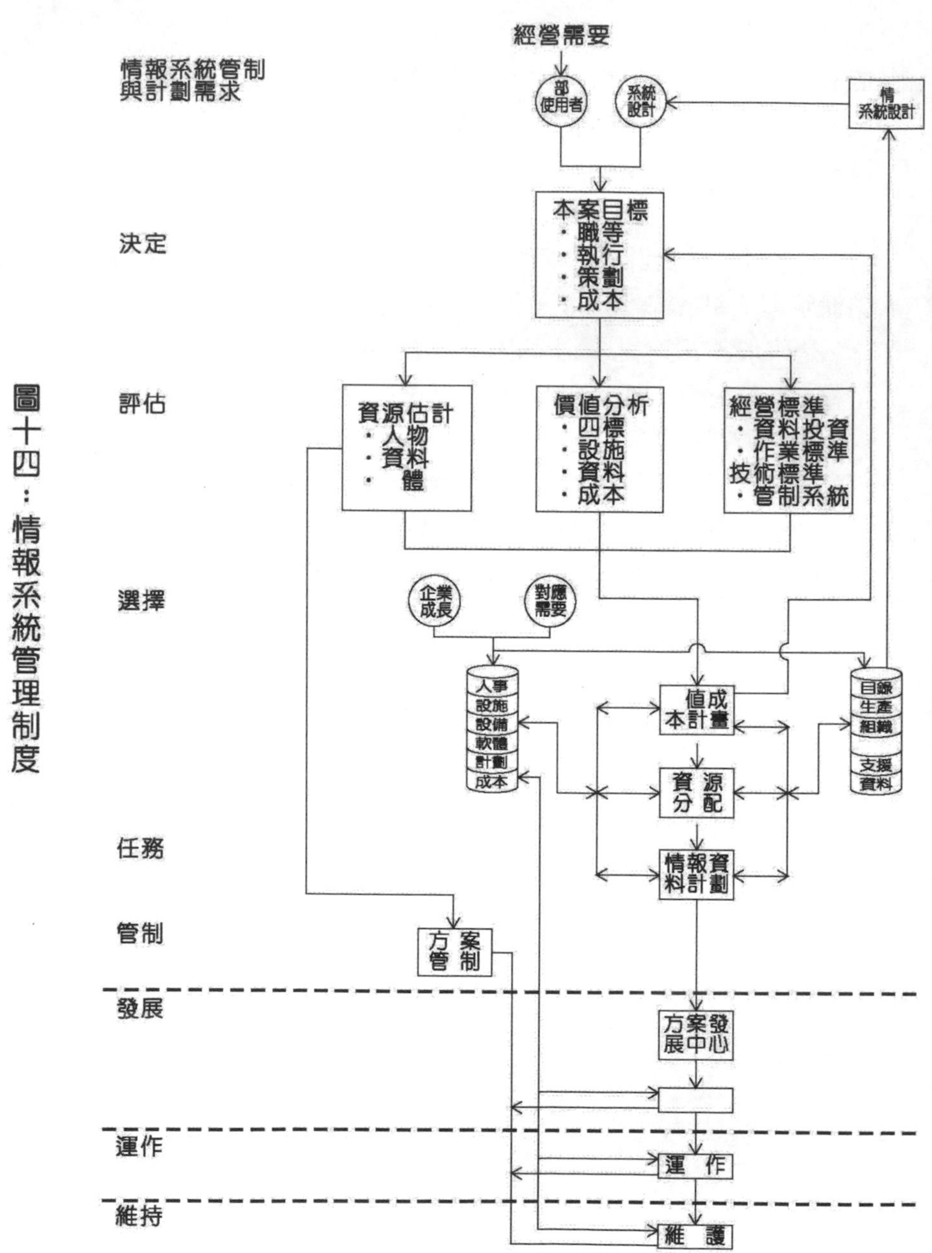

圖十四：情報系統管理制度

經營管理系統

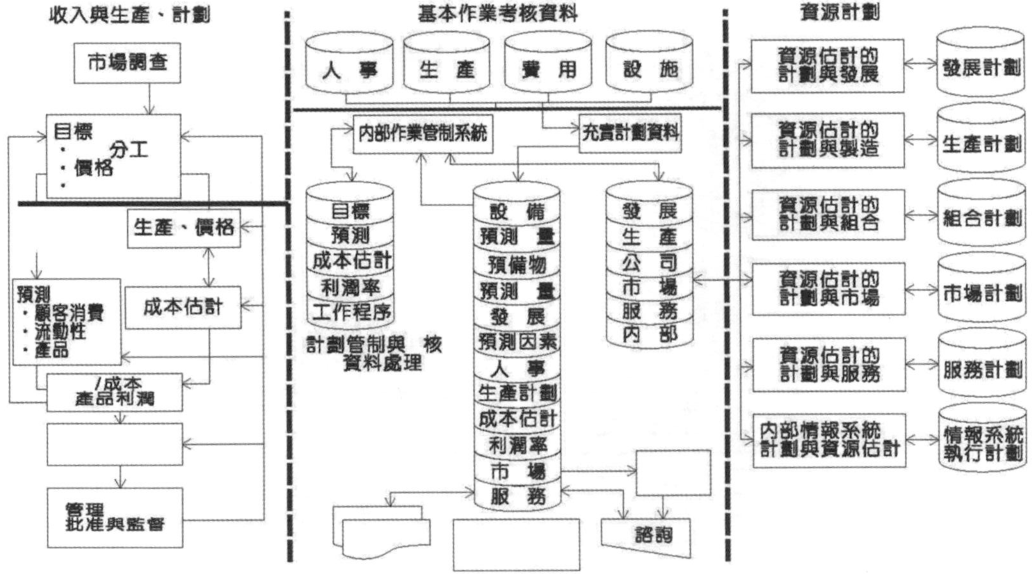

收入與生產、計劃

市場調查

目標
・分工
・價格
・

生產、價格

成本估計

預測
・顧客消費
・流動性
・產品

/成本
產品利潤

管理
批准與監督

基本作業考核資料

人事 | 生產 | 費用 | 設施

內部作業管制系統

充實計劃資料

目標
預測
成本估計
利潤率
工作程序

計劃管制與考核
資料處理

設備
預測量
預備物
預測量
發展
預測因素
人事
生產計劃
成本估計
利潤率
市場
服務

發展
生產
公司
市場
服務
內部

諮詢

資源計劃

資源估計的計劃與發展 ↔ 發展計劃

資源估計的計劃與製造 ↔ 生產計劃

資源估計的計劃與組合 ↔ 組合計劃

資源估計的計劃與市場 ↔ 市場計劃

資源估計的計劃與服務 ↔ 服務計劃

內部情報系統計劃與資源估計 ↔ 情報系統執行計劃

圖十五：概念圖解－企業經營管理系統

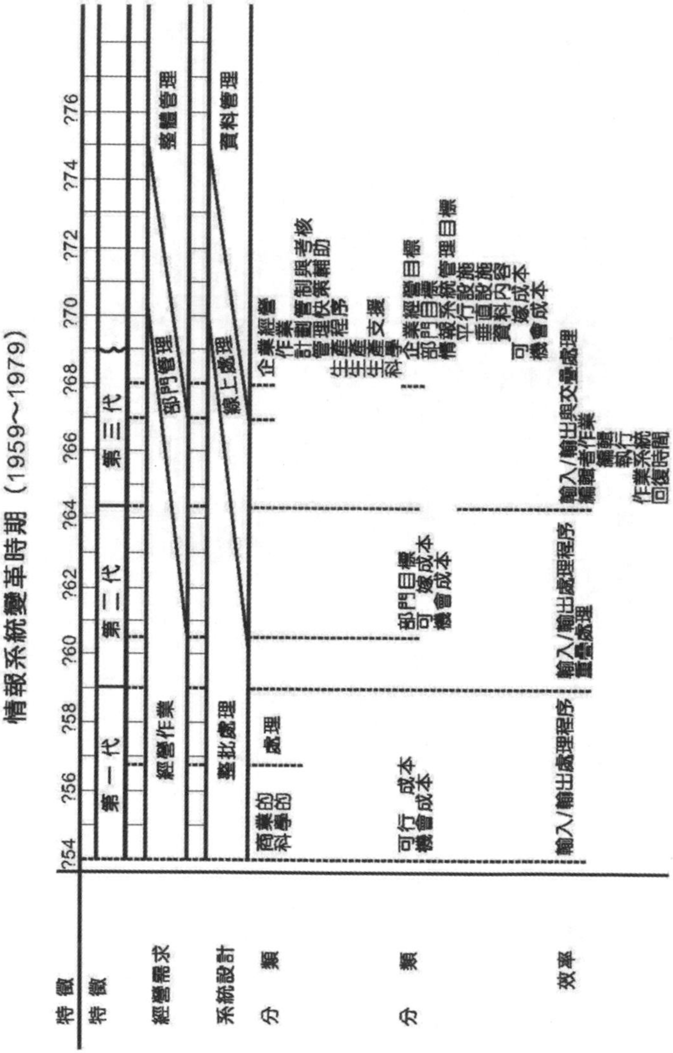

情報系統變革時期（1959～1979）

特徵
?54 ?56 ?58 ?60 ?62 ?64 ?66 ?68 ?70 ?72 ?74 ?76

特徵
第一代
第二代
第三代

經營需求
經營作業
部門管理
整體管理

系統設計
整批處理
線上處理
資料管理

分類
商業的
科學的
處理
企業經營
作業
計劃管制與考核
管理快策輔助
生產程序
生產
生產支援
科學

分類
可行　成本
機會成本
部門目標
可　嫁成本
機會成本
企業經營目標
部門目標
情報系統管理目標
平行設施
垂直設施
資料內容
可　嫁成本
機會成本

效率
輸入/輸出處理程序
輸入/輸出處理程序
重疊處理
輸入/輸出與交疊處理
編輯者作業
編輯
執行
作業系統
回復時間

圖十六：情報系統變革過程（1954-1979）

結語

雖然電子計算機仍然是處於它青年的初期階段，但它為龐大而繁複單位組織使用的重要性已是急速的增進。圖例十六提示了情報系統變革的過程，它可用以說明自一九五四年以來變革的時期，也能反應到將來發生的七十年代中葉的情境。此外，第三代電子計算機硬體時期，也與「應用時代」──即「企業經營所需時代」與系統設計有所不同。早期電子計算機從業人員「適當化」（Justification）的觀念已有所改變。毫無疑問的，由於電子計算機在未來益形重要，此種改變就愈為重要。

總之，電子計算機已公認之為一種極具權能的工具，它將容許我們龐大而複雜的組織施行有效的管理制度。但是，為了達到這項目標，一種極可理解的計劃必須予以發展用來管理情報系統的資源。管理這些資源牽涉及程序問題，亦即需要經過一段漫長的時期和技術熟練的人員，此類人員自屬不多，但我們可以物色到，同時我們就很多企業經理的判斷所知，有效使用電子計算機乃是任何單位特別是龐大而複雜的公司組織有效經營，不斷發展所絕對必須者。

（《企業經理月刊》1974.06.15、07.15、08.15、09.15、10.15）

第三篇　所思所念

論政治：必須確保民主憲政，以為萬世開太平

我對中華民國與台灣主權盛衰走勢的探討——從「九二共識」與「一個中國」的爭議說起

這次蔡英文在 520 就職演說，並未如中國大陸所期望的，確認「九二共識」與「一個中國」的原則，中國大陸國台辦則宣稱之為「未完成的答卷」，要求蔡必須以事實來明晰其義，這種「答問」，已屆百日，將不知有何結果？！但如從探討中華民國既往在大陸，兵敗危亡於中共：播遷至台灣，現今國府憲政傳承法統，又喪失於主張台獨政黨的走勢來看，筆者認為此乃中共與台獨各懷鬼胎，彼此各有所謀的「博奕」而已。簡言之，雙方的目的一為中共利用，另為台獨假借中華民國憲政法統傳承的地位，來維護或僭奪中華民國曾經十四或八年艱苦抗日，犧牲千千萬萬的同胞，損失天文數字的財產，獲得「慘勝」，方能光復的國土，台灣及其所屬諸島嶼也！很明顯的是，這番「博奕」的結果，固然將決定能否維持前馬政府八年來，國共雙方以「九二共識」為基礎，所建立起的兩岸和平發展的良好關係；也決定未來這一個中國，能否不需兵戎相見就能和平統一？當然，將也影響當下中俄、美日在東、南海對抗的均勢；影響美國貫徹「重返亞洲」策略，對亞太地區周邊國家的和平發展，能否收到所預期的成效，從此，能為世界開萬世太平？！

為何抒陳如此「也哀」、「也善」的話語？

筆者出生於大陸，成長於台灣，為憤慨於被台獨鼠輩歸類為「中國豬」，渡過「沒有蓋子的太平洋」，乃「流」美迄今，已是退休多年苟延殘喘的八十六歲老朽。對於國是，天下事，特別是有關中華民族生存發展的「一個中國」的大問題，不僅應該遵循「不在其位，不謀其政」的孔聖之言，即便有所論說，自也是「人微言輕」，一無效應的；再如說是在政治方面有所「企求」，那更是「為時已晚」，不足道矣。

然因，在大陸變色之時，隨流亡學校來台，讀書成長後，曾經歷軍公教職，對於中共在大陸假抗日坐大，搶摘國府抗戰勝利果子成功後，追殺得國府軍民屍橫遍野；繼之，發起各種運動的暴政，八千萬中華小民與學者專家們死於非命，皆略有所見所聞；1954年九月三日服役軍中時，中共炮轟金門（史稱「九三炮戰」），從大、小嶝打來的第一群炮彈，就落在我的身旁！國府在台恢宏民主憲政，將一個瘡痍滿目、民生凋蔽的台灣，建設成為民生樂利，安定繁榮的社會，都曾親受其澤。也曾有幸赴英美遊學訪問，1971 年讓中華民國「地動山搖」所發生的「乒乓外交」，尼克森朝毛，繼之助共入聯，在英美都曾親自與聞。（註：參見相資 001 及 002：1971 嚴家淦先生賜函囑筆者在英努力進修；1971 年筆者於美國文官委員會。）

國府在台，為防止退出聯合國後，斷交的「骨牌效應」，而將「漢賊不兩立」的外交政策，改為「匪來我不走，匪走我仍在」的「實質外交」，以與無邦交國家，除政治而外，仍維持經貿文化，交通友好等等一切關係。在內政方面則厲行「三不政策」，與中共「保持距離」以策安全等等情勢的變遷，莫不親身經歷與聞其事。其間，有台獨鼠輩與滯台的日寇，在國府存亡危急之際，竟然籲美哈日，從誣指「台灣地位未定論」，而呼嘯成立「台灣國」；從「反蔣」，「反中」，而否認一己是「中國人」；為反對而反對，而聚眾暴亂，反對國府一切政經措施，因而中華民國政府秉持的「一個中國」基本國策，在內部又發生的種種問題，確是認知有年，感觸尤深。1978 年來美進修後，縱然遠去家邦，每見國府內外兩面受困；當中共與台獨為這「一個中國」問題「爭論」不休，或是有所「誤解」之時，既往數十年仍然不時「塗塗，敲敲」，希能及時抒陳所謂「其鳴也哀」、「其言也善」的話語而已。

開放大陸探親與「一個中國」問題

記得 1987 年，蔣經國總統基於人道的考慮與人權的尊重，開放大陸探親，這四十年來阻斷隔絕的兩岸能因此而溝通；因內戰烽火而生離死別的至親手足從此可以團聚。那時筆者撰文認為：「其影響所及就不止於探親者個人，國家社會皆有要因以發生想像不到的變革；也由於千千萬萬的同胞往返於海峽兩岸，形形色色的貨物進出於彼此的『境界』，兩岸同胞如此互動，其間必然會發生有關法律管轄的處理和國民權益的維護，國府豈能抱持『不鼓勵、不禁止、不協助』，任由『第三者』去『代理』，『代勞』？再如，開放了大陸探親，這無異提高了中共『交戰團體』的地位，承認了中共對大陸的『有效控制』，讓中共由非法的『叛亂集團』，轉化成為合法的『政治實體』，對於促進中國的和平統一，亦發生必然的、深遠的影響，中華民國政府就必須考慮，重新釐訂『大陸政策』等等論述與建議。」（註：摘自拙文《開放大陸探親對和平統一的影響》，可供參考。 ）

「九二共識」的由來

嗣後，兩岸的「海基會」與「海協會」相繼成立，來處理兩岸交流的相關事宜。為因國共雙方對「一個中國」的解釋，就因「各說各話」而從此「爭議」不休。但兩岸為事實情勢所需，要維持兩會賡續會商，對「一個中國」的解說，就用各自表述不落文字的「九二共識」，成為「一個中國」的代名詞於焉產生，因而促成 1993 年在新加坡舉行的「汪辜會談」，開啟了兩岸「和平發展」的進程。有關這「九二共識」的緣起，早在二十四年前（1992 年十二月十二日），北美《世界日報》「世界論壇」所刊出的拙文《**槍桿乎？選票乎？——誰才能合法代表「一個中國」**》為題，筆者作有如下的論說：

「海基會和什麼海協會為了解決兩岸的『文書認證』的問題在香港開會。因為對『一個中國』的解釋，『各說各話』而話不投機，不歡而散。大陸上當權者急欲統治這『一個中國』，又對台灣放話，不惜『犧 牲』『流血』。在台灣的國民黨也為了『一個中國』，要處份說些『一台，一中』的違紀黨員。真把小民弄糊塗了。

「其實：『一個中國』就是一個中國。根本沒有什麼爭論的。這一個中國不是中共的，也不是國民黨的。而是億億萬萬全體小民的。永遠永遠屬於在中國土地上，生老病死的全體小民的。

「中國領土有一千一百餘萬平方公里。數千年來雖然由於被侵佔，被瓜分、被割據、被租賃過，她的形狀略有伸伸縮縮，甚至由海棠葉變成『老母雞』樣子。但中國人都深信，這些固有的領土終必回復的，一分一寸也不會少。台灣有一小撮沒良心的真欲分裂國土來『獨立』，不僅中共會『動武』，在海外有血性的炎黃子孫也會回來參與討伐的。

合法政府須百姓誠服

「至於中國的統治者，亦即現在所謂中國的『合法政府』，說來話就多了。幾千年來雖然有些人，為了爭著『當皇帝』、『當總統』或是『當主席』，關起門來殺殺打打，但卻沒有一個『朝代』，更沒有一個『皇帝』或是『總統』、或是『主席』能夠千秋萬世地保有的。特別是越暴虐者，其壽命越短。越視民如芻狗者越為小民所唾棄。所謂『民為貴』、『君為輕』，『社稷次之』，這話一點也不假。

「談到誰是『代表』中國的『合法政府』，這也很簡單。小民不似學者或是有政治修養的人，說什麼國際『承認』啦，正式『邦交』啦。又是什麼『情勢變遷』、『合法繼承』啦，都是虛偽的遁詞。真正的原因是在於『有效控制』而已。所謂能『代表』者，不論他是『仁』是『暴』，只要小民們心悅誠服，或不得不聽他的話就行了。

依法而論國府更合法

「試看，中華民國政府是在大陸上依全民所訂的憲法而產生的。所有國會代表亦係依憲法在大陸上選出，並追隨政府到台灣依然行使職權的，怎能說她不是『合法』的政府。尤者，『中華民國』國號明載於聯合國憲章之上， 而聯合國竟把這創始國摒於大門外，改由槍桿子所出的政權堂而皇之的進入了聯合國，這合的什麼『法』？！ 迄今，中共尚未『還政於民』，諸事皆由老人『一言定憲』。這又合的什麼「法」？！ 可是，這個政權她能『有效控制』了這塊廣大的土地與億萬的小民，怎能不『承認』她為『代表』呢？

「再說，中華民國政府曾經統治過大陸，也統治過中共黨人。相反的，中華人民共和國就從來沒統治過台澎金馬地區，更沒有統治過國民黨人。這比之中共自是更『合法』更『有理』。可是，中華民國政府現在所有效統治的台澎金馬，土地只有大陸的千分之三。人口僅是十二億與二千萬之比。而且，一切治權運作皆不及於大陸，怎能再被認之為全中國的『代表』呢？所以，中國只有一個，但中華民國政府也好，中華人民共和國也好，誰也不能作為全中國的『代表』。這一『分治』的事實是無法掩飾的。國際間強權政治再沒有理性，也不能明目張膽地，幫助一方來對另一方趕盡殺絕。

國府不應該自亂方寸

「台灣在中國的版圖上雖然是彈丸之地，但在台灣的中華民國政府來自大陸，曾經統治過大陸，也一直心存大陸。無論在『名』與『實』方面，依然是合法的政府。既往四十多年來，經建成就的『奇蹟』已為世所確認。沒有邦交的國家為了分享成果，還不是公開或不公開地派部長、派副總理來台洽商。這與『承認』的『名份』有什麼分別。更令小民們高興的是，國府努力民主改革已有了起步。日來國會全面改選，不也正在訢諸選民，爭取小民們的選票。中華民國的經濟開發已進入已開發國家的行列，政治建設如果也能與世界上先進民主國家如英美同步並肩，則所有全中國的小民們，不擁戴這樣的政府來統一中國才怪呢。所以，在台灣的中華民國政府應該不要為了無關宏旨的『名份』問題而自亂了方寸。也不必理會那些為人不齒的沒良心的話，而放眼天下，胸懷千秋，為全中國子民，為全中國土地賡續努力建設，以開萬世太平。

小民們心中明白要誰

「統治大陸的中華人民共和國政府已為聯合國所『接受』，極大多數國家的『承認』。在台灣的中華民國政府也廢除了動員戡亂條款，不視之為叛亂集團，當然也是『合法』的政府了。近年來為了『四個現代化』，為了建設『社會主義的市場經濟』也有了起步，人民生活日有改善。經濟發展潛力更為世人所重視。但政治民主竟背道而馳。特別是仍要用槍桿子來威脅，要消滅在台灣的中華民國政府。真是捨本逐末，緣木求魚。今天，台灣已認識到大陸動亂對其有害無益。同樣，在台灣沒有安定繁榮的中華民國政府，欲求中國統一，即使流後代子孫的鮮血也不能保證可以順利完成。台灣如果真的走上『不歸路』——獨立了，這也是中共逼迫如此的。因此，小民們特別企望在大陸上的政府，必須負起歷史的責任，而放下槍桿，而以民為天。不僅予小民們較為富裕的生活，更須尊重小民們天賦的固有的人權。如此的政府自然能為全國小民們所擁載，中國和平統一也就可望可及了。

「總之，這一個中國是屬於全體小民的。幾千年來天下分分合合，國家治治亂亂，都是循著『仁者無敵』、『暴政必亡』的定律。槍桿乎？選票乎？當政者必須認得清清楚楚。將來誰能代表小民們，真正成為唯一的合法的中國的政府？小民們明白得很。」(註：所錄拙文曾副知時任總統府秘書長蔣彥士先生，其覆函見書後相資003。)

「一個中國」原則的爭議

1988 年，李登輝繼任前總統蔣經國先生的大位，繼之修憲直選總統後，竟宣稱「中華民國在台灣」是主權獨立的國家，與中國大陸是「特殊的國與國關係」；另有在香港的《大公報》的前總編輯金堯如先生，在媒體上發表「兩個中國」的論調，本人立予辯正，陳述中華民國政府是《胸懷大陸，心繫全民》的拙文，也承《世界日報》於 1995 年九月十七日刊載於「世界論壇」；當「一個中國」原則的問題爭論不休之際，陳水扁提出「一邊一國」的「兩國論」，老朽將之「總結」，撰成《「一個中國」原則的平議與實踐》一文，發表於報刊。斯時，大陸當局未周詳考慮所繼承中華民國的「憲政法統」問題，片面所訂的「反分裂法」，無論從字裡行間，或是歷年來所宣示的政策而論，其真正的目的，是在嚇阻「台獨」僭奪、分裂屬於全國全民的國土：台灣。所以，該《反》法應是《反分裂國土法》或《反台獨分裂國土法》才是。不幸的是，竟名之為《反分裂國家法》。種種「複雜的反應」與應可迴避的爭議，因以而起。

2008 年，馬英九先生當選總統，甫行就職，就為尋求連任，在人事與施政方面，都基於以當一個「台灣總統」為已足。認為依兩岸都有憲法，雖不是國與國而是互不承認的特殊關係，要「外交休兵」。筆者認為馬先生昧於現實，未克盡《中華民國憲法》所賦予的憲政使命，乃基於《中華民國憲法》的法理，與兩岸分治的現實，而撰成《主權共有，治權分轄》一文，定位台海兩岸的領土主權是「你中有我，我中有你」的一個中國的關係。所不同的只是，台海兩岸的人民，是分為實施「三民主義」與「共產主義」兩個地區，而「分轄、分治」而已。此文也承《世界日報》刊於「民意論壇」，但將文題改為《一個中國，兩岸各自獨立》。繼由香港的 LaluLalu 論壇將之引為論述主題。此與當時國府向大陸所提「一國兩府」或「一國兩區」，似有認同拙文之處。（註：請見拙文《主權共有，治權分轄》。 ）

及至 2011 年，中華民國建國（辛亥革命）百年，也是中共建黨九十週年，兩岸不僅仍然「分轄、分治」，且各自問題叢生。在台灣，「一個中國」的問題越益爭論不休；在大陸的中共則是「不落實政改，則將亡國；落實政改，則將亡黨」。各方為了「一個中國」爭議所衍生的：台灣「民粹」暴亂，台獨訴求，與大陸的貪腐暴政，道德敗壞，兩者皆是中華民族最大的不幸，極大的悲哀也！

發生「一個中國」問題對國府的傷害之因

論及「一個中國」，其所以發生問題，係緣於辛亥革命所成立的民主共和國，中華民國後，在現代國家組成的三要素：土地、人民、政府組織之外，要能成為「正常國家」，肇因於歐洲經過三十年 (1618-1648) 大規模的國際戰爭結果，奠定了民族國家的關係；繼之世界第一、二次 (1914, 1946) 大戰後，國際組織相繼成立，再為國際經貿的所必須，有關國家戰爭媾和條約，主權行使的國際公法，與規範雙方權利義務種種契約的國際私法於焉大備，因而增加了國家主權須得邦交國認同的「國際關係」。此如，中國在春秋戰國、五胡十國期間，誰能割據一方，誰都可以稱王呼帝。甚至，民國期間的共產第三國際的中國共產黨，於 1937 年十一月七日，前蘇聯國慶日，史達林命令在江西瑞金的中共，所創建的「中華蘇維埃人民共和國」，也未發生「一個中國」的問題。尤者，當 1949 年國府兵敗於大陸，斯 (1949) 年十月國府仍在廣州，擬「西撤川康」或「東遷台灣」，愴惶未定之際，中共在大陸上立馬成立「中華人民共和國」，自後二十年期間，也沒有發生這個問題，因為斯時中共正在拉下鐵幕大舉整肅，發起各種運動的暴政，且輸出馬列共產主義世界革命，號召「全世界無產階級聯合起來」，與資本帝國主義國家為敵，而抗美援朝，無法向國際要求其國格；而且，中華民國政府是聯合國創始國的政府，在台依然遵循 1947 年在大陸所訂的《中華民國憲法》，行使職權，厲精圖治，整軍建武，要光復大陸之故。

但是，1971 年中共獲得美國因急急實行「聯共抗俄」策略的奧援，在聯合國取代了國府在聯合國的「中國代表權」的席位。自始，中共就以聯合國 5728 號議案為由，片面認定中華民國已經滅亡，「中國」一詞為中共所專用，將事實上，仍具有中國領土主權，在台灣的中華民國，排除在所謂只有主權國家才能參與的國際社會組織之外；又，十年之後 (1979)，美中（共）外交關係正常化，建交之際，中共要求美國與國府斷交，毀約，撤軍，特別是要求美國承認其世界上只有「一個中國」；中華人民共和國是中國唯一的合法政府，台灣是中國的一部分；將從未為中共統治過的中華民國國土台灣，想不費一兵一卒地就宣稱據為己有；將依然迄立於台灣的中華民國中央政府，片面貶為「地方政府。「一個中國」問題的爭議對國府的傷害於焉發生。中華民國退出聯合國在既往四十五年之中，「一個中國」就成為中共在外交上爭取與國，打壓國府在國際方面生存的空間，來消滅中華民國的「口頭禪，緊箍咒」，中華民國政府在政經外交各方面的艱困與日俱增，國勢加速衰退，生存發展就此成為大問題。

沒有「九二共識」地動山搖的成因

中共在聯合國不僅取得「中國代表權」的席位，而且將國府抗日戰爭勝利，而獲得的一切榮譽和權益，完全攬為已有。其要者，如眾所周知的有下列數點：

一、1943 年，與美、英簽定了《中美新約》、《中英新約》。廢除了一個世紀以來英美列強，強加給中國的「不平等條約」。結束了英美百年來在中國享有的領事裁判權、通商口岸特別法庭權、使館及一些鐵路沿線的駐兵權、沿海貿易與內河航行權、外人引水等等特權。「百年屈辱，洗於一日」。繼之廢除了與法國、荷蘭、比利時、巴西、挪威、瑞士、丹麥、葡萄牙等國的種種不平等條約；

二、1943 年，蔣中正參與《開羅宣言》決定剝奪日本自 1941 年第一次世界大戰開始以後在太平洋所得或侵佔的一切島嶼，日本竊取中國的領土歸還中國。當日本戰敗投降，中華民國收復了台灣、東北四省、澎湖群島等；

三、由於中華民國在抗日戰爭中的巨大貢獻，而擢升為世界五強之一，成為聯合國最主要的創建國，在安理會享有「否決權」的永久代表的席位等等，中共將之全部攬為已有。

中共猶如「鳩佔鵲巢」，或是如「乞丐趕廟祝」然，承襲了中華民國種種如上述的「資產」，理應對國府感念敬重才是，可是，中共在國際上竟然假「一個中國」的原則，縱橫捭闔，來孤立，打壓，企圖消滅中華民國。然因中華民國政府在台灣的民主憲政，永續發展；經建「奇蹟」舉世聞名。中共對台策略，從血洗台灣，兩度砲轟金門，而要「三通」；而倡導「一國兩制」，而寄望於台灣同胞等等策略，反覆向台灣逼降、誘降、勸降，皆無效應；中共無法撼動中華民國依然是主權國家的基石。

而且，中共建政（國）六十五年以來，其「打江山，坐江山」，一黨專政，黨大於法的政權，迄今仍面對有「正當性」與「合法性」的問題。再因，中共參加 WTO 十五年以來，迄今尚未取得「完全市場經濟地位」，經貿發展可能面臨「硬著陸」的危機；且如溫家寶先生所言，政治體制改革，如不落實，不僅既往三十年改革開放經建成果不保，且將亡黨亡國等等的艱困。

尤者，國府所面臨的台獨，日益猖獗，對於馬英九政府八年來在經貿方面，基於「九二共識」而與大陸所建立的「兩岸關係」如 EFCA、貨貿、服貿等等法案，台獨鼠輩無不阻撓反對；中共更鑑於國府的 2016 總統選舉，國民黨將喪失政權。是故，習大人登基之後，對台政策，不僅依然用「讓利」辦法來「買台灣」的懷柔政策，且依情勢所必須，對台（獨）放狠話；沒有「九二共識」，將是「基礎不牢，地動山搖」的強硬警告。但是，在種種切切情勢發展之中，讓中華民國政府受創最深最烈的是，台獨鼠輩乘隙不承認「一個中國」，為篡奪中華民國固有的領土台灣，所作的種種陰狠惡毒的手段。

台獨們的陰險醜惡的面貌

反思台獨的緣起，可從台獨教父、台裔日本皇民岩里正男，李登輝說起。此有保薦岩李台獨入國民黨，他的已故「恩人、摯友」，王作榮先生對結交岩李台獨，有感於「無知人之明」，深深自責一己是「中華民國的罪人」，而在其所著《真話：談政客論國運》大文中所言：他，王作公認識岩里正男暴露其台獨的邪惡真面貌，始於岩李獨與夜奔敵營的許信良密謀協議，透過國發會，廢省、擴權之事。作榮先生總結岩李台獨在他的一任總統任期內，其言行可歸納為：一、宣稱中華民國與國民黨是外來的政權，是來欺壓台灣人的；二、提出新台灣民族的口號，使人不敢公開說「我是中國人」；三、輕視中國與中國人的一切；四、崇日，媚日；五、主張將中國分為七塊；六、抹殺日本侵略中國，大肆屠殺中國人的罪行等等。不僅如此，筆者按《真》文所述，認為台獨鼠輩們的醜惡本質及其言行，將之歸納為如下幾點：

其一，數典忘祖。他們要切斷與中國一切的關係，以能作日本二等皇民為榮。實際上，他們無法拔去他們祖先們，在大陸上數千年來薪火相傳，繁衍綿延所生長的「根」；他們輕視侮辱中國與中國的一切，否認一己是中國人，實際上，他們無法清除他們身上與生俱來的中國人的血緣和文化。

其二，忘恩負義。台獨鼠輩們只一聲外來政權，一聲二二八與白色恐怖，就將那些以生命保衛台灣，竭智盡能為人民打拼的人，一夕之間就成為「中國豬」，要趕他們下海去。實際上，他們之所以能夠聚財成億，坐高樓，席豐厚，嬌妻美眷，珠環翠繞，莫不是這些被他們稱之為「中國豬」，用生命，流汗血所打拼而得的。除了講說二二八而外，有那個台獨鼠輩向他們說過一句感謝的話？這些「中國豬」不死於沙場，埋於荒圯者，多窮困於陋巷，或被圈養在眷村。即便如此，台獨鼠輩們仍心有不甘，要趕他們下海去。他們的良心何在，視情義為何物啊？！

其三，自我作賤。中國有五千年的光榮歷史，千萬里的綿繡河山。台獨鼠輩們為什麼不以生而為中國人為榮？中國人是具有全人類、全宇宙觀的人文修養的民族，台獨鼠輩為什麼要切斷與中國有關的一切？中國有三千年實踐成效的文物典章制度，台獨鼠輩們為什麼要崇拜日本德川家康，歌頌日本武士道，大和魂呢？日據時代，居住在台灣的同胞，在高壓統治，奴化教育下，受盡凌辱、剝削的亡國奴的、三等國民的待遇，台獨鼠輩們為何仍要讚揚、崇拜日本人，感謝日本人佔領台灣？這不是自我作賤，還有何說？！

其四，寡廉鮮恥。台灣鼠輩們一談起台灣經濟奇蹟，就說是日本人的貢獻與台灣人民的勤勞，而將中華民國政府與中國國民黨，這外來政權策劃、推動、領導台灣經濟重建、起飛，與持續發展，使台灣經濟奇蹟成為亞洲四小龍之一所作的貢獻，完全一筆勾銷，真是不知羞恥。今天，台獨鼠輩們大聲地說，台灣人取得了政權，台灣人民站起來了，事實上，他們除了發起街頭抗爭，曾鼓動並參與過群眾暴亂而外，有幾個曾經對創造台灣經濟奇蹟，讓台灣人民有安定而繁榮的生活，作過具體的貢獻？他們口口聲聲說，外來政權是貪污腐化的。但他們能否查出，已退職的兩蔣與嚴總統，是如岩里正男在退職前，就有錢「買」座價逾數億，供其養老的鴻禧山莊？他們買官奉獻，也動輒以億計。究竟誰會貪污？尤者，他們假借中華民國的名號，僭奪去中華民國一切有形與無形的資產；高呼台灣獨立萬萬歲，依然對外來政權的國旗宣誓效忠，扛著中華民國的招牌，招搖撞騙，何其無恥之至。

關於中華民國與台灣主權的走勢

當中華民國在國際上，受盡中共假「一個中國」原則，所加予的種種打壓與迫害之際；在國內又遭受台獨鼠輩們，為了篡奪中華民國國土台灣，所作的種種反法治、無理性的陰狠毒辣的誣蔑與中傷。最初，所謂自稱的「台灣人」，為要「出頭天」，而發動美麗島抗爭；開放黨禁後，他們要求廢除治內亂外患罪的《刑法》第一百條。從此，台獨鼠輩們肆無顧忌地，發動各種街頭暴亂抗爭，來反對政府一切政經措施；要以閩南語取代國語，要將中國文字拉丁化，逢中必返地，去中國化；並以講日語，穿和服，揮武士刀來炫耀一己是日本皇民；假原住民高山族係從南洋遷移來台，其後荷蘭入侵，日據時代殖民之因，認為清代閩粵先民相繼來台開耕者，其血統已經混雜，已不是中國的漢人；進而，台獨鼠輩們倒孫中山銅像，塗蔣介石銅像，毀鄭成功銅像；反中，反華，自認台灣人的台灣，只有四百年歷史，而捨棄中華民國國號，言必稱台灣；對台灣主權所說的夢幻囈語而作有，由「台獨黨綱」而「台灣前途決議文」，真是荒謬，無恥之極！事實上，關於中華民國與台灣主權，其要可歸納為如下數點：

其一，台灣是中華民國的國土，絕不容許侵吞、篡奪

據歷史學者們研究所知，有關「台灣主權」，如果僅依中國文獻所載，在漢、唐時代就記錄有台灣，或經過或到過台灣，就認為對台灣擁有主權，說是「自古以來台灣就是中國固有領土」的論述，並不合於現代國際公、私法對國家領土主權的規範，當然讓人有所

質疑。至於台獨鼠輩們所聲稱的，台灣是台灣人的，台灣只有四百年歷史說，那或許是採取，起始於荷蘭人於 1624 年，在台建立政權之說，這也是「掩耳盜鈴」的「黑白講」。

因為，如依「政權建立說」，或「民族自決」說，來認定台灣主權歸屬為依據的話，則台灣在 1621 年中國人在顏思齊帶領下，來台屯墾，為台灣開啟了中國化的歷史進程。那麼，在此之前的數千年，台灣就屬於台灣原住民的。其後 1624 至 1661 的三十七年期間，荷蘭人來台殖民管理，台灣當是屬於荷蘭；其後，自 1661 至 1995 年，長達二百三十四年的時間，中國人鄭成功在台灣建立延平郡王國，繼由康熙大帝在台灣建立大清帝國福建省台灣府。這二百三十四年間，台灣都是中國的一部分，在台灣的居民都是中國人。

又，自 1895 年中日甲午戰爭，中國戰敗而依國際公法，簽「馬關條約」，割台灣給日本，迄至 1945 年，日本戰敗又依國際公約，將之歸還給中華民國。在這日據殖民的五十年期間，在台灣的漢族被稱為「本島人」，原住民被稱為「蕃人」，台灣主權當係屬於日本的。

台灣再度成為中國的一部分，中華民國的領土，是中華民國的台灣省，始於 1945 年台灣光復，中華民國的中央政府於 1949 年又遷至台北台灣，擁有國家主權，迄今已有七十一年之久。不論依據任何國際政治的法理，台灣是中華民國不容任何勢力可予以侵佔、僭奪的固有領土。僅從下述數點史實與法理，當可論證台灣不屬於中共，更不是一小撮台獨鼠輩的，而是中華民國固有領土的一部分，在台灣的居民都是中華民國的國民。其論證要如下:

1. 台灣領土的割讓與光復先是依據「馬關條約」，繼之依據國際認同的「開羅宣言」，與「波茨坦公告」所訂的戰和條約。這是極其符合現代國際公法，沒有任何「黑白講」可予曲解的史實。

2. 台灣之所以能光復，概因中華民國與美英等同盟國共同抗日勝利後，美國依前述國際公約，立馬交還給中華民國的。斯時，中共在大陸武裝叛亂，尚未奪得政權；即便建政（國）迄今已歷六十七年以來，其一切政令也從未及於台灣及其所屬島嶼。是故，中共自無法片面認定台灣是其所屬的領土。

3. 再則，依領土主權的認同係以「有效統治」說，國府在台「有效統治」，迄今已歷七十一年，即使台獨們也必須認同中華民國的主權，而依據《中華民國憲法》來參選執政。此因，1991 年，台獨所訂「台獨黨綱」，依台灣主權現實，主張建立獨立自主的「台灣共和國」；1995 年所訂「台灣前途決議文」，認為「台灣是主權獨立的國家，她的國號就是中華民國」。這兩者皆是不合於國際法理的悖論。其事實是:

3.1. 無論在政治、法律、歷史、文化上，台灣是中華民國的國土，被統治的居民都是中國人。那一小撮不承認是中國人的台獨鼠輩們，如以二戰後，聯合國為解決殖民地民族獨立自主而主張的「民族自決」說，應用於台獨們的「居民自決」說。那麼，「台灣國」真能建立後，在台的高山族，客家人；屬於台灣的花蓮、嘉義等等都要獨立，這合理、合法？台獨們的「台灣國」可容許嗎？

3.2. 中華民國乃是國父孫中山先生領導中國國民黨革命諸先烈們，拋頭顱、灑熱血，犧牲奮鬥有年，終於在 1911 年創建於中國大陸。這個中華民國國號，絕不是任何一小撮野心份子，可予以更改、剽竊、假借、隨意引用的。台獨即使「竊取」了台灣，脫離中華民國的統治，在違反《中華民國憲法》上，一個中國的基本國策，它只是如叛亂份子，在中華民國的國土上，非法所篡奪、佔有的一塊土地而已。尤者：

4. 中共與台獨皆是包藏禍心地，言必稱「台灣」

眾所周知，中華民國是國號，「台灣」乃是個地理名詞。兩者不應有所混淆。在兩蔣及嚴前總統主政時期，對外必須稱中華民國，絕不可稱之為「台灣政府」。如言及台灣，必須稱之為台灣省，或中華民國台灣，要在宣示台灣是中華民國的領土，或是一個省份。也用以宣示台灣地位的重要，如「美麗的寶島」、「復興的基地」；或為彰顯中華民國政府在台建設的成就，諸如「台灣奇蹟」、「台灣經驗」、「台灣是三民主義的模範省」等等便是。

當 1971 年中共在聯合國篡奪去中國代表權席位，斯時，副總統兼行政院長的嚴前總統家淦先生，為肆應這項衝擊，遏止骨牌效應，以求減低損害至最低限度，指示成立了四個應變小組，其主要者是由葉公超先生主持，成員皆為涉外部會首長的外交小組（對外稱之為「光華小組」）。為衝破孤立，推展實質外交，經該小組反覆研議，在第六次會議決議，由公超先生簽請院長：（一）在無邦交地區倘不便使用正式國號，可使用「台灣」字樣。（二）在國際會議中，可不反對他人稱我為 Free China，China (Nationalist)，或 China (Taiwan)。簽文呈送至時任副院長的蔣經國先生，其第一條（可使用「台灣」字樣）即被刪除（該文由葉公超先生所簽，有蔣經國先生批示的簽呈印本如書後相資 004，可茲佐證）。而今，這一切俱住矣！但每思念及此，對於當年中華民國政府，處在存亡絕續的關頭，猶秉持執著一個中國的基本國策，其堅忍志節，是何等的悲壯感人！

1979 年，美中（共）關係正常化，並與國府斷交後，中共就以「台灣當局」一詞取代中華民國的國號，其用意與企圖甚為明晰。可是，台獨份子言必稱台灣，將「中華民國」國號與「台灣」的地理名詞，交互混淆使用，諸如「中華民國在台灣」，「台灣就是中華民國」，而今，在有邦交國家，更著意地，將之說成「Taiwan, ROC」，略去 Republic of China 的全名，突出 Taiwan 一詞。特別是 2005 年，在紐約花錢買廣告，說是「Authoritarian China 不等於 Democratic Taiwan」，將 China 與 Taiwan 對立，不僅不倫不類，而且，所用的形容詞，也可能是違法悖理的。再如，這次蔡英文參訪巴拿馬運河水閘，竟在留言簿裡寫道「President of Taiwan (ROC)」；近日，蔡英文接受《華盛頓郵報》專訪時，更是使用了「Government of Taiwan」一詞，其用心與企圖卻是截然不同的。它是偷天換日，作黑白講，以達其借殼上市、更改國號、獨立建國的惡夢。即便如此，台灣是中華民國的固有的領土，無可置疑；中華民國抗日戰爭勝利，收復台澎失地，列為世界五強，共同創建聯合國的種種史實，名留在《聯合國大憲章》之上，是永垂不朽的。

其二，台灣是中華民國憲政永續發展的基地

反思當年，國府在大陸為何兵敗危亡於中共；而今，依然迄立在台灣，民主憲政永續發展，對中華民國與台灣主權來說，歸納其成因或許概分為二；前者，可用「時運不濟，非戰之罪也」形容之。後者當是因國府遷台後，厚德載物，而天道酬勤所致也。

對於國府當年在大陸兵敗危亡於中共，為何可用「時運不濟，非戰之罪」形容之？蓋肇因於國共兩黨的本質迥異，其革命的理念，及其實踐的策略更是極不相同而然的。早在 1911 年國父孫中山先生所領導的國民革命，為「推翻專制，走向共和」而武昌起義的「辛亥革命」成功，建立了中華民國之初，即遭到袁氏稱帝，軍閥渾戰十年之後，中國共產黨方為斯時有俄共「十月革命」成功，派馬林來華誘援，所組成的共產第三國際支部的共產黨，它是不折不扣的「外來政權」。但國父為團結國民，努力國民革命成功起見，

而不得不採取「聯俄容共」的政策，予毛共以個人身分，滲入國民黨，任其曲解《三民主義》，秘密發展其組織。結果是所謂「借國民黨的雞，生共產黨的蛋」。從寧漢分裂，共黨被國民黨清出黨外以後，毛共指責國民黨不執行「扶植農工」政策，是為「反革命」，是為「反動派」。由江西南昌武裝叛亂，而湖南長沙秋收暴動，而上了井崗山，為共產國際建立其蘇維埃政府了。

在中華民國史上，有值得稱道的是所謂「黃金十年」或稱「南京十年」，係指從 1927 年，由於國家統一而定都南京，到 1937 年為抗戰建國而遷都重慶。在這期間，國府由蔣中正先生主導，展開全面建設，其在政治經濟、軍事外交、交通基建、文化教育、以及民族社會等等方面，皆是蓬勃發展，繁榮昌盛。其成就是為中國自 1840 年鴉片戰爭以來達至最高的水平；其成效是鞏固了國家統一的基礎；對日寇侵略能遂行長期抗戰，而能倖獲「慘勝」。這「黃金十年」的建設，設如沒有中共內亂與日寇外患的的破壞與阻撓，而能再延長十年以上，中國不僅沒有迄今所遭受的一切的災難；而且，國家建設，早已與現代民主法治高度發達的國家並駕齊驅；中華民族復興的漢唐盛世也早已實現了

可是，「九一八」事變後，毛共即奉共產國際史達林的「指令」：「中國共產黨必須站起來，武裝保衛蘇聯；發動暴動，罷工遊行，以推翻反革命的日本帝國主義的走狗，南京國民政府」，在「蘇維埃區」，在解放區，展開「清算、鬥爭」；將地主富人掃地出門，惡霸善霸統統殘殺；裹脅農工子弟參軍；在大、中、小城市，反飢餓、反迫害；鬧學潮、搞工運，來反政府，來打倒「不抗日」的國民黨。

事實上，抗戰期間，國府有蔣介石「領導」三百二十個步兵師，二十二個騎兵師，總共四百至六百萬人，與日作戰計有二十二次大會戰，一千多次中型戰役，三千多次遭遇戰，直打了八年，方能堅

持到最後的「慘勝」。國民黨僅陸軍就犧牲了三百二十一萬官兵，其中包括上將八名，少將以上二百二十名。中共的「人民解放軍」呢？他們抗日是「游而不擊」，且「以大吃小」偷襲國軍；利用土改暴亂，裹脅農民子弟參軍，毛共紅軍從四萬五千名，擴展到數百萬，沒一個師級以上軍官犧牲的。特別是，在國軍與日寇二十二次大會戰中，毛共除了在窟洞中不時「喊話」，他們又參與了那一次？

在中國對日抗戰八年，「山窮水盡」倖獲「慘勝」之後，毛共不信守「重慶會談」時，所高呼的「擁護蔣委員長」；要與國府組織聯合政府，建設國家的「諾言」。當日本宣佈「無條件投降」之際，竟然乘國軍幾百萬主力部隊，因為八年來與日寇由東南上海而西南川貴的正面戰場上，一寸山河一寸血地展開殊死肉搏戰，接收東北的國軍部隊，不能及時調動前去，依靠美海、空軍運送，也不能及時妥善接收日寇投降。毛共「在十四個小時內，就向藏在深山內共軍發出七道命令，要他幾十萬大軍，揮師華北平原，切斷京杭京浦線，取代國府接受日本投降」；搶摘「勝利果實」。且在東北獲得俄援後，公然武裝叛亂，攻城掠地，由東北而平津，而取勝於徐蚌會戰，就兵渡長江攻佔上海，繼之南下，乘勝追殺得國府軍民屍橫遍野；這四年內戰，兩千萬軍民同胞又因以枉死！毛澤東為了要把共產國際的蘇維埃發展到中國，而無所不用其極地「欺騙」、「用間」，用「槍桿子」甫行奪得「天下」，就急急成立了「毛氏王朝」的「中華人民共和國」，如此「革命」，如此「建國」，有其正當性？！這豈不是，國府戰敗實乃「時運不濟，非戰之罪也」！

再論及國府遷台後，為何中華民國在台灣恢宏民主憲政，能永續發展；中華民國國民所持「中華民國護照」，在世界上一百六十一個國家或地區，皆能通行無阻；今日，中華民國憲政傳承地位，與台灣主權歸屬，為何成為中共與台獨雙方所必爭之因？簡言之；皆是國府治台，厚德載物，天道酬勤所致也。其要：

「東撤台灣」得天時地利

當 1949 年國府在徐蚌會戰戰敗，擬以長江天塹與中共分江而治，求之而不可得，其退守之地只有三個：西南、海南與台灣。這三者之中，以蜀地為中心的西南，軍事地理上易守難攻，其北有秦嶺，東有長江三峽，南有橫斷山脈等，地形兇險，屏障繁多，又是抗戰的發祥地，且因西高東低的地理優勢，取居高臨下的防守之勢，也可以以此偷襲中原。所以蔣介石最初很想「西撤川康」。

時有張其昀先生認為，西撤的川康最大的不足是與內地緊密相連，沒有不可逾越的天險和屏障，難以讓人安心。乃向蔣先生建議「東撤台灣」；陳述台灣是國府最後的庇護所，其因是：兩岸之間的台灣海峽，海闊浪高，它可以即刻阻止尚不具海空優勢的共軍，乘勝追擊。其次，台灣作為「反共救國的復興基地」，有著大陸其他地區無法比擬的優越之處，此即：

1. 在軍事上。台灣有海峽與大陸相隔，易於防守。沃野數千里，實霸王之區，若得此地，十年生聚，十年教訓，國可富，兵可強，成為中興復國之基地。且台灣位於太平洋西緣，扼太平洋西航道之中，與美國的遠東防線銜接，戰略地位極為重要，美國不會棄之不顧，若得美援，台灣防守將萬無一失。

2. 在政治上。台灣長期與大陸相隔，中共組織與人員活動較少，不易滲透；雖然曾有二二八不幸事件發生，但已安撫弭平。且台灣居民在日據殖民下生活了半個世紀，回到祖國懷抱後，對國府自有一種「回歸感」，有利於穩定社會秩序。

3. 在經濟上。台灣地處中國東南部，北迴歸線穿過，其亞熱帶的氣候適合動植物的生長，使人耕種，可以足其食；交通便利，工業方面有煤礦、蔗糖與樟腦等等，先後有荷、英及日據時代，皆曾予以開發，若善於經營，有利於經濟成長發展。

恢宏民主憲政，全面建設台灣

當國府東撤台灣後，在大陸的老毛，立馬用一個「反」字，發起的種種人神共憤的暴政，一直到「橫掃一切牛鬼蛇神」，掀起十年浩劫的文化大革命等等，八千萬苦難同胞斷送了性命；老毛要一黨專政，要階級鬥爭，在農村殺地主，分田地，繼之組織公社，集體耕作，農民終成「農奴」；在城市要工人當家，要公私合營，「民族資本家」不得不將公司企業奉獻給國家，「資方」成為「勞方」。毛共王朝成為舉世無匹的「大地主」；共產極權的「大資本家」。全民「一窮二白」，人人自危，個個盼糧票爭油票以維生命。大家都想逃出這種初級階段，共產主義的「天堂」。後來，幸有鄧小平先生的三十年改革開放，讓一部分人先富起來，也給予 90% 以上嗷嗷待哺的貧苦農工小民，有個生活可以不虞匱乏的希望；因能避過如東歐的突變，蘇聯體解的危機。但由於政治體制的缺失，所種下將要「亡黨亡國」的因素，依然存在，亟待根除。

相反的，中華民國「東撤台灣」得其地利，蔣介石在台灣復行視事之後，可說是一片丹心，愛護在台居民；竭智盡能，全面建設台灣。其在恢宏民主憲政，將台灣建設成為中華民族復興的基地，反共的堡壘，其成功的要因，可歸納為如下數點:

「東撤」乃是「遷都」 ：國府「東撤台灣」，並非如二戰期間有如法國政府去外（英）國「流亡」，而是很有周詳計劃地，猶如當年為與日寇施行長期抗戰，而遷都重慶然，將《中華民國憲法》

所制訂所建立的，中央政府五權（院）政制的，人員組織，文物典章，全部播遷到我國固有領土，台灣及其所屬島嶼，遵循《中華民國憲法》與在大陸所選出的國會議員，民意代表，賡續推行民主憲政。

此外，由國府播遷來台的尚有：陸海空六十萬大軍的武器裝備；數百萬兩黃金與無價之寶的故宮國寶；特別是，除了極大多數抗日名將皆隨國府來台而外，蔣介石先生意真情切地，先後敦請全中華民國的各界出類拔萃的學者專家，菁英人才，共同來建設台灣。這些貢獻智能著有成就的學人專家要如：學術文教方面有胡適、吳大猷、傅斯年、錢穆、錢思亮、閻振興等；黨國元老有張群、陳立夫、余井塘、孫科等；軍事方面有`薛岳、陳誠、胡璉、孫立人等；財經方面有徐柏園、嚴家淦、尹仲容等；外交方面要如葉公超、杭立武、周書楷等；行政方面最為卓著者要如孫運璿、李國鼎等等。他們在蔣先生領導下，為恢宏民主憲政，來「建設台灣，光復大陸」，莫不竭智盡能地，創下不可磨滅的政績。其成效的史實縈縈大者要如:

1. 在軍事方面。金門古寧頭一戰，殲滅由廈門來犯的共軍，打破了自認對國軍戰無不勝的毛共，要攻下金門，血洗台灣的惡夢。繼之，兩度砲轟金門，均未得逞，台澎金馬從此固若金湯，中華民國軍民得以免於被毛共種種血腥暴政的迫害。

鑑於在大陸受過共產黨「用間、潛伏」，煽動顛覆的經驗，不惜背負為實行所謂「白色恐怖」的惡名，乃厲行動員戡亂時期的戒嚴政策，保密防諜，使共諜無生根的機會，而避免了本土共黨的動亂，讓台灣居民能有個安定繁榮，得享民主自由的生活。

2. 在政治方面。蔣介石敗退台灣，政治上第一個大作為是捨官僚富商，而啟用黨內和本地才俊，一生致力維護中華民國憲政法統，不論是剛遷台的危機期或是之後的安定期，堅決反對台獨和國際託管台灣；重視中華民國權利及在台人民意願，將台灣建設成為反共的堡壘。蔣介石堅信「暴政必亡，仁者無敵」，而崇尚「仁義」施政。在大陸遭天災人禍時——1954 年大水災，1958 年大躍進、1974 年中越海戰等，不僅沒有趁機打擊中共，反而成立大陸救災總會，空投民生物資予苦難的黎民同胞。

1950 年年底，美國已宣佈放棄台灣。在風雨飄搖、韓戰方酣的動蕩之際，即毅然推動地方自治，讓台灣本地居民，非國民黨黨員當上台北和台中市長。以致在台居民，踴躍加入國民黨，成為國民黨候選人參加選舉，奠定了後來國民黨在台灣生根發展，對貫徹民主法治的憲政有著不可磨滅的貢獻。

3. 在經濟方面。國府遷台初期，台灣生產停滯，農業工業都落後，通貨澎脹，百業蕭條，民生疾苦，在高失業率之際，上百萬的軍民從大陸湧到台灣，最基本的吃住都成問題。蔣先生，不次擢拔嚴家淦，從運用由大陸帶來的八十萬兩黃金用作發行新台幣的基金，穩定了貨幣，戢止了通貨膨脹；推行土地改革，安定了民生；並建立預算制度，致力賦稅改革，國家財政收支平衡了；採取農工並重，均衡發展的政策，讓經濟起飛了。

而且，嚴家淦先生在蔣總統的「建設台灣，光復大陸」指導原則之下，施政方面所定政策，無不是把握重點，多元發展的。嚴先生嘗一再闡釋地說：「我們在建設台灣光復大陸的要求下，固然以國防建設為優先，可是政治建設、社會建設、教育文化建設和經濟建設等等也要齊頭並進。就以政治建設來說，我們不但顧到中央，也要顧到地方。以社會建設來說，我們不但著重都市，也要顧到鄉村。以教育文化建設來說，我們不但要質量並重，而且要四育兼施；就以經濟建設來說，我們在工業化的前提下，也不可偏廢了農業。

我們在推進大型工業之中，我們也不能不充份扶植中小工業。」以此對照於大陸上毛共所作所為，如三面紅旗、土法煉鋼等等運動，弄得全民一窮二白，真不可同日而語。

特別是，在影響國共兩黨興亡盛衰，最值得稱道的因素是，土地改革之不同。中共土改是個騙局，自始至終，農民受盡了苦難。在中共武裝叛亂，尚未奪得政權期間，它是以「土改」革命者起家的。本來，中國是一個人口眾多，貧窮落後的農業國家，對於以消滅剝削勞工剩餘價值的資本帝國主義的共產主義並不適用。但貧窮是共產主義的溫床，再有蘇俄十月革命成功的誘因，就給予毛共被國民黨清黨趕出之後，在中國窮苦的農村，煽起殺地主、分田地的武裝叛亂、暴力革命的契機；從 1950 在景崗山成立「中華蘇維埃共和國」，開始「土地改革」，沒收土地，改由「中華蘇維埃共和國」所有。嗣後在抗戰、在內戰期間，起初是動員窮苦的佃農，結合中農，鬥爭大農，殺了地主，無償分得土地的農民子弟，就成為中共「自願參軍」的士兵；盼望在打倒國民黨後，可以分到田地的農民婦女，也成為中共作戰，踴躍充當後勤支援的義務役工：皆是中共「人民戰爭」、「人海戰術」的前鋒。以此，打倒了所謂代表官僚資本主義的南京國民政府，奪得了政權。

中共建政後，又以基於意識型態與順應情勢所需，而改採各種「土改」制度。例如「農業合作社」、「人民公社」，以及「家庭承包制」等等。這種種「改革」，皆因農村土地是「集體所有制」，耕者無分寸的地權，對農民毫無激勵作用。在「改革開放」前三十年的老農民，是在中共黨書記掌控下，無分寸耕地，終日按時在所指定的農地，集體耕作的「農奴」。其所得「工份」的口糧，不足以裹腹；從事養雞飼豬，求個副食充飢，皆有違走資的政策，會受到懲處的。老農民終生只求個「吃飽」，成為企盼不及的大事。

「改革開放」了，要「讓一部分人先富起來」。由於中共要在落後的大陸農業實現其工業化，頒佈了一系列政策、法令，通過戶籍制度、糧油供應制度、勞動用工制度和社會保障制度等，把城市人口和農村人口分割開來，形成了城鄉二元結構的基本制度，乃採取農產品的定價形式，從農民手中低價統購，又對城市居民和工業企業低價統銷，用以維持大工業的低工資和低原料成本，提供產生超額利潤的條件，片面追求經濟成長的「結果」是：其城鄉的經濟、文化水平差異之大，可比喻為中國大陸的城市像歐洲，農村像非洲。

農民呢？由於農村土地是「集體所有制」，農民不能自由買賣所經營之土地，一旦面臨徵地又得不到公平合理的補償，土地爭議導致農民的抗爭層出不窮。農民所能受益的是，除了「識時務」的農民，拾棄集體耕作，下海做買賣的「個體戶」，有幸成為「萬元戶」者而外，青壯者多棄耕「盲流」到城市，或各別尋覓餬口的工作，或成群結隊，淪為「農民工」。農村青年有萬幸受畢大學教育，無法覓得所適工作者，寧可作「蟻族」「漂北」，也羞於回返農村。以致留在農村者皆為老弱幼童，以致農業荒蕪，農村一片蕭條。再因，農村的醫療、教育、社會福利皆有欠周到，能夠彼此照拂，相依為命，已屬大幸。其間，有「農民工」索欠工資而被鎮壓者；有因勞工前途茫然而如鴻海的年輕工人跳樓者；又如貴州畢節四名「留守兒童」自殺者；有四川涼山彝族十二歲留守學童，為父母雙亡而作《淚》文泣訴者，類似如此的案件頻頻發生，真是何其不幸也？！中共政權再如何強大，如不善待農民，讓其耕地確權，必遭天譴！

台灣土地改革模式

國府在台灣所推行的土地改革呢？1949 年台灣光復時，台灣地區農業人口佔總人口數 55% 以上，其中佃農總數又佔總農戶的 36.1%。租佃制度盛行，地租居高不下，造成農村經濟落後。中華民國政府為了記取在中國大陸失敗的教訓，更為了達成孫中山先生「平均地權」的理念，乃立即實施土地改革，實施耕地所有權的重分配。其推行的土地改革完全與中共的「土改」迥異，而是依經濟法則，以和平手段來推動改革，所以並未造成社會上不同階級間的對立。按歷史數據所示，其農地改革的過程可分為以下三個時期：

第一個時期是「三七五減租」，推行期間為 1949 年四月至九月。「三七五減租」指的是佃農對地主所繳納的地租，以不超過主要作物正產品全年收穫總量的 37.5%，換句話說，主要作物正產品全年收穫總量的 62.5% 由佃農自己保留，若是原訂租額低於 37.5% 者，不得增加。這項政策至少發揮了兩個功能，其一是增加佃農的收入，使佃農基本生活保障無虞，可將心力完全從事於農業生產，進而讓農地產量增加。其二是減租的結果使得地主對投資土地的興趣降低，農地的地價也因此而降低。佃農收入逐步增加，農地價格漸漸降低，佃農開始有能力購買屬於自己的耕地。

第二個時期是「公地放領」，推行期間為 1951 年到 1976 年。這項政策就是由政府將公有耕地釋出，准許符合資格的農民依規定程序申請承領，農民在繳清地價之後，便可取得土地所有權。「公地」的來源就是國民政府接收日本人佔據的土地。放領政策的目的在扶助自耕農。所以對於放領對象及放領面積，都有嚴格的限制。放領對象以原承租公地之現耕農為主要對象，其次依序為雇農、耕地不足的佃農、耕地不足的半自農、無土地耕作之原土地關係人、需要土地耕作者、轉業為農者。耕地種類之區別、等則之高低、農戶耕作能力之大小，以維持一家六口生活之所需為原則。一般規定放領面積為上等水田五分，中等水田一甲，下等水田二甲；上等旱田一甲，中等旱田二甲，下等旱田四甲。如果原承領農戶無力耕作，政府得照原價收回，原承領人如不願自耕或是想要移轉給其他人，必須通過核准。放領地價是耕地主要作物即正產品全年收穫量的二點五倍，承領公地的農戶不必再繳納「地租」，改徵「地價」，還清地價後土地就歸私人所有。公地放領政策實施的結果是當時台灣四分之一的佃農獲得了耕地，也為「耕者有其田」奠定了厚實的基礎。

第三個時期是「耕者有其田」，自 1953 年一月二十九日開始實施。政策規定，只要是想從事耕種，又有耕種能力的人，就可以擁有自己的田地來耕種。地主（包括純地主和地主兼自耕農）得保留其出租耕地七至十二等則水田三甲，或是其他等則之水田及旱田，依公告標準折算之甲數。凡是超出此條件的出租耕地，一律由政府強制徵收，轉放給現耕作農戶承領。被強制徵收耕地之地價，是按照正產物年收穫量的二點五倍計算。地主由政府取得之補償物包括實物土地債券七成及公營事業（農林、工礦、紙業、水泥等四家）股票三成。承領耕地之佃農可分十年二十期，以實物或同年實物土地債券償還。台灣地區的農地經過以上政策的推行，基本上已達到財富重分配、耕者有其田的目標。

再者，台灣地區處理農地、農業及土地改革等問題，最重要的成功因素，是台灣農村基層設有「農會」組織。農民可以透過農會取得話語權，也從農會得到技術、資金的援助。迄至今日，中國大陸還沒有類似的農會組織，有的只是具有部分協調功能的「村民委員會」，農民的權益如果受到侵害，村委會能提供的協助十分有限，有時甚至村委會本身就是侵害農民權益的幫兇。且因土地改革計劃周詳，台灣地區自從實施「三七五減租」以來，土地改革無不伴隨著相應的配套措施，例如在徵收地主土地的同時，引導地主將資金投入工商企業發展；將土地使用分區管制，避免土地資源遭到無效率的利用。相對於中國大陸歷次土地改革幾乎都是「因勢利導」，但「萬變不離其宗」：都市土地國有，農村耕地集體所有。斯為造成中共不能落實政改，不能取得「完全自由市場經濟地位」，將要亡黨亡國的最根本的原因。

4. 在文教方面。當 1960 年代，與中共文化大革命「批判孔孟之道」同步，蔣先生推行「復興中華文化，光復大陸國土」，台灣開始從小學到大學入學考試，以及政府公務員考試，都大量強化學習古典中華文化的科目，尤其是以孔子為主的儒家學說，受到特別推崇。致使台灣成為今日全球華人中最能完整承繼中華傳統文化的地區。在教育文化方面的建設，除了實施九年國民義務教育而外，蔣介石還支持婦女解放、廢除養女制，對台灣的人權進步有很大貢獻。並以仁愛為本的中華文化，廣結與國，敦睦邦交而提高了國際地位；以民生、民族為重，用中華傳統文化「反攻大陸」。研究《蔣介石日記》的郭岱君博士就曾指出，此可見於蔣介石 1972 年的日記：「余對光復大陸之信心，毫不動搖，且有增無已，因確信上帝與真理和我同在也。」可證實蔣先生早就知道，不可能軍事反攻，而提出政治反攻，要建設三民主義的模範省，用三民主義來反攻大陸。

其三，台灣是亞太地緣政治戰略的樞紐要點

回溯自 1949 年國府在大陸兵敗危亡，將在神州的政權喪失於中共；東撤台灣之後，中共政權無法消滅中華民國，迄至二十年後因得美國奧援，在聯合國取得中國代表權席位，從此，中共就在國際上利用「一個中國」的原則，將中華民國政府「困死」於台灣；

以迄於 2016 的六十七年以來，中華民國憲政法統的傳承地位，又淪於主張台獨的政黨，拒絕接受「九二共識」的新政府，要「借殼上市」。中華民國雖然遭受如此「內外交困」的情勢，但是，中華民國依然屹立於世，賡續行使國家主權；台灣依然是中華民國固有的領土，中共與台獨先先後後處心積慮，爭相僭奪，皆不得逞。何以致此，其要因當可歸納為兩大因素；首為國府自始至終恢宏《中華民國憲法》的民有、民治、民亨的民主法治的憲政；再為中華民國的固有國土，台灣，其地緣戰略地位極其重要。

台灣的地緣戰略對環太平洋區域之重要性

眾所周知，台灣位於歐亞大陸東側的外海上，西面隔著最窄寬度約一百三十公里，平均寬度兩百公里的台灣海峽，與中國大陸的福建省遙遙相對；東面為遼闊的世界第一大洋——太平洋，與美國西岸之間除了夏威夷群島外幾乎沒有任何障礙；北面距日本九州一千公里，其間為琉球群島。南面隔著三百五十公里寬的巴士海峽為菲律賓群島。亦即從美國所屬的千島群島、經日本群島、琉球群島、台灣、菲律賓、到達東南亞的印尼群島為止，這一串弧狀排列的群島，形成在地理學上被稱之為「花綵列島」，將亞洲大陸與太平洋分隔開，與亞洲大陸間形成了日本海、東海與南海。成為海權與陸權衝突時的緩衝地帶。

是故，對於日本，有福澤諭吉「台灣領有論」曾指出：十九世紀的台灣–琉球–日本，三者在東亞海域連成弧形海上防衛線的島嶼，在複雜的強權角力中，就能挺立國際政治舞台。日本垂涎台灣可以遠溯自日本戰國時期末葉，倭寇以武力侵佔基隆等地，以為襲擊中國大陸華南地區的根據地；近代以降就是以福澤諭吉的「台灣領有論」為開端，立基於日本的地緣戰略思考，從琉球的邊疆防衛，漸次轉向領土擴張，而有 1895 年割取台灣的戰略實踐。福澤諭吉的「防衛琉球，割取台灣」論理是實踐日本國土安全戰略的原型。

對中共而言：中華民國第一大島台灣，地處花綵列島第一島鏈的中央，是對中國大陸東南沿海地區的天然屏障；台灣海峽是中國大陸沿海海上交通的咽喉要道；是中共突破美日封鎖，走向大洋的唯一現實突破口。對於中共欲成為二十一世紀海上強國，具有無可比擬的軍事價值。而且，依據《聯合國海洋公約》規定，沿海國對二百海浬專屬經濟區享有充份的自主權。這樣，台灣及其附屬島嶼就擁有十二萬五千六百平方公里的經濟區域。擁有台灣，意味著擁有數萬倍的「綠色國土」，加之海底石油、珍貴礦產等，帶來一筆巨大的海洋財富。是故，中共認定：「台灣問題是中國的生存空間問題，它不僅對中國東南沿海意義重大，更是東亞不可多得的軍事基地。台灣事關中國的近海交通和遠洋發展，它既可以成為中國維護國家海權和走向海洋大國的一個地緣支軸，也可能成為其他敵對勢力遏制中共海洋戰略的一個繩扣。其軍事價值遠非『不沉的航空母艦』所能比擬，其地緣意義更是中國大陸其他任何島嶼所無法替代的。如果台灣獨立，中國失去的不僅僅是三萬六千平方公里的島嶼，而是整個太平洋、半個新世紀，要維護國家主權，要成為新世紀的強國，中國必須解決台灣問題。」是故，中共認為：「統一台灣是中華民族的根本利益之所在，維護祖國領土完整是我們責無旁貸的責任與義務。」

對美日而言。在冷戰時期，美國為圍堵以蘇聯為首的共產集團，使共產集團的勢力不致衝出歐亞大陸而威脅美國所在的美洲，曾經利用花綵列島的天然地形，在太平洋的西岸外構成了一道堅強的防禦網，確保自由世界的安全。台灣身處此一防線中央關鍵的位置，成為地緣政治戰略的樞紐要點。再則：

從政治觀點以言。國府在台灣是西太平洋邊緣的民主國家之一，也曾是美國對共產集團圍堵戰略第一島鏈上重要的一環，尤其中華民國堅決維護自由民主的立場與美國相符合，是故，能否維持台灣自由民主制度不受中共威脅，保持一中分治的現狀，實為美國與中共勢力在亞太地區消長之因；且美國與中共的政治角力中，台灣是折衝的政治籌碼，如美國可在對台銷售武器上抵制中共的武器擴散，在南北韓問題上打台灣牌，反之亦然。由此可知，台灣是美中關係在政治上，其他國不可獲得的籌碼，進而雙方影響全球戰略均勢的重大關鍵點。

從經濟觀點以言。自 1980 年以來，美國與亞洲國家的貿易額已超過與世界其他地區，且投資仍呈現持續增加趨勢。中國大陸參與 WTO 後，成為「世界工廠」；台灣以彈丸之地亦列名全球十五大貿易國之一。貿易伙伴皆以美、日為大宗，對本地區經貿繁榮影響至為重要。在交通方面，台灣正好連接台灣海峽與巴士海峽，亦處於連接東北亞與歐洲重要海道的位置上，每天經由這兩個海峽而通往日本的巨型油輪不絕於途。如果台灣受干擾，日本經濟將立即陷入癱瘓。影響所及，包括東北亞、東南亞、中東，乃至歐洲各國的經貿，均將遭受重大衝擊。

從心理觀點以言。台灣是美國在西太平洋唯一未派軍力駐守或協防的地區，完全由中華民國自建武裝力量與中共相抗衡。對美國而言，不但未造成軍費兵員上任何的負擔，且可避免陷入直接與中共發生武裝衝突的漩渦中。台灣能夠維持政治安定、國家安全與經濟繁榮發展，與中共在兩岸關係上，維持和緩的局面，對區域和平與穩定具相當正面的影響，不致成為美國最擔心的，可能引爆衝突的地區之一。

從軍事觀點以言。冷戰期間，蘇聯在亞太地區的戰略著眼有以下兩點：一是驅逐並取代美國在西太平洋的勢力，俾與印度洋、紅海及北大西洋的戰略部署相聯結。二是對中共完成戰略包圍，中立日本，逐步控制東南亞、麻六甲海峽，進出印度洋及西、南亞大陸邊緣地區，實現其「啞鈴戰略」，除一面加速擴充太平洋艦隊，在越南建立東南亞海空軍前進基地，俾向美國西太平洋軍事力量挑戰。另一方面則積極經營與印度之關係，企圖將印度洋及太平洋結成一體，從海上包圍亞洲大陸。因此，台灣的戰略地位實為蘇聯「啞鈴戰略」構想能否得逞之重要關鍵。在蘇聯解體後，中共隨著國力增長，迅速填補亞太地區蘇聯遺留之權力真空地位；美國為能延續其「世界霸主」地位，其國內不論現實主義者或保守主義者，均認為應將矛頭指向亞洲，對其威脅最大且逐漸崛起之中共。而台灣的位置，正可扼控中共的海洋擴張，掩護美洲大陸東側翼的安全與西太平洋防線之要衝，軍事價值至為重要。

中華民國台灣的附屬島嶼——太平島之重要性

尤者，在中華民國台灣所屬諸島嶼中，其戰略地位最重要者是太平島。該島形東西狹長，地勢低平，東西長約一千四百三十公尺，南北寬約四百零二公尺，岸線範圍四十一點三公頃，海岸植被線範圍三十六點六公頃；平均潮位時陸域出水面積約為零點五一平方公里，海水低潮位時礁盤與陸域出水面積約零點九八平方公里，海拔五到六公尺。是南沙群島中最大的天然島嶼，也是唯一擁有淡水的天然島嶼。在二戰時被日軍佔領。1945 年八月，日本投降。中華民國政府根據 1943 年《開羅宣言》和 1945 年《波茨坦公告》的決定，於 1945 年十月二十五日正式收復台灣，隨後立即著手收復南海諸島事宜。

1946 年九月，中華民國政府海軍派出四艘主力艦艇組成進駐西沙、南沙的艦隊，分別是：護航驅逐艦「太平」號、驅潛艦「永興」號、坦克登陸艦「中建」號和「中業」號，海軍上校林遵為指揮官，姚汝鈺為副指揮官。由林遵率「太平」號、「中業」號兩艦進駐南沙群島，姚汝鈺率「永興」號、「中建」號兩艦進駐西沙群島。到 1946 年十二月基本完成收復工作，並在各島嶼分別派人駐守，建立碑記，然後舉行接收典禮，嚴正重申中國對南沙、西沙群島的神聖主權。國民政府對南海諸島的名稱，又按照我國歷史上的先例，以進駐的艦名命名若干島嶼，把南沙群島的主島黃山馬島命名為太平島，鐵崎島命名為中業島；把西沙群島的主島貓島命名為永興島，中途崎島命名為中建島，沿用至今。

1947 年，國民政府在其編繪出版的《南海諸島位置圖》中，以未定國界線標繪了一條由「十一段」斷續線組成的範圍，而稱之為「十一段線」的領海。1949 年，中共建政後，取消了中國海南島與越南之間的兩個線段，而成為「九段線」。在「十一段線」公佈之時，當時的國際社會並未對此提出任何異議，周邊的東南亞國家也從未提出過外交抗議。但在 1951 年簽署《舊金山對日和約》時，情況發生了變化；美、英應法國要求，把西沙和南沙群島的處理包括在條約之中，英美故意不提西沙群島和南沙群島的主權歸還問題，為以後的南海領土爭端埋下了禍根。其因是：

一、在海域方面：先是聯合國在 1968 年公佈東亞緣海有豐富油氣蘊藏，於是，由台港保釣運動點火，開始了一連串的島礁爭奪衝突；接著界定二百海浬經濟海域和大陸礁盤的《聯合國海洋公約》於 1994 年開始生效，各國展開爭奪經濟海域和大陸棚的角力，島礁的衝突日益激烈。

二、在國際權力政治方面：先是 1970 年代的冷戰進入美國「聯共制蘇」階段；接著是 1990 年西歐冷戰結束；然後是 2000 年中共崛起；於 2012 年由韜光養晦進入大國戰略，由陸封國走向海洋，海軍由近岸防衛走到近海防衛，再向遠洋延伸，積極擴張海權並和美國亞太再平衡互別苗頭。

三、在海域資源方面：自從南海發現蘊藏豐富的石油和天然氣資源之後，周邊國家突然紛紛開始宣稱擁有南海諸島部分島礁的主權，這些國家對南海的主權訴求，主要是依據 1994 年生效的《聯合國海洋法公約》。依據《公約》專屬經濟區其權利為「以勘探和開發、養護和管理海床上覆水域和海床及其底下的自然資源（不論為生物或非生物資源）為目的的主權權利，以及關於在該區內從事經濟性開發和勘探。

四、專屬經濟區重疊方面：在南沙群島的主要島礁中，屬中共控制的只有九個，而被越南、菲律賓、馬來西亞、印度尼西亞和汶萊佔據的卻多達四十五個。另外一些較小的島礁也有許多處於他國的控制之下，中華民國的「十一段線」（中共「九段線」）已名存實亡。且因南沙群島大部分，都分別在這些國家的二百海浬專屬經濟區之內，有些部分還彼此重疊，以致造成「南海仲裁」而戰雲密佈的事件。海牙國際仲裁法院在裁決書中說：「仲裁庭定論，南沙群島所有高潮地物 (high-tide features) 在法律上均為礁岩，包括太平島、中業島、西月島、南威島、北子礁、南子礁等，不具構成擁有專屬經濟海域或大陸棚。」其中最為荒謬而導致嚴重爭議與衝突的裁決，是為南海仲裁結果認定太平島是礁非島。

五、太平島的軍事戰略價值方面：太平島不同，到現在為止無須透過填海造陸工程，便可符合 1982 年《聯合國海洋法公約》第一二一條規定而享有十二浬領海、二十四浬鄰接區及二百浬專屬經濟區與大陸礁層之主權權利。換句話說，單就太平島而言，二百浬大陸礁層與專屬經濟區的範圍，將可涵蓋中共目前在南沙佔領的所有島礁，也可與菲律賓在巴拉望省劃出的二百浬大陸礁層與專屬經濟區重疊，其後便有劃界的價值。而且，太平島距離高雄約一千六百公里，剛好在中共近年大幅填海造地的永暑礁、渚碧礁和美濟礁之間，也扼著由海南島及西沙群島外出的通道，兩旁是重要軍港菲律賓蘇比克灣及越南金蘭灣。如果南海起爭端，太平島將成為兵家必爭之地，如在島上部署雷達，可掌控鄰近各處的軍事部署。所以，太平島具有極其重要的軍事戰略價值；是故，台灣是亞太地緣政治戰略的樞紐要點。

近中，有洛城新語的《太平島一旦失守？》論述中指出：「長期以來，台灣部分學者擔心，距台灣本島一千六百公里的孤島，一旦像 1982 年福克蘭島被攻佔時，軍事和外交將如何應變，從南海過去的衝突歷史看，此說絕非危言聳聽。」該文並臚舉其既往如下事實為證：

「太平島在 1956 年台灣駐軍之後，以此為核心，曾擁有附近多個島礁，但因兵力有限及補給困難，有的只能不定期駐防或巡視，有的是遇颱風就要撤回。在南海為領土紛爭時期，至少發生過兩次公開戰爭，多次襲佔對手島礁事件。台灣至少被佔過兩個島礁，未做反擊，未公開聲張，自動退讓。

「1970 年代後，菲、越、中開始留意南沙後，台灣所佔島礁不少陸續易主。大平島附近的中業島，1971 年被菲律賓部隊佔領。台灣守軍曾考慮抵抗，但在政府電令不挑釁後，主動撤出。

「1974 年，距太平島十三公里的敦謙沙洲上駐守的台灣陸戰隊，為躲避颱風撤回太平島，風災過境後準備回防，才發現越軍已搶先佔領該島。台灣又失一城。」

「1974 年的中國與南越政府的西沙海戰，南越出動火力強和噸位大的美式軍艦，仍敗在中國手中。事後美國基於聯中制蘇戰略利益，並未力挺當時盟邦——南越，西沙從此歸中國所有。1988年南沙的赤瓜礁海戰，起因為越南早在十多年前在蘇聯支持下，陸續佔據南沙多處島礁，中國開戰前為零。中國當時在聯合國委託建立海洋觀測站名義下，進軍南沙，由於有優勢艦艇，擊敗越南。當時中國與美國正值蜜月期，西方對此少有批評。中國之後陸續佔據附近幾個礁岩，成為今日人工島的基礎。越南之後也不示弱，續佔附近礁岩。至今已有三十多處，成為南沙擁有礁岩最多的國家。」

該文又論述：「這些年，太平島周邊越來越多越、中、菲佔領的島礁，太平島形同被包圍態勢。台灣只在十多年前將距六公里的中洲礁納入，以便增加太平島的防守縱深。南沙政策上，台灣採以民代軍、重視生態的態度，將駐軍改成警察部隊的海巡署人員駐守，配合美國降低當地軍事活動，但這真能帶來期望的與鄰為善、爭取國際聲援的效果？國際局勢詭譎，該思考如果太平島一旦失守的應變對策。」

其四，台灣能否成為世界開萬世太平的契機？

再從地理位置來看，台灣位於中國大陸東南一百多公里的西太平洋中，是亞洲大陸、特別是中國大陸通往西太平洋的主要海上門戶。台灣又位於西太平洋連接東北亞與東南亞海上通道的中段，控制了台灣就控制了西太平洋的南北海上通道。其地緣政治含義就是，只要東亞—西太平洋地區存在地緣政治上的對立，誰能控制台灣，誰就能控制這個區域的海上通道，誰也就能佔據地緣戰略上的有利地位。反之，如果東亞—西太平洋地區的主要利益相關國家之間處於相對友好、沒有明顯地緣政治衝突的狀態，那麼台灣的戰略地位便會下降。正是因為台灣所處的特殊地理位置，使得它在周邊大國的地緣政治與地緣戰略考量中佔有特殊重要的地位。特別是對中共來說，台灣緊鄰中國大陸腹部，把守著中國東向太平洋、南下印度洋的出海口，因而對中國大陸的安全與發展具有特殊重要的意義。事實上，從十六世紀末期開始，無論是西方殖民者還是日本侵略者，他們圖謀台灣的主要目的之一，就是在東亞大陸邊緣地帶佔據有利位置，以便日後伺機挺進中國大陸。

對於中共，台灣居中國大陸海岸線的正中央外緣，不僅將中國大陸的緣海切割為東海與南海，牽制大陸沿海南北向的航運，並且將中國大陸與太平洋隔開，所有經過台灣島上下緣航道，進入太平洋的航道都將受到台灣的箝制。如果中共擁有了台灣，不僅可以突破美國現階段對其有形無形的圍堵戰略，經由台灣直接切入太平洋，與美國爭奪太平洋利益，而且其沿海的航運不但不受台灣的限制，反而在台灣的保護下得以自由航行，對大陸沿海的經濟繁榮將有實質的功效。掌握台灣後，中共將能夠直接威脅日本的「經濟生命線」，脅迫日本選擇靠向中共，對於中共的國際強權地位有實質的幫助。不但如此，台灣若「回歸」中共，中共將擁有發展海權的最佳基地，以台灣為基地則對南海的掌握將更加有益。是故，中共不管基於民族意識，或是國家安全的考量，都不可能放棄奪取台灣。

兩岸關係：主權共有，治權分轄

論及中華民國與台灣領土主權，從中共建「國」後，依國際法「主權繼承」說，中共對台灣自應有權利，要求其領土主權的完整。但是，中華民國政府並未滅亡，而且，依據在大陸，由全民所創制的《中華民國憲法》以及民意代表，於大陸兵敗後，中央政府播遷於台北台灣，仍然根據憲法行使其職權；國祚無一日中斷。中共在大陸上以武力奪得中華民國「固有的領土」建「國」後，其一切治權運作，從未能及於台灣及其所屬島嶼；中共對中華民國的領土主權，自是「不完全繼承」的。又，國府不僅仍然擁有「有效統治」台澎金馬的「剩餘主權」，而且，依據在大陸所訂《中華民國憲法》，對大陸上曾經統治的領土，只是由中共用武力所奪取而已，並未喪失對其有主權的要求。是故，中共與國府彼此對全中國領土，應是「主權共有」，但對全民則是「治權分轄」的；亦即，從中共建「國」以後，與國府「鬥爭」了二十餘年，方在聯合國取得中國的「代表權」以迄於今，其真正的爭議所在，乃是國共兩岸是誰能夠「代表全中國的唯一的合法政府」而已。

可是，對中共而言，自從在聯合國取得中國代表席位後，即自認已取得全中國的領土主權。所宣稱的「一個中國」原則，其內涵有五點：「第一，「一個中國」是指中華人民共和國；第二，其首都是在北京；第三，台灣只是其一個省或特別行政區；其四，台灣不能享有國際政治活動空間；第五，中國不放棄以武力解決統一問題。」這種論述既有違事實，更不符合現代國際公約規範，對國家主權的認同，是基於「有效統治」的原則。如此的「一個中國」原則，豈能為賦有民主憲政傳承正統，秉持「憲法一中」的國府所認同，即使想「借殼上市」的蔡台獨政府，如真要對中華民國憲政法統「維持現狀」，自也不便接受的。

雖然如此，中共既往對國府，而今對蔡台獨政府，以及現在為南海裁決的爭議，為何皆一再要求承認「九二共識」，接受「一個中國」的原則？無他，皆因中華民國有效統治的領土，台灣及其所屬諸島嶼，其地緣政治戰略地位極其重要，中華民國與台灣主權如何歸屬？影響極其深遠。所以，中共對中華民國存在的事實，必須確認，方能延續「國共內戰」的情勢，對解決中華民國與台灣主權問題，就是為「中國的內政問題，任何外國不得干涉」，而能順利攬為已有。

南海為中美必爭的戰略要點

當南海仲裁案结果公佈，南海戰雲密佈之際，中美皆先後分別宣稱，南海各為其「核心價值」或是「最高利益」。何以致此？據《橙訊》分析其因是：南海有「亞洲地中海」之稱，是東南亞各國的「咽喉」，連結歐亞和美洲的主要航道，加上南海水域漁業及能源資源豐富，所以成為各國虎視眈眈的「肥豬肉」。

又根據世界海運理事會統計顯示，全球一半油輪都是途經南海，中國、韓國及日本逾 85% 的石油都是經南海進口，南海堪稱是「東南亞油管」。也源於南海的交通因素。對東北亞地區的戰略原料輸入以及工業製品輸出的 80% 經過南海，西方世界戰略原料輸入以及工業製品輸出的 40% 依託南海。南海現在是世界上主要的交通要道，每天在南海上穿越的船舶有五千艘，南海所牽扯到的全球 GDP 約有五萬億美金。可見其經濟價值是相當可觀的，它是東北亞甚至西方國家的生命線。又，南海天然資源十分豐富，美國能源情報署 (EIA) 估計，南海蘊藏一百一十億桶原油及一百九十萬億立方呎天然氣，當中約一半資源可供開採，對南海周邊能源資源貧乏的國家相當重要。另外，南海漁業資源佔全球約一成，漁獲量佔亞洲總量四分之一。

尤者，南海對中共極具戰略價值。南海是中共的「一帶一路」中，「二十一世紀海上絲綢之路」的重要組成部分。中國大陸通往外國的三十九條海路航線中，有二十一條途經南海，而中國大陸有六成的商品，需經南海運送。太平洋另一端的美國，九成從亞太地區進口的原料需經南海。其間，太平島地處中共近年在南海大幅填海造地的永暑礁、渚碧礁和美濟礁，成為中共海軍屯駐、集結、訓練的重要地區。加上南海平均水深一千二百一十二公尺，方便核潛艇隱藏行蹤，亦是航母演習的理想地區。太平島也扼著由海南島及西沙群島外出的通道，兩旁是重要軍港菲律賓蘇比克灣及越南金蘭灣。如果南海起爭端，太平島將成為兵家必爭之地，如在島上部署雷達，將可掌控鄰近各處的軍事部署。所以，太平島具有極重要的軍事戰略價值；是亞太地緣政治戰略的樞紐要點。

台灣太平島能成為世界開萬世太平的契機？

基於戰略思考，台海及台灣，勢將成為中美兩強在今後西太平洋博弈的「兵家必爭之地」。這樣的形勢，已經無關乎台灣當局在兩岸統獨之間的取向與選擇，形勢最終走向只取決於：(1) 台海兩岸即大陸與台灣在軍事實力上的對比，及 (2) 中美兩強在西太平洋軍事實力上的對比。其全盤形勢發展將是：(1) 在四海（黃、東、台、南）之中，台海或將成為中美關鍵博弈的焦點。台灣這一「棋子」會牽動全局，台灣這一棋子的「易手」（由美轉至中），將根本改變及決定了，在東海、南海中的日本、韓國及東協，在中、美兩大之間的新選擇；(2) 台灣這一棋子如果易手，也即形同美國的第一島鏈從中間開始，向南與北潰散，美國對中國「封鎖」的防線將撤退到第二島鏈，是則，中國的戰略得以成功，美國的戰略面對失敗。

很明顯的是，美中日在東亞博弈日趨升級，美國大力拉攏東亞盟邦和夥伴。美國再軍售台灣、協助台灣造潛艦和其他武器都勢在必行，台灣漸捲入東亞紛爭恐難避免。在軍事和外交之間，華府細火慢燉，讓台灣扮演制扼住北京咽喉的殺手鐧。但華府也步步為營，不鼓勵台獨，更不想讓台灣被大陸統一。大陸近期出現五年內是武力統一台灣的最佳時機，其真實情況正好相反，美國表面看似要放棄台灣，實質將台灣抓得更緊，必要時打出「台灣牌」。

台灣果真捲入美中日之間的衝突，走向「親美日、遠中國」，依靠國際力量保護，成為「天然獨」，一旦美中撕破臉，美軍重返台灣，將是大陸的最大夢魘。傳聞中共將美軍重返台灣，列為對台動武的條件之一。但南海、東海如衝突，解放軍如孤注一擲而潰敗，台灣將名正言順地納入美日聯盟旗下，西太平洋情勢將大變；中共垮台、中國將萬劫不復，恐怕習近平也不敢冒這種風險。

中共需要中華民國的合力維護「領土完整」

中共在地緣政治戰略方面考量認為：「中國地處東亞，其陸地邊界兩萬兩千多公里，海岸線長達一萬八千多公里，範圍擴及東北亞、東南亞及南海等。其陸地鄰國十五個，分別為東鄰北韓，北鄰蒙古，東北鄰俄羅斯，西北鄰哈薩克斯坦、吉爾吉斯坦、塔吉克斯坦，西和西南同阿富汗、巴基斯坦、印度、尼泊爾、不丹、錫金接壤。南與緬甸、老撾、越南相連。東部和東南則同台灣、韓國、日本、菲律賓、汶萊、馬來西亞、印度尼西亞隔海相望。

「中國在東亞大陸複雜的周邊環境使其不得不注重其周邊地區的局勢穩定，中國的亞太區域地緣安全觀可分成四個層次。分別為由長江、黃河中下游及珠江流域所構成的核心地帶；由核心地帶外圍的邊疆少數民族區域所構成的邊緣地帶；中國疆域外圍由東北亞、東南亞、南亞及俄羅斯等邊區域所構成的緩衝地帶；另外，中國國力、影響力所能延伸到的戰略地帶。

「中國現在 13% 的糧食是依靠美國和加拿大進口，一旦被封鎖，吃就成了問題。其次是石油，中國石油對外依存度相當高，約 60%，世界上十六條海運的海峽或者重要的通道，全都在美國海空軍控制之下。自本世紀初以來，隨著經濟崛起，中國的國防戰略已從近岸防禦轉向近海防禦，並希望在不久的將來衝出第一第二島鏈，逐步向遠海防禦發展。具體的動作包括，大批量建造導彈驅逐艦護衛艦，研製中程地對艦導彈（如 DF-21D），推出轟 6K 遠程戰略轟炸機，更新核潛艇技術，打造航母艦隊。但中國想要衝出第一島鏈，就必須牢牢掌握住南海的制海權與制空權。」

現今，從習大人登位後，中共在軍事外交方面「走出去」的策略，竟自我膨脹，以世界中美二大國自居；自認有兩彈一星一艇，以及研發有幾十種讓英美皆驚懼的超級武器，似乎舉世無敵，而一反既往鄧小平「韜光養晦」的作為，而耀武揚威，向美挑釁；唱衰美國，與美爭鋒。最初，從與日本爭奪釣魚島，而東海主權爭議與防空識別區的劃分；而南海主權的維護，和島嶼爭相構築軍事設備等等所發生的爭議、衝突事件。而美國為亞太再平衡戰略，也因以劍拔弩張，要將 60% 軍力調駐亞太，情勢發展，其結果是，促成美日軍事同盟，澳聯美日抗中，四鄰為敵：北京面對東海，南海，黃海與台海的「四海翻騰」的軍事壓力，猶如中共軍方鷹派所言，「中美終須一戰」的狀態。

說實在的，想到中國近三、四百年來，中華民族所受的外侮與侵略的姦淫殺戮；看到今日，中共強大起來，耀武揚威，能與美日對抗，誰不有「揚眉吐氣」之感呢？誰不對老毛在 1949 趕走腐敗專制的老蔣後，即刻關起竹幕，用一個「反」字，發起種種人神共憤的暴政，殘殺八千萬苦難小民（當然包括菁英學者專家）的共產極權暴政，有意予以「一筆勾消」呢？（又何況已置身於這種暴政之外的人類如筆者，不無有此感受呢？）當年，中華民國被逼退出聯合國後，周大使書楷在紐約曾放「狠話」說，只要能救我們國家，我們與「魔鬼」打交道都會去做。這都是出自同樣的一種「心態」，都可以「了解」的。而今，中共如不落實政改，不能和平崛起，海峽兩岸就不可能和平統一。但如，蔡台獨政府果真對內消滅中華民國，對外出賣台灣，走上「獨立建國」的途徑，凡是中華民族的一份子，都樂見中共以武力即予統一台灣的。

四海翻騰，劍指台灣

事實上，習近平從與日爭奪釣魚島，而東海設防空區，而在南海與四鄰爭相構築礁島，名為保衛「中國自古以來固有領土」，實際是「劍指台灣」，以衝出第一、二島鍊，走向大洋，企能落實他陸權，海權兼具的大「中國夢」。其背後原因有二：一為習登大位之初，在政、經各方面，即面臨「亡國、亡黨」的問題，欲藉強硬外交，激起海內外炎黃子孫與生俱來的眷戀故土，愛國情操，以轉移國人對「亡黨、亡國」因素的注意力；再為，中華民國屹立在台灣，依然根據 1947 年，在大陸所訂的《中華民國憲法》，賡續推行民主法治憲政，著有成效，中共對中華民國的領土，台灣及其所屬島嶼，無法理依據，任其染指，而乘隙製造矛盾，興風作浪，以逞其慾。

習近平在坐大位前曾提案與毛切割。坐上龍位後竟然有如「大狗跳牆，小狗學樣」，緊抱毛的神主牌，以毛、鄧的「嫡糸傳人」自居（習斷定毛的前三十年與鄧的後三十年，兩者不可彼此否定），堅持「一黨專政」、「黨大於法」的政治體制。且利用民族主義，激起中國人愛國情操，耀武揚威地，與美日對抗。除了以此轉移了國人，對中共由政治體制的缺失，所造成的「亡黨、亡國」因素的注意力，但對解決「問題」，確是於事無補，治絲益紊。予海內外期望習近平能落實政改的人們，有失望，痛心之感。為什麼？因為今天中共所面臨的一切艱困與挑戰都是由（毛澤東自詡的）「馬克思

＋秦始皇」所造成的。筆者可以定言：中共不將黨政分開，絕不能落實政改；中共一日不與毛切割，根除共產第三國際消滅全世界資本帝國主義的「意識型態」，就無法與美國真正改善關係，而和平崛起；能與極大多數民主自由國家，為世界人類和平共存，同盡文明國的義務。僅以下述「保釣」一事，或可作為進一步解說：

從與日本爭奪釣魚島說起

以釣魚台而言，釣魚台係屬中華民國台灣省宜蘭縣所轄。在1970年代，「保釣」一事，係由台來美的青年學生，因國府處理不當（註）而發起的。中共在幕後，利用青年學子愛國家愛民族的情操，大肆炒作，讓眾多學子，可算都倒向，有如當年抗戰初期，在幕後策動青年學生愛國心，發起反飢餓、反迫害學潮的中共。好多愛國青年學生，也由此掀起一陣回祖國大陸參加建設的浪潮。其後，「保釣」運動由民間仍不時發起，但中共竟大力阻止，未予以支持。今天，中共對內，面對能否落實「政改」，有「亡黨抑亡國」之虞；對外則有「Ｃ」型包圍，被兩條鎖鍊困在內陸之時，又利用民族主義，人民愛國情操，積極發起保釣行動，但不與國府協調，不向聯合國或國際法庭提出申訴，即逕自與日爭奪。筆者認為，此種作為乃是「項莊舞劍（保釣），志在沛公（收回台灣）」也。（註：國府僅僅由教育部派員來美安撫學生；未對美日有強烈反對的言行。其時，個人負笈英倫，也僅能發起同校中，由台留英同學，大家簽名上書總統，表示擁護政府的政策而已。後來，國府退出聯合國，個人在政院為防止「骨牌效應」而成立之「外交小組」會議中，聞及原委是，那時，為維護聯合國代表權一事，有求於美日的支持所致也。多可嘆、可悲啊！ ）

美國為何將釣島的行政管理權交予日本？從國際法來說，抗日戰爭皆是中華民國由蔣介石先生所領導的犧牲奮鬥到山窮水盡之際，所贏得的「慘勝」而應收復的。《舊金山和約》簽訂時，理應由國府參加，但國府退守台灣一偶之地，自身尚且難保；那時，美國與中共又無邦交，所成立的「中華人民共和國」尚有「正當性」與「合法性」的問題。自也不能依和約而將釣島交還中國的中共政府。就「事實」來說，不僅釣島，甚至台灣一度有交由聯合國「託管」之議，皆因美國「顧慮」，甚至「懼怕」那，受共產第三國際的資助；受史達林之命，為保衛蘇聯而戰，為消滅資本帝國主義，視美國為頭號敵人的「紙老虎」而「抗美援朝」的毛共也。也可以說，如果美國不是為了「統戰」中共一同抗俄，在 1971 年，讓中共等了二十年之後，美國也不會助其進入聯合國；再等十年，三十年之後，美國才與中共關係正常化，也不無此因的。

中共在南海是為了「保衛祖國產業」？

論及東海，尤以南海所謂十一段線（中共改為九段線）海域中的太平島，也是因中華民國政府對日抗戰勝利，依國際公約，派軍艦從戰敗的日本收復回來的。中共在東海設防空識別區，在南海與周圍鄰國爭相填海築礁，構建軍事設施等等作為之先，除了國民黨將喪失政權於台獨之際，曾有「習馬會」的安排，中共也從未與國府協調，依據法理採取聯合行動。至於中共在東南海掀風作浪，鼓起四海翻騰，是為爭搶石油資源，要由南海衝出太平洋，那倒是真實的。但如其一再強調說是為了「保衛祖國產業」，那真是一個忽悠人們的大謊言。試看，自 1949 年以來，中共在其「有效控制」的國土，究竟喪失了多少？

據《鳳凰博》刊載署名王培堯的博文指出，《1949 年後中國丟失多少國土？》對此列出了相關背景和數據，大要如下：

(1) 緬甸：劃走我國十八萬平方公里的江心坡、南坎。江心坡，相當於安徽省的面積。

(2) 越南：部分西沙群島，二十八個島礁，老山。1999 年十二月三十日，江澤民簽《中越陸地邊界條約》，將當年對越戰爭時死了無數人才攻下的雲南老山和廣西法卡山，劃歸越南。

(3) 蒙古及周圍：在 1949 年十月十六日，毛澤東宣佈與蒙古建立大使級的外交關係。從 1949 年十月一日開始，中共就把外蒙古從中國的版圖中去掉。

(4) 朝鮮：部分長白山和天池的一半。1962 年中朝邊界協議，當時毛澤東反蘇，在共產國際裡很孤立，為爭取朝鮮成為反蘇盟友，居然同意把長白山的一角（有說是二分之一，另說法是 53%）和八個山峰中的三個，劃給了朝鮮。

(5) 尼泊爾：1962 年中尼談判邊界時，毛澤東將中國領土朗瑪峰，與和尼泊爾分為一家一半，讓它成為邊界之峰。巴基斯坦和中共談判邊界時，援引中尼珠穆朗瑪峰談判先例，把喀喇昆侖山主峰喬戈里峰（即西方登山界所稱的 K2，海拔八千六百一十一公尺，世界第二高峰）割走了一半。中共讓出二百平方公里以上的地段有七塊，最大的超過二千平方公里。

(6) 印度：大家都知道中印之戰的結局。由於麥克馬洪線，印度大概佔領中國 10 多萬平方公里的領土。

(7) 巴基斯坦：1955 年，周恩來訪問克什米爾，主動提出把新疆坎巨提地區讓給巴基斯坦。

(8) 俄羅斯：1991 年五月十六日，江澤民與俄羅斯簽訂《五一六協定》即《中蘇國界東段協定》，主動放棄被俄侵佔的外興地區（六十多萬平方公里）；烏東地區（四十萬平方公里）；還有一塊就是庫頁島。合計等於出賣四十個台灣給俄羅斯。

此外，就是目前中共在東南海，為祖宗產業被外國佔據，而一再強調要「領土完整」的有：日本的釣魚島。在南海的礁島中，菲律賓佔據九個；印度尼西亞佔據兩個；馬來西亞佔據九個；汶萊佔據一個。在國際公約法理上，這些島嶼，都是中華民國因抗日戰爭勝利，而接收領有的，依據法理，中共是無權對之置喙。

今天，中共僅憑在聯聯合國取得了中國代表權的席位，得到多數國家的承認，而在東南海所申索的領土，皆是中華民國政府，處在內外交困之際，無力一一派軍駐守，作有效佔領的國土，這是不合法理的。因為，聯合國的決議案與外交承認，其拘束力只及於當事國，不具「普遍性」。此如，聯合國會員國不必因有 5728 的決議案而必須與中華民國政府斷交；中共對國府有邦交的國家，仍是「非主權國家」。更何況，中華民國仍然屹立於世，所擁有的任何部分的領土主權，也從未正式移交給中共。中共對東南海的諸島嶼的領土主權，何能說是繼承自中華民國的？是故，有「習馬會」的安排；有要求蔡台獨政府必須承認「九二共識」的「一個中國」的原則；當「南海裁決」出爐，對中共不利，而呼籲「台灣當局」與之「同仇敵愾」，共同維護祖宗產業等等，皆因中共需要中華民國的主權地位的相助。可惜的是，此時，中華民國憲政傳承的大位，已喪失於主張台獨的蔡政府，其結果很可能是「事與願違」的了！

蔡台獨新政府的作為

主張台獨的蔡英文以「維持現狀」一詞，竟將中華民國憲政傳承的大位僭奪而去。就職時，竟然一返既往地，唱三民主義的國歌；向中華民國國父孫中山先生遺像行了三鞠躬禮。著實令中華民國的國民，感動不已。但演說時，據統計，整篇講稿，蔡英文提及台灣四十一次。「中華民國」僅出現五次，用三十五次「這個國家」取代。對中華民族、中國、大陸只字未提，而用「對岸」一次、「兩岸」十四次取代之。另提及美國一次、日本一次，主權一次、正義八次。提及尊重九二共識，但未回應接受「九二共識」的「一個中國」原則的框架，這等於推翻了前馬政府八年來，兩岸交流的政治基礎，亦即「中國是中國，台灣是台灣」，台灣「去中」，兩岸成「兩國」，這乃是她「兩國論」的核心思想。

又據香港台商在總統府前廣場觀禮後表示：「很意外地看到演繹台灣四百年來的歷史表演，竟然沒有我親身經歷過的三七五減租、耕者有其田、十大建設……台灣經濟起飛的歷史！有的，反而是與我同年的蔡總統沒經歷過的二二八事件、白色恐怖以及之後的黑名單、美麗島事件……等一些仇恨的事！」這又是說明什麼呢？此外，蔡英文並提及些許令人費解的論調，諸如：對東海、南海爭議，她一再強調用「台灣民主原則及普遍民意」作為架構兩岸關係的基礎；用「團結的民主」共同承擔國家的未來。其實，台灣民主一向是執政方期待團結，在野方則要求制衡。蔡英文在野時率眾圍城，反對大陸海協會長訪台、反國光石化、反核電，逢馬必拒，不思團結。如今當家，立即期待能結出團結好果？又向中共表示「兩岸兩個執政黨應放下歷史包袱，展開良性對話」；他方，宣示「新南向政策」；要潛艇國造；要從今開始就進行「改革」，特別是刻不容緩的要「年金改革」；並認為照顧青年是政府首要的大事等等，讓人費解的論調。

說來，蔡英文從國民黨政府所傳承的，百年來革命先烈拋頭顱灑熱血，歷經外侮內亂，經蔣氏父子與嚴家淦總統，以及隨政府來台的眾多黨國先進，所創建的中華民國憲政體制，與民生樂利、趨向安和均富的社會，完完整整、和和平平地接管過來，正如當年岩李正男繼任蔣經國大位，就職時表示他最崇拜感恩的，僅是上帝與經國先生兩位而已然，蔡英文也理應感到無限幸運與感恩才是。但近百日以來，所作所為究是如何呢？(1) 她依然重用台獨鼠輩視為「中國豬」的國民黨籍政務官；(2) 阻止一些「去中國化」舉動，譬如撤回有「兩國論」色彩的兩岸關係監督條例；自稱「中華台北」；(3) 外交部處份擅將「華」改為「台」的司長等等正面作為。

但是她拒絕限期回覆承認「九二共識」；處處遠中共親美日；當她登大位之初，新教育部長即日以行政命令方式廢止 2014 年通過的微調課綱；並宣佈撤銷對一百二十六名太陽花學運人士的起訴，從寬處理；又傾全黨之力，促使立法院通過《政黨及其附隨組織不當取得財產處理條例》，行政院將設不當黨產處理委員會，追索國民黨黨產，想將國民黨置於死地；且加速推行被民進黨政務官大領 18%，掏空台灣的「年金改革」，實際是企圖「清算」藍營的軍公教人員，要將他們因窮苦得，而悉數「逼走」；對沖之鳥護漁退卻，特別是，面對「南海裁決」的主權爭議，竟是遮遮掩掩，甚至模糊以對等等又屬負面的作為。而今，兩岸聯繫、協商機制的兩條管道已經中斷；大陸遊客赴台遞減；南部漁農向大陸出口的漁業售價與訂單都暴跌；她的民調竟下墜到 14%，等等亂象現狀，確是令人費解，讓人難免「杞憂」的！

太平島被仲裁為礁岩，中共寄望於「台灣當局」者

關於南海主權東海爭議，近有作者董春利認為：「中國南海面臨的主要問題是三個方面：一是世界上沒有一個國家承認南中國海是中國的領海；二是世界上唯一有關海洋的國際法《聯合國海洋法公約》沒有任何條款支持中國對南海的所有權（九段線），相反有

利於南海周邊國家對南海二百海浬專屬經濟區的確認；三是中國至今沒有實際控制和管轄南海，使領海之說成為一句空話。」但是，從中華民族維護其「領土主權完」而言，在國府對南海所主張的「十一段線」內的諸島嶼，國府處在「內外交困」，無力予以控制和管理之際，今有中共出而代為申索，確是值得肯定的。

據《橙訊》報導，南海仲裁案揭曉，國台辦發佈聲明，呼籲台灣了解大陸立場，並予以支持與呼應，別在立場上倒退。又，《聯合報》社論稱，在這個（太平島「主權」）立場上，兩岸的利益始終一致。本質上是一體兩面。無論兩岸有多少政治上的歧異，在這個時間點上，大陸跟台灣存在合作空間。因此，蔡當局可「大膽出擊」，藉此機會與大陸合作，建立信任感，還有助解決兩岸現有的僵局。

解決南海主權爭議，蔡台獨政府所懷的鬼胎

綜觀南海主權爭議，太平島只是「點」，台灣對南海主權主張才是「面」；太平島被仲裁法庭認定為「礁岩」，固然有違常識與現實，台灣必須據理力爭，但完整的南海主權，同樣應該「寸土不讓」。台灣對於南海主權不敢大聲主張，說穿了，還是與對岸有牽連難斷的瓜葛。因為，根據 1951 年在舊金山簽訂的對日和平條約與 1952 年在台北簽訂的《中日和平條約》第二條規定：「日本國業已放棄對台灣及澎湖群島，以及南沙群島及西沙群島之一切權利、名義與要求。」抗日戰爭勝利之後，中華民國政府派遣海軍艦隊赴南海，以太平艦命名該島，然後派軍駐守至今。在法律與實質佔領上都有充份的法理依據。這也就是說，如果沒有抗戰，而且如果沒有勝利，就不會有太平島，當然也不會有台灣這塊自由民主的土地。切斷太

平島與台灣的紐帶，正是切斷台灣與中華民國的紐帶。這就是獨派人士沒有說出來的潛台詞。

但蔡政府與獨派人士卻沒膽子公開表明放棄太平島領土，因為世界上還沒有那個國家，敢在未受戰爭或外力因素下主動放棄領土主權。如果放棄太平島，那東沙島要不要也送給別人？接下來還有金門、烏坵、馬祖、東引的問題，澎湖、小琉球、龜山島、蘭嶼、綠島又該怎麼辦？ 因此，面對主權爭議，蔡政府想讓台灣在捍衛主權的前提下，不讓國際社會認為台灣與中國站在「同一陣線」。於是決議以內政部公佈 1947 年「南海諸島位置圖」為領土主權依據，但避談大陸依循的 1947 年民國政府劃定的「十一段線」(周恩來時期改為九段線，台灣稱 U 形線)，企圖以此與大陸切割，不落入「一個中國陷阱」。因此，蔡政府強調太平島為台灣實質佔有，避談 U 形線。可是，蔡英文依據《中華民國憲法》全盤繼承了中華民國的憲政大位，如果真要「維特現狀」，要突顯台灣的南海「十一段線」的主權，不同於中國大陸的「九段線」的主張，就該拿出堅實的法律論述，徹底檢討主權主張，或積極尋求與對岸協商，而非空口徒言「1947 年南海諸島位置圖」，卻繼續讓國家主權處於模糊狀態。

是故，蔡政府本可化危機為轉機。南海爭議是大陸當局最期待台灣支持的場域，是大陸有求於台灣，勝過台灣倚恃大陸的領域，也是少數真正可超越「藍綠紅」三邊的共識。捍衛太平島和南海主權，可成兩岸重啟接觸互動的觸媒，擺脫「九二共識」纏鬥無解的僵局。當然，兩岸在南海主張「趨近合作」，美國不樂見，華府卻也無立場明白反對，因為這樣發展既符合和平解決爭端原則，更有利於東亞穩定。但終因「台獨」意識型態作祟而坐失良機！可惜，可嘆！

中華民國台灣主權之爭對中美地緣政治戰略的影響

當前，「南海裁決」風波，已因菲律賓主動與中共尋求和解而紛爭平淡，戰火減弱。其間申索各主權國，無任何一方是為贏家；中共輸了「九段線」內的領海主權，相關國家失去二百海浬經濟權主張，美國為要維護其「自由航行」而鼓動仲裁，立場有失公正，在國際視聽上，有損其公道與正義的形象。至於海牙常設仲裁庭，就因將南海中最大，有中華民國戍守半個多世紀的太平島，裁決為礁的，極其荒謬的裁決，而徹底失去公信力，成為大笑柄，成為一張廢紙。然而最大輸家確是中華民國的，被中共稱之為「台灣當局」的蔡台獨政府。雖然，據《中央日報》網路版於今 (2016) 年八月十五日報導，南海仲裁案日前判定太平島是礁不是島，引發國內各方撻伐。內政部長葉俊榮將登上太平島，為島上南沙醫院掛上新門牌。但裁決依舊。太平島如不被裁決為礁，則太平島仍可保有二百海浬經濟專區，對於中華民國的蔡政府，可有效佔有的領土與領海擴張到十倍以上，其資源開發將能解決目前的經濟困境，其台灣太平島位於南海中央，其東西是美國進出遠東的咽喉，南北可掌控所有的國際航道。其地緣政治戰略的重要，不僅影響中美在南海對抗的均勢，對自由世界圍堵共產極權冷戰的大戰略，更可能影響其部署與成效。其所以造成如此的結果，皆肇始於中華民國台灣統獨之爭，與美國因「懼共」，「反共」，「防共」，所採圍堵策略而然的。

中國共產黨是統獨之爭的禍亂根源

甚以，從中華民國北伐統一以至今日，中華民族遭受的一切苦難，與當前造成中共與台獨「博奕」的真正企圖，皆為消滅中華民國，攫取台灣等等禍亂根源，皆是由共產第三國際的中國共產黨所造成。此如：國府「黃金十年」建設，如沒有中共乘隙到江西南昌起義，發起秋後暴動，在貧苦農村煽起地痞流氓殺地主，分田地；在域市搞工運，罷工，罷市；鬧學潮，反飢餓，反迫害，罷課，遊行等等破壞事故，國府不得不分散精力，予以五次圍剿，而影響建設的進程和成效，則抗日戰爭不致損失那麼悲慘；又，抗戰勝利後，如果中共真能如其所要求的，與國府組織聯合政府，共同戮力建設國家，又怎會有毛共的「中華人民共和國」的暴政，讓八千萬中華苦難國民死於非命？沒有國共內戰，今日的台澎釣魚台與南海諸島嶼，早已因有中華民國參加的二戰勝利諸國家，與日本簽訂的《舊金山和約》，而和和平平地交還給我中華民國了，怎會有今日被中共在釣魚台，東南海鬧得「四海沸騰」，戰雲密佈呢？！尤者，今日兩岸不能和平統一，中共必須與台獨「博奕」，爭奪台灣，也是中共所造成的。

近據《世界日報》報導，蔡英文堅不承認「九二共識」，推動「新南向政策」和加強與日美關係，民意大多數反對統一，讓北京對兩岸關係發展漸失去信心。中共官媒《環球時報》日前就「武統台灣」進行網路民調結果，高達 85.1% 受訪者支持武力統一台灣；而近 60% 受訪者認為，五年內是武力攻台最佳時機。

但有論者謂，蔡英文政府即使不承認九二共識，但只要不挑釁、不宣示或推行台獨，還是維持現狀，大陸就不易找到動武的理由；台灣拖延統一，大陸不接受，但只能容忍。另有一派說法，指台灣未來可依國際慣例，將台灣歸屬問題交國際法庭裁決。依國際慣例，台灣獨立於中國之外，2049 年將滿百年，屆時國際法庭仲裁不看台灣歷史上屬於誰，而是看一百年來實際由誰控制，則台灣將勝訴，給大陸帶來緊迫感和壓力。問題是台海分隔屬歷史遺留的政治和國際議題，不是國際法庭能解決。且全球一百六十多國與北京建交，都承認「一個中國」和台灣是中國領土不可分割的一部分；

兩岸都不致將此事提交國際法庭仲裁，所以上述說法顯係附會揣測。對北京而言，最大課題要在於如何找到與「中華民國」共存的方法？因這是台灣唯一可以接受的「那一個中國」，也就是中華民國。如果說中華民國也不行，說台灣也不行，那就沒有什麼是可行的了，而「九二共識」只是不就「一中」清楚表述的方法，長期來看，並非解決問題之道。

蔡政府遠中，親美，哈日能加速步上台獨之路？

現在的台灣人都想獨立。「太陽花」運動後，即便是最期待和平統一的大陸人，不得不承認，「台獨」意識的氾濫，對兩岸統一，乃至中共的大國崛起造成了巨大阻礙。但是，蔡台獨政府絕不敢貿然急獨，甚至緩獨，除非修憲，讓蔡連選連任，或是藉年金改革與追查黨產，消滅了國民黨，讓台獨的民進黨永久輪番執政，否則，在她任內也不可能做到。其因可臚舉要點如下：

首言，在政治方面。蔡英文在台獨無望之際，遵循中華民國憲政體制參選，以「維持現狀」而取得法統傳承的大位，她豈能出爾反爾，立予更改中華民國的國號，修憲走上「法理台獨」？如此，也因觸犯「一個中國」的底線，中共絕不容許的。再有，美國的《台灣關係法》是為保護台灣人民的安全，且美政府另有與中共簽訂的「上海公報」等等約定，早已一再宣稱，不贊成、不容許台灣獨立。則蔡的遠中，親美，哈日，企圖假勢借力，實現其台獨的美夢，也會落空的。想以「台灣國」名義入聯方式變相獨立，在當下情勢，美國也不會樂助的，更何況，安理會有中共的否決權，支持台灣入聯的聯合國會員國是屈指可數，絕對無法過半，實現其獨立的美夢。

再言，在經濟方面。台灣地狹人稠資源貧脊，是一個無內需市場，自給不足，需依賴外貿型的經濟體，更無獨立的本錢。之前，馬政府以「九二共識」與中共交往，所達成有讓利的經貿管道如ECFA 等，也只是大陸的「附庸」。而今，蔡英文迄今拒絕在限期裡回覆接受「九二共識」，此類管道已予中斷。蔡一直強調的「南向政策」，要參加美國主導的 TPP，事實上多屬不切實際，即使有參加的可能，其成效在蔡的任期內也難望有成。當下台灣，僅因漁農外銷訂單銳減，大陸來台遊客遞減到四成以下，營生者皆叫苦不迭，社會已亂象紛生，財政赤字累累，企圖榨取清苦軍公教人員的年金，不知廉恥為何物的台獨鼠輩，絕情無義地來搶奪國民黨的黨產，來應急，以此增加「自然獨」的憤青們年薪。如此財經狀況，有獨立的本錢嗎？

論及在軍事方面，有無支撐台獨的可能？無。既往，中華民國從大陸播遷到台灣，數十來全面建設皆是為了光復大陸，統一中國，自始至終絕無獨立的意圖。當年古寧頭大捷，第七艋艦隊巡弋台灣海峽，以及兩次金門炮戰，皆是為保國衛民而戰的。今天，如果為台獨而戰，台灣都屬防性武器，蔡英文再強調要國產飛機，潛艇，即使能成，兩岸之間的軍力對比仍然懸殊到了不值道說的。僅大陸的衛士 2D 遠程火箭炮，有效射程都已高達四百餘公里，完全可以覆蓋台灣全島。一旦兩岸開戰，台灣只有淪為甕中之鱉，坐等被俘。而且，寄望於美日的支援，迄今，美國自始主張兩岸問題和平解決，不容任何一方改變現狀，美國會支撐妳台獨嗎？更何況，一旦為獨立開戰，年來受盡台獨鼠輩們羞辱的國民革命軍，和只知享受「小確幸」，逃避服兵役的「自然獨」的憤青們，會拿起槍桿，為極少數對建設台灣無絲毫貢獻，其身分與中華民國莫明其妙的深綠台獨鼠輩，如從日本回台倡「台灣國」，發「台灣護照」的辜姓，金姓男女鼠輩，為他們要獨立，而流血犧牲，拚死於沙場嗎？夢想。

再論及在文化方面，有理由要獨立嗎？根本不值一談。台獨鼠輩常強調，台灣是台灣人的。事實上，在台灣的居民，那一個不是中華民國的國民；又說，來台的先民血統已不是漢人，要獨立。即使如其所言，中華民族是由多種民族所組成的，何用獨立？加拿大魁北克的法語居民要獨立，公投結果，准了嗎？再則，蔡台獨在校園花了十多年，來搞文化台獨；修台史，頌日據，經年累月抄作二二八，稱抗戰勝利為「終戰」，不紀念光復節，反中，反華，養成一些所謂的「自然獨」，急急要求獨立。如果蔡台獨真的要去中反華而獨立了，那麼，台獨鼠輩們就從此能不說華語，不寫中文了？就可以穿和服，佩武士刀，數典忘祖，拋棄掉中華民族所有的風俗習慣，成為日本「皇民」了？果如此，真是「無父無君，是禽獸也！」

中共武統台灣有成功的可能嗎？

回溯中共對台政策，皆依情勢變遷而採不同的策略。如，從「血洗台灣」，而「一國兩制」，而「和平統一」以至今日，為因台獨氣焰高張，要求蔡台獨承認「九二共識」而不可得，大陸官媒和中共的五毛憤青的「自然統」們，多呼喊要以武力統一台灣，在在無不是旨在奪取台灣來滅中華民國，落實習大人的「中國夢」。此如：有大陸媒體報導，台灣各種條件使現狀將長期維持，兩岸很難統一。今 (2016) 年四月，中共官媒《環球時報》所作民調顯示，有高達 99% 的受訪者認為「台灣是中國不可分割的一部分，」超過 70% 的人認為兩岸和平統一的可能性很低，有 85% 的人支持「中國武力統一台灣」。

尤者，最近大陸有李毅發表《和平統一已無可能》一文，認為台獨勢力在台灣迅速坐大，統一勢力在台灣迅速消亡，和平統一已無可能，而提供六項建議：第一，儘快使用大的兵力與火力，速戰速決，武力統一台灣；第二，儘快籌組台灣三個新的愛國政黨，準備在大軍上島後，適時恢復五級選舉；第三，儘快修改台灣大中小學教材，堅決刪除一切去中國化、兩國論、一邊一國論、仇中反中、鼓吹台獨、反對統一的內容；第四，儘快全面修訂台灣現行所有法律，大軍上島後，立即頒行；第五，儘快擬定大軍上島的《兩岸和平協定》，爭取實現解放大軍和平登上台灣島；第六，出於底線思維，準備最多移民台灣兩千五百萬人等等，非常急速以武統一台灣。

但也有相左的意見即是，《商業週刊》有《一個中國網友看兩岸統一》，未來二十年，中國為何不該統一台灣的文題認為：收台不難，治理困難。打下台灣之後，戰爭創傷、台灣民眾的安撫、對外國妥協的兌現、戰爭的費用、戰後台灣的治理模式、對台獨的處理等等，都是麻煩事，也就是我們常說的——打下台灣容易，但治理困難。更何況武統也無必勝的把握。者作就中共軍力遠遠強勝於台灣，但對台灣是「無用武之地」，要如：

中共從海上空中根本過不來。中共雖然有五百三十架戰機，到台灣上空只能一次放十二架的戰機，飛來多了，就會撞在一起，自己打自己了。而且，中共的十二架戰機裡，沒有空中預警機、加油機、電戰機，飛來只能單打獨鬥。且因台灣把 E2T 升格成鷹眼 E2k，一架同時就可以指揮六架飛機，你怎能跟他們纏鬥？

其次，中共的弱勢還有的是運輸能力不足。單運送二十萬人需要兩百架飛機，兩百架坦克，兩百艘登陸艦。外加登陸戰至少倍於台方軍力才足夠，所以還必須乘二才夠。即使二十萬大軍可以運送過來，台灣島上有那麼多廣大的登陸灘頭讓共軍一湧而上？

再則是中共沒有完整 GPS（全球衛星定位系統），北斗二號還在建構中，目前只有八顆衛星，外加 GPS 衛星需要地面控制站，中共沒有（地球是圓的），只能依靠航行在外的衛星控制船，所以沒有穩定衛星定位系統，當然，沒有準確的衛星定位系統，飛彈和炸彈就跟瞎子沒兩樣。 另外，中共軍備支援系統不足。匿蹤飛機固然可怕，但他還是需要開啟雷達才能打別人，所以沒開雷達前，他也只不過是雷達看不見的飛機，並沒辦法打別人，也就是C4ISR，指揮、資訊、管制、情報、監視、通信諸方面，皆難有操勝算的。

中共武統的時機

事實上，中共叫囂武統台灣有其必要，也有足夠的能力與準備，但無必勝的把握。設如再考慮到：武統的時機，大陸民心的取向，和美日干預的嚴重後果，則「武統」將之作為一種「選項」或是「備案」，是為上策。筆者認為，武統最佳時機必須是在蔡台獨政府，公開、明確地修憲，廢除中華民國國號，或走上法理台獨，或宣告成立「台灣國」。此際，中共及時以武力急統台灣，即使中共依舊是個專制獨裁的政權，也必然得到全世界民主國家的認可，海內外炎黃子孫，所有中華民族兒女的支持與擁護，那時筆者如依然一息尚存，能重拾槍桿，或是拿起筆桿，也必定去參與討伐的。否則的話，中共武統台灣只是為了維護「領土主權完整」的口號，實際是為了鞏固他「一黨專政」、「黨大於法」的專制獨裁政權，不僅台灣居民同胞群起反感、反抗，大陸上除了共產黨的黨軍，毛左與五毛以及所有八千萬共產黨員（不一定全數如此）而外，大陸上億億萬萬的農工同胞，絕不會再如內戰期間，受其利誘，欺騙，而支援武統的。

論及外力如美日等干預的嚴重後果，其要是：(1) 用武力急統的殘酷手段，毀滅台灣，必使周邊小國感受到強烈的威懾而不安，中共無法像過去那樣，借助經濟這種和平手段拓展地緣影響力。周邊局勢有可能急劇惡化；(2) 中國大陸幅員廣大，內部的民族組成眾多，這些邊疆地區的少數民族對於中共的統治，一直處於對抗的分離主義態度，謀求能夠脫離中共政府的控制，有如新疆西藏時刻都準備獨立。你一打台灣，他們在背後就鬧獨立，到時候正如日寇所想望的，「支那」自然四分五裂，台灣獨立成功；(3) 中國大陸城鄉差距區域發展的不平衡，可能會帶來不可預測的社會大衝突，會蓄積了反對中共統治的巨大力量，中國共產黨的統治，可能到不了 2020 年，就會被大陸人民所推翻。

因此，在短期內對台灣發動武力奇襲，對中國大陸內部發展不利。特別是，在當前國際政治經濟話語權中，中共仍處於弱勢地位，與美系勢力全不能匹比。一旦因為強行攻台，導致新冷戰的爆發，美系勢力必將對中國大陸全線封鎖，並會利用自身的國際影響力，將這種封鎖擴展到全球範圍。屆時，中共無法從外部獲取足夠支持，也喪失了國內工業體係發展所必須的技術、市場和原材料來源，進而將陷入內外交困的境地，最終對自身的戰略崛起造成嚴重負面影響。

兩岸能否和平統一繫於中共能否落實政改

按當前情勢，蔡政府不敢急獨，中共也不便急統。然則，兩岸有和平統一的可能嗎？筆者認為：有。但基於中共能否落實政治體制改革，消弭了兩岸和平統一的「障礙」；中共必須放棄馬列史毛共產主義意識型態，與美修好才有可能。何以如斯，試論述如下：

中共從 1949 年建政（不應稱之為「國」），已歷七十五載，迄今為何仍面對有「正當性」與「合法性」的問題？皆肇因於：(1) 毛澤東在俄共資助，史達林指令下，武裝叛亂，推翻亞洲第一個民主共和國，中華民國，所建立的政權是屬蘇維埃式的「外來政權」；

(2) 馬列共產主義理論早已破產，以民為芻狗的毛共暴政不適用於中國；(3) 中華民國依然屹立於世，而且大陸同胞的「民國熱」與日俱增。是故，習大人登基後，對台政策，不論依然用「讓利」辦法來「買台灣」的懷柔政策，或是對台放話，「基礎不牢，地動山搖」的強硬警告。鑑於國府處於，外有美日防止台灣淪於共產極權統治；內有日裔台獨鼠輩叫囂成立「台灣國」的非常艱難的困境，為維護中國領土主權的完整，任一政策或措施甚至出兵枚平台獨鼠輩，皆無不可。但習大人如欲落實「中國夢」，中國和平崛起，就必須胸懷天下，志在千秋，確切認知落實政改，兩岸方能和平統一 ；台灣一旦成為大中國走出海洋世界的門戶之日，即是「中國夢」落實之時。因此，習大人就必須向歷史負責；尊重中華民國傳承的法統地位，對國府就不可再作出有逾越本份的事。但事實確是「適得其反」，至少有下列反常事故：

其一，為高規格舉行紀念抗戰勝利七十週年閱兵大典，竟泯滅中華民國國軍抗日戰爭中二十二次大會戰，犧牲三百六十多萬的英魂事蹟！並將國府抗戰勝利成果，全部潛奪「據為己有」，甚至美英中蘇四強領袖所舉行的「開羅會議」，也是由老毛子參與的！

其二，習大人甫行登基，即在軍事外交方面，一反既往鄧小平「韜光養晦」的策略，用軍事行動，向日本索取釣魚台。其實，無論從民族大義或保衛國家領土主權來說，「保釣」都應是中華民國政府的頭等大事。而今竟由習大人罔顧國府的領土主權，任其操弄，究有何目的？是所謂項莊舞劍，志在台灣？

其三，南海東沙諸島嶼係在日寇投降後，由美國依「開羅會議」，「波茨坦宣言」，派軍艦運送中華民國政府接收人員，交還給中國的。而今，中共不顧中華民國政府所提「主權在我，擱置爭議，和平互惠，共同開發」的《東海和平倡議》，竟片面取代中華民國，在南海與四鄰爭相築島，耀武揚威，向美挑釁。

其四，似乎以「征服者，強大者」的姿態，對在台灣的中華民國政府，盡可能地貶低，見縫插針地打壓。此如，前有 EFCA，今有亞投行，皆置國府為其地方政府讓其參與；最近，更制定《國安法》，將具有中國憲政傳承法統，世界上合法的中華民國政府，片面貶為與香港等同的「地方政府」。

又據報導，中共為防止日本可能也向海牙仲裁法庭提出申訴，以挑戰中國「釣魚島自古以來就是中國領土」的主張，而派遣十六艘搭載武器的海警船，在釣魚島海域航行，四百艘漁船也在釣島附近海域捕魚，引起日本連番高調抗議，中日關係再起波瀾。

關於當前兩岸關係。筆者於 2011 年六月二十二日所撰，承《中央日報》網路版刊出之《老朽曝言：中共落實政改，和平統一之路》專文，提出四項政改要目：還政於民，藏富於民，廣開言路以及強化教育。嗣於去 (2015) 年九月七日所撰專文，也發表於《中央日報》網路版的《泛論大陸創設亞投行的成因與發展——我對落實中國夢的認知與建議》，皆是論證中華民國在台灣的居民，其所以由懼共，而反共，而反中，反華，而促成台獨氣焰日益高漲；兩岸能否和平統一，皆繫於中共能否落實政改，爭取得「完全自由市場經濟地位」用能和平崛起，將大陸建設成為安和均富的社會才行。

試言，僅以當前中共在大陸現行的「一黨專政」，「黨大於法」的政制；城市土地國有，農村耕地集體所有，和大型央企，國企皆為中共所有，以及所有「媒體都要姓黨」等等政經情形，以之施行於中華民國的台灣，行嗎？中共曾呼喚，統一後實施「一國兩制」。鑑於香港實施這「一國兩制」以來的情勢，能讓賦有憲政法統的國府，與享有人權自由的國民有接受之可能嗎？其切合實際可行的折衷方案，先行考慮採取「一國兩票制」的和統的模式。

採取「一國兩票制」有其理論與事實根據

鑑於兩岸尚未和平統一，未來大中國組織型態究是獨台，邦聯或聯邦，自是無法決定。衡度當前兩岸關係，在一個中國「分治」架構下，事實上是領土「主權共有」，國民則是「治權分轄」。如欲「維持現狀」，其最可行之方法，當是參照蘇聯解體後，在聯合國所採行的「一國三票」制，兩岸也可依例，採行「一國兩票制」（或包括香港的三票制），大可解決了當前的和平統一的一切難題。

依歷史文獻所知，蘇聯的「「一國三票」制，係指從 1945 年聯合國成立到 1991 年蘇聯解體，烏克蘭和白俄羅斯都是聯合國的成員國。這兩個國家又都是蘇聯的加盟共和國，因此蘇聯在聯合國就有了三個席位，俗稱「一國三票」。這種局面的形成，其成因有理論與事實要為：

第一，是因烏克蘭與白俄斯都是聯合國創始國。聯合國創始會員國是指 1942 年一月在《聯合國家宣言》上簽字的二十六個國家。1945 年，聯合國有五十一個會員國。聯合國中除了蘇聯、烏克蘭、白俄羅斯，只有被蘇軍解放的捷克斯洛伐克、波蘭和由本國共產黨游擊隊解放的南斯拉夫傾向蘇聯。當時的蘇聯這邊只有六票，處於絕對少數。因此，1945 年二月，蘇美英三國首腦在蘇聯克里米亞半島的雅爾塔舉行會議。在這次會議上，蘇聯代表提出，蘇聯十六個加盟共和國中有三個（烏克蘭、白俄羅斯、立陶宛）或至少兩個（烏克蘭、白俄羅斯），應作為聯合國創始會員國，因為它們在這次戰爭中貢獻巨大。

美國總統羅斯福對此表示為難：「如果我們給某個國家一票以上的代表權，那我們就違反了每個成員國只應該有一票表決權的規定。」但丘吉爾也想讓大英帝國的自治領獲得代表權，所以就支持蘇聯的要求。從法律上講，當時大英帝國的確有些自治領，如印度，還不是獨立的國家。丘吉爾的表態讓羅斯福陷入孤立，但羅斯福也為美國爭取到了增加兩個席位的對等權利，如今，美國國務院網站在介紹聯合國的創建過程時，依然聲稱「美國至今仍保留在適當時候增加兩個聯合國代表席位的權利」。加上羅斯福希望蘇聯出兵對日作戰，所以只好同意烏克蘭和白俄羅斯成為創始會員國。1945年四月二十五日，聯合國制憲會議在舊金山開幕，會議邀請了烏克蘭和白俄羅斯到會。由於蘇聯在反法西斯戰爭中的特殊貢獻，與會的中小國家對此也無異議。六月二十五日，烏克蘭和白俄羅斯的代表在聯合國憲章上簽字，成為聯合國創始會員國。

其實，通觀《聯合國憲章》全文，其並未要求成員國必須是獨立國家。除了烏克蘭和白俄羅斯，在聯合國創始會員國中，印度和菲律賓當時在法律上和事實上也都不是獨立國家（印度 1947 年獨立，菲律賓 1946 年獨立）。因此，印度的宗主國英國和菲律賓的宗主國美國，也不是一國一票。所以，蘇聯提出要烏克蘭與白俄羅斯兩個加盟共和國加入聯合國，並不違反《聯合國憲章》。

第二，烏克蘭和白俄羅斯在世界反法西斯戰爭中的損失和貢獻都很大。在衛國戰爭中，白俄羅斯和烏克蘭都是戰場。白俄羅斯代表 2001 年在聯合國發言稱，白俄羅斯在二戰中損失了四分之一的人口。烏克蘭政府的官方網站稱，蘇聯蒙受了二戰參戰國中 40% 的物質損失，而烏克蘭的物質損失則佔到全蘇聯的 40%；烏克蘭損失了七百至八百萬的人口。同時，這兩個加盟共和國也確實犧牲巨大。例如，1941 年六月，白俄羅斯西部邊境的布列斯特要塞，在被圍的情況下堅守了一個月以上，牽制了大量德軍；1941 年九月，基輔戰役中，蘇軍以重大傷亡為莫斯科保衛戰贏得了一個月的時間。

白俄羅斯和烏克蘭的巨大犧牲和貢獻，與某些並未和法西斯真正作戰，而只是在 1945 年才宣戰的聯合國創始會員國（如一些拉美國家）形成鮮明對比，因此蘇聯在談判中能理直氣壯地為它們爭取會員國地位。聯合國官方網站也稱授予作為蘇聯一部分的白俄羅斯以會員國地位，表現了國際社會對該國為戰勝納粹德國作出的巨大貢獻和犧牲的認可。

據此，中華民國是最主要的聯合國創始國，為二戰的犧牲最大，貢獻最多。而且，迄今仍然賦有主權獨主國家組成的要素；土地，人民，與政權，屹立於台灣；依然根據 1947 年在大陸所訂的《中華民國憲法》賡續推行民主法治的憲政，愛好和平，克盡國際義務，著有成效。證諸蘇俄「一國三票」制由來，在當前兩岸一中架構下，更有理由採行「一國兩票」制。不然，豈能因有當年受共產國際蘇俄的指令，以欺騙，用間手段，武裝叛亂，推翻其宗祖國的，中國共產黨所建立，但迄今尚有正當性與合法的「中華人民共和國」所反對，而不得恢復其會員資格，重返聯合國呢？

又，聯合國還設有聯合國大會觀察員制度，邀請國際組織、非政府組織、政治實體參與聯合國事務。觀察員在聯合國大會上可以發言，但沒有參與會議投票的權利。截至 2012 年，聯合國大會共有六十四個觀察員。當中包含兩個觀察員國、四個觀察員實體、以及五十八個觀察員組織。許多國際組織、非政府組織，和如歐洲聯盟、紅十字國際委員會、馬爾他騎士團等主權地位沒有明確定義的政治實體，甚至巴勒斯坦解放組織，皆被聯合國大會邀請成為觀察員。對於最主要的聯合國創始國，而且事實上依然是主權獨立的國家，中華民國，豈能不應依聯合國憲章「普遍原則」的精神，賦予「觀察員」地位？！否則，聯合國豈不成為強權者勾結，毫無正義，公正可言，則參加和不參加也就無足輕重了！

中國崛起與中美關係

中共又自認，「中國崛起所面臨的地緣安全環境，在全球層次上，中國面對戰後以美國為主一超多強的國際戰略格局，試圖將其往多極化方向推動。區域層次上，中國的先天地理條件所致，其在海陸兩方面皆面對著多重勢力的挑戰，特別是東亞部分。北邊的朝鮮半島、中間地帶的台灣及南邊的南海主權爭議等，都是中國所不可輕忽的要事。地方層次上，中國內部分離主義的高漲，乃是對於中國政府權力的莫大挑戰，而重要的是其不單只限於內部的爭議，更是涉及外部國際力量的介入，使得中國政府必須小心以對，不可任意強力打壓。換句話說，中國不論以什麼方式取得台灣，可能是創造歷史的開始，也可能是引發動亂的開始。這點出了台灣的安危將決定亞太地區未來的安全，更是台灣的地緣戰略地位隨時可以牽動美，日，中共，甚至整個亞洲域的權力平衡。」

有中國大陸的研究者，就經濟層面看中國崛起的真相，指出：「中國的崛起很可能會損害某些西方國家的利益。此因崛起是為了每個國民能過上幸福的生活。依據發達國家的生活水平，最主要的衡量方式是人均購買力平價。例如，2014 年美國的人均購買力平價是五萬三千九百九十二美元，中國是一萬兩千九百二十六美元，美國是中國的四倍，也就是美國平均每個人能購買的東西是中國的四倍，生活水平比中國高得不是一星半點。再如 2014 年，中國人均消耗石油零點三八噸，而美國是二點五九噸，是中國的近七倍。

同樣是這一年，中國人均天然氣消耗一百三十六立方米，美國是兩千三百五十三立方米，是中國的十七倍。」並認為：

「因為中國是加工型經濟，是把買來的資源加工成產品來賺錢的，這就需要一個比較低的加工成本，只有這樣，產品的價格才低，才賣得出去。這就有了『出口退稅』、『出口補貼』這樣的東西，所以我們會驚奇地發現，有些中國製造的產品，在國外的商場裡，反而比在中國內地還便宜。再因，

「加工或代工的產品如衣服、玩具之類的低技術產品，利潤實在太低，換取的資源量不足以支撐中國人民越來越高的生活水平需求，那就需要製造高利潤的高技術產品。通過出口高技術產品使人民過上發達國家生活水平的策略，對於像日本、德國這樣的小國來說是足夠的。而中國人口是他們的十倍，如果要達到日本、德國的生活水平，那麼就需要賣出十倍於他們的產品，全球根本就沒有這麼大的市場，即使市場有這麼大，也會因為市場中的供應增多（多了中國這位競爭者），而使利潤沒有現在德日能夠獲得的這麼大，中國也就不能買到足夠的資源量來支持那時候人們的生活水平。那有什麼方法解決這個問題？

「其一、擴大全球市場。讓其他發展中國家都發展起來，就有更多國家消費高技術產品，那就有了一個更大的市場，使中國能夠換取足夠的外匯。因而，（尚未取得「完全自由市場經濟地位」，在經貿方面遭受到進口國家的諸多抵制。迄今，除了亞洲，儘管中國屢次施壓，歐盟仍拒絕給予北京「市場經濟地位」。而中國鋼鐵產能過剩，反而觸發歐盟和美國提出向中國徵收反傾銷稅。）有橫貫歐亞非的『一帶一路』，投資建設『走出去』的策略。其二、用人民幣直接結算。近幾年中國努力推動人民幣國際化，成立『金磚銀行』、亞投行，都在為人民幣結算鋪路。但是，『人民幣結算』會損

害美國的核心利益——美元霸權。所以，隨著中國崛起，美國的利益也很可能受損。

「美國阻止中共崛起的策略是，對中國進行資源封鎖。2014年，中國消耗的石油 60% 需要進口，其中 85% 的石油都要走麻六甲海峽，如果美國封鎖麻六甲海峽，對中國實行石油禁運，那麼中國的經濟別說實現經濟增長，很可能出現經濟衰退，而且衰退會提高失業率，大面積失業可能會引發社會動盪，這一系列的連鎖反應甚至會導致中國的崩潰。」由此，中美關係益增其複雜與變數。另一嚴重影響中美關係的變數是，中國大陸受到美國所予Ｃ型包圍，與西太平洋的兩道島鍊的封鎖。而有中共鷹派軍人「中美終須一戰」之說。關此，中共應對如下的中美關係大戰略方面有所認知與理解。

對全球地緣政治戰略學的認識

在過去一百多年以迄於今，地緣政治理論以其關照全局的宏觀思維模式、鮮明的理論格調和對現實國際問題的高度關注，在意識和實踐兩個層面上，極大地影響了世界歷史的進程。從冷戰結束以來的國際政治實踐看，地緣政治作為國家間相互博弈和制衡的戰略謀劃，以及國家制定對外戰略依據的意義越來越明顯。例如，北約東擴、歐盟擴張、科索沃戰爭、阿富汗戰爭、伊拉克戰爭、利比亞戰爭、「阿拉伯之春」、敘利亞內戰、伊朗危機、朝鮮半島危機、中亞地區變局，烏克蘭危機，以及當下的東南海的爭議等，其背後都包含著深刻的地緣政治意義。其地綠政治戰略學的理論與發展情勢大要如下:

其一，麥金德的「陸權論」。麥氏於 1904 年，在皇家地理學會宣讀了《歷史的地理樞紐》這篇著名的論文，首次提出了「心臟地帶」這一戰略概念。他認為世界力量重心所在的歐、亞、非三洲。由於陸上交通發達，已變成一個世界島；而佔據心臟地帶的國家卻屢屢向歐亞大陸邊緣地帶擴張。據此，麥金德斷言，佔據東歐是控制心臟地帶的關鍵，並把他的全球戰略思想歸納成著名的三段警句：「誰統治東歐，誰就控制了心臟地帶；誰統治心臟地帶，誰就控制了世界島；誰統治世界島，誰就控制了全世界。」

其二，史匹克曼修改了麥金德的心臟地帶論。由於各國所處的經濟和政治發展階段不同，無法組成一個能讓所有國家接受的組織。所以，史匹克曼主張要使用武力加以調整，而提倡「均勢」的平衡，讓大國可以在世界舞台上保留各自的實力為對比，美國所需要扮演的就是這平衡者 (balancer) 的角色。論述外交政策時，史匹克曼修改了麥金德的心臟地帶論，他認為真正對海上力量構成威脅的不是心臟地帶，而是位於大陸和近海之間的邊緣地帶 (rimland)，此處擁有陸、海兩權力量交織，為全球戰略的關鍵點，史氏主張美國必須以武力建立強權政治，掌握邊緣地帶才能鞏固美國國家利益，他並改寫了麥金德的名言：「誰支配著邊緣地帶，誰就控制了歐亞大陸；誰支配著歐亞大陸，誰就掌握了世界的命運。」

其三，肯楠的「圍堵政策」。1947 年，肯楠在《外交》(Foreign Affairs) 季刊上發表了“The Sources of Soviet Conduct”，其內容為「長電報」的擴大闡述，他再次強調以馬克思思想形塑的意識型態，是蘇聯政策最主要的特徵，由意識型態所建立的決心也是蘇聯能長期與西方集團對峙的有利因素。肯楠結論，美國應該對蘇聯採取長期、堅定且有效的圍堵政策，阻止其意識型態的擴張。

其四，杜黑的制空論與海權論。杜黑在《制空論》一書中全面闡述了他的基本理論觀點：「空軍極有可能單獨完成戰爭使命，不必有陸、海軍參與。空中力量具有比海上和陸地力量更為有利的機動性，在行動和方向上享有充份的自由；掌握制空權，能阻止敵人飛行，同時保持自己飛行。」制空權的確是戰爭中一個非常有力的手段，特別是在太空武器飛速發展的今天，杜黑的理論與核時代的戰略在很多方面不謀而合。

其五，地緣經濟學。冷戰後，經濟利益和經濟地位已成為世界各大國追求的戰略目標。美國一些從事戰略和國際問題研究的學者認為，應放棄以軍事實力作為全球稱霸的主要手段，而轉向以國際投資、自由貿易等經濟手段，作為維護美國經濟利益與經濟地位，確保世界霸主地位的主要手段。其理論的學說即被稱之為「地緣經濟學」。在經濟全球化的進程加快，成為世界經濟發展的主要動力，主要表現在：(1) 世界貿易快速增長；(2) 國際資金流動異常活躍；(3) 生產與經營全球化不斷增強；(4) 科技信息傳播全球化；(5) 經濟困境的全球化不斷加深。此外尚有：

其六，亨廷頓的文明衝突論。1993 年美國政治學家亨廷頓在美國《外交》季刊夏季號發表了《文明的衝突》一文，對國際政治的演變特徵進行了獨特的分析論述。亨廷頓認為，冷戰後將出現一個多極和多文化的國際體系，西方僅為其中之一。西方的文化價值不具普適性，其影響力已呈下降趨勢，因此西方文化缺乏同化、整合其他文化的力量。如果西方國家，特別是美國硬要向全世界推銷自己的價值觀，其結果將適得其反，將會激化矛盾，引起文明衝突。當然，亨氏絕非反對西方文明的統治，而是善意地提醒西方國家，尤其是美國的決策者們，不要被冷戰的勝利沖昏頭腦，過高地估計自己的力量，以免把戰線拉得過長，樹敵過多，陷入被動境地。

美國世界大戰略的形成與發展

首要是啟始於麥金德的「心臟地帶」這一戰略概念而決定策略，展開部署的，其進程大要如下:

其一，美國地緣政治首要關切：防止歐亞大陸遭其他強權掌控。歐亞大陸是全球地緣政治最重要的舞台，這裡有著世界上最豐富的人口和資源。人類歷史上所有重要的帝國，多數建立在這片歐亞大陸土地上，從希臘、羅馬、鄂圖曼、蒙古、德意志、甚至蘇聯，無一例外。在人類歷史上，唯一不是立足歐亞大陸的超級強權只有美國。美國這個崛起於美洲新大陸的世界超強，在太平洋、大西洋兩大洋的保護隔離下，建國初期在外交上採取「孤立主義」，只想在新大陸開創人類理想中的進步國度和良善制度，不想捲入歐亞大陸特別是歐陸地區不斷上演的強權角力。但是，德國在兩次世界大戰對外擴張，讓美國警覺到，一旦歐亞大陸遭其他強權控制，還是會威脅美國外貿及安全，因此不能再置身歐亞大陸權力遊戲之外。有鑑於此，美國外交政策路線在二十世紀初期改採「國際主義」，積極介入全球事務，在地緣政治上最主要的關切之一，就是防止歐亞大陸政經資源遭其他強權壟斷，威脅美國世界領導地位及建立的國際秩序。這樣的關切反應在冷戰時期美國全力圍堵蘇聯在歐亞大陸的擴張，也說明為何當前美國對崛起於歐亞大陸的亞洲新興強權中國，投以高度關注。

其二，美國落實了史匹克曼的邊緣地帶理論「圍堵蘇聯」。二次大戰結束，有喬治・肯楠 (George F. Kennan) 依據「邊緣地帶」論提出「圍堵政策」 (Containment Policy)，主張美國應聯合海洋民主國家，在歐亞大陸的「邊緣地帶」，構築圍堵大陸共產勢力外侵的戰線。自此海洋民主資本主義勢力，與歐亞大陸共產極權勢力，沿著「邊緣地帶」對峙的戰略形勢，成為支配二次大戰後世界局勢發展的主軸。其後，美國出動了大量的兵力協助南韓抵抗侵略。美國重新介入亞太事務，協防台灣，和南韓、台灣簽訂共同防禦條約，駐軍兩國以對抗共產主義侵略。美國從此以「世界警察」自居。對大陸的 U 型島鏈於焉形成。

尤者，中國對日抗戰期間，毛澤東在俄共資助，史達林指令下，以欺騙，用間，武裝叛亂，僭奪了抗戰勝利的果子，繼而用槍桿子奪得政權，隨之建立蘇維埃式的「中華人民共和國」以後，美國對中共不僅未即刻外交承認，且因中共受史達林之命，發動「抗美援朝」戰爭，致使美國派遣第七艦隊巡弋台灣海峽，偵察機深入大陸搜集資訊，對中共包圍監控由此日益加劇。在 1950 年代初期，美國正式與日本、澳大利亞、紐西蘭、泰國、和菲律賓（尤其是 1951 年的太平洋安全保障條約和 1954 年的東南亞條約組織）簽訂安全保障協定，並且在那些國家建立起長期的美軍基地。

其三，美國新亞太文化戰略。美國新亞太文化戰略的主要目標是，掌握亞太文化發展的主導權。其具體內容包括三方面：首先，極力推廣美國價值觀和發展模式。美國政界普遍認為，以「民主」和「自由」為核心的美國價值觀，以三權分立、多黨制和代議制為標誌的政治模式，以及以私有制和市場經濟為特徵的經濟模式，是世界上最好的價值觀和發展模式，應推廣到全世界。

其次，2000 年六月，在美國的倡導和推動下，一百零七個國家在波蘭華沙召開了世界民主國家大會，除法國以外的一百零六個國家簽署了《華沙宣言》，正式成立了「民主國家共同體」。目前已有一百二十多個國家成為該組織的成員。隨著美國新亞太戰略的提出和實施，「民主國家共同體」的重心也開始向亞太地區轉移。2013 年四月二十七至二十九日，在蒙古烏蘭巴托市舉行「民主國家共同體」第七次部長級會議。除了討論一般的全球性議題，和舉辦全球性議會民主論壇／青年論壇之外，會議還特別就亞太議題進行了專門討論，首次舉行了亞太各民主體外交部長會議，決定啟動「亞洲民主網路」計劃等。

最後，以所謂「保護人權」和「新聞自由」為切入點，干預和操縱亞太國家的政治進程。在美國的新亞太文化戰略中，所謂「保護人權」佔有重要地位。相對而言，美國的亞太人權外交主要以中國、越南、緬甸和朝鮮等所謂「非民主國家」為目標。鼓吹「新聞自由」亦如此。戰後以來的歷史表明，美國的對外戰略往往以軍事戰略為先導，以包圍和威懾敵對國家為基本方式，以經濟和文化措施為重要手段，以獲取地區事務主導權為核心目標。美國的新亞太戰略同樣如此。

其四，經濟互惠，世界和平。金融危機之後，削弱東協 ASEAN 在區域安全上的角色定位及其內部的凝聚力，使得美國自冷戰結束後重新回到東南亞區域，並逐漸增加其政經影響力。因而，中共要「在防止東南亞地區為敵對勢力所左右的基礎上，謀求更廣泛的合作」。有關南海的爭議則在 1960 年代發現擁有豐富的石油資源後，產生不少糾紛。1990 年十二月，中共提出「擱置主權、友好協商」的倡議。此舉使東協於 1992 年發表「南海宣言」，關於建立南海地區行為準則的倡議，在客觀上都有助於南海區域的和平穩定。

中美關係的特殊性質的回顧與前瞻

中美關係是二十一世紀最重要的國際關係，但也是最複雜的國際關係。它是守成霸主與新興力量的鬥爭關係，大國權力的轉移永遠是歷史上最重大的事；說它複雜，因為這兩個國家在意識形態和國家組織上非常對立，但是它們在商業利益上又有著全世界最大的雙邊貿易，這其中就牽涉到一大堆糾葛，千絲萬縷和真金白銀的糾葛。中美又如何對立得起來？從下列數事，或可見其睨端：

其一，中共受C型包圍與U型島鏈封鎖之因。美國為何對共產國家予以C型包圍與U型島鏈，實有其遠近因。據網路資訊所載，當1917年俄國爆發十月革命，所掀起的紅色浪潮迅速席捲整個歐洲大陸，各國相繼出現無產階級革命的浪潮，匈牙利、奧地利、保加利亞、德國乃至義大利都先後爆發革命。受其影響，大洋彼岸的北美大陸，得知十月革命勝利的消息後，美國的工人群眾、工人政黨和組織紛紛以極大的熱情對世界上，第一個無產階級政權表示歡迎和支持。

美國最大的社會主義政黨——美國社會黨，其黨員人數由1918年的七萬四千五百一十九人迅速飆升至1919年的十萬八千五百零四人。美國工人階級還開展了「不許干涉蘇維埃俄國」的運動，大力聲援蘇維埃俄國。1918年末至1919年初，在波士頓、芝加哥等許多大城市，勞動群眾在「承認蘇維埃俄國和停止干涉」的口號下，舉行了示威遊行、集會和各種會議。據統計，1919年，美國共發生兩千六百多起罷工事件，涉及工人達四百多萬。被美國政府看作是企圖顛覆政府的「洪水猛獸」。

令美國政府更為驚懼的是，這時社會上又不斷出現一些在政府要員住所，發生多起炸彈爆炸的恐怖主義事件。如此頻繁的罷工浪潮和炸彈襲擊事件，加上新聞界的大肆渲染，整個美國社會籠罩在一種「山雨欲來風滿樓」的緊張氛圍下。1919年八月三十一日和九月一日，「美國共產主義勞工黨」和「美國共產黨」的成立，更令當局和一些社會精英，對可能發生共產主義暴亂的擔憂急劇加深。美國國內出現所謂的「紅色恐懼」，從而導致這個國家歷史上第一次反共情緒的大爆發。1920 年一月二日，美國司法部長一聲令下，一夜之間，全美三十三個城市中竟有四千人被逮捕。

二戰結束後至 1950 年代中期，恐共、懼共和反共狂潮席捲美國，成千成萬的無辜人士遭殃，被貼上紅色標籤而倒楣一輩子。這段時間又有所謂「白色恐怖」時代，是美國國史上最黑暗、最醜陋的一段年代，此由極右翼的威斯康辛州共和黨參議員約瑟夫・麥卡錫 (Joseph R. McCarthy) 誇張指責國務院藏匿數百名共產黨人，並將反共砲口對準了許多清白官員，二戰時代，頂尖科學家羅伯特・奧本海默 (J. Robert Oppenheimer) 被稱為「原子彈之父」，也是麥卡錫時代的最主要受害人之一。因此「白色恐怖」時代又稱麥卡錫時代。（筆者於 1971 年由英來美訪問，在利物浦申請簽證的表格上，仍有「共產黨人不得入境」的字眼。而今，美國共和黨總統候選人川普，對具有共產黨黨員身分者，也有不予認同的言詞。）

其二，中美終須一戰？誰勝誰負？關於地緣政治與中美博弈，有論者指說，如果有武力衝突，根據地緣政治，中美這場戰爭最可能發生的地方是琉球群島。這是中國大陸與美日聯軍（也許還加上台灣）之戰，是美國二十一世紀的鴉片戰爭，是日本正常化成為大國的戰爭，是台灣的獨立戰爭，也是習近平念茲在茲的中華民族偉大復興的戰爭，所以沒有任何一方輸得起。

今有美國頂尖智庫蘭德公司 (RAND Corporation) 最近公佈「與中國開戰，想不敢想之事」報告，稱美中開戰並非完全不可能，儘管兩國都不想開戰，但美中軍方都為可能爆發戰爭制定方案。報告認為，美中一旦開戰，誰會取勝，誰更有實力禁得起持久消耗，難以準確斷定。依北京說法，中國將比美國更具消耗力，美國最終會被拖垮。蘭德則認為，長期而高強度戰爭會給中國帶來致命打擊。又，美國傳統基金會於去年十月發表 2016 年美國軍力報告，將美國陸軍實力從中間偏低調降為「虛弱」，卻將空軍戰力提升為「非常強大」，海軍和戰略部隊均為中間偏低。美方低估自己、高估對手已數十年，並不意味中國海空軍力量已能與美軍媲美；未來數十年，美軍公認仍是世界獨霸，不是中國可以與之挑戰的。

對美日介入台海的決心，美國致力於將中國海軍限制在第一島鏈之內。2020 年前，美國 60% 海軍力量將部署亞太，對東海、南海軍力投入都大力干預。台灣對中共、對美日都是全球和區域戰略重要堡壘，很難想像大陸如動武，美國會袖手旁觀，評估顯然全盤否定美國重返亞洲的戰略用意，脫離事實太遠。且因台灣軍力全球評比排第十四，並非全無防守抵抗能力，而且美日介入馳援的效應很難預估。而無論軍事、政治或國際關係各方面，大陸武力犯台本身的風險極高，代價非常大。「習近平上午下令，下午就解決問題」之說幾近天方夜譚，至多只是宣傳戰而已。

在此，有篇值得一讀的網文說：「現在中國的媒體，動不動就說美國建立了對中國的包圍圈，全世界不明白為什麼只有中國老有這種被包圍感？在上世紀的五、六十年代，中國領導人指責美帝國主義對中國包圍；七十年代，中國和美國關係好了，美國的包圍不存在了，領導人又嚇唬老百姓，說蘇修聯合蒙古、印度、越南等，秘密勾結台灣，對中國形成包圍；現在又變回美國和中國周邊國家建立同盟，包圍威脅中國。連美國在上千公里以外的澳洲佈署了海軍陸戰隊隊員，也被炒成『圍堵中國』、『必有一戰』。

「總之讓中國人民時時處在被包圍威脅的幻覺裡，使部分中國民眾產生強烈的仇外民粹主義及戰爭狂熱；一是 1949 年以來，沒有任何一個國家主動對中國發動戰爭或主動威脅中國，而敵人都是因為我們主動進攻別人而造成的。你們算算，現在中國還剩下幾個朋友？你們想想，如果不是我們周邊國家感到威脅，能歡迎美國重返亞洲嗎？他們不歡迎，美國能在亞洲立足嗎？二是我們的軍隊絕非像宣傳的那樣，打敗美帝、蘇修、印無賴、越小霸全無敵。三是四次對外戰爭的結果都和發動戰爭的目的大相徑庭。由此我希望想用戰爭解決領土糾紛的朋友們，心態能稍微平和一些。

「再看看中國周圍的局勢，各國都在和中國搞軍備競賽，最可怕的是在搞核競賽，世界上只有中國一個國家周圍佈滿了核國家：俄國、印度、巴基斯坦、朝鮮，再加上一個美國。如果不是美國的核保護傘，日本、南韓、台灣早就搞出核武器了。中國難道不該反省嗎？如果我們不打那四場戰爭，如果始終堅持和平共處，中國周圍能是這種狀況嗎？戰爭事關國家生死，民族安危，必須慎之又慎，必須符合國家和民族的最高利益，必須通過國家程序來決定戰爭的發起和終止，避免那些偉大人物頭腦發熱用什麼崇高藉口把國家引入災難，讓民眾承受無謂犧牲。」

其三，美中國勢的評比。戰爭，無疑是兩國綜合國力對比。對於中美兩國國力差距究有多大？據世界銀行公佈的消息顯示：美國 2013 年人均 GDP 為五萬一千二百四十八美元，中國人均 GDP 為六千六百二十九美元；2014 年美國人均收入是四萬三千零一十七美元，中國為七千四百七十六美元。透過上述兩組數字可看出，目前中美兩國的經濟水平差距無疑是巨大的。

有論者指出，中、美的差距並不只體現在世界銀行的統計數字上，還體現在 GDP 的含金量上：自上世紀八十年代初，中國經濟一直呈高速增長態勢後，由於真正意義上的市場經濟體制還遠遠沒有成型，國民經濟結構的主要特徵是「三多一少」：一是靠壟斷國家資源、能源，靠政府政策保護和財政補貼的大型國企太多；二是低水平重覆建設、國際市場競爭力太弱、產品附加值很低的技術「克隆式」企業太多；三是完全依賴外國核心技術，基本停留在來料加工水平的合資企業太多。這「三多一少」，導致國民經濟一直呈粗放式發展和粗放式增長態勢。三十多年間，GDP 雖一路飆升，但含金量卻一直處於非常低的水平狀態。何為「一少」？就是高科技含量高、居全球產業鏈上游、具有強大競爭力和抗風險能力的大公司太少。

今年躋身《財富》世界五百強的九十一家中國大陸企業，絕大多數是靠壟斷資源、能源和價格，主要市場和利潤都在國內，幾乎毫無國際競爭力可言的國企（其中國資委監管的央企四十七家，地方國企三十七家），真正代表一個國家國民經濟活力的民企只有七家。在國際上真正叫得響的跨國公司和品牌幾乎沒有！如果硬要算上的話，也就華為、聯想幾家可勉強湊數。更糟的是：許多躋身世界五百強和中國五百強的中國公司，不少中長期的虧損大戶，或長期靠政府補貼過日子的「馬糞表面光」企業——中國共有一千九百三十四家上市公司發佈了 2013 年報，其中獲得政府補貼的公司有一千三百五十家，佔比高達 70%，補貼總額為七百一十六億元。更嚴峻的現實在於：政府補貼上市公司的數額以每年 20% 左右的速度在遞增：2010 年為四百億元，2011 年補貼總額為四百七十億元，2012 年總額為五百六十四億元，2013 年為七百一十六億元。

反觀美國：雖然其經濟總量增幅一直很低，但由於市場經濟體制、法治大環境高度成熟、健全國民經濟產業結構合理、集約化程度高，更加上擁有太多類似波音、蘋果、微軟、思科、甲骨文、英特爾、輝瑞、摩根大通、國際商業機器公司、雪佛龍、耐克、好萊塢、NBA、迪斯尼樂園、可口可樂、百事可樂、麥當勞、肯德基等處於全球產業鏈上游、具有強大國際競爭力和抗風險能力，既可以在本國市場贏得豐厚利潤，又能在全世界賺得盆滿缽滿的民營跨國公司。如 2014 年美國躋身《財富》世界五百強的一百二十八家企業，幾乎清一色是這樣的公司。

尤者，中、美的巨大差距遠不只在看得見的經濟統計數據上，也不在可以處處感受的綜合國力上，更在比經濟數據和綜合國力更重要的制度文化上！全世界都公認美國強大。但美國最強大之處，並不在它具有遼闊的、得天獨厚的地理環境和國土資源；也不在它擁有眾多的核動力航母、核潛艇、洲際導彈和世界上最強大的軍隊；也不在它擁有眾多波音、蘋果、微軟、思科、甲骨文、英特爾、輝瑞、摩根大通、國際商業機器公司、雪佛龍、耐克、好萊塢、NBA、迪斯尼樂園、可口可樂、百事可樂、麥當勞、肯德基等世界著名品牌，而在於它擁有立國先賢們所設計的強大自我糾錯機制；而在於它擁有一個能讓愛迪生、比爾•蓋茨、喬布斯等偉大天才和眾多諾貝爾獎獲得者的才華，可以得到盡情發揮，能讓全世界各種精英人才、學子趨之若鶩，能誕生波音、蘋果、微軟、思科、甲骨文、英特爾、輝瑞、摩根大通、國際商業機器公司、耐克、雪佛龍、好萊塢等偉大品牌；能使世界 5% 人口，卻具有全世界近 45% 的經濟生產力，以及 40% 高科技產品的優良人文環境；更在於它擁有一個無論貧富都能生活得不錯的社會環境！所有這些，乃美國兩百多年間，精心打造，並付出太多心血的條件下得來的。由此人們不難想像：中美真正差距，到底有多大？

其四，根除馬列史毛意識型態，與美國敦睦邦交。論及中美關係的特質及其重要性，首需了解的是，習近平尚未登上大位，應邀訪美時，在他所準備講稿中就有「中美之間最大的問題始終是意識形態、政治制度與價值理念」的認知。而他對歐巴馬總統說了兩句話，第一句：「寬廣的太平洋兩岸有足夠空間容納中美兩個大國。」第二句：「中國有句流行歌的歌詞是這樣唱的，『敢問路在何方，路在腳下』。」甫登大之初，對內即面臨政治體制改革的爭議，社會動亂一觸即發的危機；與參加 WTO 十多年來的努力仍未取得「完全自由市場經濟地位」，經貿發展進入「深水區」的種種艱困。對外在歐亞大陸有 C 型包圍，與東南沿海的 U 型島鍊的圍困。為了解決經貿與金融面的困境，以期實現「中國夢」，而作有地跨歐亞洲非「一帶，一路」的世界大戰略的部署，和成立亞投行，推動人民幣跨境支付系統，來與美國爭奪影響金融經貿的美元霸主地位；又為突破包圍，在東南亞為釣魚台向日本挑戰，為擴展南海領海主權，與美爭鋒，掀起四海翻騰，戰雲密佈的情境。對於習近平猶如中國歷史上漢武、李唐帝王而言，稱得上是位「雄才大略，好大喜功」的君主。可以理解，多有擁載的。但因此而犯下兩大錯誤策略；一是不承認，不尊重，甚至不禮讓，她的宗祖國，中華民國屹立於世的事實。另為，依舊捧著毛的神主牌，遵循毛的思想，認為美帝是「頭號敵人」，是「紙老虎」，而耀武揚威，與美爭鋒；唱衰美國，爭其霸權。這兩大錯誤策略，確是不容認可的。必須作適切的調整，「中國夢」方有實現的可能。

在改善中美關係方面，中共必須認清敵友。亦即習大人應認清中國真正的敵友，將美國（猶如季辛吉然）視為中共再造的鐵桿朋友才是。試觀，近百年來，中國失去的千千萬萬平方英里的領土，美國有無侵佔其分寸？二戰時，美國對華援助，中共沒有些許利得？沒有美國對國共態度偏頗，不公，中共能在中國「生存發展」？在內戰期間，沒有美國馬歇爾來華調停，經六次會議，達成「停戰協議」，逼使國府數度下達停火令，讓中共瀕臨於滅亡時，而能反敗為勝？也可以說，中共建政二十年後，在美國「支持」下，方能爭取得中國在聯合國的代表權席位，進入國際社會；將近三十年之後，中美關係才正常化，為什麼？要在馬恩列史的第三共產國際要消滅世界上所有資本主義，猶言在耳；指說美國是「紙老虎」，要打倒美國帝國主義這「頭號敵人」的「毛澤東思想」依然為中共所崇奉。美國怎能不存個「與虎謀皮」的驚惕之心呢？！ 改善之道，當從不談馬列主義，拼棄「毛澤東思想」，與毛切割做起，讓世人徹底消除「懼共」,「恐共」的心理，從而兩岸和平統一；與美修好，可解決政經各方面的一切艱困：中華民族偉大的復興的「中國夢」方可實現。

一篇值得深思的網文：《美國何以成為「世界警察」？》

年來，中共文宣部所飼養的文痞和今日的五毛黨宣傳，一直認為，世界頭號強國美帝國主義是世界頭號好戰分子，到處派兵，四處插手，恃強凌弱，惹是生非，造成世界各地動盪不安，被世人斥之為不光彩的「國際警察」,「霸權主義」。然而翻閱歷史可以發現，美國人民及其選出的美國總統，大都是愛好和平，不願打仗，不願插手他人事務，不願當國際警察的。從二戰以後美國的一系列重大治國方略中可以看出。此如：二戰結束以後，美國人民決心偃旗息鼓，罷戰息兵。首先是大裁軍，全國的軍隊由一千一百萬驟然裁減為一百五十萬（一說八十萬），軍費開支由一千多億一下子縮減為一百一十億，其裁減幅度為古今世界歷史之最。美國總統杜魯門說：「我們幾乎解散了美國軍隊！」此時的美國，可謂刀槍入庫，馬放南山！

不僅如此，美國在世界各地的駐軍也不斷撤回，在佔領國日本僅留了四個師的軍隊。1949 年又從朝鮮撤回大量軍隊，只留下僅有五百人的顧問團。美國政府多次發表聲明，向全世界宣佈，其在世界各地包括台灣和朝鮮在內，沒有任何領土野心，沒有任何利益需求；又特別強調，美國雖然在東亞有一定的防衛力量，但是，朝鮮和台灣不在美國的防禦圈內。然而，誰能想到，就是美國政府一句「朝鮮和台灣不在美國的防禦圈內」這樣渴求和平的講話，竟然在 1950 年六月二十五日，北朝鮮金日成在蘇聯和中共的支持下，指揮十數萬大軍悍然越過三八線，對韓國發動大規模的進攻。霎時間，朝鮮半島上戰火紛飛，硝煙瀰漫，死傷遍地，血流成河！戰爭爆發的第三天，美國第七艦隊立即奉命進入台灣海峽，像一道巨大的屏障隔開了戰爭風雲。並且發出警告：中國大陸不要進攻台灣，台灣也不要反攻大陸，台灣地位未定，各地暫要維持現狀。

由於金日成竟然在蘇中支持之下，用刺刀征服自己用血汗解放的、自己扶持的、聯合國承認的合法國家，這絕不是所謂的「內政」「家事」，而是對美國尊嚴和利益的嚴重損害，也是對國際公理和聯合國憲章的公然踐踏！所以，完全代表民意的杜魯門總統毅然以最快的反應速度，做出了武裝干涉台灣和朝鮮事務的舉措。美國出兵台灣海峽，制止了中國一場內戰，對美國沒有什麼損失。而美國出兵朝鮮，卻付出了沉重的代價：攻打朝鮮的結局是，五萬多優秀青年血灑朝鮮戰場，十萬多傷兵含恨歸國，耗費物資不計其數，花費美元一千多億。與此同時，中國傷亡近一百萬人，朝鮮傷亡近五百萬人，美麗的朝鮮半島成了一片廢墟，成了死亡之島。

僅僅由於一個不插手、不干涉別國事務的聲明，「朝鮮不在美國的防禦圈內」，伴隨著朝鮮戰爭的隆隆炮火，美國的軍隊迅速擴充，由原來的一百多萬擴至三百六十三萬。應一些國家的邀請，向這些國家和地區增派部隊。在第七艦隊進入台灣海峽的同時，又向越南保大政權增加援助，並加強了菲律賓的軍事力量。到 1955 年，美國在世界二十六個國家建立了四百五十處軍事基地，與二十多個國家簽訂了政治和軍事同盟條約。甚至連社會主義國家南斯拉夫鐵托，也在 1951 年與美國簽訂了《共同防禦援助協定》和《軍事援助協定》。美國的霸主地位即由此得以確立。

直到今天，我們可以經常從媒體上看到，美國今天向那裡出兵，明天向這裡插手，不斷干涉別國事務；國際上一些國家和地區發生矛盾爭端、動盪不安甚至軍事衝突，幾乎都少不了美國強大的身影。美國的這些舉動經常受到有些人的反對和抨擊，尤其是中國，經常指責美國手伸得太長，干涉他國內政，是侵略行徑，並給其戴上「帝國主義」、「國際警察」、「國際憲兵」、「霸權主義」的帽子。

實際上，美國這個民主憲政國家，不可能去侵略他國。二戰以來的六十多年間，沒有真正侵略過任何一個國家。因為大國真正要侵略一個小國、弱國，就要佔領他的領土，奴役他的人民，掠奪他的財產，而美國出兵到所有的國家，都是由當事國的請求和聯合國的授權，而每一次出兵，絕不可能像八國聯軍那樣燒殺搶掠，中飽私囊，都是在國際法的約束下，連一塊磚頭也不敢掠奪，每一次「侵略」幾乎都是賠本買賣，都是為了維護地區穩定，恢復國際公理。試想，美國連身邊的加拿大和墨西哥的一寸領土都不敢掠奪，他最為頭痛的彈丸小國古巴就在後院，伸手可得，尚且不敢侵犯，他還敢侵略誰呢？

況且，美國這種到處出兵，四下干涉的「國際警察」行徑，都是朝鮮戰爭給逼出來的。美國有今天，朝鮮戰爭是轉折點。美國資深外交官查爾斯•沃倫總結道：「正是朝鮮戰爭，而不是第二次世界大戰，把美國變成一個世界範圍的軍事政治大國。」今天，世界上一些地區動盪不安，確實離不開超級大國「世界警察」美國的調停和干涉。美國有時也感到頭痛和厭倦。它出兵伊拉克和阿富汗，為兩國人民帶來了民主和和平，卻揹上了侵略的惡名，賠盡了錢財，受盡了埋怨。可能有點後悔。後來的利比亞、敘利亞、埃及發生內亂，美國這位國際警察就有些消極觀望，說句話也謹慎小心。

但是，美國對於六十年之前率領聯合國軍出兵朝鮮，犧牲五萬多將士，付出那麼多代價，一點也不感到後悔。美國總統奧巴馬七月二十七日在朝鮮戰爭紀念碑儀式上，對曾參加朝鮮戰爭的老兵及家屬和全世界說道：「我們可以滿懷信心地說，那場戰爭並非平局，而是我們的一場勝利。五千萬韓國人民生活在自由和生機勃勃的民主制度下，韓國是世界上最具活力的經濟體之一，同朝鮮半島北方的壓迫和貧困形成鮮明的對照，這就是勝利，這就是你們留下的遺產。」「值此六十週年之際，真相必須大白：美國和聯合國的政治目的都實現了，美國勝利了，朝鮮戰爭阻止了第三次世界大戰和共產主義年代擴張，杜魯門在三八線清晰地劃下了一道線。你們贏得了一個感恩國家的感謝，你們的光輝事蹟永垂不朽！我們對韓國安全的承諾，永遠不會動搖。我們的盟友和對手一定要知道，美國將維持世界上最強大的軍隊！」面對美國總統洋溢著自豪美國自信的講話，有些人會感到不舒服，但讓人尷尬的是，我們又該如何去批判「美帝國主義」的狂妄言論呢？

兩岸統一，世界和平之路

關於冷戰時期的「國際戰略格局」，在二次大戰結束後，國際的戰略格局所呈現的是兩極對抗的冷戰格局。所謂的兩極格局是由三個層次所構成，第一層以美國與蘇聯為核心在全球的對抗與競爭；第二層則以蘇聯及東歐社會主義國家為主的華沙公約陣營，同以美國及西歐資本主義國家為主的北約陣營在歐洲的軍事對抗；第三則以兩大集團所呈現的社會主義國家與資本主義國家，共產主義與資本主義在全世界範圍內的廣泛鬥爭。不過，隨著東歐的鉅變，往後蘇聯的解體，冷戰時期的兩極對抗格局也步入尾聲。

然而，整個東亞的安全環境不能將台灣給忽略掉，台灣的地理位置位於西太平洋第一島鏈中央地帶，扼制台灣海峽、巴士海峽及鄰近太平洋海域，亦為東北亞最南端及東南亞、南海海域北端的銜接要域，並為中國大陸進出太平洋的門戶，對中國由陸權往海權的發展策略，具有極重要的戰略意義，這對中共的重要性不言可喻。然而，一旦中美衝突，美國藉「美日安保」，勢必將連帶引起日本的介入，對於中共在維持周邊區域的穩定必有重大影響。

據報導，在釣魚台問題上，北京曾質問美國，如果中日為釣魚台起衝突，美國是否會保持中立。歐巴馬總統 2014 年四月訪問日本時公開表示，根據《美日安保條約》，美國對日本的保護傘涵蓋釣魚台。同時，中國持續對釣魚台和東海的海空巡邏，導致日本首相安倍晉三倡議修憲行使集體自衛權，讓日本在國防政策上有更靈活主動的空間。有文章指出，習近平拋棄了鄧小平「韜光養晦」的一貫方針後，北京的戰略「完全是基於錯誤的估算」，即認為憑著地緣優勢，中國將越來越強大，但一個衰落的美國終將從東亞撤退，地區國家沒有別的選擇，只好服從中國。但習近平的外交政策反而幫了美國大忙，讓歐巴馬順利重返亞洲，這是美國國務院和五角大廈「做夢也想不到的意外收獲」。

中共如何自處呢？首要的條件自然是與美國化敵為友，這是比用武力爭霸美國容易而安全得多，且遲早要做的事。既然早已丟掉共產主義公有經濟，為什麼還要喊賣共產黨政治的羊頭？獨裁專政就是壞東西，以致貪腐百弊叢生，前門打虎，後門進狼，鼠患難靖，把民財都搬運到外國去。大陸實行民主化最好，自然就能與美國化敵意為友誼。尚無他途能改變目前中國兩岸既不能統，又不能獨，南海進退維谷的現狀。若再拖延歲月，失去時機，不僅將無法共同走向繁榮昌盛，而且若自傲已富為世界老二，無所畏懼，中美對抗層出不窮，則危機重重也。

有大陸研究學者指出，台灣自身的地理位置，決定了它在亞太地區複雜的地緣政治中，具有非同尋常的戰略價值。這個地區的地緣政治衝突越激烈，就必然賦予台灣問題越大的複雜性。它是西太平洋地區的海洋勢力與大陸勢力爭奪戰略樞紐和制海權的兵家必爭之地。在中美關係中，台灣問題最核心的含義就是由地緣政治所決定的。在中日關係中，台灣問題的地緣政治含義也在不斷上升。從這個意義上說，台灣問題不僅是海峽兩岸之間的問題，它的總體發展態勢也將由東亞—西太平洋地區的大國關係所決定，由該地區的地緣政治格局所決定。從地緣政治、地緣戰略的角度來理解台灣問題的長期性和複雜性，可以使我們的認識更加深刻，更加符合客觀事實。

結論：恢宏三民主義的民主憲政，中華民國永續發展

自國父孫中山先生領導辛亥革命，推翻兩千多年的帝王專制政體，於 1911 年建立亞洲第一個民主法治的共和國，中華民國，迄今已歷一百零五年。其間歷經種種，可使國家民族瀕於危亡絕續的內亂外患，但終能復興，永續發展。為何？皆因中國國民黨處於「顛沛流連」之際，自始至終，矢志遵循三民主義的建國方略，建國大綱，由軍政而訓政而訂立《中華民國憲法》，推行民主法治憲政而然的。

從 1949 年，國府兵敗於大陸，中央政府播遷到台灣，賡續推行民主法治憲政，國祚無一日中斷。可是，中共自 1949 用槍桿子打敗國民黨，奪得了政權，在大陸急刻建政，成立中華人民共和國，

二十年後，因得美國為實行「聯共制俄」策略而予的奧援，助共進入聯合國。再在十年之後，美國與中共關係正常化，美國並與國府斷交，且應允中共所求，「世界上只有一個中國，台灣是中國的一部分」。再有，在台灣內部的台獨氣焰日益高漲。中國國民黨對中華民國與台灣主權的維護，在內政外交日益艱困之際，就力不從心，逐漸式微。中華民國在台灣的憲政傳承法統，終於由主張台獨的民進黨蔡英文，遵循《中華民國憲法》而參選，而當選接受了大位。中共要求蔡政府接受「九二共識」的「一個中國」原則，蔡就職已屆百日，也尚無明確的回應。中共與台獨為爭奪台灣主權的「博奕」，將不知胡底？！

雖然如此，如反省中國國民黨的革命理念，與其堅苦卓絕的經歷；以及綜觀台灣所處的世界地緣政治大戰略的地位，對於中華民國與台灣主權的維護，並不悲觀，甚至有影響國際，尤其是中美日等大國之間均勢平衡的可能。試舉其要點如下：

其一，中華民國憲政傳承大位淪於台獨政黨，此乃民主法治國家之「政黨輪替」的正常事件，不足杞憂。因為，如若中國國民黨能浴火重生，自有奪回政權之可能。

其二，傳承大位淪於台獨政黨，但《中華民國憲法》的政治體制，依然存在。蔡政府以「維持現狀」主題而當選，她絕不會在任期內，冒天下之大不諱，而貿然修憲改之、廢之。

其三，有諸多堅實的歷史原由，中華民國的國號，皆為中共與蔡政府所必須遵奉，兩者絕不敢更易。

其四，有中共與美國的掌控與監視，除非台獨鼠輩極其忘恩負義，人性泯滅殆盡，否則，蔡政府絕無可能，公然宣佈建立「台灣國」。

其五，如蔡政府不宣佈獨立，中共考慮國內外其他安危大事，也不會急速以武力攻台，消滅中華民國。

中華民國與台灣主權盛衰走勢變易的因素

但最主要的原由是，中華民國台灣，地處世界地緣政治大戰略的，極其重要的樞紐位置，皆為中共，美日與台獨等兵家必爭之地。既往，此三方面為「佔有」台灣；中共以「一個中國」的原則來逼迫；美日以台灣關係法與周邊安全為由來利誘；台獨則以「台灣主體」依循民意主張來欺矇國府。中華民國處在如此情境之下，只有「維持現狀」地「偏安」；但，如大國之間為爭奪台灣的「博奕」均勢有所「變易」，所謂「變則通」，所謂「剝極必反」，則中華民國的中國國民黨，也可能因此有轉危為安，由衰而盛的契機，但這些影響中華民國與台灣主權「變數」發生的可能，也是取決於中共，美日與台獨三者大戰略的調整。其大要條件臚舉於下：

其一，在中共方面。首先，必須確認的是，既往中華民族所遭受的一切殺戮危亡的苦難，與今日在東南亞所造成的四海翻騰，戰雲密佈的情勢，其禍亂根源都是緣於 1912 年共產第三國際，在中國所成立的中國共產黨，與當前習大人自以為是毛左的親嫡傳人，在大陸所推行的「一黨專政」,「黨大於法」種種共產極權資本暴政所造成的。往者已矣，對於中國大陸，今後是否能促成兩岸和平統一，中國真能和平崛起，真能為世界開萬世太平，中共就必須落實政改，還政於民；土地改革，藏富於民；放棄馬列史毛世界革命，共產主義的意識型態，與美修好；以平等互尊方式，與中華民國政府由經濟互惠，而政治協議，而結束內戰狀態，兩岸和平統一，收復台灣。而能經由台灣走向大洋，則千百年來所企求的漢唐盛世的「中國夢」可確確實實地落實了。這是多令所有有良知良能的中華兒女，所想望，所企求的大是大非的仁義德政？（註：有關中共如何落實政改，為何要與美修好原因，可參見於去 (2015) 年九月，《中央日報》網路版所載《泛論大陸創設亞投行的成因與發展——我對實現「中國夢」的認知與建議》專文的論述，此文已收入本書。）

其二，在美日方面。對於美國為圍堵共產國家，輸出世界革命，而充當世界警察；為保障人權，維護國際正義，而運用其舉世無匹的霸權軍力，到處參與爭戰，而有傷及無辜者，雖然有其犧牲奉獻的正面意義，但的確也予世人有其可議之處。尤其美日為覬覦台灣的戰略地位，對待中華民國確是「見利忘義」，而犯下無可饒恕，極其可憾可悲的錯誤；諸如日寇侵華；內戰期間，美國派大使來華數度「逼」國府停火，而挽救了毛共於危亡；1971 助共入聯；1979 與中共關係正常化並與國府斷交，毀約，撤軍，承認「世界上只有一個中國，台灣是中國的一部分」，以至今日認同台獨，僭奪去中華民國憲政法統的傳承大位，讓中華民國淪落於幾乎「亡黨，亡國」的境地！當下，美日如為一己正義感與責任心，必須贖罪而有所補償起見；也為中華民國台灣所處戰略關鍵地位，對東南亞，對世界地緣政治大戰略，平衡均勢的影響，能維持現狀而有所作為。然則，如何贖罪？如何作為？筆者確認其唯一可行之策是，如上文所述，參照蘇俄的「一國三票」制，大力協調海峽兩岸的政府，先行共建「一國兩票」制，而和平共處，而相互磨合，以至和平統一，能為萬世界開太平。則足矣。

其三，在蔡政府方面。首要是保持與中共，美日之間的相互制衡的均勢。亦即為一己能永久「當家作主」而「獨立」的理念，有存活的空間，就必須如其所承諾的，對前馬政府所倡行「不統，不獨，不武」的「終統」策略，能「維持現狀」。再則是，蔡英文是以學者從政的，如果她真有「經世濟用」的真知灼見，而「良知未泯」，而「良心猶存」的話，對於由蔣介石先生所訂，而由中華民國政府所賦予最保貴的遺產《中華民國憲法》，確認一己所承受的大位，不是「台灣的總統」，而是宣誓就職的中華民國第十四任總統，就必須遵奉中華民國憲政體制，賡續宏揚；而胸懷大陸，心繫全民，竭智盡能地促成兩岸能和平統一，能讓全中華民族共臻衽席，共為世界永久和平，皆有貢獻，若有所成的話，則現在的中華民國總統蔡英文，就不是僅僅為兩千四百萬台灣居民中極少數台獨鼠輩份子，所擁載，被利用的一顆棋子，而是未來在中華民族青史上，一位最為值得尊敬崇拜的聖哲的偉人！

鑑於「一個中國」的中國，不是專屬於某個政黨的；《中華民國憲法》法統傳承大位，也不是限於特定的某姓方可承授的。因此，筆者不辭翦陋而作有如上的「也衰」、「也善」的論述，是否屬於不切實際，空泛之言，可不予計及，但筆者深切寄望於，能影響人類幸福，世界和平的當權主政者們，皆有個「悲天憫人」的慈悲心，與「胸懷千秋」的大志，而能為人類創造福祉，為世界開萬太平的等語，皆是由衷虔誠的企求，但是否能如所願？只有禱告：天佑中華，阿門！

八十六歲老朽　朱承武（繩祖，止戈）
2016 年六至八月敬撰於紐約市寓所
（原載於《中央日報》網路版）

第一章　所思

中共收回香港的問題

1997 年七月一日英國政府將依據她和中共所簽訂的「聯合協議」的「聯合聲明」，將香港主權轉移於中共。由於香港現有的政治、經濟制度以及文化社會生活種種情景，皆與中共統治下的大陸迥不相同；更由於中共既往的欺詐哄騙，反覆無常的行為，以及一貫的控制鎮壓，殘民暴政的本質，致使香港居民以及自由世界有識之士，對中共予香港的種種「承諾」和「保證」，無不存疑。咸認一旦香港歸由中共接管，將係香港「大限」之日。

所謂香港「大限」之說，應有兩種涵義：一為極大多數曾經冒生命危險逃避共產暴政的香港居民，將又面臨任由共黨「擺佈」的情境。二為香港將喪失其現有的世界第三大財政金融中心；黃金、外幣買賣的主要市場；國際自由港；以及世界貿易前二十名的「地位」，可能成為一「死港」。因此，香港在中共接管之日是否為其「大限」之期，端賴於中共對香港居民實際的「統治」方式，以及接管後外在情勢的發展如何而定。更簡明地說，香港能否順利度過這一「大限」，一在於中共是否「樂願」接管香港成功；二在於中共有無「能力」接管香港成功。

由於諸多客觀情勢使然，中共當然「樂願」接管香港成功。此種情勢要如：

（一）中共在香港投資年有增加。所經營或受其控制的事業涉及銀行、保險、製造、出版、交通觀光、百貨零售等等三百種以上的行業。大陸與香港之間的貿易總值佔大陸對外貿易總值百分之二十一點三八。外匯收入佔中共財政總收入百分之四十以上。1979年至 1983 年之間，中共吸收外資二十六億美元之中有百分之六十來自香港。此類經貿及財政收入，對於中共謀求「四個現代化」，有直接（財政支援）與間接（政治穩定）的重大影響。中共怎能不「樂願」香港保持穩定與繁榮。

（二）香港猶如「世界之窗」，不僅外商外資湧集，且與八十五個以上國家或地區有經貿等等條約或協定關係。她是東南亞資金管理通訊服務中心，是世界各國情報蒐集交換站，也是形形色色人物來此觀光、淘金的「勝地」。中共如「遊」、「學」其間，可獲致無法用金錢來衡量的利益，中共怎能不「樂願」接管香港成功。

（三）「香港模式」可用以對台灣進行統戰。既往三十多年來，中共喊出從「血洗台灣」到「和平統一」台灣的口號。中共所以如此轉變其「統一」方式，乃因情勢使然。想中共叫囂「血洗台灣」階段，台灣正是滿目瘡痍、民生凋敝；國府處於危疑震撼、風雨飄搖之際。可是三十多年後的今天呢？台灣國民平均所得為三千一百美元，大陸為三百一十美元。台灣外匯存底已逾四百億美元，大陸僅逾一百億美元。中共能再叫囂「血洗」一個社會安定、民生樂利的台灣？以武力解決台灣，既無勝算，使用「外交孤立」、「經濟封鎖」的手段亦難收成效。他如台灣被迫反攻，或絕情獨立，中共又將如何？因此，中共對台灣進行「和平統一」乃勢所必然。但是，時移星轉，中共先後發表了「告台灣同胞書」要求「三通」；「九點統一建議」予台灣享有高度的政治和經濟自治；繼有「一國兩制」的「六點談話」，種種利誘條件，皆因國府採取「不妥協、不接觸、不談判」的「三不」政策，任何統戰「花招」不得其門而入。今天有建立「香港模式」以示「信」於台灣的機會，以達其「和平統一」台灣的目的，中共怎不「樂願」接管香港成功。

中共在過去兩年來確也表示了「樂願」的「誠意」。當 1982 與 1983 年之間香港發生了「信心危機」，中共不惜大量挹注資金，或資助瀕臨倒閉的銀行，或收購房地產。其間因港幣貶值所受損失估計約十一億美元之多。繼而積極參與了經貿金融諸般商業活動，中共與香港之間貿易額直線上升，在 1984 年，香港對大陸貿易增加了百分之六十，中國大陸大有取代美日與香港貿易之地位。最近，中共依據「聯合聲明」，完成「基本法架構」（草案），預定於 1988 年提出完整的「基本法」草案，以履行其對香港的種種「承諾」與「保證」。縱然此項「基本法架構草案」的擬訂過程，採取了由共黨秘書處起草交議的方式，在「基本法架構草案」中，不僅無「港人治港」的條文章句，對於香港「草委」們所關心的「中央與地方關係」、「剩餘權力」如何歸屬，均未同意列入，但中共能以「行動」表示其「樂願」，對安定香港人心不無作用。

關於中共有無「能力」接管香港成功，其答案是否定的。香港有今日之繁榮，係基於典型的自由經濟、穩定的政治基礎、安定的社會以及有勤勞刻苦的中國人孜孜努力而得。中共收回香港後，不論環境如何變遷，大多數無資可纏、無地可去的港人，必定仍在香港為生活而奮鬥。但其他三項成功基因是否能予保持就值得懷疑。

中共欲保持香港現有的安定繁榮，而提出「一國兩制」與「港人治港」原則，此即說明在大陸上的馬列共產主義不能適用於香港。由於中共將大陸作為馬列主義「實驗所」，三十多年來弄得「一窮二白」的大陸苦難同胞，冒生命危險逃避暴政者不絕於途。倡導四個「現代化」，求於「資本主義幽靈」，以圖擺脫貧窮與落後，總因積習難改，弊端叢生，永遠陷於「一放就亂，一亂就收，一收就死，一死就放」的惡性循環之中，有何能力接管香港來維護其既有之安定與繁榮。所謂「一國兩制」乃係馬列共產主義破產的自我明證。

目前香港對外經貿關係簽有八十五個以上的多邊條約和協定。內容涉及關稅協定、優惠條款、海洋事務、衛星通訊、投資爭議、工業財產保護等等。僅以國際關稅暨貿易總協定 (GATT) 而言，香港係九十一個會員之一，中共本身迄今只是該協定的「觀察員」。

香港一切政經制度、行政管理、對外關係以至聲譽形象，莫不是大英帝國殖民統治的產物。1997 之後，大陸上的中共政府能不能取代英國政府善盡其應有的功能？中共能否與英國一樣，在國際政治上表現民主風範，特別是保障人權的形象。答案是否定的。試想，1997 以後未來的「中國—香港」政府，在有「權」無「能」的中共監督統治之下，尤其在實質上成為「黨人治港」的情境下（有跡象顯示中共已經有計劃地移民香港，未來的行政首長極可能非共黨黨員不予同意任命），香港能否保持現有的安定與繁榮，令人難寄予厚望。

香港的政治民主、經濟自由、人權尊重、以及文物風尚等等，每每影響大陸，衝擊大陸。當香港歸還於中共成為其不可分割的「領土」，香港與大陸之間人民應可自由旅行往返。在交往越益頻繁，香港的自由安定繁榮富裕，對於屬於極權暴政之下，生活於貧窮落後的大陸同胞，其激盪也越為深刻，越為強烈。大陸同胞有無權利可以申請到香港就業定居？如以「非法」方式（如難民潮）潛赴香港，未來的香港政府是否亦如英國「統治者」一樣，將這些「偷渡者」一一押解遣返大陸。

總之，中共欲維護香港既有的安定與繁榮，是心有餘而力不足。香港在 1997 之後的前景莫測，但共產主義「破產」乃為不爭之事實。今後中共如仍抓緊「四個堅持」，不僅不能在收回香港後保持香港的繁榮安定，而且，中國大陸上四個「現代化」也必侷限於框框之中，則費時曠日越久，人民的怨望日烈，中共內鬨必將不免。所謂由「量變」而「質變」，終至於「自我否定」，自我毀滅。（註：有關 2 張相資 005、006，列於書後）

原載於《世界日報》1986 年十二月二十八日

筆者為「 中華民國香港之友會紐約分會」的成員

開放大陸探親對和平統一的影響

一

凡關心國是的中國人，沒有不渴望中國能和平統一的。可是，談到中國和平統一的問題，無不認為這是一個剪不斷、理還亂的「死結」。要因中共一直採取「以大吃小」的方式，向台灣「招降」。特別是抓緊「四堅」，要把中國建設成為真正的馬列史毛的共產主義「天堂」。在台灣的中國民國政府則懍於四十多年前受盡中共欺詐愚弄，而秉持「三不」政策，要以三民主義統一中國，讓所有同胞皆能共享民主自由、安和均富的生活。真是所謂「四堅」「三不」何時了？往事知多少？

而今，國府開放大陸探親，中共也歡迎前往大陸探親的同胞。這四十年來阻斷隔絕的海峽兩岸能因此而溝通；因烽火戰亂而沖散生離的至親手足從此可以團聚。這不僅是中華民族史上極其動人、感人的大事，對於促進中國的和平統一將亦發生必然的、深遠的影響。

二

在國府方面，開放大陸探親，曾一再宣稱係基於人道的考慮與人權的尊重，並非「三不」政策的改變。對於欲往大陸探親者，則抱持「不鼓勵、不禁止、不協助」的態度。且嚴正聲明：「反共基本國策不變，光復國土目標不變，確保國家安全原則不變。」即意指國府與中共「敵對」狀態依然存在；維護國府「正統」地位的「戡亂」戰爭依舊不變。因此，限定探親屬於民間個人活動，要透過紅十字會的民間組織來處理有關事務。事實上，能確如所言嗎？未必盡然。

首就政府的職責來說，中華民國政府對於大陸探親的眾人之事的管理，不可能「置身事外」。因為政府由人民而產生而存在，政府與民間猶如水乳交融不可或分的一體。開放探親以後，千千萬萬的同胞往返於海峽兩岸；形形式式的貨物進出於彼此的「境界」；特別是兩岸人際關係的互動和資料訊息的傳遞。由這些眾人之事所衍生的問題，其影響所及就不止於探親者個人，國家社會皆要因以發生想像不到的變革。

一項顯而易見的是，法律管轄的處理和國民權益的維護。因為兩岸同胞一旦相會互動，其間必然發生有關法律方面的問題。此如婚姻的成立與註銷；財產的索取與繼承；子女的生育與過繼，以及遷徙定居的許可；學歷身分的認定等等。處理此類事件，不僅是彼此的官方文件要相互認可採證；也須由相對官署的行政或司法行為的執行處理方能生效。再如，中共如對探親者追訴其「反共罪行」而加以迫害，或因為私人恩怨，涉及民刑法律而面臨審判，定其罪罰，國府如何設法維護當事人的權益？此外，曾經追隨國府或東征北伐、或抗日剿匪的老榮民，有許多是望親興嘆，魂斷海峽。國府豈能絕情罔顧他們的渴望而「不協助」他們，一償會親的心願？

其次，從情勢的發展來看，中華民國政府必須重新釐訂適切可行的「大陸政策」。國府一直認定中共為「叛亂集團」而從事勘亂戰爭。可是，多年來人們已聽不見槍聲砲聲，更見不到殺戮傷亡的慘況，要求國民「居安思危」，已屬難能。而今，開放了大陸探親，這無異是提高了中共的「交戰團體」的地位，承認了中共對大陸的「有效控制」，有讓中共由「非法」集團轉化為「合法」政權的可能。再因兩岸同胞往返團聚而相互關注；因互通有無而彼此仗依，國民的「敵情觀念」與「戰鬥意志」因以斲喪殆盡。國府面臨如此情境，再欲號召國人「消滅共產暴政」、「光復大陸國土」，豈是益增其艱困而已！

當前，最為迫切的情勢乃是，從宣佈開放大陸探親以來，各方的反應與要求是：開放更開放。不僅要探親、會親，要尋根、訪友；要觀光旅遊；要文化、科技、體育、學術溝通交流；要投資設廠，直接貿易。更有「搶灘、盜壘」者，不惜以身「試」法，要到大陸採訪、攝影；要組團考察，或傳播「台灣經驗」，或協助開發經濟等等，不一而足。當然，國家民族的理想、社會大眾的安全，絕不能不予顧及。但是，本諸「民之所好好之，民之所惡惡之」的為政之道，國府在開放大陸探親六個月後檢討修正這一政策時，就不能不對諸如此類的要求而毫不加以考慮。所謂，形勢逼人而來。面對如許「橫流」「狂瀾」，中國國民黨能不能作「中流砥柱」，永遠作一個「新三不」「舊三不」；「前三不」「後三不」；「不、不、不」的「三不黨」，就不能寄以厚望了。

三

對中共而言，國府開放大陸探親，可以造成國共和談的假象，正中中共統戰的下懷。為了表示「歡迎」台胞前來大陸探親，中共已簡化了入境手續，要擴大接待服務，也訂有「大件」「小件」免稅優待辦法。可想見的是，不久，中共還可能對國府發動「台胞返台」、兩岸居民互惠探親的風潮。從而更積極地趁勢要求國府進行「三通」「四流」，接受其「一國兩制」條件，以達其「台灣回歸祖國」的一廂情願的企圖。中共可以如此稱心如意嗎？可能適得其反。其要因如下：

第一，探親不能養親。大陸同胞對於目前生活多感到「滿意」，認為比「過去」好多了。這是中共在一己封閉社會中，一直以「過去」的國民政府為樣板對象，而不斷實施「吐苦水」的「對比」教育的成功；也因從文革大動亂後能獲得「平反」得一較為「安定」的生活所致。可是，今天有至親手足是從中華民國的台灣那兒來團聚，大家有機會私下比比你我的生活環境和民主自由的生活；促膝談談兩岸的薪資報酬，國民所得，以及國際貿易和外匯存底等等，這豈不是暴露了中共統治大陸三十多年，依舊是一窮二白，至少落後台灣二十多年的事實真相，會親者帶來的「大件、小件」等等禮物甚至禮金，只能稍添些許歡聚之情，支應親友不時之需而已。二三週相會後，依舊要分別生活在兩個不同的社會環境之中。海峽兩岸同胞本是豆箕同根，為何有如此不同的命運？既然共產主義優越，為何落後於三民主義？大陸同胞會不會由此而產生疑問和哀怨？除非是草木才不。所以，每一位由台灣前往大陸探親者，為中共帶來的可能不是三萬港幣的外匯收入，而是猶如一顆顆直接命中的加農砲彈！

第二，會親不是會共。談親情，講人倫，在馬列共產主義裡還沒聽說過有什麼理論根據。相反的，盡人皆知的事實乃是，中共對於「溫情主義」者，有「海外關係」者，都曾無情地、狠毒地加以批鬥過，甚至打入「黑五類」。利用血緣、親情關係，只不過是對台統戰的一項策略而已。今天，在台同胞爭先恐後地要回大陸探親，要在朝朝暮暮所嚮往的錦繡河山就便作番旅遊。所以如此，都是發於親情，起於鄉愁而已。絕不是如中共所企望的向共產祖國「認同」，「回歸」馬列史毛的「天堂」。如果中共把祖國已建設成為「天堂」，為中國和平統一就無須提出「一國兩制」；香港居民為九七大限，也不會開始用腳投票，遠走高飛。尤者，大陸上不惜冒生命危險而逃避暴政不絕於途的情事，更不會發生了。因此，中共打算向探親者訪問談話，推銷其「一國兩制」，展開統戰宣傳，勢必白廢氣力。如對探親者清查其「反共罪行」，加以迫害，必然自食其果。但如抱持「政治學台北，經濟學台北」的態度，向探親者徵詢其經歷與感受，作出努力「四化」的參考依據，則邁向和平統一真正有望了。

第三，種瓜得瓜，種豆得豆。中共是否要作民族罪人在於其一念之間。中國只有一個中國，台灣是中國的一省。這是國共雙方面一再鄭重聲明的共識與信念。國府在台之所以堅守「三不」政策，要因中共從提出「血洗台灣」而到「一國兩制」，其一貫的、真正的意圖，無不是欲將「中華民國」從歷史上一筆勾銷。俾能「安心」建設其馬列共產主義的「天堂」。事實上，中共對國府過去北伐統一、對日抗戰種種對國家民族的貢獻是無法抹殺的；對國府現在為十億同胞的希望而努力建設台灣的成就，其在中華民族史上與國際地位上更是無法予以否定的。中共欲赤化台灣更是談何容易。固然，國府在台堅守「三不」，論者有評之為實質的「台獨」。但中共應徹底醒悟的是，今日台灣只有中華民國政府才能將之領導回歸到中國大陸懷抱。開放大陸探親，即是這一情勢發展的肇始。中共如仍不善加珍惜這一契機，而依然固我，處心積慮地要將「中華民國」一筆勾銷，無異鼓勵台灣內內外外的「有心人」來「自決」，來「獨立」。結果，必須要後代子孫流血才能統一，甚至無法統一。中共對此才是中華民族史上真正罪人。是耶、否耶都在於中共一念之間。

第四，「牛肉在哪裡」。中共曾說等待由台灣來的「客人」，「已經等了三十八年」。也就是說，中共把大陸作為馬列共產主義的「實驗所」已經過了三十八年。現在成千上萬的探親同胞比肩接踵而至。中共將如何展現其「實驗成果」？眾所周知，世間沒有好的共產黨。所有共產國家在經濟發展上、政治改革上莫不發生倒退，遭遇困難。沒有幾個共產國家能不自我囿陷於貧困落後的樊籠裡。過去，中共一直處於今天「鬥右」，明天「反右」，不斷「否定的否定」。陷在「一放就亂，一亂就收，一收就死」的惡性循環之中。而今，中共把一切錯誤和罪行都要歸於「四人幫」的文化大革命。把當前種種困境定位於「社會主義初級階段」。這所謂「國情」、「特色」究是何指？是否就是「兩個凡是」、「四個堅持」以及「六字真言」？不論馬列共產主義是否為中國的思想文化，能否適用於中國？「以馬列主義當時的著作」，「能否解決當前的問題」？從「初級」到「高級」建設一百年能否完成？也不論社會主義「優越」到何種程度？小民們管不了這些，也無法懂得這些。但會問：「牛肉在哪裡？」當千千萬萬探親的同胞湧進了大陸，彼此將三民主義和共產主義的理論與實踐作一比較，中共如不能及時用「事實」來作覆小民們的問題，中國共產黨則無疑地成為一個將小民們所想望的「牛肉」分別給予「馬煎」、「列煎」、「史煎」、「毛煎」，成為「煎、煎、煎、煎」的「四煎黨」了。

四

總之，開放大陸探親，對於促成中國和平統一必有其正面的影響。但如何才能真正邁向和平統一之途，關鍵在於「不三」、「不四」。亦即國府宜抱渾忘恨事、「與人為善」的態度而不講「三不」。能將三民主義及早實行於大陸，讓全民皆能共享安和均富的生活。中共必須有為民請罪；「不為己甚」的胸襟而不談「四堅」。而將中國固有的仁義忠恕之道，民為邦本的文化作為建設中國社會的主導，讓所有同胞皆能安享敦厚祥和的生活。

如何統一？衡度台海兩岸現況，難望成之於「一國兩制」，或「邦聯、聯邦」以及「承包制」。也不可能任其「和平競賽」而遙遙無期地拖延下去而至「面目全非」。再因，馬列史毛共產主義無論在理論上與事實上皆不能適用於中國；以三民主義統一中國亦不能成之於空洞的口說。準此，下列兩端應為邁向和平統一的適切可循之途。

其一，平等互惠，攜手合作，共謀大陸政治發展。亦即國共相互或交叉承認彼此政府的地位平等，雙方可分別稱為「中國—北京」與「中國—台北」，以維持「一國兩府」、「一國兩席」的現狀。透過聯合國國際組織或第三者友邦，組成「中國建設委員會」，以國府的資金、科技與人才及其「台灣經驗」先行支援大陸經濟建設。中共亦應以其天然資源、廣大人力來補足台灣，促其經濟升級。有成之後，再論及普選而「還政於民」，恢宏憲政而完成統一。

其二，推誠合作，以香港作為大陸政治建設的實驗區。此因中共在大陸上推展「四化」，困難重重，已是自顧不暇。欲維持九七後香港的安定繁榮，實是「無能」為力。香港一旦成為「死港」，對國府而言，亦不能免於世人、特別是華人的「責難」。台灣與香港皆為亞洲「四小龍」之一，其政經制度、對外貿易及其成功因素等等皆極相近。有國府合作共同建設香港，不僅能安定人心，維持既有之繁榮，更可為建設中國大陸設計，創立一種最適切可行，真正有「中國特色」的政治制度，再以此實驗成效推展於大陸，果如此，中國成為一個民有、民治、民享的大中國，更是指日可期。

當初，美國與中國敵對二十餘年，尼克森總統於朝夕之間決定了紆尊「朝毛」，目的何在？以埃六日戰爭，於新仇頻添之際，沙達特總統竟隻身飛赴特拉維夫，所為何來？而今，有南、北韓要設法交叉承認；有東、西德兩位元首相晤會談，他們又為了什麼？我們分裂了四十多年而不能走上和平統一之路，又是為了什麼？

今天，中國和平統一已面臨「形勢逼人」，「時不我予」的情境。開放大陸探親，猶為「觸媒」，固然有催化促成作用。但是，國、共雙方是否都能盡其「為生民立命」的職責，有「為萬世開太平」的抱負，而一切為國家民族開拓前途，為「新生代」、「第二代」設想未來呢？從此能不咎既往，而推誠合作，而至相得益彰呢？

所慶幸的是，國府不僅先開放了大陸探親，也容許了大陸文化、學術著作的發行；更表明了「政治反攻，不是要取代中共政權，而是促進大陸政治民主、新聞自由、經濟開放」。中共對此豈能「無動於衷」？可以「不為已甚」嗎？如果中共當初要「革命」，今天要「專政」，真正是為國為民，就必須面對現實，從善如流，而就教於國府，敦請國府以平等之地位，攜手同心，積極建設香港，合力開發大陸。中國和平統一能在蔣、鄧二老有生之年完成，乃是極大多數中國人由衷所想望的。特別是曾經遭逢戰火離亂，備嚐人間苦痛的我們這一代，能親見到中國可以和平統一，將會欣喜若狂，以至淚流滿面的。

（1987 年十二月於紐約市）

愛祖國的變與不變

拜讀三月十日貴報社論「愛國情操與民族情感的辨識」，甚覺言之及時。

「愛」文對於「愛祖國」正反面的意見，發生爭論之因，以及愛國情操與民族情感的涵義，有其精到的分析。毋庸贅言。但在此擬於闡述的是，怎樣才是真正的「愛祖國」。因為愛祖國係源自民族情感，出於民族認同的天性。也可以說愛祖國乃是熱愛一己所出，維護一己尊嚴，提高一己人格而使然。無人相信，人，不愛其祖國的。此乃二次世界大戰期間美政府為何將日裔美國人集中起來，而今，縱是時移星轉，個人對政府效忠的對象或有不同，但愛祖國的心志確是日久彌堅。比如猶太人平時在美，為以色列輸財抒才，戰時趕赴以色列效命沙場。在海外的炎黃子孫，當初也有「華僑是革命之母」的「聲譽」。所以，是否「愛祖國」並不是問題所在，而在於如何去愛祖國。

去國的人們愛祖國是愛祖國的歷史文化、風俗習慣；愛祖國的山川河嶽、同胞親屬。去國的人們愛祖國是眷戀祖國文物的光輝燦耀，愛祖國是想望故鄉同胞的幸福歡樂。在愛祖國情操中，可感受一種「補償」與「自我實現」的慰藉。但是，當祖國的山川文物蒙塵了！故鄉的同胞親屬痛苦了！尤其是個人曾遭受過屈辱或迫害，除非是草木，你能有心情來空談我們愛不愛祖國，對祖國能不關懷，能不有所為嗎？

國家是由土地、人民與代表人民行使權利和義務的政府組織而成的總稱。愛祖國除了愛祖國的山河和同胞親屬而外當然也愛祖國的政府。因為政府是保國衛民、為國建設、為民造福的組織。怎能不愛她呢？但這三者，土地、人民、人民與政府，對去國的人們而言，其愛其戀的方式就不能一概而論了。由於愛與不愛猶如變與不變之義，也因而衍生了如何愛或變的問題。為了簡明起見，無妨以周易三義，亦即「易」、「變易」、「不易」之義，來加以解說。

「不易」即不變之意，此可應用於對祖國錦繡山河之愛。這是永遠不變的。你出生的故土故鄉永遠在那兒。在旅居海外遊子們的心目中，故土的茅屋永遠是溫馨的，故鄉的泥土永遠是芳香的。去國越久，這份對祖國的山河之戀的情結，也就既深且切。既是夢魂縈繞，也為景物全非而傷感。既想落葉歸根，又為近鄉而情怯。可是，一旦有人蹂躪你的故鄉，你會痛心疾首的。有人企圖分裂國土，你會對之聲討撻伐的。

「變易」為可變之意。此可應用於對同胞親屬的愛。因為人倫關係故不可變，但人人有親疏之分，眾生亦有忠奸善惡之別。如何去愛，自必因人而異的。民族的文物時尚，同胞的風俗習慣，也有崇高與低劣，優美與粗俗之不同。何者必須薪火相傳，予以發揚光大，何者應予揚棄革除，使其萬古常新。去國的人們自必有一比較性的選擇。但如拒說漢語，恥食中餐，欲怯除一切中華文物，否認一己是中國人，如有可能，只不過是一個無法改變黃膚黑髮的自絕的怪物而已。

「易」是變化的總名，改換的殊稱。含有新新不停、生生相續的意義。此可應用於對祖國政府的愛。今天，任何形式的政府，民主的或專制的，也不論它是憑槍桿或選票而產生的，都會標榜或揭櫫一個目標，為民造福。任何一個政府，如不能克盡這份職能，在它統治下的人民，雖不能盡如《民約論》或美國《獨立宣言》中所示，人民有權去改革或廢掉它，但這政府本身也失去存在的意義。終必經由革命或選舉，從而產生新的政府。準此，去國的人們所愛的祖國政府，自也是以民為天，保護人民來追求幸福的政府。政府採取了好的政策，就支持它；政府布施了福國利民的德政，會頌讚它。不僅希望賢者在位，能者當政，更樂見祖國山河與同胞親屬，在賢能的政府領導建設之下，成為一個桃園樂土，日臻於富強安和之境。

對於旅居海外的遊子而言，「愛祖國」是一種鄉愁、一種親情、與一種念舊結合而成的情結。它是油然而生，揮之不去的，凡是有情感、有理性的人，無不愛其祖國的。但其愛其戀的程度與方式因對象之不同而各有分別。「愛祖國」一詞豈能被有心人予以泛政治化地加以利用，僅認之為愛某某政府才是愛國。即使如此，愛祖國也不是回國去為虎作倀，助紂為虐。如果這個政府是腐敗的，或暴虐的，是企圖分裂國土、或是殘民以逞的，正如當年國父孫中山先生為救國救民而領導革命，海外華僑出錢出力，支持革命，推翻滿清政府。誰能說這不是愛祖國嗎？

原載於《世界日報》1994 年三月十三日

中華民國（三篇）

中華民國啊，妳在何方？

1911 年中華民國誕生時，是為亞洲第一個民主共和國。如果以二十年為一代計，她與中華人民共和國可說有祖孫的關係了。這因為後者的成立落後了近四十年之久。而且，中華人民共和國是從中華民國衍生出來的。迄今，中華民國已歷八十有四年，「國祚無一日中斷」。但是，今天的中華民國，在國際社會中，已難見其名。在故土大陸上，早被除其「名」。在一己「復興基地」又被變其「質」。這豈不是中華民國的「名」與「實」皆不相符稱了。怎不令人要問中華民國啊，妳在何方？

中華民國仍在大陸？　今天來說，當然不對。但也不盡然。在 1949 年以前中華民國是在大陸。那時，中華民國不僅統治了全中國的領土，也統治了所有的中共黨徒。甚至在 1971 年以前仍然是的。因為那時中華民國所統治的領土，雖僅及原有的千分之三。但依然在其所參與創始的聯合國之內，代表著全中國的主權。中共政權乃是憑槍桿子奪取而得，有效控制了中國大陸而新成立的國家——中華人民共和國。所以，中共欲取代中華民國以進入聯合國，在最初的二十多年是不得其門而入。毛澤東一生壞事做絕，從不認錯，但對此事確是例外。他曾經自責、懊悔地說，當初如果僭取中華民國的國號，則一切問題就沒有了！現在，中華人民共和國雖已進入聯合國，但這中華民國的國號依然書寫於聯合國憲章之上；國際上除了仍有三十個國家與中華民國具有正式邦交而外，幾乎所有的國家都可與中華民國維持有實質上的關係。中華民國的政府雖已不在大陸，但她對中國大陸的貢獻與影響，依舊是生息相關，聲氣相通的。尤以她的三民主義的仁政依然為民所思，為民所望。所以，有中華民國的存在，中共政權就不能修得成「正果」；共產暴政也就不能順心地「得道」。中共對於中華民國的存在，怎不如芒刺在背，寢食難安；能不認之為中華民國仍在大陸呢。

中華民國是在台灣？　是的，但也不盡然。國府在 1949 年由大陸退守到台澎金馬，以至 1971 年退出聯合國，甚至到 1982 年國府開放對大陸探親時期，中華民國的的確確是在台灣。因為那時中華民國的所有國會議員，都是在大陸選出，後隨政府來台，依法行使其職權的。在大陸所選出的國民大會，不僅選舉中華民國的總統，其所制訂的《中華民國憲法》隻字未改，依舊是國府一切政權運作的根本大法。國府雖然偈處台灣，也退出了聯合國，但中華民國政府仍然一本初衷地，要把台灣建設成為三民主義的模範省，作為建設中國大陸的藍圖。要剷除共產極權暴政，以拯救大陸陷於水深火烈之中的全中國同胞。但從 1991 年終止《中華民國憲法》上動員戡亂臨時條款以後，在台灣的當政者雖仍宣稱，中華民國是一個主權獨立的國家。但這個中華民國在實質上，以經不是當年胸懷中國大陸錦繡河山，心繫所有中國人的中華民國了；今天，在台灣的國民黨依然要喊「保衛中華民國」，但這個創建中華民國的國民黨也已被認之為「外來的政權」了。如此，中華民國是在台灣嗎？

事實上，「中華民國在台灣」乃是一種權宜的、宣傳的代號而已。早在國府一退出聯合國之時，就由主持行政院外交應變小組的葉公超先生，為推動實質外交，以衝破孤立，而向當局提出採行的了。甚至公超先生在他的簽呈中（註一），還認為在無邦交地區倘若不便使用正式國號，可使用「台灣」字樣，但未為當局所接受，更批示不得用「台灣政府」字樣。堅定不移地秉持著中華民國就是中華民國，台灣是中華民國一省的基本國策。國府雖然因為退出了聯合國，在國際上不便堅持「漢賊不兩立」的原則，而改採「匪來我也來，匪在我不走」的策略。但要求全中國領土和主權的完整，並未放棄；對所有中華民族同胞福祉的祈求，從未稍懈。可是，今天所謂的「中華民國在台灣」是處在何種情境呢？政府當政者，所要求的是什麼呢？所祈求的又是什麼呢？從下列數端，或可見其梗概：

——「中華民國在台灣」的領土，不僅以台澎金馬為限，甚至要撤守金馬，要放棄對全中國領土主權完整的要求；成為中國「境外」的新國度了。

——當政者念茲在茲、信誓旦旦所強調、所承諾的是，僅是要為謀求在台灣的兩千一百萬居民的安全和福祉而已；把大陸上災難、禍亂，認為「是他們自己的事」了。

——立國所依據的國父遺教、三民主義已日益與之背離，迫不及待地要拋棄了。

——《中華民國憲法》經一再修改得已面目全非，政府已不是五權憲法的政制了。

——代表全中國的國會議員，早已認之為是「老賊」，全部予以逼退；象徵全國性的華僑選舉權也要剝奪殆盡了。

——今天的中華民國國會議員，明日的中華民國總統，皆由台灣地區的居民來選舉了。

——台灣人已是最先進的族群，除了心想再作「皇民」而外，已羞於承認是中國人了！

——為了補償「台灣人的悲哀」，徹徹底底地讓所有的台灣人皆有個「出頭天」，而倡導「主權在民」的理念，要運用「居民自決」的方式，來成立「台灣民主共和國」，已認之為是天經地義，指日可待了。

——台灣有四百餘年輝煌的歷史，亦有左鎮、大分坑等等燦爛的文化。如此，「經營大台灣，建立新中華」，以超越中國大陸，領導亞洲與世界的文化，當然是順理成章，水到渠成之事了。

這些變遷皆是在短短五、六年之內所發生的。而且在加速地膨脹、發展著。可以說，「中華民國」將被蛻變成為「台灣國」了。可是，今天在台灣的當政者，依舊使用中華民國的國號，仍然要保衛中華民國。那又是為什麼呢？無他，此因為中華民國對全中國、為全民族創有不可磨滅的貢獻。中華民國不僅傳承、恢宏著中華民族的歷史文化，也是整個國家前途、所有中國人的希望所在。從人心、就事實兩方面而言，中華民國不僅在台灣，也在大陸，更在海外。凡是有中國人的地方，就有中華民國存在的力量；只要是民主自由的國度，就有中華民國發展的空間。可以說中華民國是生生不息，無所不在的。

中華民國固是中共的剋星。但也是中共的救星。有中華民國三民主義的仁政，總有一日轉變共產主義的暴政。也因為中華民國在國際上賦有生存發展的事實與法理的依據。所以，在台灣的中華民國當政者，無論是為了推展「實務外交」，或是為進入聯合國，特別是為開拓國家的前途，增進民族的福祉，不僅要堅持秉承中華民國的國號，更要堅持實施中華民國的基本國策；胸懷大陸，心繫全民。唯有如此，才是國家之幸，民族之福。一切才有必勝必成的可能。如此「中華民國在台灣」的當政者，將必成為中華民族歷史上永垂不朽，最偉大的領導者。否則的話，如果當政者心懷鬼胎而盜名以欺世，竊國以為王。亦即假中華民國之名，以遂行台獨之實；盜中華民國之名，以僭奪中華民國一切有形與無形的資產（註二），則是其心可誅，其行極惡。自食敗亡惡果，成為千古罪人，乃屬必然。是耶？非耶？皆在一念之間。當政者能不慎乎。至於為何而統？為誰而獨？亦即如何統、獨之爭，讓全中國、全民族早日步上富強安和之途，且待下回分解吧。

註一：筆者有幸為公超先生繕寫該簽呈的文抄公，且存有複份。

註二：例如故宮國寶、軍備產業，以及國財、黨產是有形的資產；國家聲譽、典章制度，以及經驗、智慧等等皆是為無形的資產。

1995年八月十日

為何而統？為誰而獨？

統、獨之爭牽涉著兩個問題；一為領土主權的完整；再為誰是代表一個中國的合法政府。中國的國土有一千一百餘萬平方公里，其疆域面積容或因為戰爭、條約而有伸伸縮縮之事，但那用血肉來保衛國土的史實，確是不絕於書。所以前者應是無庸置疑而爭論之事。但論及誰是代表中國唯一的合法政府，這問題就產生了。這因為中國目前不僅有兩個政府，且有別具用心的台獨因素，而成為統、獨之爭的根本問題所在。

為何而統？　迄今，海峽兩岸的當政者，都信誓旦旦地要追求中國的統一。凡是有良知、有血性的，無論是在大陸、在台灣的中華兒女，甚至在海外的華裔僑民，也莫不渴望著、祈求著中國的早日統一。此無他，國土絕不可分割。國富民安有待國家的統一。所以，今天的中共雖然尚未轉變其極權暴政的本質，但其迫切地要求統一的呼聲，仍然獲得炎黃子孫的呼應與支持；甚至蠻橫得要以武力對付台獨的中共，也能得到人們的理解與諒解的。試想：

——從國防地理或地緣政治學說以言，有台灣，太平洋無異是中國大陸門前的池塘。無台灣，中國大陸的防線，就要退到綿延九千哩防守不易的沿海海岸。而且，在這一片海域內，有多少尚未開發的資源要喪失掉！中共能容許台灣分割獨立嗎？

——從民族情感與民族大義來說，台灣之所以能光復，概因近百年來，中國受盡了外侮的羞辱，犧牲了千千萬萬生命，損失掉有如天文數字的財產而換取來的。海內外每一個有良心、有血性的中華兒女，樂願見及台灣被分割獨立嗎？

——從歷史文化與立國依據論之，在中國在歷史上分分合合不知好多次。合時，固是一個中國。分時（如春秋、戰國；如三國、五代；以至如民國軍閥割據局面），依然認為是一個中國。賢明的當政者，莫不以統一天下（中國）為己任的。中華民國毋任是東征北伐或抗日剿共，無不是為中國的統一與富強。今天，中國又處於分治分裂狀態，中華民國沒有這「外來的政權」，中國國民黨所領導的中華民國政府從大陸上帶來無法估計的有形（如黃金、國寶；軍備、產業）與無形（如典章制度；精英人才）的資產，繼之展開全面建設，厲行勵精圖治，恐怕是力有未逮的。僅以台灣有中華民國的拱衛，而能免於中共清算鬥爭、三反五反的暴政，十年文革的浩劫；也免於三千餘萬餓殍遍地，

1995 年八月十日

為民請命，為民造福——論中國統一之唯一正途

中國必然統一。但爭論迄今，無法解決的問題，是在統一的方式；亦即由誰來領導統一，要誰來投降稱臣的死結。中共有效控制了中國大陸已逾四十多年，從血淵骨嶽的情境，而一窮二白的生活，而能進入聯合國，獲有極大多數國家的承認。這是事實。而今大陸同胞雖無人權可言，但因經濟起飛，生活已大為改善。中共在國際社會中的影響力，也日益見其重要。這些都是令海內外所有炎黃子孫揚眉吐氣的事。不論中華人民共和國從建國四十多年以來，其一切治權運作，從未及於台灣，中共要求領土與主權的完整，是令每一個中華兒女無可否認的。要以武力對付台獨份子，凡有良心、有血性的中國人，無不認可的。但中共僅以獲有極大多數國家的外交承認，而片面確認中華人民共和國是代表中國的唯一合法的政府，而刻意將中華民國政府貶為地方政府，來完成其中國的統一；甚至徹底消滅中華民國，以抹殺其當年武裝叛亂、竊國成王的醜事。這就昧於事實，不盡情理，甚至顛倒是非，曲解法、理了。

中華民國從 1949 年在大陸兵敗於中共，而退守台灣，迄今也逾四十餘年。如從 1911 年開國之時算起，已歷八十有四年。雖然失去了大陸的領土，但國祚無一日中斷。而且，中華民國的政府是在大陸由民選而出的政府。民意代表亦追隨政府來台，依憲法在其固有的領土之上行使其職權。此與中共的中華人民共和國相比較，雖是有大小之別，但從法理與傳承方面來說，中華民國為長、為嫡；中華人民共和國為次、為庶。中共怎能將國府貶為地方政府呢？中華人民共和國在成立二十多年之後才進入聯合國。迄今，中華民國的國號依然書寫在聯合國憲章之上，而且仍有三十個國家承認中華民國。中共怎能剝奪中華民國一切國際社會中的人格呢？甚至政治

實體的地位，都吝於承認，豈能合乎情、理？又怎能合乎國際法上「主權繼承說」？

所以，只有主張一個中國，亦即要求全中國領土主權的完整，而胸懷大陸、心繫全民的中華民國，才有資格與中共爭取主導中國的統一。一個劃分台澎為其領土，僅承認台澎兩千一百萬子民的「中華民國在台灣」的政府，何能要求中共以對等地位，來談論中國的統一？至於中共聲討台獨，消滅台獨，那是天經地義的、合法的行為了。今天的「中華民國在台灣」確是存在有台獨的事實，與獨台的陰影。無任是台獨或獨台，都會讓中華民國喪失其傳承的歷史地位，與國際法理方面的人格。台獨是明目張膽，尚可謂「光明磊落」；獨台則是曖昧不明，品味低劣了。尤以盜名以欺世，竊國以為王，亦即假中華民國之名，以遂行台獨之實；盜中華民國之名，以僭奪中華民國一切有形與無形的資產，則其心可誅，其行惡極了。所以，在信誓旦旦追求中國統一過程中，「中華民國在台灣」的當政者，如何用事實來釐清這一攸關國家前途、民族生命的大問題，乃是當務之急的重要課題了。

如何統一，這不是憑藉「高空對話」，或是發表「紙上宣言」所能奏其功，收其效的。任何協商或會談，一旦涉及國家主權問題，則「各說各話」，「各持己見」，永遠談說不攏的。即使雙方皆主張兩岸領導人舉行會議，江先生堅持會談應在中國境內舉行，為的是中華人民共和國的國家主權，不容分割或受到損害。李先生主張到國際會議上見面會談，為的是將台海兩岸統一問題，趁機地予以國際化，亦即將「中華民國在台灣」很巧妙地劃出中國，在國際上可以真正成為一個主權獨立的國家了。中共真是個「控固力」，沒受現代化教育，會予同意嗎？

無論從任何方面來說，統一中國不應是為一己政權的名位，尤其是為了既得的利益，而互不相容。因為，任何形式的政府或政黨，其存在的目的與功能，無不是標榜、實質上應該是為民造福的。而且任何政府與政權都不可能，千秋萬世保有的。在歷史上在朝代更迭洪流中，有數說不盡的千千萬萬當政者或統治者，但能留名青史，能讓後代子子孫孫崇敬感念的，僅限於極少數能為萬世開太平，能為全民造福的領導者。然而，當前海峽兩岸當政者為所謂統一而明爭暗鬥，令那受盡艱困與屈辱的炎黃子孫們，莫不為之感慨唏噓，而疾首痛心的，則無不是因為雙方皆為一己政權既得的利益而彼此相煎、相殘也！

因此，真正能促進中國的統一，唯有在於海峽兩岸的當政者，不僅能不為己甚地為民請命；更能盡其職份地為民造福。一切以民為天，以民為本。雙方或攜手合作，或和平競賽，將一切意念都集中於子民所身受的困苦方面，以為民解決問題；將所有的努力都放在子民所盼望的仁德政務，以為民創造福祉。這才是統一之目的，這乃是統一的正道。否則的話，統一為何、為誰呢？

為了避免讓沒良心的台獨份子，在夜長夢多中，有隙可乘，要後代子孫流更多的鮮血才能統一，兩岸領導人皆須放下身段，來為民請命；不談主權問題，而為民造福。中共應不談對台使用武力；國府則暫停務實外交。並且雙方考慮，將目前的國統會與對台辦公室合組成「中國統一規劃委員會」（或其他類似名稱），本諸互尊互重、互利互惠原則；和平理性、循序漸進方式，來實實在在地討論問題（大如國名、國旗、國歌的更易，小至人民財產的處份），解決問題（例如改善大陸農民的生活，戢止台灣選政的敗壞），以保證中國統一大業的完成。此一委員會可由委員九或十一人組成之。委員會直接向國家元首負責。人選則由雙方黨國元老（決策者）、民意代表、社會賢達、以及一、二國際學人與華僑代表中遴選而出。委員會則下設秘書處暨各研究規劃小組，諸如政制、法制、財經、社會、國際事務、科技文化、以及資源運用等等。從委員會成立以至完成統一，可能需時十年八年，甚或更長。但可確信者，是為排除了台獨因素，也堅守了一個中國的政策。在維持現狀中，彼此和平競賽；能為民解決問題，就是為民造福。如此統一之途雖遙，但循此努力，必是可期可及的。

欲求統一的加速完成，則有賴於國家領導人，以非凡之言行來作突破之舉了。例如中共即日宣佈放棄四堅，以還政於民。不僅以事實證明能保障人權，並且真正全國實施民主選舉。則統一的真正障礙完全排除了，台獨因素也就消弭於無形。再如，中華民國李登輝總統先生（或由擬籌募五十億成立農業基金會的蔣彥士博士代表李總統）呼籲中共，將以農業專家身分，組團前往中國大陸，幫助中共解決攸關生死存亡的農民問題。在李總統先生領導之下，如果改善中國大陸八億農民的生活，不僅中國可由此必然統一，李總統先生必然成為統一後的中國最偉大的領導者。其在中華民族歷史上，將是一位無出其右，永垂不朽的偉人，也是可以定言的。

1995 年八月十日

胸懷大陸，心繫全民

九月六日在《世界日報》上，拜讀及金堯如先生大文〈兩個中國並未分裂中國領土主權完整〉，辯才無礙。但今天的「兩個中國」之所以「分裂中國領土主權完整」，其真正主因確是隻字未提；對於趨向「台獨」或「獨台」的事實，也是避而不談。何以至此，實在令人費解。

金先生在他文中例舉三次國共「分裂」、「分治」的史實，認為中共從「武裝革命」而自建「蘇維埃政府」、「陝甘寧邊區政府」，形成「兩個中國」。國府並沒認為中共是在「分裂中國領土主權完整」，這是對的。因為那時中共雖然是武裝叛亂，但並沒劃「陝甘寧邊區」為其「領土」，向國際社會上宣稱是主權獨立的國家，要爭取國際社會上的人格。也不論中共黨徒是如何欺騙人民、裹脅人民，以竊國成王，它那共產主義的「天堂」依然是為了全中國的領土，與全中國的人民。怎能認之為「分裂中國領土主權」呢？至於1949 年中共宣佈建立中華人民共和國，以與中華民國對立，成為「兩個中國」。金先生認為這「兩個中國」並沒有分裂中國的領土主權，只是形成了「分治」的政治局面。這就昧於事實了。因為從那時起，「一個中國」的問題就發生了；中共不僅要進入聯合國，更要「血洗台灣」。國府在退出聯合國之前，固然是秉持「漢賊不兩立」國策。在退出聯合國之後，仍然一本初衷地，要把台灣建設成三民主義的模範省，作為建設中國大陸的藍圖。要剷除共產極權暴政，以拯救大陸陷於水深火熱之中的全中國同胞；堅定不移地秉持著中華民國就是中華民國，台灣乃是中華民國一省的基本國策。國府雖然因為退出了聯合國，而改採「匪來我也來，匪在我不走」的策略。但要求全中國領土和主權的完整，並未放棄；對所有中華民族同胞福祉的祈求，從未稍懈。中共面對這樣的中華民國，也從沒有，也無從詆毀她是在「分裂中國領土主權完整」。

可是，今天所謂的「中華民國在台灣」是處在何種情境呢？政府當政者，所要求的是什麼呢？所祈求的又是什麼呢？從下例數端，或可見其梗概：

——「中華民國在台灣」的領土，不僅以台澎金馬為限，甚至要撤守金馬，要放棄對全中國領土主權完整的要求；成為中國「境外」的新國度了。

——當政者念茲在茲所強調、所承諾的是，僅是要為謀求在台灣的兩千一百萬居民的安全和福祉而已；把大陸上災難、禍亂，認為「那是他們中國人的事」了。

——立國所依據的國父遺教、三民主義已日益與之背離，迫不及待地要拋棄了。

——《中華民國憲法》經一再修改得面目全非，政府已不是五權憲法的政制了。

——代表全中國的國會議員早已全部退職；象徵全國性的華僑選舉權也要剝奪殆盡了。

——今天的中華民國國會議員，明日的中華民國總統，皆由台灣地區的居民來選舉了。

——台灣人已是最先進的族群，除了心想再作「皇民」而外，已羞於承認是中國人了！

——為了補償「台灣人的悲哀」，徹徹底底地所有的台灣人皆有個「出頭天」，而倡導「主權在民」的理念，要運用「居民自決」

的方式來成立「台灣民主共和國」，已認之為是天經地義，指日可待的了。

——台灣有四百餘年輝煌的歷史，亦有左鎮、大分坑等等燦爛的文化。如此，「經營大台灣，建立新中原」，以超越中國大陸，領導亞洲與世界的文化，當然是順理成章、水到渠成之事了。

這些變遷皆是在短短五、六年之內所發生的。而且在加速地膨脹、發展著。可以說，「中華民國」將被蛻變成為「台灣國」了。可是，今天在台灣的當政者，依舊使用中華民國的國號；仍然要保衛中華民國。那又是為什麼呢？無他，此因為中華民國對全中國、為全民族創有不可磨滅的貢獻。中華民國不僅傳承、恢宏著中華民族的歷史文化，也是整個國家前途、所有中國人的希望所在。尤以她的三民主義的仁政依然為民所思，為民所望。所以，有中華民國的存在，中共政權就不能修得成「正果」；共產暴政也就不能順心地「得道」。中共對於中華民國的存在，怎不如芒刺在背，寢食難安；而不處心積慮要徹底消滅中華民國？

中華民國固是中共的剋星。但也是中共的救星。有中華民國三民主義的仁政，總有一日轉變共產主義的暴政。也因為中華民國在國際上賦有生存發展的事實與法理的依據。所以，在台灣的中華民國當政者，無論是為了推展「務實外交」，或是為進入聯合國，特別是為開拓國家的前途，增進民族的福祉，不僅要堅持秉承中華民國的國號，更要堅持實現中華民國的基本國策；胸懷大陸，心繫全民。唯有如此，才是國家之幸，民族之福。一切才有必勝必成的可能。如此「中華民國在台灣」的當政者，將必成為中華民族歷史上永垂不朽，最偉大的領導者。否則的話，如果當政者心懷鬼胎而盜名以欺世，竊國以為王。亦即假中華民國之名，以遂行台獨之實；盜中華民國之名，以僭奪中華民國一切有形與無形的資產，則是其心可誅，其行極惡了。自食敗亡惡果，成為千古罪人，乃屬必然。是耶？非耶？皆在一念之間。當政者能不慎乎。至於為何而統？為誰而獨？亦即如何解決統、獨之爭，讓全中國、全民族早日步上富強安和之途，且待下回分解吧。

原載於《世界日報》1995 年九月十七日

爲李登輝代講——三項保國衛民與立己的大政至計

李登輝總統先生對於促進民主政治的貢獻，確是功不可沒。再如能順利當選連任總統。主導完成國家的統一，其在中華民族的歷史上，將是最偉大領導者之一。但當前內內外外對李總統先生不了解者，實在不少。而且，現在台海兩岸極度繃緊的關係，能否迅予鬆弛，恢復到他去年訪美以前的情境，並不樂觀。又在李先生再度當選連任總統以後，其所謂新人、新政能否不刺激中共，不致武力犯台。讓在台兩千一百萬人民，得免於家破人亡的災難，更難確定。所以，今天的李總統先生真可以說是，一身繫天下與人民的安危了。但筆者認為，如果李先生想為一己解釋誤會，更是為了真正能達到保國衛民的目的，李總統先生必須採取下列三項大政至計：

其一，胸懷大陸，心繫全民。這就是遵循兩位老蔣總統的遺志；實踐建設台灣，光復大陸的基本國策。最近，李總統將「建立新中原」，改為「復興新中國」，這就表示不再與中國割斷關係了。只要中華民國對全中國領土與主權不放棄既有的主張和要求，對全民族福祉的祈求也無時或忘。如此，中共就無從詆毀李先生在分裂國土。此種言論與主張不僅要在任何場合中予以表達出來，也要釐訂於各種計劃規章之中。這乃是遵守《中華民國憲法》，堅持（而且也解決了）「一個中國」政策最好的說明。事實上，中華民國國祚無一日中斷。以之與中華人民共和國相比較，其治權運作所及的地區，雖是有大小之別，但從法理與傳承方面來說，中華民國政府為長、為嫡；中華人民共和國為次、為庶。所以，只有一個中國的，亦即要求全中國領土主權的完整，而胸懷大陸、心繫全民的中華民國，就不必浪費民脂民膏，去搞什麼令人最為誤解的「務實外交」。她自然具有國際法理與歷史傳承的資格與地位，來與中共爭取主導中國的統一。而一個劃分台澎為其領土，僅承認台澎兩千一百萬子民的「中華民國在台灣」的政府，何能要求中共以對等地位，來談論中國的統一？

其二，台獨非法，取締台獨。也就是與台獨份子劃清界線；更要將台獨言行杜絕於寶島之上。李總統說他不搞「台獨」；要統一已講了一百三十多次，中共就是不相信。此無他，因總統先生過去未與台獨份子劃清界線之故。至於台獨之危害，李先生早已講得清清楚楚了。為了確保國泰民安，必須將台獨定為非法。當然，刑法第一百條廢除了，現在要立法院通過此種法律確是不易。但在憲法上，總統對危害公共秩序與安全的事，尚賦有「緊急命令」處分之權。何況是禍國殃民的「台獨」呢？或曰，定台獨為非法，取締台獨是違背民主憲政之事。此種論調是最誤解了。美國言論自由不會比「中華民國在台灣」差，共產黨也沒對美國構成直接而立即的威脅，但美國竟定共產黨為非法。試看，美國人有公開主張共產黨嗎？有共產黨參與選舉嗎？有哪一個國會議員，不論他是白人、黑人或黃種人，有羞於承認美國人的嗎？有公職人員不敬國旗，拒唱國歌，而要「告別美國」嗎？有哪一州要割地獨立？不承認所服務的國家，要另組國家的嗎？僅就中華民國總統的權責來說，台獨不除就是失職。對不起善良的、可憐的小老百姓！再說，為什麼李總統先生僅僅罵一次中共是「土匪」，中共就認之為不可饒恕，甚至抵銷李先生在其他方面的善意美德？而兩位蔣總統在其有生之年，皆要誓死「消滅中共」。所罵的言詞，豈僅是匪、賊、奸、寇，甚至非人類的獸，也都用上了。但迄今中共自始至終，仍尊敬他父子倆為民族英雄。無他，因為蔣氏父子倆很明顯地絕不搞台獨之故。甚至在外交極其艱困之時，欲衝破中共的孤立，也不准使用「台灣政府」字樣。此為世人皆知的事實。

其三，為全民請命，為全國造福。這是李總統先生主導或領導中國走上統一的唯一正途。如果李先生承認是中華民國（不是「台灣國」）的總統，就必須將中國大陸視為自己的國土。將大陸十二億與香港六百萬同胞視為自己的子民，對中共危害他們時，就加以口誅筆伐；對他們遭遇有困難時，就設法予以援手。呼籲中共改善兩岸關係，要在攜手合作，將一切思念都集中於子民所身受的困苦方面，以為民解決問題；將所有的努力都放在子民所盼望的仁德政務，以為民創福祉。這乃是統一之目的，這乃是統一的正道。否則的話，為誰統一？為何統一呢？最具體而有突破性的作為是，李總統先生（或是由「農村發展基金會」的蔣彥士先生代表李總統）表示個人不計名位，不求禮遇，呼籲中共同意他以農業專家身分，組團前往中國大陸，幫助中共為農民同胞解決攸關生此存亡的問題。此舉，不僅較之「買簽證，訪美國」有意義。比當選後要再走個地方給中共看看，對國家民族更具積極性的貢獻。這是既偉大又感人的壯舉義行。中共對李先生能不改變其種種不信任的態度？即使中共仍然刁難，而不能成行，但李總統這份仁慈心意，其在中國統一的歷史上，也必寫下最令人感念而崇敬的一頁。也可讓世人皆能了解到，李總統先生具有「為生民立命，為萬世開太平」的偉大胸襟。再如，李總統先生果真有此能力，在其領導之下，改善了中國大陸八億農民的生活，不僅中國可因此必然統一，李總統也自然成為統一後的中國，最偉大的領導者；其在中華民族歷史上，將是一位永垂不朽的偉人，可以定言。

古人有言，大丈夫不能流芳百世，也要遺臭萬年。李先生為了在八年總統任內尚有未竟之事，不顧所謂誠信問題，而再度競選。有此使命感，斯乃大丈夫也。但李先生在中華民族史上，將被定位於流芳百世，或是遺臭萬年？則決定於李先生個人的作為了。如果李先生未竟之志，是如其所說的，講了一百三十多次的「要統一」的大業，而且採納筆者芻見，領導中華民國完成統一大業，自是流芳百世。否則的話，作些違背民族大業的行為，不能避免中共以武力消滅台獨的方式來完成統一，而寫下中華民族史上可能是最為惋惜，也可能是最為慘痛的一頁，李先生將被掃進歷史的墳墓，而遺臭萬年，必矣。未知李總統先生及其謀士們，以及國王的人馬們以為如何？

原載於《紐約新聞報》1996 年三月二十五日

一「中」兩制，和平統一——對「一個中國」原則的詮釋

從 1971 年中共進入聯合國以後，就產生了「一個中國」問題；繼之於 1992 年，國、共雙方在香港會商「文書認證」問題，對「一個中國」的解釋，因「各說各話」而不歡而散。自後，這「一個中國」問題就越「辯」越「迷」；越「避」越「緊」。國府強調分裂分治，主權獨立，越想「擺脫」這一問題，中共就高唱「一國兩制」，和平統一，越益將之「套牢」。影響所及，海峽兩岸關係日漸疏遠阻隔，中國和平統一益感遙遠無期。這次，辜氏振甫參訪大陸，與中共最高當局，展開「建設性對話」結果，海峽兩岸關係，是否能因此改善，中國和平統一，能否由此而有所進展，依然仍有待這「一個中國」問題得如何詮釋與解決而定。

其實，「一個中國」就是一個中國。不管她的天下是分分合合；朝待更更迭迭；甚至疆土伸伸縮縮，她永遠是「一個中國」。這一個中國永遠永遠是屬於在中國土地上生老病死的全體小民的。這「一個中國」不是中共所專利的名詞，更不是國府可以假借任何「理由」，所能逾越否定的。但這「一個中國」原則的問題出在哪裡呢？此無他，問題出在中共所主張「一國兩制」的「國」字；和國府所強調「一個分治中國」的「分」字。「國」，自是「國家」之義。著重在國家的政府組織，對外，獲得「外交承認」，可代表全國人民行使其權利與義務。「分」，當如所言是「分裂、分治」之意。要在強調一個國家的政府，對其土地與人民能否完全「有效統治」而然。

中共有效控制了中國大陸已逾四十多年，從血淵骨嶽的情境，而一窮二白的生活，而能進入聯合國，獲有極大多數國家的承認。而今，大陸上民主人權容或有可議之處，但經濟起飛，人民生活已大為改善。中共在國際社會中的影響力，也日益見其重要。這些都是令海內外所有炎黃子孫揚眉吐氣的事。不論中華人民共和國從建國四十多年以來，其一切治權運作，從未及於台灣，中共要求中國領土與主權的完整，是令每一個中華兒女由衷稱許的。要以武力對付台獨份子，凡有良心、有血性的中國人，莫不認可的。但中共僅以獲有極大多數國家的外交承認，而片面確認中華人民共和國是代表中國的唯一合法的政府。而刻意地將中華民國政府貶為地方政府，來完成其中國的統一。甚至要徹底消滅中華民國，以掩飾其當年所謂「武裝叛亂」的醜事。這就昧於事實，違反常理，甚至顛倒是非，曲解法、理了。

國府於 1949 年在大陸兵敗於中共，而退守台灣，仍然依據在大陸所制定的《中華民國憲法》，在其固有的領土上行使其職權，可謂國祚無一日中斷。中共豈能剝奪中華民國政府所仍擁有的這一「剩餘主權」。甚至政治實體的地位，都吝予承認，能合乎國際法上「主權繼承說」？但是，國家的領土與主權，不容分裂，不可分割。國府如果不遵守《中華民國憲法》，亦即，不秉持「一個中國」的原則，放棄要求全中國領土主權的完整，而劃分台澎為其領土，僅承認在台澎兩千一百萬子民的「中華民國在台灣」的政府，何能要求中共以對等地位來談論中國的統一？再如盜名以欺世，竊國以為王，亦即，假中華民國之名，以遂行台獨之實；盜中華民國之名，以僭奪中華民國一切有形與無形的資產，則是其心可誅，其行惡毒之極。在信誓旦旦追求中國統一過程中，「中華民國在台灣」的當政者，如何用事實來釐清這一攸關中國國家前途，中華民族生命的大問題，自是當務之急的極其重要的課題。

因此，在 1971 年前、後，因聯合國代表權得失問題，國、共雙方先後皆說：「世界上只有一個中國，台灣是中國不可分割的一部分」都不錯。但其下一句，「中華民國或中華人民共和國是代表全中國唯一的合法政府」，這就有問題了。此因，所謂「外交承認」並無普通而絕對的拘束效力。1971 年聯合國的 2758 號決議案，並不能強制世界上所有的國家都與中華民國斷絕其外交關係。中華人民共和國固然獲有聯合國的代表權，更獲得極大多數國家的承認，但對與中華民國有邦交國而言，不論多寡，依然不是「中國唯一的合法政府」。但是，中共維護中國領土與主權的完整，而聲討台獨，要消滅台獨，那是天經地義的合法行為。今天的「中華民國在台灣」確是存在有台獨的事實與獨台的陰影。無任是台獨或獨台，都會讓中華民國喪失其傳承的歷史地位，與國際法理方面的人格。國府豈能一再輕言「一個分裂、分治的中國」？

今天的國、共任何一方，既然誰也不能說是可代表全中國。任何一方，其「有效統治」也不及於全中國領土；其為民造福的德政皆不能澤及全中國人民。對這「一個中國」自然是「內外有別」而「各自表述」了。在這樣的「一個中國」的原則之下，何能改善兩岸關係？何能促進和平統一？但如詮釋為「一中兩制」，亦即「一個中國，兩種制度」。這意義就既能符合歷史事實，也能反映政治現狀。亦即，在這「一個中國」原則下，中國存有三民主義與共產主義兩種制度。領土與主權，共有共享；雙方共為人民謀求福祉，共為國家碩畫未來。而兩岸所追求統一的「中國」，乃是未來式或是進行式的中國，她就不是現在的中華民國或中華人民共和國，而是包括海峽兩岸，全中國領土的中國，是能讓海內外所有中華兒女由衷愛戴，竭誠擁護的新中國、大中國。

再則，統一中國不應是為一己政權的名位。中國歷史上在朝代更迭洪流中，有數說不盡的當政者或統治者，但能留名青史，能讓後代子子孫孫崇敬感念的，僅限於極少數能為萬世開太平，能為全民造福的領導者。又何況國、共雙方，當初革命，與今日為政，已不是如中國歷史上為某姓打天下，為某人要當皇帝，而是為實現主義、為造福人民的。因此，真正能促進中國的統一，唯有雙方或攜手合作，或和平競賽，將一切意念集中於子民所身受的困苦方面，以為民解決問題；將所有的努力都放在子民所盼望的仁德政務，以為民創造福祉。這才是統一之目的，這乃是統一的正道。否則的話，為何統一、為誰統一呢？

為了避免讓台獨鼠輩，在夜長夢多中，有隙可乘，要後代子孫流更多的鮮血才能統一，兩岸領導者皆須放下身段，來為民請命；擱置主權問題，而為民造福。中共應不談對台使用武力，且協助國府在國際上取得所需的活動空間（要如處理人民事務的外交領事權）；國府則停止名統實獨的務實外交，而胸懷大陸，心繫全民。在這樣的「一個中國」原則之下，自然什麼事都可談，雙方當可考慮，將目前的國統會與對台辦公室合組成「中國統一規劃委員會」，本諸互尊互重、互利互惠原則，和平理性、循序漸進方式，來實實在在地討論問題（大如國名、國旗、國歌的更易，小至人民財產的處份），解決問題（諸如改善大陸農民與國企的艱困；戢止台灣選政與治安的敗壞），以保證中國統一大業的完成。此一委員會可由委員九或十一人組成之。委員會各自向雙方當局負責。人選則由雙方黨國元老、民意代表、社會賢達、以及國際學人與華僑代表中遴選而出。委員會則下設秘書處暨各研究規劃小組，諸如法政財經、社會文化、國際事務、科技資源等等。從委員會的成立以至完成中國的和平統一，可能需時十年二十年，甚或更長。但可確信者，是可排除了台獨因素，也堅守了「一個中國」的原則。在維持現狀中，彼此和平競賽；能為民解決問題，就是為民造福了。如此統一之途雖遙，但循此努力，必是可期可及的。

1998 年十月二十二日於紐約市

「一個中國」原則的平議與實踐

從 1949 年國府兵敗於大陸，中共成立中華人民共和國，繼之於 1971 年中國在聯合國的代表權變更前後，就產生了「一個中國」的問題。在兩蔣時代，國府與中共所爭論的是，誰是代表中國的唯一合法的政府。但從李登輝主政之後，則強調「分裂」、「分治」，假中華民國傳承名位，提出「兩國論」，步上台獨。而今，竟由高呼「台灣獨立萬萬歲」的陳水扁，當選為中華民國第十任的總統，在其就職演說中，並未相應中共所「求」，公開接受「一個中國」的原則，承認一己是中國人。這一問題將越演越烈，不知伊於胡底了。

其實，「一個中國」就是一個中國。不管她的天下是分分合合；朝代更更迭迭；甚至疆土伸伸縮縮，她永遠是「一個中國」。這一個中國永遠永遠是屬於在中國土地上生老病死的全體人民的。這「一個中國」不是中共所專利的名詞，更不是國府可以假借任何「理由」，所能逾越否定的。

中共有效統治中國大陸已逾四十多年，或有極大多數國家的承認。而今，大陸上民主人權容或有可議之處，但經濟起飛，人民生活已大為改善。其在國際社會中的影響力，也日益見其重要。這些都是令海內外所有炎黃子孫揚眉吐氣的事。不論中華人民共和國建國四十多年以來，其一切治權運作從未及於台灣，中共要求中國領土與主權的完整，這是天經地義的行為，凡是中華兒女都會由衷稱許的；要以武力對付台獨份子，凡是有良心、有血性的中國人，莫不認可的。但中共如片面確認中華人民共和國是代表中國的唯一合法政府，甚至要徹底消滅中華民國，來主導中國的統一，這就昧於事實，有違法理了。

國府自從 1949 年退守台灣，仍然依據在大陸所制定的《中華民國憲法》，在其固有的領土上，行使其職權，可謂國祚無一日中斷。中共豈能剝奪中華民國政府所仍擁有的這一「剩餘主權」。但是，國家的領土與主權不容分裂，不可分割。台灣是全中國人民的領土。今天在台灣的新政府何能僅以不及五百萬人的選票，來違反由全國人民所制定的《中華民國憲法》。亦即，不秉持「一個中國」的原則，放棄要求全中國領土主權的完整，而劃分台澎金馬為其領土。如此，何能要求中共以對等地位，來談論中國的統一？再如盜名以欺世，竊國以為王，亦即假中華民國之名，遂行台獨之實；盜中國民國之名，以僭奪中華民國一切有形與無形的資產；且不惜招惹戰火，裹脅在台灣一千六百多萬不願台獨的同胞，也犧牲其身家性命，以實現其所謂獨立建國的惡夢，則是其心可誅，其行惡毒之極。

中國有五千年的光榮歷史，有千萬里的錦繡河山。在這土地上成長的人，都應以生而為中國人為榮。中國對日抗戰，犧牲了千千萬同胞的生命，損失了天文數字的財產，方能經由開羅會議和波茨坦宣言，從日本鬼子手中索回了台灣。國府遷台後，將一個瘡痍滿目的台灣，建設成為安定繁榮、民生樂利的桃園樂土。除了所謂（只是針對叛亂份子的）「二二八」事件和「白色恐怖」而外，中國政府有何對不起在台灣的同胞。日本割據台灣有五十年之久，除了少數媚日份子而外，台灣同胞能不受其迫害者幾希？能求個「皇民」身分者，更是屈指可數。而今，李登輝說，台灣不是中國的。那麼，當年甲午戰爭，日本為何要求中國，依據國際法，簽訂馬關條約，割讓台灣呢？李又說台灣人是移民而來。那麼從何處遷徙而來的？台灣同胞的「根」又在哪裡？在台灣的同胞，經過日本五十多年的高壓統治後，其語言文化，風俗習慣，以至宗教信仰，為何仍然與居住在大陸的同胞一樣呢？任何國家的人民，都有或遷徙、或移民，以選擇自由生活的權利。但是，一個國家的領土，則是永遠永遠屬於全體人民的，不容侵犯，不可割據。如果極少數野心份子，能假借「自由民主」之名，或是「非我族類」之因，予以分割竊據。則在台灣的高山諸族同胞，或是嘉義地區的客家同胞，若要割據其所居之地，獨立建國，「中華民國在台灣」的政府，能容許而不加以聲討撻伐嗎？要統一，乃是大陸十三億人民；在台灣百分之六十以上的同胞；以至海外所有炎黃子孫的意志。而今，這不足五百萬人所選出的新政府，何能數典忘祖，無父無君地，不接受「一個中國」的原則，不承認一己是中國人？！

海峽兩岸的地域，都是我們中國神聖不可侵犯的領土；海峽兩岸的人民，都是我們中國血肉相連的手足同胞。但依政治現況而言，今天海峽兩岸乃是「主權共享」，「治權分轄」的關係。任何一方，皆不能代表全中國，其「有效統治」不及於全中國的領土；其為民造福的德政不能澤及全中國的人民。所以，當前這「一個中國」的真正涵義應是「一中兩制」之謂。亦即「一個中國，兩種制度」。在這「一個中國」的原則下，中國存有三民主義與共產主義兩種制度。其領土與主權，共有共享；雙方在其治權所及領域之內，各為人民謀求福祉，共為國家碩畫未來。而兩岸所追求統一的「中國」，乃是包括海峽兩岸，全中國領土主權完整的國家；是能讓海內外所有中華兒女由衷愛戴，竭誠擁護的新中國、大中國。

統一中國不應也不可能是為一己政權的名位。中國歷史上在朝代更迭洪流中，有數說不盡的當政者或統治者，但能留名青史，能讓後代子子孫孫崇敬感念的，僅限於極少數能為萬世開太平，能為全民造福的領導者。又何況海峽兩岸的政府，當初革命，與今日為政，已不是如中國歷史上是為某姓打天下，為某人要當皇帝。而是為實現主義、為造福人民的。因此，真正能促進中國的統一，唯有雙方或攜手合作，或和平競賽，將一切意志都集中於子民所身受的困苦方面，以為民解決問題；將所有的努力都放在子民所盼望的仁德政務，以為民創造福祉。這才是統一之目的，這乃是統一的正道。否則的話，為何統一、為誰統一呢？

為了避免後代子孫流更多的鮮血才能統一，兩岸領導者皆須放下身段，來為民請命，為民造福；中共先行擱置主權問題，不侈談對台使用武力，且協助國府在國際上取得所需的活動空間；國府必須遵守《中華民國憲法》，秉持一個中國的基本國策，停止其名統實獨的務實外交，而胸懷大陸，心繫全民。在這樣的「一個中國」原則之下，自然什麼事都可談。雙方當可考慮將目前的國統會與對台辦公室合組成「中國統一規劃委員會」，本諸互尊互重、互利互惠的原則；和平理性、循序漸進的方式，實實在在地討論問題（大如政制的改革，小至人民財產的處份），解決問題（諸如改善大陸農業與國企的艱困；戢止台灣選政與治安的敗壞），以保證中國統一大業的完成。從委員會的成立以至完成中國的和平統一，可能需時十年二十年，甚或更長。但可確信者，是可排除台獨因素，也堅守了「一個中國」的原則。在維持現狀中，彼此和平競賽；能為民解決問題，就是為民造福了。如此統一之途雖遙，但循此努力，必是可以期及的。

原載於《紐約新聞報》2000 年六月十二日

「反分裂法」的問題與效應

中共所訂的「反分裂法」，無論從字裡行間，或是歷年來所宣示的政策而論，其真正的目的，是在嚇阻「台獨」僭奪、分裂屬於全國全民的國土：台灣。所以，該《反》法應是《反分裂國土法》，或《反台獨分裂國土法》才是。不幸的是，竟名之為《反分裂國家法》。種種「複雜的反應」與應可迴避的爭議，因以而起。

就政治學常識以言，所謂「國家」一詞，其構成要素有三：國土，人民，以及代表其行使權利與義務的政府組織。此三者各有其不同的特質：任一國家的人民，都有權自由遷徙，或移民他國。政府組織更因依期選舉，或突發的政變或是革命而改組的。至於一個國家的領土，則是永遠永遠屬於全國、全民的。不容任何外人侵佔吞併，絕不容許少數份子非法僭奪分裂的。

《反分裂法》法，如是反「國家」的分裂，其首要產生的問題是為「一個中國」的爭議。因為，中華民國政府迄今依然根據在大陸所訂立的憲法，在其固有的國土；台灣，行使其權職，可謂國祈無一日中斷。也使中華人民共和國政府的治權從未及於台灣。雙方政府乃是處於「主權共享、治權分轄」的關係。無論就國際法上的「主權繼承說」，或是「有效控制」的法統傳承而言，國府有此「剩餘主權」，中華人民共和國的政府，就無必要立此「反」法，來「反國府」 分裂一已的國家。相反的，當年中共「革命」時期，國府所訂的「勘亂條款」，或可相當於美國於 1861 年所訂的「反」法，但那時也僅為敉平中共推翻國府的「武裝叛亂」而已。事實上，從

「國共內戰」，以迄於國民黨在大陸兵敗於中共，繼之在台選舉失利，不幸失去政權，雙方無不是為中國統一，為全民福祉而「且戰且和」的。所以，中共依據其一己之《憲法》，訂此《反》法，不僅「適得其反」；且予兩府之間的「第三者」；「台獨」政客，乘隙假借中華民國法統的名位，來倡言「一邊一國」論；煽動對「反分裂法」多無所知的在台同胞，來掀起「反併吞，保台灣」的嗆聲與抗爭。

《反分裂法》乃是為極少數「台獨」政客而設置的「虎頭鍘」。但如以反分裂國家名之，也會傷及在台灣絕對多數的「非台獨」同胞的感情。因為，在台灣的同胞當中，真正稱得上「台獨」者僅是屈指可數的「哈」日族的台灣系日本人，如岩里正男之輩；以及在日本的三等「皇民」如辜、金之類的國賊。如益之以為僭奪政治資源的「台獨」政客，如「台灣之子」之流，再計之以受該等煽動利誘而盲從附和，作其選舉工具者，充其量不及全台同胞的四分之一而已。這逾四分之三絕對多數的台灣同胞，不論是在四百年前由大陸來台開墾的先民後裔，或是 1949 年國府兵敗於大陸後，追隨國府退守來台的軍民同胞，都是熱愛中華民國，都是景願中國富強，人民自由幸福的中華兒女。他們在日本高壓「統治」逾半個世紀後；在「哈」日族的「台獨」份子，無所不用其極地「去中國化」之際，依然不能改變他們（包括台獨份子自己）的，與生俱有的中華民族血統，語言文化，風俗習慣，以至宗教信仰。中共何能訂此《反》法，來「意指」他們也要分裂自己的國家，有損其尊嚴，讓他們氣憤，而輕易地受「台獨」的蠱惑，參與「造反」呢？

台灣是中國固有的領土。僅從甲午戰爭失敗而言，日本依國際法，刻意要求中國政府簽訂《馬關條約》，割讓台灣予日本。其後，中國經過八年抗戰，犧牲了千千萬萬同胞的生命，損失了天文數字的財產，方從日本鬼子手中索回了台灣。誰能說台灣不是中國全民的國土？台灣光復後，國府在台，將一個瘡痍滿目的台灣，建設成為安定繁榮，民生樂利的寶島，現在當政的「台獨」政客們，有幾個曾對台灣的經建奇蹟作過實質上的貢獻？「台獨」份子要獨立建國，除了高喊似是而非的「民主、自由」，穿和服，佩武士刀，去拜祭「神社」，一心一意要將台灣回歸於日本，或是作為「附庸國」而外，其建國理念為何？其建國藍圖又何在？

在台灣的政客們，又每每主張台灣的前途，應由在台灣的二千三百萬人民自決。這又是將土地與人民混為一談的有違法理之說了。涉及人民的權利與義務之事，依據地方自治的法理與精神，當然需獲得當地當事者的同意。但一個國家的領土主權則是屬於全國全民的。其變更必須依法獲得全國全民的認可批准。部分當地居民是絕對無權置喙的。《中華民國憲法》就是如此規定。美國內戰，統一聯邦，何曾尊重南方諸州的民意？英國出兵捍衛萬里之外的福克島，徵求過福克島居民的意見？今天，「台獨」份子要正名，要制憲，更急急要建立「台灣共和國」，是可忍，孰不可忍？所謂「一寸山河一寸血」，在國民黨又不幸失去政權，無能為力之際，中國政府及時訂立《反分裂法》，以嚇阻屈指可數的「台獨」政客，不要將屬於全國全民的國家領土：台灣，非法僭奪分裂出去。中華兒女怎能不為之額首頌讚？

大陸與台灣皆是中國的國土。一小撮「台獨」政客們一再倡言，要為民主，為自由而獨立，中國政府可以讓他們自由自在地「出埃及」，到他們的「宗主國」，穿和服，揮武士刀，自由獨立拜其神社。但如違反一個中國的《中華民國憲法》，且依然僭奪、佔據中國固有的國土：台灣，「落草為寇」，中國政府即使以非和平手段，來驅逐或消滅這些僭奪分裂國土的「台獨」份子，乃是盡其天經地義的權責；盡其捍衛國土應盡的義務。全世界海內外，凡有血性的炎黃子孫無不稱許擁載的。所以，該《反》法已收到「緊箍咒」或是「虎頭鍘」的震懾作用。再如名之以《反分裂國土法》，名實相符，則雜音與爭議無由而生，必然獲致更大的效應。

原載於《世界論壇報》2005 年四月六日

胸懷大陸，心繫全民——對馬英九先生的期望

今，五月五日，《世副》有《感時篇》張作錦先生的《歷史二次來敲門》大文指出，2008 年，「天將降大任於馬英九」，「只要他內修政經，外重睦鄰，與大陸和平共榮，一起發展，這不僅是二千三百萬台灣同胞之福，也是十三億中國人共同的期望」。並莊嚴地傳呼：「英九！你準備好了嗎？」毋任欽遲。

筆者認為，馬英九先生以絕對多數當選為中華民國第十二任總統；國民黨在立法院更有三分之二的多數席位；加之馬先生以清廉見長，未來在內政方面必能建立起廉能的大有為政府。但欲改善兩岸關係，建立所想望的「兩岸共同市場」，來為台灣地區發展經濟，以增進台灣地區同胞的福社，進而開擴國際關係的空間等等「政見支票」的「兌現」，則必須依據法理，切符現實，來解決國共雙方都無從迴避，且必須面對的，所謂「一個中國」的問題，其成方可有望。

其實，「一個中國」就是一個中國。她不是專屬於任何一個政權。而是永遠永遠屬於在中國土地上，億億萬萬生老病死的全體小民的。無論依據法理，或是按照實況，當前兩岸對「一個中國」的關係，是「一而二，二而一」，是所謂「你中有我，我中有你」的。此因，從中共建國後，依國際法「主權繼承」說，中共對台灣就有權利更有義務，要求其領土主權的完整。但中華民國政府依據在大陸，由全民所創立的《中華民國憲法》以及民意代表，於大陸兵敗後，退守台灣，根據憲法行使其職權；國祈無一日中斷，致令中共

一切治權運作，從未能及於台灣。所以，中共對中國領土主權是「不完全繼承」。而國府仍擁有「有效統治」台灣的「剩餘主權」，依法，自然也保有對大陸領土主權的要求。所以，這「一個中國」不是專屬於兩岸任何一方的。而是中共與國府彼此對全中國領土是「主權共有」，對全民是「治權分轄」的。

因此，馬先生既是依據《中華民國憲法》當選為中華民國的第十二任總統，就不應僅以「台灣人民」的「台灣總統」自居。必須恪遵《中華民國憲法》，秉持國府的基本國策；胸懷大陸，心繫全民。依據「憲法一中」 的原則，恢復「國統綱領」的運作，來積極而主動地爭取中共合作，主導建立兩岸和平發展的關係。中共對台灣的要求，如其所言，是「統一」，不是「統治」。即對台灣只是要求宣示主權領土的完整，而不作實質上的掌控。這不僅維持了台灣的現狀，也保有「主權獨立」的法統地位；台灣就可做到「對外統一」，「對內獨立」的地步：「共臻盛世，一同崛起」。這豈不是最好的兩岸政策，最好的兩岸關係？馬英九先生，您是中華民國的總統，也應是中國國民黨先蔣總裁與先蔣主席的薪火傳人；也為不負台灣選民同胞的託付；海內外全體中國人民的期望，對於這次「天降大任於您的歷史使命」，企求您戳力竟成。

原載於《三洲新聞》2008 年六月十二日

一個中國，兩岸各自獨立？

馬英九總統主張「外交休兵」，以開擴國際關係的空間等等「政見支票」，未能如所預期的「兌現」，其因何在？筆者以為，是馬昧於兩岸情勢，沒有依據法理，切符現實，解決國、共雙方都無從迴避的所謂「一個中國」的問題。

馬英九總統表示，兩岸的憲法，都不允許在其領土上還有另一個國家，所以認為雙方是一種特別的關係，但不是國與國（兩個中國）的關係。確是言之中的，但馬仍然欲以理念模糊的「九二共識」，迴避「一個中國」的主權爭議。

在筆者看來，「一個中國」就是一個中國，並不專屬於任何一個政權的，而是屬於中國土地及人民。無論依據法理，或是按照實況，當前兩岸對「一個中國」的特殊關係，是「一而二，二而一」，是所謂「你中有我，我中有你」。

中共建國後，依國際法「主權繼承」說，中共對台灣就有權利更有義務，要求其領土主權的完整。但中華民國政府依據在大陸時期，由全民所創制的《中華民國憲法》以及民意代表，退守台灣後，根據憲法行使其職權，國祚無一日中斷，致令中共一切治權運作從未能及於台灣，中共對中國領土主權自是「不完全繼承」。而國府仍擁有「有效統治」台灣的「剩餘主權」，依法自然也保有對大陸領土主權的要求。亦即，中共與國府彼此對全中國領土是「主權共有」，但對全民則是「治權分轄」。

因此，從中共建國後，與國府「鬥爭」了二十餘年，方在聯合國取得中國的「代表權」迄今，其真正的爭議所在，乃是國共兩岸是誰能夠「代表全中國的唯一的合法政府」。

國府在台灣政經雖是日益邊緣化，生存與發展多受制於大陸，但在中國民主憲政的法理方面，確是優勝於中共。馬英九既是依據《中華民國憲法》，當選並就任為中華民國的第十二任總統，就不應倡言如台獨所說的「台灣主體」，僅以「台灣人民」的「台灣總統」自居。必須恪遵《中華民國憲法》的基本國策，胸懷大陸，心繫全民，明確而堅定地宣示，「世界上只有一個中國，大陸與台灣都是中國的一部分」。

馬應恢復「國統會」的運作，也要求中共，「在一個中國的原則之下，什麼（如國名、國歌、政制等等）都可以談」，來主導建立兩岸和平發展的關係。中共對台灣的要求。如其所言，是「統一」而不是「統治」，對台灣只要求宣示其領土主權的完整，而不做實質上的掌控。如此，這一「終統」的談判，自不會有成於朝夕之間，如此不僅可維持台海兩岸現狀，國府也保有「主權獨立」的法統地位，做到「對外統一，對內獨立」。這豈不是解決兩岸「一個中國」特殊關係的最佳途徑？

原載於《世界日報》2008 年九月十四日

憶金門「九三炮戰」及其餘事

現在大家一說起金門炮戰，都是稱道民國四十七 (1958) 年的「八二三炮戰」，其實早在這四年以前，尚有四十三 (1954) 年的「九三炮戰」呢。雖然已時去五十五年，但這「九三炮戰」對金門來說，的確是驚險不已，中共在那時如果能攻打過來，金門多會不保的。對我來說，更有特別（為國捐軀）的意義，常令我有一種「很幸慶，沒陣亡」的感念，早有再去「戰地」，重溫「舊夢」的念頭。

我記憶猶新的是，民國四十二年，我隨部隊調防到金門，那時，我在七五山炮營服役，任政治幹事。當部隊構築起炮兵陣地，就有好幾次在半夜「緊急集合」，大家全副武裝（我揹上卡賓槍）奔到我們的炮兵陣地去，各就各位，移動炮管，標定目標，裝填炮彈，反覆操作射擊程序。

次（四十三）年，我奉調衛生連代連指不久。在抗戰勝利紀念日，九月三日，上午，因為新任部隊長要集合部隊「訓話」，我們衛生連官兵們，服裝都穿得整整齊齊，鋼盔擔架都擦得亮亮光光，左臂都套上紅十字白背章。大家精神抖擻地走向「湖南高地」集合場。（現在想想，可能是這樣的隊伍，在晴空萬里的大太陽下移動，是太耀眼之故，讓對岸中共看到我們，才引起了「殺機」？）當副連長領帶第一排隊伍（我領第二排隊伍）到達集合場中央時，突然聽到背後對岸，從大嶝、小嶝發出的，砰、砰、砰一群炮聲；又聽到已先到達，散坐在四周的官兵們大叫「散開」、「臥倒」之聲，我本能地隨著大家匍行伏臥到地上，一群炮彈就轟炸在我們附近。我連一擔架兵臥倒慢了一點，竟為一彈片傷及腰部。在先後一群群炮轟間隔的時候，我們迅速向四面八方疏散，有洞就向裡鑽。所幸，中共打了幾群炮彈，都沒命中目標（可能是訓練不足之故吧？），就停止射擊。全體官兵們也就零零落落，垂頭喪氣地各自跑回駐地。下午，對岸廈門中共竟然對著金門群炮齊轟，我們衛生連從駐地湖下，奉命隨機動部隊，調往榜林時，我看到前面小金門，被中共炮轟的濃煙全淹沒了。有一艘兵艦在大小金門之間的海溝裡，漂流於被落下炮彈激起的浪花之間，但沒被擊中。那天，中共的戰炮射程短，尚不及大金門「中心點」的榜林；我們金門也沒有防禦工司，這因為防衛司令劉玉章的戰術思想可能是，以機動部隊迎擊，以大小群炮齊轟，殲敵於登陸的灘頭陣地。當夜，我連官兵露宿在榜林附近的斜坡田梗之間。半夜，我被一陣陣震天動地的炮聲，火紅了的半邊天，驚嚇得目瞪口呆。聽到老兵們拍手叫好時，才知道我金門的「秘密」防衛武器，六門（有兩門故障了）115 五加農炮，在中共炮轟整整一天又半以後，開始還擊了！這 115 五加農炮射程可打到廈門市區。次（九月四日）晨起，每天都有，由台灣一批又一批飛來的轟炸機，到廈門連番轟炸，炸散了中共結集的船團，否則的話，中共如能進攻，金門會「完蛋」的。

繼之，因為「一江山」失守，全島七百二十名官兵全部陣亡。我金門守軍奉國防部命令，都寫下「不成功，便成仁」的「遺書」，寄存到國軍留守業務處（我寄到在台北的親友），備為「成仁」後妥為處理「善後」。自後，炮戰不斷，一直延續到民國四十五年我們調回台灣。個人在這期間，確是經歷了好多讓我終身難以或忘的故事。我如再去金門，尋覓當年的「戰地」，憶念往日「舊夢」的話，則必要重訪湖下，榜林，特別是莒光樓和珠山。

湖下，是當年我衛生連的駐地。「九三炮戰」那天早晨，大家精神抖擻，步伐整整齊齊地，出發前往「湖南高地」去集合聽訓。湖下村的居民看到我們，以乎有「致敬」的樣子，向我們揮揮手。中午，經炮擊返回時，我連官兵真如「潰不成軍」地，大家蹣蹣跚跚，先先後後地回來，湖下村的居民多默默無言，站在路旁看著我們。下午，我連匆匆忙忙地集合，奉命隨同機動部隊前往榜林時，我看到連長與醫官們，多是緊張兮兮地招呼著部隊。看到對面小金門被中共群炮齊轟的濃煙淹沒。後又傳來附近守軍，有位步兵連長的左腿被中共炮彈擊斷，不及止血，就「過去」了！那年，我僅僅二十三、四，初歷戰場，遭受炮擊，如果上午被中共第一群的炮彈擊中，早就「過去」回不來了。想想真也夠「刺激」的呢。不過現在，但願時光能夠倒流五十五年，讓我仍是二十多歲的年輕小伙子，在湖下那裡，揹著卡賓槍，跟隨連長，帶著部隊，齊赴戰場。

榜林。我們擔任機動部隊，夜宿榜林有一個多月。最初幾日，露宿在田埂間，以後，連長與我自掏腰包，請人為我倆各挖一個土洞（我的是彎月形），入夜鑽進去，蓋上大雨衣側睡著。第二日清晨起來，摸到身上衣服都濕了大半邊。士兵們挖土掘溝，將臨時傷兵救護站築成後，都在等待炮戰時急救傷患的命令。無事可做時，就三五成群地「打百分」，有時竟爭爭吵吵，倒也不寂寞呢。 等我們進駐到村裡後，幹部們也染上「打百分」的樂子。有李天恩醫官經常強拉我湊數「打百分」，我們輸贏每牌以五或十元為限。輸者付現，贏者，將悉數所得，帶大家去福利社作為「加菜」之用。李醫官口袋裡的錢輸光了，就去福利社簽字「賒帳」，以後算起來，竟「賒」去半年多的薪水，但他仍是興致沖沖地，要我們陪他打百分。他常說：「我現在在這兒打百分，說不定等會兒就被轟炸死了，還有什麼看不開的？！」

莒光樓。炮戰稍停，我被借調到政治部協辦政訓工作，住進了莒光樓，夜宿在莒光樓大禮堂講台的中央，真夠愜意的。那時，主任是「湖南才子」陳輝慶，部內有錢距奕，吳達儒，丘廷坤，朱介一，郭華，以及幾位文書士官，大家都擠在二樓靠窗的「包廂」裡辦公，地方狹窄，辦公桌之間都無轉身的餘地。起初上班時，錢距奕每每叫我看看說，坐在他後面的朱介一，又將桌子向前移動了一寸，讓他坐不下去，跟他吵起來。朱介一是個大塊頭，桌子小，他坐下去，轉轉身，桌子就被移動了。我就建議大家坐好後，各在自己的桌椅前後都劃個記號，以免再為「寸土」得失，爭吵起來。錢距奕舉起右手，用大拇指捏著小指指甲對大家說：「朱承武就比人聰明這一點點。」公餘，為避免炮擊，我們都在大樓的後面活動，但自始至終，中共從未炮轟過莒光樓，原因是中共炮兵部隊將莒光樓做為炮擊目標固定的中心基點，炸毀了，他們就不便隨意下達炮擊的命令了，我們真也夠「幸運」的。所以，在民國四十四年五月，當我們主任調職，我也歸建衛生連時，特別在莒光樓前，筆者坐在中央，遙指望著「我們的大陸」，照了張相（附後），分給大家留為紀念這段難以忘懷的「愜意」日子。

珠山。珠山又是讓我時常懷念的地方。我歸建衛生連後，住在「珠山國小」大門的樓上。白天，不時看到操場前的兩門 115 加農炮反擊，炮轟廈門的情形；夜晚，聽到樓下升旗台上，由台灣來的各類勞軍團演唱的歌聲，但我都在樓上「啃書，記筆記」。那時為了參加高普考試，我是夜以繼日，分秒必爭地啃書。有位家住珠山，在金門市區「軍人之友社」圖書館服務的少女，經常帶書回來給我看。現在想想，從金門調回台灣以後，我於民國四十七年參加全國性公務人員高等考試，竟然及格了。很可能就是因為在那個時期，啃了不少的書所致的吧？又不知是何原因，政治部將我們駐地的珠山和舊金城的兩個「婦女隊」要我來組訓，每晨集合時，常由我來教她們做體操。那時，軍中倡行「兵唱兵，兵演兵」，我曾奉命將這兩位小婦女隊隊長，與我所選的兩名士兵，由我彈風琴教他們唱《蒙古姑娘》，導演編成二十九分鐘的歌劇，分別到我部隊去巡迴演出呢。想想五十五年過去了，現在他／她們不都是年已古稀的老頭，老太婆了！還能演唱這《蒙古姑娘》嗎？

從「九三炮戰」以後，時日越久，中共火炮的射程也就日益加長，到處濫射。但當我們 115 加農砲一還擊，中共在廈門山洞中的戰炮就立馬停止炮轟，縮進洞裡去了。起初，我們衛生連的官兵一聽到炮聲，多有點驚慌失措。但時日久了，經常奉命出勤急救傷患的救護兵與擔架兵就對我說，聽到轟隆轟隆的炮聲，仍然從容不迫地走，但如聽到「嘶嘶」、「嗚嗚」的低沉炮聲，就立馬臥倒。最初，當台灣的飛機到廈門上空連番轟炸時，我們有好多官兵，就爬到高地或屋上觀看，看到我們的飛機在廈門上空，在滿佈著一團團黑色高射炮火的濃煙中，穿梭著來回轟炸。大家還拍手叫好。如果有一機中了高射炮火，冒起煙來，大家就合十擔心地，看望它快快飛回金門的海邊來。以後，當中共猛烈炮轟時，我們由台灣調來的士兵，都是穿著白色汗衫，也站到高處，看它打到什麼地方。對岸中共看到，就廣播喊話，諷刺地說，你們號稱台灣來的「新軍」，竟然最基本的軍事常識都沒有。我們隨之喊話回應說，因為你們打不準，所以我們就站在屋頂上看。對面中共無言以對。那時，金門的制空權在我們這邊。中共就訓練一批「水鬼」，有一次在風高浪急的黑夜裡，游到我們海邊防地，摸走我們警戒哨兵。第二天，司令官劉豫章就集合我們全師官兵「訓話」說，不論你們指揮官是什麼「皇親國戚」，有疏忽職守的，「殺」。當場就將昨晚負責警戒的副排長叫出隊伍，就地槍決。聽到槍聲，讓我震撼不已。又想起被我衛生連急救回來的炮戰重傷，送到野戰醫院，無法醫治，臨「去」時，都流下幾滴淚水！今天，金廈兩地可自由互通了，國共雙方也步上解凍和平的進程，我不禁要問問蒼天，當年為什麼要打這場「九三炮戰」呢？！

（北美《世界日報》於 2008 年 11 月 6 至 14 日，在「上下古今」版上予以刊出）

「主權共有，治權分轄」——解決兩岸「一個中國」特殊關係的途徑

馬英九先生就任中華民國第十二任總統百日以後，要為台灣地區發展經濟，達至所謂「六三三」的目標；主張「外交休兵」，以開擴國際關係的空間等等「政見支票」，未能如所預期的「兌現」，其因何在？要在於馬先生昧於兩岸情勢，沒有依據法理，切符現實，來解決國共雙方都無從迴避，且必須面對的，所謂「一個中國」的問題。

日前，馬英九總統表示，兩岸的憲法都不允許在其領土上還有另一個國家，所以認為雙方是一種特別的關係，但不是國與國（兩個中國）的關係。確是言之中的，但馬先生仍然欲以理念模糊的「九二共識」來「迴避」，來「擱置」「一個中國」的主權爭議，遂行他所謂「不獨，不統，不武」的謬論！真是不「爽」。

其實，「一個中國」就是一個中國。她不是專屬於任何一個政權。而是永遠永遠屬於中國的土地與人民的。無論依據法理，或按照實況，當前兩岸對「一個中國」的特殊關係，是「一而二，二而一」，是所謂「你中有我，我中有你」的。此因，從中共建國後，依國際法「主權繼承」說，中共對台灣就有權利更有義務，要求其領土主權的完整。但中華民國政府依據在大陸，由全民所創制的《中華民國憲法》以及民意代表，於大陸兵敗後，退守台灣，根據憲法，行使其職權；國祚無一日中斷，致令中共一切治權運作，從未能及於台灣；中共對中國領土主權自是「不完全繼承」的。而國府仍擁有「有效統治」台澎金马的「剩餘主權」，依法，自然也保有對大

陸領土主權的要求。亦即，中共與國府彼此對全中國領土是「主權共有」，對全民則是「治權分轄」的；因此，從中共建國以後，與國府「鬥爭」了二十餘年，方在聯合國取得中國的「代表權」以迄於今，其真正的爭議所在，乃是國共兩岸是誰能夠「代表全中國的唯一的合法政府」。

今天，中共在大陸上，國勢日益強大，已無一有求於台灣。國府在台灣政經雖是日益邊緣化，其生存與發展多受制於大陸，但在中國民主憲政的法理方面，確是優勝於大陸中共的。馬先生既是依據《中華民國憲法》，當選並就任為中華民國的第十二任總統，就不應倡言如「台獨份子」所說的「台灣主體」，僅以「台灣人民」的「台灣總統」自居。必須恪遵《中華民國憲法》的基本國策；胸懷大陸，心繫全民，明確而堅定地宣示「世界上只有一個中國，大陸與台灣都是中國的一部分」；恢復「國統會」 的運作，也要求中共（國台辦），「在一個中國的原則之下，什麼（如國名、國歌、政制等等）都可以談」，來主導建立兩岸和平發展的關係。中共對台灣的要求， 如其所言，是「統一」不是「統治」；對台灣只是要求宣示其領土主權的完整，而不作實質上的掌控。如此，這一「終統」的談判，自不會有成於朝夕之間。但自始至終，不僅維持了台海兩岸的現狀，國府也保有「主權獨立」的法統地位；做到「對外統一」，「對內獨立」的地步：且能與中共「一同崛起，共臻盛世」。這豈 不是解決兩岸「一個中國」特殊關係的最佳途徑？

註：本文於 2009 年二月十日刊載於《我家傳承》網站之前，曾為世界日報《民意論壇》在 2008 年九月十四日將文題改為《一個中國，兩岸各自獨立》，予以刊出；繼於次（九月十五）日，由香港論壇 Lalulalu 轉載，公開討論。

「1949巨變大難」，「罪」在何方？

當中共在大陸為1949建國迄今已歷六十週年，而大事舖張慶祝前，從報端見及在台灣的名作家龍應台，為向1949國府兵敗於大陸，倉皇撤守台灣，所率兩百萬軍民的「失敗者」致敬，而出版《大江大海　一九四九》一書，讓我「震撼」不已。因為1949那年，我只是一個年方十七，無資無能，孑然一身的「流亡學生」，隨校到上海搭乘最後一班去台灣的「大江輪船」，經吳凇口，過台灣海峽抵達基隆碼頭的。那些令我永生難忘的情景是；一群萬頭鑽動，提著大包小箱，爭先恐後搶上輪船的群眾，為在跳板上被擠跌下海的親人嘶叫聲；為不能上船的家屬相對哭喊聲；出航時，來自中共在吳凇口岸邊射擊的機槍聲。還有在航行中，與我同樣飢餓昏厥的人們；中途有被「海葬」，甚至到了基隆碼頭仍有人跳海的情景，歷歷猶在目前。

來台後，正如在1949先先後後撤退來台兩百萬人，各有兩百萬個故事然，我由學生而軍公教商一路走來，酸甜苦辣，五味雜陳，也是一言難盡。而今已是望八的老翁，子女皆已成家立業，老倆口有個不虞匱乏的溫飽生活，倒也「無怨無尤」，過得「心安理得」。但因離開故鄉六十多年，何處是歸程已茫然了！所以，對有關1949的著作，無不想急急一讀，得知有那些章句，是如我所言，那些論述能激起我的「共鳴」。

前些日子，去世界書局，購買《大》作時，不意又發現另有《石破天驚的一年　1949》一書，因該書也是談1949的，翻翻目錄，發現竟有一章談到 1954 年的「金門九三炮戰」。記得九三那天，中共由大小嶝第一群炮彈射向金門湖南高地，就落在身邊，我幾乎做了「成仁的烈士」！所以一併買下。因忙於身邊瑣事，《石》著僅讀近半，對著者為何認為 1949 是「石破天驚的一年」，是為之慶幸？或為之悲哀？尚不得其解。

而今，在第 1344 期的《世界週刊》上，見及《1949 三稜鏡》與《兩岸悲歡六十年》兩篇介紹有關 1949 的三本書的大文，拜讀所知，前文要在闡明各書的文筆修辭，寫作技巧；後《兩》文則是著墨於各書著者的學養才華。當然，從這兩篇介紹文中也可獲悉，這三書都屬於著者們或為家族，或為「失敗者」，或為個人所寫的傳記、記憶、敘述之類的文學作品。或許因為文學不是史書之故，對三書內容，有關 1949 年的「巨變大難」，其成因為何？其「罪」在何方？尚未見其有所分析，有所論述。似乎「若有所失」。

談到國府為何兵敗於大陸？或有一言以蔽之曰：「國運多舛」也。僅就對日抗戰而言：一、國府「領導」三百二十個步兵師，二十二個騎兵師，總共四百至六百萬人，與日作戰計有二十二次大會戰，一千多次中型戰役，三千多次遭遇戰，打了八年，方能堅持到最後的「慘勝」。二、已經是一個落後、分裂、貧窮的中國，再有日寇掠奪物資，破壞金融，封閉出海港口；對外唯一通道的中緬公路也被切斷，因而海關喪失了，工廢破壞了，全國稅收損失泰半；且因一千四百萬逃來大後方的難胞，有公務與教學人員，有一千多萬壯丁，四百多萬兵源要有給養，政府開銷驟增十倍。物資奇缺，奸商屯積，哄抬物價，民生怎不凋敝？鈔票貶值與時競爭得如同廢紙，金融何能不全面崩潰？而最為重要者為：三、在「山窮水盡」，抗日慘勝之後，如果中共沒有俄援，無能掀起四年內戰，而與國府合作，同心協力，善後復員，建設國家，又怎會造成 1949 的「巨變大難」？

回顧國府撤守台灣，設如沒有挹注八十萬兩黃金，用作新台幣之存底，金融能穩定嗎？沒有台灣同胞心目中的「中國豬」，在金門古寧頭殲滅來犯共軍，繼之整軍經武，堅守台澎金馬，能倖免於中共「血洗台灣」的災難？沒有國府戒嚴宵禁，保密防諜的措施，能防範「匪諜」滲透，社會軍民得以安定？再如沒有國府實施「三七五減租，耕者有其田與耕地放領」的土地改革，以及工農並重，均衡發展的經濟政策，能將台灣從「滿目瘡痍」、「民生凋弊」，建設成「台灣錢淹腳目」的「四小龍」，「民生樂利」的家園？

論及為「台獨」份子一再用作攻訐國府是罪魁禍首的，所謂「二二八」，如果就其背景，稍作「反思」梳理，不難明析其為「黑白講」。此如，「二二八」起始於緝查林江邁女士在台北照安市場販買私酒的經濟，法律事件，為何迅即為一小撮人聚眾暴動，到處尋仇殺人，演成為政治事件？受害的台灣居民（被殺害的大陸人不計）究有幾百，幾千或上萬？其數字逐次遞增；要求賠償道歉從未滿意。相較在日據時代，台胞被日人所殺究有若干？則從未計較！日本侵略中國，在南京屠殺我三十餘萬同胞，抗戰期間中國軍民犧牲有三千多萬，里岩正男之類「台獨」份子，竟然奉告日本，不必對中國道歉，真是公道何在？

所謂「白色恐佈」，此乃「文人」為戒嚴宵禁，保密防諜，所創的代名詞。事實上，其「受害」對象，僅限於涉有「匪諜」嫌疑者；言行有違憲法基本國策者。設如對「白色恐佈」心有襟懼，對之「咀咒」人士，讓他們生活在大陸「清算鬥爭」，「三反五反」；被分為「黑五類」，遭受文化大革命的災害，他們必會慶幸，能生活在台灣的。「白色恐佈」已經歷六十年，許多自認曾受其害的人仕，不是奮鬥有成，仍在享其安樂生活？至於那種指說：「在我們有生之年，可以看見舞台演宋美齡如演慈禧太后，演蔣介石如演張宗昌。」視蔣介石銅像是「那玩意兒」的乖戾偏激之徒，就無法理喻的了。

大陸中共是遵奉馬恩列史國際共產主義為圭臬而起家的。要共黨專政，要階級鬥爭。在農村殺地主，分田地，繼之組織公社，集體耕作，農民終成「農奴」；在城市要工人當家，要公私合營，「民族資本家」不得不將公司企業奉獻給國家，「資方」成為「勞方」。舉國「一窮二白」，大家競相要逃出這樣的，初級階段的共產主義的「天堂」。但一經「改革開放」，由農村悄悄走出的「個體戶」成為百萬富翁，很多國有企業或破產變賣，或合併裁撤，輾轉流失到「幸運者」手中。大家在「市場經濟」商品價格競爭中，「各盡所能」地賺錢，「各取所需」地享樂。當年共產黨的革命對象，而今列為共產黨「三個代表」之一了。「共產主義」一詞悄悄改為「有中國特色的社會主義」了。如此情勢，為什麼必須用馬列史毛的「共產主義」來武裝革命，來消滅實行三民主義的中華民國呢？

的確，中共革命建國走過六十年，所以要大事慶祝，要因「三十年改革開放」讓「中國崛起」了；百年來受盡苦難的中國人可以「說不」了。三十年來摸著石頭過河的「改革開放」，予世人讚羨的「成果」要如：一、外貿出超，賺得以兆計的外匯。二、一部分的人先富了，生活的享樂花樣眾多了。三、在國內建構了很多交通橋樑，高樓大廈，研製了好多飛彈，潛艇，讓世人震驚了等等。雖然由此產生的問題是：地區開發未作均衡規劃，貧富差距更大了；城鄉二元經濟制度，形成社會福祉分配不公，耕者無其田，住者難購其屋。「上訪」與「暴亂」不能平息，「三農問題」，「國企改革」，貪污腐敗等問題依然存在等等。但有眾多學者紛陳所見，改革建議各有所長，咸信如有所應；再行改革，成就有望。唯一例外的是，對毛澤東獨夫暴政，在政治上所產生的「後遺症」，未見多所研議，深入論述。

說來，共產主義在中國，最初是由學術研究，進而結黨革命。在民國初建，軍閥混戰之際，滲透潛伏分化國民黨；在國府對日抗戰期間，民不聊生，貧窮混亂之際，毛澤東喊出「窮人翻身」，號召「農民起義」，流竄暴動，打擊國民黨。繼之，毛澤東又以「中國人不打中國人」，一致對外為由，發表《共赴國難宣言》，以四萬五千兵力的八路軍參加抗戰。到抗戰中期，共軍竟擴成有五十萬兵力的十八集團軍。國府對日抗戰「慘勝」後，中共在東北獲得俄援，又搶先「接收」日本關東軍的武器裝備，吸納國府無從整編入正規軍的游擊民兵，中共兵力擴大到以數百萬計。於是，公然「武裝叛亂」，攻城掠地，與國軍展開正面作戰。國府內因軍團派系，指揮失靈；共諜滲入機要高層，作戰軍情咸由中共所悉。外因中共假借戰後金融崩潰，民不聊生，大肆攻訐國府貪污腐化，對外宣傳，以「土地改革者」取信於盟國，國府不僅外援喪失，且因「調停和談」，延誤了戰機。因而，東北，平津與徐蚌會戰相繼失利，「1949 的巨變大難」於焉造成。檢討種切，究竟「罪」在何方呢？

在中國歷史上，可說是所有打勝仗得天下者，皆是「減田賦」，要與民休養生息的。而毛澤東在建國之後呢？除了「誅殺功臣」，竟是不斷發動「三反五反」，「反右打左」，三面紅旗，土法煉鋼等等暴政； 1959 年大飢荒，餓死三千萬人！文化大革命許多人死於非命，中華文物道德破壞殆盡。如果不死，這獨夫暴君仍在與天鬥爭，與地鬥爭，與人鬥爭，「其樂無窮」呢！中國大陸必然仍停留在「人人自危」，「一窮二白」的境地。

而毛澤東一已也承認的，在政治上最大失策是為，急急建立「新中國」，以「中華人民共和國」取代具有法統效力，聯合國創始國的「中華民國」。繼之，兩度炮轟金門，要「血洗台灣」，造成的「後遺症」要如中共與國府鬥爭二十一年，在聯合國方能奪得中國的「代表權」；兩岸「分裂分治」六十年，讓「台獨」份子有隙可乘，要將中國對日抗戰八年，犧牲三千多萬軍民同胞，損失近百億美金的財產，方能收回的台灣劃分出去。因此，中國何時方能「和平統一」？俾對「1949 巨變大難」的喪痛，能稍予撫平，其最迅速而有效的政策或許就是，中共拆除毛像，去其獨夫暴政，實現民主法治，讓台胞失去反「中」（共）的僅有的藉口。否則，只有「期望」兩岸的「賢君能臣」，彼此不謀一黨之私，不以權謀一已之利。皆以天下蒼生為念，為民解決問題，為民創造福祉，成功殆有可期。（註：該文曾為世界周刊，於 011020 節錄三分之一，刊於第 1347 期。）

2009 年十二月二十七日於紐約市

補述《1949「罪」在何方？》

拙文《「1949 巨變大難」，「罪」在何方？》於第 1347 期紐約《世界日報》《世界週刊》刊出後，曾為之感到「意外」，其因是為編者將筆者所投原稿主文刪去泰半。繼之在該《世界日報》e-paper 上又見及拙文後，有兩行「台獨」的荒謬留言，因非「會員」，無從解說。是故，曾再撰述大陸宜拆毛像，正國名一文，投稿數週，未見發表。今（二月二十七）日，在屋前掃雪時，承路過好友相告，關於 1949，在《世界週刊》上又有蘇光《既曰革命，必含正義》一文，係針對筆者而寫的。經查閱後，感慨不已，有話要說。

記得起草「罪」文時，筆者認為，記述 1949 的巨難大變，不應止於個人如何「避兇趨吉」的經過，而應分析其「罪」在何方；撫平傷痛才是。所以，文稿中曾述及所謂「文章千秋業」。劉勰在其《文心雕龍》中認為文章是「通天道」，「合經典」的。而想像所有作者雖不能自我要求有如史學家，如董狐筆，「作春秋」然，都要做到「文以載道」。但文學（藝）作品都應是那一時代的忠實反映，那一民族的心聲共鳴。但因寫「罪」文之時，有關 1949 三本大著尚未拜讀（迄今，僅讀完龍著《1949》大作）。所以將這一段文字自我刪去，僅以「若有所失」一語帶過。今讀「既」文，得知作者只以一己是潛伏於國府的「學運份子」為毛共的「勝利」而慶幸！而歡呼！對於所謂的「革命」為何「必含正義」未作些許論述，感到他存有「成王敗寇」的觀點，要將一切「罪」與「過」，完全諉諸於國民黨！實有欠公允。

論及當年，毛共究是如何「革命」的呢？抗戰時期，筆者生長於不僅是「淪陷區」，而且共軍早已來到的家鄉，親見毛共清算，鬥爭，地方上土豪、鄉紳、惡霸、善霸都要殺；要地主掃地出門仍將其處死。分田於佃農後，就要求農民子弟參軍。日軍或和平軍來掃蕩時，毛共就撤走，賊寇擄掠走後，毛共又回來。在彼此來來去去的苦難中，我們不得不離鄉背井，「浪跡天涯」了。抗日勝利後，毛共為搶先接收，又攻打和平軍，戰火四起，我們又無法「還鄉」。徐蚌會戰失利，筆者就成了「流亡學生」，到 1949 時年已十七，中學還沒畢業，所以隨校去台灣，並不是如蘇君所言「追隨離陸登台潮流」，而是迫不得已「逃命求生」去的呀！

1949 時，蘇君已在成都就讀大學。必然年長於筆者。處在大後方，可能沒有如筆者所見所聞的經歷，再因「早已秘密加入地下民主同盟組織」，耳濡目染的可能多是毛共所宣傳的「革命正義」，要如；國民黨貪污腐化，是買辦財閥的代表；共產黨親民愛民，是農工窮人的正義之師。國民黨只是剿共，不去抗日。中共則要打倒軍閥，抗日救國。而如蘇君「學運份子」所作所為，多是發傳單，貼標語，打貪腐，要抗日；為反飢餓，反迫害，而不斷大遊行，鬧學潮。諸如此類，就是「革命」「正義」嗎？

說來，共產主義在中國，最初是由學術研究，而結黨革命的。在民國初建，軍閥混戰之際，因有國父孫中山先生「聯俄容共」政策，讓毛共滲透潛伏分化國民黨；國府對日抗戰，在民不聊生，貧窮混亂之際，毛澤東喊出；「窮人翻身」，號召「農民起義」，流竄暴動，打擊國民黨。繼之，毛澤東以「中國人不打中國人」，一致對外為由，發表《共赴國難宣言》，以四萬五千兵力的八路軍參加抗日。抗戰期間，國府統合三百二十個步兵師，二十二個騎兵師，總共四百至六百萬人，與日作戰計有二十二次大會戰，一千多次中型戰役，三千多次遭遇戰，其中有那幾次戰役，中共是參與的？

已經是一個落後，分裂，貧窮的中國，再有日寇掠奪物資，破壞金融，封閉出海港口；對外唯一通道的中緬公路也被切斷，因而海關喪失了，工廠破壞了，全國稅收損失泰半；且因一千四百萬逃來大後方的難胞，有公務與教學人員，有一千多萬壯丁，四百多萬兵源要有給養，政府開銷驟增十倍。物資奇缺，奸商屯積，哄抬物價，民生怎不凋敝？鈔票貶值與時競爭得如同廢紙，金融何能不全面崩潰？毛共就在這貧窮的「溫床」中，日益滋長坐大了。

在山窮水盡之際，國府堅苦卓絕地，與日本打了八年，方能堅持到最後的「慘勝」之後，中共在東北獲得俄援，又搶先「接收」日本關東軍的武器裝備，吸納國府無從整編入正規軍的游擊民兵，中共兵力擴大到以數百萬計。於是公然「武裝叛亂」，攻城掠地，與國軍展開正面作戰。國府內因軍團派系，指揮失靈；共諜滲入機要高層，作戰軍情咸由中共所悉。外因中共假借戰後金融崩潰，民不聊生，大肆攻訐國府貪污腐化，對外宣傳，以「土地改革者」取信於盟國。國府不僅外援喪失，且因「調停和談」，延誤了戰機。因而，東北、平津與徐蚌會戰相繼失利，「1949 的巨變大難」於焉造成。檢討種切，究竟「罪」在何方？

再說，毛澤東是援用馬恩列史國際共產主義為圭臬而起家的。要共黨專致，要階級鬥爭。在農村殺地主，分田地。1949 勝利建國後，組織「人民公社」，集體耕作，農民終成「農奴」；在城市要工人當家，要公私合營，「民族資本家」不得不將公司企業奉獻給國家，「資方」成為「勞方」。舉國「一窮二白」。全民等糧票，爭油票以維生命；人民離家走路，要有「路條」，四千多萬的「反革命，黑五類」份子送進勞改營。大家競相要逃出「鐵幕」，遠去這種初級階段，共產主義的「天堂」。這就是老毛要「農民革命」，讓「窮人翻身」的結果！

老毛死後，1979 年有反對（對毛）「個人崇拜」，數度被下放勞改的鄧小平先生，實行「改革開放」，由農村悄悄走出的「個體戶」成為百萬富翁，很多國有企業或破產變賣，或合併裁撤，又輾轉流失到「幸運者」手中。大家在「市場經濟」商品價格競爭中，「各盡所能」地賺錢，「各取所需」地享樂。當年共產黨的革命對象而今列為共產黨「三個代表」之一了。「共產主義」一詞悄悄地改為「有中國特色的社會主義」（實質上應是三民主義的民生主義）了。事實驗證，共產主義並不適用於中國。如此情勢，當年有必要，由毛澤東用馬列史毛的「共產主義」來武裝革命，發動內戰，來消滅實行三民主義的中華民國？

尤者，在中國歷史上，可說是所有打勝仗、得天下者，皆是「減田賦」，要與民休養生息的。而毛澤東在急急建國之後呢？除了「整肅異己」，「誅殺功臣」，竟是不斷發動「三反五反」，「反右打左」，三面紅旗，土法煉鋼等暴政；1959 年大飢荒，餓死三千萬人！文化大革命又是兩千多萬人死於非命，中華文物道德破壞殆盡。如果毛澤東不死，這亙古未有的獨夫暴君仍在與天鬥爭，與地鬥爭，與人鬥爭，「其樂無窮」呢！中國大陸必然仍停留在「人人自危」，「一窮二白」的境地。所以，要求今天的中共拆毛像，要在於從根本上剷除毛共暴政的象徵，讓世人改變懼共，恐共的心態；也因「共產主義」事實上已經驗證得知不適用於中國，就必須為大陸三十年「改革開放」的成功，賦予真實的意義；讓世人正視中國確是「和平崛起」。

「拆毛像」可行嗎？觀諸「國際共產主義」創始國的蘇聯，在二戰期間，德軍攻入，「工人無祖國」的信條失靈，戰後民生凋弊，說明共產主義不是「救國救民」的萬靈丹。其「創始人」列寧的銅像，曾被拉倒；對死後的暴君史達林鞭笞其屍。史毛交惡，「新中國」與「共產國際」分道揚鑣後，老毛就將馬、恩、列、史的「神像」，從天安門，從大會堂，從各個辦公室通通拆除。而今，中國大陸經過三十年「改革開放」後，發起「再改革」的各項建設與政策，都可見其日益趨向三民主義的思想模式。當政者，且為大陸社會的和諧，為「保台」而「寄望於台胞」時代，將象徵暴政的毛像予以拆除，可予 1949 巨變大難的傷痛，能稍有撫平；有利於中國早日和平統一，有何不可？

為何要「正國名」？從 1949 國府遷台，中共建國已走過一甲子。兩岸內戰未平，分治依舊。各種交流合作，談判協議，皆因無法超越「一個中國」問題而原地踏步；讓「台獨」份子有隙可乘，要將中國對日抗戰八年，犧牲三千多萬軍民同胞，損失近百億美金的財產，方能收回的台灣劃分出去。其實，這「兩個中國」或「一中一台」等問題，皆由毛澤東急急建立「新中國」，以「中華人民共和國」取代具有法統效力，聯合國創始國的「中華民國」而造成的。

回溯中共對台的策略，當毛澤東取勝於徐蚌會戰，就兵渡長江，攻佔上海，繼之南下，乘勝追殺得國府軍民屍橫遍野！繼之，屠一江山，兩度砲轟金門，要「血洗台灣」。迄至鄧小平主政，按其「改革開放」進展，人民生活日漸改善，對台政策則改由「一國兩制」，而「和平統一」。而今大陸經三十年「改革開放」，「中國崛起」了，胡錦濤先生反而更理性地，棄武用經，提出「維持現狀，和平發展」的對台策略。因此，中國何時方能「和平統一」？其最迅速而有效的政策自是，中共拆除毛像，兩岸共同正國名為「中國」。如此兩岸對外是統一的「一個中國」；對內，如何或分治，或邦聯，或聯邦，可委由兩岸兩會，或是由國共雙方籌組，暫名之曰「一中委員會」，來會商研議之。

當然，「拆毛像」，「正國名」，對於國共雙方將是「翻天覆地」的變化。但鄧小平先生已有言在先；「在一個中國原則之下，什麼問題（如國名、國歌、政制）都可以談。」這不正如所想望的嗎？「終統談判」亦是極其艱難的重大工程。因它必須研議的課題太廣泛，太複雜。這一大政略的抉擇與實踐，自然寄望於兩岸人民彼此互信，更有賴於兩岸領導人都以天下蒼生為念。一切為民解決問題，一切為民創造福祉。所謂「為者常成，行者常至」。再如採取「化繁為簡」的方法，亦即將兩岸的兩部《憲法》加以研議，修訂出一部，可名為 《中國大憲章》，作為兩岸統一後的大中國建國的藍圖。如此，兩岸為「和平發展」要會談，要協商，要簽訂如 EFCA 等等文書，以及加速磨合兩岸的和平發展，所無法迴避，必須面對的「一個中國」問題，立予解決了；中國「和平統一」的時間，也就不需要如鄧小平先生所說的要等一百年了。

2010 年二月二十七日於紐約市

兩岸修憲，和平統一

近來台灣政壇「批馬」已成為顯學，且藍綠陣營人士都在批馬。其實，馬英九的問題並不在於謀求二度連任，而在於「遠藍親綠」，多所失策。諸如侈言「活路外交」，要求中共拆飛彈，特別是主張「不統、不獨、不武」，顯得一廂情願。筆者以為，馬英九若能恪遵《中華民國憲法》的基本國策，了解國共內戰的本質，掌控彼此優勝劣敗的契機，主導「終統談判」，將可達成萬世開太平的目標。

中國大陸成功改革開放，讓世人正視中國確已「和平崛起」，共產主義已改稱為「有中國特色的社會主義」，事實驗證，共產主義已不適用於中國，就無必要再死抱住馬列史毛的共產主義，繼續武裝革命，消滅實行三民主義的中華民國了。

筆者認為，促使兩岸統一最迅速而有效的政策是，中共拆除毛像，並且由兩岸共同正名為「中國」。兩岸和平統一，對外是統一的一個中國，對內採分治，或邦聯，或聯邦，可委由兩岸兩會，或是由國共雙方籌組暫名之為「一中委員會」共同研議。

中華民國雖然困守於台灣一隅，經濟建設的台灣經驗及民主憲政，法治社會的進步，依然優於大陸，「台灣經驗」仍可作為大陸再改革的借鏡。《中華民國憲法》的基本國策就是一個中國，其領土主權涵蓋海峽兩岸。馬英九既是依據《中華民國憲法》而當選的總統，為何不以此理直氣壯的優勢與職權，迅即恢復國統會的運作，主導展開「終統談判」，解決一個中國的問題。

馬英九應設法化繁為簡，將兩岸的兩部憲法加以研議，另修訂出一部「中國大憲章」，作為兩岸統一後的大中國建國的藍圖，和平統一的時間，就不需要如鄧小平所說的要等一百年了。

原載於《世界日報》2011 年一月二十三日

老朽曝言：落實政改和平統一之路

今 (2011) 年是國府辛亥革命建國一百年，也是中共建黨九十週年，海峽兩岸正是多事之秋。國府在台灣為「九二共識」、「一個中國」問題，又被台獨之輩，罔顧憲政，炒作得「風雨滿樓」。他方，中共在大陸，為保持三十年改革開放經建成果，是否必須要作政治體制的改革，左右兩派或是擁毛與批毛雙方，依然是「糾纏不休」。而這「政改」與「統一」兩者，是互為因果，彼此相輔相成的。

最近，在網路媒體上，不少有關中國政改的大文，特別是要將毛從「神」位拉下，將他還原成「人」，來「審判」他，要與毛「切割」，讓中共找回自信和光榮等等「去毛化」的文章，讀來，讓人甚為認同；以及王霄先生大著《朱鎔基功過之一瞥》，深感著者對朱鎔基「國企改革」的「失誤」一語道破：是由於（政治）「體制的缺陷」，也為之敬佩不已。但中共如何落實政改，兩岸殆能和平統一；中國可盡文明國之義務，為開萬世太平，論述殊多，尚無定見。

六四事件與國企改革

朱氏之「國企改革」似在「六四」事件與 WTO 推動期間？個人的結論是；WTO 逼使「國企改革」；有「六四事件」，殆有後來經濟方面的「三十年改革開放」。此二者，皆為今日要求政治體制改革的主因。當年，朱氏以「『產權』制度改革為取向的國企改革」，並不錯。問題在於朱氏對中國「共產極權」制度的，所有企業都姓「社」的國企 (State-owned enterprises)，與已開發國家如美、英，僅有少數的，用為發展經濟「拓荒者」(pioneer) 的公企 (public enterprises)，其在性質與功能諸方面未予有所區別清楚。

那時（大概是發改會？）最大的「發明」是仿聯合國的「公司股份制」，來全面推動國企改革。但「出資人」是誰？時至今日，縱然有些國企「上市」了，恐怕國企股東「出資人」仍然是在 51% 以上？而今，為因應「金融風暴」要「公退民進」，俾能「擴大內需」，依然是「國富民窮」，難予落實。甚以，四萬個億的融資，流入國企，多無從消化而炒作房產，地價與房價同步飆升，蝸居蟻族於焉「誕生」！

論及保「一百」大型國有企業的策略，對虧損連連，一無績效者予以或合併，或賤賣，但在全國企業皆為中共政府所擁有的情境下，賣給誰？這不是予不肖者與當權者「誘其入罪」的機會？甚至說今日的「貪腐」(除了中共「一把手」權力太大的成因而外）也肇因於此，亦不為過。

又者，對於從「生產與分配」皆以「養民」所需為要的計劃經濟，轉型到用商品、價格為手段，以追求「利潤」為目的的市場經濟的過程中，其「衝擊」的「後果」，朱氏對之也沒「評估」清楚。試想；國企之所以業績不善，虧損倒背，被 WTO 逼得非改革不能生存的地步，固然由於「共黨國企」如同「家族企業」，它是「政治掛帥」，「用人唯親（黨）」的，以至人才兩缺，管理不善；昧於市場，營運不良等等先天缺失而外，國企為職工的負擔太多、太重之故。亦即國企對職工，並無合理的薪資與退職制度，但從「搖籃」到「墳墓」的生活所需，都要「照顧」所致。再則，其時國家尚無全盤的、完善的社會安全（保障）制度，職工一旦「下崗」，轉業不易，僅得象徵性、堪可短期餬口的貼補，生活頓失所依（有退職的高級工程師淪為丐民者），怎不造成「社會問題」？但這些皆導因於「共產極權資本」，政治體制的缺失，不是朱氏所能掌控的，其「責任」自不應完全歸咎於朱先生才是。

三十年改開放成敗之因

在經濟方面「三十年改革開放」成功之因（不論其實質性），主要是在「思想解放」（只要「能抓老鼠」就好」）；打破條條框框，「摸著石頭過河」所致。但筆者認為尚有其他四大促成的要因：一、土地國有；二、企業皆公；三、極權專政；四、嗷嗷待哺的「廉價勞工」。但所謂成在於此，衰亦由此。三十年改革開放最大敗筆的「城鄉二元制」的禍害，其所以造成；共黨幹部貪污腐敗，較之當年，以此要打倒的國民黨，遠勝千萬倍；「拆遷」與「上訪」的冤屈和傷害；環境污染；三農問題；國企虧損；貧富差距日益擴大；「盲流農工」、「蝸居蟻族」皆為物價通膨所困，小民生活壓力日有加劇等等，皆由於「共產極權資本」，政治體制的缺陷所造成的。尤者，在所謂「上有政策，下有對策」的「反射」行為情境下，「富」者既是「嬌侈淫佚」，「貧」者竟有「與汝偕亡」者。以至道德淪喪，社會不寧！筆者「妄言」；中共政改如不落實，不僅三十年經改「成果」不保，共黨政權，也可能將崩潰於朝夕之間的。

政改的要目

在「六四」前後，中共中央就有「政治體制改革」之議，但爭議不止，從未「落實」。最近，溫家寶為「政改」多次所講的「警語」，其要點之一僅及於，憲法上所定人民有言論的自由都不能落實。對於改革是以何種的「民主政治」為取向？是如國府「五權憲法」的「均權」？美國「三權分立」的「制權」？以至鄧小平所主張的，在中共「極權體制」下的「限權」等等，胡、溫等，皆未有明確的論述。衡諸實際，其落實政改的要目，筆者認為其首要者如下；

一、「還政於民」。要如黨政分開，實行民主政治；撤銷黨委書記一把手與政紀委的權職，建立民選政府；各級人大由民直選，使成常設機關，行使「國（議）會」立法與決策之政權；建立全國性文官制度，國家公務員概以定期公開集中考試，取才任用等等。

二、「藏富於民」。要如「耕者有其田」，「員工有其股」；除有關國防與民生工業而外，國企儘量改由民營；徹底打破「城鄉二元」的「諸侯經濟制度」；全國土地開發與利用，國家財政與稅制，皆由中央統一規劃；以及公共福利設施概歸中央舉辦等等。

三、「廣開言路」。中共中宣部不得「以權干政」，控制媒體；各級人代議會建立「聽證制度」；全國政商各界皆建立《獎勵建議制度》等等。

四、「強化教育」。國家教育經費在憲法上，規定總預算不得少於 30%；鼓勵公私個人廣設獎學基金；對公民教育，社會人文教育，倫理道德，科技與管理教育等等皆須作整體規範，使教育以培養良好的國民，對社會負責的企業家為主旨；大學能造就頂尖的科技與管理諸般人才，以為國用。

尤者，中共落實政改，其決定成敗最為重要的「先決條件」，是為徹底根除「毛澤東思想」。其最為簡切，且如「寧靜革命」，可收「立竿見影」之效的方法是：「拆毛像」。將毛像從天安門，從大會堂，從各個公共場所，統統拆除。改奉國父孫中山肖像。繼之，落實中共中央政治局全體會議，在胡錦濤之下通過了《關於毛澤東思想若干建議意見》的，第 170179 號決議案，重新審毛，與毛切割，讓中共能找回自信和光榮。

拆毛像

此因，政改的方法，有體制內的「行政革新」，與體制外的「政治革命」之分。前者溫和，後者激進。「拆毛像」，是讓人們從形象觀念上「去毛化」。可兼收「革新」與「革命」的兩種政改的妥當方法。如徹底與毛切割，清除「毛某思想」毒素，剷除毛共暴政的象徵，就可讓世人消弭懼共、恐共的心理；為經濟方面「改革開放」的成功，賦予真實的意義；世人可正視中國確是「和平崛起」等等。

為何要拆毛像？蓋因毛澤東是為古今中外絕無僅有的暴君獨夫，其暴政殘殺了七、八千萬中國苦難的小民，與他稍有「異議」的「開國功臣」也多難倖免（如彭德懷等）！從毛在延安為《野百合花》一文，而發起的文藝整風，掀起的「文字獄」，有中共政治理論家劉少奇，在第七全大會，於黨章中規定，以「毛澤東思想」為中共全黨的指導思想；是中國共產黨一切工作的方針。毛自始成為了中共的「教主」，轉化為「神」的格位！毛的獨裁專制，犯下滔天大罪，於焉肇始，中國人民的苦難浩劫也禍延於此！

論及毛澤東是遵奉馬恩列史第三共產國際為圭臬而起家的，但他並不是真正的馬列共產主義的忠實信徒。共產主義主要理念是予個人有充份自由的，所謂「各盡所能，各取所需」的。講「無產階級」；批「剩餘價值」，要在為無產階級人民，窮苦農工爭取合理的權益而然的。當中國仍是一個，只有大貧與小貧的弱衰國家，需要共產主義嗎？毛澤東真是為解放無產階級人民而革命？正如有學者謂：「在毛的眼中，人民只不過是一堆肉，是叫喊萬歲口號的工具。毛因權力欲望，控制住他的生命。他所追求權力的方法就是階級鬥争。階級鬥争的原意是資產階級和無產階級鬥爭。但毛澤東的階級鬥爭和資產或無產根本不相關。他所謂的資產階級，實際上就是他所不喜歡的人，且大部分是真正的無產階級。」

事實上，毛要共黨專致，要階級鬥爭的結果是，在農村殺地主，分田地，繼之組織公社，集體耕作，農民終成「農奴」；在城市要工人當家，要公私合營，「民族資本家」不得不將公司企業奉獻給國家，「資方」成為「勞方」。毛氏王朝成為舉世無匹的「大地主」；共產極權的「大資本家」。全民「一窮二白」，人人盼糧票、爭油票以維生命。大家競相要逃出這種初級階段，共產主義的「天堂」。但後來一經「改革開放」，由農村悄悄走出的「個體戶」成為百萬富翁，很多國有企業或破產變賣，或合併裁撤，輾轉流失到「幸運者」手中。大家在「市場經濟」商品價格競爭中，「各盡所能」地賺錢，「各取所需」地享樂。當年共產黨的革命對象，資產階級的企業家，而今列為了共產黨「三個代表」之一。「共產主義」一詞悄悄地改為「有中國特色的社會主義」。事實驗證，毛澤東代表無產階級，以階級鬥爭為綱的共產主義，根本不適用於中國。如此情勢，就無必要，再死抱「毛澤東思想」，賡續其暴政。

尤者，在中國歷史上，所有打勝仗得天下者，皆是「減田賦」，要與民休養生息的。而毛澤東在 1949 用槍桿子奪得政權建國之後呢？除了「整肅異己」，「誅殺功臣」，竟是不斷發動「三反五反」，「反右打左」，三面紅旗，大躍進，土法煉鋼等等暴政；1959 年大飢荒，餓死三千萬人！文化大革命逼得兩千萬人死於非命，中華文物道德破壞殆盡。如果不死，這獨夫暴君仍在「與天鬥爭，與地鬥爭，與人鬥爭」，「其樂無窮」呢！中國大陸必然仍停留在「人人自危」，「一窮二白」的境地。海峽兩岸的同胞固然心有餘悸，「台獨」份子則依然「逢中（共）必反」，阻礙兩岸和平統一。中共要讓世人認知到中國真正是「和平崛起」，可盡文明國之義務，就必須與毛切割，首先將象徵暴政的毛像予以拆除。

毛像能拆嗎？觀諸第三「共產國際」創始國的蘇聯，在二戰期間，德軍攻入，「工人無祖國」的信條失靈，戰後民生凋弊，說明共產主義不是「救國救民」的萬靈丹。其「創始人」列寧的銅像，曾被拉倒；對死後的暴君史達林鞭笞其屍。「新中國」與「共產國際」分道揚鑣後，也將馬、恩、列、史的「神像」從天安門，從大會堂，從各個辦公室通通拆除。而今，中國大陸經過三十年「改革開放」後，發起「再改革」的各項建設與政策，都可見其日益趨向三民主義的思想模式。當政者，且為大陸社會的和諧，為「保台」而「寄望於台胞」時代，將阻礙兩岸和平統一的，象徵共產極權暴政的毛像，予以拆除，以求國家的長治久安，開萬世太平，正是其時，這「拆毛像」有何不可？

國民革命與對日抗戰

當年國父孫中山為「推翻專制，走向共和」的武昌起義，「辛亥革命」成功已歷百年。在建立民國之初，即遭到袁氏稱帝，軍閥混戰等等「共和之災」；時有俄共「十月革命」成功，派馬林來華誘援組黨。國父為努力國民革命成功起見，而不得不採取「聯俄容共」的政策，予毛共滲入國民黨，任其曲解《三民主義》，秘密發展其組織。結果是所謂「借國民黨的雞，生共產黨的蛋」。從寧漢分裂，共黨被國民黨清出黨外後，毛澤東指責國民黨不執行「扶植農工」政策，是為「反革命」，是為「反動派」。由江西南昌武裝革命，而湖南長沙秋收暴動，而上了井崗山，為共產國際建立其蘇維埃政府了。有學者指證，在「九一八」事變後，毛共遵奉共產國際史達林的「指令」；「中國共產黨必須站起來，武裝保衛蘇聯；發動暴動，罷工遊行，以推翻反革命的日本帝國主義的走狗南京國民政府。」於是在「蘇維埃區」，在「解放區」，展開「清算，鬥爭」；將地主富人掃地出門，惡霸善霸統統殘殺；裹脅農工子弟參軍；在大、中、小城市，反飢餓，鬧學潮；反迫害，搞工運，來反政府，來打倒「不抗日」的國民黨。

民國二十九年八月二十二日，毛澤東發表「共赴國難宣言」：服從國民政府領導，參加抗日。將陝北八路軍的四萬五千人的部隊改編為第十八集團軍，總司令朱德，副彭德懷，所轄有林彪 115 師，賀龍 120 師，以及劉伯承 129 師，劃入第一戰區，由衛立煜（實際是由中共黨中央）指揮，從事所謂「國共合作」。全民對日抗戰，在這期間，毛澤東到底做了些什麼呢？

一、據北大教授白壽彝所著《中國現代史》一書中載有；「從 1931 年九月十九日至 1935 年八月一日，中共沒有說過『抗日』這個詞。」毛澤東，除了抗戰頭兩年，共產黨的軍隊打過幾次抵抗日本軍隊的仗，從 1939 年以後就沒有打過一場稍微大一點的仗。共產黨的主要精力放在擴大解放區，培養自己的武裝力量，是所謂「一分抗日，十二分宣傳，一百分發展」。「在這中華民族生死存亡的關鍵時刻，毛澤東放著日本人不打，打自己的小算盤；準備勝利後摘果子。」（他確實做到了。）

二、中國對日抗戰，在中共黨史中所說，日本是由八路軍打敗的。其舉證最為首要者，是為林彪的第 115 師參與的「平型關抗日之役」；另由彭德懷所發動的「百團大戰」。據說，在三個月期間，打了兩千多次游擊戰，毛澤東參加過幾次？甚以，事實上，毛澤東並不同意林彪打「平型關之役」，「毛一天給五道信說是，中共八路軍的中心任務就是做群眾工作的」。也對彭德懷發動「百團大戰」結果損失 20% 的戰力，一直計算到他被整死而後已。

三、抗戰期間，蔣介石「領導」三百二十個步兵師，二十二個騎兵師，總共四百至六百萬人，與日作戰計有二十二次大會戰，一千多次中型戰役，三千多次遭遇戰，打了八年，方能堅持到最後的「慘勝」。國民黨僅陸軍就犧牲了三百二十一萬官兵，其中包括上將八名，少將以上兩百二十名。中共軍呢？從四萬五千名，擴展到數百萬，沒一個師級以上軍官犧牲的。特別是，在國軍與日寇之間的二十二次大會戰中（備註如下），毛澤東除了在窟洞中不時「喊話」，他又參與了那一次？

1937 年的：1. 淞滬會戰；2. 南京會戰；3. 太原會戰；

1938 年的：4. 徐州會戰；5. 蘭州會戰；6. 武漢會戰；

1939 年的：7. 隨棗會戰；8. 第一次長沙會戰；9. 桂林會戰；

1940 年的：10. 棗宜會戰；

1941 年的：11. 豫南會戰；12. 上高會戰；13. 晉南會戰；14. 第二次長沙會戰；15. 第三次長沙會戰；

1942 年的：16. 浙贛會戰；

1943 年的：17. 鄂西會戰；18. 常德會戰；

1944 年的：19. 豫中會戰；20. 桂柳會戰；21. 長衡會戰；22. 湘西會戰。此外尚有名震中外的：滇緬會戰。

毛澤東對於第三共產國際為中國共產黨所訂的路線；「抗日民族統一戰線」的解釋，就是「階級鬥爭」，就是「反蔣抗日的戰爭」。當中國對日抗戰八年，在「山窮水盡」倖獲「慘勝」之後，毛澤東不信守其在「重慶會談」所作的「諾言」；與國府合作，建設國家。當日本宣佈「無條件投降」之際，「在十四個小時內，就向藏在深山內共軍發出七道命令，要他幾十萬大軍，揮師華北平原，切斷京杭京浦線，取代國府接受日本投降」；搶摘「勝利果實」。共軍幹部從華北中原，紛紛潛入東北擴軍，獲得俄援後，即公然武裝叛亂，攻城掠地。取勝於徐蚌會戰後，就兵渡長江攻佔上海，繼之南下，乘勝追殺得國府軍民屍橫遍野；四年內戰，兩千萬軍民同胞因以枉死！毛澤東為了要把共產國際的蘇維埃發展到中國，而無所不用其極地「欺騙」，「用間」，用「槍桿子」奪得「天下」，急急成立了「毛氏王朝」的「中華人民共和國」，如此的「革命」，如此的「建國」，有其正當性？！

正國名

論及毛澤東所急急成立的「中華人民共和國」的國號，乃是 1937 年十一月七日，前蘇聯國慶日，史達林命令在江西瑞金的中共，所創建的《中華蘇維埃人民共和國》的同義名詞。且在「憲法」第十四條載有；「中國境內的所有的少數民族，和各地區的人民都有獨立建國的自由，都能脫離中國。」甚以，早在 1932 年，搞土地改革和建立蘇維埃政權，就一直為共產國際效命，分裂中國了。「中華人民共和國」這種僅為毛澤東個人「帝王極權心態」所訂的「國號」；且是暴露毛澤東掀起「人民解放戰爭」，乃是為第三共產國際而戰，因而沿襲的「國號」。今日中共如為其「革命」正當性計，這樣的國號能不予以更正？

再則，從 1949 國府遷台，中共建國已走過一甲子。兩岸依舊分裂分治，政令運作皆不及於對方。各種交流合作，談判協議，皆因「一個中國」問題而原地踏步。其實，兩岸關係是「主權共有，治權分轄」，所謂「你中有我，我中有你」的「一個中國」關係。造成「兩個中國」或「一中一台」等等問題，皆由毛澤東急急建立「新中國」，以「中華人民共和國」取代具有法統效力，聯合國創始國的「中華民國」而肇始；繼之兩度炮轟金門，要「血洗台灣」，所造成的「後遺症」。不僅中共與國府鬥爭二十一年，在聯合國方能奪得中國的「代表權」；兩岸「分裂分治」，也讓「台獨」份子乘機要將中國對日抗戰八年，犧牲三千多萬軍民同胞，損失千萬億美金的財產，方能收回的台灣劃分出去。

現今，馬英九為急急謀求個人第二度連任，而「遠藍親綠」，作出許多「失策」。固然，此乃馬成長於「溫室」，出身於「幕府」，未親歷中國對日抗戰，不了解國共內戰的本質；只囿困於「分裂，分治」的現實，而未能恪遵《中華民國憲法》中「一個中國」的基本國策；克盡他應是「胸懷大陸，心繫全民」，中華民國「全民總統」的憲政使命，來主導「終統談判」，仍然以理念模糊的「九二共識」，來迴避「一個中國」的主權爭議。其所以如此，皆緣於毛共暴力革命，用槍桿子奪得了政權，建立「毛氏王朝」，造成所謂的「兩個中國」，或是「一台一中」而然的。對此，中共自難辭其責。鄧小平主政，對台政策改由「一國兩制」，而「和平統一」。胡錦濤更為理性地，棄武用經，提出「維持現狀，和平發展」的對台策略。但是，「中華人民民國」的國號，是代表「毛澤東思想」與「共產極權暴政」及其「政治體制的缺陷」，是在在與國父孫中山當年為推翻專制，而辛亥革命所建立的民主共和國體制背道而馳！因而，胡錦濤所想望的，所宣示的：中國共產黨是孫中山國民革命的「繼承者」，自屬空言。

落實政改，和平統一

所以，中國何時方能「和平統一」？其最迅速而有效的政策自是，在於中共拆毛像，從形象與心理上，與「毛澤東思想」切割，以落實政改，創建均富安和的社會；並且將「中華人民共和國」國號，正名為，國父孫中山先生國民革命，推翻專制，而建立亞洲第一個民主共和國的「中華民國」，或由兩岸共同正國名為「中國」。

如此，兩岸可順利地「和平統一」。對外是統一的「一個中國」；對內，如何或分治，或邦聯，或聯邦，可委由兩岸兩會，或是由國共雙方籌組，暫名之曰「一中委員會」，來會商研議之。如此，國共雙方皆是邁向民主共和，皆是國父孫中山先生的「推翻專制，國民革命」的繼承者。

當然，拆毛像，正國名，對於國共雙方將是「翻天覆地」的變化。但鄧小平已有言在先：「在一個中國原則之下，什麼問題（如國名，國歌，政制）都可以談。」「終統談判」亦是極其艱難的重大工程。因它必須研議的課題太廣泛，太複雜。這一大政略的抉擇與實踐，自然寄望於兩岸人民彼此互信，更有賴於兩岸領導人都以天下蒼生為念。一切為民解決問題，一切為民創造福祉。所謂，「為者常成，行者常至」。再如採取「化繁為簡」的方法，亦即，將兩岸的兩部《憲法》加以研議，修訂出一部，可名為 《中國大憲章》，作為兩岸統一後的大中國建國的藍圖。如此，兩岸為「和平發展」而要會談，要協商，要簽訂施行的如 EFCA 等等，必須面對的「一個中國」問題立予解決了；兩岸可通過「政治協議」而「和平統一」的時間，也就不需要如鄧小平所說的要等一百年了。

2011 年六月二十二日撰成於紐約市寓所

同年九月九日以止戈筆名發表於《中央日報》網路版「中央論壇」

有關中共政治體制（憲政）改革的論述——從讀「老三」教座時政《信息 106》有感說起

一

年來，「老三」教座，定期 e 送有關時政的「信息」給我，讓我見聞日增，受益非淺。這次《信息 106》中的頭兩篇；《中國愛因斯坦》與《東方居里夫人》，特別讓我讀來感慨萬千，不得不寫幾點個人觀感，e 奉給「老三」教座，一為致謝，再為請教。

「老三」教座搜集這兩份資訊給我，很可能因為他教授的也是物理科學，而有一份「感同身受」之故吧？但在我讀了上述兩篇論述之後，由於個人所學不是物理自然科學，其所知所感就不僅限於此了。至少有如下幾點膚淺的觀感：

1. 「中國愛因斯坦」束星北和「東方居里夫人」吳健雄博士，都是物理科學家，在教學與研究兩方面，各有卓著的奉獻。但這兩人的命運，一是在大陸的束星北被毛共「凌辱至死」，甚至「屍骨無存」；而吳博士在美國得到「榮獎等身」，而「壽終正寢」。為何有如此兩極相反的呢？！個人曾為此掩卷唏噓不已。也曾設想，假如這倆位科學家所處「環境」，如果相互變換一下（束去國留美，吳留在大陸），彼此的命運很可能就互換的了？

2. 「環境」，對於科學家為何如此重要呢？這可能從年前在大陸去世的「原子之父」錢學森「大哉問」的遺言中去探討。錢問：「中國大學為什麼不能教育出頂尖的科學人才呢？」再有眾所同感的是，幾位獲得諾貝爾獎的華裔科學家，以及如「榮獎等身」吳健雄博士之類科學家，為何都是在國外方能獲得如此成就的殊榮呢？

我想，除了國外的教育機構都有很完善、很先進的科研設備而外，就是他們為人類文明，為社會奉獻所追求的理念，所執著的態度與行為，皆為我們所不及之故？在此，不妨說說個人皮相的看法；

——東西文化進展迥異。東方（中國）人多是談心性，重倫常，淬煉「個人才藝」，求個「心安理得」。他方則是講理則，重科技。企求「征服自然」，概為「人群造福」。

——東西方政治社會安危治亂大相徑庭。一在鑽研科技，致力創造發明。一是厲行極權暴政，殘民以逞。此如吳健雄有良師指引，政府獎勵，能在實驗室專心實驗；束星北則被毛共暴徒批鬥殘害，罰他打掃側所，只能用掃把在地上寫寫物理公式！

3. 個人嘗時反思推想，認為自然界之所以如星晨運轉、時序更易那麼「井然有序」，皆因有其永恆的定律，絕對的真理之故。而古今中外，這個世界其所以動亂不安，概因各種社會，人文學說多是「自圓其說」，沒有一項絕對真理所致。此如毛共欺騙蒙混，援引什麼主義，來打倒什麼反動，鬥爭什麼敵人，再有黨棍暴徒從而幫兇刑求，讓毛魔得以隨心所欲，恣意妄為地，迫害殘殺了可以億計的，在他認為是反革命的「敵人」；不順其意的「賤民」，莫不因以發生所致？

而今，由吳健雄實驗證實；楊，李獲得諾貝爾獎的論文是《弱相互作用中宇稱不守恆的理論》，推翻了《宇稱守恆定律》。這項「證實」不能不說明，自然科學也沒有「四海皆準」的定律，「萬世不惑」的真理！這豈不是又一個人類的大不幸？！豈不讓人杞憂這世界，這社會，會不會因此更加動亂不安的呢？

所幸，這「弱相互作用」，是自然界四種基本相互作用之一，其強度排列，僅在強相互作用和電磁相互作用之後，而居第三位。這《宇稱不守恆定律》屬於局部理論，是現象理論，不能推翻所有理論。果爾，但願當今的動亂，在中華民族千萬年浩瀚歷史洪流中，也只是如逆流中的泡沫，是一種「瞬間反常現象」，終必自我否定，而自然消失，而撥亂反正的就好了！阿門。

二

在該《信息 106》以及新近所轉的《信息》之中，尚有多篇應予歸納論述者，此有：

1. 《陽謀》。《陽謀》大文係作者丁郁先生本諸良知，多方搜集資訊而記錄，毛魔用一個「反」字而發起的種種人神共憤的暴政，例如「鎮反」、「三反」、「五反」、「肅反」、「反右派」、「拔白旗」、「反右傾」、「反修」、「反帝」，直到「橫掃一切牛鬼蛇神」、「文化大革命」等等的一份史實文獻。讀來，真讓人為中華民族何其不幸，竟出此古今中外絕無僅有的極權暴戾，殺人如麻的「大魔王」，而悲哀不已！悲哀不已！

2. 《伍凡評論第 354 期分析中共近期的政治動態》。這是對中共最近為憲改問題，所發生的種種「論戰」而作的。作者結論是，中共政權從 1954 年就制訂了憲法。且在 1982 年修改成較為充實的所謂的 82 憲法。但在共黨「一黨專政」體制下，「黨大於法」，從來就沒有實行過「憲政」（連溫家寶就認知感嘆到 82 憲法中有關言論、新聞等等自由的第三十五條，都不能實施）。現在「反憲政」的思路就是維護毛魔王朝「無法無天」的「黨大於法」的政治體制。但也突現出中共統治，是沒有政治合法性的！論及毛左「反憲政」最大的「理由」是，民主憲政是資本主義的。對此予以駁斥得擲地有聲的大文，可見於：

3. 2013 年八月四日，中共中央黨校教授蔡霞在北大演講的《憲政無關乎主義》大文。這是一篇屬於闡釋憲政極具學術性、實作性的經典文獻。文中，蔡教授指出，憲政的核心內容是人權、民主、法治。憲政的功能價值有二；一是限制權力，限制由人操控的國家權力，以防範握有權力的人處在強勢地位，來侵犯每個弱勢人的利益。其二，是在一定意義上限制民主。以防止有些人很可能打著多數的名義傷害少數人，致使每個人的權利、每個人的生存和安全都不能得到很好的保障。所以憲法實施的基本要素離不開法治。

由於憲政的基礎是主權在民，權力是人民的權力，那就有人民怎麼去使權力有效運轉的問題。由此避免不了選舉——這是憲政的基本要素之一。選舉是要建立委託授權的關係，因此代議制的民主產生了。這種代議制機關，在西方叫議會，在中國就叫人大。坦率講，我們的人大制度現在還是虛名為多，地位是虛置的，職能作用是虛化的，没有真正發揮作為民意反映、民意表達、民意決策的主權機關。所以人大制度的改革迫在眉睫。再則，憲政就是要限制權力。鄧小平是說過「不搞三權分立」。但是，三權分立只是一種政治模式，是現象而不是本質。分權的目的在於制衡。因為權力過度集中一定會成為禍害（鄧小平所講的「限權」；現在習近平所講的「把權力關進籠子」，似乎都與此同義？）。要防止權力禍害社會公眾，防止濫用權力的罪惡發生，就一定要對權力加以必要的制衡。所以決策立法、執行與司法分開。這種制衡都需要，它没有社會主義、資本主義之分。

蔡教授更指問說，中國共產黨是否有這個魄力和勇氣尋求自己在未來民主進程中的新政治空間，而不是老抱著二十八年流血犧牲（用槍桿子打下了天下）作為執政的合法性理由與基礎？坦率地講，二十八年流血鬧革命，這是父輩們作出的犧牲奮鬥，和現在執政掌權的人没有一點關係。現在掌權的人自己没有流一點血，所以不能把前人的犧牲奮鬥作為自己掌權的理由。如果掌權的人自己不能從二十八年流血，「打江山坐江山」那個說法中走出去，通過自己的努力形成自己執政合法性的基礎，那會把中國共產黨自己憋死的。

蔡教授又諄諄陳述，現在，從執政黨本身來講，憲法是否為我們的最高權威？還沒，事實上是以人為最高權威。當執政黨和政府本身沒有維護憲法的最高權威地位的話，那麼老百姓眼裡也是沒有法的。所以一些黨員幹部用政治權力强制的壓制社會民眾，社會民眾沒有權沒有錢但有命，底層的老百姓只有跟你拼命，於是出現了激烈的暴力對抗，社會有可能陷入動盪。要想避免大的社會動盪，唯有把憲政做起來，大家都認憲法的最高權威，大家都認同、都遵守。所以必須是擯棄資本主義、社會主義的那種空洞概念化、對立型思維，真正把民族的利益放在第一位，把中華民族的偉大復興這個根本利益放在第一位，努力地為憲政而呼、而喊，身體力行的維護憲法、實施憲法。

蔡教授是來自中共中央黨校，能本諸學術良知，和對國家民族的大忠大愛，而不畏權勢，毫無顧忌地說出這番可謂「嘔心瀝血」的真理，必須遵循的箴言，令個人惑佩不已，欽遲萬分。諸君是否也有同感呢？此外，與此有關民主憲政的論述，仍有一篇必須加以剖析的重要講話，此是；

4. 《習總北戴河最新講話，中國的希望！》

自去年十一月習近平走馬上任以來，就由中發辦十八大為習近平對外宣示他執政的「三大原則」（堅持共產黨的領導，堅持毛澤東思想，堅持走中國特色社會主義的道路）；繼之，他南巡訓話；發表「三個信心」；嗣有中宣部「五條」和中發辦「七不講」；以及他論述前三十年的毛澤思想與後三十年鄧小平理論，「兩個不可分開」等等。這些大事都是他對中共黨國問題的憂慮，自也突顯出他執政思路的基本特點就是「一黨專制」不可挑戰；因而他堅持黨管媒體，黨管輿論，黨管思想，黨管意識形態。這份《中國的希望》講話，就是針對中共黨員意識型態工作做得不順利而發的。他用「民主」二字，又來進一步地，為「三個信心」，「兩個不可」等等意識型態問題「添加基石」。事實上，這依然是空洞的「口號」。在這講話中；

——習近平所謂的「三個信心」和「兩個不可」只是認為「毛澤東思想」與「鄧小平理論」都有「民主」的思想言論。這可靠嗎？這可信嗎？習近平所引證的是：

A. 1945 年，毛澤東闡述：「新民主主義的政權组織，應該採取民主集中制，由各級人民代表大會决定大政方針，選舉政府。它是民主的，又是集中的，就是說，在民主基礎上的集中，在集中指導下的民主。只有這個制度，才既能表現廣泛的民主，使各級人民代表大會有高度的權力；又能集中處理國事，使各級政府能集中地處理被各級人民代表大會所委託的一切事務，並保障人民的一切必要的民主活動。」這一席話說得多好啊！事實上，毛魔王一生中對中共黨徒大聲疾呼的「民主民主大家做主」的「民主」；為「重慶和談」，向國府呼籲組織「聯合政府」而提出的這種《新民主主義》不知說了多次，但毛澤東終其一生做到千分萬分之一嗎？

B. 習又引證的是：「1979 年，鄧小平同志也指出，『我們實行的是民主集中制，這就是民主基礎上的集中和集中指導下的民主相结合』。『民主集中制的中心是民主』， 鄧小平同志首先通過廢除領導幹部终身制，做了個好的表率，這是我們黨内民主建设的一大成就。」事實上，鄧所堅持的憲政民主，並不是如上文蔡教授所說的「三權分立」制衡的憲政民主。而且，在三十年「改革開放」期間，鄧小平曾否試予實施？沒。尤者，毛與鄧兩者相去兩個三十年，僅僅「斷章取義」地，擇其一兩句話，就確定這兩個三十年是不可分的，這可靠嗎？可信嗎！尤者：

——習近平如毛左一樣，堅持／高高舉起「毛澤東思想」這塊「神主牌」，這不僅讓主張憲政民主人士失望，自也暴露他作為一國之君所不應有的「雙重人格」的特性；更自我打破了他的「中國夢」，消滅了他的「中國的希望」。其要因有二：

其一，為何認為習近平是「雙重人格」呢？可見證的事實是；2010 年十二月二十八日，中共中央政治局全體會議在胡錦濤主持下通過《關於毛澤東思想若干建議意見》的決議編號 179 號，又稱 170179 號，是指第十七屆中央政治局常委會第 179 號議案。該議案由吳邦國、習近平兩人共同提出，內容是：關於黨的會議公報、黨的工作任務決議、黨的方針政策制定、黨的理論學習、黨的宣傳教育、黨的政治思想建設、組織建設、政府工作報告、政府有關政策、措施、決議等等文件中，「毛澤東思想」不列入。此因毛澤東思想已成為改革開放、特別是政治體制改革的巨大阻力，必須排除這個障礙，而形成的共識。這第 170179 號決議案，重新審毛，與毛切割，讓中共能找回自信和光榮，是習近平親自參與提出的，且決議通過，形成共識，而今，甫接「大位」就高高舉起這「毛澤東思想」的「神主牌」，這不是「雙重人格」，又有何說呢？

其二，「毛澤東思想」既已成為改革開放、特別是政治體制改革的巨大阻力，更是中美兩國，甚至讓世界上所有民主自由國家，都能與中國和平共處，同臻衽席的最大障礙，它就必須剷除。習近平在去年二月尚未登上「皇位」，應邀訪美時，所準備的講稿中就意識、提及此點，而今又為何故作此反常之舉呢？！他所講的兩句話是；

第一句：寬廣的太平洋兩岸有足够空間容納中美兩個大國 。所以要論述及此，或許習鑑於歐巴馬總統早在其國情諮文中肯定美國已是在太平洋的主權國家，且在緬甸有了更新的發展局面 (We've made it clear that America is a Pacific power, and a new beginning in Burma has lit a new hope)。不論中共如何驚覺中國大陸已受 C 型包圍，有「中美難免一戰」的危言，今後，中共再怎樣「吹口哨」說一已是「大國」，中共在中南海，在太平洋就必須「承受」美國在太平洋的權力制衡的事實，而有所因應。

第二句：中國有句流行歌的歌詞是這樣唱的，「敢問路在何方，路在脚下」。這是中美兩國外交關係正常化，過去、現在和未來所需彼此「磨合」的過程。在這過程中，中共處在「被動」地位。而今，歐巴馬總統又宣言，「世事在急劇變遷中，我們不能掌控每一事件，但美國在國際事務中依然是個不可或缺的國家」(The world is changing; no, we can't control every event. But America remains the one indispensable nation in world affairs)。準此，中共將如何因應，改善中美外交關係，從被動進而彼此互動互贏，就必須從根本問題上有所變革才行。如文中所說；　「中美之間最大的問題始终是意識形態、政治制度與價值理念。」試觀，從中共建國二十年後，在美國「支持」下，方能爭取得中國在聯合國的代表權，進入國際社會；將近三十年後，中美關係才正常化，為什麼？要在馬恩列史的第三共產國際要消滅世界上所有資本主義，猶言在耳；指說美國是「紙老虎」，要打倒這個「頭號敵人」美國帝國主義的「毛澤東思想」，依然為中共所崇奉。美國怎能不存個「與虎謀皮」的驚惕之心呢？！改善之道，當從不談馬列主義，摒棄「毛澤東思想」，與毛切割做起，讓世人徹底消除「懼共」、「恐共」的心理才行。

三

關於中共如何落實政改，因能和平崛起，能為中華民族和平統一，能為世界人類開萬世太平，各方論述至多，除了毛左反政改之流，所陳多屬偏頗而外，所見所議不少是「真知灼見」，但也是各就所見所知，表述一己立場與理念，難盡周延。茲僅舉對政改問題建議較為完整者，前 (2011) 年六月筆者所擬之文，就教於學者專家，企望有司者參考採行之。其文中《政改的要目》梗述如下；

從「六四」前後，中共中央就有「政治體制改革」之議，但爭議不止，從未「落實」。最近，溫家寶為「政改」多次所講的「警語」，其要點之一僅及於，憲法上所定人民有言論的自由都不能落實。對於改革是以何種的「民主政治」為取向？是如國府「五權憲法」的「均權」？美國「三權分立」的「制權」？以至鄧小平所主張的，在中共「極權體制」下的「限權」等等，胡、溫等，皆未有明確的論述。衡諸實際，其落實政改的要目，筆者認為其首要者如下；

1.「還政於民」。要如黨政分開，撤銷常委書記一把手與政紀委的權職；各級人大民選，使成常設機關，行使「國會」立法與決策之政權；建立文官制度，國家公務員概以公開考試，取才任用等等。

2.「藏富於民」。要如「耕者有其田」，「員工有其股」；除有關國防與民生工業而外，國企儘量改由民營；徹底打破「城鄉二元」的「諸侯經濟制度」；國家財政與稅制統一規劃；以及公共福利設施概歸中央舉辦等等。

3.「廣開言路」。中共中宣部不得「以權干政」，控制媒體；各級人代議會建立「聽證制度」；全國政商各界皆建立《獎勵建議制度》等等。

4.「強化教育」。國家教育經費在憲法上，規定總預算不得少於 30%；鼓勵公私個人廣設獎學基金；對公民教育、社會人文教育、倫理道德、科技與管理教育等等皆須作整體規範，使教育以培養良好的國民，對社會負責的企業家為主旨；大學能造就頂尖的科技與管理諸般人才，掄為國用。

尤者，中共落實政改，其決定成敗最為重要的「先決條件」，是為徹底根除「毛澤東思想」。其最為簡切，且如「寧靜革命」，可收「立竿見影」之效的方法：「拆毛像」。將毛像從天安門，從大會堂，從各個公共場所，統統拆除。改奉國父孫中山肖像。繼之，落實中共中央政治局全體會議，在胡錦濤下，通過了《關於毛澤東思想若干建議意見》的第 170179 號決議案，重新審毛，與毛切割，讓中共能找回自信和光榮。」

四

總之，中共的政治體制的改革，固然決定中共黨國的興衰存亡；影響及中華民族的和平統一，更關係到中國能否和平崛起，與自由世界民主憲政國家，共臻衽席。但能否落實，其必須遵循的原則要如；

1. 成立決策小組，歡迎全民參與。改革能否落實，絕非冀望一、二「帝王將相」（領導班子），或喻示安撫，或下召奉行所能成事的。必須邀請海內外各方專家學者，組成改革決策小組，調查研議，且制訂獎勵建議條例，鼓勵全民參與，如此改革方案，有望集其大成。

2. 消弭意識型態，尊重弱群權利。不談主義，不「認馬歸宗」，更不為維護共黨一己既得利益，防止共黨政權變色，而一再高舉人神共憤、天理難容的「毛魔思想」的「神主牌」。改革宗旨，必須符合一切為全民解決艱困，一切為全民謀求福祉。

3. 放棄一黨專政，落實憲政民主。中華民族千萬年歷史演進中，「打江山坐江山」的「家天下」，沒有一個能千秋萬世守成下去的。何況不具合法性、正當性的共產黨的政權，豈能永達「黨大於法」、「一黨專政」下去。所以，改革進程宜先從直接民選各級「人代」，使之成為真正代表民意、憲政立法的主權機關。從而實行差額選舉的「黨內民主」，和公開考選各級公務人員，逐次建立民選政府。黨政分開，改革方能落實。

4. 釐訂改革要目，限期戮力竟成。落實政改絕不是用「報告」、「講話」、「開會決議」、「改為大部制」等等方式，所能成事成物。實施「目標管理」方法，確定各級改革要目，責其限期竟成。並追蹤考核，決定獎懲，實有必要。一得之見，敬請指正。

原載於 Chen Chu Blog，2013 年九月二十七日

對基督教義與以色列永續發展的探討——從參加「以色列聖地之旅」的感受與省思說起

我不是教徒，竟然因認識主辦教會「以色列聖地之旅」的牧師，曾是我的外科醫生，而隨團去了伊斯坦堡、安曼、以及以色列的許多主要聖地，朝訪了十二天。其路線都是《聖經》上所載的神蹟；當年耶穌出生、佈道、遇難的聖地。每到之處，導遊與牧師皆滔滔不絕地講說有關主的故事，唸幾篇《聖經》後，再禱告一番。教友們莫不聚精會神地看著、聽著，有的還做筆記；但我對這第一次的見聞，確另有一番感受，思昔撫今，更有許多無從講說的感受與省思。

我們開始旅程，乘的是土航。從紐約 12:50 起飛，時差八小時，到伊斯坦堡正是次晨 5:40。在機場有我們旅遊公司代表的接待，辦好入關手續，由於擔心當日可能因遊客過多，而延誤預訂的行程，就驅車先去乘輪，瀏覽連接歐亞大陸的博斯普魯斯海峽兩岸的風光。

在驅車行程中，見及歐洲部分沿海岸的城堡，仍保留著「殘垣斷壁」的樣子，不禁追思及當年，綿延一千多年的所謂東羅馬帝國的拜占庭帝國，令人惋惜的興盛與滅亡的史實；與拜占庭帝國向西羅馬帝國求援，而惹來羅馬教皇所發起的，九次燒殺搶掠連續兩百多年，在宗教史上，史學家多認之為，極其可恥的十字軍東征。雖然，十字軍東征的結果，竟有助於東西文化的溝通，促成歐洲文藝復興，不無有「意外」之感。但是，這種名不符實的戰爭，不僅羅馬教皇對整合天主基督 教的願望從此破滅，更為今日中東所種下為爭奪耶路撒冷的聖地，以阿彼此仇視，而戰亂不斷的禍根，更讓人感嘆不已！

歷史名城，伊斯坦堡

今日的伊斯坦堡的人口，有一千三百五十多萬，宗教相容，種族眾多的社會，是全球最大的城市之一，是土耳其的文化、經濟和金融的中心。其所以如此， 概因她是歷史名城，曾經是羅馬帝國(330-395)、拜占庭帝國 (395-1204, 1261-1453)、鄂圖曼土耳其帝國(1453-1922) 與土耳其共和國建國初期的首都。所掌控的介於歐洲與亞洲之間的博斯普魯斯海峽，長約三十公里，最寬處約三千七百公尺，最窄處約七百公尺，它北連黑海，南通馬爾馬拉海，是黑海沿岸國家出海第一關口，也是連接黑海以及地中海的唯一航道；再有連接歐亞大陸的博斯普魯斯大橋，在古代是「絲綢之路」上，由中國敦煌去義大利威尼斯的前站；是今日歐、亞貿易的重要管道；其在地緣政治上，更有其重要性。

我們遊覽海峽風光後，就直奔市場，去嚐嚐土耳其極著名的特產，各種蜜糖。然後再去參觀當年君士坦丁率十萬大軍，消滅了只有七千多殘兵的的拜占庭後，採取各宗教與各種族融合相處的政策，得使這座古城能重建復興，而保留下來的，象徵各宗教各民族文化的托普卡珀宮和聖索菲亞兩個大教堂。我們在教堂內內外外觀光瀏覽一番，就經商場，去機場乘土航直飛安曼。

安曼是今日約旦的，昔日聖經時代亞們人的首都，交通便利，是約旦的商業與金融中心。迄今，古希臘的東方正教在此依舊盛行。這裡也保存有很多羅馬帝國時代的遺蹟，如鬥獸場、露天劇場以及宮殿等等。我們因昨夜遲到，出發參觀時間推遲到九點，方驅車直奔以岩石的色彩而聞名於世的「玫瑰紅城市」；佩特拉 (Petra)。

從佩特拉的入口處，我們捨騎驢也不乘馬車，二三知己結伴步行，先循坡而下，延途有馬車經過時，塵土飛揚，不時飄來馬糞驢尿氣味，讓人有種「不一樣」的感覺。但我們遊興甚濃，見到奇石古蹟，就照個紀念相片，走了一公里多，到了「一線天」的入口。正如導遊所言，一線天長一點四公里，迂迴曲折，最窄處只有三、四公尺寬，兩邊矗立著高達兩百五十公尺的峭壁，由彩色石灰石構成，整座城市的高大雄偉的殿堂，排佈在周圍山崖的岩壁上，門檐相間，眾多的開鑿於岩石中的墳墓，有的碑上的雕刻暴露在風雨中，受到侵蝕而無法辨認。我們曾爬進一個洞內，所見到的墓穴都是空的。想及考古學家們所表明的，早先的佩特拉既不是玫瑰紅的，也不是類似鮭魚的粉紅色，而是灰泥粉飾，與今天看到的情況完全不同。（註：筆者與教友們於伊斯坦堡，見書後相資 007）

盛衰無憑的厄多姆王國

又，據考古歷史學者們研究所知，佩特拉的歷史可以追溯到史前時代，這裡曾是古代納巴泰人建立的厄多姆王國都城。在那個時期，納巴泰人其所以選擇佩特拉是基於：第一，它易守難攻，可說是一夫當關，萬夫莫開；第二，資源豐富，牧草肥沃，利於遊牧；第三，水源充足，一股終年不斷的噴泉提供了可靠的水源。而且，由於佩特拉位於亞洲和阿拉伯去歐洲的主要商道附近，來自世界各地的商人押運著滿載貨物的駱駝隊經過佩特拉門前：主要有阿拉伯的香料，經波斯灣輸入的印度香料、埃及的黃金、以及中國的絲綢，都要途經佩特拉，運往大馬士革、泰爾以及加沙等地的市場，通往希臘和地中海各地，得天獨厚，贏利不少。

納巴泰全盛時期。版圖最大時，王國由大馬士革一直延伸到紅海地區，它的影響超越疆界：納巴泰人的文字進化成了當代阿拉伯文字，在當今大部分阿拉伯世界中廣泛使用。甚至遠至中國，只要有駱駝商隊，只要有貿易團體，人們都聽說過神話般的石頭之城。但從公元 106 年在羅馬人統治下，佩特拉的貿易開始發生變化：越來越多的貨物依靠海上運輸，搶走了它的一部分生意；陸地運輸也因羅馬人在它北部興建了一條大路，連通了敘利亞的大馬士革與美索不達米亞，掠走了更多的運輸貿易。到了公元三世紀，佩特拉的經濟實力和財富大大減弱。從此，隨著貿易路線的改變，佩特拉的重要性大為削弱。最終它被遺棄了。環顧現在的「滾滾紅塵」、「禿禿山岩」的景象，真讓人晞噓惆悵不已呢！

摩西麼許之地，尼波山

我們返回佩特拉入口處，稍事休息就乘車去尼波山 (Mount Nebo)。尼波山是一個高脊在約旦海拔約八百一十七公尺，是摩西結束旅程的應許之地。從這裡可以看到約旦河谷、伯利恆、耶利哥和死海。導遊將我們領到山頂上，眺望著約旦河，對我們講述當年摩西帶領五十萬以色列猶太人出走埃及，歷經四十多年之久的流浪、隱藏的生活中，到了此山而息止，而埋葬於此山的種種聖靈事蹟。導遊曾指著在山脊上有根被銅蛇纏繞的柱子說，這就是摩西在曠野舉蛇的故事：以色列人因為在曠野行路艱難就埋怨神，結果就被火蛇所咬。百姓到摩西那裡說，我們有罪了，因為我們譭謗了耶和華和你；求你向耶和華禱告，叫這些蛇離開我們。於是摩西為百姓禱告。耶和華對摩西說，你製造一條火蛇，掛在桿上；凡被咬的，一看這蛇，就必得活。摩西便製造了一條銅蛇，掛在桿上；蛇若咬了什麼人，那人一望這銅蛇就活了。摩西在曠野所舉起的銅蛇就是預表基督自己。基督的死也是被掛在木頭上被舉起來的；如耶穌自己所說：「摩西在曠野怎樣舉蛇，人子也必照樣被舉起來。」(約三

14)。祂又說:「我若從地上被舉起來,就要吸引萬人來歸我。」(約十二 32)。

迄今,幾乎所有教徒們無不認為,摩西 (Moses) 是《聖經》中所記載的公元前十三世紀時猶太人的民族領袖;是猶太教、基督教、伊斯蘭教和巴哈伊信仰等宗教裡極為重要的先知。據統計,摩西的名字在《新約聖經》中提及七十九次之多。在他回鄉的路上,摩西得到了神所頒佈的《十誡》,據說是上帝在西奈山的山頂親自傳達給摩西的,是上帝對以色列人的告誡。這「摩西十誡」是《聖經》中的基本行為準則;是以色列人一切立法的基礎,也是西方文明核心的道德觀。然因《聖經》中並沒有明確提出「十誡」,所收藏「十誡」的「約櫃」遺失後,迄今尚未尋獲,真文不明,其具體十條誡文是後人總結歸類而成的。因此,各個教派的「十誡」條文都不完全一樣。經查考所知,可由大多數教派所接受的《摩西十誡》條文如下:

第一條:「我是耶和華——你的上帝,曾將你從埃及地為奴之家領出來,除了我之外,你不可有別的神。」

第二條:「不可為自己雕刻偶像,也不可做什麼形象彷彿上天、下地,和地下、水中的百物。不可跪拜那些像,也不可事奉它,因為我耶和華——你的上帝是忌邪的上帝。恨我的,我必追討他的罪,自父及子,直到三四代;愛我、守我戒命的,我必向他們發慈愛,直到千代。」

第三條:「不可妄稱耶和華——你上帝的名;因為,妄稱耶和華名的,耶和華必不以他為無罪。」

第四條:「當紀念安息日,定為聖日。六日要勞碌做你的工,但第七日是向耶和華——你上帝當守的安息日。這一日,你和你的兒女、僕婢、牲畜,同你城裡寄居的客旅,無論何工都不可做；因為六日之內，耶和華造天、地、海，和其中的萬物，第七日便安息，所以耶和華賜福與安息日，定為聖日。」

第五條：「當孝敬父母，使你的日子在耶和華——你上帝所賜你的土地上得以長久。」

第六條：「不可殺人。」

第七條：「不可姦淫。」

第八條：「不可偷盜。」

第九條：「不可做假見證陷害人。」

第十條：「不可貪戀他人的房屋；也不可貪戀人的妻子、僕婢、牛驢，並他一切所有的。」

朝訪聖地，耶路撒冷

我們下了尼波山，還匆匆參觀了當年羅馬軍遺留下來的露天劇場，以及教會為籌措基金所辦的聖物禮品商場後，方返回旅館。在回程中，導遊一再提醒， 由於離約／去以，其出／入關的手續相當繁複，明晨必須提早出發。果然，第二日晨我們登上旅行車，從約旦的高脊，循蜿蜒山路而下，到了以約邊界出關時，所幸，約旦的旅行公司特別派有全副武裝的安全警察在車上「坐鎮」，經過約旦的崗警檢查站，多沒有被要求下車查證。到以色列入關時，也可能因為我們是「朝聖」的旅行團，其驗證檢查手續也簡化了好多，順順利利辦好入關手續，轉乘由以色列旅遊公司派來的導遊及其專車，開向耶路撒冷。沿途，並參觀了橄欖山 (Mount of Olivares)，被基督教徒稱為「我們的天父」教堂的巴特諾斯特教堂 (Peter Nester Church)，和主哭耶京堂 (“The Lord Wept” Dominus Flevit Church)；到猶大出賣耶穌被捕之地客西馬尼園 (Garden of

Gethsemane)，也看了兩千年前的老橄欖樹 (old olive trees) 等等聖地。當抵達耶路撒冷的旅館安頓下來，已是夜幕低垂的時候。由於以色列的治安相當良好，晚餐後，牧師帶領我們去瀏覽夜市，但因當天是安息日，商場一片靜寂，行人稀少，我們照了幾張團體相，就匆匆折返旅館休息了。

耶路撒冷是我們「以色列聖地之旅」的最主要的聖地。它是全世界上被三大宗教（猶太教、基督徒與回教）都視之為自己的聖地，屬靈中心的城市。此據基督教傳說，巴勒斯坦是耶穌誕生與升天的地方，他的墳墓就在被視為聖地的耶路撒冷。耶路撒冷在古代曾是猶太人的政治和宗教中心，是希伯來王國的都城，自然也被猶太教徒視為聖地。按照伊斯蘭教的說法，真主使者穆罕默德曾於 622 年七月十七日在耶路撒冷乘天馬升天，於是那一天被伊斯蘭教曆定為登霄節，耶路撒冷也成了穆斯林的聖城。「耶路撒冷」原義雖為「和平之城」，事實上，它是世界上遭受戰火毀滅無出其右的城市；它歷經羅馬帝國，十字軍東征的燒殺掠奪；六代大希律王的殘暴統治；以阿為爭奪這座聖地，迭遭戰火洗禮，屠城之災。耶路撒冷真可說是個大不幸的城市。迄至 1948 年，英國在耶路撒冷託管統治結束，現代以色列國宣佈成立，耶路撒冷於是分為以色列轄區和約旦轄區；人們把約旦轄區稱為東耶路撒冷，而以色列轄區成為西耶耶路撒冷。所以，人們可以指耶路撒冷（以色列首都），耶路撒冷（巴勒斯坦首都，註：筆者於耶路撒冷相片列於書後相資 008）。

現在，耶路撒冷滿城滿街都是擠滿了從世界各地前來的朝聖者。我們停留的三天期間，也就在一波波的人潮中，匆匆忙忙地參觀了許多教堂；各方聖地；籌建中的聖殿；耶穌出生之地伯利恆；耶穌被捕囚禁用刑之地；耶穌揹十字架被押赴刑場的途中，在何處先後跌了三個跟頭的地點；耶穌的三處葬身的墓地，以及全世界前來朝聖者，莫不膜拜的哭牆等等聖地。由於耶路撒冷的聖蹟太多，所有有關的文物資料，也都整理保存得非常完整翔實。在參觀朝拜之際，經過重要聖蹟，導遊多要大家聚集聽講，或席地而坐，對我們沒完沒了地講說一番。再有我們牧師誦讀《聖經》中，可加以引證的經文。但是，《聖經》中並無印證全部聖蹟的經文；考古學者們到處都在挖掘研究，對於各個聖蹟的史實，真是無法道盡說完。加之，耶路撒冷老城的聖蹟，很可能重疊交錯，被猶太教和伊斯蘭教爭論（認）得難分彼此，所以，考古學者們對城裡每一塊石頭的歸屬都要保持謹慎態度，一旦作出不當判斷，就可能激起猶太教徒和穆斯林互相仇視、甚至引發流血衝突。所以，導遊說了一句令我相當折服的話：「六個月後，考古學者們如發掘到新的文物證據，不僅現在所知的史料，甚至《聖經》中的經文，都可能要加以改寫了」。個人不是基督教徒，更無從全部認知，但就在環顧這些景象，沉浸在如許思緒之中，確是衍生很多無法解說明晰的感受；不知從何說起的省思話題。嗣經從網路上搜尋並研讀有關的文獻資訊，而歸納成幾點如下的感受與省思：

首先，對於教徒們信主的虔誠，令我萬分的感動；教徒們禱告的行為，讓我非常的驚佩。在耶路撒冷的滿城滿街上，我見到的形形色色，老老少少，甚至有老弱障殘的「朝聖者」，都是由世界各地「不遠千里而來」的。他／她們在哭牆，在各個教堂，在任何一處禱告時，多備有「聖物」，穿戴「教飾」，捧著《聖經》，或面壁，或跪拜，「旁若無人」地閉眼肅穆唸唸有詞，且有似「聲淚俱下」者！據云，按教規，教徒每日要禱告三次（伊斯蘭教徒每日，作戰時也停火，要禱告五次）。我遐想，如此禱告，是為「感恩」？或是為「求福」？真的有效應嗎？如果終日禱告，會及早「得救」，求得更多的「福祉」嗎？

據英國的基督教研究所 (Christian Research) 所發佈研究報告，2013 年全球共有二十一億四千萬基督徒，比五年前增加了一億四千萬，增長率高於世界人口增長水平。基督教信徒為何如此眾多呢？為何如此迅速發展呢？是為耶穌基督的神聖所感召？或是因研讀《聖經》，認知到真理而信仰堅定，到了「朝聞道夕死可以」的地步？

耶穌基督身世之謎的解析

根據史實與學者研究所知，耶穌基督的事蹟很多，但最主要的事蹟是向人們傳授天國的福音。耶穌為天國而來，也為天國而去。與以前人們理解的天國不同的是，耶穌傳的天國是地上的天國，它在人們心裡，也從天上降臨。當天國降臨到地上時，悔改的人會享有祝福與永生，不悔改的則被定罪。（這不是與王陽明「致良知」的學說相同，都要發自內心？相異的是，一求於神，一修於心？）耶穌的門徒在書信中認為，耶穌在傳道過程中，對人的體恤和關懷，正反映了神對人的態度，也為他的門徒做出榜樣。耶穌所提出包括安貧樂道、謙沖自牧、返璞歸真、求則得之、止於至善、過勿憚改、捨生取義、知行合一、愛人如己、以德報怨、寬以待人、欲正人必先正己、為善不欲人知、己所欲施於人等概念的許多崇高的道德教示，確是真理，聖哲之言；加之，耶穌和藹可親，走入人群傳道，時顯治病救人的種種神力，怎不為教徒、為世人所崇信膜拜呢？！我想，孔孟之道無異於耶穌基督修身養性的教義，但可惜的是，當年孔孟二位聖人傳道，多優遊於君王權貴之間，其受後人世人尊崇與倫理道德的影響，就與耶穌基督大相逕庭了？！

耶穌基督教義是反對形式主義的，強烈批判違背神意的傳統習俗。由於在他傳道過程中，他總是接近當時為猶太社會所鄙視的人們（如稅吏、外邦人、罪人等），並不斷勸導猶太宗教領袖的偽善，有違《舊約聖經》中誡命的精神，是神所不樂見的。而他對猶太百姓宣稱自己是神的兒子，更為多數的猶太人所不能接受，猶太公會對耶穌非常憎恨。嗣經猶太教上層階級當權司祭與教士收買了十二宗徒之一的猶大，以三十個銀錢的價錢和他串通，以親吻耶穌為暗號，把耶穌拘捕，控以力圖為「猶太人的君王」罪名，在猶太群眾壓力下，被猶太行省行政長官彼拉多判處死刑。

據說，關於耶穌的死，首先，耶穌在衙門被鞭打，這使得耶穌處於低血容量性休克，耶穌被帶往刑場釘上十字架，由於雙腕和雙腳被釘，使肌肉和橫膈膜承受到極大壓力，得不斷提起自己來呼吸，最終窒息而死。根據《新約聖經》中記載，耶穌死後被安葬於附近的一個墓室，並於三天後復活。爾後他回到加利利與眾門 徒見面，並於四十日後升天。又據《新約聖經》中記載，耶穌從死裡復活後，多次在門徒面前顯現，傳講他曾經傳講的信息。一些追隨耶穌的猶太人發現，神不但要透過耶穌基督的犧牲來拯救歸信的猶太人，而且要拯救信從耶穌的，所有「國族、部族、語言」的人，使凡信他的人得享永生，於是宣告耶穌是真正的彌賽亞，是基督，故稱他為耶穌基督。

耶穌復活後，在短短三年半左右的時間裡，主要在北方的加利利海地區進行傳道活動。迦百農是他主要的活動城市。自此，即使羅馬帝國禁止，基督徒也未曾中止傳教活動。根據使徒行傳，升天後的耶穌以超自然方式向法利賽人保羅顯現，保羅自此由迫害基督教者，轉為最具影響力的基督信仰傳播者，使得基督宗教在猶太行省、希臘和小亞細亞地區的影響越來越大。

公元四世紀時，許多羅馬上層社會已有相當人數信仰基督教，而母親是基督徒的君士坦丁一世則認為，基督教可以拉攏帝國東部新征服地區信奉各種宗教的居民，安撫他們的宗教矛盾，以及出於自己認同基督提倡公義的精神，就把基督教定為國教。在羅馬帝國的准許後，基督教以更快的速度傳遍至羅馬帝國全境和鄰國， 包括今日的埃及、高加索等地。但是，關於耶穌基督的身世，幾千年來，經過無數的基督教徒們的考證，考古學者們的研究所知，仍然有好多無法得知的結論。

例如，有耶穌成長的「黑歷史」傳說。亦即，究竟耶穌如何成長？《新約聖經》從未有詳細交代，作為上帝獨生子、又被教會認為歷史上確有其人的耶穌，《聖經》完全沒有記載耶穌的成長經歷，是否有點奇怪？《路加福音》曾記述耶穌於十二歲時，在榆越節當日跑去聖殿，與教士討論，之後，《聖經》記載他順從父母的意思，回到拿撒勒，之後一切，《聖經》全沒記載到《路加福音》，只以一句「耶穌的智慧和身量，並上帝和人喜愛祂的心，都一起增長」(《路加福音》二章五十二節)，之後，就是耶穌在三十歲左右再出現，接受施洗約翰洗禮。

那，耶穌在十三歲到三十歲這段時間，去了那兒，做了什麼呢？1894 年，一名俄國記者尼古拉斯・諾托維奇 (Nicolas Notovitch)，寫了一本書叫《耶穌基督未為人知的生平》，當中提及他在 1887 年到 Ladakh 旅行時，曾在希米寺 (Himis)，看到有關先知伊撒 (Isas) 事蹟的經卷，當中除了包括《舊約聖經》故事外，還有伊撒在十三歲耶年，因逃婚而前往東方，去到今天南尼泊爾，即釋迦牟尼誕生之處，學習佛典，到三十歲左右才返回巴勒斯坦。

這本尼古拉斯・諾托維奇的《耶穌基督未為人知的生平》出版後，引起極大迴響，不少人批評書中所說毫無根據，牛津大學教授穆勒 (F. Max Muller) 更撰文指書中內容只是杜撰。可是到十八世紀，又有證據，證明古印度佛教寺院、以至西藏寺廟，流傳著有關先知伊撒傳說和相關經卷，當中有來自旅行家、學者的證言。究竟，所謂先知伊撒即耶穌傳說，是子虛烏有，還是真有其事，恐怕是另一段有關耶穌解不開的「黑歷史」了。當然，童工相信，在梵蒂崗藏著被視為偽典的古老天主教典籍圖書館中，該有更多蛛絲馬跡追查耶穌失落的一段歷史，只是童工相信，教會不採信，而認為對神，只有信，不要問。

現今，幾乎所有歷史學者都同意耶穌確實存在於歷史上。使有論者認為目前所發現的旁證材料均不可靠，故耶穌是虛構人物；然而持該觀點者亦無可否認：羅馬帝國前基督教時期產生許多抨擊基督教的文章，諸多批評中獨未見到，對於耶穌是否存在的任何質疑，也因此大部分學者仍然認為「耶穌的存在是由基督徒編造 的」這一理論令人難以置信，無法使多方學者信服。大部分的學者均同意：耶穌受洗於施洗約翰、與猶太教權威人士辯論、驅魔、召集男女信徒、設喻講道、赴耶路撒冷、最後被彼拉多處死等等事蹟，加之《舊約聖經》中，關於耶穌基督的種種應許、預言，在《新約》中完全得著應驗。都是確有耶穌基督的史實鐵證。

《聖經》文本與版本的研究

論及基督教的宗教經典著作《聖經》，它是世界上發行最多，流傳最廣的書籍之一，是古代中東地區、特別是猶太民族的一部詳細的編年史。在《聖經》中保留了眾多的猶太民族遠古時代的歷史傳說，這些傳說往往帶有某些神話色彩，人們曾經以為那是古代人想像力的產物。但隨著科學的深入發展，人們重新審視《聖經》，竟發現在這些神話和傳說之中，包含著某些超越時代視野的真實記載。例如，《舊約•以西結書》第一章至第三章中以西結的一段描述，被認為是有關不明飛行物的最早記載之一，已由現代美國航空航天局的專家布盧姆里希對以西結所提供的飛行器，進行了思考和計算，並寫成了一本名為 《天穹開處》的書。他認為，以西結描述的飛船有著非常可信的程度。幾十年內，人類的技術就能夠製造出那種飛船。

再則是《舊約創世紀第十九章》，上帝毀滅所多瑪和娥摩拉這兩座罪惡之城。上帝用什麼武器，能夠在瞬間把兩座城徹底毀滅？直到 1944 年廣島和長崎被美國的原子彈炸成廢墟之後，有些人重看這段文字，才頓感恍然大悟：只有原子彈才能一下子毀滅整座城市，能不驚佩遠古時代那些猶太民族的先知，他們忠實而具體地記錄下，那些當時他們還並不理解的事件，使今天的人們面對著這一切時，能夠重新思考？

但是，也由於人們從當代情境與自然科學方面，去審視《聖經》中所記載的傳說、神話之類的事件，發覺《聖經》中仍有很多所謂的「謎團」。此如，諾亞方舟之謎，紅海分開之謎，所羅門寶藏之謎，巨人族之謎，約櫃失縱之謎，裹屍布之謎等等，迄今尚無確切印證的論述。至於《聖經‧啟示錄》中「世界末日」十件大事的預言，將來是否會成為事實？以及《聖經》中所載，「民要攻打民，國要攻打國，多處必有飢荒，地震。這都是災難的起頭；你該知道末世必有危險的日子來到。因為那時人要專顧自己，貪愛錢財，自誇，狂傲，違背父母，忘恩負義，心不聖潔，無情義，不解怨，不能自約，性情兇暴，不愛良善」的末世來臨的情景，會不會成為事實？那更讓人萬分驚畏地期待著呢！

關於《聖經》中所載的事件，何以有如許多的爭議論述，或許起因於《聖經》是由四十多個不同的人物執筆，他們寫作的地點，更是各在一處，他們寫作成「書」前後的時間相差一千六百多年。是故《聖經》在本質上不是一本書，而是一個「書」的集合體：包含了不同時代、不同類型的「書」的合集。英語：Bible， 本意為莎草紙，中文亦稱耶經或音譯白溊經，可以指猶太教和基督教（包括天主教、東正教和基督新教）的宗教經典。猶太教的宗教經典是指《塔納赫》（或稱《希伯來聖經》），而基督宗教的則指《舊約》和《新約》兩部分。《舊約》記錄的是天主耶和華與人類立約的時期；《新約》記錄的是耶穌以自己的血洗去《舊約》，與人類重新立約的時期。

據統計，現在共有大約一萬四千多種不同語言版本的聖經，尤其是「希伯來聖經」部分，而基督教新約部分，就有大約五千三百種不同語言的版本。在眾古書中可說是現在世界上最多不同語言翻譯版本的書。其中《舊約》完成的年代是在西元前一千五百多年到前四百年之間；而《新約》完成的年代則是在西元三十幾年到九十六年之間；換句話說，《舊約聖經》最早的著作，至今已經有三千五百多年的歷史。而《新約聖經》最早的著作，至今也有兩千多年的歷史。其間有訛傳，誤刊，偽托，竄改，甚至人為捏造等等不可靠之事，實屬難免。加之各個時代編譯聖經的學者們，對於千萬種不同版本語言，不能皆有所認識而將之誤譯，又屬當然之事。今後，聖經文本內涵是否又會因「死海古卷」(Dead Sea Scrolls)：「七十士譯本」(Septuagint) 和「撒瑪利亞五經」(Samaritan Pentateuch) 等等，較古老版本的發現與校正，而有所脩正或增訂？這又是可期見的事。再則，現今由教會多方「整合」而輯成的《舊約》三十九卷和《新約》二十七卷所組成的整本《聖經》，在基督教新舊各派之間，仍有「正經」與「次經」取捨之爭。因此，無論是教徒或非教徒對於《聖經》，自應從不同的角度去解讀，方能各有所得。例如有網路學者主張：

從宗教看，《聖經》是一部宗教典籍。它就像《古蘭經》、佛經一樣。有對世界的獨特解釋和大量的佈道內容。它教導信徒信仰什麼，遵從什麼，背棄什麼，以何為善，以何為惡，如何生活，如何贖罪等等，包括怎麼製作宗教用品和舉行宗教儀式。它還預言了未來，其本質上是「神的話 語」(God's Word)，只有對之誠信，不需要證明。

從歷史看，《聖經》是一部歷史。與各民族的歷史一樣，作為歷史的《聖經》自然也參雜了許多神話、傳說、人為的捏造等等，當然，還原歷史的真實是考古學家的事情，與我們無關，我們所要知道的是《聖經》文本的歷史：《舊約》是猶太民族的歷史，《新約》是基督教創立和早期傳播的歷史。它是一本史書。是較為完整地記錄了希伯來人的歷史，同樣也記錄了基督教產生、傳播和變遷的歷史，它有相當的史料價值可供參證。

從文學看，《聖經》也是一部文學經典。它收錄了大量的神話、傳說、傳記、語錄、詩篇、預言等等，或引人入勝，或撼人心魄，大部分具有較高的文學價值。它在世界文學史上有著極為重要的地位和影響，有法國著名作家雨果就曾為之感嘆地說：「正如整個大海都是鹽一樣，整本《聖經》都是詩。」筆者於半個世紀前在台北大直外語學校受訓，就曾收到校方將基甸會所致贈的一本「中英對照」的《新約全書》，要求學員們讀寫英文，將之作為經典的範本。

從實用看，在當代生活中，《聖經》的實用價值已經與世俗結合，比如法庭上用手按《聖經》宣誓；公職人員就職宣誓要觸摸《聖經》；在基督教的婚禮 上，牧師還必須唸一段《聖經》，以此訓勉新人真愛不渝等等。這因為《聖經》為讀者提供了一個虛擬世界，讓他／她們通過對《聖經》的學習而認識這個世界，通過對神愛的體驗來學會對父母親人的愛，來完善自己的感情、提高自己的思維或智力，從而更強有力地面對現實的世界。

幾千年來，世人對於《聖經》文本真偽的研究，與日俱增，甚至要摧毀《聖經》，置疑基督教義，都屬徒勞。迄今，《聖經》仍是世界上譯本最多，發行最廣，教友與非教友讀者最眾的書，可說是天下第一本最「奇」的書。中華民族是世界上最古老，歷史最悠久的文明古國。從遠於《聖經》成書之前，中國先聖先賢與諸子百家們所有著作中，竟沒有一本從創世紀到世界末日，前後一貫，首尾相應有如《聖經》一樣的書。但中國人信奉耶穌基督者眾，且據 Arthur Lai 的研究，將《聖經》與四書五經的比較，存在一個如下述有趣的對比。

A. 聖經與四書五經文本內涵的對比：

舊約 vs. 五經：
律法書 vs. 尚書禮記（民族的起源與生活的準則）
歷史書 vs. 春秋與三傳（在歷史記載中評判歷史人物）
詩歌 vs. 詩經（以詩歌來表達合理的感情）
先知書 vs. 易經（以天道來評斷人事）
新約 vs. 四書：
福音書 vs. 論語（一個承先啟後的夫子）
書信 vs. 孟子（門徒繼續闡明夫子的教訓）
使徒行傳 vs. 大學（由內而外至天下的發展）
啟示錄 vs. 中庸（終極的理想）

B. 聖經與四書五經成書時代的對比 ：

西周相當於《舊約》時代，是初創的時代；東周相當於《新約》時代，是完成的時代；周公制禮作樂相當於摩西頒佈律法；歷代西周王相當於以色列諸王；孔子相當於耶穌；孟子相當於保羅；荀子相當於雅各。

此處所謂「對比」，應是「相類似」之意。其文本內涵上仍有很大的相異之處，要如孔子是「不語怪力亂神」的，而耶穌所傳福音，則完全相反。尤者，Arthur Lai 認為：「若繼續深究這兩組經典，則其義理又有顯著的不同。基督教的道成肉身是獨特的，孔子被尊為至聖先師，但孔子沒有神的位格，是故儒家說人人皆可成聖賢，但從基督教卻不能說人人皆可成基督，只可以說人人皆可有基督，人人皆可效法基督，人人皆可靠耶穌，稱神成聖。基督是屬天的層面，聖賢卻是屬人的層面。」

基督教義與共產主義之異同

由是，鑑於中國（大陸）當代所信奉的共產主義，乃猶太人馬克思所創，讓筆者聯想及另一更為嚴肅的研究課題是，基督教義與共產主義有相似之處嗎？經從網路上搜尋所知，已有學人何永坤作文認為：「共產主義在意識形態和實踐上，和基督教義有很相類的地方。因為基督教不少地方和共產主義或共產黨有雷同。」其大要竟有如下十項很重要的論述；

（一）馬克思與奧古斯丁稱兄道弟

英國哲學家羅素指出：「猶太型的歷史——無論過去或未來——是對一切時代受壓迫和不幸的人們，予以有力的申訴。聖奧古斯丁將這個類型配合在基督教義中；馬克思則以之配合在社會主義中。」(《西方哲學史》第三六一頁）簡言之，基督教是一個神權主義的宗教，不幸的人由亡國奴的猶太人轉成為有原罪感的教徒；馬克思本是一個人道主義者，不幸的人由勞工轉成為共產黨政權下的所有平民。但最不幸的是，「天堂」與「社會主義樂園」，都只不過是一個烏托邦式的名詞！

（二）基督教與共產黨同一鑄模

羅素在他所著《西方哲學史》中，並列出基督教和共產主義在意識形態的情緒上有全等的偶合：

耶利華＝（等如）辯證唯物論

救世主＝馬克思

特選人士＝無產階級

教會＝共產黨

基督的再臨＝革命

地獄＝資本家的受懲罰

基督千禧年統治＝共產社會

羅素指出：基督教在意識形態的情緒上，給予共產主義以同樣意識形態的情緒。他說：「這種情緒的內容，凡受過基督教或猶太教的訓練的人，都能熟悉，而所以使馬克思的『末世論』為可信，無論納粹黨或共產黨，都吸收且延續了《舊約》和《新約》的神髓。」

（三）耶穌懷抱共產主義思想

現代共產黨人將馬克思奉為祖師，其實耶穌才是共產主義的祖師。在耶穌的時代，猶太人飽經亡國喪亂的生活，又在羅馬政權和希律王朝雙重壓迫之下， 已屆民窮財盡，致失業人數很多。每當耶穌在路上宣揚猶太教時，都有大群貧民跟隨與他聚合。耶穌看見富人階級為富不仁，只顧自己穿華服居豪宅，天天奢侈宴樂，對窮人毫不賑濟。在如此不公平的社會中，耶穌就表現他的共產主義思想。

耶穌舉目對他的徒眾說：「你們貧窮的人有福了，因為神國是你們的；你們飢餓的人有福了，因為你們將要足飽；你們哀哭的人有福了，因為你們將要歡笑。」對無產階級的窮人所表現的同情，好像馬克思對英國蘭開夏工廠的工人表現同情一樣。

反之，耶穌憎恨有財富的人，有如今天的共產黨。他說：「你們富有的人有禍了，因為你們已接受過你們的安慰；你們飽足的人有禍了，因為你們將要飢餓；你們歡笑的人有禍了，因為你們將要哀慟哭泣。」（以上見《路加福音》六章二十至二十五節）

耶穌贊成共產主義，即財富平均分配，富人的所有財產都應完全交給窮人（《路加福音》十八章十八節就這樣的描寫）。耶穌並且表示他所傳的福音是給窮人的（《路加》四章十六節）。馬克思的共產主義福音也順理成章地傳給無產階級的窮人，他在《共產黨宣言》就予窮人一個喜訊：「工人革命第一步是無產階級變為統治階級。」

（四）耶穌與共產黨有共同的倫理觀

耶穌在那傳道的日子裡，已和使徒門徒及一群追隨者一起，過著原始的團契及公社同吃大鑊飯的生活。這可見於耶穌傳道的活動範圍，絕大部分時間是從他的家鄉拿撒勒一帶及後來發展到加利利周圍的其他地區。但總的來說，都是一些窮鄉僻壤，亦只能召集一些經濟低層的窮人跟隨他，所以耶穌和他的追隨者吃公社的大鑊飯，也極須經濟高層的富人傾囊捐獻。但天國畢竟是遙遠的，對沒有絕對信心的富人來說，自不免因自私心而不願將資財盡數捐出，因而就受到耶穌及他的追隨者對富人的詛咒和痛恨，也因此而誘生共產主義的思想。

（五）咒死和殺死可惡的資本家

耶穌使徒和共產黨都殺戮資本家。《新約・雅各書》第五章就有記錄雅各詛咒富人的話：「你們這些有錢的人啊！現在該捱痛苦哀號了，因為災禍就快要降臨到你們的身上了。你們在地上的財物快要朽壞，衣服也要給蟲蛀爛；你們的金銀就要生鏽，那銹勢必要指控你們，它們像火一樣，燒毀你們的身體。世界末日快將來臨的時候，你們仍只知積聚財富；農工替你們收割，你們卻扣押他們的工資，不獨那工錢發出不平的呼喊，就是工人的冤聲，也已經傳到萬軍之主的耳中了。你們在世上 驕奢淫逸，好如屠宰（牛羊）的日子一樣，你們養肥了你們的心；你們冤枉好人，他們沒有反抗你，而你們竟將他們殺害！」

傳說雅各是耶穌的胞弟，注重律法精神及社會問題，他痛恨當前富人的不公義行為，和耶穌及馬克思發展共產主義的意識形態如出一轍。至於保羅，更將共產主義的原始模式表現無遺。他在《哥林多後書》勸導信眾獻捐給其他教會時這樣說：「弟兄們，我並非有意要別人輕省而使你們受累，是為要平均的事；現在要你們的富餘補他們的不足，將來他們的富餘可以補你們的不足，那樣就平均了……」（八章十三節）

彼得對於沒有傾家蕩產盡數捐出的信徒，甚至咒死他們。在《使徒行傳》第五章，就記述這件事：一個名亞拿尼亞的信徒和妻子謝菲蘭，把田產賣出，但卻私自留 下一部分錢，才將其他錢財捐給使徒，卻詭稱這是全數。彼得對他說，你不是欺騙我們，而是欺騙上主！亞拿尼亞聽到這話，就撲地斷氣死了。後來彼得又指出謝菲蘭說謊，並對她說，葬妳丈夫的人又來到門口，要把妳抬出去葬了！謝菲蘭亦撲地斷氣而死。（一至十一節）

（六）信徒公社與人民公社

《新約・使徒行傳》中有描述基督教徒公社生活：「使徒行了許多神蹟，信的人都在一處，凡物公用，並且賣了田產家業，分給各人……分享食物。（二章四十四節）……許多信的人，都同心同意的。沒有一個人說，他的東西有那一樣是自己的，都是大家公用。……因為人人將田產房屋都賣了，把所賣得的錢銀放在使徒腳前，分給各人。」（四章三十二節）

中共在完成土地改革後，打鐵趁熱，廣泛展開農村互助合作運動，1953 年發展初級農業生產合作社，由於急躁冒進，出現嚴重錯失而大部分結束。1958 年六月，毛澤東發起「大躍進」運動，進行大煉鋼；九月建立人民公社，僅兩個月時間，全國農民就實現了公社化，推出平均主義，農民吃飯（大鑊飯）不要錢，公社各物公用。

（七）勞動是共產主義的道德

馬克思在他寫的《資本論》第一卷中就指出：「勞動是人與自然之間發生的一個過程，在這個過程中，人用他自己的活動來引起、調節、控制人和自然之間 的物質變換……人和動物區分之一，就是動物只會利用自然界裡現成的東西，而人靠勞動來迫使自然界為人的目的服務。」基督教的耶穌和他的使徒及信眾，都曾實踐過共產主義的構思和生活，其中的「各盡所能，各取所需」可見於《新約》中。

保羅曾寫信給他的信眾說：「我們在你們那裡的時候，從不偷懶。我們不白吃人家的飯，總是日夜辛勤勞動工作，以免令你們任何人受累……任何一個人不工作，就不可以吃飯。因為我們聽說，你們當中有些人遊手好閒的生活，無所事事，不做任何工作，專管閒事。我們奉主耶穌的名提醒及命令這些人，安靜地工作，自食其力。」(《帖撒羅尼迦後書》三章)。

共產主義的意識形態，只適合原始農業社會中運作，所以耶穌傳佈猶太教及原始基督教使徒的時代，勞動和工作是共產主義的首要道德。毛澤東在 1958 年發動大躍進和大煉鋼運動，並在各地組織人民公社，目的就是獲取人力的勞動支持。據中共報導，那時人民公社共建二萬六千五百七十八個，抽調煉鋼九千萬人， 結果既嚴重破壞農村生產力，也令全國經濟失調。這是世界共產黨最大一次勞動力表現。

（八）教化與赤化全球皆遺害人間

猶太教是猶太民族的宗教，純種猶太人只到耶路撒冷的聖殿禮拜，即使其他地方有耶和華神殿，也不做禮拜儀式。可知猶太人在形式上的固執，不將猶太教外傳與外邦人，上帝的選民只是猶太人。耶穌當時所傳的宗教亦是猶太教的一個支派，傳教的對象是貧窮的猶太人。後來，《新約》描述他自加利利準備前往耶路撒冷面對猶太教各支派代表人物的反對，耶穌說：「我到地上來燃點烽火，我多應希望這火已經燃燒起來了！我應該受苦難的洗禮，在經歷這苦難之前，我心裡多麼焦急不 安啊！」(《路加》十二章四十九節)耶穌終死於耶路撒冷。但耶穌在死後復活，竟對十一使徒說的「萬民」利「萬邦」(見《馬太》二十八章十九節及《路加》二十四章四十七節)。《新約》這種轉變，就將基督教傳教地區，從猶太民族而推廣到萬民和萬邦的全世界。保羅甚至放棄摩西十誡和耶穌一些口傳誡令，將「彌賽亞」只為拯救猶太人復國主義，擴大為「基督」拯救全世界基督教信徒的靈魂。

第四世紀初，基督教成為羅馬的國教以後，耶穌在地上燃點的烽火真的開始猛烈燃燒整個世界。基督教徒固然嚴禁背教、違者處以死刑，而猶太教徒不特被追殺，甚至被迫洗禮，餘下的猶太人都逃往阿拉伯國家。整個地中海至九世紀沒有一個異教徒能夠立足。十一世紀歷時近二百年的多次十字軍征討，殺人無數；十五世紀哥倫布發現美洲，前後四次帶領西班牙基督教聖戰軍在美洲殘殺印第安人達一千五百萬人以上。同時，葡萄牙軍隊與傳教士在非洲販賣成千上萬黑人往美洲為奴隸及強迫洗禮。而今，共產主義黨徒要赤化全世界而屠殺非共人士，亦有目共睹。兩者的野心，皆遺害人間！

（九）共產黨與基督教的黑白思考

基督教和共產黨都有一種非常狹隘與惡劣的思考，就是稱為「黑白思考」(black-and-white thinking)，或「二分法思考」。在早川的名著《思想與行動中的語言》中稱為「二元價值取向」(two-valued orientation)。凡是使用「二值」思考和語句的都具「排他性」。因為當自己只認同一值時，必然否認對立的一值。此即「排他性」與「不寬容性」 的根源。基督教和共產黨的排他性與不寬容性，可說是孿生兄弟。

基督教的二值思考所宣傳的語句，例如「正宗」與「異端」；「天使」與「魔鬼」；「天國」與「地獄」；「聖潔」與「罪惡」；「義人」與「罪人」；「無原罪」與「原罪」；「得救」與「不得救」；「神迹」與「巫術」；「屬靈」與「屬世」等等。

共產黨從二值思考所宣傳的語句，例如「共產主義」與「資本主義」；「工人」與「資本家」；「革命」與「反革命」；「無產」與「資產」；「唯物論」與「唯心論」；「歷史唯物論」與「唯心史觀」；「左」與「右」；「地主」與「貧農」等等。

（十）奧古斯丁《雙城記》的仇恨哲學

基督教和共產黨的歷史決定論，都有一個共同的意識形態，蘊含一種仇恨的哲學，就是預設一種歷史發展的進程，結局就是「自己有」在一個烏托邦式的樂園同享幸福，而異端與對立者就被消滅和受地獄之火的刑罰。耶穌基督這種仇恨排他特性，由「黑白二元思考」衍生的綿延數千年，擴及歐亞大陸的宗教戰爭；共產黨第三國際為無產階級，要消滅全世界資本主義帝國，而發起無產階級的世界革命。這「宗教戰爭」與「世界革命」兩者，不僅禍害了世界人類，也種下現今永遠無休無止的以阿相互殘殺的戰亂；內戰而冷戰無法戢止，是多麼的可悲！多麼的不幸？！

不過，這種「歷史決定論」如按馬克思的唯物辯證法中「否定的否定」律的論述來看，其發展的結果又不盡然。要如立國之初，基督教徒有 99% 的美 國，兩百多年來，迄今不僅從未發生彼此相殘的宗教戰爭，而且「異端」、「異教」互容共存（伊斯蘭教徒在美國的發展，其人數已超過基督教徒）。建立了 「天賦人權」、「人生而平等」的民主法治的憲政，安定繁榮的國家，予人民言論自由的社會，不虞匱乏的生活。

他如，信奉具有基督教義排他性、仇恨哲學的馬克思共產主義，發起消滅資本主義世界革命的非基督教國家如中國（大陸），有毛澤東宣稱，代表窮苦的農民，被剝削的工人，以階級鬥爭為綱，發起清算鬥爭武裝暴力革命，兩千多萬軍民死於非命於這種「內戰」，於 1949 年用槍桿子奪得了政權後，老毛先生又用一個 「反」字，發起種種人神共憤的暴政，直到「橫掃一切牛鬼蛇神」，掀起十年浩劫的文化大革命等等，八千萬苦難同胞斷送了性命；老毛依然要一黨專政，要階級鬥爭，在農村殺地主，分田地，繼之組織公社，集體耕作，農民終成「農奴」；在城市要工人當家，要公私合營，「民族資本家」不得不將公司企業奉獻給國家，「資方」成為「勞方」。老毛王朝於是成為舉世無匹的「大地主」；共產極權的「大資本家」，一己反成為共產主義革命的對象。全民「一窮二白」，人人自危，個個盼糧票爭油票以維生命。大家都想逃出這種初級階段，共產主義的「天堂」。設無鄧小平先生的三十年「改革開放」，「讓一部分人先富起來」，給予 90% 以上嗷嗷待哺的貧苦農工小民，有個生活可以不虞匱乏的希望，早已有如東歐的突變，蘇聯的體解了。但由極權專制的政治體制的缺失，所種下將要「亡黨亡國」的因素，依然存在，亟待根除。

宗教戰爭之形成與影響

「宗教戰爭」則是由宗教作出發點的原因或目的所引發的戰爭。其狹義上是指以宗教名義進行的，廣義上是指由「思想、主義」所主宰的戰爭。按照發生戰爭的武裝勢力的宗教類別，可以分為宗教對外戰爭，此是一種宗教勢力對不同宗教信仰的人群(「異教徒」)進行的戰爭，如十字軍、聖戰；宗教內部戰爭，一般是同一種宗教內不同教派勢力之間的戰爭，如三十年戰爭。這兩種戰爭都肇始於「政教合一」或極權統治所由生的。

此據林恩・桑廷克所著《世界文化史》第十七章中就認為，在古代城邦之中，宗教與政治曾結不解之緣，所以喪失自治之時，他們城市的宗教便也衰敗了。而異乎邦國的一種組織，今名為「教會」(Church) 者，就隨著基督教之興起而開始出現。教會組織完全仿照羅馬帝國的結構，每個市區有個首領叫主教，每個省有個大主教。為防止一人獨裁政治趨勢，教會中各種事務都取向民主，例如教友都用「兄弟姐妹」相稱，教會似成為「平民議會」等等。然因，最初這些基督教的團體，切盼基督和天國第二次迅速的降臨，實行共產制度，賑濟貧者和病者，以及遵從聖靈的指導。為因聖靈自己表現於各個人的神感 (Prophesying) 之中，分散出去的各個教會團體成立之時，各傳道師對於《福音》的解釋不同，故所創立 的教會團體也各有其特色。這種由「神感的自由」遂引起各種教派和異端，彼此「黨（派）同伐異」，宗教戰爭因以不可避免的了。

三十年戰爭 (1618-1648)，是由神聖羅馬帝國的內戰演變而成的全歐參與的一次大規模國際戰爭。這場戰爭是歐洲各國爭奪利益、樹立霸權以及宗教糾紛劇化的產物，推動了歐洲近代民族國家的形成，是歐洲近代史的開始，其戰爭影響及德意志分裂，荷瑞獨立，西班牙衰落，法國興起，瑞典興起，國際關係的國際法於焉建立。甚至諸國開始實行徵兵制，並建立了常備軍與後勤系統，使軍隊可以進行持久戰，以火槍兵取代長矛兵，先以砲兵進行集中火力的攻擊，再以騎兵出動進行突擊，最後由步兵負責清理敵軍的三段式戰法，成為其後戰爭的標準戰法。

十字軍東征是指在 1096 到 1291 年間，由西歐天主教國家主要針對伊斯蘭國家，發動的九次宗教性軍事行動的總稱。當時羅馬天主教為聖城耶路撒冷早已落入伊斯蘭教徒手中，於是號召，從伊斯蘭教手中奪回耶路撒冷，背地裡也想到東方掠奪財富，東征時教會授予戰士們十字架，因此組成的軍隊稱為十字軍。 十字軍東征沒有達到戰略目的，卻使得基督教與伊斯蘭教的仇恨加劇。

《聖經》vs.《古蘭經》的聖戰。從十一世紀到十三世紀，十字軍東征寫下基督徒與回教徒的殺戮歷史，然而追本溯源，基督教徒與回教徒所信仰的「主」，根本是同一個，亦即上帝等於阿拉，是無形無體創造宇宙的神聖力量，不以肉體或任何形體呈現。「主」先後派遣耶穌以及穆罕默德到世間傳道，前後相差六百多年，由於都是「主」的使者，因此回教徒也承認耶穌是聖人之一，但認為耶穌以及穆罕默德都是使者，是人而非神，基督徒自然不認同這種說法，雙方因此成為勢 不兩立的世仇，由於對於耶穌「人格」與「神格」定義的差距，就此開啟了基督教徒與回教徒水火不容的長期糾紛與爭戰。

其實，人類文化的發展是漸進的，是相承相因不可停滯的，是進行式的。她可概分為不同時代或階段的。上古人類因崇神拜神而產生「宗教神權時代」； 自宗教革命結束了「政教合一」，而歐洲文藝復興，進化到「人文社會民權時代」；現代則進展到為增進或改善人類生活與環境，而人與天爭的「自然科學的 e 時代」。舉歐洲以言，在西洋文明史上，有兩個重要元素，是所謂「兩希文明」：一是希臘文明，一是希伯來文明。前者是受優美環境所影響而走「自然主義」，取科學態度，對於人世道德而尋求合理的標準，有稱「自由之母」。後者，為苦難的命運所激發，而走「普世主義」；將道德與宗教混溶為一，先天上堅信神之存在與其絕對之權威，認為人類一切思想行為皆應以之為依歸，是稱「平等之母」。筆者於青壯年代曾瀏覽《荒漠甘泉》一書，因而認為，基督教義雖有仇恨與排他性，但基督教全部教義，應可用一言以蔽之為「信，望，愛」三德目。在文化歷史進程洪流中，因有這兩者文明相互激盪，彼此融合，而有現代社會進步的，人類幸福的，各種科學倡盛的文明。

以色列的變革與貢獻

我們在耶路撒冷停留期間，曾去參觀過以色列籌建第三聖殿的博物館，看到他們在近十五、六年以來，請了五十多名藝術家、建築師、祭司，來設計的聖殿模型，複製聖殿中原有敬拜用的各種金屬器皿，「武士」們的戎裝和大祭司的金色冠服，都已設計美好陳列出來，甚至，在最後展示項目時，由四人抬出金碧輝煌的約櫃，讓我們大開眼界，但也讓我們驚惶的是，第三聖殿建成之時，就是世界末日到來的預言！不禁要問，建了就毀，又何必如此呢？而更重要的問題是，這第三聖殿將要重建在原來猶太人的中心，聖殿山上。如此，怎樣對待山上回教的標記（清真寺）呢？將這半月型的標誌移到麥加去？這豈不是又要發生宗教糾紛，另一種 宗教戰爭？

在我們離開耶路撒冷隨後去了馬薩達、死海、加利利海，最後還去特拉維夫等等聖地所見所聞，可以感悟到，今天的以色列自復國以來，其對人類文明和世界繁榮所作的努力與貢獻，早已從偏狹的仇恨教義，艱困逆境之中，虔修昇華，匯入莫之能禦的世界大歷史的洪流之中，與時俱進。今天的以色列，無論在科技研發、人文學術諸方面，皆創造有驚人的、有利人類文化與世界文明進步，足式足範的事功。設如伊斯蘭宗教，特別是巴勒斯坦，也能擺脫其仇恨排他性的意識型態，停止各種恐怖的，自相殘殺的「聖戰」，而自我提昇戰勝難困逆境的能量，遵循「主」的《聖訓真經》，致力創造奉獻，則世界安寧當可有望。其應向以色列可以取法者，或有下例諸端：

其一，依法治國，建立民主憲政國家。

以色列建國之初，內與巴勒斯坦分治，耶路撒冷仍由聯合國託管，以色列無固定的國土疆界，境內尚有來自八十多個國家或地區的移民，宗教，種族，各種利益團體不一而足。對外，尚有要將以色列從地球上消失的三億伊斯蘭的威脅。以色列宣佈建國之當日下午，即遭六個阿拉伯國家的攻擊，戰爭延續了半年，如果在第三次的「六日戰爭」不能戰勝的話，耶路撒冷聖城仍在伊斯蘭掌控之中。在這種內憂外患之際，以色列竟能揚棄排他性的仇恨，復國建國初期的政治領袖並未成為軍國主義的獨裁者，也未實施極權統治的專制獨裁的政體，除了將國會與政府大廈，希伯來大學，皆設置在耶路撒冷，用以宣示擁有主權意義而外，復國後的以色列融合英美法體系和歐洲大陸羅馬法體系，採取議會民主制，先後由國會通過十一個基本法，迄今，雖然尚沒有一部完整的成文憲法，但依據這十一種基本法治國，規範了政府各部門的權責，各機關行政運作的原則，當選的國會議員來自多種黨派，每屆內閣只能組成聯合內閣，搏採眾議決策，而能保障人權，融和族群，步上民主憲政永續發展的現代國家。

根據《聯合國阿拉伯人類發展報告》所指出，中東地區發展停滯的根本原因被認為有三個：第一，是缺乏自由，絕對的獨裁統治、虛假選舉、司法依賴行政部門和公民社會受到種種約束，言論和結社受到嚴格限制；第二，是缺乏知識，六千五百萬成年人是文盲，大約一千萬人無學可上，科學研究與資訊技術發展落後；第三，是婦女參與政治與經濟生活在全世界處於最低水準，一半人口的潛力沒有得到開發（UNDP， 2009 年）。這些問題其實可以歸為一個，就是缺乏民主。但在以色列，這些問題都不存在，使以色列能以社會的多元性、開放性，發揚國民的潛力，形成足夠用於外交的實力；以色列的民主成為和中東國家的強烈對比，得到歐美民主國家的認同，這就是冷戰時期，美國選擇以色列，作為中東地區，遏制共產極權國家的戰略支柱，很重要的原因之一。

其二，農業立國，開發沙漠成為肥沃的農田。

我們在以色列朝聖期間另有兩種感受，一為各處交通衢要道皆有成伍成隊的武裝荷槍巡邏的士兵，予人有生活在戰時的感覺。另為餐飲售價較美國昂貴得多，予人感覺在沙漠不毛之地，當然生活不易。其實，不僅治安非常良好，各種民生必須品更是供應無缺。當我們去死海，加利利湖途中，導遊指向路邊一片片油綠色的果樹田園，說及以色列農業發展的概況，嗣經查考所知，以色列復國之初，在一片荒蕪貧脊的沙漠礫石土地上，80% 以上的食物都依賴進口，衣著等等更是無法自給。在這樣的情境下，其所以能存活下來，且民生樂利，欣欣向榮，以色列發展成為農業強國，卻是厥功至偉。據研究資訊所知，以色列發展農業成功之因，其值得稱道者如；

發明滴灌技術，掀起農業革命。以色列每年只有三十天下雨，雨量極少，加之可耕地只有 20%。建國初期，在軍需負擔尤重的情境下，仍大量挹注資金，全力開發農業，以解決衣食問題。十年後發明了滴灌技術，凡是植物園地，旅館周遭的花草地，都埋設約一公分噴水眼朝下的水管，將水與水霧都滴灌到植物的根部。如此解決了雨量不足灌溉的問題，並且培養生物蜂和益蟲，不必噴殺蟲劑，農糧生產直線上升。糧農副產品不僅自給自足，且有外銷。同時採取半空中栽植如西瓜、草莓等多種果樹，擴大了可耕植地的面積。再有政府大力輔助，研發高科技，致力農業現代化，開發高品質、高附加價值的經濟作物以至畜牧業，且能在谷地沙漠養小丑魚。今天以色列的農業、園藝等等產品大量出口，遍及歐亞諸國，稱之為農業強國，也不為過。

當我們經約旦河，沿死海到了加利利湖，導遊指著岸邊的一種水塔似的鐵箱鐵管說，那是水資源研究設備，以色列的用水來源有三：約旦河、地下水與這加利利湖。現在計劃海水淡化，來開發水資源。原來，以色列將水資源列為戰略資源，專門建立了國家水資源管理機構，制定了一系列保護資源與環境的法規，對主要水源如加利利湖和地下水建立「紅線」制度，嚴格控制水質和採水量，例如實行用水許可證、配額制及鼓勵節水的有償用水制，農業用水執行配額獎懲，並徵收污染稅，污水利用率高達 90%。在在都是為了引導、鼓勵綠色消費。甚至將鹽份極高，沒有生物存活，一無飲用與灌溉價值的死海，利用其浮力，發展了觀光事業，將死海海底黑泥所含的豐富礦物質，研發成為市場上搶手的護膚美容品，寶貴的出口品。也由於黑泥有美容健身的功效，成千上萬的人，從世界各地前來塗塗抹抹，以求恢復他們的健美，讓死海成為世界上的療養聖地。

共產制度的集體農莊。以色列的農業組織至今有三種形式：公有制集體農莊、合作社、個體農戶。政府對它們一視同仁。最值得一提的是公有制集體農莊。這是猶太教義中，為教徒們所想望的「共產制度」：一個獨特的社會和經濟群體。目前，以色列有兩百七十個集體農莊，每個農莊的人數從五十到兩千不等。 在農莊中，各種決策由社員組成的社員大會民主通過，土地、財產和生產工具歸農莊集體所有。設有集體大餐廳，社員的一日三餐都在餐廳內進行；餐廳內有中央大廚房和大型自動洗碗設備；餐飲採用自助形式，供社員免費享用。還有大型中央洗衣房，專門為社員清洗、縫補及分送衣物。社員們根據自己的能力和特長，幹著不同的工作，至於餐廳、廚房和其他類似工作則採取輪作制。社員的勞動沒有任何工資，農莊內部也不使用錢，社員的一切所需採用記帳方式。但他們能由社區提供各自所需的一切，亦即「各盡所能，按需分配」。集體農莊社員的衣食住行、生老病死、子女教育、文化娛樂等全部由農莊統包下來。兒童們從小就被送到社區的「兒童公社」裡，孩子們一起生活、一起吃飯、一起學習、一起成長。另外，社員每個月可領取少量的零用錢供外出度假旅行使用。如此，這豈不是真正的共產主義社會制度？當年奉行馬克思共產主義的中共老毛，所搞的「人民公社」，能與之相配比嗎？

其三，科技大國，發明創造獨步世界。

我們在耶路撒冷參觀以色列的鑽石加工廠，陳列的產品真是五光十色，讓人目不遐接。導遊對我們說，全世界的鑽石 70% 是由以色列出口的。但以色列第一位出口的乃是高科技，特別是軍用尖端武器的發明創造例如無人飛機，可謂獨步全球。想想以色列自建國以來，攸關生死存亡的十餘次以阿戰爭，都是戰無不勝的；當我們憑弔「六日戰爭」的古戰場時，導遊評述地說，當年以色列步兵能夠衝上戈蘭高地，打贏這一仗，是得力於以色列掌握到制空權而然的。確是如此。

據統計，目前以色列總共有五千多家新創科技公司，約二十三萬人受聘於高科技業；高科技業一年產值佔以色列出口總值的四分之一。美國納斯達克 (NASDAQ) 總裁葛瑞菲爾德 (Robert Greifeld) 曾說：「除矽谷外，以色列擁有世界上最集中的高科技公司。僅光羅斯柴爾德大道周邊一平方英里的土地上，就塞進六百多家大大小小的新創 公司。』又據統計，拜以色列國防軍投入大量研發資金於發展尖端武器裝備、培育科技精英之賜，大量技術和人才擴散至民間領域。這些新創公司多是軍方各類資源擴溢至民間的「槍桿子出鈔票」典範。2013 年，《以色列國土報》(Haaretz) 公佈一份調查報告，36% 的以國高科技新創企業家，曾服役於以軍科技部門；另有 29% 的高科技員工也出身類似的科技單位；其中曾有 10% 在情報單位，8200 部隊服役過。因此，以色列軍隊也是企業的人才篩選庫，可讓業者輕鬆挑出好人才，此所以，以色列人為何愛當兵？皆因為附加價值高，部隊能幫助成長，獲得技能與人脈，可謂一生的財富，軍科技部門不僅是新創企業育成中心，更是最佳的「企業家大學」。

其四，教育建國，用能永續發展。

以色列是名副其實的科研大國，研究成果在世界上具有領先地位。以色列也是新創之國的代名詞。2013 年度諾貝爾獲獎者中，猶太人佔了三分之二，例如物理學獎、化學獎、醫學獎等都被猶太人囊括。何以致之呢？蓋因以色列歷來重視教育，認為教育投資是最根本的經濟投資。其教育的投資佔國民生產總值比例高達 13%，位居世界第一，政府負擔國民 78% 的教育經費。據統計，政府在過去五年，對教育資源投放增加 30%。另外，也應歸功於以色列的特殊的教育方式。在以色列，從家庭、幼稚園、中小學、大學到當兵，都是國民教育的一部分。孩子在開放、自由的環境長大，培養出獨立思考的能力，更勇於挑戰真理。耶路撒冷希伯來大學 (HUJI) 為了促進教學研究與創造市場需求的永續發展，早在 1964 年就成立學術轉移公司 Yissum，在大學學術研究的理論，轉化成實際可行的市場產品之間，扮演橋樑的角色。因而，除了美國矽谷之外，以色列是創業氣氛最佳的地區，平均每一千八百人就有一家新創公司，人均創業世界第一，吸引國際大廠積極投資、來挖掘人才。其高等教育質量在全球亦名列前茅，不少研究生畢業再投身人文科研事業，結果令以色列得到另一個第一稱號──「人均教授比例世界第 一」，每四千五百人中就有一名教授。

尤者，我們在耶路撒冷朝訪聖地所見，朝聖人潮中有好多留蓄長長的髮鬚，穿著猶太教的黑色衣帽的青年孩童，導遊指著他們解說，猶太人的鬚為何又長又曲捲起來呢，這是他們從幼童時期就開始讀經書時，往往用手擰拉而成的。這說明為什麼世界上最愛讀書的人是猶太人（據統計，以色列人均每年讀書六十四本），皆因當孩子稍稍懂事時，幾乎每一個母親都會嚴肅地告訴他：書裡藏著的是智慧，這要比錢或鑽石貴重得多，而智慧是任何人都搶不走的。所以，猶太人是世界上唯一一個沒有文盲的民族。猶太人認為，愛好讀書看報不僅是一種習慣，更是人所具有的一種美德。在猶太人的重要節日「安息日」裡，所有的商店、飯店、娛樂等場所都得關門停業，人們只能待在家中「安息」祈禱。但唯有一件事是特許的，那就是全國所有的書店都可以開門營業。而這一天光顧書店的人也最多，大家都在這裡靜悄悄地讀書。正是靠著讀書，讓只有八百多萬人的蕞爾小國，二十年內誕生了十位諾貝爾獎得主，建國六十五年來，本土已出產過約二十六個諾貝爾得獎者。以色列建國歷史雖短，卻已經躋身於世界發達國家行列，用能永續發展。

結語

想想，猶太民族來自阿拉伯半島閃族的一個小部落，亞伯拉罕的後裔，於三千多年前，涉幼發拉底河，越約旦河，來到迦南，今之巴勒斯坦定居，發展成一己獨特的宗教文化，大衛建國後亡於巴比倫，復國後再有羅馬大帝國的征戰，毀耶路撒冷，追殺逃往馬薩拉的反抗軍，經兩年多圍攻後，九百六十名猶太人集體自殺殉國，以色列徹底亡國，就此經歷近兩千年大流放，在歐洲各國受盡欺凌與屠殺，再回到這流著奶與蜜的應許之地，於 1948 年經聯合國決議，再建以色列國，猶太民族方從亡國，流放，迭遭屠殺，幾乎滅種的苦難中存活下來。這是多麼的難能可貴呵？！個人並非耶穌基督教徒，但非常崇敬猶太人對教義的虔誠與執著；更崇拜以色列建國後，一本「萬事皆有可能」的生存的觀念，而揚棄仇恨排他性的教義，步入民主法治的憲政國家行列，與時俱進。也深信，有關《聖經》教義上的「爭議」，和耶穌基督身世之謎等等「疑問」，必能由考古學家歷史學者們的挖掘與研究，終能得出眾皆認可的「定言」或「結論」的。又不論世界文明進步到何種境地，人類由衷地對宗教的信仰，依然需求如常的。

我們朝訪馬薩達時，導遊對我們解說，當年殉難前起義的領導人所說：「我們可以自由地選擇與所愛的人一起去死。讓我們的妻子沒有受到蹂躪而死，孩子沒有做過奴隸而死吧！……我們寧願為自由而死，不為奴隸而生。」迄今，以色列的軍校畢業生都要來到這座殉難的山頭，慎重宣誓高呼：「永不陷落的馬薩達。」 這種誓約，經歷兩千年後，他們的確做到了。但當我們到特拉維夫，接受中華民國駐以的外交首長的送別晚宴後，去加法的山頭，眺望新城，到午夜 0 時，特拉維夫放出每日例行的預警警報，大家必須靜止傾聽那響徹午夜的長鳴，讓人深深感到，以色列自建國後已逾六十五年，仍處在「戰時」的呀！這個只有八百萬人口的的蕞爾小國，仍要面對三億人口的伊斯蘭的威脅，而以色列的「屯墾區」仍是以巴能否走上和平之路的最大障礙，彼此衝突不斷，恐怖戰亂頻起。省思及，今後如何才能戢止這種延續數千年的，起緣於宗教教義教派之不同，而發生的宗教戰爭？可讓世界和平安定，讓人類和諧共處呢？我想，唯有企望以色列本乎基督教「推己及人」的仁愛福音，主動援助同宗而且共治的巴勒斯坦的居民，也能相融共處，安居樂業；特別是諸多伊斯蘭宗教的國家，必須師法以色列，揚棄排他性的仇恨，自立自強，步上民主法治的憲政國家，則可有望了。再如共產主義極權國家如中國大陸，也能揚棄馬列史毛的共產主義仇恨哲學，徹底根除必欲消滅世界上資本帝國主義國家的「意識型態」，還政於民，與歐美民主法治如英美國家，共盡文明國之義務，則世界大同更可期及了。我合十禱告：阿門！阿門！（註：在以色列 Tel Aviv 與季大使諳聲夫婦合影的相片列於書後相資 009）

原載於《中央網路報》，2014 年九月二十五日

泛論大陸創設亞投行的成因與發展——我對實現「中國夢」的認知與建議

中國大陸倡導創設亞投行，咸皆認之為，對世界經貿 、金融，以至國際政治與軍事格局的影響與變遷，投下一顆震撼彈。但其真正的企圖與目的，如從地緣政治的大戰略來探討其緣由，可「一言以蔽之曰」：對內，是為搞活經濟，用以維持一黨專政的「救生圈」；對外，是與美國霸權爭鋒，以之衝破 C 型包圍與 U 型島鏈的「回馬槍」。展望其成敗得失雖為時尚早，但不可有違的因果原則或歷史規律的是，中共必須落實政改，方能實現其「中國夢」，讓中華民族的全民共臻衽席，同享安和均富的生活；中共尤須徹底根除馬列史毛的共產國際世界革命的意識型態，中國殆能和平崛起，與民主自由，法治先進國家如英美，共盡文明國之義務，俾能為世界開萬世太平。

「深水區」的「救生圈」

所謂「救生圈」之說，其基本要因是肇始於，中國的共產黨是共產第三國際，由蘇俄派馬林來中國資助成立的，在國父孫中山先生「聯俄容共」政策下，共產黨以個人身分加入國民黨之後，宣揚馬列主義，秘密發展組織，所謂「借國民黨的雞，生共產黨的蛋」：中國國民黨的國民革命是為建立「民有、民治、民享」的共和國，中國共產黨在本質、理念、與實踐等等方面，可說是個不折不扣蘇維埃式的「外來政權」；是中國從辛亥革命，在亞洲建立第一個民主共和國，中華民國，竟不幸有軍閥混戰十年之際，中共即乘機起而成為，中華民族近百年來，所有承受的苦難與麻煩的製造者。

中共摘了國府抗戰勝利的果子

當年，中國對日抗戰，毛澤東在俄共資助，史達林指令之下，以欺騙，用間，武裝叛亂，僭奪了抗戰勝利的果子；推翻了領導全民抗戰十四年之久，對日寇經歷二十二次大會戰，僅參戰的國軍就犧牲了三百餘萬，將官兩百餘位等等，方能獲得「慘勝」，廢除了中國近百年來與外侮簽訂的種種不平等條約，而成為聯合國創始國的中華民國的政府後，立馬成立蘇維埃式的「中華人民共和國」：一黨專政的共產極權政府。且即刻拉下鐵幕，用個「反」字，發起的種種人神共憤的暴政，一直到「橫掃一切牛鬼蛇神」，掀起十年浩劫的文化大革命等等，八千萬苦難同胞於焉枉送了性命。

舉世無匹的「大地主」「大資本家」

而且，毛共自詡，它是代表受地主與官僚資本家剝削其剩餘價值的貧苦農工，舉起為無產階級暴力革命的大旗，在農村殺地主，分田地，繼之組織公社，集體耕作，農民終成「農奴」；在城市要工人當家，要公私合營，「民族資本家」不得不將公司企業奉獻給中共，「資方」成為「勞方」。毛共王朝反而成為了舉世無匹的「大地主」；共產極權的「大資本家」。經歷三十年老毛的與天鬥爭，與地鬥爭，與人鬥爭的結果，全民已是「一窮二白」，人人自危，大家爭糧票等油票以維生命；游泳偷渡逃出這社會主義的「天堂」！幸有鄧小平先生的「三十年改革開放」，讓一部份人先富起來，也給予 90% 以上嗷嗷待哺的貧苦農工小民，有個生活可以不虞匱乏的希望；因能避過如東歐的突變，蘇聯體解的危機。但由政治體制的缺失，所種下將要「亡黨亡國」的因素，依然存在，亟待根除。

「打江山，坐江山」有其正當性？合法性？

省思「三十年改革開放」，其所以能挽救了中共政權於危亡，概因中共以開發中國家資格參加 WTO，走向世界一體的經貿系統。大陸有廣大的市場，廉價的勞工，以及多未開發的資源，因能吸引外資，外企，而解決了未開發國家共有的，如資本，人才，技術，管理等等的艱困，成為世界工廠；從以「生產與分配」皆以「養民」所需要的計劃經濟，轉型到用商品，價格為手段，以追求「利潤」為目的的自由市場經濟，能利用國外經貿管道，傾銷其國家資源與血汗代工的產品，賺取得舉世無匹的外匯存底；為八億多窮苦農工解決了能吃飽飯的大問題。中共就以此「成果」，證實其「打江山，坐江山」，一黨專政，黨大於法的正當性，合法性。但，果如其言？

三十年改革開放成敗之因

蓋因，「三十年改革開放」成功之因（不論其實質性），主要是在「思想解放」，只要能「抓老鼠就好」；打破條條框框，「摸著石頭過河」所致。筆者認為，尚有極其重要的四大促成的要因：一是，土地國有；二是，企業皆公；三是，極權專制；以及八、九億嗷嗷待哺農民的「廉價勞工」。但所謂成在於此，衰亦由此。

蓋因三十年改革開放最大敗筆是「城鄉二元制」。其所造成的禍害要如；共黨幹部貪污腐敗，較之當年，以此要打倒的國民黨，遠勝千百倍；「拆遷」與「上訪」的冤屈和傷害；環境污染；三農問題；國企虧損；貧富差距日益擴大；「盲流農工」，「蝸居蟻族」

皆為物價通膨所困，小民生活壓力日有加劇等等；更何況，在所謂「上有政策，下有對策」的「反射」行為情境下，「富」者既是「嬌侈淫佚」，「貧」者竟有「與汝偕亡」者。以至道德淪喪，社會不寧！所以至此， 皆由於「共產極權資本」，政治體制的缺陷所造成的。其結果是，在經濟方面進入了「深水區」，而有「後三十年改革開放」的論說；在政治方面有溫家寶先生，對政治體制改革如不落實，不僅三十年改革開放成果不保，且有「亡黨亡國」危機的呼籲警言。探究其根本原因，都在中共參加 WTO 以來， 迄未取得「完全市場經濟地位」所致。

WTO 限制性的條款與「非市場經濟地位」的待遇

中共自 1979 年改革開放以來，其經濟體制就不斷的轉軌，希望早日與西方先進國家接軌，以加強其經濟發展。在 1986 年，大陸申請加入 WTO，經過十五年的長期努力及多方談判，並且在各種產業上做出重大讓步之後，終於在 2001 年十一月十日於卡達召開的 WTO 部長級會議中，於十二月十一日正式成為第一百四十三個正式的會員國。

完全市場經濟地位的要因

對於 WTO 所倡導的自由市場經濟，是為人類社會，互通有無、自由競爭、和公平交易得以正常的進行。依據世界市場經濟發展的歷程：借鑑美國、歐盟、加拿大反傾銷對市場經濟標準的法律規定，其影響市場經濟地位有五方面：一，「政府行為是否規範化」；二，「經濟主體是否自由化」；三，「生產要素是否市場化」；四，「貿易環境是否公平化」；以及五，「金融參數是否合理化」。簡言之，其取得「完全市場經濟地位」的條件要為：政府不能控制土地、工業總產值、勞動力和勞動力的價格和薪酬；以及金融、外貿，商品價格等等，皆應由市場自由決定。

中共尚未取得「完全市場經濟地位」的難題

依據上述取得「完全市場經濟地位」的要件，不管從哪種標準看，中共都稱不上是市場經濟的國家。此因中共致力但無法獲得「完全市場經濟地位」的根本因素，眾多論之為，中共自始就是計劃性、指令性、國家控制的。中共致力經濟的市場化，不是出於對社會資源配置最合理化的考量，而是因為中共在壟斷權力之後，為繼續壟斷社會經濟命脈而採行的。

因此，中共參加 WTO，在長達十幾年的加入世界貿易組織的談判之中，一些國家對中共的完全市場經濟地位多表示懷疑。在最終簽署的加入世貿組織議定書中，中共接受了一些限制性的條款，一是，對中共實行十二年特殊保障的條款；二是，對中共紡織品出口的相關條款；三是，對中共出口產品反傾銷調查的「非市場經濟地位」待遇。

議定書第十五條規定：「如接受調查的生產者不能明確證明生產該同類產品的產業，在製造、生產和銷售該產品方面具備市場經濟條件，則該世貿組織進口成員可使用不依據與中國大陸價格或成本進行嚴格比較的方法。」此項規定「應在加入之日後十五年內終止」。也就是說，中共在十五年之內，如不能自動具有市場經濟地位，免去出口產品受到 WTO 進口成員國家的反傾銷調查，要取得完全市場經濟地位，必須得到進口國的承認。而今，所議定的十五年 (2001-2015) 為期已屆，中共對歐美諸多已開發的先進國家，尚未取得「完全市場經濟地位」。近年，在亞太地區所欲參與的 TPP 也未獲得認可。

反傾銷調查的「傷害」

是故，大陸一直是遭受反傾銷調查最多的國家，據報導，自1979 年八月歐盟對中國大陸出口的糖精和鹽類進行反傾銷調查以來，共有三十四個國家和地區，提出了六百七十三起針對或涉及大陸產品的反傾銷、反補貼、保障措施及特保措施調查案件。最近，據中央網路報報導，墨西哥對大陸進行反傾銷調查，對原產自大陸的進口產品稅率，按 147.04% 徵收。這些國家頻繁啟動各種調查，嚴重限制了中國大陸產品出口，減損了中國大陸產品在當地的市場的競爭力，影響了中國大陸與這些國家和地區之間的正常貿易關係。

不承認中國大陸的完全市場經濟地位，所受到反傾銷調查，採用最多的手段就是不看中國大陸的企業在生產、銷售中有無政府補貼，而是選一個參照國來比較，來裁決中國企業進行了傾銷，處以高關稅或其他方面的保護措施，使中國大陸產品不得不退出當地市場。對於中國大陸的外貿環境正常的外貿出口，走向世界市場有著相當大的影響。而且，中共如不能取得「完全市場經濟地位」，也就意味著中共所想望的，做到經濟的自由，就意味著社會的自由，如此，中共統治就具有正當性與合法性的情境，就不可能達到了。

致力爭取完全市場經濟地位的改革

由於非市場經濟地位否定了中共「建設市場經濟的成果和現狀」，影響中共的「國際形象」。因此，在中共致力爭取求得完全市場經濟地位，曾作有一系列的改革，例如開發大西北，擴大內需，公退民進，城鄉都市化等等，更有上海自貿區的成立，簡政放權，以吸引外資外商前來國內交易；與周邊鄰國簽訂「自貿區」，可以避過外貿被不承認中共有自由經濟市場地位國家的「反傾銷」的調查，而維繫其經貿的繼續成長，但多未見其顯著的成效。

中共經貿發展所面臨的困境

當前，中共不僅不能爭取到完全市場經濟地位，而且面臨的問題尚有：產能過剩，內需不足，地方財政瀕臨破產，國企虧損，銀行呆帳，金融泡沫，經濟危機，房地產泡沫化，廉價勞工作將不再可持；既往，地方政府出賣土地投資，以維繫 GDP 成長已不可能等等。中共經濟如不及時轉型，經濟外貿，財政金融皆將大幅衰退。對於中共所面臨的經貿發展的困境，大陸資深學者、曾為中共領導人擔任翻譯的資中筠認為，中共尚未現代化，其嚴重的因素有：

一、「中國模式」不可持續。因它是基於高能耗、資源浪費、嚴重污染環境，加上低工資和人權保障的缺失。在經濟結構方面，一大部份 GDP 是來自房地產投機而不是高科技創新。地方政府的主要財政來源是賣地。再者，有利於出口導向產業的國際環境正在急劇發生變化。所有這些問題呼喚，對現有的發展模式，要進行實質性的改革。

二、腐敗叢生難以遏制。現存的法律和政治機制不足以有效地遏制它的蔓延。有一種「中國特色」，就是基於等級制的特權，各級掌權者合法地、不受監督地大量消費「公款」，按照「級別」提供各種享受。尤者，中國最大的企業都是國有壟斷。土地都是國有。中國各級政府本身就是大財團，是最大的利益集團，一身而二任，既是資方，又是仲裁方，其悖謬是可想而知的。政治體制之所以非改不可，而又難以起步，都源於此。

三、兩極分化日益嚴重，社會矛盾尖銳化。這些年來全社會財富大幅度增長。由於外資比例很高，高額利潤實際上落入跨國資本的口袋。中國勞動者的血汗，所留在中國的那一塊蛋糕，絕大部份為佔中國人口極少數的權錢結合的暴富集團所吞食，廣大普通勞動者只分到極小的一塊。既得利益者不準備讓出一些份額來，只有不斷加速把蛋糕做大。

經改繫於政改

鑑於資氏的論述，當可認知到，中共為何必須要落實政治體制的改革。此外，尚有大陸資深學者辛子陵在其《政改興邦脫蘇入美——致中共十八大新領導人》文中，對政改指出其根本因素：「中國黨國體制有四個特點：一是，共產黨位尊憲法之上不受憲法約束；二是，軍權不在政府；三是，政權二元化；四是，民權虛化。」

辛氏指出，僅以權貴集團利用黨國體制控制了黨和政府以言，改革開放以來，黨國體制沿著毛澤東式的慣性，多次干擾國家的政治生活。其主要表現是以鄧小平為首的「八老干政」。八老在粉碎四人幫，克服「兩個凡是」的桎梏，推動中國走向改革開放是有功勞的；但由於他們的歷史局限性，又對改革開放有諸多干擾阻撓甚至破壞。

八老多數沒有擔任黨和國家主要領導職務，但他們是政治局常委之上的常委。鄧小平擁有決定權，陳雲擁有否決權。楊繼繩稱之為「雙峰政治」。他們的權力來源當然與他們的資歷、威望有關。在黨國體制庇護下，權貴集團孕育、誕生、成長和坐大，他們佔有了經濟發展的太大的份額，造成今天積重難返的局面，這是改革開放以來黨國體制的主要罪責。

政體缺陷與國企改革

關於政治體制的改革，從「六四」前後，中共中央就有「政治體制改革」之議，但爭議不止，從未「落實」。在 2011 年，中共建黨九十週年之際，在網路媒體上，不少有關中國政改的大文，特別是大陸經濟學家茅于軾先生撰文，要將毛從「神」位上拉下，將他還原成「人」，來「審判」他，要與毛「切割」，讓中共找回自信和光榮；以及王霄先生大著《朱鎔基功過之一瞥》，著者對朱鎔基「國企改革」的「失誤」一語道破：是由於（政治）「體制的缺陷」。但中共如何落實政改，論述殊多，尚無定見。

朱氏之「國企改革」似在「六四」事件與 WTO 推動期間？WTO 逼使「國企改革」；有「六四事件」，殆有後來經濟方面的「三十年改革開放」。此二者皆為今日要求政治體制改革的主因。當年，朱氏以「『產權』制度改革為取向的國企改革」，並不錯。問題在於朱氏對中共「共產極權」制度的，所有企業都姓「社」的國企 (state-owned enterprises)，與已開發國家如美、英，僅有少數的，用為發展經濟「拓荒者」(pioneer) 的公企 (public enterprises)，其在性質與功能諸方面未予區別清楚。

蓋因，國企其所以業績不善，虧損倒背，被 WTO 逼得非改革不能生存的地步，固然是由於「共黨國企」如同「家族企業」，它是「政治掛帥」，「用人唯親（黨）」的，以至人才兩缺，管理不善；昧於市場，營運不良等等先天缺失而外，那時，國企為職工的負擔也太多、太重之故。亦即國企對職工並無合理的薪資與退職制度，但從「搖籃」到「墳墓」的生活所需，都要「照顧」所致。再則，其時在國家尚無全盤的、完善的社會安全（保障）制度，職工一旦「下崗」，轉業不易，僅得象徵性堪可短期餬口的貼補，生活頓失所依（有退職的高級工程師淪為丐民者），怎不造成「社會問題」？

但這些皆導因於「共產極權資本」，政治體制的缺失，不是朱氏所能掌控的，其「責任」自不應完全歸咎於朱先生才是。但論及朱氏保「一百」大型國有企業的策略，對虧損連連，一無績效者予以或合併，或賤賣，但在全國企業皆為中共政府所擁有的情境下，賣給誰？這不是利益輸送予不肖的當權者，「誘其入罪」的機會？甚至說今日的「貪腐」(除了中共「一把手」 權力太大，易於尋租而外)也肇因於此，亦不為過。

政改經改的死結：三農問題

在朱鎔基主持國企改革之際，另一關係中國數千年以來賴以生存發展；大陸今後能否完成現代化建設，概因三十年改革開放所採行的「以農養工」的城鄉二元制，導致中國農村瀕臨破產邊緣的「三農問題」。朱鎔基先生對此所述及的「農民真苦、農村真窮、農業真危險」，可道破其問題的嚴重性！

「土地改革」抑是「奪取政權」？

追溯其因，想中共是以「土改」革命者起家的，對於中國是一個人口眾多，貧窮落後的農業國家，自是很明顯的，以消滅剝削勞工剩餘價值的資本帝國主義的共產主義並不適用。但貧窮是共產主義的溫床，再有蘇俄十月革命成功的誘因，就給予毛共被國民黨清黨趕出後，在中國窮苦的農村，煽起殺地主，分田地的武裝叛亂，暴力革命的契機；從 1950 在景崗山成立「中華蘇維埃共和國」，開始「土地改革」，沒收土地歸由「中華蘇維埃共和國」所有。嗣後在抗戰，在內戰期間， 中共竟以「土地改革」的革命者，打倒了所謂代表官僚資本主義的南京國民政府，奪得了政權。

中共建政後，又以基於意識型態與順應情勢所需，而改採各種「土改」制度。例如「農業合作社」、「人民公社」、以及「家庭承包制」等等。這種種的「改革」，皆因農村土地是「集體所有制」，耕者無分寸的地權，對農民毫無激勵作用。再由於中共推動工業化、城市化和市場化的過程中，只片面追求經濟成長，以及受到城鄉分割的二元結構制約，因而導致「農業增效難、農民增收難、農村發展難」的三難困境，據調查報告所知：

農民真苦——就農民問題而言，是沉重的稅務負擔。高額的醫療費用也讓農民大感吃不消。高額的教育費也是農民的一大負擔。在廣大的農村地區，普遍缺乏各種社會保障體系，如醫療保險、退休養老金制度等，農民是相對地貧困化。且農民收入之低，以世界銀行每天一美元的國際貧困線標準來計算，目前全中國大陸至少還有三億五千萬的農民仍然生活在貧困線之下。

農村真窮——目前中國大陸農村的農業人口約八億多人，平均每人耕地面積為零點一公頃，僅及全球平均數的 44%，屬於小農經濟型態。加上在城市化過程中，全中國大陸完全失去土地或失地零點三公畝以下的農民已多達七千萬人以上。自 1994 年中共實施「分稅制」。讓省級以下的政府層層向上集中資金，農村就有屢見不鮮的橫徵暴斂的亂象。尤者，自改革開放以來，中共通過低價徵用農民土地，造成農民蒙受兩兆人民幣的損失，更進一步加速農村的貧困化。

農業真危險——就農業問題而言。最關鍵的因素是農業現代化水準嚴重落後，其主因在於農業科技投入不足，中國大陸每年約有六千多項的農業科技成果，真正達到規模效益的僅有 20% 左右。再則是，對農業自然資源的過度使用或不注重環保問題，導致農業用地逐漸惡化，近幾十年來森林的濫伐、草原的濫墾或過度放牧也變得越來越嚴重。在過去的十幾年中，儘管中國大陸國民經濟以 7% 以上的速度持續增長，但是農業幾乎成為一個無利可圖的產業。

「三農問題」所衍生的嚴重問題所在

又據中國農村現狀的研究《來自中國社會底層的報告》所知，大批山區農村土地失衡、環境污染、亂攤派、人口拐賣、村匪地霸、封建迷信、製假售假、吃祭食、媒婆幫等，皆使農民深受其害。再因，三農問題涉及基層政制、社會結構二元化、長期被輕視的農業，受盡剝削農民的問題，和涉及到水土保持、綠化國土，永續發展等農村問題，這些都是關係到農民和全中國大陸人民生存的環境保護的重大問題。其所衍生的禍害要如：

「城鄉二元制」的形成。中共要在落後的大陸農業實現其工業化，採取農產品的定價形式，從農民手中低價統購，又對城市居民和工業企業低價統銷，用以維持大工業的低工資和低原料成本，提供不斷產生超額利潤的條件。而且，頒佈了一系列政策、法令，通過戶籍制度、糧油供應制度、勞動用工制度和社會保障制度等，把城市人口和農村人口分劃開來，形成了城鄉二元結構的基本制度，其城鄉的經濟、文化水平差異之大，可比喻為中國大陸的城市像歐洲，農村像非洲。其禍害不僅形成現今解決中國三農問題的根本瓶頸，也成為經政，政改，完成現代化的死結。

農民群體抗爭。中國大陸農村土地是「集體所有制」。 農民不能自由買賣所經營之土地，一旦面臨徵地又得不到公平合理的補償，土地爭議導致農民的抗爭層出不窮。2011 年，廣東烏坎村民集體抗爭事件引發全球矚目。研究顯示，中國大陸每年發生十萬起群體性事件，此外為拆遷上訪所造成的冤屈事件，無日無之，矛盾不斷激化，嚴重影響到社會的和諧穩定。

城鎮化遇阻推遲 。新屆政府上台後，李克強曾高調提出「中國擴大內需，城鎮化是最大的潛力」。但內地城鎮化遇到的問題之多，前所未有。分析認為，城鎮化改革面臨土地財政依賴、戶籍管理難以突破、行政管理制度固化、認識慣性等連串挑戰。當前進行改革所針對的問題，要如行政壟斷、產權變革、財稅體制、資源價格控制，無一不是難啃的「硬骨頭」。城鎮化一詞於焉慢慢淡出官方的語言。

無法完成現代化。中國農村土地屬於農民集體所有，土地不能自由買賣及流轉，張成綱教授指出：「使公民喪失經濟自由和政治自由；導致政府的無限權力；使民主制度成為不可能，也令憲政成為不可能。」。尤者，今天中國大陸的金融，經貿的發展受挫等等，也因中國大陸土地國有，參加 WTO 迄今尚未取得「完全市場經濟地位」所致；致力工業現代化自也無法完成！

中共中央對土改的政策的兩難

因此，中國大陸的土地改革將對經濟與社會結構產生重大影響；中國大陸經濟是否能再創新的活力，皆取決於土地改革制度改革的成敗。今年，中共中央所公佈的一號文件，全稱是《中共中央國務院關於進一步深化農村改革加快推進農業現代化的若干意見》，提出要穩步推進農村土地制度改革試點。該文件指出，在確保土地公有制性質不改變、耕地紅線不突破、農民利益不受損的前提下，按照中央統一部署，審慎穩妥推進農村土地制度改革。

根據《旺報》報導，人民大學政治系教授張鳴認為，目前中國「三農」發展的根本問題在於「農村土地確權」上，只要 「農村土地確權」無法做到，中國的農村土地就無法自由流轉，並影響城鎮化，以及農村及農民的再繁榮。很可惜，這方面在今年的一號文件上仍看不到明確進展。張鳴指出，農村土地的使用權應該要流轉，尤其在目前中國集體農村已消失的情況下，農村土地卻還要「集體化」，很荒唐。他認為，現在很多人已經不再種地，但是土地卻不能自由買賣，還在強調集體所有制，都是「意識型態」所導致。

中共與毛切割的 170179 決議案

所謂中共的「意識型態」，是指捧奉馬列史毛為圭臬的共產主義。尤以從中共七全大會，於黨章中規定，以「毛澤東思想」為中共全黨的指導思想；是中國共產黨一切工作的方針。毛便成為中共的「教主」，轉化為「神」的格位！毛是列寧式的極權主義、中國皇權專制傳統、中國底層流氓文化三者的集大成者。毛的獨裁專制，犯下滔天大罪，於焉肇始，中國人民的苦難浩劫也禍延於此！而且，如畢福劍所說：「把我們害苦了的『老 biang』已經死了多年，陰魂不散，至今還在纏繞著中國人，牽制著中國未來的走向。」

中國何時才能走出毛澤東的陰影？此有 2010 年十二月二十八日，中共中央政治局全體會議在胡錦濤主持下通過了《關於毛澤東思想若干建議意見》的決議，編號 179 號，又稱 170179 號，是指第十七屆中央政治局常委會第 179 號議案。該議案由吳邦國、習近平兩人共同提出，內容是：關於黨的會議公報、黨的工作任務決議、黨的方針政策制定、黨的理論學習、黨的宣傳教育、黨的政治思想建設、組織建設、政府工作報告、政府有關政策、措施、決議等文件中，「毛澤東思想」不列入。據悉，當會議宣佈一致通過 179 號決議案時，全體政治局委員不由自主地起立，長時間鼓掌、歡呼。這個決議的作出， 是民間重新評毛的推動。在中上層幹部中，在知識界，對「毛澤東思想」已成為改革開放，特別是政治體制改革的巨大阻力，必須排除這個障礙，形成了共識。

習近平所謂「中國的希望」

可是，出人意料之外的是，自從習近平走馬上任以來，就由中發辦十八大為習近平對外宣示他執政的「三大原則」（堅持共產黨的領導，堅持毛澤東思想，堅持走中國特色社會主義的道路）；繼之，他南巡訓話；發表「三個信心」；嗣有中宣部「五條」和中發辦「七不講」；以及他論述前三十年的毛澤思想與後三十年的鄧小平理論，「兩個不可分開」。習近平更明確地指出，「如果否定毛澤東思想和歷史地位，就天下大亂。如果否定鄧小平理論和改革開放，也一樣會天下大亂」。 自也突顯出他執政思路的基本特點就是「一黨專制」不可挑戰；因而，他堅持黨管媒體，黨管輿論，黨管思想，黨管意識形態。他用「民主」二字又來進一步地， 為「三個信心」，「兩個不可」等等意識型態問題「添加基石」；依然高高舉起毛神主牌，維護它「一黨專政」「黨大於法」的共產極權政體於不墜！（筆者曾撰文認為，習近平是有「雙重人格」所致。）

「一黨專政」的悖論

關於「一黨專政」，最近，在網路上流傳很多為中共耀武揚威，唱衰美國的宣傳文稿，其中有一份由中共中宣部，或是所御用的文痞，對習大人所堅持 「一黨專政」的宣傳「刊文」。其論述中共在經濟上「三十年改革開放」，所以取得輝煌的成就，多歸功於在政治上堅持「一黨專政」而然的（註）。「一黨專政」體制之好，其鐵證是，中共在短短二、三十年時間，就成為世界第二大經濟體，脫貧人口世界之最。在未來十年之內，必將趕下美國，成為世界第一的超級大國。說來真令人大為驚奇不已。至於該「刊文」確論中共的「一黨專政」政體，優於西方「三權分立」的民主制度，即意指習大人執政的基本特點「一黨（專）制」不可挑戰 ：亦即政治體制就無改革的必要，這就屬於有待商榷的悖論了。

（註）此說是有其因，但這僅能列為要因之一 。此因，中共的一黨專政最大的優點即是決策迅速，執行徹底，可說是想做什麼就能做成什麼。三十年「改革開放」也是如此，所以成功，固然要歸功於鄧小平所採取的「黑貓也好，白貓也好，能抓老鼠就行」的「實證哲學」。但筆者認定不可或缺的四項要因是：一，土地國有；二，企業皆公；三，極權統治；以及四，嗷嗷待哺，急需工作以維生的廉價農民勞工所促成的。這就是當大陸一旦改革開放，外資外商其所以紛至沓來，或投資設廠，或合資經營，以至產銷合作，讓具有低度開發國家人口眾多，貧窮落後，資源尚未開發等特點的中國大陸，解決了最缺乏的資金，技術，設備與管理人才等等艱困問題：中國大陸成為世界工廠，這些絕不是捧著老毛神主牌就可做到的。

論及國家的政治體制，它是生長成功的。它是環境的產物，不同的社會，產生不同的政制。它是無從比較其優劣成敗的。例如中國古代家天下的帝王專制政體，帝王基於「君權神授」，受命於天來統治他打下來的江山。現代的政府組織，則概分有總統制，內閣制與委員制等等，都各有其成長因素，各有其優勢與功能。彼此是無比較的必要。但有其共同特點是：主權在民。人民組織政府是為實現國家的目的；在其位的當權者，是為民謀求福祉的公僕。今天中共的「一黨專政」，黨大於法的政治體制，是掌控國家資源，與民爭利，是極權統治，以民為芻狗。從何比較認定是優於西方民主法治的的政制？玆論述其要如下：

其一，中共「打江山，坐江山」已歷六十五年，其大位自毛、鄧以下，亦已由江、胡、習遞壇了三屆，它的政權是否曾得到全民，或僅是它所代表的無產階級的窮苦農工小民的一張選票？它乃是「黨權神授」（共產第三國際）的共產黨，絕不是中國「全民的政黨」。

其二，中共是全世界的「大地主」，最富有的「大資本家」；而且中央暨地方省市鄉鎮各級政府，以及所有企業、學校、文化機構，都由共黨組織的常委書記，「一把手」所掌控，來決定其一切財經政策，讓它能「為所欲為」的超高效率，怎能不優於一切財經政策，必須獲得民意機構同意的西方民主國家呢？

其三，「刊文」論定「中國的一黨制優勢之一在於可以制訂國家長遠的發展規劃和保持政策的穩定性，而不受立場不同、意識形態相異政黨更替的影響」。確是如此。從毛鄧以降，以迄於習大人，其反走資，反美帝的共產國際世界革命的「馬列主義」，「毛澤東思想」依然一直堅持不變！

其四，「刊文」又指出，中國的一黨制優勢之四在於它是一個更負責任的政府。在民主國家，出了問題，執政黨與在野黨可以彼此推諉的不配合。也是確有其實。民主國家的政策，預算都要得到國會的審議通過。執行有無問題，皆受司法機關的偵查；且有新聞各界全民的監視。「一黨專政」的中共呢，它政策的決定與執行，國家財經資源如何分配的預算，只需向人大與政協兩會「報告」，經「鼓掌通過」就可了事；並有中宣部掌控的所有新聞媒體同聲歌頌宣揚。設有異議的民權人士，不被送進監獄者幾希！如此的政府究竟需要「向誰負責任」？！

其五，中國的一黨制優勢之五在於人才培養是一個漫長的過程，其選拔機制是以能力為主要標準，以及不因多黨選舉而政黨輪替，可避免人才的浪費。像奧巴馬，僅僅做過參議員，連一天的市長都沒有做過，可以說沒有絲毫的行政經驗，結果卻被選出來管理整個國家。這在中國可能嗎？（點評）事實上，中共所培養，被選拔的領導人才，無不是隔代提名，等額選舉而產生又紅又專，紅二代的共產黨員；歐巴馬如在中國大陸，必是永世不得被培養選拔而出的。

其六，論及貪腐，「刊文」更譎辯地認為：「中國能在社會轉型期這一特殊時期內，可以有效遏制腐敗的氾濫，就是由於在一黨專制制度下，建立有其他國家所沒有的『雙規』制度、實名舉報制度、官員公示制度，因能有效打擊所致。所以，中國的腐敗僅屬人性腐敗。西方的民主，必須要有選舉，而選舉必須要有錢。政治人物接受了財團的支持，獲勝後，必然要給予回報。這就是民主制度下腐敗的剛性原理。也就是說，西方的腐敗乃是剛性腐敗。又說，最腐敗的哪些國家都是最貧窮的民主國家如海地。一向不被西方視為民主國家的新加坡，是亞洲廉潔度名列第一，全球第五。中國在經濟發展到中等發展國家水平，在一黨制沒有腐敗剛性的前提下，也同樣會達到或接近新加坡，也就是全球領先的廉政水準。」

（點評）觀諸大陸中共施政「無法無天」，執政黨員尋租，「無官不貪」的現況，真讓人深深感到中共自欺欺人，真是無恥到極致？！可以定言，堅持「一黨專政」的「集體領導」，這樣的政治結構就會讓政府變成一個巨大的利益分贓集團。「肅貪」成為「維權」的手段；「政改」就不可期待。

衝破C 型包圍與U 型島鏈的「回馬槍」

是故 ，習大人甫登大位，即面臨經貿發展進入「深水區」的危機，政治體制改革又淪於民主憲政體制改革的論戰，隨之舉行的十八大三中全會，為貫徹落實黨的全面深化改革的戰略部署，研究十六項重大問題所作的六十項改革的決定，其論述行文洋洋灑灑，戰略部署涵蓋周全。似乎甚符海內外對習大人所期望的；中共可以走向中興，中國可以和平崛起。但國內外有識之士，對這六十項「決定」認知竟是兩極化。此因該《決定》有諸多令人存疑，要如；

「全面深化改革，必須高舉中國特色社會主義偉大旗幟，以馬克思列寧主義、毛澤東思想、鄧小平理論、『三個代表』重要思想、科學發展觀為指導，堅定信心，凝聚共識，統籌謀劃，協同推進，堅持社會主義市場經濟改革方向。」

「基本經濟制度，是以公有制為主體；政改重在轉變政府職能，以科學的宏觀調控，有效的政府治理。深化行政體制改革，創新行政管理方式，增強政府公信力和執行力，建設法治政府和服務型政府。」

為了「適應經濟全球化新形勢，必須推動對內對外開放相互促進、引進來和走出去更好結合，促進國際國內要素有序自由流動、資源高效配置、市場深度融合，加快參與和引領國際經濟合作競爭新優勢，以促進開放改革」等等決定，真是「文情並茂」的好文章。

但很顯見的是，中共依然捧奉馬列主義，「毛澤東思想」為圭臬。在政治體制上，依然一黨專政，黨大於法，並無「還政（權）於民」的真實決定；土地產權仍然「城市國有，農村公有」，不依經濟規律實行改革；國企依然壟斷市場，拒絕走向全面開放，讓「國退民進」，做到「藏富於民」，一切「市場化」。如此，豈能爭取到眾多歐美先進國家承認的「完全市場經濟地位」，能正常地加入WTO，俾能從「深水中」脫困而出？中共不能取得「完全市場經濟地位」，來確保其經貿永續成長，乃採取「引進來，走出去」的策略。亦即成立上海自貿區，簽訂區域自貿區，將外資、外企引進來；開闢「一帶一路」，將經貿、金融走出去。又為確保「一帶一路」 能如願落實，創設亞投行的策略，於焉決定。

創設亞投行

中共創設亞投行有其「利多」的考量。因為，一旦亞投行運作順利成功，中國大陸的經濟成長、外貿拓展、人民幣國際化等等的艱困，雖不能完全解決，至少，在參與的六十七個國家或地區，達到中共所期望的，在政經方面可以增進「溝通，協調」的「外交，友誼」關係；中共產能過剩的企業產品，也可以行銷到亞投行運作所及的地區；人民幣也很可能在這個地區作為「結算」的貨幣；甚至，在人民幣幣值得到 IMF 的確認，成為國際結算「籃子貨幣」，人民幣就很可能成為「亞元」，與美元、歐元三分天下了。不過，對中共而言，這種種的「利多」能否獲得，是不能確定的 。

但是，中共在內外艱困交迫之際，「登高一呼」，創設亞投行，竟得到亞洲地區眾多國家，特別是歐洲英、德、法、義等等主要國家的踴躍參與；又據中央網路報所引北美《世界日報》報導，中國大陸與澳洲於今年六月十七日正式簽署自由貿易協定 (FTA)，雙方貨品出口額 85% 的產品在生效後立刻免除關稅；在過渡期後，澳洲將提供中國 100% 的貨品免關稅待遇，中國則提供澳洲 97% 貨品免關稅待遇。如此，中共除了經濟量體已取代日本，也登上亞洲經濟霸主地位。這無異為衝破歐亞心臟地帶邊緣地區的 C 型包圍，在東南海刻意切斷 U 型島鏈，猶如擲出一個很漂亮很成功的「回馬槍」。

亞投行與「中國夢」？

不僅如此，習大帝決定採取「一帶一路」是基於「經濟合作，區域發展，區域政治安全的考量」之外，在「走出去」的策略，尚有向全球的戰略部署。要如在政經方面有：推動成立上海合作組織開發銀行的戰略，所形成的上合組織區域內互聯互通，白俄羅斯將是「一帶一路」的重要戰略支點。其運作所及的地區，在東南亞有新加坡、馬來西亞、泰國、緬甸、印度；在中東有伊朗、伊拉克、科威特、巴林、穆迪；在歐洲有匈牙利與羅馬尼亞等國家。

與俄羅斯發表「中俄聯合聲明」，從能源到基礎設施建設，到高科技領域、科技聯合研製、軍事武器聯合研發、農業化工醫療造船等等全方位的合作；中共的經濟導向要徹底從西方轉向了俄羅斯；與中德簽署三十項協議總額一百八十一億美元；與中俄簽署五十餘項總額一百八十億美元。中俄德之間可以在歐亞大陸建立合作的軸心，維護歐亞大陸心臟地帶的安全。中俄德也可以在亞太地區，與其他國家建立緊密的合作軸心。

中共的國企紛紛向外投資設點。據中央社記者周慧盈北京2015年七月十四日電，中國大陸於該日公佈「『一帶一路』中國企業路線圖」，截至去 (2014) 年底，國資委監管的一百一十多家中央企業中，共有一百零七家在境外設立八千五百一十五家分支機構，分布在全球一百五十多個國家和地區。其中在「一帶一路」沿線國家設立分支機構的央企已有八十多家。在促進基礎設施互聯互通方面，大陸央企承擔大量「一帶一路」戰略通道和戰略支點項目的建設和推進工作。

而特別讓人必須注目的是，除「一帶一路」之外，尚有兩起運河的開闢；其一是與俄國砸一點二萬億在中美洲建尼加拉瓜大運河。據《環球時報》記者描述：該運河線路從加勒比海側的蓬塔戈爾達河，沿杜樂河進入尼加拉瓜湖，再到太平洋岸的布里托河口，全長約兩百七十六公里，是巴拿馬運河長度的三倍。從委內瑞拉開往中國，將節約兩個月的航行時間；而從上海到巴爾的摩，走尼加拉瓜運河航線要比蘇伊士運河短四千公里，比繞過好望角短七千五百公里。

其二是大陸確定在泰南開挖國際性克拉運河。此對中國大陸有不可估量的政治經濟戰略利益。此因，中國大陸、日本、韓國、朝鮮、港、澳、台灣與歐洲、非洲的的大宗貨物都必須繞道新加坡控制的麻六甲海峽。而新加坡是美國在亞洲最大的海空基地，國際上一旦發生意外，比如中日開戰、朝韓戰爭、台灣危機、 日韓摩擦、越柬衝突，美國只要封鎖麻六甲海峽，這些危機幾乎都可以按照美國的意圖「化解」。再如，中共戰略石油儲備只夠七天，如貿然去「解放台灣」，美國不用直接參戰，只要不讓中共的石油經過麻六甲，就堅持不了幾天。由此可見，開闢克拉運河尚有軍事戰略的重要目的。

其三是研究跨境高鐵三條線路：一、歐亞線：從北京經莫斯科、柏林、巴黎而達英國。二、中亞線：從烏魯木齊經伊朗而達新德里。三、東南亞線：從昆明經越南而達新加坡。其時速四百公里的客貨共線是打破世界的超級大項目。這是中共高鐵輸出的「有效模式」，也是中共為創設亞投行，要「走出去」的另一種「中國夢」！能如願落實 ？

「中國夢」：落實政改，民富國強

其實，「中國夢」能否實現的根本問題，不在於全球作戰略部署，衝出 C 型與 U 型包圍，向外擴張，地跨歐亞非，要獨霸世界。而在於現今主政當權者，積極落實政治體制的改革，解決三農問題；完成國企改革，爭取到完全市場經濟地位；徹底根除馬列主義，毛澤東思想，走上民主法治國家。有此三者足矣。關於政治體制的改革，筆者於年前衡量現實情勢，曾在拙作《老朽曝言：中共落實政改，和平統一之路》中建議四大要目：

一、「還政於民」。要如黨政分開，撤銷常委書記一把手與政紀委的權職；各級人大由公民普選直選，使成常設機關，行使「國會」審核預算，立法與決策之政權；建立文官制度，國家公務員概以公開考試，取才任用等等。

二、「藏富於民」。要如「耕者有其田」，「員工有其股」；除有關國防與民生工業而外，國企儘量改由民營；徹底打破「城鄉二元」的「諸侯經濟制度」；國家財政與稅制統一規劃；以及公共福利設施概歸中央舉辦等等。

三、「廣開言路」。中共中宣部不得「以權干政」，控制媒體；各級人代議會建立「聽證制度」；全國政商各界皆建立《獎勵建議制度》等。

四、「強化教育」。國家教育經費在憲法上，規定總預算不得少於 30%；鼓勵公私個人廣設獎學基金；對公民教育、社會人文教育、倫理道德、科技與管理教育等等皆須作整體規範，使教育以培養良好的國民，對社會負責的企業家為主旨；大學能造就頂尖的科技與管理諸般人才，掄為國用。

在這四項改革項目中，其重中之重的是：

其一，將農村「集體所有」的土地，全部有價放領，讓「耕者有其田」，徹底解決「三農問題」。

中共是以「土地改革者」起家，獲得窮苦農民的支持；從農村中榨取所急需的資源，因此奪得了政權。中共建政後，理應無「三農問題」才是，但自始至終，農民受盡了苦難。在中共武裝叛亂，尚未奪得政權期間，起初是動員窮苦的佃農，結合中農，鬥爭大農，殺了地主，無償分得土地的農民子弟，就成為中共「自願參軍」的士兵；盼望打倒國民黨後，可以分到田地的農民婦女，也成為中共作戰，踴躍充當後勤支援的義務役工：皆是中共「人民戰爭」,「人海戰術」的前鋒。

中共建政後呢？「改革開放」前三十年的老農民，是在中共黨書記掌控下，無分寸耕地，終日按時在所指定的農地集體耕作的「農奴」。其所得「工分」的口糧，不足以裹腹；從事養雞飼豬，求個副食充飢，皆有違走資的政策，會受到懲處。老農民終生只求個「吃飽」，成為企盼不及的大事。最近，有大陸所製作，由陳寶國所主演的《老農民》視頻，更有較多的說明。(註)

(註)據 2015 年六月二十三日北美《世界日報》引述大陸《人民日報》報導說:「中國早已成為世界第二大經濟體，但國家統計局數據顯示，目前中國農村尚有七千零十七萬貧困人口，約佔農村居民的 7.2%。半年來，新華社派出九支調查小分隊，分頭前往中西部貧困地區，實地體察。訪察中發現，有些極貧戶，衣食住行樣樣令人心酸。在大涼山，就有居民人畜同屋，一年吃三頓肉……四川省大涼山區美姑縣拉木阿覺鄉馬依村村民爾日書進的家，屋子分成兩半，左側是牛圈，雜草上散落著牛糞，空氣中彌漫一股刺鼻味道。右側是人住的地方，藉著手機的光亮才能看到床鋪——一塊木板搭在四摞磚頭上。屋中央，地面擺了三塊磚，上頭架鍋，底下燒柴，這就是爐灶。沒有一張桌子，連個板凳都沒見到。」

在「三十年改革開放」初期，由於城鄉二元制的戶籍所束縛，農民所能受益的是，除了「識時務」的農民，捨棄集體耕作從事「個體戶」的經營事業，有成為「萬元戶」者而外，青壯者多棄耕而「盲流」到城市，或各別尋覓餬口的工作，或成群結隊淪為「農民工」。

農村青年有萬幸受畢大學教育，無法覓得所適工作者，寧作「蟻族」「溧北」，也羞於回返農村（註）。致留在農村者皆為老弱幼童，以致農業荒蕪，農村一片蕭條。由於醫療、教育、社會福利皆有欠周到，能彼此照拂，相依為命，已屬大幸。其間，有「農民工」索欠工資而被鎮壓者；有因勞工前途茫然而如鴻海的年輕工人跳樓者；又如近日有貴州畢節四名「留守兒童」自殺者；有四川涼山彝族十二歲留守學童，因為父母雙亡而作《淚》文泣訴者；據報導，近日廣西南寧賓陽縣數千蔗農追討欠債， 遭千名武警亂棍打暈者，類似如此的案件頻頻發生，真是何其不幸也？！中共政權再如何強大，如不善待農民，讓其耕地確權，必遭天譴！

（註）近日在網路上盛傳，今年大陸高考，有山東高考生的滿分一百分作文，題目是《時間在流逝》。考生寫道：「當我從小學的少先，到中學的共青，再到今天走上考場，變成共產，我很徬徨。我在內心一遍又一遍的問自己，如今的大學，是上？還是不上？時間在流逝，內心很糾結。」

「今年的兩會上，有代表勸我們：不鼓勵農村孩子上大學，上了大學戶口就回不去，那就杯具了。留在城裡，高房價，高物價，高生活成本，這『三高』豈是一般農村家庭能夠承擔？ 我不怪這位人大代表的歧視性語言，因為我爸不是李剛，我也沒有『五道槓』，我必須好好考慮這個問題，時間在流逝，內心很糾結。」

「我家只有四畝地，小麥和水稻畝產一千斤（不乾旱的話），一斤水稻或麥子零點九八元（前幾年五毛左右），一年兩季毛收入八千元，扣除農藥化肥等成本，一畝地能賺四百元，一年純收入三千兩百元。我還知道，我們偉大的國家現在是世界第二大經濟體，GDP 每年超 8% 增長，外匯儲備超萬億，全民沐浴在幸福的春天裡，享受比太陽更光輝的公平和正義……我家是落後份子，我很愧對國家，給國家丟臉了，就因為，即使我今年考上了清華，我也無法承擔高昂的 學費和 CPI 高漲的消費。所以不是農村孩子能不能上大學，而是拿什麼去上大學？不是我愛不愛國，而是國家拿什麼讓我來愛？也不是我上不上大學，而是大學拿 什麼讓我來上？時間在流逝，內心很糾結……」

其二，以股權明確，公益取向；市場經濟，管理科學，完成國企改革。

關於國企改革，中共在參加 WTO 前後，就先後策訂有諸多的改革方案。例如從貪腐倒賣而以「產權」改革取向的「公司股份制」；政企分開，盈虧自負的承包製；「二次混改」，全民所有制；股權私化，「國退民進」等等。但付諸執行時，總因觸及政經體制改革的難題，與既得利益者的阻撓，而一一落空，甚至因經貿情境變革而治絲益紊，新的問題隨之衍生。迄今，國企現況有如辛子陵所引述的：「不是國企養著全國人民，而是全國人民養著國企。國企在『全民所有』的幌子下剝削全民，在『國有』的幌子下掠奪國家。權貴集團通過操控國企發大財，這是權貴資本主義，不是中國特色社會主義。」如此情況，與中共以「馬列共產主義」為無產階級而暴力革命，而奪得政權的初衷與結果，豈不是大相徑庭？！

就本質而言，國企是「舶來品」。是中共信奉馬列共產主義，為無階級向剝削其「剩餘價值」的官僚資本的政權，南京國民政府，發動暴力革命，奪得政權後，倒向蘇聯，照搬蘇聯史達林模式的結果。國企固是共產主義國家的政治象徵，也是中共賴以維護其政權合理性，合法性的財政與經濟基礎。因此，中共對國企就「偏愛有加」，予以各種優惠，任其壟斷獨佔，且由權貴把持，與民爭利。所造成最為嚴重的後果是：

貧富兩極，社會不寧

中共自我膨脹最大的，也是唯一的憑藉是，三十年改革開放，讓中國大陸成為世界工廠，世界第二大經濟體，外匯存底有三萬個億之多，由中共所掌控的全國內外的國家資產估約兩百萬個億。但真實情況有諸多很嚴重的，亟待解決的負面因素，其要例如；

據報導，自改革開放以來，中共造就出比美國還多，佔世界四分之一的億萬富翁。這些富豪的產生，不僅帶血腥的原罪，且暴富之後又普遍為富不仁、為富不善。老百姓對這些富豪怎能不存在「仇富心理」，而這種「仇富」的社會氛圍，顯現的深刻階級矛盾，社會不寧，給中共的走向帶來很不穩定的因素。

又據《遠東經濟評論》統計，中國億萬富翁三千兩百二十人，其中兩千九百三十二即超過 90% 是高幹子弟。在五個最重要的產業領域：金融、外貿、地產、大型工程、安全業，85%-90% 的核心職位，皆掌握在高幹子女的手中。擁有上億美元以上財產、定居海外的高幹親屬超過一百萬，其中高幹配偶子女二十多 萬人。大陸資深學人辛子陵指出：「設如不能阻止權貴集團以黨國體制為依託，控制黨和政府，實行國進民退政策，再來一次『社會主義改造』，囊括改革開放的經濟成果，引起全民反抗，社會陷入長期動亂，對外打出毛澤東的反帝反修旗幟，以社會主義陣營殘餘力量的保護者、支持者和代表者的姿態出現，與美國和歐盟對抗，黨和國家將在內憂外患中滅亡！」

國企的資本形成與累積，是中共建政後，沒收了國民黨的「官僚資產」，繼之對民營企業廠商，要「工人當家」，用「工作輔導」，公私合營手段，逼使所謂「民族資本家」將資產奉獻給中共企業；「資方」成為「勞方」。改革開放後，為「讓少數人先富起來」，而採行「城鄉二元」的經濟體制，在農村，中共採取農產品的定價形式，從農民手中低價統購，又對城市居民和工業企業低價統銷，用以維持大工業的低工資和低原料成本，提供不斷產生超額利潤的條件，完成原始累積，有利於工業化。此外，國家又給予低利率低稅率與減租等等的優惠。國企本大利寬，理應產銷營運順暢，能克盡其企業對社會的責任，造福人民才是。但人謀不臧，管理不善，所造成的嚴重問題；

——就虧損與貼補而言，在毛共王朝三十年極權統治時代，國企沒賺一份錢，且因老毛為與天鬥爭，與地鬥爭，與人鬥爭，樂在其中，而一波接一波發起的三反五反，大躍進，文化大革命等等暴政結果，人人自危；人民一窮二白，國企靠國家貼補來維持生產，以發糧票來控制人民賴以維生的口糧：國力耗盡，到了亡黨亡國的地步。

——在改革開放後，由於政治體制的缺陷，國企由官僚把持，貪腐侵佔，挖空資產；虧損負債，靠國家銀行融資與貼補。上世紀五十年代大批國企，在加入 WTO 之前，國家財政用於國企虧損補貼，就高達三千六百五十三億元。其資產負債率幾達 80%，成為國家銀行的呆帳，影響國家金融系統的健全運作。

——而今， 國企為參加 WTO，被逼得不脫胎換骨改革就無法生存的地步。數十年來，在各種改革爭議過程中，例如姓資或姓社的爭論；所有權與管理權分合的爭論；國企，公企與民企的改革，亦即國進民退或國退民進的實驗等等，將國企改革成為官僚集團的資產，成為國家全面深化改革的絆腳石。中共參加 WTO 之後，也因國企獨佔，受國家貼補，產品定價，咸皆認之為對世界一體的經貿，是不公平的競爭，對貿易伙伴們是非常有害的，而不能得到「完全市場經濟地位」，更有損國家形象；中共想望其政權的合理性，合法性，也就不能如 願以償。

國企改革應循之路

1993 年十一月，中共的十四屆三中全會作出《關於建立社會主義市場經濟體制若干問題的決定》，明確提出國有企業改革的方向是建立現代企業制度，並指出現代企業制度的特徵是：產權清晰，權責明確，政企分開，管理科學。從此，中國國企改革進入制度創新階段。又於 2013 年十一月，新華網公佈《中共中央關於全面深化改革若干重大問題的決定》，對於國企改革的《決定》道盡了國企所有應興應革的問題，但都止於：堅持、完善、推動，發展、鼓勵、支持等等的計劃性或想望性的階段。而且，多未觸及根本的癥結問題，如改革「三農問題」，主張要 「耕者有其田」，就因不談「耕地確權」然，結果，城鎮化無從落實，一切艱困問題依舊。談國企改革，也未決定如何做到股權明確，政企分開；公益取向，藏富於民，有關落實的實務措施。

是故，論及國企改革，毋任將之改為國有或公有；公司責任是有限或無限；獨立經營或承包經營責任制；以至資產必須歸於國有或由全民所有等等，其企業組織形式皆是「股份公司」，其營運皆有管理組織。因此，改革如何落實？其癥結要在於股權明確，如何營運管理的問題；在於企業各本其特質，如何共盡其社會責任的兩大問題。

政企分開，股權明確

國企是共產國家獨有的財經制度。從馬克思所創共產主義的邏輯推理來說，共產主義最崇高的理念是「各盡所能，各取所需（值）」

的。毛共將暴力革命所掠奪而得的所有土地與資產，全部收歸國（黨）有之後，以民為芻狗；使農民成為「農奴」；資方成為勞方；當家的勞動者成為「工奴」。窮苦農工小民都在共產極權官僚資本家的奴役之下討生活，這是極其不符共產主義為窮苦農工而革命的崇高理念。（點評）：共產主義祖師耶穌所傳的福音是給窮人的（見《路加福音》四章十六節）。馬克思的共產主義福音也順理成章地傳給無產階級的窮人。耶穌憎恨有財富的人，有如今天的共產黨（見《路加福音》六章二十至二十五節），贊成財富平均分配，但只是要將富人的所有財產都應完全交給窮人（見《路加福音》十八章十八節），並不是有如毛共掠奪全國土地與資產，收歸一己（共黨）所有。

今天，將「國有企業」改為「公有企業」，只是將產權分由中央與地方政府分別掌管，其「資產由全民所有」，依然是句「口號」而已！因此，有學人提議，落實國企改革最簡單的方法是，將所有國企、公企中在職的共黨官僚及其家屬，一律請其離職去當他的官；有主張國企上市，其股票都有定價，政府可以通過市場轉讓這些股份到非公有的部門和個人。也可以通過半轉讓、半贈送的辦法，分給普通老百姓，藏富於民，有利於國內市場的推動，國家資產得到更有效的運用 ；再有，《經濟學人》對國企改革，認為最佳作法，是把國企所有權轉到國家社保基金名下，國企董事會成員由社保基金任命；同時，切斷國企享受廉價金融服務的優惠特權；且放鬆對利率、匯率和資本流動的管制，為人民幣完全可兌換鋪路。如許論述與建議，對於解決國企改革難題，「政企分開，產權明確」，皆不無有其採行的價值。

也由於中共極權資本的國有企業，或最近改革主張的公有企業，與民主法治已開發國家的公共企業與私營企業大有不同。前者，企業的原始資本的累積是來自革命掠奪而得，其創設目的是為富國強兵以維護其政權，而採計劃經濟，「分配」其資源，其企業經營可壟斷競爭性與非競爭性的行業，其經營管理皆受政府干預，由權貴集團掌控。後者，公共企業資本是由政府撥款（如田納西河流域管理局），或發行公債累積而成的，其創設目的是為發展經濟，充份就業（如 1929 年經濟大恐慌，美國所成立的公共企業），增進全民公共福利為目的，政府則以「裁判者」地位，對企業運作，當市場經濟失序，而適時進行干預（如防止壟斷獨佔，如金融風暴時，政府對金融體制加強監管的干預）。是故，如何落實國企改革，應有其首要的相關的配套措施。

修訂股份制法規，分別成立社團法人

股份制是一種產權關係明確的現代化企業制度，是現代企業的一種資本組織形式。實行政企分開，在體制上，要使國企能獨立經營，在人事、投資、工資等等方面決策自主。實行股份制後，也可通過發行職工股、社會股籌措了大量的資金，解決集資的難題。眾所周知，中央與地方的國企，為數有十萬以上，所經營的行業：關係國家安全和國民經濟命脈的重要行業如軍工、電網電力、石油石化、電信、煤炭、民航、航運等七大行業。重要骨幹企業有裝備製造、汽車、電子信息、建築、鋼鐵、有色金屬、化工、勘查設計、科技等九大行業。在這十六個最賺錢的行業都為國企所壟斷。而且，國企經營還進入非壟斷領域；國企管理者，貪腐舞弊，變相侵佔，內部私有化現象非常嚴重。因此有必要，把各行各業國企的資產，予以重估，予以股份化，明確其資產主體，依據股份公司法，檢討制定企業管理規章，成立各類企業或社團法人來經營管理；並依法用轉讓，出售所控股份予其他公司法人或私人；實行「員工有股」等等方法，以降低國有持股在 49% 以下，使國企演變為公共企業，能各盡其社會責任。

健全董事會

在朱鎔基主持國企改革時代，其最大的「發明」是仿聯合國的「公司股份制」，全面推動國企改革。但「出資人」是誰？時至今日，縱然有些國企「上市」了，恐怕「出資人」的國企股東，仍是在 51% 以上。尤因政企不分，所有國企經營與管理，皆為國發會與國資委所掌控，如此「公司股份制」並未能建立起現代化企業制度，做到有如現代「股份公司」獨立自主的地位。以至年前，為因應「金融風暴」而要「公退民進」，俾能「擴大內需」，依然是「國富民窮」，難予落實。甚以，用為刺激經貿，以「擴大內需」的四萬個億的融資，流入國企，多無從消化轉而炒作房地產，地價與房價同步飆升，蝸居蟻族於焉「誕生」！貧富兩極化，日有加深。社會不寧，中共一切政經措施，就皆以「維穩」重於一切了！

因此，在當前《決定》國企改革，要政企分開，要政資分開，建立現代化企業組織，依據現況，首應是國資委僅盡其 「出資人」職責不及其他；政府如發改會等有關主管機關，不得干預企業經營；實行「所有人」與「管理人」分開，由企業依「股份公司」法人地位自組董事會， 對人事，管理自主；經營決策獨立，建立起管理科學，自給自足，盈虧自負。經營所得利潤或悉數上繳，或依法納稅，改革後的國企將是公益取向；國企的管理者不再是與民爭利的官僚資本家，而成為實現公共利益的人民公僕。所謂「誰的孩子誰最疼」，所有獨立自主的企業將在自由市場經濟運作中，各盡其企業對社會的責任。

國企演化成為公益取向的「公共企業」

國有企業只存在於共產主義的國家，其資產是歸屬全民所有。國企改革如通過「股份公司制」，演化成為「公共企業」，其股份資產則歸由社會大眾所共有，企業經營管理的目的，則是公益取向。在《決定》如此演化過程中，促其竟成的首要因素，要在於中共政府是否能不操縱「股票市場」，從中搜括民脂民膏，而真誠地將國企資產或出售，或轉讓，或贈予社會大眾，做到「藏富於民」，「國退民進」；擴大內需，產業轉型，俾能度過經濟發展所面臨的「深水區」。

但據《南方週末》與陳志武答問所知：「中共政府擁有全國 75% 的財富。其分配階梯是，越往社會底層，得到的越少，整個社會被劃成很不同的群體。國企管理層是一個群體；國企員工是一個群體；能進國企和集體企業的是第三個群體；第四個群體是進了城但進不了國企的農民工；第五個群體是農民。」因此，即使政府《決定》，除有關非競爭性的如國防工業與民生企業，仍由國企所壟斷經營而外，其他國企股份資產，可依「股份公司法」有價出售或轉讓給非國有的公司法人或公益社團，甚至無償贈給窮苦平民，使國企演化成為有如自由市場經濟國家的「公共企業」。但所謂「知易行難」，在改革實務方面`，至少仍有兩項必須做好的配套措施：其一，銀行對民營企業應訂有公平可行的融資法規；其二，對股份資產贈予的公益社團或窮苦的農民工人，也需經過調研，訂定運作的基準法令規章。尤者，全國必須成立有員工參與的「國企改革委員會」，或是由各級經普選改革後，有如民主法治國家議會的「人代會」來審議，監督所有國企改革工作，在公開、公正下進行，保證資產不流失，工人不失業。

建立現代管理科學，各盡一己責份，共謀社會福祉

所謂「國企以人為本」。實際上，人，是任何政府機關，公司企業組織中最大的資產。是故，在國企改革進程中，僅僅著重於股份資產明確，並不足以保證企業經營就能永續發展。除了做到「員工有股」，讓員工分享企業成果外，管理者更要善待員工，激發其潛在的創新能力；更要視員工為工作夥伴，讓員工參與管理，有計劃地，培養員工成為優秀的經理人才。鑑於當下國企的領導人，既是黨的幹部，也是國有資產經營的受託代理人，理應做到勤勉盡責，充份發揮企業家智能才是，但在官僚資本家掌控操縱下，有眾多管理者，以權謀私，貪腐侵佔，國企為如許「國賊」所蠶食，所鯨吞。而受害最深最大的竟是勞苦的員工。因此，在企改同時，為企業組織建立現代管理科學體制，確是不可或缺的規畫。

現代管理科學不唯重在「事物的管理」，以求其「效率」；尤重於「人群的領導」，以收其「成效」。改革後的國企、公企，要能使其營運蒸蒸日上，各盡其對社會的責任，就必須應用管理科學，要如，在事物管理方面，其營運決策須本諸決策管理、目標管理等等管理方術；建立「獎勵建議制度」，厲行「參與管理」，做到「人人在研究，事事求發展」的地步，來提高工作效率，獲致實踐成效。在人群領導方面，尤須注重員工激勵，本諸馬斯婁的「基本需要」和霍兹伯「激勵—安定」因素，予員工作適切的激勵，做到「融合的原則」，亦即使員工在完成公司營運目標的同時，也滿足了員工的成就感和「自我實現」的願望。如此，經濟持續發展，「中國夢」庶幾可以落實矣。

其三，徹底與毛切割，以消弭世人「恐共」、「懼共」心理。

中共落實政改，其決定成敗最重要的「先決條件」是為，徹底根除「毛澤東思想」。其最為簡切，且如「寧靜革命」，可收「立竿

見影」之效的方法是：「拆毛像」。將毛像從天安門，從大會堂，從各個公共場所，統統拆除。改奉國父孫中山肖像。繼之，落實中共中央政治局全體會議，在吳邦國與習近平共同提出，在胡錦濤主持下通過了《關於毛澤東思想若干建議意見》的第 170179 號決議案，重新審毛，與毛切割，讓中共能找回自信和光榮。此因，拆毛像可以從根本上與毛切割，清除「毛某思想」毒素，剷除毛共暴政的象徵，讓世人消弭懼共、恐共的心理；為經濟方面「改革開放」的成功，賦予真實的意義；可讓世人正視中國確是「和平崛起」等等的效應；至少對兩岸和平統一；中美修復邦交，更有極其必要的成功因素。分析如下：

「折毛像，正國名」，兩岸和平統一

中共建政已逾一甲子，迄今仍面對有「正當性」與「合法性」的問題，皆肇因於：一、毛澤東在俄共資助，史達林指令下，武裝叛亂，推翻亞洲第一個民主共和國，中華民國，建立蘇維埃式的「外來政權」；二、馬列共產主義，以民為芻狗的毛共暴政不適用於中國；三、中華民國依然屹立於世，而且，大陸同胞的「民國熱」與日俱增。是故，習大人登基後，對台政策，不論依然用「讓利」辦法來「買台灣」的懷柔政策，或是對台放話，「基礎不牢，地動山搖」的強硬警告。鑑於國府處於，外有美日防止台灣淪於共產極權統治；內有日裔台獨鼠輩叫囂成立「台灣國」的非常艱難的困境，為維護中國領土主權的完整，任一政策或措施，甚至出兵敉平台獨鼠輩，皆無不可。可是，習大人如欲落實「中國夢」，中國和平崛起，就必須胸懷天下，志在千秋，確切認知落實政改，兩岸方能和平統一 ；台灣一旦成為大中國走出海洋世界的門戶之日，即是「中國夢」落實之時。因此，習大人就必須向歷史負責；尊重中華民國傳承的，法統地位，對國府不可再作出有逾越本分的事。此如：

——為高規格舉行紀念抗戰勝利七十週年閱兵大典，竟泯滅中華民國國軍抗日戰爭中二十二次大會戰，犧牲三百六十多萬的英魂事蹟！並將國府抗戰勝利成果，全部僭奪「據為己有」，甚至美英中蘇四強領袖所舉行的「開羅會議」，也是由老毛子參與的！

——習大人甫行登基，即在軍事外交方面， 一反既往鄧小平「韜光養晦」的策略，用軍事行動，向日本索取釣魚台。其實，毋論從民族大義或保衛國家領土主權來說，「保釣」應是中華民國政府的頭等大事。而今竟由習大人罔顧國府的領土主權，任其操弄，究有何目的？是所謂項莊舞劍，志在台灣？

——又，南海東沙諸島嶼，係在日寇投降之後，由美國依「開羅會議」、「波茨坦宣言」，派軍艦軍運送中華民國政府接收人員，交還給中國的。而今，中共不顧中華民國政府所提「主權在我，擱置爭議，和平互惠，共同開發」的《東海和平倡議》，竟片面取代中華民國，在南海與四鄰爭相築島，耀武揚威，向美挑釁。而且：

——似乎以「征服者，強大者」的姿態，對在台灣的中華民國政府盡其可能地貶低，見縫插針地打壓。此如，前有 EFCA，今有亞投行，皆置國府為其地方政府讓其參與；最近更制訂《國安法》，將具有中國憲政傳承法統，世界上合法的中華民國政府，片面貶為與香港等同的「地方政府」。其法理，其公義何在？！

事實上，所謂「九二共識」就是「一個中國」的問題，這一個中國並不專屬於任何一個政權，而是屬於全中國土地與人民的。無論依據法理，或是按照實況，當前兩岸對「一個中國」的特殊關係，是「一而二，二而一」，是所謂「你中有我，我中有你」的。中共建政後，依國際法「主權繼承」說，中共對台灣自有權利更有義務，要求其領土主權的完整。但中華民國政府依據在大陸時期，由全民創制的《中華民國憲法》以及民意代表，退守台灣後，根據憲法行使其職權，國祚無一日中斷。迄今，中共建政後的一切治權運作從未能及於台灣，中共對中國領土主權自是「不完全繼承」。而國府是在固有的領土上，「有效統治」台澎金馬的「剩餘主權」，依法自然也保有對大陸領土主權的要求。亦即，中共與國府彼此對全中國領土是「主權共有」，但對全民則是「治權分轄」。因此，從中共 建政後，與國府「鬥爭」了二十餘年，方在聯合國取得中國的「代表權」迄今，其真正的爭議所在，乃是國共兩岸是誰能夠「代表全中國的唯一的合法政府」而已。

抗戰期間，毛澤東對於第三國際為中國共產黨所訂的路線；「抗日民族統一戰線」的解釋，就是「階級鬥爭」，即「反蔣抗日的戰爭」。當中國對日抗戰十四年，在「山窮水盡」倖獲「慘勝」之後，毛澤東不信守「重慶會談」時一己所作的「諾言」；要國共合作，同心協力，建設國家。當日本宣佈「無條件投降」之際，竟在十四個小時內，毛澤東向藏在深山內共軍發出七道命令，要他幾十萬大軍，揮師華北平原，切斷京杭京浦線，取代國府接受日本投降；且因在東北獲得俄援，掀起四年內戰，攻城略地，搶擷「勝利果實」，兩千萬軍民同胞又因以枉死！當毛澤東取勝於徐蚌會戰，就兵渡長江，攻佔上海，繼之南下，乘勝追殺得國府軍民屍橫遍野！毛澤東為了要把蘇維埃發展到中國，而如此用「槍桿子」取得「天下」，為「毛共王朝」急急成立了「中華人民共和國」，如此的「革命」，如此的「建國」，有其正當性嗎？！

而且，毛澤東所急急成立的「中華人民共和國」的國號，乃是1937 年十一月七日，前蘇聯國慶日，史達林命令在江西瑞金的中共，所創建的《中華蘇維埃人民共和國》的同義名詞。甚以，早在

1932 年，搞土地改革和建立蘇維埃政權，就一直為共產國際效命，分裂中國了。「中華人民共和國」這種僅為毛澤東個人「極權帝王」心態所訂的「國號」；暴露毛澤東掀起「人民解放戰爭」，是為第三共產國際而戰，因而沿襲的「國號」。中共為其「革命」正當性計，這樣的國號能不予以更正。

所以，中國何時方能「和平統一」？其最迅速而有效的政策自是，在於中共拆毛像，從形象與心理上，與「毛澤東思想」切割，以落實政改，創建均富安和的社會；並且將「中華人民共和國」國號，正名為，國父孫中山先生國民革命，推翻專制，而建立亞洲第一個民主共和國的「中華民國」，或由兩岸共同正國名為「中國」。如此，兩岸可順利地「和平統一」。對外是統一的「一個中國」；對內，如何或分治，或邦聯，或聯邦，可委由兩岸兩會，或是由國共雙方籌組，暫名之曰「一中委員會」，來會商研議之。如此，國共雙方皆是邁向民主共和，皆是國父孫中山先生的「推翻專制，國民革命」的繼承者。

再如採取「化繁為簡」的方法，亦即，將兩岸的兩部《憲法》加以研議，修訂出一部，可名為 《中國大憲章》，作為兩岸統一後的大中國建國的藍圖。如此，兩岸為「和平發展」要會談，要協商，要參與的亞投行等等，必須面對的「一個中國」問題立予解決；兩岸通過「政治協商」而「和平統一」的時間， 也就不需要如鄧小平所說的要等一百年。中共落實政改，中國和平崛起皆有可期了。

根除意識型態，與美國敦睦邦交

中國大陸資深學者辛子陵指出；「現在國際社會是以普世價值為基礎的新文明時代。中國在經濟上加入 WTO 融入全球共同市場，但在政治上繼續堅持敵視民主制度的蘇維埃制度，堅持反對普世價值的列寧主義意識形態，在世界民主國家面前，以社會主義陣營殘餘力量的保護者、支持者和代表者的姿態出現，自然引起人家的警惕。儘管你說沒有擴張的野心，但始終面臨世界的敵意。（唯有）政改興邦，脫蘇入美，開創民主憲政新局面，不僅在經濟上而且在政治上融入世界民主潮流，才能實現和平崛起。 」

誠然，「毛澤東思想」既已成為改革開放，政治體制改革的巨大阻力，更是中美兩國，甚至讓世界上所有民主自由國家，都能與中國和平共處，同臻衽席的最大障礙，如不徹底消弭共產第三國際世界革命的馬列史毛的「意識型態」，且利用民族主義，掀起軍事對抗，中國與歐美諸多先進國家的關係，就不能真正的改善；當前中共所面臨的一切「難困」與「挑戰」就不能解決，就不能順順利利地步上和平岷起的康莊大道。習近平尚未登上「皇位」，應邀訪美時，所準備的講稿中就提及此點：「中美之間最大的問題始終是意識形態、政治制度與價值理念。」但他所 講的兩句話竟是；

第一句：「寬廣的太平洋兩岸有足夠空間容納中美兩個大國。」習大人所以要論述及此，或許鑑於歐巴馬總統早在其國情諮文中肯定美國已是在太平洋的主權國家，且在緬甸有了更新的發展局面(We've made it clear that America is a Pacific power, and a new beginning in Burma has lit a new hope)。而今，不論中共如何驚覺中國大陸已受 C 型包圍，有「中美難免一戰」的危言，今後，中共再怎樣「吹口哨」說一已是「大國」，中共在中南海，在太平洋就必須「承受」美國在太平洋的權力制衡的事實，而有所因應。

第二句：「中國有句流行歌的歌詞是這樣唱的，『敢問路在何方，路在腳下』。」這當是意指中美兩國外交關係正常化，過去、現在和未來所需彼此「磨合」的過程。在這過程中，既往，中共處在「被動」地位。而今，歐巴馬總統又宣言：「世事在急劇變遷中，我們不能掌控每一事件，但美國在國際事務中，依然是個不可或少的國家。」(The world is changing; now, we can't control every event. But America remains the one indispensable nation in world affairs.) 準此，習大人如果仍然變本加厲地，捧著老毛的神主牌，與美爭鋒，其後果是否堪慮呢？

所以，對習大人而言，為實現「中國夢」，要從經貿困境中「走出去」，而創設亞投行，以資助「一帶一路」基礎建設的完成；開掘瓜，泰兩運河，闢中東港口，以衝破 C 型包圍與 U 型島鍊，走向海洋世界，所作全球種種部署之際，必須認知的是：

中共受 C 型包圍與 U 型島鏈的遠近因

美國為何對共產國家予以 C 型包圍與 U 型島鏈，實有其遠近因。據網路資訊所載，當 1917 年俄國爆發十月革命，所掀起的紅色浪潮迅速席捲整個歐洲大陸，各國相繼出現無產階級革命浪潮，匈牙利、奧地利、保加利亞、德國乃至義大利都先後爆發革命。受其影響，大洋彼岸的北美大陸，得知十月革命勝利的消息後，美國的工人群眾、工人政黨和組織紛紛以極大的熱情對世界上第一個無產階級政權表示歡迎和支持。美國最大的社會主義政黨——美國社會黨的黨員人數由 1918 年的七萬四千五百一十九人迅速飆升至 1919 年的十萬八千五百零四人。美國工人階級還開展了「不許干涉蘇維埃俄國」的運動，大力聲援蘇維埃俄國。1918 年末至 1919 年初，在波士頓、芝加哥等許多大城市，勞動群眾在「承認蘇維埃俄國和停止干涉」的口號下，舉行示威遊行、集會和各種會議。

據統計，在整個 1919 年，美國共發生兩千六百多起罷工事件，涉及工人達四百多萬。被美國政府看作是企圖顛覆政府的「洪水猛獸」。令美國政府更為驚懼的是，這時社會上又不斷出現一些在政府要員住所，發生多起炸彈爆炸的恐怖主義事件。如此頻繁的罷工浪潮和炸彈襲擊事件，加上新聞界的大肆渲染，整個美國社會籠罩在一種「山雨欲來風滿樓」的緊張氛圍下。1919 年八月三十一日和九月一日，「美國共產主義勞工黨」和「美國共產黨」的成立，更令當局和一些社會精英對可能發生共產主義暴亂的擔憂急劇加深。

由於俄國十月革命的影響，美國國內出現所謂的「紅色恐懼」，從而導致這個國家歷史上第一次反共情緒的大爆發。1920 年一月二日，美國司法部長一聲令下，一夜之間，全美三十三個城市中竟有四千人被逮捕。二戰結束後至五十年代中期，恐共、懼共和反共狂潮席捲美國，成千成萬的無辜人士遭殃，被貼上紅色標籤而倒楣一輩子。這段時間又有所謂「白色恐怖」時代，是美國國史上最黑暗、最醜陋的一段年代，此由極右翼的威斯康辛州共和黨參議員約瑟夫·麥卡錫 (Joseph R. McCarthy) 誇張指責國務院藏匿數百名共產黨人，並將反共砲口對準了許多清白官員，二戰時代，頂尖科學家羅伯特·奧本海默 (J. Robert Oppenheimer) 帶領數千名科學家在新墨西哥州沙漠上製造原子彈，而被稱為「原子彈之父」，也是麥卡錫時代的最主要受害人之一。因此「白色恐怖」 時代又稱麥卡錫時代。（筆者於 1971 年由英來美訪問，在利物浦申請簽證的表格上，仍註明有「共產黨人不得入境」。）

圍堵與冷戰的集團對壘

二次大戰結束後，蘇聯擊敗德國和日本後，認為共產主義的優勢是無庸置疑的。美國開始意識到蘇聯共產主義和擴張心態，是美國和美國的盟邦主要的敵人。有喬治·肯楠 (George F. Kennan) 依據「邊緣地帶」論提出「圍堵政策」(Containment Policy)，主張美國應聯合海洋民主國家在歐亞大陸的「邊緣地帶」構築圍堵大陸共產勢力外侵的戰線，自此，海洋民主資本主義勢力與歐亞大陸共產極權勢力沿著「邊緣地帶」對峙的戰略形勢，成為支配二次大戰後世界局勢發展的主軸。首先提出圍堵政策，以軍事力量支援那些在蘇聯擴張前線上的國家抵抗共產主義；以外交力量和許多國家結為同盟，阻止蘇聯共產主義擴張；以經濟力量援助許多國家，穩固當地政府，避免為共產主義所取代。其後，美國出動了大量的兵力協助南韓抵抗侵略。美國重新介入亞太事務，協防台灣，和南韓、台灣簽訂共同防禦條約，駐軍兩國以對抗共產主義侵略。美國從此以「世界警察」自居。

大陸淪陷與 U 型島鏈的形成

尤者，中國對日抗戰期間，毛澤東在俄共資助，史達林指令下，以欺騙，用間，武裝叛亂，僭奪了抗戰勝利的果子，繼而用槍桿子奪得政權，隨之建立蘇維埃式的「中華人民共和國」以後，美國對中共不僅未即刻外交承認，且因中共受史達林之命，發動「抗美援朝」戰爭，致使美國派遣第七艦隊巡弋台灣海峽，偵察機深入大陸搜集資訊，對中共包圍監控由此日益加劇。加之，美國在 1949 年失去對原子彈的獨佔地位，迫使杜魯門重新思考其策略，並且加速圍堵政策的佈署，開始擴展於亞洲、非洲、拉丁美洲等地的圍堵政策，以防止由蘇聯支援的革命勢力，再次令當地政府變為共產政權。在 1950 年代初期，美國正式與日本、澳 大利亞、紐西蘭、泰國、和菲律賓（尤其是 1951 年的太平洋安全保障條約和 1954 年的東南亞條約組織）簽訂安全保障協定，並且在那些國家建立起長期的美軍基地。

此後，由於中蘇分裂的影響，中蘇邊界衝突，在 1969 年達到最緊張的階段，美國總統尼克森決定利用此時機來改變冷戰中的平衡，而中共也在同時希望從美國那裡得到制衡蘇聯的優勢。1971 年十月二十五日，中華民國政府因聯合國 2758 號決議案而退出，中國代表權席次，竟由奪得政權二十餘年之後，因美國突然採取「聯共制俄」的政策而予奧援的中共政權所取代！又，十年後，美與中共政權「關係正常化」。反思美國對中國政策，從圍堵冷戰的「反共」;「麥卡錫主義」的「恐共」，尼克森猶如「飲鴆止渴」地，為了採取季辛吉的「聯共制俄」策略，竟由「乒乓外交」，而宣佈「朝毛」，而助共入聯，而「關係正常化」，以至與中華民國斷交等等大不幸的失策，其結果是，造成今日中共處處與美爭霸，挑起世界動亂的情勢。這豈不是「咎由自取，責在美方」的失策？

現今，從習大人登位後，中共在軍事外交方面「走出去」的策略，竟自我膨脹，以世界中美兩大國自居；自認有兩彈一星一艇，以及三十六種超級武器，似乎舉世無敵，一反既往鄧小平「韜光養晦」的作為，而耀武揚威，向美挑釁 ；唱衰美國，與美爭鋒。最初，從與日本爭奪釣魚島，而東海主權爭議與防空識別區的劃分；而南海主權的維護和島嶼爭相構築軍事設備等等。美國為亞太再平衡戰略，也因以劍拔弩張，將 60% 軍力調駐亞太，情勢發展，其結果是，促成美日軍事同盟，澳聯美日抗中，四鄰為敵：北京面對東海、南海、黃海與台海的「四海翻騰」的軍事壓力，猶如中共軍方鷹派所言，「中美終須一戰」的狀態。這豈是中共倡議創設亞投行所欲實現的「中國夢」？

與美修好，解決爭議

固然，蘇俄十月革命成功，美國由恐共，而反共；二戰後由冷戰，而圍堵，成為「世界警察」霸權主義的行為，世人對之或有可議之處；但是，在中共建政後，為防止中共輸出「革命」，堵塞共產主義向外擴張，美國空軍既往深入中國大陸高空偵察，而今在大陸沿海低空巡視，習大人如就借此事故，以美為敵，與美爭鋒，而造成今日「戰雲密佈」的情勢，就有待商榷了。

例如，應理解的是，美國為何將釣島的行政管理權交予日本？從國際法來說，抗日戰爭皆是中華民國由蔣介石先生所領導的犧牲奮鬥到山窮水盡之際， 所贏得的「慘勝」。「舊金山和約」簽訂時，理應由國府參加，但國府退守台灣一隅之地，外有中共「逼降」，內有台獨鼠輩叫囂獨立，自身尚且難保；美國與中共又無邦交，所成立的「中華人民共和國」尚有「正當性」與「合法性」的問題。自也不能依和約將釣島交還中國的中共政權。再就「事實」來說，不僅釣島，甚至台灣曾一度有由聯合國「託管」之議，皆因美國「顧慮」，甚至「恐懼」那受共產第三國際資助，受史達林之命，為保衛蘇聯而戰，為消滅資本帝國主義，視美國為頭號敵人的「紙老虎」而「抗美援朝」的毛共也。現在，中共與美國已建立邦交，理應與國府協調，直接向美國交涉，索回釣島的主權；或是向國際法庭提出訴求，依開羅會議、波茨坦宣言，將釣島歸還中國，才是解決問題的根本要圖。中共為何不如此作為呢？

亞投行非「萬靈丹」。尤者，習大人更應認清中國真正的敵友，將美國（猶如季辛吉然）視為中共再造的鐵桿朋友才是。試觀，近百年來中國失去的千千萬萬平方英里的領土，美國有無侵佔其分寸？二戰時，美國對華援助，中共沒有些許利得？沒有美國對國共態度偏頗、不公，中共能在中國「生存發展」？在內戰期間，沒有美國馬歇爾來華調停，經六次會議，達成「停戰協議」，逼使國府數度下達停火令，讓中共瀕臨於滅亡時而能反敗為勝？也可以說，中共建政二十年後，在美國「支持」下，方能爭取得中國在聯合國的代表權席位，進入國際社會；將近三十年之後，中美關係才正常化，為什麼？要在馬恩列史的第三共產國際要消滅世界上所有資本主義，猶言在耳；指說美國是「紙老虎」，要打倒這個「頭號敵人」美國帝國主義的「毛澤東思想」，依然為中共所崇奉。美國怎能不存個「與虎謀皮」的警惕之心呢？！改善之道，當從不談馬列主義，摒棄「毛澤東思想」，與毛切割做起，讓世人徹底消除「懼共」、「恐共」的心理，從而兩岸和平統一；與美修好，可解決政經各方面的一切艱困：中華民族偉大的復興的「中國夢」方可實現。

中共倡議創設亞投行之初，曾自詡是資助亞洲國家基礎建設，是如二戰後美國對德國所實施的馬歇爾計劃，這顯然有所誤解。蓋因，美國對德之馬歇爾計劃是幫助這個世界回復正常的經濟計劃政策，不是反對任何國家或任何主義。而是反對飢餓、貧窮、失望和擾亂。而亞投行的本質是個「利己」的計劃，是習近平實現「一帶一路」的金融載具，其資金來源是大陸可以之解決外匯儲備利用的問題，還拉攏其他國家的資金，想在這個過程中，有助於人民幣國際化。

雖然，多個盟邦不顧美國反對，紛紛祭出「國家利益」，宣佈加入亞投行，「打臉」美國。這並不能表示亞投行就此成功了。顧名思義，亞洲基礎建設投資銀行是應亞洲所需，和因應世界金融危機而產生的，它不是「援助」而是「投資」的銀行。 投資固然有資本夠不夠的問題；投資回報率能否如所預期，和借出去以後收不收得回來，也是個問題。即便是世銀、IMF 也是呆帳滿天飛。美國自始就對亞投行治理、環保等標準是否足夠提出疑問。美國希望看到亞投行在運作中「增加透明度」和有更好的治理能力。因為，美國熟悉中共海外投資運作的觀察家們都認知到，中國在非洲等國基建投資的問題是：「中國投資在海外基礎設施時，思路就跟國內項目一樣，只靠政府之間關係，毫不考慮當地文化環境，當地住民往往受到損失，也不創造就業。」另有新加坡學者研究也認為：「不用說，緬甸的密松水電站，或者墨西哥的高鐵，這種思路最終會走向失敗。」

最近，據大陸國家統計局局長馬建堂在《人民日報》發表文章，提醒人們《全面認識我國在世界經濟中的地位》，其中有這樣一組數字：「2009 年，我國三個產業就業人口在總就業人口中所佔的比重，分別為 38.1%、27.8% 和 34.1%。這表明，我國從事第一產業，即農業的比重過高，第二產業、第三產業的比重依然很低，其中從事第二產業的比重，僅相當於美國工業化初期即 1870-1910 年的水平；第三產業則比發達國 家的比重低了一半。沒想到，我們這個『世界工廠』，剛剛超越日本成為經濟總量 (GDP) 全球『老二』，竟在某些重要方面，比『老大』的美國差了整整一百年！」如此，中共真能唱衰美國，取代美國世界霸主的地位？

結言：師法以色列，民為邦本。以安定民生為第一要務

中以兩國同屬共產主義國家。兩者經歷處境雖大不相同，但兩者僅先後一年，以色列於 1948 年復國，次 (1949) 年中共建政，迄今經歷六十五年，由於各自採取的奮鬥路線、策略之相異，其結果也就大相徑庭。今天的以色列自復國以來，將經歷近兩千年大流放，在歐洲各國受盡欺凌與屠殺，再回到這流著奶與蜜的應許之地的，只有八百萬人口的蕞爾小國，在周遭尚有誓予將以色列趕出地球的三億伊斯蘭教徒的威脅下，堅強地活存下來。且因，以色列已

從偏狹的仇恨教義，艱困逆境之中，虔修昇華，匯入莫之能禦的世界大歷史的洪流之中，與時俱進，永續發展。其對人類文明和世界繁榮所作的努力與貢獻，無論在科技研發、人文學術諸方面，皆創造有驚人的、有利人類文化與世界文明進步，足式足範的事功。

中共呢？自建政六十五年以來，在毛共暴政整肅下，枉死了八千多萬苦難小民。而今，雖然已成為世界工廠，是坐二望一的大經濟體，其政權依然有正當性、合法性的問題；在政經方面，仍面臨如不解決則將要「亡黨亡國」的嚴峻問題！何以致之呢？概因建政理念與施政策略皆有所誤差所致也。最近有網路論者指出：「共產黨中國在世界上幾乎沒有一個鐵桿盟友。跟著中國吆喝的國家大多是有求於中國。全世界只有一個國家，完全無求於中國，又幾十年如一日地，對中國全力以赴地幫助，就是在西方國家裡第一個承認中國，與中國建交的以色列。」又指出：「未來百年中國最大的心腹之患，不是日、美，而是新疆，是伊斯蘭教；所以中國人民要把眼光放遠，放到五十年、甚至一百年之後。要如；支持以色列；儘快推進中國民主進程，實現任意黨派普選等等。」筆者於去年參加「以色列聖地之旅」，經歷伊斯坦堡、安曼和以色列的許多聖地，有關以色列全民皆抱著「萬事皆有可能」的生存信念，對其復國經過，略有所聞，感觸殊深！（詳情請參《對基督教義 與以色列永發展的探討》文。）而認為下例諸端，足可為中共所師法，也能實踐有成，中國必能和平崛起，永續發展。其要是；

其一，依法治國，建立民主憲政國家。

以色列建國之初，內與巴勒斯坦分治，耶路撒冷仍由聯合國託管，以色列無固定的國土彊界，境內尚有來自八十多個國家或地區的移民、宗教、種族，各種利益團體不一而足。對外，尚有要將以色列從地球上消失的三億伊斯蘭的威脅。以色列宣佈建國之當日下午，即遭六個阿拉伯國家的攻擊，戰爭延續了半年， 如果在第三次的「六日戰爭」不能戰勝的話，耶路撒冷聖城仍在伊斯蘭掌控之中。在這種內憂外患之際，以色列竟能揚棄排他性的仇恨，復國建國初期的政治領袖，並未成為軍國主義的獨裁者，也未實施極權統治的專制獨裁的政體。對此，中共政治體制之改革，怎能刻不容緩地予以落實呢？！

其二，農業立國，開發沙漠成為肥沃的農田。

以色列復國之初，在一片荒蕪貧脊的沙漠礫石土地上，80% 以上的食物都依賴進口，衣著等等更是無法自給。在這樣的情境下，其所以能存活下來，且民生樂利，欣欣向榮，以色列發展成為農業強國，卻是厥功至偉。據研究資訊所知，以色列發展農業成功之因，其最值得稱道者要如；

發明滴灌技術，掀起農業革命。以色列每年只有三十天下雨，雨量極少，加之可耕地只有 20%。建國初期，在軍需負擔尤重情境下，仍大量挹注資金，全力開發農業，以解決衣食問題。十年後發明滴灌技術，將水與水霧都滴灌到植物的根部。如此解決了雨量不足灌溉的問題，並且培養生物蜂和益蟲，不必噴殺蟲劑，農糧生產直線上升。糧農副產品不僅自給自足，且有外銷。同時採取半空中栽植如西瓜、草莓等多種果樹，擴大了可耕植地的面積。再有政府大力輔助，研發高科技，致力農業現代化，開發高品質、高附加價值的經濟作物以至畜牧業，且能在谷地沙漠養小丑魚。今天以色列的農業，園藝等等產品大量出口，遍及歐亞諸國，稱之為農業強國，也不為過。（點評）請中共當政者毋妨省思既往六十五年來，是如何對待中國窮苦農民的；為解決現今的「三農問題」，能不先放下耀武揚威，向外擴張的行動，而急速組團在第一時間去以討教嗎？

以色列的用水來源有三；約旦河、地下水與加利利湖。現在計劃海水淡化，來開發水資源。以色列將水資源列為戰略資源，專門建立了國家水資源管理機構，制定了一系列保護資源與環境的法規，對主要水源如加利利湖和地下水建立「紅線」制度，嚴格控制水質和採水量，例如實行用水許可證、配額制及鼓勵節水的有償用水制，農業用水執行配額獎懲，並徵收污染稅，污水利用率達 90%。在在都是為了引導、鼓勵綠色消費。甚至將鹽份極高，沒有生物存活，一無飲用與灌溉價值的死海，但利用其浮力，發展了觀光事業，將死海海底黑泥所含的豐富礦物質，研發成為市場上搶手的護膚美容品，寶貴的出口品。

共產制度的集體農莊。以色列的農業組織至今有三種形式：公有制集體農莊、合作社、個體農戶。政府對它們一視同仁。最值得一提的是公有制集體農莊。這是猶太教義中，為教徒們所想望的「共產制度」： 一個獨特的社會和經濟群體。目前，以色列有兩百七十個集體農莊，每個農莊的人數從五十到兩千不等。在農莊中，各種決策由社員組成的社員大會民主通過，土地、財產和生產工具歸農莊集體所有。設有集體大餐廳，社員的一日三餐都在餐廳內進行；餐廳內有中央大廚房和大型自動洗碗設備；餐飲採用自助形式，供社員免費享用。還有大型中央洗衣房，專門為社員清洗、縫補及分送衣物。社員們根據自己的能力和特長而幹著不同的工作，至於餐廳、廚房和其他類似工作則採取輪作制。社員的勞動沒有任何工資，農莊內部也不使用錢，社員的一切所需採用記帳方式。但他們能由 社區提供各自所需的一切，亦即「各盡所能，按需分配」。集體農莊社員的衣食住行、生老病死、子女教育、文化娛樂等全部由農莊統包下來。兒童們從小就被送到社區的「兒童公社」裡，孩子們一起生活、一起吃飯、一起學習、一起成長。另外，社員每個月可領取少量的零用錢供外出度假旅行使用。如此，這豈不是真正的共產主義社會制度？當年奉行馬克思共產主義的中共老毛，搞的「人民公社」能與之相配比嗎？明乎此，當可認知到，中共其所以有非常嚴峻的「三農問題」，皆是由於毛共所實施的，應遭天譴的暴政所致。中共豈能不改絃易張，為「三農問題」贖罪？！

其三，科技大國，發明創造獨步世界。

全世界的鑽石 70% 是由以色列出口的。但以色列第一位出口的乃是高科技，特別是軍用尖端武器的發明創造，如無人飛機可謂獨步全球。據統計，目前以色列總共有五千多家新創科技公司，約二十三萬人受聘於高科技業；高科技業一年產值佔以色列出口總值的四分之一。美國納斯達克 (NASDAQ) 總裁葛瑞菲爾德 (Robert Greifeld) 曾說：「除矽谷外，以色列擁有世界上最集中的高科技公司。僅光羅斯柴爾德大道周邊一平方英里的土地上，就塞進六百多家大大小小的新創公司。」中共在科技研發方面，除了得到以色列的幫助，在軍用尖端武器製造，取得不少可讓其炫耀的成果而外，他如工業產品，商業品牌的研發，有何進展呢？ 再炒房地產，又搞股票市場之類的虛擬經濟，能實現「中國夢」嗎？

其四，教育建國，用能永續發展。

以色列是名副其實的科研大國，研究成果在世界上具有領先地位。以色列也是新創之國的代名詞。2013 年度諾貝爾獲獎者中，猶太人佔了三分之二，例如物理學獎、化學獎、醫學獎等都被猶太人囊括。何以致之呢？蓋因以色列歷來重視教育，認為教育投資是最根本的經濟投資。其教育的投資佔國民生產總值比例高達 13%，位居世界第一，政府負擔國民 78% 的教育經費。據統計，政府在過去五年，對教育資源投放增加 30%。加之，世界上最愛讀書的人是猶太人（據統計，以色列人均每年讀書六十四本），所以，猶太人是世界上唯一一個沒有文盲的民族。以色列蕞爾小國，因以教育建國，而能一躍成為世界上最文明的先進國家，永續發展。

中共呢？在建政六十五年以來，對教育投資了多少？中共對代表他們革命的窮苦的農工小民是如何照顧的？辦教育是如辦企業嗎？教育目的是造就出奉行「馬列史毛」，有「中國特色的社會主義」的共產黨徒嗎？！迄今，為中共建政著有貢獻的學者專家們，多是在抗戰軍興前，自（民國十六年）中華民國甫行統一，即開始全面建設備戰的「黃金十 年」之內；甚至在抗戰期間，國府仍然力行「抗戰建國」（如成立的西南聯大，創設的國立中學等等教育）時所培育出來的。撫今思昔，豈能不讓大陸同胞興起 「民國熱」，懷念「民國時期」的生活？！

總之，中共為開闢「一帶一路」所倡導創設的亞投行，其運作必須遵循世界金融體系的規範，或可能有所成就。但欲實現「中國夢」，只有還政於民，落實政改，兩岸可以和平統一，中華民族復興可期；中共必須揚棄馬列史毛的共產主義仇恨哲學，徹底根除必欲消滅世界上資本帝國主義國家的「意識型態」，與美修好，和平崛起，俾能和民主法治先進國家，共盡文明國之義務，則世界大同更可期及了。我合十祈求：天佑中華。

原載於《中央網路報》2015 年九月七日

第二章　所念

望雲天！念故人！——敬悼葉公超、劉文騰博士二三事

我和葉公超、劉文騰兩位博士沒有淵源深厚的關係。有之，乃屬長官部屬或則是先進長者與後學晚輩的一種緣份而已。但我從這兩位長者的言行中領悟到不少做人做事的道理和規範，確是受益非淺的。

我得知這兩位長者逝世的消息先後不及兩週。一在感恩節假期回紐約家居探視妻小，從《世界日報》報端拜讀及于衡先生的悼念葉公超博士的紀念文；返校不及一週，內子淑華從電話中告知收及劉文騰博士的訃文，寫好的賀年卡不能寄出了！

同為留英同學會理事

葉劉兩位博士都是我們中華民國留英同學會的常務理事，筆者為學會的秘書。對於這兩位長者相繼逝世，追憶及同學會種種親切感人的往事，為之傷感萬千。當時我正為期考與研究報告忙得昏頭轉向，既無法回台參加追悼會，也無時間塗鴉，寫幾句悼念的話，只有寄望雲天，濛濛霧霧，不覺滾下幾滴淚水而已。

寒假返紐約家居，從《世界日報》上又拜讀及不少紀念葉公超博士的悼文，對於公超先生又增加不少的認識與敬意。但筆者仍覺得自我國退出聯合國以後，也就是筆者與葉先生有一份工作關係以來，葉、劉兩位先生對國家的憂勞與奉獻，以及他們為人做事敬謹的一面，確有言之未盡。筆者雖拙於為文，但一份敬悼哀念之誠，令我不得不執筆追述一二，對於葉、劉兩位長老的風範或另有一番認識；對於我們苦難國家經歷種種衝擊，依然堅定屹立；愛國人士不計小我默默奉獻，也可能為我們再增添一份復國必勝、建國必成的信念。

公超先生任行政院政務委員時，我只是院中一個起碼的小職員。雖然對葉先生心儀已久，但職位懸殊，大有雲泥之感。有交臂而過之機，除了由我說聲「葉政務委員好」而外，他無須問我是「何方神聖」（借于衡先生文語），因我既是名不見經傳小小人物，承辦的業務也與葉先生無關也。及至我國退出聯合國後，才開始有一份工作關係。當時嚴前總統任院長，在院會中指示成立四個小組，已肆應這項衝擊，務求減低損害我國民族利益至最低限度。外交小組為其中主要小組之一，由公超先生受命主持。外交小組的成員為有關涉及外交事務的部會首長，蔣秘書長彥士為小組協調人。行政院二組金組長作鏌親自承辦小組業務。或許因為我那時甫由英國進修，繼之訪美歸國，而且在訪美正值季辛吉偷赴大陸，尼克森宣佈前往大陸朝毛。每天，我除了訪問工作而外，就是搜集新聞資料，航快寄送院方參考，間或略陳管見，或許因此調我專辦外交小組文書業務。實際工作是管文書，作記錄，為文抄公也。自後，我有幸得識了公超先生。

臨危受命展外交長才

外交小組成立後不知舉行了多少次會議。最初以早餐會方式在首長公館舉行，嗣因與會人數增多，事務日繁，乃改在外交部會議室於晚間定期召開。外交部翟因壽司長和他國際司也接辦了小組的秘書業務，直接向政院葉先生報告。筆者親睹首長們於一天辛勞工作後，又來參加如此重要會議，聚精會神，討論議案，使我深深感到，中華民國不會亡，中華民國一定強。

俗語說，勝仗易打，敗兵難收。公超先生真是在風雨飄搖之際，臨危受命。層峰借重其外交長才，以挽狂瀾於既倒又一實例也。葉先生主持外交小組會議，除了聽取有關部會首長報告外交事務現勢，議決應變處理方式而外，主要任務是重新釐訂外交方針大計，重新調整全盤外交陣營。每次會議後，於二十四小時內必將重要議案一一簽報層峰核辦，真是所謂劍及履及，以快刀斬亂麻手段，解決了不少的難題。最值得一述者，葉先生對於重要簽報案件中，每一文句均推敲再三。有時文搞清好，不及再寫但仍須刪改一二字者，葉先生就在刪改之處旁註「公超」兩字，可見其敬謹從事之處。

重要議案絕不講情面

由於層峰授權，外交小組可全權處理有關外交之人事調整，統一指揮，和分配預算。大使返國述職，無不向小組報告與國動向，葉先生皆一一指示應變之方。外交部似成為小組的附屬機構。但周部長書楷對於公超先生的意見無不推誠合作，徹底執行小組的決議案。有建議葉先生可呈請設立永久性的外交委員會，如經設會是，公超先生一無興趣。後來有人說葉、周兩位先生是同學，所以能合作無間。因同學之誼，能如此公忠體國，實國家之幸也。

公超先生為性情中人，喜怒哀樂每形於色。會議中每每談笑生風，但對重要議案絕不講情面，有某首長為多爭預算一事，公超先生在會議席上就當面批評其不對，弄得該首長面紅耳赤，這算是他常「發脾氣」「得罪人」的實例也。

公超先生對於外交事務的了解，真是鉅細無遺。如某某大使向某大使借錢不還，某大使夫人「管」到大使館中的鉛筆。諸般掌故，娓娓道來，歷歷如繪。其一言褒貶，無不為外交時弊而發。

外交小組會議雖不及半年，因國際情勢，漸趨穩定，以及，行政院改組而奉命暫停舉行，但葉先生在外交小組中所策定議決的大政方針，外交陣營的部署等等，無不成為現今外交政策和實務的堅固基石。今人每論及公超先生對於國家的貢獻總以促成中日和約和中美協防條約的簽訂，維護了我國際地位，鞏固了我復興基地為首功。筆者認為，如果在我國退出聯合國之後，沒有公超先生受命主持外交小組，來衝破孤立，廣結與國，恐怕我們在國際上所遭受的損害真不敢想像呢。研究我國外交史者，允宜就這一段重要時期特加注意，既可了解公超先生的貢獻，也可了解到我國如何歷經衝擊，依然能屹立自強之道。

留英同學會擴大陣容

在我為外交小組工作期間，對葉先生除了報告查詢公務而外，並無任何直接工作關係。迄至外交小組快要結束之際，我親持一份公文送請葉先生批閱。當批閱好公文後，他突然問我過去在哪個學校唸的書。說及我甫自英國進修返國不久時，公超先生對我正色的說，你為何早不對我講呢？當時我真有點不解其意。繼之問我可知道還有哪些同學最近才由英國回來。公超先生似乎很高興，他說，我們留英同學會每年或有要事相聚時，總是那些老人，我一再希望有年輕的留英同學參加，共為促進中英關係而努力。當時命我查問一下，開個最近返國的留英同學名單給他，以便加入留英同學會。我如得到了「令箭」，當即與郭榮趙學長聯絡，後由甘立德學長向台大、師大、政大以及中研院各方聯絡，列了一份名單送給葉先生。他很高興，把名單轉交給留英同學會總幹事劉文騰博士，並囑劉先生好好辦個歡迎會。

官方名義邀英學人訪華

說來，真是無巧不成書。我返國不久，寫了一份報告，建議當時的教育部蔣部長彥士先生，邀請英國里茲大學我的指導教授瓊斯先生來華訪問，以增進其了解。蔣部長交由國際文教處李處長鍾桂研辦。幾經磋商，決定由李處長代表我政府去函邀請。結果，瓊斯先生竟也欣然應邀來華。這是中英斷交以來，我國以官方名義正式邀請英國學人來華訪問尚屬首次。教育部安排其訪問日程，特與留英同學會總幹事劉文騰先生聯絡，以一個下午時間由中華民國留英同學會歡迎接待。當文騰公得知瓊斯先生來自里茲大學，極感興奮，因劉先生乃里茲大學紡織博士也。劉先生和我及李讚成兄（亦是里茲大學畢業）聯絡後，即積極籌備歡迎會。文騰公開了他的專車，載著我們走東走西，並說除了同學會歡迎瓊斯先生外，他再作東以里茲大學校友名義，假統一大飯店文化廳，再行宴請瓊斯先生。後來果真共度了一個令瓊斯先生和我們最愉快最難忘的晚宴。

瓊斯先生依時來華訪問，留英同學會亦按日程在再保大樓舉行擴大歡迎會。這是留英同學會在台第一次最盛大的聚會。會員們猶如三代同堂，相聚問好，數說不盡的歡樂往事。歡迎會由杭立武博士主持，致歡迎詞後，瓊斯先生未發言。嗣由公超先生發言，追述中英關係及我留英同學一些既往勝事。瓊斯先生隨即自動起立致謝詞，特別對公超先生英文詞藻之美，表示驚訝與讚佩。真是為與會的同學們增添了一份光彩。（註：公超先生發言，瓊斯先生致謝詞的 2 張相片列於書後，相資 010、011）

葉公之英文備受讚佩

中華民國留英同學會成立於抗戰軍興以前，是為我國歷史最久之社團。然因遷台後，對內政部兩度公告復會手續皆錯失未辦。雖然公認王雪公（世杰）先生仍然是理事長，但無學會組織活動。每年同學聚會或為英國貴賓來華訪問（多不公開），均由總幹事劉文騰先生個人出錢出力，聚餐言歡。對於中英關係的維繫與增進，貢獻頗多。這次擴大歡迎瓊斯先生茶會，繼之另有英國要員來訪，留英學長特設宴邀敘，一切開銷均由文騰公墊付者。時值國際情勢對我不利，我同學咸認正可為國出力，以促進對英國對歐洲國家的實質關係，復會之議乃起。文騰公召我商談後，即走訪內政部主管單位，請詢復會手續，囑我依照法令規章寫章程、擬申請書。有關學會對外所發片言隻字，文騰公均仔細過目，並親自持送到王雪公府上請予批示。雪公每有交待一語，皆對我重覆說照辦。想劉先生為商業界極有成就者之一，身任申一、台富、福樂三大公司的總經理或董事長，及其他社團的領袖，他的屬員何止「一呼百諾」也，但對於學會義務一職竟如此敬謹從事，絲毫不苟，實在難能可貴。以後雪公交代，一般會務處理不必事事前來請示，可與杭（立武公）、葉（公超公）兩位商量行事。以後，杭先生當選為學會的理事長，文騰公對杭先生依舊是敬謹從事。舉凡學會記錄、會訊文稿都一一送請杭先生過目核定，文騰公從沒作過「代決代行」或「先發後判」的事。

敬謹從事涵養臻極致

為申請復會事，我隨文騰公前往內政部請詢多次，研議再三。總因兩度復會時機錯失，再請復會，皆不得其要。文騰公很有耐心、細心，再次商請研究。最後，內政部要求，必須有官方的「片言隻字」作根據方可簽辦。某日中午，國立中央圖書館參考部特來電話告知，已為我找到一份民國三十六年內政部出版的社團名冊，其中有留英同學會名稱，王世杰先生為會長，會址設於南京。於是我跳上計程車，就催司機快快開到中央圖書館（該計程車司機愉快地對我說，他開了多年的計程車，今天有人催他快快開到圖書館去，還是第一次呢。當時真覺得他為我臉上貼金，令我感到耳根發熱，這是題外話了），找到這項根據，劉先生乃偕我前往內政部親交承辦單位。數週後相詢於內政部承辦人吳景康學長，他說，他也曾去過英國進修，也希望留英同學會早日復會，但復會時期已過，法令規定，非有特殊理由不得接受申請。例如有部會級機關來函贊助復會，當可照辦。劉先生乃向公超先生面報詳情。公超先生乃電詢外交部當時的薛次長，問外交部是否可以去函內政部贊助留英同學會復會。薛次長應允研究後即與劉先生直接聯絡。這兩位長者對於諸般法令要求規定，如此不厭其煩地遵照辦理，無一句批評怨尤之言，涵養功夫真令人敬遲不已呢。

公超先生與同學舌戰

文騰公為留英同學會舉辦遷台第一次會員大會，忙得不亦樂乎。當時學會無一分一毫，所有文書費用，會場租金皆是由劉先生墊付。大會由王雪公主持，到會者有興致勃勃、年逾九五的許雨階先進，有白髮蒼蒼、抱病出席、同學多稱為老師的沈剛伯教授。加上許多甫行留英返國的後生晚輩，可說是師徒、師祖相聚一堂，真是融融樂樂，歡歡喜喜。會中討論及會章時，公超先生發言最多。為修改某條章程，並與程滄波先生「舌戰」了一番。當選之理監事皆一時之選。嗣後，會務在杭理事長立武公領導之下日益擴展。英國學人與要員亦相繼來華訪問。

公超先生當選為常務理事，對同學會活動，有會必與，每會必見其發言。劉先生系常務理事兼秘書長。筆者與李兄讚成同被聘為秘書，襄助文騰公處理會務。劉先生除了指定他台富公司的魏秘書，專辦同學會業務而外，對每次舉辦會員大會或理事會均親與其事，及早到達會場，從簽名簿查詢到決議案執行報告，以至會議議程的安排。且開會時很少發言。有重要決議事項，皆提醒我好好記下照辦。

大公無私性情中之人

學會經費不足，所有宴請英國人士的費用，以前皆由劉先生墊付。杭立武博士當選理事長後，則由杭先生自己支付，從未動用學會一元會費。公超先生與書楷先生於某次理事會中動議，爭取英國某項基金，作為推展會務、舉辦獎學之需。筆者為再行赴英進修，完成學業，曾向公超先生談及如何申請得一筆獎助金。葉先生數度面允協助，考慮代為爭取該筆基金。最後，葉先生對我說，不妥。別人可以申請，你不可以。因為你辦理這項業務，必須避嫌。當時真使我失望呢。現在想想，公超先生真是大公無私的性情中人也。

文騰公為留英同學會到底墊支好多錢，從沒計算過。自我與文騰公相識以後，學會有任何重要宴會（個人出錢）或則他個人如生日酬酢，皆要我前往「敬陪末座」。有時他還專車順道來接我。在瓊斯先生訪華返英不久，寄給劉先生一份里茲大學的校刊。他出示給我看，有他四吋照片印在校刊首頁刊頭旁，標題是中華民國台灣劉文騰，捐五千英鎊。真令我分享了一份歡樂。以後，他在再保大樓宴邀里茲大學的校友，將校方贈送給他的一幅古老（他在校讀書時代）校景素描，陳列在宴會室內，並一一為我們解說往事。我們後生小子就指說某處建築物改了，某地增添了新的大樓。說來，文騰公真是一位非常念舊的仁慈的長者。雖然他為學會、為學校「一擲萬金」，但他個人自奉甚薄。有次，我在他台富辦公室商量學會中的事，餓了，他從抽屜裡拿出台富自製的餅乾來充飢。他座車簡樸，白竹布套，無一裝飾。有次，我隨他去辦事，他伸手到外衣口袋裡摸記事簿，我想記事簿探手可得，為何如此慢慢地摸？原來，他的「記事簿」乃是由白報紙臨時裁成的紙片。當時我問他為何不用個簿子？他很坦然地說，習慣了，這樣也方便些。真是省儉得有點過份了。

機場叮嚀再三竟永別

我於民國六十七年暑間再行出國進修。文騰公除為我餞行外，並與他秘書魏定鐶兄趕到機場來送行，叮嚀再三，盼望我早日歸國。不幸，這竟是最後一面也！

葉、劉兩位長者事業成就各異，但為留英同學會服務，其為國家出錢出力，默默奉獻之忱則一。同學會中對於劉先生數十年來贊助學會一事，無不有口皆碑。公超公亦曾對我說及，只有他（文騰公）可以負擔得起，我可沒辦法——也似乎說窮經也。想葉先生一生為外交奉獻，從未計及個人命運坷坎。對於留英同學會諸般小事竟如此認真重視，所謂大海不擇細流，當可想見其為外交事務效命，為國盡忠的用心的程度。同學會中尚有其他諸多足式足範的事，在此不及一一述說。總之，葉、劉兩位長者的逝世，我們留英同學會必與我一樣悼念不已的。這兩位長者為人、做事的風範，為國盡心盡力服務的榜樣，固是筆者有幸親得教益，但何嘗不是在我們各行各業中很多熱愛國家、默默奉獻者的寫照。這正是我們復國建國必勝必成的佐證。葉、劉兩位長者將永遠活在我們心中。（註；筆者於機場送瓊斯教授返英與理茲大學校友在台北 2 張相片，列於書後，相資 012、013）

民國七十 (1981) 年聖誕夜於紐約市

後記

此《望》文寫於 1981 年，至今隻字未改。當時曾投台北聯合報，但「因故」未能刊出。一擱就此封藏了十年。迄至 1992 年七月十二日至八月二十日在《世界週刊》拜讀及張嘉琪先生《葉公超去職疑案再探討》（連載四期，是令人欽佩之作）的大文。此外，尚有古橋先生的《那》文和季蕉森先生的《無》文等。特別是拜讀了《葉公超傳》（符兆祥，懋聯，台北，八十二 (1993) 年十二月二十五日），感觸良多。同時，亦因再次接奉我里大瓊斯教授來函，述及當年應我政府之邀，來華訪問，諸般歡樂，記憶猶新。乃檢出此一舊稿，誦讀再三，真是往事如繪，歷歷猶如昨日之事。但十數年瞬息消逝，人事滄桑，令筆者不禁寄以無限惆悵；而各方對葉、劉兩位先生皆有言之未盡之處，更覺抱憾。

此如，幾乎所有認識葉先生的人，無不知道公超先生的英文造詣之深，常令人感到驚嘆。在符著中至少有七次就曾述及此點（見第二十、三十八、九十六、一百三十七、一百六十八、一百六十九、一百九十一頁）。但符著至少仍遺漏一次，此即公超先生在我留英同學會歡迎瓊斯教授之故事（述如上《望》文）。又論及葉先生對國家的貢獻，大家多提到完成中日和約與中美共同防禦條約的簽訂。但多未論及公超先生在我退出聯合國時，受命主持外交小組之事。張文中所謂「三人小組」，此乃在政院改組之後，原「外交小組」（當時代號為「光華小組」）停止活動後，屬閣員參謀性質的「任務編組」；又符著第三百四十七、八頁，引述張文認為葉先生早就主張「兩個中國」，實情更非如此。（關於現在所謂的「務實外交」，與公超先生所主張的「實質外交」，其最大不同之點，要在於一求其「名份」地位，一謀其「實質」關係也。如有必要，當另文予以解說。

再則，符作中描述公超先生鬱鬱晚年是怒氣寫竹，喜氣寫蘭，寄情於詩文丹青。對於葉先生熱中我留英同學會，促進中英關係，可謂身處顛沛流離、困頓坎坷之際，亦不改公忠體國之心志。亦付闕如。令人大有悵悵若失之感。於是打算將拙文予以修潤發表。乃將該拙《望》文分函親長知者，請賜意見。幸承多有回覆。其中除我瓊斯教授對葉先生英語之美再寄予佳評而外，有兩函特需引述者斯為：

其一，伍公啟元在其 1994 年四月二十三日大函中述說：「……回憶 1939 年，弟在昆明西南聯大任教時，弟屬清華大學，乃初返國不久的學人。公超先生屬清華大學，是成名已久的大師。在開教授會時，公超先生高談甚多。我尚記得他因當時教授甚窮，主張大家養雞去救窮。他的養雞建議雖不一定能實施（事實上窮書生養雞，可能越養越窮），但他的真切熱情，確是使人感動的。他的英文程度之高，風格之美，遠超過許多英國大師。這是聯大大家所共知的。同時他的熱情，也是使人感動的。」伍公是我政府在聯合國曾任最高級文官之一；更是位經師人師，享譽國際的學者。他也認為「如果在我國退出聯合國之後，沒有公超先生受命主持外交小組，來衝破孤立，廣結與國，恐怕我們在國際上所遭受的損害，真不敢想像呢」。

其二，王教授作榮於 1994 年五月十六日在大函中說：「……葉先生不甚熟識，劉先生則在民國四十二、三年即已認識。而且甚熟。為一學者商人，恂恂然。為弟所欽敬者。作古多年，常在憶念之中。」王教授是頗負盛名的經濟學者，著作等身。為人嫉惡如仇，做事擇善固執。有他對劉先生寥寥數語，足可了解到文騰公的為人，確是一位令人至為感念的長者。

此外，王教授曾才是位揚譽杏壇的歷史學者。他在英攻讀外交史博士，其論文且是有關我國近代外交史。在我留英同學會中，曾才學長與閻沁恒學長、周惠民學長以及筆者共同輪流主編學會《會訊》。我來美後，他和詹火生學長接了我在學會的秘書。我到《中央日報》服務，新上任的吳社長聘他兼主筆，調我任主秘，又發表在同一張人事文函上。他來社中，總會到我處坐坐。特別是他曾與我論及有關「外交小組」一事。所以我也曾寫信請他賜點意見。甚望他來日能就葉先生在我國外交方面的貢獻，再發表一部經典之書。

但是，修撰該《望》文一事，總因筆者個人為俗務羈絆，也因所謂心高手低，尤其是有幾點要項，不知如何決定，諸如應否將葉、劉兩位長者分文撰寫；「外交小組」方面是否需多予著墨。而我們學會中很多值得一述，尤其是杭公立武對學會、對國家的奉獻與功績，能不能一併增撰。因此，修撰一事總是心想而事不成。

今年一月，筆者投稿《世界日報》，因拙文中提及「外交小組」，而附送該《望》文之前半篇，供編者參考。不意，《世界日報》不登正文，反將該半篇《望》文逕行在二月四日的《世週》上刊出了。還將他社中所存，當年「美國總統艾森豪接見葉公超博士」的檔案照片插入，真為拙文增色不少。大概這是由於在當前國府外交處境難困之處，特別懷念公超先生之故而如此的吧。真令筆者至為驚喜而深謝不已。但繼之將續篇送請刊完，則不予理會。如此，我這後半篇《望》文怎能發表？這能不教筆者懷疑《世界日報》編者，是在「使壞」，是在作「缺德」事呢？！今幸承《紐約新聞報》李社長東渤先生，允予將全文刊出，得償筆者十多年來一直在求發表的心願。能不欣喜不已。而此文發表，對於功在國家、惠澤及於小民者如葉公；出錢出力、為國默默奉獻者如劉公，在逝世十有五年之際，當可稍慰其在天之靈；對生者如斯，自亦稍有激勵作用也。而《紐約新聞報》的忠實讀者，可以說，無不是關懷國是、為國奉獻人士。此文更可能獲得莫大的「共鳴」，可以想見。因而謹作此記，藉資申謝，並與諸君共勉。

1996 年三月二十二日於紐約市

原載於《世界論壇報》民國八十六 (1997) 年一月二十七至三十日

談師尊，念師恩——敬獻給李宗海、紐永春兩位恩師

小時候在我們家鄉，常見到的是，有很多人家的堂屋，也就是現在所謂的客廳，在正中央靠後壁擺設有神櫃，用張大紅紙寫了「天地君親師」五個大字，張掛在正中央，一家人在晨、昏時，都要對之上香叩拜的。從這一點看來，在中國人的心目中，「師」的地位是可與天、地、君、親相提並列的。

「師」，所以受到人們的如此的尊敬，無他，師恩浩大難予回饋圖報也。常見到的是，有好多人在學業上，由於有老師的指點，因而茅塞頓開；在事業上，可能由於老師的一言的激勵，而促使他奮鬥有成；更常見的是，有很多人，由於有老師的提掖或幫助，因而轉變了他們一生的命運。由此有守有為，立己立人。當然這些人也可能為國家社會，作有一番較大的貢獻。筆者在台灣、在英國、在美國的學府裡，都有我的老師，也多是很好的老師。但是，一直到今天，最令我感到師恩難於圖報的確有兩位。一位是唸私塾時代的李宗海老師；另一位則是讀中學時代的紐永春老師。

李宗海老師在我們鎮上獲有才子的雅名。他開設的私塾，收有三十多個經過他甄選合意的學生。我入學時，已讀到《孟子》。按那時候私塾的學制，每個學生必須讀一本生書，也就是主課之意。我的生書當然是《孟子》了，但李老師要求我再唸《尺牘》。讀《幼學叢林》時，又要我同時選讀《古文觀止》。自後，應以《詩經》為生書，老師卻要我改為選讀，而以《左氏春秋》為生書。這樣的安排，不僅縮短了我的學習歷程，省了不少的學費，更為我奠下良

好的國文閱讀能力。這對我日後來台，還沒拿到大學文憑，就能獲得考試院的幾張證書，幫助實在太大了。老師教學生每天唸生書時，都要一一詳解。有兩位學妹的生書，老師常常把我叫到他面前，分別要我為她們一一講解。如果講得不夠明白，老師就為我教正。這對我日後有興趣做教書匠，也不無其因。老師知道我很用功。有次，看到我放學回家在寫字，他更高興地告訴大家，我是如何的用功。甚至對他的愛子耳提面命，要他兒子跟我學。那時，不知怎麼懂得的，要老師為我取個別號，老師笑嘻嘻地說，早就為我想好了，而且是最好的。要我為他買壺水回來，就告訴我。我奔出去，再奔回來，看到紙上所寫的乃是「繩祖」二字，心裡在嘀咕，為什麼那麼多的筆劃呢？老師就問我不喜歡嗎？他解釋說，你繼承你外祖父武公，這名是取自《詩經》上「繩其祖武」之意，不是再適合也沒有？現在，越用越喜歡這個別號，為此也更感念他老人家。老師寫的一手好魏碑字體。有閒時，就作五言詩。當他把漢代重要人物一一詠好後，就在一把小象牙骨扇上，用他美麗的魏碑字體，密密麻麻地寫上這些詩送給我。到現在我還記得其中詠韓信的一首是:「拜將登台日，應懷胯下羞。當年如逞忿，骨已瘗荒丘。」可惜，因戰亂逃亡，這把象牙扇早已丟失！更可惜的是，《左氏春秋》尚未讀完，就因「清算、鬥爭」到了我們的家鄉，又失學逃亡去了！

紐永春老師是我讀中學時代的級任導師，也是校中的訓導主任。這是在抗戰勝利返鄉以後，才能回到學校正式受教。可嘆的是，學校不在我們家鄉小鎮上，而是在縣城裡。因為那時中共軍隊仍佔據在鄉下，而且採取「以鄉村包圍城市」的戰略，不僅斷絕交通，還不斷對城市進行突擊。也許，由於大家都珍惜這難得的讀書機會，老師們都認真教學，同學們很少有不用功的。特別是我們紐老師，為了鼓勵我們把握時間好好用功，因為我是級長，他要我對同學們講，如果大家每天晚上，願意到學校來溫習功課，老師將留在校中，為我們解答問題。我們這一班同學都樂意這麼做，紐老師也非常高興。每晚，在七到十點之間，大家都在教室，各做各的功課。為了我們深夜回家安全起見，紐老師按同學們回家的路線，分別編成幾個小組，分別指定領隊，並一再叮嚀先把女同學送到家，男同學殿後回去。當我們自修時，紐老師留在他的辦公室，沒有要事，並不坐在我們教室裡。可事，有次我一抬頭看到窗外，紐老師也正站在靠著對面牆壁的梯子下看著我們呢。這樣晚自習，雖然不及兩個學期，但同學們的功課沒有不進步的。由於家鄉接濟斷絕，我繳不出學費，將面臨失學，紐老師為我請領到清寒獎學金。而且，不只一次的告訴我、勉勵我，要我安心讀書，將來升學也會為我找到獎學金的。感念到有師恩如此，至今總令我潸然淚下。那時，國共已會戰於徐州，人心惶惶。但我們仍然用功讀書。一天早晨挾著書包，正要開門上學，母親問我做什麼，我回說上學去，今天還有考試呢。母親氣急地說，昨夜城裡鬧了一夜你不知道嗎？國軍通通撤光啦！還不收拾東西，跟我逃命去！

民國三十八年初，我在鎮江約集了五、六位同校的同學，向江蘇省教育廳，申請到流亡學校去唸書。等了一個多月無任何回音。大家惶急得走投無路之際，我竟然巧遇到李老師宗海，真是喜從天降！老師對我問暖噓寒，問這問那，當他知道我們申請學校遇到困難一事，就表示，他在京江中學教書，因故，認識教廳的而且主辦我們這些流亡學生申請入學案的李督學。老師立刻告訴我，他如查問到真正原因，再幫我們解決這個問題。這真是上帝顧知賜福給我們的。沒幾天，老師告訴我們這問題的癥結是，我們學校立案的手續迄今尚未完成，特別是教廳沒有我們學校的學籍名冊。怎麼辦？找學校的負責人來教廳補辦手續，也不知如何知道的，我的級任導師紐永春老師在揚州，和他也在我們校中任教導主任的兄弟，紐永建老師住在一起。如果能請到其中任何一位來教廳辦理此案，都成。於是，我們同學一行五人由鎮江坐輪船（說是流亡學生，就免費，真也要謝謝上帝），到了揚州紐老師家。紐永春老師立刻答允我們，第二天一同和我們過江，去教廳替我們解決問題。當日，老師出錢刻了一個校鈐。我們同學就記憶所及，分別繕造各班的名冊。一直忙到深夜，皆在老師家食宿。紐永春老師來到鎮江就住在我的李宗海老師家。紐老師是以我們學校訓導主任的身分，去拜見教廳的李督學，並繳了校鈐和手繕的幾班學生名冊。李督學只收下學生名冊，退回了校鈐。並要紐老師轉告我們同學，準備考試及格後方可入學。紐老師在李老師家住了三天，沒能等到我們考試，就要回揚州去。在拜別時，我含著淚一句話也說不出來。倒是他一再囑咐，要好好用功，不要放過任何唸書的機會。

到考試那天只有四個人去應考。大家也不知道考什麼。時間一到，李督學要我們推個代表進去考試。同學推舉了我進去。我坐在李督學旁邊，拿著筆在想考什麼。更愁考不及格，不是把其他同學入學的機會都斷送了嗎？結果，李督學只拿了一張白報紙，要我把班上的同學姓名當著他面默寫下來。雖然我當級長，仍有五、六個同學的名字想不出來。李督學看我已寫了二十七個名字，就說考完了，要我繳卷。當時，他就將我們所繕報的名冊拿出來，與我所寫的名單逐一加以對照後，立刻告訴我，凡是名冊上有名字的同學，都可以入學。我聽到這話，幾乎要哭出來。同學們高興得要捶我。當李老師宗海知到這樣的好消息，比我們更高興。又一再問長問短，要我把在學校寫的作文拿給他看。

我到流亡學校未及半年，就輾轉來到台灣。否則的話，留在大陸，我可能抗美援朝去了。也可能成為反共義士才去了台灣。今天，我已垂垂老矣。對於李、紐兩位恩師，從未有所回報；也無從圖報。唯一可以告慰這兩位恩師者，在這近半個世紀以來，我曾經到英、美兩國受過教育，一直與書本為伍；也曾經到學校兼了六、七年的課，一直在努力與人為善。對於李、紐兩位恩師的賜予，我是沒齒難忘，終身感念著。再如，兩位恩師能看到這篇小文，或是由此獲有恩師們的音信，更是希冀不已了。

原載於《世界論壇報》民國八十六 (1997) 年五月五日

敬致王作公函簡：讀《眞話——談政客論國運》書後

作榮尊長賜鑒：

月初，接奉令大公子由加州轉來，有您於四月十六日親筆簽名，賜贈愚夫婦倆，您的大作《真話——談政客論國運》，不勝驚喜，毋任感念。拜讀之際，更是感慨萬千，敬遲無已。

拜讀大作《真話》，最令承武感動萬分、景仰無已的，不在其行文流暢，筆力萬鈞，而在於字字句句皆是悲天憫人，出自肺腑的，言人不敢言的真話。章章節節皆是向那些政客們挑戰，為國為民而摩頂放踵，且不計後果的真話。這是一部代表中國士人們心聲的不朽之作，這是每一中國人應該一讀的，猶如有關中國盛衰興亡的史鑑。當然，正如孔子作《春秋》而亂臣賊子懼然，承武甚盼那些高呼「民主」、「自由」、「台灣第一」、「為台灣人尊嚴」的政客與台獨鼠輩們，也因讀及這本大作，發生猶如當頭棒喝的作用，不致喪盡天良，讓千千萬萬小民們能倖免於戰火，而不致家毀人亡！

論及政客岩里正男（李登輝），他的的確確如您所分析，是一個受日本軍國民教育，和殖民地人民心態的台灣系日本人。他一心要恢復皇民身分，做日本的二或三等的公民，他怎不輕侮中國以及中國的一切？怎不毀黨、亡國，置中華民國台灣省成為日本的附庸，或成為永屬於日本的殖民地呢？但由於他投機、善變，不著痕跡地，一步一步走上台獨之路，以致讓您深嘆「無知人之明」，更深深自責一己是「中華民國的罪人」（見六十七頁），當可想見您為所交非人，且曾對之信任有加，而痛心疾首的程度。所以，承武認為，如將您這部《真話》視之為您的「懺悔錄」也不為過。基於此點，也為愚夫婦倆對您有所不明究竟的疑問獲得了解答。此即：

其一、當年，您為什麼要提掖岩里正男？又為什麼要介紹他加入國民黨？

其二、國民黨選敗，您為什麼不為「保荐不當」，而適時提案開除他的黨籍？特別是，

其三、您是享譽杏壇的，有聲於時的名經濟學家，承武在青少年時為參加高、普考試，研讀《經濟學》，以至近不惑之年，在政院工作，研究財、經問題，從您言論著述中，即是心儀已久。那時，可說是，您恃才傲物，嫉惡如仇。筆戰、雄辯，不假詞色，得罪了很多人。但人們對您依舊是敬愛有加。尤其您掌理考選時，力排眾議，廢除為黑官漂白的甲等特考，社會大眾對您稱頌尊敬，到了如日中天的程度。可是，當您在李、郝交惡，朱高正文批李之獨裁之際，您為文替李辯護；繼之，您講了真話，說是黑道也有參政權。人們對您的觀感，竟作了一百八十度的轉變，攻訐四起，辱及先人，真是百辯莫解，傷感萬千。其實，關於黑道，這是人們毫無理性地遷怒於您的。這種種事實以及您的主張，在您的以論述黑道組織一文為書名的《超野蠻社會》大作中，八十三至八十七頁，早就解說得很清楚了。至於為李辯護，從您新作《真話》中方了解到，當時李是深藏不露，他的醜惡真面目尚未揭穿之故（當年，精明而注重考核人才的小蔣總統都被他瞞騙過去）。這就是所謂君子可欺其方也。而今，讓您深嘆「無知人之明」，自責一己是「中華民國的罪人」。怎不令人掩卷長嘆，唏噓不已呢？！

您談及的政客們，自岩里正男以下，台獨鼠輩，承武認為皆不足道矣。即使是岩里正男，不久，必如垃圾然，被掃進歷史的墳墓。在中華民族猶如浩瀚汪洋的生命大流中，台獨鼠輩們，僅是如漩渦

中的一滴污穢泡沫而已，只能為它悲哀。甚至一些自詡為學者、知識份子的，不敢說「我是中國人」(見兩百四十一頁)，而且，站在台灣罵中共的，所謂「台灣共和國建國三傑」，如余、許、李之流（見兩百七十五頁)。他們私心自用，人格卑鄙，也應將之歸類為準政客之流，在中華民族五千年光輝歷史上，將等同岩里正男，不屑予以一述的無恥政客。但為在台的無辜小民同胞們的身家性命著想；也為黨國安危禍福的前途計謀，對尊作《真話》中談政客所指證的事實，論國運所作的主張，恰有如下些許的的認知：

其一、台獨鼠輩們的醜惡面貌，您認識岩里正男暴露他台獨的邪惡真面貌，是始於他與夜奔敵營的許信良密謀協議，透過國發會，廢省、擴權之事（見一百零五頁)。其後，在他的一任總統任期內，他的言行可歸納為：一、宣稱中華民國與中國國民黨是外來政權，是來欺壓台灣人的；二、提出新台灣民族的口號，使人不敢公開說「我是中國人」；三、輕視中國與中國人的一切；四、崇日、媚日；五、主張將中國分為七塊；六、抹殺日本侵略中國，大肆屠殺中國人的罪行等等（見一百零七至一百一十、二百四十一頁)。不僅如此，承武認為，台獨鼠輩們的醜惡本質及其言行，可以歸納為如下幾點：

一，數典忘祖。他們要切斷與中國一切的關係，以能作日本二等的皇民為榮。實際上，他們無法拔去他們祖先們，在大陸上千百年所生長的「根」；他們輕視侮辱中國與中國的一切，否認一己是中國人，實際上，他們無法清除他們身上與生俱來的，中國人的血緣和文化。而且，他們「學得胡兒語，倚在城頭罵漢人」(見第二章五十七頁)。有這種數典忘祖心態的人，其異於禽獸者幾希？！

二，忘恩負義。台獨鼠輩們一聲外來政權，一聲二二八與白色恐怖，就將那些以生命保衛台灣，竭智盡能為人民打拼的人，一夕之間，就成為「中國豬」，要趕他們下海去（見十六，一百七十四頁）。實際上，他們之所以能夠聚財成億，坐高樓，席豐厚，嬌妻美眷，朱環翠繞，莫不是這些被他們稱之為「中國豬」的人，用生命、流血汗所打拼而得。他們除了講說二二八而外，有哪個台獨鼠輩向他們說過一句感謝的話？而且，這些「中國豬」不死於沙場、埋於荒圮者，多窮困於陋巷。即使如此，台獨鼠輩們仍心有不甘，要趕他們下海去。他們的良心何在，視情義為何物啊？！（見一百七十四至一百七十六頁）

三，自我作賤。中國有五千年的光榮歷史，有千萬里的錦繡河山。台獨鼠輩們為什麼不以生而為中國人為榮？中國有以仁為本，講求修、齊、治、平，提倡五倫的傳統文化；中國人是具有全人類、全宇宙觀的人文修養的民族，台獨鼠輩們為什麼要切斷與中國有關的一切？中國有三千年有實踐成效的文物典章制度，台獨鼠輩們為什麼要崇拜日本德川家康，歌頌日本武士道、大和魂呢？日據時代，居住在台灣的同胞，在高壓統治、奴化教育下，受盡凌辱、剝削的亡國奴三等國民的待遇。台獨鼠輩們為何仍要讚揚、崇拜日本人，感謝日本人佔領台灣？這不是自我作賤，還有何說？！（見第二章，一百三十七，一百四十七，一百六十八，兩百六十四至兩百六十七頁。）

四，寡廉鮮恥。台獨鼠輩們一談起台灣經濟奇蹟，就說是日本人的貢獻與台灣人民的勤勞，而將中華民國政府與中國國民黨，這外來政權策劃、推動、領導台灣經濟重建、起飛、與持續發展，使台灣經濟奇蹟成為亞洲四小龍之一所作的貢獻，完全一筆勾銷（見一百六十至一百六十六頁），真是不知羞恥。今天，台獨鼠輩們大聲地說，台灣人民取得了政權，台灣人民站起來了。但他們除了會發起街頭抗爭，會鼓勵並參與過群眾暴亂而外，有幾個曾經對創造台灣經濟奇蹟，讓台灣人民能有個安定而繁榮的生活，作過具體的貢獻？他們口口聲聲說，外來政權是貪污、腐化的。但他們能否查出，已退職的兩蔣與嚴總統，是如這岩里正男自認為是「台灣總統」一樣，在退職前，就有錢「買」座價逾數億的供其養老的鴻禧山莊嗎？他們甚至將兩位蔣總統的故居，收回開放作觀光之用；阻止嚴總統故居改為「紀念館」要佔為己用；有甫卸任的市長，其財產驟增逾億；他們買官奉獻，也動輒以億計。究竟誰會貪污？誰在舞弊？他們假借中華民國的名號，僭奪去中華民國一切有形與無形的資產；高呼台灣獨立萬萬歲，依然對外來政權的國旗宣誓效忠，扛著中華民國的招牌，招搖撞騙，何其無恥之至？！

其二、關於國民黨改造復興能否成功，以至能否奪回政權，您主張宋以及諸多資深黨員們，應無條件地回歸到黨來；連、宋在下次選舉時必須推誠合作；黨，必須將主義、目標、黨綱廣為宣傳闡釋；更要無畏無懼地，秉持與實現中華民國的基本國策：一個中國。這的的確確是如此。否則，國民黨必如岩里正男所希望的，就此終結了了的了。承武有逾五十年的黨齡（黨證字號是國登字 39184，這可解讀為民國三十九年黨改造時，我是響應登記的第一百八十四號的黨員）。但這次改造期間，迄今並沒相應號召，登記歸隊。為什麼，這在 2001 年致胡志強學長賀年信中說及：「小弟自己發誓，中國國民黨有這毀黨忘國的，姓岩里的日本人，絕不歸隊。」有這種想法而未歸隊的老黨員，想必為數不少。所以，承武要建議尊長，為黨國復興圖強計，您應以介紹人身分，並且以「保舉不當」的理由，提案開除岩里正男這日本人的中國國民黨黨籍。如需退還他所繳的一萬元黨費，承武必匯寄此款給黨，而且，立即登記歸隊入黨。名正言順地，一無企求地，依然做個終身效忠於國民黨的黨員。

其三、台灣的未來。這可分為兩大問題；一是統獨之爭。一為建設台灣。在兩蔣時代，建設台灣是為光復大陸。要將中國建設成為一個三民主義的新中國，富強而康樂的大中國。但自岩里正男掌權後，其一切努力，美其名曰是為民主，為在台的兩千三百萬居民的幸福生活。實際上，莫不是為台獨鼠輩們建立其「台灣共和國」而已。但他們有什麼建國理想？有什麼建國藍圖？真是天知道。您在大作《真話》「建設現代台灣」一章中，所提「當年對李登輝的政策建議」，其內容不僅對內、對外的建設大政要務都陳述了，而且及於改善與解決兩岸的關係。當年李登輝如果將之實施的話，台灣早已是一個族群和諧、治安良好、生活品質優良的現代社會了(見三十七頁)。而牽涉兩岸關係的統獨之爭，也由此消失了。此因，李登輝如接受您的「堅持一個中國，嚴厲反對台獨」等等建議（見三十四頁），還有什麼台獨問題呢。台灣也會走上您所想望的「對外統一，對內獨立」的地步（見一百八十七頁），中國和平統一必也有望了。可是，岩里正男並未如您所願地去做！而今，兩岸關係更形惡化，戰火大有一觸即發之勢，想想小民們的身家性命，要因台獨鼠輩們惹來的戰火毀於一旦（見「寫在卷首」一章），這多可恨！多可悲啊！

其四、中國必然統一，中國一定富強。在尊作《真話》中，猶如暮鼓晨鐘，最為震撼人心的論點有二。一是「中華民國事實上已經消亡，台灣共和國事實上已經成立」(見一百八十二頁)；另為「台灣為中國的一省，中國一定會統一台灣」(見三十六、三十八頁)；而且中國一定會剝極必反，轉型成為「一個更優美的文化，一個更優秀的民族，一個更強盛的國家」(見兩百六十七頁)。關於這兩項論點，在大作中，特別是第五、七兩章中，有不及一一引述的實證事例。但承武認為尚有如下，有必要加以引申、闡述的意見：

一、台灣不是個主權獨立的國家；中華民國依然屹立在台灣。台獨鼠輩們宣揚最力的政治號召是：「台灣是一個主權獨立的國家，她的國號就是中華民國。」這乃是自欺欺人的，癡人說夢的囈語。台灣乃是一個地理的名詞。在政治上，它是中國是中華民國的一個省份。中華民國則是國父孫中山先生領導中國國民黨，拋頭顱灑熱血，犧牲奮鬥有年，終於在 1912 年創建於中國大陸。她的領土主權及於海峽兩岸的土地與人民。中華民國這個國號不是任何一小撮野心份子可以剽竊、假借、隨意引用的。無論在政治、法律上，歷史、文化上，台灣如脫離中華民國的統治，即違反《中華民國憲法》的一個中國的基本國策，它只是被中國叛亂份子非法所竊據的一塊土地，它，不是一個國家。在傳承法理上，它，台獨或獨台，更沒資格要求與中共以平等地位，來談論中國和平統一的問題。只有秉持領土主權包括海峽兩岸的土地與人民的中華民國，才有法理依據，才有傳承地位，來主導中國的統一。

二、台灣是屬於全中國的領土，不容侵犯，不可分割。更不容許部份或少數居民，以任何理由，予以非法佔有或竊據的。大作中述及的政客們，常常振振有詞地說，涉及與影響台灣的權益，必須徵得在台兩千三百萬人民的同意。這又是似是而非的「理由」。這問題出在將人民與土地混為一談所致。人民的權利與義務的事，依據地方自治的法理與精神，當然可需獲得當事者的同意。但領土主權是屬於國家的。其變更、伸縮必須獲得全國、全民的認可。部份當地的居民是無法置喙的。大作中所舉證的，美國內戰，以武力統一聯邦時，並沒尊重南方十一州的民意（見一百八十頁）；英國為捍衛萬里外的福克小島的領土主權，出兵攻打阿根廷，並沒問過福克島人民的意願（見一百八十一頁）；美國隨一己之意，將與中國有密切關係的琉球交還給日本，琉球居民敢說要獨立嗎（見一百八十頁）？承武也要補充地說，當年依馬關條約將台灣割讓給日本，二次大戰勝利後，又將之歸還給中國，這前前後後的「割」與「還」，有哪一次，當時有哪些政客，向中國政府，或向日本天皇，曾經大聲要求過，必須徵得居住在台灣人民的同意嗎？沒輒。

三、台灣沒有獨立的理由與「本錢」。大著中例舉有好多事實。諸如：1. 台灣為中國領土的一部份，其主權屬於中國，無人也不容許任何人加以否認（見一百七十九、一百八十一頁），因此：2. 在台灣的當權者，如拋棄中華民國的招牌，違反中華民國的憲法，他們就如「佔據山頭，落草為寇」一樣，成為竊據國土的叛逆份子，中國政府必將以武力維護這塊土地與主權的完整，這是全世界中國人的共識；3. 在台灣激烈的台獨份子，不及全台人口的三分之一。這數百萬人，可與全中國十三億的人口相抗爭嗎？4. 台灣這塊小經濟體不能成為獨立單位，必須融入大陸經濟體系中（見一百八十五頁）；5. 不論台灣向外（美、日等國）購得何種先進武器，軍備競賽將永遠落於中共之後。6. 中國大一統的思想、文化、典章、制度，孕育、存在已逾三千多年，特別是中國人能為維護領土與主權的完整，而不惜犧牲一切的決心與行動，不是台灣與其所欲依賴支持其獨立的任何外力，可以與之抗衡敵對的（見一百三十二頁）。所以，台獨，絕對沒輒；統一，必定成功。

四、中共要求的是「統一」，不是「統治」（見一百八十七頁）。這是大作中，對於統獨之爭與兩岸關係，最為恰當的解說。無論是少數台灣的急獨鼠輩反對「一國兩制」，或是極大多數希望維持台灣現狀的居民，都會接受這一情境的。因為，中共對台灣如果只是要求宣示主權領土完整，而不對台灣作實質上的掌控，這豈不就是「一國兩制」？這豈不就是維持了台灣的現狀？亦即，台灣是做到「對外統一」，「對內獨立」的地步。這豈不是最好的兩岸政策，最好的兩岸關係？如此，不久的將來，兩岸也自然而然的融合。一個統一的大中國必也有實現的可能。不過，正如您在大作中一再苦口婆心地忠告說，台灣在各方面與中共的競爭力，已漸消失，已是「時不我予」了。台灣的當政者必須確切了解您對台灣的歸宿所作的十點結論，而及早宣示，遵守中華民國的憲法，秉持一個中國的基本國策。積極主動地爭取中共的合作，依照您對兩岸談判所作的六項建議意見（見一百九十九、兩百頁），戮力竟成。又所謂「五百年必有王者興」，當前，中共也面臨剝極必反，由衰而盛的轉型時期，也必須如您在大作中對他們所作的五項主張或意見，努力實踐。如此，大統一的中國必然順利建立，中國對人類的和平與人道作出貢獻，也是必然的（見二百四十三至二百五十四頁）。

大作《真話》文長雖僅及大傳《壯志未酬》的三分之一，但「談政客」岩里正男確是深刻而真切得太多太多。「論國運」的內容，更為廣博而深遠至多。承武限於學力，無法一一表達一己認知的意見，有之，乃是對您無限的敬仰。尤以您撰述這部大著，是悲感於中華民國已是亡國奴的處境；政客們依舊披上民主和選舉的外衣，視民為芻狗。特別是那喪盡天良的台獨鼠輩們，仍在裹脅同胞，招惹戰火，置國家民命於不顧。您以一個無權、無錢、也無黑金的一介文人，既悲且哀，但只有用筆作不平之鳴，發此肺腑之言。希望政客垃圾予以掃除；台獨鼠輩禁絕殆盡；更祈求全世界中國人，都要對中國在轉型期的關鍵時刻，作出一些建設性的貢獻。讓中國成為一個更優美的文化，一個更優秀的民族，一個更強盛的國家。對全世界人類的和平進步作出應有的貢獻。尤者，您對這種種願望與企求，即使在百年之後，也要您子孫們「家祭毋忘告乃翁」的。對您這種為天地立心，為生民立命的士人志節；這份悲天憫人的，憂

國憂民的丹心情懷，承武與內子淑華是萬分的景仰，無限的崇敬。謹撰奉這份「讀書報告」，藉申謝忱，以資祝福。耑肅，恭請

金安。

2001 年五月二十七日於紐約市

原載於《紐約新聞報》民國九十 (2001) 年六月十八日

「福利社會」與「廉能政府」——懷念經國先生的兩項德政

中華民國行政院於民國六十一年六月一日改組，蔣經國先生從副院長晉升為院長。那時，我國退出聯合國尚不及一年，面臨日本急急與我國斷交，外交上「骨牌效應」之困，日見加劇；國際上，因美元二度貶值，石油風暴正熾，影響所及，國內因進口原料漲價，生產成本因以提高；在國際搶購物資風潮緊急之際，民生物資匱乏，百物騰貴，薪資升斗小民，無不受害叫苦。可以說，經國先生是在風雨飄搖之際，領導行政院，來挽狂瀾於既倒。斯時，筆者在政院工作已經有年，個人對於經國先生治國理念與為政之道，有幸因此能有更進一步的認識。在紀念經國先生逝世二十週年之際，僅就下列在政院時期兩項施政，撮述其要，以抒敬念之情於萬一。

從「均富」、「安和」來建立民生主義的福利社會

經國先生於六十二年九月二十五日，在立法院第五十二會期中提出報告：「我們的社會建設，是依據民生主義的社會政策，逐步建立一個『均富』、『安和』的福利社會。」為實現這一理念，行政院在財經政策或措施方面，不僅從經濟成長率高低來評斷其得失，也從足以擴大或縮短貧富差距來衡量。其施政要為：

——實施民生必需品限價政策，以穩定物價，以紓民困；並撥四億美元，作為進口民生日用必需品、重要工業原料以及生產機器之用。

——公佈調整匯率、降低稅率的十四項財經措施與三項金融方案，以扶植廠商，開拓外銷，以求全面合作，度過經濟難關。

——進行九項建設（如合核能電廠則為十大建設）與農村經濟建設措施，以求「充份就業」，以提高全民所得，而發展經濟，邁入開發國家行列。

——確定並執行九項建設在五年之內，籌措所需資金一千九百零四億兩千九百萬元的兩項原則：一，不影響通貨的正常發行；二，不影響經濟的穩定發展。

——加強所得稅的建制，改採營業加值稅制度，以達稅負之公平。對於收入偏低農民，則減輕其稅負，且提高農產品價格；對勞工大眾，則訂定最低工資法（台灣省政府與台北市政府，為消滅貧窮，也因此而分別訂定「小康計劃」與「仁愛計劃」），以縮短貧富差距，邁向「均富」的地步。

以「節約」、「革新」來建立大有為的廉能政府

經國先生為能創造新局，開拓國運，而厲行節約，銳意革新。要以行政革新而政治革新，來建立大有為的廉能政府，用能貫徹政府決策，實現國家目的。其施政犖犖大者要如：

——訂定「十項革新指示」，雷厲風行。影響所及，公務人員倡導在年節不送禮，不寫賀卡；民間婚喪喜慶也自行限發請帖，席開四桌。公務餐會倡行大鍋「復興菜」，民間宴會也樂於「四菜一湯」。

——整理法規，改革文書。即刪除或修正一事有數種而且規定相異的重覆法規，以便於「依法行政」，根除玩法舞弊的情事。並將公文，下行用「令」，上行用「呈」，一律改為「函」；將「等因，奉此」，「據查，遵照」等等官僚用語一律廢棄，而改以「案由，說

明，辦法」得簡單的文函。新進公務人員撰擬公文時，不致「望文生嘆」；政府之間溝通協調，因以提高了效率。

——要求「合廳辦公」，設置「立辦中心」，以便民、利民。

——擴大職訓教育，改進錄用制度，支援九項建設所需的六萬三千五百以上，技術或半技術的人力；促進了人力開發，推動了經濟建設。

——蔣院長在他第一次院會中就特別強調「團隊精神」的重要。嗣後並規定：「向上級建議是每一工作人員之權利，接納部屬意見是每位主管的義務」，廣開了言路，發揮了「集體智慧」，作到「有組織的努力」，用來落實他「行政革新永無止境」的信念，實現他「由行政革新而政治革新」的目的。

尤者，經國先生平易親人、勤政愛民的行誼，無不有口皆碑；經國先生刻苦節儉、清正廉潔的德行，個為國人所一致稱頌。在他生前，固未見其能用上億金元，去購置豪宅；也未見其乘坐空軍專機，去參加親友兒女的婚喪喜慶。在他生後，不僅未見其擁有私人住宅，也未見其存有上億的資產，他遺孀夫人的生活仍需依靠黨國給予的「貼補」與「接濟」。撫今思昔，對經國先生能不倍增懷念，無上崇敬。

2008 年十月一日於紐約市

「通識教育」與「有教無類」——讀虞世伯兆中《情誼永念》書後所思所問

虞伯大人　賜鑒：

接奉所賜贈尊著《情誼永念》（隆瑋公司印行，民九十七年六月，台北，非賣品）時，初為舍間裝修忙亂；繼因個人「健康檢查」問題，奔走求醫，迄至今日，方能斷斷續續將尊著匆匆「速讀」完畢。其所以在忙亂與奔走之際，仍然要斷斷續續地來「速讀」完畢，總因這份大著性質與　大人以往所著、所贈的著作並不相同；茲試予「分類」如下；

一、《工程環境面面觀》（以下簡稱《工》文）是您的「為學」代表之作；

二、《台大與我》（以下簡稱《台》文）乃是您「作事」的見證記錄；

三、《情誼永念》（以下簡稱《情》文）則是您「做人」的赤誠「表白」。

對於《工》文，為因對工程一無識見，不能逐文拜讀。記得那時適有台北南港某公寓倒塌意外事件發生，僅就《工程環境面面觀》論文，曾向　大人請教，台北政府是否有全國地質調查中心；拜讀《台》文，得知您在台大校長任內，堅持學術自由，大學自主，為培育芸芸學子個個都能成器成才，做個堂堂正正的好國民，而「抗拒權勢」，大力推行「通識教育」，讓小姪萬分欽遲，竭誠愛戴。但這兩部大著，都未如讀《情》文及至終卷。要因讀《情》文時，如沐春風，如飲甘霖；啟發至多，感觸尤深之故。

記得初見《情誼永念》書名時，心想，虞伯怎麼有興趣寫起文藝創作，諸如小說之類的作品呢。因為，顧名思義，這《情》文書名當然不是理工科技方面的著作，也不像是立傳著述的名稱。及至翻閱目錄與內容大要後，方始領悟到，正如大人在《前言》所示，這部書是　大人為「表達我對四所母校，兩所大學，與師友及家人感恩感謝的忱悃」而寫的。對於　大人在九十高齡，仍懷有如許多的由衷感恩與強烈「願望」而寫成此書，更是為之激動；對大人景仰萬分，敬畏不已。

《情》文全書，計目錄扉頁十頁；本文四百一十二頁。雖未標明篇章，但從目錄編排次序中，可以見其概分為；

一至一百二十五頁：台大與中大（在台）；

一百二十六至兩百零二頁：東南大學，南京大學；

兩百二十七至兩百八十二頁：家鄉高騰小學與蘇州中學；

兩百八十七至三百六十七頁：對師友的懷念；

三百七十一至四百零三頁：則是對於親長、特別是為追思虞伯母的伉儷深情而寫的。

《情》文一書印製精美，銅版紙質尤佳。封面設計，樸實優雅，正好將　大人親筆所題書名的真誠意念充份彰顯出來。設如非要說個「稍欠完美」的話，或許有二：一為檢字排版者疏失，致有些許誤植之處；再因，大著因係「非賣品」，未經國立中央圖書館統一編目賦予書號，這對於該著作流通傳誦就不太「方便」了，雖然，您表示「歡迎索取，惠示發行人，當即寄奉」。

《情》文，除了未如一般的傳記或記憶文學，予以分篇立章，或是以「編年」或是以「紀事本末」方式，將全書依「時」或依「序」寫成而外，其在表現著述主題或內容主旨方面，最大特色至少有二：

其一，「文美情深」，「修辭立誠」。我先賢劉勰在《文心雕龍》一書中，就認著述有「文」、「筆」之分；今人 The New York Times 將出版新書分有「小說」與「非小說」兩大類。其中「筆」與「非小說」當屬有「證」有「據」的「論文」型式之類的文或書了。《情》文當應屬於傳記或記憶文學，小說一類，但它「文美情深」，「修辭立誠」，兼具「文」、「筆」兩種體裁；

前者，描繪人物栩栩如生，寫景記事有聲有色的記錄性質的「記敘文」。此如：一百二十六至一百三十二頁《1991 年匆匆走訪大陸五大學》文；兩百二十七至兩百三十頁《匆匆家鄉行》文；兩百二十九頁《欣見高南小學老校舍》文；與三百九十六頁《重慶昆明之行》文等等。

後者，一無「鋪張」與「諱飾」之類的文詞，而是「有憑有據」，「考證嚴謹」的論說之類的文章。真是所謂「修辭立其誠」。其文來源要如：校方的記錄文存；個人已公開發表的講詞文稿；師友的論文；親朋的來信；以及新聞報導與公共文獻等等。

其二，「愛人如己」，「 與人為善」。現在坊間所出版不計其數的「傳記」文或書，多係「揚己抑人」，「為己立碑」的說詞。《情》文通篇所書，一無貶謫或批評他人之詞。相反的，對一己言論或行誼有何貢獻或影響，多求證於第三者的論說，或文章，或信函來說明。而且傾一生所得，用作購屋的儲蓄移作捐贈書刊，設置獎學金，並未存有為一己揚名立萬之意。此如：

捐資十萬美元給母校高騰鎮中心小學，興建「兆中圖書館」。捐贈這圖書館係為紀念「敬愛的祖父」，擬名為「際唐圖書館」；或名「際紹圖書館」，以為追思祖父與叔祖父，兄友弟恭，有聲於時的模範。用「兆中圖書館」之名，乃係地方人士所建議者（見第兩百四十四頁）；

捐贈美金三千元為完成已故的同學暨同事的徐中教授的遺願，在他服務的天津大學，設置「徐中勤學奮志獎學金」（見第三百零九至三百一十三頁）；

尤者，對母校，對師友親長感恩感謝之際，更毫無保留，將有關他們的善誼德行或其貢獻，都盡情稱頌表彰出來（例如，八十二頁《閻振興先生的生平》文；一百七十三頁，羅家倫《炸彈下長大的中央大學》文；兩百七十九頁《憶念溫文儒雅的胡師煥庸先生》文；甚至三百零五頁《難忘的幾位不知姓名的人》也為文紀念之，都是「愛人如已」，「與人為善」的說明。

大人是位極得門生崇敬且桃李滿天下，經師人師的教育家。對於在學術、在事功、在行誼方面的貢獻與影響，已經由您的師友門生在所出版的書刊中，分別論述多多，不及枚舉。但在諸般論述中，最值得一再陳敘者是為，您在台大校長任內創設「通識教育」的制度。以及在教育部倡議實踐「有教無類」的博愛理念。

首言「通識教育」。小姪認為，中小學是國民義務教育，研究所是專門學科的進修教育。大學則是「百年樹人」的最重要的基礎教育。其需「通識教育」，或許用「君子不器」以表其義。此所以孔聖人要求弟子都要接受所謂「禮、樂、射、御、書、數」的「文」、「理」兼備的教育。尤者，在今天一切學術研究、科技創新、以及各種專業發展的成因，無不有賴於「科際整合」(integration of sciences) 而然的。蓋因一切現象都都是複雜的，但其原理則是相通一貫的。最近，台大李校長為某些傷心病狂，罔顧道義，來危害國家社稷的「人渣」，都是畢業於台大法律系（不少盲從附和的醫務人員則來自台大醫學院）而道歉。真令人有一種「痛心疾首」的感受。其實，小姪曾遐想，如果這些「人渣」及其盲從附和者，當年在台大，能夠接受過　大人所倡議而創設的「通識教育」，讓他們變化氣質，成為「毋意，毋必，毋固，毋我」的坦蕩君子，或許就不致墮落至此，有損台大的聲譽也。又曾想及，　大人其所以能有如此真知灼見，有如此成就作為，要在您從小求學就與眾不同。如您絕不開夜車，不作弊，不重視考試分數，而且特別愛書，「看書的範圍相當廣泛，科技之外，文、史、哲學、教育、藝術、以及社會科學都有興趣」（見第兩百六十一頁），而讓人深深體悉，任何成事成物都非偶然的。

再言「有教無類」。在科舉時代，窮苦書生尚可「十年寒窗，一舉成名」。但早期中華民國的教育與人事制度，卻是「惡制」、「惡行」連連。要如，在教育制度上「升學主義」日益加劇；在人事制度上則是步上「文憑主義」。其結果是，前者，「以文憑換文憑」，以低等「學位」求較高「學位」，大學似乎成為專門製造「學位文憑」的「工廠」（言詞偏激了，祈原宥）。為害所及，是在國家人事制度上，可說是廢棄「用人唯才」的原則，代以唯「學位」、「文憑」是問的考試制度。所以，當世姪從尊著《情》文中，拜讀及您為大專評鑑，對教育部質疑說，審查委員會「社會人士沒有參與發言的機會，這是相當嚴重的缺失」（見第兩百三十二頁）；而且倡導並實施「建教合作」者，大人是第一位也。怎不令人為此敬申景仰之言呢。

所謂「以文憑換文憑」者是，按當年教育制度的考試規定，高考及格但無學士學位者，不能報考研究所（准許以高考及格資格考入研究所者，政大曾辦過空前絕後的一次，邱創煥先生就是受益人），也不能報考大學。參加留學考試，現職軍人只准報考理工醫科。小姪就因此三番兩次失去獲得深造教育的機會。記得在民國四十八年，國民黨中央黨部舉辦「中山獎學金」第一期公開招考；又，民國五十二年，教育部主辦的第一次公費留學考試，我皆去報考，皆因國防部拒發「報考同意書」而作罷。至今每一念及此情，猶有一種「不平」之感呢。

又關於政府考試用人的問題，早在民國四十七年，我參加的高考是「資格考試」。那時依法律規定，高普考錄取人數，如在大陸選舉立法委員然，係依省份與人口比例決定的。例如我們江蘇省不論多少人報考，只錄取三十六名，台灣省只取兩名（最近民進黨的大老沈富雄先生猶以此指責國民黨岐視台灣人）。此後，行政院成立「人事行政局」，與考選部研議，將高普考改為「任用考試」，以及為台灣人設「台灣省高普考試」，為大專畢業生設「乙等特考」，為退伍軍人設「行政技術人員特考」等等，其錄取人數皆不限制了。最初，大專生及有較高學位者，都是一律報考高考。自後，為有較高學位者，又將公務人員「簡，薦，委」制度，改為分有十四等的「職位分類」制度，規定專科生降級報考五職等（委任職），大學生可考六職等（初級薦任）；碩士可考八職等（高級薦任）；有博士學位者則可報考十職等（初級簡任）。加之為各級主官用人之便，訂有「聘派條例」，「機要人員任用法」，排除憲法上「公務人員非經考試不得任用」的規定，一些「祖上有德」者都擁進了政府，且多充任高等要職。特別是「為黑官漂白」的「甲等特考」，只為一些無任用資格但已身居高等職位者，只要送一篇「論文」，「甄審及格」，就獲得正式任用資格，「黑官漂白」了。叫人多高興？多洩氣？！（仍有其他詳情，請見拙文《解決青年升學與就業的途徑》，民國六十五年十月二十五日發表於《中國論壇》，台北。）

1970年，小姪有幸經行政院甄選，接受聯合國學人 (Fellow) 獎補金，去英國讀書。並僅以高考及格學資，修讀得等同碩士學位的文憑（後來美，向紐約市大申請修讀博士學位時，也經他們「學術審議委員會」確認為 MA 學位）。此皆由於英國教育制度所賜也。有關英國教育制度，其可值得我高等教育參考者，可梗述如下；

其一，英國教育體採雙軌制。此即，分為「學術」(Academic) 與「專業」(Professional) 兩大體系。前者授予「學位」，後者授予「文憑」。設有如大學畢業考試不及格者，不授予 「學位」，但要求其再修某專門學科後，即授予該專門職業的「文憑」。該生在其專門學科方面就業，其後，也可在其專門學科範圍裡，轉請修讀「學位」。所以，他們研究所入學資格，不是以「文憑換文憑」，以低等「學位」換較高「學位」。我在校時，就有來自台北工專的兩位同學（他們沒有「學士」學位），分別修讀碩士與博士學位。

其二，英國「學位」的取得，分為「考試」(by Examination) 與「論文」(by Dissertation) 兩種方式取得。前者，必須修讀完所規定的學科，並經考試及格，方可取得學位。後者，要求研究生自己選修（旁聽）任何學課，無何限制。但必須定期向指導教授面報他撰寫論文的情形。教授對其論文滿意，論文提出，學生答辯通過，即授予學位。這後者，很富「彈性」。一，可縮短修讀時間。我在學時，有來自台大黃姓同學，只一年半就拿到博士，但也有我台灣來的一位同學，因其個人原因，竟拖延五年，修讀得碩士學位。二，學生命運完全由教授所控制。此有來自香港的張姓同學，到處說他指導教授要「吃」他的碩士「論文」，不准他申請直接攻讀博士。原因是他撰寫的的碩士論文理論，與教授相衝突（此因，碩士論文是教授之名列前；博士論文則是學生之名列前）。他多年到處「抱怨」，沒用。

其三，英國大學學院為在職進修人員，多設有「三明治」(sandwich) 課程；職業教育更有很好的「學徒制度」(Apprenticeship)。學生半年在學讀書，半年在職實習。修業期滿，同時取得畢業文憑與技士證書。我回國後，在報告中特別建議此點。繼因政府九大建設，人才短缺，曾建議參考學徒制度，擴大職訓教育，以解決當時技術，半技術工人的需求（請見拙文《人力開發應循的途徑》，民國六十三年六月二十四日發表於《中國經濟評論》，台北）。

其四，特別是我「發現」英國甫行創辦的 Open University。（那時美國有所謂無圍牆大學，但沒見及詳情。）該 Open University 無入學資格限制，但必須修滿所要求的學科，並經考試及格，始授予學位或文憑。蔣彥士先生轉任教育部長時，曾分呈我在政院所撰的研究報告，請其參考 Open University，以改革文憑主義的教育制度。自後，我國竟然也創設有「空中大學」，為眾多失學，想讀書者，開了一個最好的「方便之門」。

又者，拜讀尊著《情》文，獲益至多，領悟尤深，但因此也衍生有不少思考的問題，建議的意見。茲按頁次，條列稟報如下；

第三頁：有關東西文化與第兩百八十八頁的教育相異的問題。小姪常為之深思不解。蓋因人類起源與文化演進，可以說是同步發展的，但結果卻有很不相同的差異？此是因地理環境不同，或是由於基因排列有異而形成的？試觀，人種有黑有白，有棕有黃；東方（中國）人思維方式是「演繹法」，西方人是「歸納法」；東方文化都專注在人倫（際）關係的調適，爭論心性理學，各珍「祖傳秘方」，各展「個人才藝」，在所謂「精神文明」的哲學方面有精到的銓釋。西方文化則探討自然環境，創造有益人類生活的各種交通工具，製造各類生產機器，其在所謂「物質文明」的科技方面多所發明，為公眾福利大有貢獻。這是為何有如此差異？又何者為優？兩者有融合的可能嗎？

第十六頁：關於學術「自由」與第二十四頁黃文中，論及　大人係在「歷史偶然性」中出任校長，將這兩事予以比較研究，初步認知，其根本原因乃由於「社會科學無真理」之故。一般社會科學不如數理自然科學，一加一等於二然；「社會科學」乃是「各抒所見」，「自圓其說」的。再如摻以不同的政治意識，則「言論」的「問題」就多了。請您出任校長，並不全在於「並無任何黨籍」，我認為是當政者如閻校長所云，「以防學校污染」也（見第三百五十六頁）。因為，　大人終身所學，所教，所做，都是土木理工科學。特別是您於 1947 年夏，隨羅宗洛、陸志鴻兩位恩師來台北，接受當時名為「帝國大學」嗣後在十一月改名為「國立台灣大學」。羅為弟一任校長，陸為弟一任工學院院長。從此，五十年如一日，大人在台大由副教授到教授，由系主任而工學院院長，為台大竭智盡慮，奉獻有成。今被選出任台大第七任校長，「捨我其誰？」（見第一百三十五頁）。但由此也令人值得思考者要如，國府在台，對國家社會著有貢獻的如嚴家淦、李國鼎、孫運璿等等，都是主修或化學，或科技理工出身的。他方面，葉公超被黜，尹仲容他去，王作榮被排擠，他們都是主修文學與社會科學的。為何如此呢？小姪認為其問題所在是，學社會科學，人文藝術者，面對複雜的社會，糾纏的人事，再由於立場不同，所見各異，各種言論與主張的種種問題，所謂「異端邪說」就產生了。也可能由此，舌戰筆戰無有寧日。影響所及，要如古有「連横」，「合縱」之說，惹來秦政「焚書坑儒」的禍災。今天，也可了解的是，當年日據，台大前身「日本帝國大學」時代，為何不准非皇民的台灣人，入校攻讀政治，社會，人文科學（只可考醫學，工程），其因或許在此。

第一百至一百一十六頁：尊作《母》文。從您敘述求學過程，讓我認知的是，　大人其所以成功的因素很多，但最為重要者是為，您出身於好的家庭（見第三百七十一至四百零三頁諸文）；接受完整的教育；受教於好的老師；選用好的課本；當然，再因您有「獨立思考」（見第一百三十四頁）的特長，與孜孜鑽研的精神。又因您曾經應王惕吾先生之邀，主持聯經出版事業公司的編務，甚至擔任過董事長（見第兩百九十五頁，為紀念王惕吾先生而作的《率性而行真誠相待的情誼》文），因此謹建議您，要求或主持為教育部編著一系列土木工程，材料力學，應用力學，以及「通識教育」基本教材等等的「大學用書」，以加惠後進學子。

第一百七十頁：中大發展為十個以上的校院，不知當年中共是依何原由作此分設？據大陸某作家在其回憶文學著述中說，文革期間，他的戲劇院校，曾為中共所派的「工人」監管。您母校中大，也曾受此「待遇」嗎？又，中大校友倡議，兩岸三地擬「二加三等於一」（見第一百七十一頁），何不由您提出建議，將所有中大校院，共同整合成為一個「中大學術文化體系」？

第一百八十三頁：　大人說：「土木工程反映人類文明，大型的土木建設更是反映當時當地政治，經濟，社會的情況。」確是如此。但由此讓人思考及的問題是，東西方的建築之不同，除了在風格形象不同；西方向上發展，我東方向平面展伸，何以如此不論而外，其在建築材料方面，西方多是鐵石；我們則是土木。其取捨為何有此不同？近觀電視有學者謂，土木是與自然氣息相通的，所以我們用土木來做建築材料。這話對嗎？

第三百六十六頁：您門生吳京先生寄您的《物理評論快訊》論文，短短幾頁，註解就有三十六個之多。而且，研究的資料數據範圍甚廣，從 1961-2007 歷有四十餘年之久，可見其作述極其謹嚴。大人將之一併刊出，可以體悉到，您有一種「得天下英才而教育之，一樂也」的歡愉之感。文中主要以統計學，數理公式來表示「天體物理」間的關係，我不懂。僅知，「數理學派」應用甚廣，但因其甚為抽像，應用有其限制。特別是在社會人文科學，人類行為科學方面的應用。尤者，「宇宙論」中對天體物理的分析，由原子，中子，質子，最後，既不是「物質」，也不是「精神」，而是一種「能」。（不知這是否如道家所稱之為「太極」，或理學家名之為「氣」？）對這「能」，不知如何能用數理公式可以表示出來。

稟報讀書心得，竟對大學教育多所著墨，發偏激之言；對政府考試用人制度，也多所指評，惶悚不已。實因小姪回顧一生所經歷之坎坷求學路，有感而發；也因大人桃李滿天下；台大，中大校友遍及全球，設如為改革高等教育，有您登高一呼，群起建議，集體努力，其成效與成就，必較由一二象牙塔人仕來主控教改，是不可以道里計的。故進此微言，希冀您或對之有可「中聽」之處也。耑肅奉稟，不盡下懷，先此刪節，餘言待續。恭請

福安。

愚世姪　繩祖　拜上

原文載於 Wo-Family 網站 2009 年二月二十日

我懷念「萬世仕表」嚴家淦先生

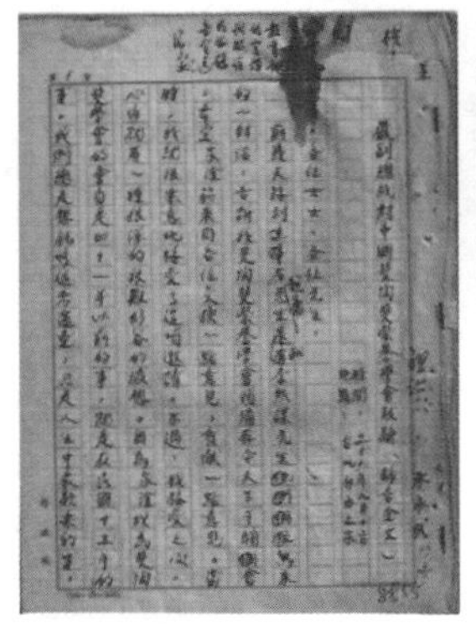

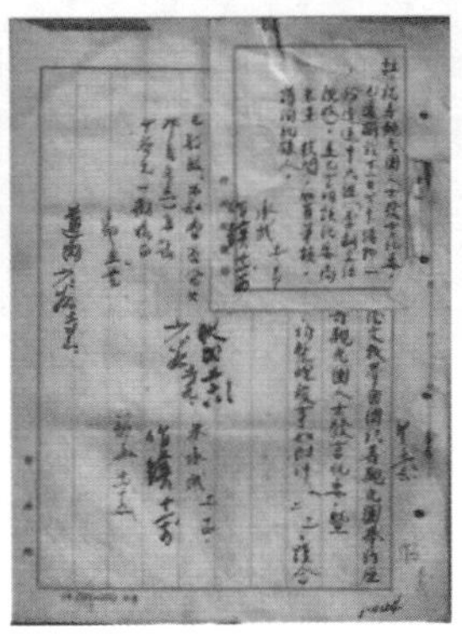

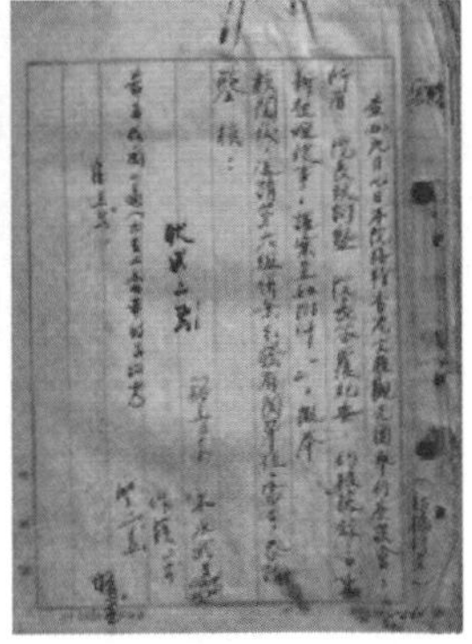

本（十二）月二十四日，是嚴家淦先生的逝世十九週年紀念日。我懷念並尊崇靜波公為中國的「萬世仕表」，是因為中國在倫理文

化教育方面，莫不尊崇孔老夫子為「萬世師表」。但迄今，「學而優則仕」，「仕不可不弘毅」中的「仕」人，用現在的名詞來說，就是讀書有成而從事公職，而治國平天下的「政治家」或是「公務員」，在中國千萬年歷史洪流，那些歷代帝王，真正「為民服務」的「君君」、「臣臣」之中，筆者感到還沒一個被全民尊崇之為「萬世仕表」的人！設如有之，僅就近代民國史來說，則非靜波公嚴家淦先生莫屬。

關於靜波公的行誼，從政經歷及其卓越功勛，早有各方著述，載諸史冊，毋庸贅言。筆者之所以尊崇靜波公是為「萬世仕表」，其最大的緣由是，縱觀中國歷史上，靜波公確是一位真真實實，「無意，無必，無固，無我」的，公忠體國，為民造福，一無權利慾，而且，在各方面都很有成就的政治家。其最為顯著的是，當年中華民國政府為建設台灣，光復大陸，僅在財經與金融方面，如果沒有靜波公的盡籌碩畫，戮力奉獻在前，必難有後來民生樂利的「台灣奇蹟」；當年接任總統後，設如藏有一分有如李登輝的政治野心，不僅令小蔣先生不能繼任傳承大位，恐怕中華民國的興衰，與兩岸關係的發展：中國現代史真不知如何改寫的了！

靜波公於民國五十二年十二月任行政院院長。我於民國五十四年十二月，從國防部「軍職外調」到行政院，在他身邊從事文書擬稿之類的工作。一直到民國六十四年四月，先生去總統府接任中華民國第五任總統，我仍留在行政院，雖然仍不時做些徐秘書紹儀先生從總統府送來些許要我加以整理的文稿，實際工作僅僅九年四個月。但在這期間，不僅是我一生工作生活當中最為珍貴，最有意義的日子，也是我因而能得識靜波公，讓我在為學做人與做事方面所得教益，確是受用不盡，終身難予或忘。

在政院我所服務的單位是「編譯室」。這個宛如先生的「機要秘書室」，主要是彙編國家的年度《施政方針》；為院長撰擬對外發表的文告講詞。重要者要如，對立法院會議開議時所發表的《口頭報告》。我個人僅僅從事有關這類的次要工作。諸如管理先生的書信文函，每日從各種報刊搜集並彙呈中外有關國家的，政院施政的和院長行誼的資訊；不時隨從並記錄先生在會談中所答覆的言論或講詞；間或為先生撰擬猶如應酬文的書面講（致）詞等等。也就在這些平平淡淡，無聲無聞的工作中，竟然認識了先生的過人之處，讓人景仰，稱頌偉大之因。例如，靜波公主修的是化學。但其成就與貢獻的經歷，幾乎所有的學人都驚異地，皆認為是在財經與金融方面，其實並不僅止於此。記得我來政院之初，於五十五年二月二十日，所擬撰的第一件文稿（文題我擬之為《讜論匡時，丹書復國》），是為應《中華日報》創刊二十週年紀念，函請曾經是該報的董事長靜波公而撰發的。

又如，人皆尊崇靜波公是一位謙沖和藹，戮力從公，有如「一代完人」的政治家。我個人且認為先生可以說是一位「身教言教」，「經師人師」的教育家。這是我最初為先生在政院動員月會中，記錄他對全院同人，現身說法，亦即他將一己為學做人作事的實例，告誡大家務須遵行，而感念得知的。在這份訓詞中，先生提示他「退一步，海闊天空」的，為了免去爭吵敗事而「讓一牆再讓一牆又有何妨」的為人做事的哲理。先生並引證他就讀聖大時，做化學「定量分析」與「定性分析」，所繳的實驗報告，其結果答案是對的，但沒說明實驗的過程，教授就沒給他及格。並對先生有如「耳提面命」地告誡他，無論為學、做人與做事，務必誠誠拙拙，不可投機取巧。先生就用這樣真實而生動的經歷，諄諄告誡院中同仁處理公務，必須兢兢業業，謹言慎行。正巧，時有政治記者施克敏先生來院採訪，就由我們辦公室將這份由我整理好的講稿給他，而發表於報刊，傳播於眾。其後，有人暱稱靜波公為「嚴推事」者，竟改變其觀感；先生在仕途上沒有「政敵」，因而「官運亨通」，位及至尊，皆可能不無此因的。

靜波公在政院動員月會中，也常常講到政務方面一些有趣的逸事或秘聞。在此，值得一敘的至少有下例數點：其一是中華民國訂定《四年經濟發展計劃》的由來。靜波公敘說當年美方急欲給予美援，但美方不知給予何種援助的項目？所以不斷要求，必須讓他們了解，所予美援用在何處？先生與有關單位研議，鑑於那時期國際上許多國家，無論是民主國家的「指示性」的「自由經濟」計劃，或是共產國家「命令性」的「統制經濟」計劃，都訂為五年的經濟發展計劃。我們為了迅速獲得美援，更為有別於中共的五年計劃（可能因為那時在外國人心目中有大、小的兩個中國），於是就倉促定名為《四年經濟發展計劃》。說來真讓我們有點「偶然」感呢！

其二是建立「預算制度」的艱辛經過。靜波公說從抗戰軍興，政府無論在大陸，甚至來台之初有「預算」也等於零。主因是稅收銳減，赤字皆高達 70% 以上，特別是由於通貨膨脹，預算上所有的數字都毫無意義。那政府、尤其是軍需用錢怎麼辦？向財政部要。靜波公任財政部長時，對所有來要錢的單位或要人，第一個可以允予撥款支應的要求是，拿「預算」來。不論「預算」有無意義。只要「預算」上有這項目的，就考慮撥款。此後，大家就都編年度預算了，財政部就能編成年度總預算，送請立法院審議通過，依法執行。靜波公說，預算制度建立起來，幣制也穩定了，但又有「問題」來了。那是各單位為了多爭取得預算，大都將有關國防與安全方面的重要預算，起初編得很少，待事到臨頭，再到財政部要求向立法院允許動用第一或第二「預備金」以之挹注。這些都關係到國家生存發展的大事，真不易回絕。所以，那時就有行政院主計處，各部會，工商界，還有教育各界，都開始注重管理科學方面的教育與訓練，研究採行美國所施行的諸如「續效預算」、「目標管理預算」以至「零預算」等制度，擇一採行。但問題與缺失迄未止息於此。那是王子蘭立法委員於五十五年二月七日，在中央黨部政策委員會，所召請的行政、立法兩院聯席座談會中，向先生提出的。王委員認為現行《施政方針》不能令人「一目了然」，其編制方式應加以改進。何以有此缺失？又如何改進？後來在五十七年五月十三日，先生向中興山莊，黨政研究班，二百四十位學員講話中提了出來。先生指出現行「施政方針」其所以有「重覆」與「流水帳」的兩大缺失，是因為政府的各種施政計劃和預算都是根據《施政方針》而編訂的。凡需要經費支應的各種政務，不列入就沒有預算可用了。於是改進的方法就在正文前面的序言內，把國家建設的重點提示出來。說來，這「預算制度」的建立真非易事，人們推崇先生對國家的所創建的功勳，在「田賦實徵」之外，就將「建立預算制度」列入。確是「實至名歸」也。

再有，靜波公似乎很關心人們對他有所「誤解」。所以，在政院動員月會中，有次，先生曾為他個人被「誤解」有所解說。那是先生在民國五十五年三月當選副總統後，於次（五十六）年五月，就應美國詹森總統之邀訪美，圓滿歸來後，有好事者「有心人」竟對先生在白宮對詹森總統以國家元首之禮歡迎，而用英文致謝詞，且不看所準備的文稿一事，認為不宜，有欠謹慎。先生解釋說，當他由直升機降落在白宮草坪上，立刻就閱兵，緊接著就上了講台，詹森總統講了幾句歡迎詞，就請先生上前致答詞。先生說，那時，台上除詹森總統而外，站滿了重要官員。自己載的遠視眼鏡，事先準備的英文文稿放在上衣內左口袋。近視（讀書）的眼鏡放在上衣內右口袋。要拿出文稿來讀稿致謝詞，先生委屈地說，那有好多動作啊？例如先將眼鏡除下，再伸左手到右口袋拿讀書的眼鏡，將之打開，戴上；再用右手伸到左口袋拿文稿，將之打開，方能唸稿。讀完，再以反順序做這些動作。你們說，我用左右兩手在左右兩內衣口袋裡，伸進，拿出；眼鏡載上，除下，講台不低，看到的人知道是什麼回事，看不到的人還以為做的是「小偷」動作呢！而且，在這種場合，有時間會讓你「從容不迫」地，做這麼多讓人費思的動作？。先生這一席親親切切的談話，曾讓我們聽得哄堂大笑！

談到先生訪美的演講文稿，那是在先生啟程前就完完全全擬好，印好。鑑於先生辯才無礙，英文造詣深厚，且是以副總統身分應邀作友好訪問，也不便有翻譯人員隨行，所以決定，除奉總統之命向全美各大城市的華僑轉達慰問之意時，用中文講稿而外，凡對美（外）國人都準備好了英文文稿備用，這有何不宜？先生學識淵博，有「過目不忘」的才能，同時，有英文文稿主筆，我們編繹室金主任作鏌先生隨行。先生致詞時，必已記熟，怎會有失？

先生這次訪美，不僅增進了中美兩國的邦交友誼，也代替蔣總統對全美僑胞致申了慰問之意，將中華民國全面建設與進步的情形也宣知給了僑胞。從先生訪美回國，隨之就有或祝賀，或頌讚，甚至有「毛遂自薦」、希求「進身」之類的電函，由美方紛紛傳送過來，可見先生這次訪美是非常圓滿，非常成功的。這可能是由於行前作了充份準備所致。例如，先生對華僑的講詞，行前，就按訪問日程，將要去的八大城市與華僑社團的講詞都一一擬好了，也印好了。這些講詞文稿從擬稿到成印前，每一文句是否採用，都推推敲敲，經過層層審閱的。在對華僑講詞中，以我所擬的五篇來說，就有一篇原擬向波士頓華僑歡迎會致詞的文稿，因為行程變更而不用了，竟然由副院長黃少谷先生面交給我。但後來院方將先生訪美時所發表，連帶將行前準備但未應用、如我為波士頓所擬的講稿，都一一彙印成冊，由秘書長蔣彥士先生以「機密」文件贈予一本。現在想來，我也感到榮幸之至呢！

說起我為先生撰擬文稿，有一件讓我迄今仍然時在感念，難予或忘的是，我來院服務未及一年，在五十五年，就承金主任之命，為先生對考試院舉行的全國人事行政年會，撰擬一份書面致詞的文稿，我擬訂為《當前人事行政的重要課題》。那時，為院長準備的英文文稿皆由金主任親自擔綱，重要的演說講詞或文稿，多由金主任另與幾位大筆，有如蕭若虛先生，分別來撰擬。就這篇《當》文來說，致詞對象是考試院，是全國人事行政的主管，這就不應不列為要文之一了。而今要由我這新進人員來撰擬這份文稿，讓我不無有惶悚之感。所幸，我於民國四十七年全國性公務人員高等考試（普通行政人員文書組）及格後，繼續研讀相關科目，先後參加過圖書館與人事行政兩科目的高考，雖是因及格總分些微之差而名落孫山，但在這方面所讀的書，所了解的問題，覺得還有可用之處，於是就大膽放手，去翻閱先生過去在這方面所講的主見；從層峰訓詞，典籍圖書中去尋找有關學術論說，據以分析當前的問題後，就訂定四項主題，將之草擬成章，交卷了事，自也鬆了口氣。

未久，不意金主任當面轉告說，秘書長辨公室「主任」（時任第八組組長所兼）吳德昭先生要我去面談，並囑咐我小心應對，不可「得罪他」。還真讓我有點不知所措呢！原來，他代秘書長謝耿民先生審閱我這份《當》稿，他問我文中引用荀子的話：「賢能不待次而舉，罷不能須而廢，元惡不待教而誅，中庸民不待政而化。」又說：「以善至者，待之以禮；以不善至者，待之以刑；兩者分別，則賢不肖不雜，是非不亂。賢不肖不雜，則英傑至；是非不亂，則國家治，若是名聲日聞。」吳先生問我這些話出自何處？我答：「出自《荀子》一書。」他似乎帶點嚴肅的口氣對我說：「拿給我看。」那時我兼任圖書室「主任」（和吳先生一樣，也是非正式編制的職稱），於是奔回圖書室，拿到這《荀子》一書，奔回來送給他看。他翻閱見到該文句後，竟笑嘻嘻地對我解說，他初見我用此文句，以為是我摘自月曆上的句子呢。那時，坐在一旁的辨公桌上，後來成為我的預頭上司；有人譽之為小蔣先生的「金字文膽」張參議祖貽先生，也對我頷首微笑。這事終於未讓我「出醜」，但讓我為己增添一分信心，三分為文做事的務必誠信之情。

事隔數月，金主任又囑我拿這這份《當》文原稿，去見院長辦公室徐秘書紹儀先生，徐先生見到原稿上有我的名字，就問我說，這稿是你寫的嗎？我不禁惶悚地問他，又有問題嗎？！他說沒問題，你回辦公室拿你私章，去機要室見沙德堅主任。我問有何事？徐秘書回說，你去了就知道。去了機要室見到沙主任，後來才知道，靜波公在考試院的《中國人事行政》月刊上，看到這篇以先生名義刊出的《當》文，可能認為該文內容，甚合先生之意，今為考試院予以刊出，而特別獎了我新台幣三百元！真讓我驚喜不已！

先生自從出任行政院院長以來，聲望如日中天。政府機關，工商各界，以及各種社會學術團體，邀請先生出席，或致詞，或講演者日益眾多，先生似乎對之「來者不拒」；還有為國內外各類訪問團體來院所舉行的座談會，先生也出席致辭，答覆所問。對這些場合，多未能及時為先生撰擬有講稿。很可能由於先生經歷各種要職；不時出國訪問；參與多種國際會議；經常接見或邀請專家學者來院敘談；博覽群書與多種刊物；中外各界贈送的新書、論文等資訊都一一過目檢閱，而且，凡有所「得」的書報刊物，都會標示交金主任等也要一讀。所以，先生對國際情勢的發展，對國家政務的了解，不僅廣博，而且鉅細無遺，有「百科全書」的美譽。且因口才便給，即席演講，所論述的內容，所引用的數據，常令人有出乎意料之外，不得不頷首信服的反應。

此如，五十五年元月七日在香港文教觀光團座談會中，對凌道揚先生所提有關台灣林業部份，先生答覆說：「民國四十三年，本人擔任台灣省府主席時，曾會同農復會邀請中國空軍，加上美國的技術援助，對台灣森林作一次航空測量後，研判所知，台灣森林面積雖廣，種植種類也多，但大部份是材積甚少，大概百分之六十以上都是低級的天然林林地。而且森林的死亡率超過它的生長率。你不去砍伐它，若干年後也會自動的減少。」因此先生說：「森林不可砍伐的觀念應加以改正了；需要大量砍伐，大量造林。」先生認為：「對不經濟的森林要大量砍伐，也要大量種植，務求伐植平衡，預定四十年或若干年可輪迴一次。」先生並指出：「現在正以大雪山作試驗，到去年已有了進步，這種利益如以反攻（大陸）的觀點來看是很遙遠的，但如以培養台灣的資源來談，確是很大，我們後一代就可獲得這方面的利益。」繼之，談論到山坡地不能隨便開墾耕植的問題，先生指出；「過去中南部有人利用山坡地種香蕉和香芽草，這兩種植物都容易使土地沖刷下來，最近政府已用法令規定，嚴格限制，也曾請紐西蘭和澳大利亞的專家來研究過，如何根據坡度來利用山地。」先生認為；「在不致引起土壤沖刷為原則，在不太陡的山坡採取梯田方式，利用它為農地。坡度稍高作為畜牧，再高則用為林地。」先生為何「務求伐植保持平衡」？此乃先生考慮到大量砍伐會影響水土保持，造成有如「八七水災」；為何將不太陡的山坡地要利用它為農地呢？先生指出：「台灣人口太過密集，而台灣山地竟佔有百分之六十以上的面積，農業可耕地只有百分之二十四的面積。」從上所述，不難了解到先生所示的資訊多以數字量化為依據；調查研究概倚重專家；解決問題都著眼於全面整體方面的情況。如此，先生在各項所創建的事功，怎能不落實，怎能不成功呢？

先生對於類此即席所發表的言論講詞，也是非常仔細審閱的，發現有疑問，必予查證；設有認為「言之有中」的講稿，也主動批示，送相關單位刊物，披露於眾。舉例以言，民國五十六年七月十二日，「中國斐陶斐榮譽學會」在台復會，因先生於四十一年前，在聖約翰大學畢業時，曾被選為該會會員，也被邀出席會談。按一般情理來說，此種會談應屬聯誼性質，在會中說幾句應酬的話就可以的。但先生即席講說，從學會名稱含有哲學、工學及理學之意，說到文理社會各種科學已發展至「科際整合」；從參觀到 IBM 的第一代電子計算機，得知他們研究發展兩個部門的工作已無法分個先後彼此，說到理論科學與應用科學兩者是相輔相承，學問到了高深的境界，都要融會貫通（似如孔子所言的「吾道一以貫之」），才能進一步對人類、對世界有較多的貢獻；又從「榮譽」一詞，闡釋到「仁則榮」，而「力行近乎仁」；「且力行」必須做到「誠」與「敬」；對「學業的誠實」，對「職業的誠實」，才能得到「榮譽」。這「榮譽」必須人己彼此互尊，才是「可敬」的「榮譽」。從而勉勵會員們務須注重研究發展，身體力行，為人類，為社會，為國家作有一番最有意義的貢獻才是。我為先生整理這份錄音講稿時，就深深覺得這是一篇很有深度，很有可讀性的學術論文。果然，先生讀了這份講稿後，就在文稿上批示：「似可送教育部定期刊物，註明係錄言全文。」

又如先生對五十五年元月七日，香港文教觀光團院；以及十一月九日又有香港文教界回國祝壽觀光團來院，先後所舉行的座談會，均出席致詞，分別答覆所問。先生對這兩份記錄，前後共一百零四頁，每頁兩百五十字，長達二萬六千字，皆從頭到尾、仔仔細細將之審閱完畢。且分別批示：其一：「希再核閱一遍（內有二處希酌再研究）。」其二批註是：「已酌改，不知當否（尤其答覆各點）再請少谷兄一閱核正。」在前稿上所提兩點，一是，先生談到中華民國台灣地區的衛生設施與工作的良好，死亡率從「戰前人口死亡率是千分之二十左右（此數是否精確，向主計處予以核實）降到千分之五、六；又論及五十四年十二月，世界衛生組織宣佈台灣是「瘧疾根絕地區」，皆是得來不易。另一點是，答覆陳再思先生所提外交方面的意見，而談到維護聯合國代表權一事。其中有些「敏感」的言辭，如發表，再應「酌予修改」。尤者，如從稿上所批的文意中來看，不難知悉先生對一己言論是如何的負責！如何的謙遜（親自核正過的文稿，仍問「不知當否？」還「再請（副院長）少谷兄一閱核正」。特別是在這兩篇講稿中所發表，所答覆的內容來看，更可了解到先生對國家大政方針，政務概況，了解之廣，所知之切，所提改進與發展之道，皆是中肯可行。總令人對先生崇敬之感油然而生。

最近，有論者為文，如阮大仁先生，認為靜波公「出任副總統實為得之不易」。這一論說如從倫理傳承的角度來說是可成立的。但如從先生天賦睿智，且是言行一致；和藹親切，做到人和政通，而創建有沒世的功勛來說，當選為副總統當屬自然的事。

又有許多論者說，先生是「過渡總統」，是一位「默默無聞」的元首。迄至今日，在台灣政壇，每逢選舉，也很難見到推崇先生的話語。我們從先生不結黨營私，沒安插一個至親好友；無慾無求，戮力從公，終其一生，財產沒一次驟增過上億；更沒「購」得價值數億，備為退休養老的「山莊」等等來看，不免要為先生感到不平！

話雖如此，在國府兵敗於大陸，退守台灣之後，獨夫毛澤東在大陸上，拉下竹幕，與人鬥爭，其樂無窮地，先後殘殺了八千萬中國人民，但大陸人依然「不敢怨恨」。他方，老總統蔣介石在台灣「復行視事」後，可說是盡心盡力地建設台灣，讓台灣免於毛共血洗的暴政；掐心挖肺地對待台灣的同胞，讓在台灣的居民能過個「台灣錢淹腳目」的幸福的日子。迄今，台灣人依然「不知感恩」！尤以一批台獨份子，認定老蔣先生是二二八事件的「元兇」，年年用來漫罵一番。真是情何以堪？但是，海峽兩岸的同胞，對靜波公無一微詞。尤以先生的行誼與功勛，且能為民進黨的前呂秀蓮副總統所欽羨。反思及如斯情勢，能不讓人對靜波公更要頻增無限崇敬之意呢？！所以，我堅信，在當下，在未來，在兩岸政權從事公職人員之中，再如有一位靜波公，對於企求國族民命的繁榮昌盛，將會開創一個何等的偉大燦輝的局面啊？！我懷念先生，我崇敬先生，願天佑中華，讓先生重生於世；更馨香祈求中國再有一位有如先生這樣的「一代完人」，「萬世仕表」來服務邦國，造福人群。阿門！

嚴故總統生平

嚴家淦（1905 年十月二十三日－1993 年十二月二十四日）， 字靜波， 江蘇省吳縣（今蘇州市）人，曾任中華民國第五任總統。

嚴家淦早年畢業於上海聖約翰大學，1945 年渡台。1947 年出任台灣省政府財政廳長，有鑑於當時台灣混亂的財政情況，遂一手策劃新台幣的發行，在 1949 年六月正式發行，以四萬元舊台幣換一元新台幣，並切斷台灣與中國大陸的財政聯繫，有效降低通貨膨脹及混亂的物價情況。

先後曾出任經濟部部 長、台灣省政府主席、財政部部長，任內致力推動台灣的財經發展，1963 年十二月出任中華民國行政院院長。1966 年經國民大會投票通過，當選第四任副總 統，成為中華民國行憲後首位文人副總統，並繼續兼任行政院院長。

1972 年五月，經國民大會選舉，連任第五任副總統，並卸下行政院長一職交由蔣經國繼任。1975 年四月五日，中華民國總統蔣中正病逝，依《中華民國憲法》規定，總統職位由副總統嚴家淦繼任。1975 年四月六日上午十一時，嚴家淦宣誓就任總統。任內由於十大建設的重要建設正在進行，中華民國的經濟發展相當蓬勃，社會秩序也相對穩定。

1978 年五月二十日嚴家淦卸下總統職務，卸任後被邀請擔任中華文化復興運動推行委員會會長及國立故宮博物院管理委員會主任委員這兩項名譽職，1990 年三月間先後辭卸。1993 年十二月二十四日，嚴家淦病逝於台北榮民總醫院，享壽 88 歲。

嚴家淦與妻子劉期純結婚七十年，育有五兒（嚴雋榮、嚴雋森、嚴雋同、嚴雋泰、嚴雋建）、四女（嚴雋華、嚴雋菊、嚴雋芸、嚴雋荃）。

原載於《中央網路報》2012 年十二月十一日

感念嚴家淦先生逝世二十週年的片片心語

美華民主正義聯盟舉辦追思座談。
朱承武在座談會中報告，歡迎大家踴躍參與自由民主同盟所舉辦的嚴前總統逝世二十週年追思座談會（全文列於第 312 頁「新聞稿」）。
上左：左起朱承武、褚月梅、張學海。《世界日報》記者呂賢修／攝影。
上右：左起張學海、朱承武、褚月梅。

本（十二）月二十四日，是嚴家淦先生的逝世二十週年紀念日。台北將特別為嚴先生舉辦文物展覽會，學術研討會與新書發表會等等三次紀念性活動。我們大紐約地區華美民主正義聯盟也為應僑社所請，將於本（十二）月二十一日假華僑文教中心，舉辦追思座談會。屆時有王鼎鈞等等學人與會發表論述。

個人與張學海先生都曾經有機會追隨先生，在先生身邊服務過一段時間，耳聞目見，親自感知到先生做人治事讓人崇敬偉大之處；體悉到先生為國家社會創建有何等不朽的功勛。尤以承武還有幸承受先生的德澤栽培，能負笈英倫讀書進修，讓我終身感恩，無時或忘。所以，我與學海兄都是基於感念與感恩的情懷，共相參與這次座談會，願能報告所知，盼望與大家在意見交流過程中，能對先生由衷崇敬之情更能增進於萬一。

學海兄曾任命為嚴前總統的陸軍待從武官兩年，對先生的行誼推崇備至。去年，我曾應他的提示，為先生逝世十九週年寫了一篇懷念的記敘文，尊崇靜波公是「萬世仕表」，主要的緣由是，靜波公天生睿智，才德兼優，確是一位真真實實，「無意，無必，無固，無我」的，公忠體國，為民造福，一無權利慾，而且，在各方面都有沒世成就的，中國「仕」人無出其右的政治家。當年，中華民國政府為建設台灣，僅在財政，經濟與金融各方面來說，如果沒有靜波公的盡籌碩畫，戮力奉獻，而鞠躬盡瘁在前，必難有後來民生樂利的「台灣奇蹟」，國家社會能由此繁榮昌盛；尤者，老蔣總統崩逝，先生接任總統後，設如藏有一分猶如哈日族理岩正男的政治野心，不僅令小蔣先生不能接任民主憲政傳承的大位，恐怕中華民國法統的維繫，國祚的運作，與兩岸關係的發展，真不知如何改寫的了。

靜波公於民國五十二年十二月任行政院院長。我於民國五十四年十二月，從國防部「軍識外調」到行政院，一直到民國六十四年四月，先生去總統府接任中華民國第五任總統，我仍留在行政院，實際工作僅僅九年四個月。我服務的單位是「編繹室」。這個宛如先生的「機要秘書室」，主要是彙編國家的年度《施政方針》；為院長撰擬對外發表的文告講詞。重要者要如對立法院會議開議時所發表的《口頭報告》。我個人僅僅從事有關這類的次要工作。諸如管理先生的書信文函，每日從各種報刊上搜集並彙呈中外有關國家的，政院施政的和院長行誼的資訊；不時隨從並記錄先生在會談中所答覆的言論或講詞；間或為先生撰擬猶如應酬文的書面講（致）詞等等。也就在這些平平淡淡，無聲無聞的工作中，對先生從政的理念，作事的卓越才能，感悟良殷。

眾所周知的是，先生多方提示他「退一步，海闊天空」，為了免去爭吵敗事而「讓一牆再讓一牆又有何妨」的，「易地而處」的為人做事的哲理。在真實生活方面，先生謙沖和藹，與人無爭，做到人和政通，而能順順利利地為國家社會創建不世的功勛；在仕途上沒有「政敵」，因能「官運亨通」，位及至尊，皆可能不無此因的。

先生聰明智慧，經歷過各種要職；不時出國訪問；參與多種國際會議；經常參觀各種新興行業，先進科技；接見或邀請專家學者來政院敘談；博覽群書與多種刊物；中外各界贈送的新書、論文等資訊都一一過目檢閱，所以先生對國際情勢的發展，對國家政務的了解，不僅廣博，而且鉅細無遺，有「百科全書」的美譽。 且因口才便給，即席演講，所論述的內容，所引用的數據，皆令人有出乎意料之外，不得不頷首信服的效應。

先生確認民主政治乃是向國民負責的「公意政治」。而「政治」就是管理每個人平常之事，和每個老百姓痛癢相關之事。所以，先生治事都從基層做起。 無論任何事都是從全面著眼，就整個大局著想。且因先生將主修化學和擅長數學的純科學的理則，應用到治事方面，對各種問題的分析，了解，尋求答案，下定決策，所示的資訊，多以數字量化為依據；調查研究倚重專家；解決問題都著眼於全面整體方面的情況。如此，先生在各項所策劃，所創建的事功，怎能不落實，怎能不成功呢？

最為顯著的實例是，先生在施政方面所定政策，無不是把握重點，多元發展的。先生為如此理念與實務嘗一再闡釋地說：「我們在建設台灣光復大陸的要求下，固然以國防建設為優先，可是政治建設、社會建設、教育文化建設和經濟建設等等，也要齊頭並進。以政治建設來說，我們不但顧到中央，也要顧到地方。以社會建設來說，我們不但著重都市，也要顧到鄉村。以教育文化建設來說，我們不但要質量並重，而且要四育兼施；以經濟建設來說，我們在工業化的前提下，也不可偏廢了農業。我們在推進大型工業之中，也不能不充份扶植中小型工業。」準此，對先生的事功與成就方面，當可見其梗概。

民國五十五年三月先生當選副總統後，於次（五十六）年五月，就應美國詹森總統之邀訪美，受到國家元首的非常隆重的禮遇，中美邦交的增強，我國際地位的的提升，皆臻至頂峰。並為爭取美元停止之後，各項經濟合作計劃，經過先生協調努力，美方同意加強科技交流，使我國科技密集產業賡續成為經濟發展的下一個火車頭，帶動了經濟成長。同時，先生走訪全美八大域市，兩個全美華僑聯誼團體，為蔣總統對全美僑胞致申了慰問之意，將中華民國全面建設與進步的情形也宣知給了僑胞。而今，哲人其萎，時移勢易，似乎「一切俱往矣」！但是，先生的彪炳功業永澤家邦，先生的崇高精神永輝蒼生。當我們紀念先生追思座談之際， 自不能不撫今思昔，回顧看看，從 1949 年兩岸分治以來，雙方當政者是怎樣的「為民服務」，是如何的治理國家，作一對比，就不難領悟到兩岸都需要再有位「萬世仕表」的嚴家淦先生了。

簡言之，國府在台灣的老蔣先生，不次擢拔嚴家淦，發行新台幣，戢止了通膨；推行土地改革，安定了民生；建立預算制度，致力賦稅改革，國家財政收支平衡了；採取農工並重，均衡發展的政策，讓經濟起飛了；同時，推動地方自治，宏揚民主法治；以仁愛為本的中華文化，廣結與國，敦睦邦交，提高了國際地位等等。而今呢？台灣的經貿被邊緣化，國內政爭惡鬥無止無休；人們罔顧公義，是非不分；以致社會不得安寧，國家日見其沈淪。想台灣光復之初，國府處在風雨飄搖，岌岌可危之際，猶能將一個通貨膨脹，物價飆升，資源奇缺，民生疾苦的台灣，治理成為「亞洲四小龍」之一，經濟開發國家中的楷模。這種精神與事功將由何人，從何處著手來恢宏光大呢？

在大陸，當年，老毛先生用一個「反」字，而發起的種種人神共憤的暴政，一直到「橫掃一切牛鬼蛇神」，掀起十年浩劫的文化大革命等等，八千萬苦難同胞斷送了性命；老毛要一黨專政，要階級鬥爭，在農村殺地主，分田地，繼之組織公社，集體耕作，農民終成「農奴」；在城市要工人當家，要公私合營，「民族資本家」不得不將公司企業奉獻給國家，「資方」成為「勞方」。毛氏王朝成為舉世無匹的「大地主」；共產極權的「大資本家」。全民「一窮二白」，人人自危， 個個盼糧票爭油票以維生命。大家都想逃出這種初級階段，共產主義的「天堂」。幸有鄧小平先生的三十年改革開放，讓一部份人先富起來，也給予 90% 以上嗷嗷待哺的貧苦農工小民，有個生活可以不虞匱乏的希望；因能避過如東歐的突變，蘇聯體解的危機。但由政治體制的缺失，所種下將要「亡黨亡國」的因素，依然存在， 亟待根除。

現在，中共的十八大三中全會的「全面改革」，海內外對其期望竟是「兩極化」。個人認為皆不盡然。此如嚴家淦先生所說的：「在基層的小民，並不問政府做什麼才好，而一致認為，讓人民生活過得好的政府，就是好政府。」這是因為，「政治就是經濟」，做到經濟平等，政治才能安定。這次「全面改革」雖然實際仍偏重在「經改」，但如徹底落實，上海的「自由貿易區」也著有成效的話，大可「維穩」一段不很短的時期是必然的。但如在政治體制上，依然一黨專政，黨大於法，不「還政（權）於民」，自也無從完成有如台灣的土地改革；國企壟斷市場，不能全面開放，讓「國退民進」，就做不到「藏富於民」，就不能做到一切「市場化」。如此，怎能爭取到眾多歐美先進國家承認的全面「市場經濟地位」，正式加入WTO，俾能從「深水中」脫困而出？特別是不與毛切割，徹底消弭共產第三國際世界革命的馬列史毛的「意識型態」，且利用民族主義，掀起軍事對抗，中國與歐美諸多先進國家的關係，就不能真正的改善；當前中共所面臨的一切「難困」與「挑戰」就不能解決，就不能順順利利地步上和平崛起的康莊大道。大陸當政者何不認真研究，努力實踐我們「萬世仕表」嚴家淦先生從政治國的理念，建設台灣的經驗，來落實政改，和平崛起呢？

再則，我們華僑，是中華民族向外發展的一個龐大，而且有宏大影響力的的群體，任何世界其他民族均無此類似的特殊集團。但都有一個共同特點就是，都具有中國人的意識，都與中華祖國在政治、經濟、文化或社會上，保持相當的關係。當年國父孫中山先生奔走革命，曾有好幾次來到紐約，許多僑胞的先人都曾經是輸財出力的革命鬥士。所以，國父說；「華僑是革命之母。」中華民國政府是特別關懷僑胞，重視僑務工作的。這次，嚴先生訪美時，曾奉蔣總統之命，來到紐約慰問僑胞致詞，認為紐約乃是世界一切經濟活動方面的司令台，是自由世界經濟生活的心藏。紐約的成就，也就是全人類共同的成就。對於寄居紐約僑胞，在各方面都很有成就，更是讚譽備至。當然，先生也盼望僑胞，要團結合作，宏揚中華文化，進步再求進步。現在，面對祖國情勢變遷，我們僑胞又如何推心置腹，適時適切地，為祖國的安定繁榮貢獻出我們的心力。因此，我的片片心語就是，兩岸三地的僑胞們，僑領們，有成就的專家學者們，都前來參與追思座談會，大家來馨香祈求，在當下，在未來，兩岸都有幾位有如先生這樣的「一代完人」，「萬世仕表」

來服務家邦，為民造福。讓中華民族，均富安和，同臻衽席；為促進「世界大 同」，能與自由民主國家，共盡文明國之義務。阿門！

——原載於《中央網路報》2013年十二月十一日

美華民主正義聯盟舉辦追思座談。在追思座談中，
曾任行政院長辦公室秘書的朱承武回憶替嚴家淦工作的點滴，
期許後代子弟能永遠記住嚴家淦對於中華民國的貢獻。
《世界日報》記者李若筠／圖文。

新聞稿

歡迎大家踴躍參與自由民主同盟所舉辦的嚴前總統逝世二十週年追思座談會

朱承武，2013 年十二月十六日

各位新聞界的女士們，先生們：

大家好，大家安樂。今天在這座談會上見到諸位，讓我很感親切，也要說聲謝謝。這因為兄弟當年也曾經在新聞界服務過，現在，雖然已經是一個八十三歲的老朽，但仍然自認為是一個新聞從業人員，見到各位，就自然產生一種親切之感；見到大家在這年節將屆繁忙的時候，尤能抽空前來採訪，又怎能不讓兄弟先要說聲謝謝呢？

本（十二）月二十一日，自由民主同盟將在紐約文教中心，為嚴前總統逝世二十週年舉辦追思座談曾。今天兄弟所要報告的是，我們為何要請諸位大力惠助，來呼籲兩岸三地的華裔僑胞，特別是專家學者們，前來參與這次座談會，讓大家來暢談所知呢，其因可從三方面來說明：

其一是，讓我們一致尊崇嚴家淦先生，是我們中華民族的「一代完人，萬世仕表」。

這是因為靜波公確是一位真真實實，「無意，無必，無固，無我」的，公忠體國，為民造福，一無權利慾，而且，在各方面都創建有沒世成就的政治家。其最為顯著的是，當年中華民國政府為「建設台灣，光復大陸」，僅在財經與金融各方面，如果沒有靜波公的盡籌碩畫，戮力奉獻，而鞠躬盡瘁在前，必難有後來民生樂利的「台灣奇蹟」；當年接任總統後，設如藏有一分猶如哈日族李某的政治野心，不僅令小蔣先生不能接任民主憲政傳承的大位，恐怕中華民國國祚的維繫，與兩岸關係的發展；中國現代史真不知如何改寫的了！

個人與張學海先生都曾經有機會追隨先生，在先生身邊服務過一段時間，耳聞目見，親自感知到先生做人治事讓人崇敬偉大之處；體悉到先生為國家社會創建有何等不朽的功勛。尤以承武還有幸承受先生的德澤栽培，能負笈英倫讀書進修，讓我終身感恩，無時或忘。所以，我與學海兄都是基於感念與感恩的情懷，共相參與這次座談會，願能報告所知，在與大家意見交流過程中，對先生由衷崇敬之情更能增進於萬一。

其二是，我們殷切盼望大家，踴躍參與這次追思座談會，論述我們故鄉故土的海峽兩岸，大陸與台灣，如再有位「萬世仕表」嚴家淦先生，來為民服務，來為民造福，可讓全中國全民族，都能均富安和，永續昌盛；為世界大同共盡文明國的義務？

眾所周知的是，台灣光復之初，中華民國政府處在風雨飄搖之際，百廢待興，岌岌可危；社會情況更可說是通貨膨脹，物價飛漲；物資奇缺，民生疾苦。嚴先生在輔弼老蔣先生之下，竟能將這樣的台灣奠建成為後來的「台灣錢淹腳目」的桃園樂土；經濟成長超過通貨膨脹，充份就業，外貿出超，成為世界上開發國家的楷模。在國際社會方面，宏揚以仁愛為本的中華文化，來敦睦邦交，贏得一致的讚譽。當年，嚴先生當選副總統之初，應美國詹森總統的邀請，來美訪問，就受到很隆重的國家元首的禮遇。中美邦交的增強，國際地位的提升。皆臻至頂峰。而今呢？台灣的經貿發展被邊緣化，政爭惡鬥無止無息；社會不得安寧，國家日益沈淪，最近有「台灣要大亂」之說。面對如此情勢，我們怎能不懷念，並且深切盼望國府再能有位「萬世仕表」的嚴家淦先生來重建台灣，復興中華呢？

在大陸方面，既往政經發展的過程，和現在所面臨的難困，當然不盡相同。但從大歷史觀點，全面情勢變遷來看，中共能否落實政改，和平崛起，個人認為，要想解脫難困，絕不是靠當政者捧著「馬列史毛的神主牌」，再「摸著石頭」，就可以游過「深水區」的。如果研究，吸取並實踐嚴家淦先生的，如何建設台灣的理念和經驗，則獲致成功的保證，可以定言。

我們不妨回顧看看，從 1949 年兩岸分治以來，雙方當政者是怎樣的「為民服務」，是如何的治理國家，作一對比，就不難領悟到兩岸都需要再有位「萬世仕表」的嚴家淦先生了。簡要的說，國府在台灣的老蔣先生，不次擢拔嚴家淦，從發行新台幣，戢止了通澎；推行土地改革，安定了民生；建立預算制度，致力賦稅改革，國家財政收支平衡了；採取農工並重，均衡發展的政策，讓經濟起飛了；同時，推動地方自治，宏揚民主法治；以仁愛為本的中華文化，廣結與國，敦睦邦交而提高了國際地位等等，皆是因有嚴先生盡籌碩畫，鞠躬盡瘁地死而後已所造成的。

在大陸呢，當年，老毛先生用一個「反」字而發起的種種人神共憤的暴政，如「鎮反」、「肅反」、「三反」、「五反」、「反右派」、「反右傾」、「反修」、「反帝」，直到「橫掃一切牛鬼蛇神」，掀起十年浩劫的文化大革命等等，其結果是，八千萬苦難同胞斷送了性命：尤者，老毛先生要一黨專政，要階級鬥爭，在農村殺地主，分田地，繼之組織公社，集體耕作，農民終成「農奴」；在城市要工人當家，要公私合營，「民族資本家」不得不將公司企業奉獻給國家，「資方」成為「勞方」。毛氏王朝成為舉世無匹的「大地主」；共產極權的「大資本家」。全民「一窮二白」，人人自危，個個盼糧票爭油票以維生命。大家都想逃出這種初級階段，共產主義的「天堂」。當西歐突變，蘇聯體解，讓中共亡黨亡國，驚懼不已，警惕萬分！雖然，幸有鄧小平先生的三十年改革開放，讓一部份人先富起來，也給予90% 以上被奴役的，嗷嗷待哺的貧苦農工小民，有個生活可以不虞匱乏的希望；而避過突變、解體的危機。但由政治體制的缺失，所種下將要「亡黨亡國」的因素，依然存在，亟待根除。

而今，中共的十八大三中全會的「全面改革」，海內外對其期望竟是「兩極化」。個人認為皆不盡然。正如嚴家淦先生所說的，在基層的小民，並不過問政府做什麼才好，而一致認為，讓人民生活過得好的政府，就是好政府。這是因為，「政治就是經濟」，做到經濟平等，政治才能安定。這次「全面改革」雖然實際仍偏重在「經改」，但如徹底落實，上海的外貿自由區也著有成效的話，大可「維穩」一段不很短的時期是必然的。但如在政治體制上，依然一黨專政，黨大於法，不「還政（權）於民」，自也無從完成有如台灣的土地改革；國企壟斷市場，不能全面開放，讓「國退民進」，就做不到「藏富於民」，就不能做到一切「市場化」。如此，怎能爭取到眾多歐美先進國家承認的全面「市場經濟地位」，正式加入 WTO，而能從「深水中」脫困而出？特別是不與毛切割，徹底消弭共產第三國際世界革命的馬列史毛的「意識型態」，且利用民族主義，掀起軍事對抗，中國與歐美諸多先進國家的關係，就不能真正的改善；當前中共所面臨的一切「難困」與「挑戰」就不能解決，就不能順順利利地步上和平崛起的康莊大道。大陸當政者何不認真研究，努力實踐我們「萬世仕表」嚴家淦先生從政治國的理念，建設台灣的經驗，來落實政改，和平崛起呢？

其三是，我們特別籲請紐約地區的華裔僑胞，各方僑社，踴躍參與紀念嚴先生的追思座談會，來共同研議我們全球華僑，如何適當地克盡一份心力，敦促兩岸和平發展，為中華民族開創輝煌的盛世。

眾所周知，華僑，是中華民族向外發展的一個龐大，而且有宏大影響力的的群體，任何世界其他民族均無此類似的特殊集團。今天，對於我們華僑，不論當年因何種原因來到僑居地的，也不必再探討僑胞們，如何從種種艱苦中奮鬥過來，但有一個共同特點就是，都具有中國人的意識，都與中華祖國在政治、經濟、文化或社會上，保持相當的關係。當年國父孫中山先生奔走革命，曾有好幾次來到紐約，許多僑胞的先人都曾經是輸財出力的革命鬥士。所以，國父說：「華僑是革命之母。」中華民國政府是特別關懷僑胞，重視僑務工作；僑胞們也一向心繫祖國興衰安危的。當年嚴副總統應美國詹森總統的邀請，來美訪問。就曾奉老蔣總統之命，在美國走訪了八個大城市，兩個全美華僑社團。向全美僑胞致申慰問之意。嚴先生曾來到紐約向僑胞致詞，認為紐約乃是世界一切經濟活動方面的司令台，是自由世界經濟生活的心臟。紐約的成就也就是全人類共同的成就。對於紐約寄居僑胞在各方面的成就，更是讚譽備至。當然，嚴先生也盼望僑胞，要團結合作，宏揚中華文化，進步再求進步。現在，面對祖國情勢變遷，我們僑胞又如何推心置腹，適時適切地，為祖國的安定繁榮，貢獻出我們的心力。因此，我們很誠懇地歡迎兩岸三地的僑胞們，各種地域性和宗親社團的僑領們，特別是有成就的專家學者們，前來參與追思座談會，讓大家來共同研議，而心想事成。

謝謝，謝謝。

「是非成敗轉頭空」——懷念我與中央日報「結緣」的感言

《中央日報》已停刊經年了（註：詳見書後相資 014）。但迄今，當我見到、或聽到《中央日報》四個字，依然讓我產生一份由衷的敬意，一種親切的懷念，一件難以忘懷的經歷。主要是因為我與《中央日報》的關係，緣自於讀者而作者，而至很偶然的成為《中央日報》的員工， 並曾為她奉獻由衷的，竭智盡能的心力之故。

說起，我與《中央日報》的「結緣」，起始於讀者的關係，那是早在民國四十二年，我服役軍中時，引用《中央日報》的《地圖週刊》，作為對連上弟兄們「時事分析」的教材。其後五、六年，我為參加高、普考試，又以多讀「中副」，來增進寫作的能力。我於四十四年普通考試及格，四十七年高等考試及格，對於趙廷俊、蔡正倫與孫如陵，兩刊主編先生們，甚為欽佩。又記得在民國五十二年，我到沖繩美國陸軍連絡學校受訓，某日，去他們基地的福利社購物，有位美麗店員（當地女孩）對我微笑（那時我還沒女朋友），我正尋思「何意」之際，她說，我手中所持報刊，其刊頭《中央日報》四個字好美（現在我已知道，此四字乃集成自國父的墨寶），能不能將之送我呢？這一問，當然讓我有點「失望」，但由此對《中央日報》自然又增添了一份敬愛之意。

民國五十九年，我經行政院甄選，接受了聯合國的學人 (Fellow) 獎補金，去英國讀書。內子為我訂閱一份《中央日報》航空版，定期寄送給我，以解鄉愁。其時，我們里茲 (Leeds) 大學，由台灣來的同學，除我而外，尚有李先任、李讚成夫婦、王德熙、盧元祥夫婦，以及王文潮等，其中二李是中山獎學金公費生，其收到的《中央日報》可能也是公費。大家收到報紙後，有時放在口袋裡，先不去讀它，原因是，報紙經常不依時序送達，在後頁右上方，臥龍生所寫的武俠小說，讀起來，就先後不連貫之故。時在 1971 年，當留美的同學，為釣魚台一事，在美鬧得如火如荼之際，李讚成與我提議，也要發起響應，李先任致電倫敦我駐英代表，表示要全英中國同學也來響應未果，只得由我們里茲的二李、二王、盧及陪讀的王淑貞，趙嫣虹等人簽名，推我撰擬一文，請《中央日報》轉呈總統，表達擁護政府之意。此文竟刊於《中央日報》第一版。這也是我的「文章」第一次刊載於《中央日報》。其後，在我回國，未到中央日報社工作之前，《中央日報》的《中副》、《讀書人》、以及《貿易》雙週刊，都曾刊載有我的「文章」，我由「讀者」就躍升為「作者」了！至今，猶為此不勝沾沾自喜呢。

關於，我能成為《中央日報》的員工一事，更讓我自己，也感到是件非常特殊的經歷。時在民國六十六年九月，為了再出國進修，籌措學生活費用，而以服行公職已逾二十五年，在行政院請准自退；也辦妥赴英（為進修）、美（為探親）兩種簽證後，奉家岳母之命，前去中央日報社，向曹公聖芬拜謝，為月前對先岳出殯時，曹公主持與先岳中央政校的同期校友們，一同參與公祭，諸多禮遇。拜見時，曹公見及我所奉贈的兩部拙著《獎勵建議制度》與《現代管理科學》，就問我現在所任之工作，我答以將再出國進修，曹即「訓導」我說，年已逾四十，應以工作為重（在此之前，我與曹公從未相識）。不意次日，有金伯作鏌（亦係曹公同期同學，我在政院工作的前任上司）來電說，曹約我去他報社再行面談。原來，楚崧秋社長他調，由曹董事長兼任社長，他要整頓人事，振興社務，要我去他報社工作。經過一番懇切談話後，乃應允暫緩出國，來社工作，先助其建立「獎勵建議制度」，以振奮士氣，以發展營運後，再定我之去留。我從六十六年十月到社，次（六十七）年七月去職，僅僅十個月期間，就經歷了公共服務組組長（註一），並兼任嘉新水泥公司獎學金委員會總幹事；而印務部主任；而主任秘書，其升遷之速，猶如阿波羅火箭升空然！能不說是非常非常的特殊際遇呢？

（註一）來社之初，人事室安排我的待遇是比照孫如陵，每月給予類似臨時雇用的津貼，而以「特約專門委員」名義在社工作。經檢討所知，孫在社是主筆身分主持《中副》編輯事宜。而且他領有國大代表的固定待遇。我已從公自退，無職無業。如果，從此就不再出國進修，在社長久工作，並不適當，嗣即改以公共服務組組長實缺任用之。

更特別讓我欣慰不已的是，工作後，曹董對我不僅充份授權，甚至，凡是他認為「有問題的人或事」，不論是屬於那一部門的人事，都要我去參與處理。由於建立了「獎勵建議制度」，激發起員工們「人人在研究，事事求發展」的團隊精神；為「改革求變，除舊創新」的建議提案，就從各方源源而來。為此，中央日報社營運曾就此轉虧為盈。但也由於在一片向陳規挑戰，發掘問題，解決問題行動中，以至在人事上，竟也發生了從未有的「大地震」（國際版編撰鄭佩芬為此事，來我的辦公室，對我所說的形容詞）。此事緣於曹兼社長，知悉經理部廣告組等部門營運不當，財務不清，乃約集副社長等幾位相關主管，並命我請來報社的陳法律顧問一同與會，閉門研議後，一夜之間，曹就將隨他服務有年的總經理易家駁，降調至董事會任秘書（嗣即調回時在美國舊金山《少年晨報》的趙廷俊，接任易的總經理職位）；撤換廣告組組長；開除廣告組某一職員，以及其他人員職務的調整。當然，某些人就可能因此感到「失落」了。對於這番「非凡的經歷」，在己是心安理得，但在他人心目中，這「是非成敗」，究作何定論呢？（註：詳見書後相資 015）

月前，我們紐約「好友會」餐會，新聞界資深先進龔老選舞告知，他在《中央日報》的要好同事趙廷俊所著《生長兵間老太平》一書中，有一段文字，述說及當年我在《中央日報》的二、三事，真讓我驚喜。因為，事隔將近三十年之久，對我這名不經傳的小人物的些許經歷，竟能由《中央日報》資深的，且與我有一段「不平凡」工作關係的新聞先進，在其傳記中著墨論述，能不為之幸喜？乃請龔老將之借予一閱。在該《生》文《與新社長理念不諧》一節中，第一百二十六頁，趙是這樣論述的：「還有一件人事上的特別狀況，吳經人推介聘朱承武作主任秘書，此人似乎看過一般業務管理的書，頻頻提出不合報業情況的建議，徒增困擾，無法推行。三個月後，在各單位抱怨聲中，他改任印務部主任，可能想施展其管理抱負，但報文工會後，只核代理，他便憤而辭職離去」等語。拜讀之餘，頗感其語焉不夠翔實，應予補正；論述近乎混淆，必須解說：也用為我與《中央日報》追述往事，細數舊緣。

其一，迄今，對於「何人」推介我給新上任的吳社長，聘作主任秘書？仍然驚異不解。因為，主任秘書通常是由主管的親信擔任的。我與吳不僅從未相識，而且，在他社長交接典禮時表示，他首先要整頓的， 就是我接任僅月餘的印務部。真讓我有點忐忑不安。不過那時，我認為吳社長所以要我來作主秘，其因可能有二；

（一）一份內容詳實的《印務部五年發展計劃》如期提出。此係吳接任社長不及一週，就按其所言，要我去他辦公室當面指示；為因應可能發生的戰時情況（例如現在所用的高斯 (Goss) 都市型彩印機，要改為可遷至山地運作的鄉鎮型）；也為要蓋大樓，發展社務，推廣發行（例如報刊的印發就要相對地增加等等），要求我在一週之內，提出印務部五年發展計劃。當時我曾請予時日寬限。吳就正色地回說，以現在電訊之便利，與美英各地，可隨時通話洽商，時日何需延長。我並無印務經驗，且甫行調印務部任職，對於這項計劃，要求在短短一週內撰就，真讓我緊張不已。所幸我從公有年，受過管理方面的教育，尤其是在政院工作，常拿筆桿，做些研究工作，對於寫計劃自認尚可「應付」。即便如此，也讓我整整一個星期留宿在印務部辦公室，分秒必爭地去查閱資料，去求教方家，去與我印務部主要員工，一一分別面談，徵求他們的建議或意見，然後彙整研究。如此，竟在一週之內就將該計劃草成，依限提出，在社務會議中報告。當時承副總編輯兼採訪組主任朱宗軻，在我座旁悄俏對我說，他在社工作十年也不能寫出如此詳實的計劃。這當然是溢美之辭。但我深信，吳從這一計劃看來，很有可能對我有一番認識的。

（二）吳曾滿意我校印他的著作。吳就任社長係從薩爾瓦多大使任所，調任回國的。他到社不久，就常去各方演講，並將他的講稿，要我為他編印成二十四開的小冊子，以便分送有關方面人員。我不僅按時印就，並就講稿內容，為他提供一些讓他也認為重要且合意的意見。這很有可能是他將我從印務部，調作主任秘書的原因之一吧？不然，如果真有人向吳推介的話，此人必是潘副社長煥昆。其因乃是，我在《中央日報》工作期間，潘對我推展的工作，無不極力促成，對我應對的人事，莫不掬誠相待。我來美後，他升任社長，對我依然至為關注（註二）。以後，他轉任中央社社長，而新聞評議會主委，甚至他健康已不良時，仍寫長長的信，與我互通音問。所憾者，是我接奉他的「訃聞」，並未能回台弔唁！但至今，我對這位長者，時在感念；他是永遠活在我心中的。

（註二）例如，在民國六十九年二月二十五日，為紐約大學校友，陳學同舞踏團赴台公演，我寄《溝通文化，止於至善》介紹文給潘，他不僅在次（三）月四日，予以刊出，並郵付稿費給我。又由經理部專門委員調至國際版的張體炎函知，將寄我六個月的《中央日報》。更讓我感念的是，他得知我同鄉同學至親友人，張政詩君為我來社買幾份刊載拙文的報紙，潘即命付年度紅利（大約是兩萬元））給我。這份情意，真令我分外為之感念不已。

其二，趙對我的認知，及其所作的論述可說是「失之翔實」「多所誤解」。此點，可從下例數項要點梗述之：

（一）在「管理」方面，我不僅僅是「看」過一些書，也曾修讀過這方面的學位；發表有專門著作；曾應邀出席或演講或研討過這方面的問題與實務（註三）；也曾在院校兼授「管理」的課程（大學部授《行政學》，研究部授《現代管理科學》等等）。而且，趙與我同在報社工作，可說是常日「 低頭不見抬頭見」，何以評論我僅說「此人似乎看過一般業務管理的書」而已：何以對我如此「陌生」呢？（註：詳見書後相資 016、017）

（註三）可見於民國六十二年九月三十日《台肥月刊》《建議制度》朱承武講詞；民國六十五年四月二十六日《經濟日報》《台灣企業經營現代化之途徑》朱承武論述；以及民國六十五年十二月二十一日經濟部，孫部長，經（六五）人 34821 函（聘請傅宗懋、朱承武擔任意見溝通及領導研討會講座）等等。

（二）我讀趙主編的《地圖週刊》，對他豐富的文史學養，及其流暢的文筆，早就心儀的了。但他對我論述的文句中，竟提出「一般業務管理」似乎「相輕」的名詞！如果真是他欲以此來對我個人的學能加以貶謫的話，或許可以。但如他對「管理」的認識就是如此，這就顯示他在這方面的學養是不夠的了。（註四）

（註四）簡言之，「管理」不是指個人的學識才能（例如，他長於編編寫寫；我曾作書立說，這些都不是「管理」行為)。「管理」乃是「領導他人以達成既定目標的一種過程」。它固然是一種可傳授的學問，更重要的是，它是一種「功能」的表現。正如費堯所說，它的「基本功能」有五；規劃、組織、領導激勵、溝通協調，以及管制考核的，非現場的工作。這些功能是普遍性的。在軍事單位也好，行政部門也好，工商企業也好(當然包括新聞事業，媒傳機構)；也不論他們各別單位的業務性質有何不同，所欲努力實現的目標為何（例如為打勝仗、為施行仁政，為賺錢，或為宣傳使命的達成)，都必須要做好上述五種管理的「基本功能」才行。在管理方面，何從說或分個「一般業務管理」呢？（註：詳見書後相資018）

（三）再則，趙說我「頻頻提出不合報業情況的建議，徒增困擾，無法推行」等等，這更是有違事實。因為，主任秘書只是相當於「幕僚長」，沒有「頻頻提出」建議且決定將之付諸實施的權責（註五)，更不能說是每一項建議案都是「無法推行」的（註六)。

（註五）或許是因為我（在趙由美調回報社之前）建立起「獎勵建議制度」，由我處理來自各方源源而來的「建議案」，因而讓他有如此誤認的吧？

（註六）建議制度委員會主任委員是潘副，委員多係有關各單位的主管，我只是執行秘書而已。按制度辦法，任何建議案提出，都要先送請與此業務有關的主管委員去審查。而且，要不要將之付諸實施，尚須提到委員會討論決定。所以，絕不能說所有提出的建議案都是「徒增困擾，無法推行」。例如，採訪組副組長胡有瑞所提出的建議案，要將《中央日報》刊頭四字予以縮小，在其下以至報面的中線，留有三批的空間，可以用作刊載價值最高的廣告之用。這項建議案經審議，決定採行後，僅僅有這一個廣告，每天就能為報社賺進兩、三千元。胡不僅得到百分之十的獎金，以後，可能是因此才被提升為廣告組組長呢。(註：詳見書後相資019、020)

其三，如果我確係與趙「結了怨」，那也是並非出自我本意的「無奈」也。

首言，可能讓趙產生「反感」或「「遷怒」於我的原因或許有二；

（一）我校閱趙呈遞給社長之文稿，不僅修飾其文辭，並在趙名之上簽我主任秘書之名（註七）。這或許是「以小人之心度君子之腹」的話，但「甚合情理」的。此因，趙由美調回接任總經理時，我尚任經理部公共服務組組長，當是趙的屬下。待我接印務部主任後，我與他的職位平等了。再後來我調作主任秘書，其職位也是平等的，但各部室呈送社長批示的公文，都是經由我主任秘書先行校閱的。我簽名就在他總經理名字之上，並且修飾他的文稿，怎不讓他產生「反感」呢？

（註七）中央日報社簽呈文稿用紙，不同於行政院僅用的空白的十行紙，而是印好的制式稿紙，其上「批示」一欄，依次印明；社長，副社長，主任秘書，其下承辦人各欄。經理部的簽呈文稿，趙名就簽在「主任秘書」之下，「承辦人」欄內的擬稿人之上。後來聽說，前任主任秘書名字係避簽在欄外的。果如此，那自然會讓趙「難予忍受」的。

（二）我於社務會議中，有時為提供即時所需資料，而從旁用紙條遞給主持會議的吳社長。想到從吳接任社長後，正如趙在其《生》文中所言，他《與新社長理念不諧》。 在社務會議中，每每見趙似乎情緒反常地，提出困難問題。有次，他起立含淚發言，請辭總經理（註八）。在這種情境下，我遞紙條給吳，會不會讓趙可能因此懷疑我的「不當」，而心生「怨尤」的呢？

（註八）詳情可見於趙《生》文第十二章，第一百二十三至一百二十八等頁。

次言，我招致「各單位抱怨」等等情形，是有可能，但實情並非如趙所言。但至少是出於「無奈」的。因為，在管理方面，任何變革或創新，都會影響及有關人員，現有的權責與既得的利益：而發生「幾人歡樂幾人悲」的結果。例如上述的人事「大地震」一案就是最好的說明。此外，尚有為防止倒「蔣」案再行發生，而讓印務部不少員工「抱怨」反彈（註九）；命印務部排版技工，去編輯部「催稿案」，又招致編輯部的「抱怨」（註十）；特別是，「阻擋財路」一案，招致經理部以及相關人員極其「抱怨」，也令我因而調職以至去職（註十一）。但這些皆出於不可避免的「無奈」情事也。

（註九）「倒蔣案」。此案發生在我接任印務部主任後僅僅數日。那天上午調查局派員來社，調查當日在《中央日報》上，有將行政院蔣院長經國先生的「蔣」字倒排了。那時，各界正交相進言，擁護蔣經國競選總統。現在黨國的《中央日報》上，竟有「倒蔣」字樣，這是多麼的嚴重？！依據我的研判，應是負責將已打好大樣的鉛版，再行檢查送印之某技工，但前易總經理（他可能是社中的安全負責人）向調查人員表示，該技工係易從《掃蕩報》帶來的，易願以個人性命擔保他不會涉嫌。而我到印務部只有短短數日，調查人員對我並未查問一言半語。此案也就不了了之。這些檢查鉛版大樣的技工，每人都有一把小鑷子，非常靈便地用它來移動調整鉛版上的鉛字。為了防範再次發生類似案情，乃召集從檢字排版後，到校樣送印前的各生產線上的技工，對他們宣佈，採取「連坐法」，要求他們「彼此監視，相互負責」。不意他們竟哄然大嘩，強力反彈。似乎一片「抱怨」之氣，多日難消！

（註十）「催稿案」。 我命印務部技工們，及時去編輯部催要大樣的稿子，而惹得眾多編輯先生們，抱怨難受；使得薛心鎔總編輯，紆尊下樓，到我的辦公室親切相告說，《中央日報》有史以來，從來沒有一個印務部技工到編輯部催要稿子的。並與我商量如何來避免此事再行發生，以免引起大家的「抱怨」。這真是無可奈何之事也。這因為印務部如不能在午夜二點以前開機印報，就不能將報紙印好，及時送上由台北開往高雄的第一班火車，以便分送到南部各地，能按時發送到訂報的客戶。據我員工相告，以往處理不能及時印好報紙，送上第一班火車的問題，多是由我們與台北火車站站長相識的，發報課蔡課長，去懇請站長（以誤點方式）延遲開車。甚至悄悄去車站，將車箱的「詹天佑」分開，用來延緩開出的，這種「不擇手段」的事，也曾做過。長時如此，怎能行呢？又了解到，為什麼印務部不能在午夜二點以前開機印報，主要是編輯先生們將所編的稿子遲遲送到印務部排版技工之故。當然，編輯先生們所以遲送，也可能是記者們的稿子遲遲送到之故。但大多數遲送之因，是由於有些編輯先生們，將已經排好的稿子拿回去，一再增刪修改，這就延遲過了截稿時間。所以我就規定排版的技工，對於在午夜一點以後，如有編輯先生才將稿子送來，就在其稿子上註明，幾點幾分收到的的時間。並且，由我與印務部的專門委員及組長，組成一個小組，每到午夜一點，就循排版的工作流程，亦即追隨校大樣的鉛版從旁觀察，如見到在午夜一點半以後，還有未送來的稿子，就命負責的技工去編輯部向主編的編輯先生要這稿子。這樣做，讓我印務部的員工，似乎「揚眉吐氣」地在努力工作了。但相反的，這就讓編輯先生們「緊張」，「反感」，而惹來他們一片「抱怨」之聲。這豈不是無可奈何之事？

（註十一）「阻擋財路」案。這真是一件讓很多人非常地「抱怨」，讓我自己迄今也仍為之「抱撼」。因為此案，其結果是，事未查明，我就此離社了。說來，此事應緣自於前述，為人事「大地震」舉行的秘密會議之後，陳法律顧問曾私下表示說，中央日報社在稅務方面，可能仍有一件需要查明並予處理，是否合乎法規的是，員工們所收到的稿費獎金，廣告佣金，以及其他因工作的收入，是否悉數報入了個人「所得稅」。那時，我在公共服務組，對此事無從了解，自不便將此點報請社長查明處理。及至吳調我作主任秘書，吳社長將他的印章交我，讓我為他核閱各種會計與財務報表。這樣，我由此發現，有一些稿費獎金，廣告佣金等等收支，其來源與去處，從報表上不易明白。聯想到陳法律顧問有關的一席話，於是，我就等待承辦單位，如不與我說明，就不蓋社長的印章，予以結案。在相持將近一個月期間，經理部廣告，稽核等等單位，工作幾幾乎「停擺」了。有稽收組長斯普理前來向我懇求，請我先行蓋章，以後再報詳情， 我不為所動（註十二）。為解決這一僵局，同時，因我調離印務部主任一職任後，係由趙總經理來兼任，但他無暇兼顧，印務部「問題」不斷。有些員工說，我曾讓他們「揚眉吐氣」地工作一事，而希望我能再回印部。於是，潘副就出面對我說，他已與社長研議過，讓我回印務部（不再代理，可以自主地，再去院校兼課）。後因文工會核復，印務部主任一職，仍由我暫代，待我有了年度考績後（我來社未及一年，尚無考績），即予真除。我考慮及其他重要問題，未同意回印務部，乃辭職離社出國進修去了！

（註十二)後來有人對我說，查明此事，牽涉很廣，斯是無法查明回報的。事實說明果真如此。讓我也了解到，追查財務內情，這無異是「擋人財路」，「觸怒眾犯」也。現在想想，我何必如此「愚不可及」的呢？！

其四，印務部的任命與去職的秘辛

最後，談到趙論述我，「他改任印務部主任，可能想施展其管理抱負，但在報文工會後，只核准代理，他便憤而辭職離去」等語。在此，至少可就下例兩點敘明，用能澄清他具有近乎混淆視聽的論述。此即；我兩次調任印務部，皆非我自願的。

記得到社工作僅僅兩個多月，某日，曹董在電梯中見到我，立刻要我跟隨，去他辦公室。一坐下就說，你衣著不要太正式，我要你去接管印務部後，更要如此。這真是讓我大出意外的話。當時，我回說，衣著打領帶，是在政院工作時，習慣如此，可改。但印務部不能去，因我對印務毫無所知。曹董說：「這不是要你去檢字排版，而是去領導員工，只要和善地，好好地對待他們就行了。」當我回說，要上夜班，必須和內人商量後才能回報。曹董似乎「嘲諷」地說：「這不像個男子漢說的話。去印務部，就這麼定了。」

那時，副總編朱宗軻風聞及我調印務部，就來我辦公室說我，從員工只有四、五人的，最小的單位，一下調到中央日報社，員工有兩百人以上，全社百分之九十以上的資產放在那兒的，最大的單位。真要得。是如此，但在印務部工作，會面對頭痛的事，麻煩的事，他沒對我說個「一言半語」。

首先要訴說的是，在印務部上夜班，真苦。由於我是新任又是「生手」，不能學老主管可遲到早退。每天下午十時要到，早夜四點（報紙印好了）才回家。第二日上午十時到社，出席社務會議，或處理公務，到下午二時回家就寢。如此周而復始。最初，不僅我生活連神魂似乎也為之顛倒了。但出乎意料之外的是，一兩個月之後，我竟發胖些了。原因可能是，生活「規律」，午夜吃碗麵也。

談到印務部的問題，可以兩句話來形容；「設備新舊並立，人員老少相處」。那時，各別與《中央日報》爭奪第一的（互比發行數量誰最多的）《聯合》與《中時》兩大報紙，仍在只是套紅黑白的時代，《中央日報》已是用五彩繽紛的製版印刷了。製印組組長丁履春，係政大新聞學系畢業的韓國僑生。年輕，很有幹勁。他的組員也多屬新進的青年人。另一排鑄組雖是設備老舊的鉛印，但從組長以下的工作人員，則是年長資深，技藝精湛的人員。趕印南下的早報，我可看到他們在輕輕快快地工作，操作機器熟練之至。但衍生的問題也就出在這裡。此即「設施如何統一化，員工如何年輕化」。關於此點，現在我記憶猶新的仍有如下二、三事：編印電腦化的難題（ 註十三）；人員年輕化的無奈（註十四）；我為改進現況的些許建議（註十五）。此外，尚有突發事件例如前述的「倒蔣案」,「催稿案」等等，你能不為之「提心吊膽」？而特別要考慮的因素，讓我感到不可再回印務部的是，在「新怨舊恨」情勢下，我在管理方面的「權威光環」已經消失了。我怎會如趙所說，再「想到印務部施其管理抱負」呢。事實上，計劃將我調回印務部的，乃是吳社長與潘副所商定的。

（註十三）設備統一化。不僅是要改鉛印為彩印，而且編輯製版也要電腦化。自我到印務部以後，丁履春就主動建議，且一直和我研究這個問題。其結論要為：1. 經費籌措不易；2. 人才培訓的方案難定，訓練在職的年長員工，或是招考年輕的員工，各有其利弊難易。3. 對編輯部的編輯風格，也是一項「挑戰」。例如由孫如陵主編的《中副》，除了以內容見長，其在版面上，劃一線條，插一幅圖，都要求其美觀的。用電腦編排，每篇文章都是方方塊塊的，看起來「獃獃板板」的，編輯先生們能高高興興地接受嗎？（現我在此所看到的《世界日報》，從編輯印製，甚至文稿傳送，都已經電腦化有年了。我想工作效率必定較前大大地提高。有時我曾想，

《世界日報》究竟投入多少的智力、精力，財力、物力，經過好多時日，才能做到這一地步的呢？）

（註十四）人員年輕化的無奈。在印務部，除了印製組而外，技工，尤其是領班以上的員工，他們資歷在十年、二十年、甚至在三十年以上者，比比皆是。而且，他們的職務也很少能有調整的。要因是，他們多是投誠抒忠地「以社作家」，且自身多無其他專長，人事管道怎不為之堵塞呢？至今，我仍記得，我到印部不久，某日夜班，有父子倆員工前來對我說，《聯合報》要在紐約開辦《世界日報》，要他兒子到紐約《世界日報》那裡工作去（挖角也），問我可不可以去？去，好不好？我看他兒子年輕，健壯，也很有「志 氣」的樣子，立刻回答，機會難得，「可去」。年輕人到外面去奮鬥，「很好」。（ 我沒記下這位年輕人的姓名，不知他是否真的到《世界日報》了？）

（註十五）我認為，對於《中央日報》來說，這許多的資深年長的員工，在人事上，固然是一包袱，但也是一份最大且是值得珍惜的資產。所以，在中央日報社五十年社慶籌備會中，主持會議的潘副問我有何提議，我就建議，員工在社工作，三十年以上者，發給金質獎章；二十年以上者，發給銀質獎章；滿十年的也發獎狀一張。又在我所擬的《印務部五年發展計劃》中，在人事管理方面，籲請建立制度，亦即對於年長、資深，職務上無從升遷者，給予「年資加給」，福利方面也多予關注等等安撫與激勵的政策或措施。

我辭職離社的秘辛

我未按潘副所議，再回印務部，並非基於文工會核復我的職務仍是「代理」之因。這因為實授是涉及升等的，須有年度考績，這是可以理解的。我更不是如趙所說是「憤而辭職離去」的。我辭主秘離去，其主要原因或是「秘辛」至少有三：一，吳社交辦的「報社改組案」實在難辦（註十六）；二，有關吳社長親啟文函，他另設專人處理，影響及我主任秘書對全盤社務的了解；而最主要的原因是為；三，如不趁此時離職出國，就失去此生僅有的，再出國進修的機會了（註十七）。

（註十六）吳社長俊才對中央日報社的改革與創新，有很大的抱負與期望。而且是大刀闊斧地，劍及履及地去實踐。例如，要蓋大樓，到處籌措五億經費；要求黨部小組都訂一份《中央日報》，而向各方請託支持；為每星期要刊載五種專欄，而分別敦聘專家學者主編（記憶所及是：「主義，文史， 財經，健康與生活」五種）。至於規定員工上班掛職員證，以加強安全措施；員工薪資委請台灣銀行直接發放等等，行政改革事項，一就職後實行了。而責成我主任秘書去辦的是，「中央日報社的組織（系統）改組」案。這責任不僅重大，而且我實在無法去辦理的是，吳要求將現制所有的「行政室」與「業務管制發展室」改設於我主任秘書之下。當時，我真不知所措。其因是，這兩位一級單位的主管，都是在社很資深的新聞從業先進（自應是我的前輩），與曹董也都有很深厚的關係。當然，曹董用人是任才器使，是不講情面的（在人事「大地震」一案中，曹董降調跟隨他時逾三十多年的易總，就是實例）。我如依吳社之意去改組，可以不必計慮及此，但總是感到這改組案，由我來辦，有點不太「適當」。再就各種組織系統來說，將這兩個一級單位改隸於主任秘書之下，尚未見及（假如我是秘書處的秘書長，或許可以）。更何況，這兩位資深的一級主管，並無何「錯失」。我怎好辦？怎能辦呢？

（註十七）關於再出國進修一事，我由英來美考察期間，一切簽證手續皆已批准，嗣因局勢丕變，行政院蔣秘書長彥士來美開會時，電召我先行回國，以後將再以公費保送出國進修（前人事行政局李處長廣訓；及國際合作處江組長雲錦等先生知悉此事）。甚至我留英同學會杭公立武及葉公公超，都曾為我爭取獎學金，但均未有結果。個人乃以自退，籌措學生活費，也辦妥出國手續，不意來《中央日報》，出國已延遲了十個月。當時最迫切的問題是，我如不在年內出國，就需要向外交部再行申請延期加簽等等，不僅麻煩（赴英進修要教育部批准，去美探親須衛生署同意），而且，辦妥的可能性很難定的（例如，向外交部申請赴美探親，等待多日未見批覆，乃親去領事事務處請求查明，如果該主管不是我留英同學會相識的學長，承其指示加速簽辦，恐怕還不能及時獲准呢）。情勢如此迫切，想我已年逾四十，且從公自退，我怎能為去印務部，而再稍作停留，失去此生再行出國進修的機會呢？

「是非成敗轉頭空」

羅貫中有詩云：「滾滾長江東逝水，浪花淘盡英雄，是非成敗轉頭空，青山依舊在，幾度夕陽紅。」想我離開《中央日報》，三十年倏忽而逝！我所敬重的，懷念的曹、金、潘；蔣、杭、葉等等長輩，並未因如流的歲月，而讓我淡忘他們的音容，但他們均已先後隨風飄然而去！《中央日報》在台北，營運由盛而衰，雖一再改革求變，堅忍圖存，亦難免於被迫停刊的命運！既往，我與《中央日報》的諸般是是非非，恩恩怨怨的人事，設如無趙的立傳，論述及個人，我也不至於如此這般地細數「舊緣」，企求個生後「清名」。再想想當年個人為再出國進修，先後倉倉促促，辭職去國，而今，已是坐七望八的老翁，來日無多，多個學位又有何用？真是所謂，人生幾何，盛衰無憑，一切「是非成敗轉頭空」也！

跋——《中央日報》又復刊了！

《中央日報》為中國國民黨所創立，其間雖曾改制為「股份有限公司」，但除經費自給外，仍受黨中央管理，故其定位自應有別於民營報業，為「機關報」。其言論方針，從「宣揚孫文主義，為總理吐口氣」（黨國元老吳敬恆《祝詞》期勉之語）；而「闡明黨義，宣揚國策」，以「鞏固黨基，維護國本」為其使命。在其報運顛沛流連，命運坎坷之際，仍然秉持不懈，克盡其分。

回顧《中央日報》於民國十七年二月一日在上海創刊；十八年二月一日遷至南京出版；二十六年十二月十三日因首都淪陷而停刊，西遷長沙，於二十七年三月復刊；二十七年九月長沙改為分版在重慶復刊，各地《中央日報》 相繼設立；在中國對日八年抗戰勝利後，於三十四年九月十日自重慶返都復刊。（其時，國民黨中央直屬報系計有二十二家報紙，《中央日報》佔有十三個社）。民國三十七年冬，大陸局勢惡化，南京《中央日報》社長馬星野，「冒著不可避免的誹謗與譏諷」，推動籌設台北版，於三十八年三月十二在台北正式發刊。迄至民國九十四年五月三十日，由國民黨中常會，以持續虧損，黨部無法負擔為因，決定停刊。（其實係因國民黨失去政權，黨外惡勢力，以無所不用其極的手段，加以摧殘而然。）其間經過八十年三個月。可以說，《中央日報》莫不是緊隨黨國的命運，而停停刊刊，興興衰衰的，予人有似「山河破碎風拋絮，身世飄搖雨打萍」的感受，而繫以無限的感慨！不過，我堅信，很多人雖為之傷感萬分，但更對之懷念不已，如拙文中所提及的往日同事；或是未提及的《中央日報》的退休先進，既往從業人員；以及千千萬萬的，《中央日報》的讀者、作者們，依然對《中央日報》寄以一份由衷的、誠摯的期望：國民黨收復政權，國運能剝極而反——《中央日報》又復刊了！

2007 年十一月二十五日於紐約市

原載於《中央網路報》2014 年九月五日

追思周孝友將軍立己立人的二三事——兼談國府依據憲法舉辦高普考試的德政

（註：3 張相片列於書後相資 021、022、023）

周孝友將軍與我是二度同班同學：陸軍官校代訓國防部政幹班第一期，其後在軍官外語學校留美儲訓班，同班且同桌的同學。再如說有因緣的是，我們都是先後參加高普考試及格的「同科進士」。但離校後，分赴職場，各奔前程。在既往逝去的一甲子歲月中，我們很少有聚會謀面的機會， 每逢年節重要的日子，多以書函電訊互通音問而已。可謂情誼永念，祝福盡在不言中。

去冬，為祝 2015 新年來臨，曾寄去賀年書函，並因孝友學長賢伉儷都是虔誠的基督教徒，也將我於去夏參加「以色列聖地之旅」歸來，所撰拙文《對基督教義與以色列永續發展的探討》一併附奉叨教。但迄今未見回音。日昨，竟得知孝友將軍因胰臟癌，已於去年三月二十一日往生！乃去電請詢學長夫人趙琳嫂，承示之原委，是因他們遷居到新址教會附近，所寄賀年書信並未收到，又因在緊忙中，夫人不知我們在紐約 的電話和通訊地址，故未能及時傳達訃聞。而今補敘，將軍體檢發現疾病，經手術治療，並未受難忍的苦痛，安然往生，享年八十有八，可謂壽終正寢，且子女在側，親視含殮，黨國頒旗，敬弔者眾，生後哀榮備至等情，令我深深感到孝友將軍學長立己立人，為國奉獻，因得主耶穌降福所致也。在我敬申悼念緬懷之忱時，特別向將軍夫人致申感念敬意的是，個人其所以也能苦學篤行，在為學與從公諸方面，無愧於心，無何抱憾的話，皆是得受將軍學長所予教益，以孝友學長為我良師畏友， 年來景從力行而然的。

記得民國三十九年，我們就讀的政訓班第三期，原隸屬孫立人將軍所主持的陸訓部第四軍官訓練班，其一百二十三名同學，皆係從陸訓部入伍生總隊與各直隸部隊中，分別篩選中學以上的數名優秀士兵，共同參加考試而錄取入學的（註一）。在我們結訓前，奉總統之命以第四軍官訓練班為基礎，籌備黃埔陸軍軍官學校在台復校事宜，並任羅友倫將軍為校長，將我們政訓班改隸於國防部政幹班學生隊第一期，並由軍校複訓三個月後，統一分發至陸海空各軍種實習六個月，方頒予少尉任官令，正式任用。

（註一）政訓班第一、二期是召訓現職的軍官。我們第三期是孫立人將軍為配合蔣經國主任建立軍中政戰制度，而考選優秀學兵，將之培訓成為文武兼修的政戰人員，以應所需。

在軍校代訓的歲月中，校方為我們增加了多門社會文史學科，我們生活清苦，但無不孜孜勤學。民國四十年結訓前，羅校長蒞班作臨別贈言，勗勉同學們在結訓後，各自在為學與工作諸方面，務必再接再勵，精益求精。否則十年後，彼此的前程與成就必有相當差異的。同學們為此無不激發起砥礪上進的心志，但那時，我們多沒學校文憑，更不便報考大專院校。有天上午第二節課後，趁二十分鐘休息時間，孝友學長和我們坐在窗下，談及如何求學上進時說及，參加國家舉辦的高普考試，是我們現役軍人求學上進的最佳途徑。孝友學長認為他僅大學肄業，且無文憑，不能參加高普考試，但如參加考試院舉辦的高普檢定考試，將五門專業學課，在五年內拿到等同學歷的考試及格證書，就可參加高普考了。當時，我並未意識其重要性。

而今，證諸實際，我們一百餘位畢業的同學，凡經苦讀勤學，高考及格，或赴大學求學，或考取公費出國留學歸來，皆能在軍政文教商業各界，有較多的奉獻與成就。此如，在我們同學之中最為傑出超群者，首推從淮尉見習官升遷至總政戰部副主任執行官，官拜中將的周孝友學長：再有，回官校榮任政戰主任，也官拜中將的王國琛：歷任三所大學校長，且是有聲於時的政論家郭榮趙：著作等身任研究所博士導教授的張念鎮：高考狀元而今成為書畫大師的毛先榮：在幹校任法律系系主任的陳臬，與教學有成的王輔義：博學多才，揚譽美日的學人易陶天：苦讀通過司法官高考及格而轉任法官的曹競輝：以及多位官拜少將：在大學任教，或是在商界多有成就，不及一一例舉的學長，皆是由於力學上進而有如此成就的。

個人對於孝友學長，最令我終身感念，永難或忘的，就因他提示我們，如何能參加國家舉辦的普通與高等考試，俾能在學業與從公諸方面皆有所長進。此緣於我從軍校結訓後，分發至陸軍，駐台北圓山的警衛營。那時，想考大專院校深造，在晚餐後自習時間，私自去中山北路某補習班，補習英數，僅及月餘，事為營長知曉，召我訓誡，面喻停學。想考普考，苦無高中學歷文憑。想到我在家鄉就讀的中學校長，黃埔名將冷欣將軍住在台北，我曾數度趨前問安，面報在校概況，將校歌寫給他看，唱給他聽，校長非常欣慰。當我前去請求給予高中結業證書時，校長回說，我於抗戰勝利後，回鄉祭祖，為報母恩而創建的這所念劬中學，迄今並無畢業的學生，我校長怎能為此造假呢？令我語窒，讓我傷感！在惆望無奈之際，驀然想起孝友學長在官校所言，無文憑不能報考者，可先參加檢定考試，取得同等學歷的及格證書就行了。真讓我喜出望外。乃去大龍峒向考試院查詢得知，果如所言。

那時，國府兵敗於大陸，極大多數在遍地戰火，死裡逃生，追隨政府或國軍來台的流亡青年學子，有多少能帶有學歷證件？大家多是求學無門，就業無望。正如教育部為他們舉辦學力鑑定考試然，考試院也依據在大陸所訂的考試法，也為失學青年欲參加高普考，或是為就業需要學歷證件的人們，舉辦檢定考試，因而激發起無數的自修苦讀，欲成器成才，也有機會參加高普考試，可掄為國用的青年學子們，在軍中，在社會各個角落，處處可見到，手不擇卷，低頭讀書的景象。這是多麼偉大的德政啊！現在，想及此事，對於孝友學長在來台之初，就能知道並宣知同學們這項讀書上進的途徑，當可證明他是如何的用心勤學，是多麼地愛人若己。今天，追思及此，仍然讓我欽遲不已：感念殊深。

報考檢定考試的資格，除了有籍貫證明，無犯罪記錄而外，是不需要什麼學歷文憑證書的。我雖中學沒有畢業，但因曾在私塾將《論孟》通篇背誦過，選讀過《論說精華》，《古文觀止》與《詩經》的文章，再以《左氏春秋》為主課，雖未讀完，對我國文閱讀能力皆有相當的助益。因此，我對各門應考的科目，所選購的都是有聲於時的學人：在大學執教的名教授，所著的學術著作或是所採用的教科書，讀來很少有艱澀難懂的。加之，我選考的科目是「普通行政人員」，是不考英數理化的。所以，我對報考這類考試是有相當信心的。即便如此，我分秒必爭地，啃了不少的書刊，用兩年普檢及格，三年高檢及格。終於在民國四十四年普考及格，四十七年高考及格，連續考了七年，方能拿到這四份及格證書。可以說，是用青春與淚水掙來的！

論及高普考試，時在民國四十年代初，國府仍處在所謂風雨飄搖之際，國家能依據憲法按期舉辦全國性公務人員考試，雖然只是「資格考試」，及格後不立予分發任用，但因《中華民國憲法》規定，公務人員非經考試及格不得任用。所以，有了這份及格證書，除了感到猶如科舉時代，中了「進士」的這份「榮耀」，也就能列為國家侯補的公務人員了。對於穩定政情，激勵民心，其效應是極其重大的。而且，具有大專以上學歷者，才有資格報考高等考試。取得高考及格證書，也就等於取得了大學後的學歷證書，除了可任薦任級以上的文官，也可參加留學考試，出國深造的（註二）。

（註二）蔣經國任行政院長，成立人事行政局後，全國性公務人員高普考試就改為「任用考試」了。然因，繼之在人事制度上，將簡薦委改為職位分類的十四職等，其高普考的應考資格，與及格後任用的職等，按「文憑主義」在「正規學校」就讀，才能取得的學位高低（學、碩、博士），而大有不同。這不僅有失公 平，更造成「升學主義」，大家都拚命擠向大學之門求個學位，青年們升學與就業因以造成極其嚴重的教育與社會問題！（其詳情可見於拙文《解決青年升學與就業的途徑》，民國六十五年十月二十五日《中國論壇》第三卷，第二期。）

可是，依據高普考考試法規定，每年每屆及格人數，等同選舉立法委員一樣，是按各省人口「分區定額錄取」的。亦即不論多少人參加考試，每省人口在三百萬以下者，只錄取五名，以後該省人口每多一百萬者，就多增錄一名。例如，以我參加的四十七年的全國性高普考試記錄而言，全國性高普考計錄取四百一十二人，約佔報考總人數四千一百二十六人的 10% 弱。其中高考僅錄取二百四十八人，其錄取比率是 6%。說來，這份學資歷得來是屬不易的（註三）。所以，人們常將「金榜題名時」例為人生四大喜事之一，是不無道理的。另有「書中自有顏如玉」之說。那時就有種傳聞：在本省稍有名望的家庭為女兒所擇其婿，如係醫生，或博士，或是高考及格者，就贈予一百萬的陪嫁。是否確有其事，可不予計及。但有實例的是， 孝友學長夫人，趙琳嫂就嘗告訴我們說，她所以樂願下嫁給窮苦軍人的孝友，就是看上他讀書上進，從不稍懈：高考及格，依然手不擇卷，孜孜求學上進，戮力為國奉獻的原因。又如，毛先榮學長和我個人，皆是高考及格後，才有「顏如玉」願作我們的賢內助。自也算是個實例也。

（註三）在「分區定額錄取」法制下，台灣省僅錄取八名。致有本省「有心人仕」以此指認為，是國府對台灣人歧視的佐證。其實，這「分區定額錄取」法制，僅限於全國性公務人員高普考試。各（如台灣）省所舉辦的高普考試：為大專畢業生舉辦的相當於高考的乙等特考：為軍職退役後轉任文職人員所舉辦的「行政與技術特考」等等考試，其錄取名額則不受此例限制。

再就個人來說，正如早在四十二年就高普考及格，而能及時考取幹校研究班深造，甚得長官青睞提掖，一生事業婚姻兩者，皆幸運美滿的孝友將軍學長：又如，因為是四十四年的高考狀元，而為主考官，黨國先進黃季陸先生所賞識，予軍職外調，轉任文教職務，學經歷皆更上層樓，現已成為亨譽國際書畫大師的毛先榮學長然，我也能予軍職外調至行政院，為首長服務，工作勝任愉快：嗣經行政院甄選，接受聯合國學人獎補金，負笈英倫，求得研究所學位文憑：赴美訪問，考察研究公共行政與企業管理，獲益至深且切：嗣後，也能到大專院校兼任教職，撰著且出版大學用書等等，皆係因以孝友學長為我良師畏友，多年來附驥景從，因能取得全國性高等考試及格證書所致也。我怎能不對孝友學長感念萬萬，緬懷良殷呢?!

再有，孝友學長令我欽遲不已的是，除了他有種剛毅木訥的個性，溫文儒雅的風度而外，就因為他待人誠摯敦厚，處世謙沖禮讓的諸般德行。此如，1961 年我們同在軍官外學校留美儲訓班受訓，那時，他早已在俄文班畢業，軍階又比我高了，我們同桌而坐，彼此切磋交談，他毫無驕矜炫耀之色。在結訓前，他先已考取留美，也可能嗣後他被派去越南從事心戰工作，協助美軍作戰了。我於結訓後，才考選去美國陸軍太平洋連絡學校受訓。回國後竟也奉調到國防部總政戰部，任命為校級參謀。

我在國防部總政戰部工作期間，方才知道，我們政幹班畢業後之同學，又考入幹校本科班，尤其是到研究班受訓者，其不僅成為政戰系統的主幹，升遷也順利多多。我因忙於參加高普考，民國四十二年又隨某野戰步兵師調防金門，並未考入幹校。然因國防部辦理國軍統一學籍，我被評為陸軍官校第二十四期，其畢業證書竟是以總統名義頒予的。所以，我嘗對大家說「你們是幹校的，我是軍校的」，博個哈哈一笑（註四）。雖然，我們在軍校代訓政幹班結業的一百多位同學，有 「幹校」與「非幹校」之分：更有好多同學早已轉任到各種不同的行業，但大家都非常珍惜這份非正規班的學歷，懷念那種甘苦共嚐的生活。所以，有王國琛，張念鎮暨鄒德崑三位學長，每年皆辛勞籌辦自費的「畢業週年餐會」。人，不論苦樂：路，不問遠近，大家都趕來相聚言歡，彼此問安。我在海外，不便參加，但有念鎮學長每屆年會後，都將資訊與照相寄我存念。從照片上看到諸多較有成就的學長都在其中，尤以見到孝友將軍學長，每每謙謙遜遜地站立在後排，讓人倍感親切。

（註四）我們這一百餘位畢業的同學，皆屬孫立人將軍主持第四軍官訓練班的「子弟兵」。「孫案」發生，我們不僅未受牽連，而且多受到黨國的栽培，成器成才，皆能在各界盡其責分，為國奉獻，有如周孝友將軍等等皆是典型的實證。

又如，我於 1965 年，由國防部「軍職外調」，到行政院服務不久，某天中午，傳達室通知說，門外有來賓要會我。依言出門看到的，竟然是孝友學長，偕同也在總部任處長的王國琛學長，他倆撥冗前來，猶如親兄親弟然，探問我工作是否安愉，溫馨叮嚀。迄今，每念及此，仍然讓我感動不已呢！

再如，1971 年，我留英訪美歸來後，某天，念鎮學長要我去台北某工專，代他所兼之語文課，上課時，學生調皮，大聲歡笑，孝友學長時任軍訓教官，及時前來「訓導」，學生安靜了，讓我「如釋重負」，現在想想猶感到親切有趣。次年暑期，學長已榮遷教育部任軍訓總教官，又因校方為我送教育部，依大學法教師資格審查合格，而頒給「講師證書」之故，央請孝友學長邀我繼續去校兼課，為因教學語文非我所願，故未應允。想想那時，沒顧及學長的情面，現在仍想要說聲「對不起」呢！

自 1978 年，我再度出國赴美進修，繼之「流」美就業以迄於今。其間，從台灣不時傳來有關孝友學長升任各種要職，官拜至中將，退休後並轉任華視董事長等等的訊息，讓我有種天涯猶如比鄰，同學情誼永難或忘的感受。2001 年夏，孝友學長與夫人猶如「候鳥」般，每年常常定期來美，探視住在新州任醫生的愛女及其賢婿。因而，我們有了一生中最為相聚言歡的機會！我曾請他倆和徐長貴學長夫婦，到我紐約舍間唱卡拉 OK，我們三個政幹班垂垂老矣的同班同學，竟又合唱「怒潮澎湃，黨旗飛舞，這是革命的黃埔……」的軍校校歌，再去餐館小吃，似乎時光倒流至在軍校受訓的日子了！孝友夫人琳嫂也在座，非常開朗健談，還要我介紹我的鐵夫老師，也教她電腦中文「周氏四角輸入法」。果真，琳嫂回台後，仍然數度用電話受教。所以，有時我稱呼趙琳嫂為「師姐」呢。

尤者，是年八月，最令我感到親切難忘的聚會是，孝友學長遠從新州，備具禮品，由他賢婿開兩小時左右的車，趕來參加，我為小兒在紐約喜來登舉辦的婚禮。喜宴中，至親好友，相互言歡：有才藝兼長者，皆請其出席與賓主同樂。當我將來賓一一介紹給大家時，請孝友將軍學長上台致辭，將軍就是謙謙遜遜的謝讓不迭。我們喜宴鬧到午夜十一時許，才由他賢婿驅車回新州，想必是午夜早過了。可能因為路遙夜深，琳嫂並未同來參加這次喜宴，我去電向琳嫂問好時，曾戲問說，您不前來，您可知道，在孝友喜宴席上有美國美女同座呢，您「放心嗎？」琳嫂竟回說，「放心，非常放心」。可見，將軍賢伉儷是多麼的鰜鰈情深啊！這話，雖已十五年倏忽而去！但歡樂情景，依然歷歷猶如在目。自後，每年如不見孝友學長賢伉儷來美，嘗去新州或大陸電詢。他們回台定居後，就以郵電問好了。而今，驚聞孝友將軍學長飄然而去！寄望雲天，深感「人生天地間，忽如遠行客」：緬懷敦情厚誼，不勝悵然若失良師畏友！而今，為琳嫂告知，本年三月二十一日，將為孝友將軍舉辦逝世週年追思會，特遙寄片片心語，藉抒懷念與敬悼之情於萬一，更為孝友將軍學長祈禱：與主同在。阿門！

2015 年二月十五日於紐約市

原載於《中央網路報》 2015 年三月十五日

往事只能回味?!——我唱抗戰歌曲與懷念老歌的經歷感受

（註:1971 年里筆者在茲大學(Leeds)獨唱相片，列於書後相資 024）

今 (2015) 年七月，在紐約市的中華民國各退伍軍人團體，聯合主辦「紀念抗戰勝利暨台灣光復七十週年系列活動」，其中有來自台北許多聲樂家所演唱的《松花江》、《西子姑娘》等等抗戰歌曲，那悲憤壯烈的歌聲，激發兩百多位老兵與親眷，追憶起家仇國恨的血淚史，而有多人動情合唱，發抒同仇敵愾的情懷。這也讓我想起 1995 年，紐約華人為紀念抗戰戰爭勝利五十週年，在林肯中心舉辦了一場，盛況空前的五百人演唱《黃河》以及多種懷念歌曲的音樂會。那時音樂會的主題是「抗日的歌聲唱出我們共同的民族情感，國恥的傷痛使我們團結在一起」，不禁令我憶起幼年時期，那烽火連天，逃亡流浪的日子；那生離死別，饑寒交迫的傷痛，的的確確扣我心絃，令我潛然！

筆者從小學時代就學會了好多抗戰歌曲。也可以說是天天在聽，天天在唱著抗戰歌曲。曾經有一首《動員》歌，我唱得很好，幾乎被選為校代表，去縣城參加比賽呢。至今依稀記得這歌詞是：

「動員，動員，要全國總動員。反對暴軍侵略，掙脫壓迫鎖鏈，要結成鐵陣線。民族生存只有一條路，唯有抗戰。大家奮鬥到底，槍口齊向前。民族生存只有一條路，唯有抗戰。」

這些抗戰歌曲有的是老師教的，有的是跟小朋友們學的。尤其到現在仍不知道是，從那兒不時派來三三兩兩的文宣人員，到我們學校來演唱抗戰歌曲，給我們全校的小朋友們聽。他／她們往往唱得聲淚俱下！我們也聽得「心顫膽跳」。當然的，他／她們所唱的歌，無不是我們最要學會的。其中有兩首特別為大家最愛唱、愛聽的是「我的家在東北松花江上，那兒有滿山遍野的大豆高粱、還有那衰老的爹娘啊！……」的《流亡三部曲》和《長城謠》。前者，由於歌詞很長，而且唱起來要把內心的悲憤和哀痛，以至慷慨激昂的情緒表達出來，是要費力的，所以並不輕容易唱它，至今更唱不成曲了。但後者《長城謠》確是唱得終身難忘，個人將它從大陸唱到台灣，從台灣唱到英倫，再唱到美利堅的新大陸。真有所謂「一曲走天涯」的壯舉呢。而今，只要有表現的機會，依然要將它高歌一回，以抒那酸甜苦辣，五味俱陳的生活情懷。

音樂是世界的語言，歌曲則是一個民族情感的流露，和時代心聲的表達。人們之所以對某些老歌懷念它、特別喜愛它，莫不是因為這些老歌，在其中投入與融合有他們自己既往生活與經驗的感受而然的。可能就因為是這樣，當筆者聽到唱那所懷念的老歌，總會讓我猶如跌入時光隧道中，那時光倒流至那個聽或唱那首老歌的時代，重溫那時代的生活情懷，與經歷感受。筆者在青少年時代，曾經手抄了厚厚一本古典名曲與流行歌曲。確有不少很喜歡的，令我很懷念的老歌。但印象最為深刻的，乃是下面的幾首歌曲：

無憂無愁的《漁翁樂》

歌詞是這樣的：

「漁翁樂陶然，駕小船，身上簑衣穿。手持釣魚竿，船頭站，捉魚在竹籃。金色鯉魚對對鮮，河裡波濤蛟龍翻。兩岸呀，垂楊柳，柳含煙，人唱夕陽殘，長街賣魚閒呀，斟一杯美酒兒，好把魚來煎。酒醉後，歌一曲，明月滿前川，漁翁樂陶然。」

這最後一句也是第一句，可以反覆唱下去。這首歌是我在小學三、四年級學會的。那時戰火還沒燒到我們小鎮上，過著無憂無愁的生活。但不及兩年，日本鬼子來了，繼之「清算鬥爭」也來了！由是而失學，而逃亡，而家破人亡，而從此「浪跡天涯」，倏忽已歷七十多年了！我非常喜歡這首詞與曲，也曾經用毛筆將之書寫成一幅小小的「中堂」，掛在我的書桌旁邊。但每當我低徊誦唱時，總禁不住令我想起個人沒有金色的童年，有的，確是過多的艱困與苦難，而傷感、心酸得要掉淚。當然，在悲憤中也帶給我更多的奮鬥力量呢。

美曲可餐的《王昭君》與《西子姑娘》

當我唱或聽到這兩首歌曲，總讓我似又回到當年服役軍中，駐防金門時，那炮聲隆隆，機聲軋軋的，差點兒為國捐軀沙場的戰鬥生活了。現在人們談到金門炮戰，都是提到民國四十七 (1958) 年的「八二三」炮戰。實際上，還有民國四十三 (1954) 年的「九三炮戰」，對我和金門來說，那才是驚險萬分的。九三是抗戰勝利紀念日，上午，部隊長集合我們訓話，我連剛剛步行到湖南高地的集合場中央，就聽到後面傳來對岸大／小嶝一群炮聲，散坐在四周的官兵就大叫著：「散開，臥倒。」我一伏到地上，那第一群炮彈就落在我們附近不遠處，我連就有一士兵腰部為流彈片所擊傷。下午，對岸的中共突然群炮齊轟，炮火濃煙把我們住在湖下對面的小金門幾乎全掩沒了。那時，金門根本沒有什麼防禦工事和完善的營舍可言。當夜，我部睡在榜林的田野間。（月餘後，我奉調到政戰部協辦組訓工作，能夜宿在莒光樓講台中央，還真幸運呢。詳見拙作《憶金門「九三炮戰」及其餘事》文及附圖。）如果中共攻打過來，金門準會不保。所幸，我們有六門 115 加農炮，當夜反擊，射程可打到廈門。第二天起，由台灣一批又一批飛來的空軍轟炸機，到廈門上空日日連番轟炸，打散了中共結集的船團，當然也粉粹了他們攻打金門的美夢。自後，炮戰不斷，台灣的勞軍團也連番而來。女歌星們所演唱得最多的就是這兩首歌。好多兵哥們說，只要聽到這《王昭君》與《西子姑娘》，飯不吃都可以。想不到音樂的力量竟有這麼大！

令我憂時傷懷的《春風春雨》

民國五十九年，我竟有幸到英國留學去。九月中旬從台北起飛時，還是熱得令人難受。可是一下倫敦機場，那迎面吹來的陣陣寒風，令我打了好幾個寒噤。繼之隨著承辦我留學事務的大英文化協會的太太，到處忙了好幾個小時。當晚一到旅館就病倒了。第二天抱病坐火車去里茲大學報到，入夜竟頭痛得生不如死。校方將我送院，住了一個禮拜才回到學舍。回來當晚，正好參加學舍為來自外國新生們舉辦的「國際音樂會」，承先我由台灣來英的李先任和王德熙兩位同學，送來中國歌曲唱片一張，讓我放給大家聽。這也是我第一次聽到這《春風春雨》：

「又是一年春風，春風裡故鄉依如舊？多少遊子為著故鄉憂……多少人在春風裡憔悴！多少人在春雨中消瘦！為什麼憔悴？為什麼消瘦？為的是青春不再，歲月如流 。歲月如流，卻流不盡家恨國仇！……」

大病初癒的我，聽到這種詞曲，更令我感到個人已虛度三十多歲，這次來英國留學幾乎命送這異鄉，而我們的故鄉何在呢？我的家人，我們的國家呢？！一陣心酸，淚珠禁不住滾滾而下，趕緊背過臉去把它擦掉。回到座位，身旁的同學對我說，你們中國的歌曲和我們義大利的音樂很類似呢。自後，這首歌曲，這種情景，就常在我喉，常存我心了。

響遍英倫的《高山青》

這首歌是民國三十九年我在鳳山軍校受訓時，有女青年大隊同學來教會的。那時我還沒二十歲，唱到「姑娘美如水，少年壯如山呀……」覺得真奇妙，當然很喜歡唱。可是二十年後，我竟到英國又上學，又聽到、唱到這首我很喜愛的歌。那是在十二月中的一個週末，由於全英中國同學會年會，輪到曼徹斯特大學的中國同學主辦，各校中國同學多趕去參加。我當然也去了。上午參觀，中午聚餐，下午歌唱同樂會。真開心。在同學會中，有某地餐館同仁主動前來參與演出，講廣東話，我聽不懂。只看到女演員的動作敏捷，猶如做體操。坐在我旁邊與我同姓的朱同學，是從馬來西亞去台大畢業來英的。他問我這演的是什麼？我搖頭。他說，這就是《紅燈記》呀！最後，果然看到那女演員把那「紅燈高高掛」起來了。真納悶。台下也沒有什麼人鼓掌。大概那時大陸的留學生是極少之故吧。最後壓軸戲是由倫敦政經學院同學演出的。當音樂響起，竟是《高山青》，出來兩排男女同學，跳的竟是高山舞。大家突然歡欣歌舞起來了。台上蹬足，台下拍掌。大家都隨著音樂節奏，左搖右幌地高聲唱起來了。真開心極了。自後，每次聽到或唱到這首歌，怎能不想到這種動人、動心的情景呢。

令我在校「一曲成名」，因而意氣風發的《長城謠》

1971 年春初，過中國年時，我們里大同學會舉辦「中國文化之夜」晚會，招待全校師生。我被「徵召」參加了由台灣來的李讚成與盧元祥兩同學夫婦，李先任和王文潮，以及香港的三位女同學，共十人的中國民歌合唱團參與演出。我們選唱了《高山青》、《康定情歌》、《掀起妳了的蓋頭來》和《沙里哄巴嘿》四首民歌，還由香港的黃偉儀同學獨唱《紅豆詞》；我則獨唱我的最愛《長城謠》。我獨唱時由香港鄭同學鋼琴伴奏。當我引吭高歌時，台下鴉雀無聲。唱畢鞠躬，台下竟掌聲與叫聲齊飛！我下台後，我指導教授夫婦對我不斷點頭。有中國同學問我說，你「日夜只想回故鄉」嗎？有英國女同學則連聲叫好地親我呢！自後，那希臘的、埃及的等等同學，都說我要得，要另眼相看了。真是，這《長城謠》竟讓我「一曲成名」，因而意氣風發起來了，我怎能忘記那……

那令人低首徘徊，無限感慨的《往事只能回味》

這首歌是在 1971 年七月由英來美考察訪問時，適逢發生那「天翻地覆」的事故，在華盛頓我大使館陳秘書耀東兄的住所聽到的。那時，我並不會唱這首歌，但很喜歡聽它那種如怨如訴的音調絃律，和演唱歌星樸素低沉很美的音色。也由於如所唱，「時光一逝永不回，往事只能回味」，在年事日增，而國事、家事與個人事，事事都在急速變遷之中，真是只能回味！自然而然地喜歡來聽聽這樣的歌詞，平常不時哼哼，直到四十三年後 (2012)，已八十三歲的老朽了，竟也學會並能表演它呢。（在 YouTube 上鍵入「往事只能回味　止戈 20120526094521.mpg」的連結，就可以看到了。）

在這漫長的逝去的歲月中，真有不少「不堪回首，只能回味」的事故。舉其犖犖大者要如；

1971 年，我們中華民國青天白日滿地紅的國旗，依然飄揚在 UN 大廈與 IMF 總部。

記得，在我留英來美訪問之前，就發生所謂「乒乓外交」。英倫的新聞、電台為此「吵」翻了天。在國府為維護聯合國的代表權，與中共「纏鬥」得難解難分之際，發生如此事故，甚感不妙！所以，由倫敦一到紐約，即前往聯合國總部，看到聯合國大廈前一片旗海時，不禁順著旗桿走下去，想尋找我們中華民國青天白日滿地紅的國旗，結果，發現她飄揚在大門右邊第一根旗桿上。我注視良久，拍了張照片。自己還特別站在旗下，請人為我拍張紀念照（如下圖）。以後在華盛頓去 IMF 訪問，看到我國旗安插在旗海中，也照了個相。現在，這幾張照片已成為「歷史文件」了！真是往事只能回味也。（1971 年，我們中華民國青天白日滿地紅的國旗，依然飄揚在 UN 大廈與 IMF 總部的 2 張相片，列於書後，相資 025、026）

沈劍虹大使讓人看來，甚感痛心的「抗議」。

那時，我在美考察研究的項目，是由美國聯邦政府文官委員會主辦的。那天早晨我去該會，那外賓室主任郝夫先生一見面就對我說，發生了非常特別的大事，要我趕快去我大使館看看。經一再相詢，才知道是

季辛吉在巴基斯坦「肚痛」，竟偷偷跑到大陸「拉肚」去了！當尼克森總統宣佈將訪問大陸那天晚上，在電視上看到我們沈劍虹大使，在記者群中發表「抗議」談話，他這、這、這地，說得口沫橫飛；他大頭在閃光燈下，也搖得「閃閃發光」。看來，真教人心痛不已！其後……真是「往事只能回味」了。

讓我讀得淚珠滾滾的「老祖母投書」。

從尼克森宣佈「朝毛」的那天起，我每天在出訪前第一件事，就是買幾份當地的日報，將有關此類新聞剪下，以航快寄回台北，以供當局參考，間或陳述些許建言，要者，我曾建議即刻召回沈大使回國述職，以表示嚴正「抗議」（後來上司對我說，這些資料呈首長閱後，多批交到有關部委會局，曾讓他們大為驚異，說來真能派上些許用場呢）。有天，從華盛頓郵報上看到一則「讀者投書」，

著者說，我是美籍華裔，而且是六十多歲的祖母了，可以說明我寫這份投書，不可能有什麼政治野心了。於是她指出，在美華人，因為尼克森要去大陸訪問，有好多人奔走相告，認為中國人站起來了。她問，中國人真的站起來了嗎？沒。她呼籲蔣毛兩位老人家，從此捐棄那莫明其妙的成見，祛除那「不共載天之仇」，而握手言歡，而推誠合作，共同建設國家，讓我們中國人真正能站起來。我讀到這裡，想到我們這一代所受的烽火連天的災難與苦痛，再想到我們下一代也要承受這戰火的洗禮嗎？那串串淚珠不禁滾滾而下！這一幌已是四十四個年頭過去了。真是，「往事只能回味」也！

「聯共制俄」的失策！「實質外交」的效應何在？

我留英訪美回國未及旬日，當 1971 年十月二十五日，我中華民國政府因聯合國 2758 號決議案而退出，中國代表權席次，竟由奪得政權二十餘年之後，因有美國突然採取「聯共制俄」的政策而予奧援的中共政權所取代！又，十年後，美與中共政權「關係正常化」。反思美國對中國政策，從圍堵冷戰的「反共」；「麥卡錫主義」的「恐共」，尼克森猶如「飲鴆止渴」地，為了採取季辛吉的「聯共制俄」策略，竟由「乒乓外交」，而宣佈「朝毛」，而助共入聯，而「關係正常化」，以至與中華民國斷交等等大不幸的失策，其結果呢？造成今日中共處處與美爭霸，挑起世界動亂的情勢。這能不能說是「咎由自取，責在美方」呢？這豈不是「往事只能回味」？！

那時，中華民國政府為肆應失去聯合國中國代表權的這項衝擊，務求減低損害我國家民族利益至最低限度，由嚴前副總統兼行政院長家淦先生指示成立四個應變小組，外交小組為其中主要小組之一，由臨危受命的葉公超先生所主持。小組的成員為有關涉外事務的部會首長（如外交周書楷，經濟孫運璿，財政李國鼎，僑務高信，交通張繼正，央行俞國華以及協調人蔣彥士秘書長等等）所組成。葉先生主持小組會議，除了聽取有關部會長報告外交事務情勢，決議應變處理方式而外，主要任務是重新釐訂外交方針大計，重新調整全盤外交陣營，分配預算，統一指揮。為了衝破孤立，推展實質外交，經小組反覆研議，在第六次會議決議後，由公超先生簽請院長：（一）在無邦交地區倘不便使用正式國號，可使用「台灣」字樣。（二）在國際會議中，可不反對他人稱我為 Free China，China (Nationalist)，或 China (Taiwan)。簽文呈送至蔣副院長經國先生，其第一條（可使用「台灣」字樣），即被刪除。今日思念及此，對於當年中華民國政府，處在存亡絕續的關頭，猶執著秉持一個中國的基本國策，其堅忍志節，是何等的悲壯感人！但自後，有哈日族如李、陳之流的台獨鼠輩，或倡「一邊一國」，或叫囂成立「台灣國」，這一切俱往矣！真是「往事只能回味」？！

中國國民革命與對日抗戰

說來，中國的共產黨是共產第三國際，由蘇俄派馬林來中國資助成立的，在國父孫中山先生「聯俄容共」政策下，共產黨以個人身分加入國民黨後，宣揚馬列主義，秘密發展組織，所謂「借國民黨的雞，生共產黨的蛋」：中國共產黨參與中國國民黨為建立「民有、民治、民亨」共和國體的國民革命，其在本質、理念、與實踐等等方面，可以說中共是個不折不扣蘇維埃式的「外來政權」。

今 (2015) 年，中國對日抗戰勝利已歷七十週年。大陸中共為了轉移世人對它面臨政經等等方面將要「亡黨亡國」危機的注意，乃假「全民抗日」，「保衛國土」以激發人們與生俱有的愛國家，戀故鄉的情結，能認同中共 一黨專政（外來政權）的正當性，合法性。因此，自習大帝甫行登上大位，即對外耀武揚威，向日本索取釣魚島，在東南海與美國爭峰；對內為糾合民心，定於今年九月三日高規格舉行「中國人民抗日戰爭暨世界反法西斯戰爭勝利六十九週年」，要邀請世界各國領袖來觀禮，來檢閱其展示最先進武器的大閱兵等等紀念活動 。說實在的，想到中國近三、四百年來，中華民族受盡外侮侵略，姦淫殺戮的苦難，看到今日，中共強大起來，耀武揚威，能與美日對抗，誰不有「揚眉吐氣」之感呢？誰不對老毛在 1949 趕走所謂「腐敗專制」的老蔣後，即刻關起竹幕，用一個「反」字，發起種種人神共憤的暴政，殘殺八千萬苦難小民（當然包括菁英學者專家)的共產極權暴政，有意予以「一筆勾消」呢？可是，當年中國對日抗戰，毛澤東在俄共資助，史達林指令下，以欺騙，用間，武裝叛亂，僭奪了抗戰勝利的果子；而今，中共竟然大肆宣稱，對日抗戰是它八路軍、新四軍打贏的。海內外有理性，有良知的人士，對於如此無恥的欺騙謊言，莫不一致譴責。因為，事實乃是：

民二十九年八月二十二日，毛澤東發表「共赴國難宣言」：服從國民政府領導，參加抗日。將陝北八路軍的四萬五千人的部隊，改編為第十八集團軍，總司令朱德，副彭德懷，所轄有林彪 115 師，賀龍 120 師，以及劉伯承的 129 師，劃入第一戰區，由衛立煜（實際是中共黨中央）指揮，從事所謂「國共合作」。全民對日抗戰，在這期間，毛澤東到底做了些什麼呢？有歷史學家研究所知：

據北大教授白壽彝所著《中國現代史》一書中載有；「從 1931 年九月十九日至 1935 年八月一日，中共沒有說過『抗日』這個名詞。」毛澤東，除了抗戰頭兩年共產黨的軍隊打過幾次抵抗日本軍隊的仗，從 1939 年以後就沒有打過一場稍微大一點的仗。共產黨的主要精力放在擴大解放區，培養自己的武裝力量，是所謂「一分抗日，十二分宣傳，一百分發展」。在這中華民族生死存亡的關鍵時刻，毛澤東放著日本人不打，打自己的小算盤；準備勝利後摘果子。（他確實做到了。）

中國對日抗戰，據中共黨史所說，日本是由八路軍打敗的。其舉證最為首要者，是為林彪的第 115 師參與的「平型關之役」；另由彭德懷所發動的「百團大戰」。據說，在三個月期間，打了兩千多次游擊戰，毛澤東參加過幾次？甚以，事實上，毛澤東並不同意林彪打「平型關之役」，「毛一天給五道信說是，中共八路軍的中心任務就是做群眾工作的」。也對彭德懷發動「百團大戰」結果，損失 20% 的戰力，一直計算到他被整死而後已。

抗戰期間，蔣介石「領導」三百二十個步兵師，二十二個騎兵師，總共四百至六百萬人，與日作戰計有二十二次大會戰，一千多次中型戰役，三千多次遭遇戰，打了八年，方能堅持到最後的「慘勝」。國民黨僅陸軍就犧牲了三百二十一萬官兵，其中包括上將八名，少將以上兩百名。中共軍呢？從四萬五千名，擴展到數百萬，沒有一個師級以上軍官犧牲的。特別是，在國軍與日寇二十二次大會戰中，毛澤東自始至終，除了在窟洞中不時「喊話」而外，他又參與了那一次？這是絕不可能為習大帝所能抹殺的，此如胡錦濤所謂，由國民黨主導的「正面戰場」，二十二次大會戰，依年次條列如下；

1937 年的：1. 淞滬會戰；2. 南京會戰；3. 太原會戰；

1938 年的：4. 徐州會戰；5. 蘭州會戰；6. 武漢會戰；

1939 年的：7. 隨棗會戰；8. 第一次長沙會戰；9. 桂林會戰；

1940 年的：10. 棗宜會戰；

1941 年的：11. 豫南會戰；12. 上高會戰；13. 晉南會戰；14. 第二次長沙會戰；15. 第三次長沙會戰；

1942 年的：16. 浙贛會戰；

1943 年的：17. 鄂西會戰；18. 常德會戰；

1944 年的：19. 豫中會戰；20. 桂柳會戰；21. 長衡會戰；22. 湘西會戰。此外尚有名震中外的：滇緬會戰。（參見拙作《老朽曝言》文。）

總之，中共將中華民國對日抗戰八或十四年之久，犧牲了千千萬萬的軍民同胞，損失了天文數字的財產，而獲得「慘勝」的果實，要如廢除了近數百年來，與外侮所簽訂的種種不平等條約；接受日本無條件投降；索回日本所侵佔的國土；創建聯合國而享有否決權的永久代表席次等等勝利戰果，中共將之全數僭奪，「攬為己有」，已屬為人所不恥。又在中華民國處境特別「艱困」之際，中共出兵東南海，維護應歸屬於中華民國所有的領土（海）主權；他方又盡其力能所及地，貶低甚至欲消滅在台灣的中華民國政府，以維護它一黨專政極權統治的合法性。如此泯滅史實，面對中華民族，炎黃子孫情何以堪？！

迄今，每當我誦唱這些抗戰歌曲與懷念老歌時，總會緬懷及既往七十多年中，那些因戰火離亂而喪生的，千千萬萬的軍民同胞；也想望及那億億萬萬後代子孫的生活前景。只有祈求上蒼賜予兩岸的領導者，以為民請命的道德勇氣，和那為民造福的仁義之心：中共必須落實政改，還政於民，使中國共產黨真正轉變為，如胡錦濤所宣示的，「是孫中山國民革命的『繼承者』」，俾能與民主先進國家如英美等修好邦交；國府尤須恪遵《中華民國憲法》，啟動「國統綱領」運作，以謀求大中國的和平統一。兩岸當政者都要為中華民族全民繁榮昌盛著想，為世界和平能盡文明國義務而盡籌碩畫。兩岸四地毋妨籌組成「一中委員會」，儘快將兩部《憲法》加以研議，修訂出一部，可名為 《中國大憲章》，作為兩岸統一後，建立聯邦或邦聯制，或在聯合國「一國兩票」制的，民主法治共和國的藍圖。如此，兩岸為「和平發展」要會談，要協商，要簽訂施行的如服貿條例，要參與的亞投行等等，必須面對的「一個中國」問題立予解決了；再如協議，通過「政治協議」，則兩岸「和平統一」的時間，也就不需要如鄧小平所說的要等一百年了。

2015 年七月十日於紐約市

原載於《中央網路報》2015 年七月十三日

我唱《燕雙飛》的情懷與感受

《燕雙飛》詞／曲：高天棲

（〈燕雙飛〉詞曲的簡譜列於書後，相資 027）

「燕雙飛，畫欄人靜晚風微，記得去年門巷，風景依稀，綠蕪庭院，細雨濕蒼苔，

雕梁塵冷春如夢，且啣得芹泥，重築新巢旁翠幃。棲香穩，軟語呢喃話夕暉，

差池雙翦，掠水穿簾去復回。魂縈楊柳弱，夢逗杏花肥，天涯草色正芳菲。

樓台靜，簾幕垂，煙似織，月如眉，豈奈流光速，鶯花老，雨風催，景物全非。

杜宇聲聲喚道，不如歸。」

《燕雙飛》這首歌，是我在童年上小學時期，聽高年級同學們唱，而跟著他們哼哼，但只學會了前幾句而已。那時，我們小朋友整天除了做功課而外，就是學唱抗戰歌曲與藝術（懷念）老歌。去年，為參加紐約僑胞舉辦的抗戰勝利七十週年紀念會，所寫的小文，《往事只能回味——我唱抗戰歌曲與懷念老歌的經歷與感受》，在童年所唱的懷念歌曲之中只有《漁翁樂》，這《燕雙飛》並未列入。其因是，那時對這首歌的詞意與情境懵懂不解，而未如《漁翁樂》的歌詞簡潔明瞭，可以朗朗上口，而能學會之故也。

近來，有感於馬齒徒增，對變幻莫測的世事，也嘆其無奈與無助，而又哼哼唱唱《往事只能回味》與《教我如何不想她》等抒情民歌時，不意竟哼到這《燕雙飛》的詞曲，但仍是起首幾句而已，乃從網路上搜尋到這首歌整首的詞曲，隨著簡譜哼哼唱唱，驚覺其詞曲美不勝收，真是所謂如詩如畫，有聲有色，載歌載舞，至情至親。個人對音樂雖然無何修養，但從在那擬人的詞句，那委婉的聲調中，竟也能體會到這首歌曲，似有一種「樂而不淫，哀而不喪」的情意。特別是，讓人勾起對故土故人的情懷；憶念到那時無憂無愁的童年生活。

這首歌的詞曲都是高天棲在 1932 年為《雲南姑娘》所作的主題曲。所謂「歌曲是民族情感的流露，和時代心聲的表達」。我想，這首歌的詞曲其所以寫得如此的婉約優雅，平和動人，很可能這創作之 1932 年，是正值國民政府「黃金十年」建設的鼎盛時期之故。據歷史學者們研究所知，這「黃金十年」又稱「南京十年」，係指從 1927 年，由於國家統一而定都南京，到 1937 年為抗戰建國而遷都重慶。在這期間，國府有蔣中正先生的主導，展開全面建設，在政治經濟，軍事外交，交通基建，文化教育，以及民族社會等方面，皆是蓬勃發展，繁榮昌盛。其成就是中國自 1840 年鴉片戰爭以來達至最高的水平；其成效是鞏固了國家統一的基礎；對日寇侵略能遂行長期抗戰，倖獲「慘勝」。這「黃金十年」的建設，設如沒有內亂與外患的的破壞與阻撓，而能再延長十年以上，中國不僅沒有迄今所遭受的一切的災難；而且，國家建設，早已與現代民主法治高度發達的國家並駕齊驅；中華民族復興的漢唐盛世也早已實現了。

個人起初哼哼唱唱這首《燕雙飛》的時候，我們抗日戰爭是否已經爆發，不得而知，但那時我們還沒聽到日寇的機槍聲，「清算鬥爭」也沒有來到我們的小鎮。小朋友們過著悠遊嬉戲的日子，對上述「黃金十年」的情形並無所知，但所有耳聞目見，親身經歷的片斷記憶，僅限於教育文化方面的些許事故。至少有如下幾點：

我們小鎮的鎮公所，為推廣社會教育而設立圖書館，開辦識字班來掃除文盲。為組訓民眾，而召集鎮上青年、農村子弟分期集訓。我依稀記得，那時看到組訓隊長教他們「齊步走」時，隊長喊「一、二、一」口號，他們不知所措，喊「左腳，右腳」，好多人分不清楚。最後要他們左腳穿布鞋，右腳穿草鞋，隊長喊「草鞋、布鞋；草鞋、布鞋」，這「齊步走」才能步伐一致，成隊成形。想想，還真惹人會心微笑呢！

我兒時啟蒙是在私塾，整天讀「之乎也者」的線裝書。待讀到《中庸》，總因不明其義，背不會，而經常被老師按到他的大腿上，脫了褲子打屁股，痛得我哇哇大叫，現在想及，仍然讓我恨得牙癢癢的！幸而鎮上開設了國民小學，乃轉學插班到國小三年級，開始讀圖文並茂的「的呀嗎呢」，有注音符號的國語課本。而且還有數學、常識、音樂、美術、以及體育課，真把我樂壞了！而最讓我印像深刻的是，在學校有老師教導，在社會到處張貼有標語，所推行的，要人們的言行必須合乎「禮、義、廉、恥」的「新生活運動」。

不幸的是，沒久，日本鬼子飛機掠過小鎮的上空，繼之，鎮上也搞起讓人們驚恐不已的「清算鬥爭」。於是，我們的學校毀了！家破人亡了！從此「浪跡天涯」，迄至今日成為白髮蒼蒼的老朽，仍然紀念著這「禮義廉恥」的「新生活運動」。後來經歷所知，民國「黃金十年」的建設，最著重的是教育。這「新生活運動」就是國民教育之本，影響深遠。加之「黃金十年」的建設，最重視學術自由，大力培植科學人才。對學人學子皆倍加禮遇愛護。在抗戰最艱苦時期，仍然努力貫徹「抗戰建國」的政策。例如整合頂尖的大學，成立了西南聯大；設立幾十所國立中學，以收容成千上萬逃到大後方的流亡學子等等。時歷七、八十年的今天，在海峽兩岸對國家民族的經濟發展，科技研發等等各方面，著有貢獻的傑出學者專家們，莫不是從國府「黃金十年」建設，那個時代培植出來的。

當我哼哼這首兒時曾學唱的老歌《燕雙飛》，讓我猶如跌入時光隧道，懷念那童年的生活情懷；梳理逝去歲月裡的經歷感受。特別對國民政府「黃金十年」的建設，竟為「內亂」的破壞；與「外患」的阻撓而沖消！為之惋惜不已；但國府在抗戰建國最艱苦時期，依然秉持並貫徹國家建設以教育為主的政策，為國家栽培了無數的棟樑之材。也想到個人在內戰的烽火連天，家人生離死別，成為流亡學生的時候，也曾被國府收容到「流亡學校」。嗣後，能在苦難中倖生，成長，工作，退休，而至今能安渡晚年，真讓我感激萬分。故斯為永誌。

2016 年五月五日於紐約市）

原載於《中央網路報》2016 年五月六日

盡本心：花謝花開，雲卷雲舒，盡是生活掠影

溝通文化·止於至善——陳學同舞蹈團著有成效

陳學同舞蹈團為陳學同先生於三年前創立於紐約。團員九人，來自不同國度，舞蹈團成立以來，由紐約州政府支助，除在紐約、新州及華府等大都市定期或巡迴公演，或為我華埠舉辦舞蹈講習推展會，各大報刊無不予以極高評價。此外，曾兩度應邀，赴歐洲演出，亦受到藝術界極高評價，一致認為陳氏將中國傳統舞蹈的形式融合以美國現代舞的技巧；抽象的意念，表現對自然的偏愛，旨在表現人性，向善求美；啟發人生，止於至善，無不著有成效。

陳氏畢業於我中國文化學院舞蹈科，六十一年赴美，在瑪莎葛蘭姆學校深造。六十二年獲茱麗亞學院獎金隨蕾可女士指導編舞，並入紐約大學舞蹈教育研究所修讀得碩士學位。六十六年陳氏於紐約首次發表作品會，竟獲得各方稱賞。嗣經蕾可女士及拉瑪瑪劇場創始人斯都華夫人之鼓勵贊助，陳學同舞蹈團乃正式成立。

陳氏所以能很成功地融合中西舞蹈技巧，尤能在現代舞中，表現我中國文化特色，與其教育與生活背景自是息息相關。前年底中美斷交之際，陳氏曾率團配合我國赴美之郭小莊女士在紐約林肯中心共同演出，全場國旗飄揚，觀眾情緒激昂，此於推展國民外交，宣揚中華文化之外，對於鼓舞人心，堅忍奮鬥，正適其時，成效自不待言。

陳氏及其舞者之主要作品內容可略見於下列數端。

其一，「秋收」：描寫收成之後，村民喜於內而形於外的一片歡忭歌舞；用以表現人們熱愛工作，追求幸福的意念與行為。

其二，「晨之鷺」：此為作者觀察及晨霧中鷺鷥，尋食戲水，一動一靜，如詩如畫。所謂：「西塞山前白鷺飛，桃花流水鱖魚肥，青箬笠，綠簑衣，斜風細雨不須歸。」勾起一片鄉愁之思而創作者。

其三，「心境」：此舞共分四段，藉舞者動作的剛柔與空間的親疏，表現男女間悲歡離合、喜樂哀怨的內在情感與抽象意念。純屬一種靈性深處的欣賞。

其四，「希望之岸」：此是作者有感於越南難民為掙脫共產極權暴政，不惜漂流於海，奮力求生，特編此舞，以示對難民的同情與關懷，藉此呼籲人們對如許追求自由者共伸援手。陳氏憂民傷時的情操此可見一斑。

此外，尚有「包厘街」、「溪水的啟示」以及「空山」等力作，皆以舞蹈的整體形式，表現抽象的意念，以訴諸人們情感，呼喚人性，描述自然景象，啟發人生；共同追求至真、至善、至美的人生境界。

臺北新家活動推展中心舉辦六十九年國際藝術節，陳學同舞蹈團已應邀回國演出，國人有機會欣賞到其他的作品。但國內藝術界如何協助這一由我中華兒女所開創領導，且以溝通中西文化為職志的舞蹈團使其今後在海外更能開揚中華文化，推展國民外交，獻身奮鬥，當為我人所關心而應努力之重要課題。（二月二十五日寄自紐約）

（《中央日報》，1980.03.04）

人生七十才開始——「報紙亂講」外一章

在當前「世代交替」起用「中生代」政策下，陳履安先生首先被膺任為監察院院長。記得當年陳氏以第一批，迄今也是最後一批高中畢業出國留學，學成歸國後，也是第一位在「起用青年才俊」呼聲中，出掌王永慶先生的專科學校校長，繼之推薦至教育部出任要職。

於是，「起用青年才俊」的巨浪，洶湧澎湃，舉世滔滔。各種考試和用人都有了年齡限制。許多力求上進的「流亡學生」、「青年從軍」雖然僅才卅出頭，卻效法「頭懸樑」、「錐刺股」地奮發苦讀，參加考試，企求「一舉成名」而「出人頭地」。但許多重要考試，諸如外交人員特考、公費留考等等，皆以考選「青年才俊」為標的，應考人年齡訂在卅歲以下，只有望「試」興嘆。以後雖然放寬至卅五歲，以至五十歲以下，甚至十大傑出青年選拔，也放寬至四十歲以下。而他們年齡始終年長了一二歲，無緣進身，莫不慨嘆「生不逢辰」，悲哀「祖上無德」。事實上，當年被擢拔的青年才俊與今日被膺重任的「中生代」，有幾個不是「祖上有德」的?!

不僅如此，那時黨政機關在這「起用青年才俊」政策下，不像今天在「世代交替」政策下，對年長在位者，只是於舉杯言歡之間，寄語諸老「自行請辭」而已。當年，對年長在位者，雖不逼退或冷凍，但在一片「依例自退」風聲中，這些老年才俊，莫不自慚、自危。於是，在各種名冊表格中，能不寫年齡者，決不將年齡填入。為了「分享」青年才俊之光，而天天擦皮鞋，週週去染髮。其心真苦也。所幸，那時（「老賊」）一詞尚未發明。特別是張羣先生所說，「人生七十才開始」，真予眾多老年才俊莫大的鼓勵，無限的生機。

這「人生七十才開始」究是張氏自我著述所言，或是記者訪問所得而披露於報端？無從查考。但有一說是，張氏有位親信部下，六十五歲退休後，求見張氏，欲謀一職。張氏問他既已退休，為何又要做事呢？這位部下說，您老長官不是說「人生七十才開始」嗎？我才六十五，正如先生已年登八十猶能官居要職也。張氏聽到此說，正如以前李總統先生聽到朱高正立委向其質問為何拒見謝、孫二老一事然，而氣沖沖地說，那是「報紙亂講」的。當初記者來訪問，談及我為何不「依例自退」。想我個人從東征、北伐、抗日、剿共，一直追隨總統　蔣公。而今總統比我年事更高，猶在為黨國操勞，不退、不休，我豈能忍心自退？因而感嘆地說，「人生七十才該死」。將「該死」說成「開始」，那是「報紙亂講」的呀！

豈是「死不道歉」而已哉?!——兼問高大鵬先生是「神」嗎?!

本年一月廿九日讀世界日報副刊所載〈死不道歉〉一文後，猶如身受當頭棒喝，為之驚訝不已。因為日皇裕仁去世前後，在全球對之一片責罵聲中，該〈死〉文作者高大鵬先生竟能避重就輕，博引詳徵地來為裕仁「脫罪」。而且高唱反躬自省，指說「人皆有罪」，要讓責罵裕仁者自慚形穢！

從〈死〉文的字裡行間看來，該〈死〉文作者不會是中國人，也不是如一般大眾的人，而是連耶穌都可能比不上的「神」。因為，凡是身受過或是見聞到日本人在中國燒殺掠奪，姦淫蹂躪的中國人，決不想使用「天皇」「駕崩」的字眼，以「發動戰爭」字句來掩飾其侵華的史實。甚至指責中國人自己「看面子比真理大，看自尊比是非心大」，豈能要求裕仁道歉？再如，凡是有血有肉，有愛有恨的常人，怎會忘記家仇國恨；對於千千萬萬無辜人民被日軍殘殺，有如天文數字的財產設施被日人恣意掠奪，怎能無動於衷，不置喙一詞？尤者，耶穌在群眾問祂該不該打死那位姦婦，祂才要人們自省自責。而〈死〉文作者高先生竟主動而直率地指責世人如「猩猩罵猴子，忘了自己也有尾巴！」何其神聖?!耶穌右臉被人打了耳光，祂還將左臉耳光給人打。依此類推，這位〈死〉文作者高先生的妻子如被日本人姦殺了，可能還會將他的女兒也奉送給日本人姦殺的。對於罪魁禍首如裕仁者，「死不道歉」一事，必也毫無異議的。高先生，您會如此嗎？您能如此嗎？

〈死〉文中說：「英國、澳洲、韓國這些吃過日本虧的罵得最兇——中國人沒罵？——給人感覺好像死了希特勒一樣。」難道裕仁的罪惡不如希特勒?!德國人害猶太人比之日本人殺害的中國人誰多？誰的殺人手段最殘忍?!日本侵華較之德國侵歐所造成的損失與後患誰大？誰深?!德國發動侵略戰爭，希特勒凡事親躬，敢作敢當，最後失敗自戕，無異是畏罪自殺。日本發動侵略戰事，裕仁自始至終皆是置身事外，一無所知，從未簽過任何有關侵略戰爭的詔書命令？當日本瀕臨覆亡之際，裕仁有權力昭告日本接受「無條件投降」，日本全民跪泣奉行，難道毫無權力堅持，告誡其軍閥停止侵略、殺戮他人嗎？裕仁豈真如〈死〉文作者所「想」，對於「發動戰爭」僅負有「推不掉道義上的責任」？即使說，裕仁應否負有如此滔天大罪，事實歷史自有公斷，何勞〈死〉文作者用「我想」二字來為他「脫罪」。

再者，〈死〉文中指說世人像「猩猩罵猴子，忘了自己也有尾巴！」又說:「歷史上該道歉未道的歉堆起來可以高過喜馬拉雅山。」所以他認為「責人可以，總要站在罪人的位置，而不是聖人的位置才好。」這些是什麼話？宗教上「人人有罪」，只有信主才能得救的大前提，應用於傳道說教，教人為善，其效益自毋庸爭論。但如以此「尺度」來辯是非，分善惡，就有問題了。試問，如果都是「罪人」，都有「尾巴」，也不問罪的輕重，不計尾巴的長短，還要什麼社會道德規範，法律刑責制裁？可是，不容否認的是，罪有輕重之分，惡有大小之別，裕仁的罪惡可以與一般的愧疚行為相提並論嗎？即使如〈死〉文中所引英國對殖民地、澳洲對其土著，以致韓國人「打裁判」，諸如此類的罪行能以之與日本的侵略罪行等量齊觀嗎？英國一一接受了殖民地的獨立，香港將歸還於中國，澳洲白人政府承受若干國家譴責，禁運制裁，亦不敢姿意妄為。韓國並未大肆宣稱「打裁判」有理。類此行為表示，豈能說他們從不認錯，死不道歉？

今天，世人同聲譴責裕仁「死不道歉」，並不在於「道歉」一事，而是驚嘆其負有如此滔天大罪，竟能以卑鄙無恥的說詞，逃避一切責任，在盟國的卵翼下也能免受一切的刑罰。裕仁以一國之君，對於其臣民加諸於他國他人罄竹難書的侵略殺戮罪行概不認帳，從不心存一點歉悔之意，甚至如〈死〉文作者一樣，來篡改歷史，將侵略寫為「進軍」，真是中國人該死，世人可殺。裕仁如此終生不悔，「死不道歉」，且能一生安享「榮華富貴」，真是義理何價？公道何在！而〈死〉文作者高大鵬先生能夠忘卻被日本人姦剮砍殺而死的三千多萬中國同胞，要為裕仁「脫罪」，他豈會是中國人？他對裕仁寬容大度到要世人反省罪己，不應指責裕仁「死不道歉」，這豈是人所能哉?!所以筆者認為〈死〉文作者高大鵬先生不會是中國人，也不是人，而是一位連耶穌都可能比不上的「神」，眾神社裡的「神」。先生以為然否?!

註：該文曾於1989.03.02函請時任世界日報總編輯馬克任先生予以審閱刊出。嗣後，馬先生認為，該文會引起「筆戰」，不宜刊登而作罷。又因馬克任先生與筆者同為中華民國香港之友會紐約分會的成員，筆者曾請托他，將年前我論香港九七大限的文稿被刊出所得的稿費，寄給台北總會長杭公立武，捐贈給總會。在此對馬先生表示謝意。

歐遊感言

古人秉燭夜遊，似屬騷人墨客的雅興；今人暑期休假則成為芸芸眾生一年一度所渴望的「享受」。但兩者珍惜良辰美景，及時行樂的心情則一也。

個人偕老伴、作歐遊，是來美後多年的心願。今年在兒女相繼畢業、就業，但老朽老伴兩鬢已白，惟恐來日又步履維艱，乃放下一切身邊事，到旅行社報名參加歐遊。繼之買腰袋、整行裝；老伴染髮，老朽也美容一番，由旅行社專車送往機場，就如此踏上了十六天的歐遊「征程」。

重遊英倫話當年

旅遊首站是英倫。對個人來說乃是「舊地重遊」。由於追憶及將近四分之一世紀前留學英倫時，許許多多的往事舊夢，曾穿上當年特別添置而今已舊的西裝，也打了里兹大學的領帶，來扮少年、強說笑呢。事實上，老朽除了小腹微隆，兩鬢花白，臉上多了不少歲月痕跡而外，自覺仍然滿「挺」滿「帥」的呢。

抵英倫機場，當我偕老伴站在移民局官員辦公桌前，依稀猶如當年入關一樣。更記得那年向移民局官員只交了一張由英國駐台北領事館發給的身分證明，移民局官員問我有無護照，於是遞給他個人公務護照時，他隻字未吐，立刻起身到後面辦公室去請示了，真令人忐忑不安呢，因為英國是第一個與我政府斷絕外交關係的。那時政府雖為維護聯合國代表權已備感吃力，但正是「漢賊不兩立」

鬥志最為悲壯的時期。我持公務護照入關會不會有問題呢？大約十餘分鐘後，這位移民局官員回到原位，也是隻字未吐，就拿起圖章在我公務護照上蓋了入境戳記。事後曾著實令我為此欣慰頻添，也曾寫信回去報告如此「禮遇」。而今，個人已無公務在身，只是偕老伴參與這有四十七人之多，而且都是老中的旅行團，來英倫觀光遊歷，其心情輕鬆愉快，與當年真不可同日而語。再則，中華民國雖早已退出了聯合國，但因經濟建設、民主改革有了令人刮目相看的成就，而在國際上實質關係方面，反而贏得了更多的尊重、更深厚的友誼。特別是海峽兩岸雖然仍在「三不」、「四要」或是「三不」、「不四」地「對話」，但皆本著「一個中國」的信念，而在如何增進互惠，促進「統一」上日有進展地著力。每個中華兒女能不為此而額手稱慶。

英倫的風貌依舊。但從街頭巷尾上已見不到當年長髮披肩，男女不分，衣衫襤褸，形骸放浪的嬉皮了。那西敏寺，那白金漢宮，那國會大廈，那唐寧街，那匹克底律圓環，那納爾遜廣場等等依稀一如當年。那古舊灰黑的建築物，那狹窄彎曲的街道，亦似如故知舊識。可以令人感到一個古老而已高度開發的大都市，真不能與新興國家大興土木的城市相比擬。那些新興的城市大有「市」別三日，必定讓你刮目相看的。當然，倫敦的面貌也有改變的，例如華埠便是。記得當年每次從里茲 (Leeds) 到倫敦總免不了吃頓中餐。那時稱之為「準華埠」，因為那兒僅有幾家中餐館而已。不像今日的華埠，在街頭巷尾都豎了彩色牌樓。營業種類也增多了，區域也擴大了。想想老中求生存、謀發展的韌性與黏性確實夠堅夠強的。

導遊先生還特別安排（奉送的節目）我們去參觀舉世聞名的大英博物館。花了將近三個小時才把各部門匆匆瀏覽一趟，但未去圖書館中文部。想當年我曾在那兒流連許久，並特意照相留念，因為那兒所藏的中文圖書可真不少呢。說來，館中所收藏的都是世界各國、各民族的文物，特別是埃及、希臘、義大利的建築、雕刻最多。想想這些收藏的文物，豈不也是從他國「搜」、「集」而來的？而今館內陳列設施也裝修得更美輪美奐，整理得有條有理。這些文物如果仍在原主權所有國，恐怕還不會有如此「待遇」的。所謂「禮失求諸野」是有其道理的。

我們還參觀了早期英王所住的倫敦塔。這是以前我未去過的「勝地」，那各式各樣的皇冠的確令人眼花撩亂。那燦耀奪目的鑽石，真想停下來仔細欣賞。但身穿 ER 制服的皇室管理人員不斷在旁輕聲催促：「繼續前進。」也看到曾經砍過二位皇后的斷頭台。當地導遊小姐參加我與老伴合影時對我說：「馬上要行刑了。」問她何時。她狡黠地說：「問你呀。」我們隨隊的導遊先生在旁為我助嘴地對她說：「那要看他（指老朽）決定是哪一位了。」導遊小姐向他瞪了一眼。走了兩步，我才領悟到，我成為亨利六世了！不禁跳起來對她說：「對，對，妳們可小心了。」的確，斷頭台的黑牌上紀錄了曾經在此砍頭的二位皇后及其他重要皇室人員的姓名及行刑日期。這能不能也算是「名垂千古」是不幸中大幸呢?!

羅馬大帝國依稀可尋

離開倫敦乘渡輪過海峽，到布魯塞爾，經阿姆斯特丹、法蘭克福，而茵斯布魯克，而南下威尼斯、羅馬，再北上佛羅倫斯而盧森堡、而巴黎。先後經過了比、荷、德、奧、義、瑞、法及英倫等八個國家。可說是歐洲心臟之旅。除了法國在留學英倫春假期間，曾在我里大安排之下來研究時，遊歷過若干名勝而外，其他各地都是處女遊，增加不少的識見，也給我較多的感受。

歐洲大陸予我印象最好的是荷、比、奧、瑞的山水田園風景之美。予人如置身仙境，心曠神怡。從布魯塞爾出阿姆斯特丹，馳向德國途中所見，那馬路就在田園之間，兩旁樹木整修得高矮一致，蒼翠碧綠。真為這一草一木幸慶其生長於如此環境之中。而那方方塊塊，如毯的農田，其間無一田隴。有之，乃圍繞方塊田地四周的水渠。真不知他們如何收成，如何將農作物運送出去的。美國是大農制，自不必與之相比較。台灣的農耕仍停留在小農制的情境，對於荷、比的農村建設，是否值得來此參考借鏡呢？至於奧、瑞的山明水秀，不僅美國、台灣不能與相之比美，在歐洲大陸也算是無匹其右的。那山坡上綠草如油，且無一荒蕪雜色。無論是淙淙而下的泉水，或是碧波潾潾的湖水，皆是清澈見底，望之令人心滌胸淨，百看不厭。說是置身桃源樂土真不虛偽也。

在歐洲大陸到處可見及的是教堂和雕像。而文物古蹟則泰半與帝王王室有關。令人感到一部歐洲史說是為帝王王室的興衰史也不為過。有趣的是，古代王室都「隱居」在堡壘之中。堡壘甚至築在地下，如法國羅浮宮的地下堡壘便是。更令人驚奇的是，英國有斷頭台，荷蘭、法國也有砍頭廣場、殺頭廣場。帝王都是以砍頭來統治其臣民嗎？甚至連自己的枕邊人也公然送上斷頭台，其權力之大，真匪夷所思。好在此種權力只是及身而止，所謂水能載舟亦能載舟，帝王也有被送上斷頭台的。可見凡事禍福相依，諸象皆是因果循環所由生，能不慎哉。

談到羅馬大帝國，現在歐洲各國以至英倫無不存有羅馬征服者的遺跡。特別是到了德國，在萊茵河上乘輪瀏覽風光所見，當初羅馬大軍採就地取糧，就地取兵的方式，循萊茵河而下，逐城逐鎮攻占後，所築的碉堡，依然在萊茵河兩岸，遙遙相望，或成倚角之勢。可以想像及當年羅馬的威武雄壯之師多震撼人心。這些碉堡都是居高臨下，建築在那山頂之上。以當時的交通之不便，工具之不良，很難想像及那些山上的碉堡是如何取得飲水，獲得補給，各碉堡之間如何通訊連絡，特別是這些無數的碉堡是如何一一築成的。今天，曾被征服者各國都能不以為羞地保存著征服者，也可以說是侵略者的遺跡，是著眼於軍事研究價值？或是為觀光所需？或是以此激勵一國國民常存個雪恥圖強的心志？的確是值得令人省思的。

在義大利我們停留了四天之久。紀念相也照的最多，但令人感受的也不一樣。遊威尼斯水城可能是時近黃昏，見那水邊破舊遺棄的建築，那空空蕩蕩無人工作的碼頭，令人感到一片蕭條。不禁欲問「威尼斯商人」而今何在?!參觀世界聞名的聖馬可大教堂，由於正在裝修，大半門牆皆為鷹架與木板所堵，無法進入，固然掃興。見及一些斑駁斷殘的建築，加之義大利到處有竊盜搶劫，令觀光客個個提心吊膽，受害者心碎恨怨無已。我們旅行團中有一家四口的護照、現金以及旅行支票就在義大利公路餐廳中「丟失」的。這令人感嘆義大利有如「吃瓦片」的「觀光企業」，不知再能維持好多年。

在羅馬參觀了更多的名勝古蹟，要如梵帝岡、許願泉、威尼斯廣場、鬥獸場等等，以及我個人不意發現的當初在《羅馬假期》影片中，奧黛利・赫本站在那兒吃冰淇淋的寬大石階。矇矓中似乎見及英國公主憨憨的站在那兒東張西望，四週的景物是那麼的美好；此與眼前大有空洞無物的現實景象真不能相比。令人感到藝術的「美」不過是一種刻意的「創作」而已。

在許多遊覽過的古蹟之中，最令我徘徊沈思不已的，是鬥獸場景象。當年的鬥獸場如果真如電影中所表現的情景，人，有權力的人，是多麼的殘忍！而那為人為一已微小生命而捨身反抗的勇士，或是那些遭受羅馬帝國迫害，被驅送給鬥獸場的獅虎，但一本「信、望、愛」，而束手就斃的基督教徒，又是多麼悲壯感人。在鬥獸場的外圍牆上到處是大大小小的洞痕。據導遊說，那是羅馬軍到了最後無武器可用，乃拆下牆上鐵質棒條用為作戰武器所致。果真如此，那悽慘之情，能不為之唏嘘感嘆?!想羅馬大帝國全盛時期，占領了整個地中海四週的國家以及海峽對岸的英倫，最後僅剩下羅馬一城。而今，只是一些殘垣斷壁的廢墟。所謂「創業維艱，守成亦不易。」誠斯言也。

瑞士山水多可愛

由酷熱的佛羅倫斯北上進入瑞士境內，真是迥不相同了。不僅風景優美，氣候也涼爽些。抵盧森堡旅社更令老中有賓至如歸的感受，旅館的大門上竟掛有中華民國的國旗。次日我們到鐵力士山又見到上山的纜車上也漆有青天白日滿地紅的國旗。老伴叫我快照個相留念呢！

鐵力士山有一萬呎高。纜車分三段才昇到頂站。我們經過一番手腳並用，「冒險犯難」地才爬到頂點。不意在最險峻的邊緣竟然坐著一位只穿了三點式泳裝，凝視遠眺的瑞士姑娘。她在那兒作日光浴或是雪海浴？或是遐思什麼的，就不得而知了。她身材健美猶如維納斯，那山頂層峰的皚皚雪景尤美。老伴向她走近，我拿著照相機向她示意，能否為她照個相。她回眸微笑，頷首同意。於是攝了兩張雪山裸女的鏡頭。

老伴遊興真濃，到處攀爬。找到攝影佳點，就問我在這裡照個相是不是偉大？照後看看又說，一眼盡是崇山峻嶺，顯不出這一萬呎的高峰呢。當初孔老夫子所說的：「登泰山而小天下。」恐怕那是孤峰自賞的情景吧。

在瑞士甚至歐洲所見到的眾多雕像之中，最讓我動心的、憐愛的，是那代表瑞士武士精神的石獅像。牠背中箭矢，痛極欲淚，但仍不願拋卻戰鬥武器，其神情栩栩如生，真是多可憐！多可愛！更可敬！瑞士是一個小小的山國，像台灣一樣，沒有什麼天然資源。她以精密（如名錶）機械工業以及無煙囪（觀光）工業立國而外，尚有傭兵輸出。今日梵帝岡聖彼得大教堂門口的衛士，就是由瑞士來的。這因為他們正如這石獅一樣，非常驍勇善戰，而且忠誠可靠之故。

離開瑞士前一晚上，導遊問大家願意參加乘夜輪遊湖的，每人須繳合美金卅四元的船票費。我和老伴想想，跑了大半個地球，不參加遊湖，可能要後悔的。事後證明果真值得參加。特別是我不意有美女共舞，而神魂飄飄，跌入時光隧道去呢！

遊湖全程僅二個小時許。但一上船，每人一份飲料就送來。一啟航，艙內就起舞奏樂，引來許多聞樂足癢者大試身手。我催老伴也去試試，她始終不為我所動。認為去跳舞是要出中（洋）相的。真無奈。繼之瑞士姑娘們作傳統服裝表演，傳統樂器演奏，穿插以傳統的歌舞。各個穿傳統服裝的瑞士姑娘都一一站到你面前，讓你仔細欣賞，並能照相留念。遊興表演節目完畢後，尚有幸運摸獎。我拿了船票（上有號碼）到舞艙中對獎。正要走回座位，突然樂聲響起，節目主持人領導大家搭肩抱腰，形成長龍般，循著船艙擺腰踏步，邊走邊唱。我在重重圓圈之中正不知如何穿出，突然一位十八九歲姑娘拉著我說，來呀，在後推我加入舞圈。走了幾步，我見到著古裝表演的瑞士姑娘，我也如法炮製，拉她加入了舞圈。小姑娘在後推我，我推前面的瑞士姑娘。大家到底唱的什麼歌，跳的什麼舞，我一無所知。但所謂「福至心靈」地，我嘴裡哼著一二三四，腳下也踏著一二三四，果然有用，沒出中相。等到改變為雙雙對對跳瑞士傳統舞時，這位瑞士姑娘竟大大大方方，熱熱忱忱地逼我學舞、跳舞。大概八個節拍過後，我竟也上了路，和她「翩翩起舞」了。突然，我老伴來了，大聲叫我，令我驚慌失措。但見她拿了照相機為我照「與美女共舞」的鏡頭，令我開心極了。老伴真「大方」，竟為我這外遇的美女拍下幾張美好的合影呢。這時節目主持人又要所有太太小姐們都站到男士的前面，排成四五排，音樂響起，要她們當著我們男士左搖右晃，踢腿跳步，猶如台灣的高山舞，或是紐約無線電城的大腿舞。我老伴如歌如舞，似歌似舞，笑得嘴那麼大，眼那麼小，仰著脖子，不知其所以然。真似時光倒流，又回到少男少女相對言歡的時代了。啊！多可愛的瑞士。

次日，我們到了旅遊的終站巴黎。除了羅浮宮在入口處多了一座請名家貝聿銘設計而建成的大玻璃金字塔，別增一份古典之美而外，其他如聖院、鐵塔、凡爾賽宮、協和廣場、凱旋門，以及香榭麗舍大道等等景物依舊迷人如昔。我老伴到處樂意為她照相留念，就不願在協和廣場上照相。因她聽導遊說，這廣場在法國革命動亂時期，每天有成群成群的人送來這裡砍了頭之故。

似乎每個大城市都是因有河流經過而形成的。在巴黎，我們也乘輪遊賽納河，觀賞兩岸古色古香的建築物。這比之阿姆斯特丹的遊河真是美得多，但不如遊萊茵河那麼令人勾起幽古之思。大概是因為羅馬大帝國時代所留在兩岸的碉堡太多，以及在遊輪上不斷播送當初羅麗娜少女令羅馬軍聽得陶醉迷惘、以致覆舟事件頻傳的歌曲所致。我老伴聽到這曲〈羅麗娜〉，不禁也隨口哼唱起來，真也夠清清脆脆的，令我驚喜不已。我問她何處學的？女校老師教的。知道這少女歌唱的故事嗎？她說，今天才知道。真也夠歡欣，感到不虛此行。

不過，在法國再次參觀了羅浮宮及凡爾賽宮後，再合以對大英博物館等等印象，令我對歐洲文化藝術產生一種茫然感。對於歐洲所經歷的現況，更予人撩起故國之思。

歐陸的文化經濟

歐洲文化起源應上溯及兩希文明。其後經過羅馬大帝國時代而十三世紀黑暗時代。可以說是基督文化征服了羅馬文化。及至文藝復興時代，各民族文化相繼恢宏昌明，各顯其特色。歐洲國家民族之多為其他各洲所不及，其文化應是多彩多姿才是。但時至今日，在我參觀過如許多國家文物古蹟，特別是油畫與雕刻方面的藝術作品，其所表現的主題，不外乎是宗教與人物兩者。宗教方面皆係來自《聖經》上的故事。人物方面則是以英雄事蹟與人體之美為主。以此相較於中國文化藝術似乎就偏失了些。此以中國繪畫來說，其表現的主題除了人物而外，最多的是山水，其次為花卉，以致飛禽走獸都會成為畫中物。為何歐洲的藝術作品侷限於斯，係因為思想與生活亦侷限於斯嗎？

歐洲幅員僅四萬平方英里，不及中國原有版圖有四百卅餘萬平方英里之大。但國家竟有廿個以上。車行數小時就可以到了另一個國度。好在國界邊境可說都不設防的，彼此能暢通無阻。但對遊客而言，最為不便的是語言與貨幣。在歡光區內，英語多能用上，否則，只有比手劃腳用肢體語言了。至於貨幣則既麻煩又損失多多。每到一個國家都要費時費神去兌換當地的貨幣。其兌換率都可因「人」因「時」因「地」而有不同。再如扣手續費，那損失至少在百分之十以上。

據聞，今年新成立的歐洲共同體正研議發行歐洲統一貨幣，所謂「歐克」（ECU）便是，如果英、德對其英鎊與馬克在世界金融上的地位肯作小我犧牲的話，可能會實現的。這對遊客來說真一大福音也。但語言統一就較難了，即使以呼之有年的「愛斯不難讀」（Esperanto），所謂世界語作為歐體的統一語言也不是幾年教育，歐人就可以學會通行的。何況各個國家民族之間對一己文化歷史怎肯輕易拋棄呢？

由此可以聯想及新的歐洲共同體，除了經濟、關稅，以致對外關係而外，究竟「共」到何種程度，又對「共」同的「事」，如何作決策的，係採一國一票制，或是「委員制」？從管理觀點來說，這不僅是科學，亦屬藝術了。但不論如何，歐體固是面臨著不少的難題，但她們依然是「勇往直前」的，抱必行必成信念的。這是因為共謀生存發展所由繫也。

目前，在北美洲，美國不正也結合墨西哥、加拿大成立「北美自由貿易協會」，「區域合作」似已成為一種不可抗拒的趨勢。至於亞洲，早在嚴靜波組閣時期，就有組織亞洲共同市場之議。但當時靜波先生認為日本經濟一國獨大諸因素，而未作積極響應。而今，中華民國——台灣在國際經濟上的地位已不可同日而語。對於成立「大中華經濟圈」之議，僅就同文同種，甚至在「一個中國」理念下而言，積極推動正是其時。海峽兩岸特別是中共政權領導者，如能放棄政黨、政權一己之私，而以為生民立命，為萬世開太平為念，放棄孤立以致消滅在台灣的中華民國政府的一切作為，而政治整合，以致中國和平統一，是可以定言的。現在台灣已深切瞭解到，大陸動亂對其有害無益。同樣，有中華民國政府的安定繁榮，中國和平統一才有可能。否則，即使動用武力，讓後代子孫流血，也不能保證可以統一的。中共當政者能不慎乎？海峽兩岸政府能不捐棄成見，為民請命，及時參照「歐體」或「美會」，通過經濟合作，而政治整合，而把握這分久必合的統一良機呢?!

專業遊導亦師亦友

旅遊是調劑身心的樂事，也是自我教育的良機。所謂「讀萬卷書，不如行萬里路」。從這次歐洲心臟之旅來說，可證實此言之不虛。但如何能獲致如此良益，一則靠自己研究，一則在於導遊指引。導遊不僅是如兄如弟，照顧你的行程和生活起居，也如亦師亦友地增進你的知識見聞。我認為旅行社除了以服務週到，節目美好作號召而外，應該再如電影明星制一樣，以好導遊者「掛牌」來吸引旅遊者則更佳。

以我們的導遊先生來說，他在旅程中準備了一百五十多捲音樂帶，到了英倫時就播放英美古典情歌，到奧國就放宮庭音樂，到德國、義大利，就分別放送該國的名曲，而且一一解說，很有深度。音樂是人類的共同語言，是一個國家民族情感的心聲，我們聽其言、體其情，再觀其容（田園山水以及建築之美也），真予人多美好的感受，多親切的認知。有導遊如此，就值得「來回票」了。而且這導遊先生更能就地取材，講述許許多多的文物掌故。從冰河融解的遺跡，滄海桑田的變遷，而人類的起源、歷史的興替，而偉大人物成功的歷程，以至諸般雕刻藝術之美的故事。真是難能可貴，讓我們受益匪淺。

不過，從這次旅遊經歷所知，旅行社也有必須改進的地方。至少有二點：一是我們的旅行社以「歐式早餐」、「中式晚餐」相號召。待我們到了德國法蘭克福的Doriut Dreieich旅社才弄清楚，所謂「歐式早餐」乃是兩個小硬麵包、一小包牛油、一小包果醬，甚至沒有牛奶，沒有果汁的「經濟」省錢的早餐。這猶可忍，但因此受到該旅社的「次」等旅客的「待遇」，真令人火冒三丈。參加旅遊者能花數千元報名，就不願每天多花十元、八元（美國早餐有三、五元就很好了），享受一分較豐盛的早餐，受到「平等待遇」的早餐?!

其次，在生活照顧方面，諸如乘車坐位如何分配輪流；少數同遊者經常脫隊，延誤大家時間；各別自由選擇的節目如何安排彼此配合；以至老中們一些常犯的惡習如何防止等等，皆須依據實情，訂立規章，行前宣布，認真執行。其他如旅行社再能採取研究考察的方式，安排節目，提供資料，作到如「專業旅遊」的話──這可能期許太高了──我老朽明年必定偕老伴再次報名參加的。

（《世界周刊》1992.11.22、11.29、12.06）

我去了時報廣場迎新歲

今年，我去了時報廣場迎新歲，真讓我自豪不已。因為今年的除夕我們不做生意，我小兒又放寒假在家，機會實在難得。這也是我從一九七一年來美訪問以來，就一直想了廿多年要去的盛事。尤其是從報端獲悉，今年時報廣場大樓頂上的「大蘋果」，倒數計秒的燈球，新鑲了萬個萊茵石，球心之內還設置一個高達一萬瓦特的缶氣燈，外裝三百多個閃光燈與水銀燈。想到它從七十七呎高的桿上，冉冉下降時，那閃耀的光輝，那震天的歡聲，多瑰麗、多動人。怎能不去呢?!

我兒說要去，就在上午十一時以前進入時報廣場，否則只能在外圍看，那就沒意思。說的也是。一大早我就催促小兒，穿上雪褲，帶點乾糧，準備出發了。我們搭地鐵，到了時報廣場已近十二點。人尚不多，於是在廣場內看電影去。四點去吃飯，五點不到，就看到人潮滾滾而來。於是趕緊去會場佔個好位置，有幸站到廣場中央，ABC 電視轉播台旁邊。這一站就站到午夜十二點，不能走動，只在原地打轉，或是隨人潮東擺西盪。七至九小時不敢吃、不能喝，更是不可「方便」。我們就這樣過了年！

那時，六點不到，人行道上已擠得水洩不通了。維持秩序的警察也愈來愈多。有車經過，兩旁人群就對之或揮舞雙手，或是吹起號角，識趣的駕駛也不斷按著喇叭回應。新年快樂的呼聲，此起彼落，已熱鬧非凡了。廣場四週五顏六色的商業廣告霓虹燈，更是爭妍鬥艷，燦輝奪目，美不勝收。兩個廣播與電視轉播台的工作人員，則是上上下下，反反覆覆試著鏡頭。人們不時仰頭看看大樓高桿頂上的燈球。特別是時報大樓上有 SONY 廣告的大電視，不斷放映著廣告片，最後播放上榜的流行歌曲，從第卅五名倒唱到第一名。少男少女們不時隨之和唱著，扭擺著。如果螢幕上放映的是現場錄影，更成為這幾十萬人所注視的焦點。

六點半，時報廣場中心四週的馬路就封鎖起來。我和小兒就隨著人潮，一下湧到馬路中央。站在 ABC 電視轉播台的旁邊，視線良好，真愜意。也有幸的，我們站在一群由外州來的年輕人之中。他們勁可大呢，不僅是吵著、跳著、喝著，還你推我撞，讓小丫頭騎到肩上，拋到頭上，傳來傳去，熱鬧非凡，也快樂非凡。有些人忍耐不住，把預藏的香檳酒拿出來噴灑，我父子倆的頭上、肩上也淋得濕濕的。所謂樂極生悲，有一位小傢伙噴灑香檳，被警察看到，兩個武裝警察衝到人群中，一人抓著一臂，將這小傢伙像捉小雞一樣，捉走了。大家高聲噓噓叫著，沒用。沒久，大家把這事忘了，又鬧起來了。等到大蘋果快要掉下時，好多少男少女們，都把香檳酒甚至烈酒拿了出來，大麻煙一抽再抽。瘋啦！我右邊的小丫頭，個兒小小，但聲音可大呢，而且不斷地又喊又叫，要電視台上轉播人員將鏡頭對著我們這一邊。最後，她也累得倚在她女同伴懷中闔上眼「休息」了。大概在十一點左右，先是我左邊的少年蹲在地下，我問他同伴是不是不舒服？他同伴回說，沒事，不要管他。未幾，他站了起來，還笑兮兮地呢。真怪！可是我突然覺得我腳底下濕濕的，有「水」?!不久，我前面的那又高又胖的黑丫頭，也「蹲」下去了！她旁邊兩個女孩用眼來做她的「護法」。我一看就知道是什麼一回事了！好在天冷，聞不到什麼。

在我未來的前一天，我有機會就問我的客人，明天去不去時報廣場，想徵得到他們的「支持」，以壯我膽。可是他們不是說，我去？我瘋啦！或是說我中學時代去過，一次足夠，不能有第二次了。又或說我沒去過，但太遲了，我已五十多歲的人，我能去嗎?!真洩氣。最後我還是去了。我想我這過六望七的古稀耆老，在這號稱卅萬，第二天報導說是五十萬的人群中，的的確確是鳳毛麟角之輩也。我不僅去了，而且站了七、八個小時，不吃、不喝，更沒像我左邊和前面的少男和那少女一樣，「蹲」了下去。多棒！又多帥！能不值得自豪的嗎？不過，所不同的是對迎新年的歡樂感受有所不一樣。這不一樣就是不一樣。在這人群中我沒像少男少女們那樣的激動，當閃亮的大蘋果冉冉下降，只有幾秒鐘，一九九五年就要逝去，我心境很平靜。當一九九六年來臨，霓虹燈亮起，那五彩繽紛的紙花，飄滿了天空時，我也沒像少男少女們，大吵、大叫，相擁、相抱，或親吻，或狂跳。只覺得大地依舊，無人能將之改變些許；時光如流，不為任何人計留分毫。不過，我奇怪的是，想那一九九五與一九九六之間，天邊會有一條結合的「縫」嗎？沒看到。又想那一九九五與一九九六年交接時，大地會有個惜別之音嗎？也沒聽到。就這樣，一九九五靜悄悄地走了，一九九六不知不覺地來了。來自無窮，去向無窮。刻刻如此，年年如此。大概這就是所謂的永恆吧?!

不過，新年會為人們帶來新的希望，或新的企盼。因為來年，要畢業的，可以畢業了。想結婚的，可以結婚了。未來一年，可能會生個兒子，工作可能會升遷，可能……對於年輕人來說，有無窮的希望，過多的企盼，所以他們更快樂。對於像我這類過六望七的古稀耆老來說，也有一份憧景，和一種祈求。那就是讓日子過得更平靜、更安謐，像夕陽一樣，發射出猶如朝陽般的燦耀光輝，滿天彩霞，一片溫馨。

當送舊迎新，曲終人散時，那四、五十萬人潮，如波、如濤，似澎、似湃，無可阻攔，莫之能禦。人群湧向馬路中央，填滿了整個馬路。就這樣，由時報廣場中心向外，一條馬路又一條馬路淹沒過去。原來行駛的車輛，最初還蟻行著，後來走不動了。只好停下按按喇叭，以示無奈。但從旁走過的人們，不時拍拍或敲敲車蓋（如果車稍動一下的話）並說聲新年好，此起彼落，真又是一片笑聲，歡樂處處。想人間的笑聲與歡樂，就是這麼樣製造出來的吧？

我們擁上地鐵，回到家中，已過午夜一點半。第一件事就是去洗手。事畢，覺得輕快無比。喝點稀飯，躺到床上，感到真是愜意極了。第二天，我很自豪地告訴人們，我去了時報廣場迎新的事，人們當然分享我的歡樂，但當有人問我明年想不想再去呢？這，我就無法回答了。

（註：詳見書後相資 028、29、30）

1996.01.10 於紐約市

對王作公領導監察院建議書

（註：王作公來函，詳見書後相資 031）

榮公尊長：本（十）月四日信卡，諒已郵奉。日來，想福體早已康復，諸凡安好如常。遙望繫念，為頌是慰。前誦九月廿日大函，備感親切。但也深感如俗語所言：「家家有本難唸的經。」益因尊長貴為國家最高五權之一的領袖——監察院長，在工作方面，竟也有不稱心如意的「苦惱」問題，真令人悟識到世無十全十美之事。但想到權力蓋世的美國總統，也常「受制於人」，體悉到「公僕難為」，斯言不謬，當可同抒「感慨情懷」矣！承武去國有年，尤以手邊應有之基本參考資料，如《中華民國憲法》亦付闕如。對監院行政運作，亦從未作過研究，欲建議進言，以供改革參考，真感心有餘而力不足。茲就個人對公共行政運作體驗所及之事，以及在管理科學方面粗淺之知識，謹掬寸衷之誠，奉陳一得之見如下。

其一，幾項有關監院內部管理實務。

無論是政府機關，或是工商企業，其組織運作皆有「集權」與「分權」之不同。前者組織型態猶如金字塔，層層節制，其權力集中，領導一元化。後者組織型態有似蜂窩，「責任中心」（工商界稱為「利潤中心」）則是多元化。為何能作此區分，此固緣於組織法所規定，但其主要成因，是在於「事權不可分割」與工作之性質有別而使然。例如英國兩大國營事業：煤礦局所屬各單位工作情境，其生產工具皆不盡相同，必須統一指揮，統籌運作，所以要採集權制。瓦斯公司所屬各區分公司，其產品設施與銷售服務，皆屬一致，故可採分權制，甚至該分公司不僅是「利潤中心」，且財務獨立，可逕向國外貸款營運。言及我中華民國行政院—內政部、考試院—考選部，其組織目標為一，但業務繁複，工作性質不盡相同。內部任一單位，皆無獨立行使職權之條件。其整體作業重在協調配合，故必須採集權制，以有利於組織目標之達成。而司法院及監察院有如大學院校暨公私醫院然，係屬於專門職業，其組織成員皆可「獨立行使職權」。例如法官之審判與監委辦案，猶如教授之授課，醫生之開刀，可獨立作業，其成敗亦可各負其責。院長主管就可不必加以過問。故可歸屬為分權之類。是故您

尊長對監院之監委們如何領導統御，指揮監督，允宜採取下例方式。

（一）職能分工，以增強委員辦案之效能。

依法，監委係具有「獨立」行使調查、糾舉與彈劾之權。但所謂「獨立」當係不受「外界干涉」，並非一人獨立辦案之意。更非是不受組織之規範，院長之指揮、監督。再如監院委員接辦案件，如係採排班輪流制，則更不適當。因此，委員接、承辦案件應予以組織專業化。亦即將全體委員區分為若干「小組」或「委員會」，委員個人則依其專長及其興趣，各自選擇參與主、從兩種小組。各類案件則依其性質，分送相關小組辦理，以增強其辦案效能。

（二）著重合（複）議程序，以提高監院決議案之可信度。

今據報載翟委員宗泉對許遠東彈劾案，係經監察院審查會以八比二票通過而提出者。有此合（複）議制，很好。該審查會如是由院長所主持，正好。否則，您

尊長無妨參與（甚至旁聽）各重大案件之審查會，以瞭解案情，以提示意見於機先。

（三）掌握全盤資訊，以導正委員之辦案。

「資訊即權力」。您院長必須指定專人，或責成研考會，透過各種管道（例如反映、申訴者，聽證、建議者，輿情新聞，案件調閱，以及有關特定之人員）取得詳實之資訊，並加以研判分析。據此，對於委員所辦之案，可透過談話、會商或將全案交回覆議等等形式，以導正其不當之處。此種指揮、監督方式雖屬間接而且費力，但易收其效。

（四）採績效預算方式，以推動「目標管理」。

一份「預算」就是一本「工作」說明書。所以，指揮監督最佳方式之一，就是控制其經費運用。院長即使對監委到不到公無法過問，但機關首長對其預算經費有絕對之控制權。凡涉及全院之工作與設施，概由院方統籌辦理（例如向公懲會提出之彈劾案文書，可由院方所組專門小組統一擬撰，院長意見與院方立場，自必易於表達。委員所需之協助調查人員，更宜由院方統一聘、僱，統一工作調派。辦案效率必然提高）。任何監委個人不提工作預算，就無支應之經費。不依計劃工作，就無經費可領。尤以「預備金」非得院長之批准同意，不得動支分文。

（五）確立責任制度、榮譽觀念，以規範與激勵委員。

委員諸公皆有其成就與地位，即使普通之人，未有不愛惜其羽毛者。是故，對各委員之辦案進度與動態，以至辦案之成效與褒獎，在不有違「祕密調查」與「獨立辦案」之原則下，宜透過內部文書與刊物以至新聞各界，適時公開報導宣揚之。或是舉辦聽證，徵求建議，搜集輿情，民意調查等等，一則明確其責任，再則，有得失成敗之榮譽感、責任心，可使各委員們自我約束，而爭求「自我實現」的「成就感」。委員人人如此，則尊長所領導之監察院，其組織目的必然徹底實現，其組織功能必然發揮到極致的。

（六）健全參謀組織，統一行政支援，以利整體管理。

機關愈大，愈是腐敗，這是不爭之事實，其因是少有監督之故，再如人事不能適時新陳代謝，歷任首長不注意內部管理問題，其結果不僅難言效率，很多陋規惡習，則是陳陳相因，而「約定俗成」。監院除轄有審計部而外，是否仍有其他直屬機關；院本部除設祕書、總務、機要、研考以及資訊等處室而外，其他業務單位又是如何分工的，承武一無所知。從報端得悉，我
尊長履新之初，即調動十多位簡級人員，求治心切，足可想見。為此，除前所奉意思，請依現況，斟酌推動，考慮施行。特別是審計權必須加強運用（尊長不妨召見審計長請其提出革新計劃，限期責成）而外。茲再條陳拙見如下。

1.一般參謀、業務人員宜依委員之分工與需要組成之。例如行政院祕書處具分有八組：第一組掌內政與地方自治業務；二組承辦外交、僑務；三組管國防、交通等等。他如外交部有北美司、非洲司；教育部有高教司、國際文教處皆可參考。
2.研考會應善加重用。舉凡聽證、建議；申訴、反映；民意調查，輿情分析；座談、研討；訓練、講習；以至新聞、公關等等業務，皆宜劃予辦理。
3.資訊中心必須建立。消極地做好檔案管理，以利重大施政與工程之追蹤調查；積極地提供所需的各種資訊。如能讓審計長、諸委員在辦案時，只需敲敲鍵盤，即可獲得所需資料，就成功了。
4.成立由副院長兼任主持的「行政支援中心」，以應全體委員辦案之需。在調查局一時無法改隸監院，也無法修改組織法，以成立調查單位，允宜：a.增聘調查人員；b.訓練委員助理調查技能；c.組織各種調查協調會報（如前所陳）；d.約聘學術界研究機構、工商界管理顧問之類組織能為監院工作；以及 e.妥善與新聞記者連絡協調，如能將該等挖掘新聞專業技能，使之奉獻於監院調查

工作，則是管理藝術的具體表現了。他如內部工作計劃與預算之執行；對外聯繫協調與人力支援等等，皆需由該中心綜合辦理，則監院工作效率與工作成效，必定令人刮目相看。

5.除動員月會而外，應為全院同仁適時舉辦團體活動。諸如學術座談、健康講座、文康聯誼，以及旅遊活動等等，以激發監院同仁的工作朝氣與活力。

其二，兩項有關監院對外之策略管理。

現在，工商界很流行講「策略管理」。這是由於交通、通訊之迅速，管理工具之進步，既縮短了彼此間地理差距，也加深了彼此間互動影響。任一管理單位，即使內部工作效率再高，每因外在情勢變遷，衝擊因素轉劇，而不能收其管理成敗、實現其組織目標。而且，工商企業係以追求「利潤」為目標，有數據作尺度，衡其成效得失，簡易多多。政府機關、公共行政單位多係以任務使命之完成為其目標，「人為」因素過多，衡量其成效，甚為不易。自須更加講求「策略管理」才是。

「策略管理」係採「系統分析」技術，在錯綜複雜情境中，利用一已組織優點，來策訂工作目標，採取實現該目標有效之管理技術，以求生存，以求發展之謂。我中華民國將監察權列為最高治權之一，有其特殊意義。但從行憲以來，除了「古」有陶百川監委能克盡「包青天」之職責，讓監院受人讚譽；以及「今」有李登輝總統喻監院為「打蚊子」機關，因而聲名大噪而外，監院可謂效、能不張。以我尊長為人疾惡如仇，作事擇善固執之德能，來領導監院，怎能不為監院幸慶得人。但要作扭轉乾坤之改革，實非易舉。因此，除了做好內部管理工作而外，對外亦須把握下列管理策略或工作方針，以正視聽，以收實效，是為必須之圖。

（一）防患於未然重於善後之矯正。

此係針對在財務方面貪污舞弊之「事」而言。其最大政策措施是為：特別加強審計權，不僅做好「事前、事後」與「就地」審計，而且積極倡導實施「績效預算」，俾作「綜合審計」；再則是做好調查偵防與糾舉改正之工作，以消弭重大之彈劾案於無形。有如此的「責任政府」就有了「大有為政府」。此外，尚有如下幾項值得考慮採行的作為。

1.管制機關與公職人員的現金流通、任何帳戶來往，其現金超過一定數目，如十萬元者，規定其必須向稅務或審計機關報告。
2.行賄與受賄者同罪。收買贓物與貪、盜者同刑。

（二）「打蚊子」更要「打老虎」。

此為防止「人」為的「政策貪污」與「利益輸送」而言。前次尊長針對中油公司為污染賠償，竟讓政府（實際上稅是來自人民的荷包）損失十幾億元，而發問，公務員的「失職」是多麼嚴重得令人痛心？其實，這仍是顯而易見，有數可據的。但如與「政策貪污」和「利益輸送」相較，就是小巫見大巫然，不可以道里計了。例如歷次的金融倒背案，凡是「有頭有臉」者，其不知其數的債就此不了了之；國票債券與股票崩盤之類禍害，「損」不及「上」；他們的女人、兒女或是親信早已「脫離現場」了。再如「古」有北市的馬路曲、直之「爭」；「今」有高架鐵路路線難定之「苦」。以及公共工程預算編製之浮濫，工程招標之「招蜂惹蝶」，其損失可計嗎？其禍害可見嗎？何人所為？何以至此？小民能知其詳嗎?!這類「老虎」能不打，有人敢打嗎?!此所以前函建議推行「四大公開」，設置「護民官」斯乃要因之一。即使僅設計一種名為「全員工作檢討會」（不能說是鬥爭大會），本「意見公開」之精神，讓每一員工皆有對工作參與、發言之機會，可收相互監督之效，一些見不得天日之事，大可消弭於無形。這是治本工作。治標方法要在加強審計與調查工作也。下列兩項措施，如能建立，亦可收大效。

1.成立「國家發標局」(可置於監察院審計部之下)。凡超過一定預算之數目，例如一千萬，之招標工程，皆規定由該「局」統籌招標。而且，依法，審計部對編製預算是否合理、預算執行是否合法、工程進度與設施是否合乎契約規定等等，皆有權參與過問的。如將此類工作做好，則事前防範與事後補救都可兼顧了。

2.建立公務員財產總歸戶與決策「迴避制度」。現在的〈陽光法〉僅及於政要。為整肅官箴，除了加強主管「政風」單位之考核、偵防工作而外，必須就上述制度立法規定，公務員(尤其是曾任主管職者)之重大收支必須有明確之交代，其財產轉移亦須追溯至去職後五年以上。重大決策之迴避亦須及於三等親以上，責任亦追溯至去職後五或十年以上。

總之，「革新工作是永無止境的」。也由於任何改革必涉及權職之重新分配，故無不有其阻力。為消弭此類阻力於無形，就必須推銷改革，取得助力。其可行方式之一，是為敦請內、外部有關人士，組成改革或顧問之類的委員會來主持推動之。在此，遙想我

尊長福體即使康復極為迅速，仍須好好休養。對於以上所言，請以讀報態度視之，能做到就研究推動，不然，放在一旁可也，沒休閒時間，也不必一定要賜覆。臨穎神馳，不盡下懷。謹請

福安

後學朱承武

胡淑華

仝拜上

1996 年 10 月 19 日于紐約市

論以「拼音」取代「注音」的幾項重要原則——高介《華語音標》的採行

中央研究院院長李遠哲先生主張統一拼音方式，讓小學生用羅馬字拼音學國語和英語。事經立法院教育委員會委員們的「關切」，質詢答問公開於新聞報端，可以說是「震撼」了國內外教育、學術界人士，以至關心華文教學，與中華文化發展的社會大眾。

有論者謂，以羅馬字「拼音」，取代國語的符號「注音」，將損及中華文化，會動搖國本的。筆者認為這就「過慮」了。這因為國語注音符號在國內，用於推行國語教學，確定厥功甚偉。但它的功能僅是學習華語發音的一種工具，不及其他。而且，這一工具有「用之即棄」的性質。小學生要用有注音符號的課本，及至長大成人後，除非是從事語文教學者，有誰再讀、再用這種符號？要求外國人學習華語先學會那難懂、難記、難寫的國語注音的廿一個聲母、十六個韻母，以外再加廿二個結合韻母與四個聲調，豈不是太「苛刻」，而幾近「虐待」了嗎？

用拉丁化的羅馬字拼法來學語文發音，不僅簡單方便，應用也廣。再因，使用注音符號作中文電腦輸入法，實在不便；尤者，大陸推行漢語拼音甚為成功。大陸有十二、三億人口使用這漢語拼音，他們赴海外者也日益眾多，與國外接觸更日有進展；國外人以羅馬字母來拼音，是其所長；用拼音作中文電腦輸入法，較之以音符為主，要死記鍵盤位置的注音符號輸入法，也方便至多。大陸的漢語拼音也就因此推廣及至世界各地區，為眾多行業所採用了。所以，目前在海外，國語注音符號的應用與教學，已是日見式微，只有局限於曾在台接受過小學教育，或是受過注音符號訓練的華人社團的小圈圈裡了。

以拼音取代注音已是必然的趨勢。事實上，國語「注音」也算是「拼音」。不同的是它所用的符號是「獨具一格」地特別而已。這幾十年來，大家對這所熟知的問題，在國內外有關人士皆曾有所努力。比如政府曾一度提倡「國語羅馬字」，後創「教育部第二式」以求改革；在海外有許多學府或學人，則分別研究創造各自應用的拼音系統，例如「威妥碼式」、「耶魯大學式」等等皆是。但為何未見其功呢？要在於任何語言固定是所謂「約定俗成」自然形成的，但語文的拼音系統確有其是否實用與優劣之分的。如何制定或選擇一種最佳或最為適用的系統，就不能不多加考慮；而在各種不同拼音系統之間，擇定其一，要求一致推行，這就更需要有一種近乎強制性的政治力量來促成了。

大陸所創的同文同種的漢語拼音，已推廣及於世界各地，通行於眾多行業。在記者訪問的報導中，就見及有學者表示它應為政府所採用。筆者認為不妥。其由是漢語拼音系統與國語注音不完全對應（註一），更有不少「但書」的缺失（註二）。此類缺失如不予以改正，終非理想、最佳之拼音系統。而且，兩岸「政治」的情境，難免要加以「考慮」。然則政府應以何種拼音系統來取代注音符號呢？這就要把握住所謂最佳或是最適合的拼音系統的幾項最基本的要求原則；此即新的拼音系統最好是——

（一）能與國語注音符號相對應，能讓教、學者收到即學即用之效而外，尚有

（二）拼音的符號是為世界大眾所通曉、通用的；

（三）該符號在電腦打字鍵盤皆能一一打印得出來的；

（四）其拼音規則沒有令人頭痛的、諸多變化的「但書」等等。

大陸的漢語拼音第（二）項因它是用羅馬字，可以說是類同而外，其他各項不具備了。目前，在眾多拼音系統中，只有「華語音標」完全符合上述要求。想海內外在此方面的學者專家，一但瞭解到此點，必然會敦促政府以此「華語音標」取代國語注音符號的。也為有簡易的語文發音教學系統，為使中文電腦輸入法易學、易用；更為能統一編訂的電腦內碼與中文電報號碼，通行於世，以利學術交流，共同努力恢宏中華文化，而呼籲兩岸三地及海外華人一體採行。

「華語音標」為周氏俊良所創。它完全與注音符號相對應一致（詳如附表）。凡是懂注音符號者，稍加對照練習，就能將之使用教學。也由於周氏籍貫雖是上海，但他受教於台灣、成長於台灣、從公於台灣。所創「華語音標」可說是，道道地地的中華民國的「國產」。如此，對政府而言，採用這一系統，所謂的「政治」考慮，就不應存在了。他方，周氏廿多年前研究設計這一「華語音標」時，並不知道大陸上有此漢語拼音法，他主要是為尋求最簡易的中文電腦輸入法（註三），而著眼於世界性、實用性與可行性，而以世界通行的羅馬字一一取代國語注音符號而成的。如此，這拼音系統的理念邏輯又與漢語拼音相似雷同地巧合了。對懂得漢語拼音的大陸同胞，自也是一學即會的。尤者，對大陸的漢語拼音而言，如果將其「但書」的缺失據以改正，就與華語音標相同一致了。所以大陸採行這「華語音標」，自是毫無礙難之處，也可使現行的漢語拼音更為簡便、完美，何樂不為呢?!

在過去十多年來，周氏曾應邀參與過「東方語文應用於電腦的國際會議」；數度分赴大陸與台灣講學過；在美國更多次參加過若干社團的研討會，一本「獨樂樂，不如眾樂樂」的奉獻之誠，發表其論文，介紹其「周氏中文電腦輸入法」以及這「華語音標」，無不獲得讚許。但對採行一事，迄今，僅止於「建議與研究」的階段而已。何以如此？問題固然在於周氏不如李氏遠哲，具有顯赫的學、經歷，輝煌的成就，與高層的政治地位。所謂「人微言輕」，難得「震撼」的響應；但當政者有無劍及履及改革的勇氣，和主事者有無「人技已技」和「不以人廢言」的，接受建言的雅量，實是其主因。其他所謂「現實問題」，例如教材師資、經費人力，甚至直排與橫排之爭，皆可迎刃而解，且是無關宏旨，無須贅言了。茲為簡明起見，特將「國語注音符號與各式羅馬拼音對照表」附後，以之見證於海內外方家；以之呼籲兩岸當政者，為「交流」、為「合作」，共為宏揚中華文化而努力；更為同文、同種的，一個中國的「統一」而作通盤考慮；以「華語音標」統合中國語文的拼音法。

（註一）漢語拼音符號在其基本表中沒有國語注意中的ㄜ、ㄦ、ㄧㄛ、ㄧㄞ，四個相對應的音符。

（註二）漢語拼音的「但書」可見於「漢語拼音方案」（新華字典，商務印書館，北京，一九八零年，第六一二等頁）。其主要缺失出在韻母部分：

(a) 代替字似屬繁複、過多；

(b) 韻母前無聲母時要加 i，y，w，彼此有互相變換，混淆不清；

(c) 音表上有些符號在書寫時又有不同；

(d) 在音符上有加，又不加，例 v 或兩點者；

(e) 在 a、o、e 之間有需用（，）隔音符號者；以及

(f) 好些音符在電腦打字鍵盤上沒有的等等令人用來很頭痛的缺乏。

（註三）「周氏中文電腦輸入法」是採「先形後聲」法，亦即以改良的四角號碼與其所創「華語音標」輸入中文。是為極其簡單、易學的最好的中文輸入法。有必要，筆者願另文介紹之。

（朱承武，1996.10.15，於紐約市）

華語音標與注音符號之對照

ㄅ	ㄆ	ㄇ	ㄈ	ㄉ	ㄊ	ㄋ	ㄌ	ㄍ	ㄎ	ㄏ	ㄐ	ㄑ	ㄒ
B	P	M	F	D	T	N	L	O	K	H	J	G（i,u）	C（i,u）
ㄓ	ㄔ	ㄕ	ㄖ	ㄗ	ㄘ	ㄙ	ㄚ	ㄛ	ㄜ	ㄝ	ㄞ	ㄟ	ㄠ
Zh	Ch	Sh	R	Z	C	S	A	O	E	Y	Ai	Ei	Ao
ㄡ	ㄢ	ㄣ	ㄤ	ㄥ	ㄦ	ㄧ	ㄨ	ㄩ	˙	ˊ	ˇ	ˋ	
Ow	An	En	Ang	Eng	Er	i	W	U	1	2	2	4	

國語注音符號與各式羅馬拼音對照表

THE COMPARISON OF MAHDARIN IHOHETIC SYMBOL WITH WARIOUS ROMANIZATION MENTIONS

國語注音符號 MANDARIN PHONETIC SYMBOL		威妥碼式 WADE SYSTEM	耶魯大學式 YAIE SYS TEM	國語羅馬字 KWO YEU ROMA TZYH	教育部第二式 CHINESE ROMANIZA -TION NOTATION	漢語拼音 CHINESE PHOMETIC AIPHABET	華語音標 CHINESE PHOMETIC S（HWA U IEN BIAO）
聲母 CONSONANT	ㄅ	p	b	b	b	b	b
	ㄆ	p’	p	p	p	p	p
	ㄇ	n	n	n	n	n	n
	ㄈ	f	f	f	f	f	f
	ㄉ	t’	d	d	d	d	d
	ㄊ	t	t	t	t	t	t
	ㄋ	n	n	n	n	n	n
	ㄌ	l	l	l	l	l	l
	ㄍ	k	k	g	g	g	g
	ㄎ	k’	k	k	k	k	k
	ㄏ	h	h	h	h	h	h
	ㄐ	ch（i）	j（i）	j（i）	j（i）	j	j
	ㄑ	ch’（i）	ch(i)	ch（i）	ch（i）	q	g（i,u）

		ㄒ	hs	sh（i）	sh（i）	sh（i）	x	c（i,u）
		ㄓ	ch	j	j	j	zh	zh
		ㄔ	ch’	ch	ch	ch	ch	ch
		ㄕ	sh	sh	sh	sh	sh	sh
		ㄖ	j	r	r	r	r	r
		ㄗ	tz,ts	dz	tz	tz	z	z
		ㄘ	tz’,ts’	tz	ts	ts	c	c
		ㄙ	sz,ss,s	s	s	s	s	s
韻母 VOVELS		ㄚ	a	a	a	a	a	a
		ㄛ	o	o(wo)	o	o	o	o
		ㄜ	o（ê）	é	e	e	e	e
		ㄝ		ě	è	e		y
		ㄞ	ai	ai	ai	ai	ai	ai
		ㄟ	ei	ei	ei	ei	ei	ei
		ㄠ	ao	au	au	ao	ao	ao
		ㄡ	ou	ou	ou	ou	ou	ou
		ㄢ	an	an	an	an	an	an
		ㄣ	en	en	en	en	en	en
		ㄤ	ang	ang	ang	ang	ang	ang
		ㄥ	eng	eng	eng	eng	eng	eng
		ㄦ	erh	er	ei	er		er
		一	i	yi,~i	i	i	i	i
		ㄨ	wu,~u	wu,~u	u	u	u	w
		ㄩ	yÜ,~Ü	yu	iu	iu	Ü	u
結合韻 DIPHTHONGS	一	一ㄚ	yu,~ia	ya	ia	ia	ia	ia
		一ㄛ			io	io		io
		一ㄝ	yeh,~ieh	ya	ia	ia	ia	iy
		一ㄞ	yai	yai	iai	iai		iai
		一ㄠ	yao,~iao	yau	iau	iau	iao	iao
		一ㄡ	yu,~iu	you	iou	iou	iou	iou
		一ㄢ	yen,~ien	yan	ian	ian	ian	ian
		一ㄣ	yin,~in	yin,~ in	in	in	in	ien
		一ㄤ	yang,~iang	yang	iang	iang	iang	iang
		一	yiang,~ing	Yng,	ing	ing	ing	ieng

<table>
<tr><td></td><td>ㄥ</td><td></td><td>~ing</td><td></td><td></td><td></td><td></td></tr>
<tr><td rowspan="8">ㄨ</td><td>ㄨㄚ</td><td>wa,~ua</td><td>wa</td><td>ua</td><td>ua</td><td>ua</td><td>wa</td></tr>
<tr><td>ㄨㄛ</td><td>wo,~uo</td><td>wo</td><td>uo</td><td>uo</td><td>uo</td><td>wo</td></tr>
<tr><td>ㄨㄞ</td><td>wai,~uai</td><td>wai</td><td>uai</td><td>uai</td><td>uai</td><td>wai</td></tr>
<tr><td>ㄨㄟ</td><td>wei,~uei</td><td>wei</td><td>uei</td><td>uei</td><td>uei</td><td>wei</td></tr>
<tr><td>ㄨㄢ</td><td>wan,~uan</td><td>wan</td><td>uan</td><td>uan</td><td>uan</td><td>wan</td></tr>
<tr><td>ㄨㄣ</td><td>wen,~un</td><td>wen</td><td>uen</td><td>uen</td><td>uen</td><td>wen</td></tr>
<tr><td>ㄨㄤ</td><td>wang,~uang</td><td>wang</td><td>uang</td><td>uang</td><td>uang</td><td>wang</td></tr>
<tr><td>ㄨㄥ</td><td>weng,~ung</td><td>weng
,~ung</td><td>ueng,~o
ng</td><td>ueng,~ung</td><td>ueng</td><td>weng</td></tr>
<tr><td rowspan="4">ㄩ</td><td>ㄩㄝ</td><td>yüah,~üah</td><td>ywe</td><td>iue</td><td>iua</td><td>ua</td><td>uy</td></tr>
<tr><td>ㄩㄢ</td><td>yüan,~üan</td><td>ywan</td><td>iuan</td><td>iuan</td><td>uan</td><td>uan</td></tr>
<tr><td>ㄩㄣ</td><td>yün,~ün</td><td>yun</td><td>iun</td><td>iun</td><td>un</td><td>uen</td></tr>
<tr><td>ㄩㄥ</td><td>yüng,~iung</td><td>yung</td><td>iong</td><td>iung</td><td>iong</td><td>ueng</td></tr>
<tr><td rowspan="5">聲調 TONES</td><td>陰平 -</td><td>1</td><td>-</td><td rowspan="5">條例複雜不作比較</td><td>-</td><td>-</td><td>- 1</td></tr>
<tr><td>陽平 ˊ</td><td>2</td><td>ˊ</td><td>ˊ</td><td>ˊ</td><td>ˊ 2</td></tr>
<tr><td>上聲 ˇ</td><td>3</td><td>ˇ</td><td>ˇ</td><td>ˇ</td><td>ˇ 3</td></tr>
<tr><td>去聲 ˋ</td><td>4</td><td>ˋ</td><td>ˋ</td><td>ˋ</td><td>ˋ 4</td></tr>
<tr><td>輕聲 ・</td><td>5</td><td>無號</td><td>不標</td><td>不標</td><td>不標 0</td></tr>
</table>

（《世界論壇報》，1997.01.03）

吾兄吾弟、有幸有福——致贈「承烈胞弟」

我們《百家姓》上的姓氏，雖然只有一百多個，但《康熙字典》上的中文字，卻有十幾萬字。按理說，我們中文同名同姓的機率很少才是，可是，我們在報章上看到人們受到「同名之累」，卻是時有所聞。筆者這一生中，也有好些同名同姓的際遇，但非常幸運的是，都屬奇緣喜事，真讓我感念不已，而要娓娓道來。

民國四十三年，我服役軍中，駐防金門，適逢「九三炮戰」，之後又有「一江山之役」。前線官兵皆奉命寫下不成功，便成仁的「遺書」，以明其志，以便善後。並將重要「遺物」（如果成仁的話）寄回在台親友。所謂「烽火連三月，家書值千金」，那時，我在戰地最大的樂趣，就是寫信讀信。有一天，我一連收到九封信，其中一信寄自台中。很奇怪，因為我沒親友在台中，那信上筆跡也不熟悉。信就不拆，在想、想，想是誰寫來的。想了大半天就想不出，只好拆看，見是「朱承榮」來的信。真奇，看見這樣的姓名倒也很感親切。他說，在《青年戰士報》上看到「朱承武」的名字，又從該報館中查及我的地址，而寫信來問我，是不是他失散十有二年的胞弟。並懇求我是或不是一定要回個信。這回信真不好寫。最後，只在信中說明我的年齡籍貫，並告訴他，我是獨子。我很想有個兄長或小弟呢。他很快就回信來說，我與他胞弟朱承武同庚，很樂意有我這樣的弟弟。次四十四年我請假回台參加高、普考試，他要我應試以後一定要去台中見他。原來他請了同事、好友，席開兩桌，將我這「胞弟」介紹給大家。自後多年，我真的有個兄長一直在關懷，在照顧我了，這不是享有同名之福嗎？

民國五十五年，我甫行結識現在的老伴，那時，她是台北空軍醫院的「白衣天使」。為了贏得芳心，只要有「奉承」的機會，總要表現一番的。在五月十二日的護士節那天，我先前一天到電信局去預發一份「賀電」，寄到她醫院。下午下班去醫院見她，她的眾群芳同事們，一見面就嚷著說這位「承武」來了。我和她的「好事」由此公開了。原來，她醫院裡也有位「承武」醫官。據云，這位「承武」醫官很英俊瀟灑，正與某佳麗拍拖得如火如荼呢。

那天早晨眾「白衣天使」們看到這「賀電」是「承武」發來的，大家就驚訝地傳說，這位「承武」醫官，怎麼能又追求我們的胡淑華呢？也因為這樣「闢謠」與「求證」而公開了我倆這段情，而喜氣頻添。再作一比較，我這位「承武」，也是「一表人才」，稱得上是個「青年才俊」。尤其是在用情之專，求愛之精，確實比那位「承武」略勝。因而縮短了我們步上紅地毯的日程，這又不是沾同名之喜嗎？

民國六十二、三年之間，台北《自立晚報》經常刊登我的投稿。為因公務不便之需，諸篇皆以「止戈」筆名發表。不久，竟另有「止戈」著《公僕難為》一書。我到書局翻閱該書，知悉該書著者，係台北市政府八職等退休同仁。沒久，在《自立晚報》上，這位「止戈」先生竟投稿說，他用「止戈」之名已久，在某某文藝雜誌上用此筆名寫過文章呢。言下之意，只此一家，別無分號。其實，我並不知道尚有這位「止戈」先生，我取此名係來自「止戈為武」之意。而所有發表的文章，皆是有關管理與經濟方面的問題。想想彼此的文章性質與風格皆不相同，尤其是我用筆名，連我的同事都不知道我發表了這些文章。又想想，我的服務機關比他大，職位比他高，正如天下「文人」一樣，我也自認自己的文章最好，沒有必要，去說個「此止戈，非彼止戈也」，這能不能算是因同名而起的很得意的趣事呢？

去一九九七年，我因「承武」之名，而認了「承烈胞弟」，做起「承武大哥」了，想想真是窩心得很。這緣於前年我們兄弟倆，先後拜鐵夫老師學習「周氏中文電腦輸入法」而起的。我雖是坐六望七的「笨生」，但兩個小時就能學會了老師的「絕活」:「周氏中文電腦輸入法」。我那年逾古稀的「承烈胞弟」，雖入門較我這「承武大哥」為晚，但他非常用功。因此，我們兄弟倆都是鐵夫老師的「得意門生」。起初，我們兄弟倆並不相知相識。只是鐵夫老師時常提到有位資深學弟，用功得很。說他編著了一本長達五十五頁的《中文電腦綱要》，不僅把周門的絕活精學，寫說得明明白白，而且還將如何列表印製，例舉得清清楚楚。我對後者，表示很有興趣。鐵夫老師就分送一冊給我參考。不看猶可，當看到他如何列表印製的範本，竟用的是我兄弟通信的文稿，真把我驚喜得跳了起來。在稿中他這樣寫著：

「承武大哥尊前　我們全家粗安，敬請　釋念。胞弟　承烈拜上」

這篇篇頁頁都是「承武大哥」的，看得我血脈高漲，不得不央求老師，立刻邀約這位「胞弟」，下週日聚餐，兄弟相會。我這「承烈胞弟」姓葉。他的大哥的的確確是名「承武」。在兄弟相會衷談之際，也發現我們過去竟在同一個大機關服務呢。他不僅比我年長、資歷、學養在在都比我強。雖然如此，他仍「承武大哥」地，不絕於口。上月，我又試上 AOL 的網路，從鐵夫老師那兒得知他的「網址」，乃寫了一份「承烈胞弟：你全家安好嗎？甚念，茲寄送一篇我的拙文給你參考。承武大哥啟」的電子信給他，想讓他驚喜一番。他接信後，不僅一連來了好多通電話，告訴我如何上網的經驗訣竅，還口口聲聲地「大哥長、大哥好」。並問我大嫂好。真讓我心樂透頂了。我也心不跳，臉不紅地，聲聲稱他「小弟」你好，也問他我的弟媳好嗎？真讓我過足了做大哥的癮，真是開心極了。這豈不是受同名所賜而獲得的至樂至快的美妙之事嗎？

今年三月，說起上網一事，又逢到一件與我同名同姓的奇緣。那是，在我一上網時，立刻想起二十多年前，我第三部書在台北出版後，國立中央圖書館就來信對我說，美國國會圖書館要收集我的新書，希望我送一、兩部給他們。這使我又想起好多年以前，在我服務的單位內，有位小姐來找我幫她做件事。見她姓牟，我說這是希有之姓，但我從一部名著中認識了一位很了不起的學者，那就是《哲學大綱》的著者，牟教授宗三。她說是她父親。讓我驚喜不迭。我告訴她我因拜讀這部大著，我高考《哲學》一科，竟得到七十高分呢。她也告訴我說：「我父親時常對我們說，我沒錢，但美國國會圖書館中，收藏有我好多部書，有我好多大名呢。」現在，美國國會圖書館要收藏我的書，怎不如「受寵若驚」地，立刻奉送一部去。這事我一直引以為榮，記在心中。現在上網了，可以上遊太空，可以下察毫末。為什麼不去國會圖書館挖挖我的「寶」呢？於是，我小兒宏武幫我找到國會圖書館的網址：http://lcweb.loc.gov/進入後，竟找到在我這 Chu.Chen-wu.大名之下列有首要三部書：

1.Chiang Li Chien i chih tu. 1976

2.Hsien tai kuan Li K.o hsh. 1977

3.Ch'in Lun ti shao wuo ch'ush hsiao chia kung. 1975

經我父子倆一「翻譯」，知道第一部乃是正中書局為我出版的《獎勵建議制度》也被他們收集典藏起來了。第二部正是當年向我要的，由學生書局出版的「大學用書」《現代管理科學》。真高興，夠醉人呢。第三部書也屬管理方面的著作，但這書名硬是「譯」不出來。想及我那部書，是中華民國企業經理協進會為我出版的，但書名僅有四字，《管理之鑰》這書名有九字之多，再看出版時間也不對。肯定這部書不是我的了。但它也是 Chu Chen-wu 所寫的。難道也是同名同姓？這位作者的中文姓名也是「朱承武」？他會不會就是當年我那承榮大哥，所要尋找的那位承武胞弟嗎？如果是，這就多奇妙！多迷人？所以，我很想很想會會這位「朱承武」，或 Chu, Chen-wu 呢。在此我誠誠懇懇地請求親愛的眾「網友」們，諸位學者先進們，以及廣大的讀者們，一本君子成人之美，來助成這番奇緣美事，讓我「承烈胞弟」，又有個「承武大哥」好嗎？阿門。

一九九八年四月，於紐約市

老翁退壽險記

八十七年八月，為了買十萬元的房屋貸款保險，向為我買汽車保險的經紀人請教，這位經紀人循循善誘地，一而再、再而三地勸我說，向紐約某大人壽保險公司，買十萬元的人壽全險（Whole Life Insurance）。理由是，這種保險既涵蓋了房貸保險，也有了人壽保險，特別是保險費只要交七年，以後就不要再交了；而且，是儲蓄投資的保險，對退休養老人有好處。那時想想，我已是坐五望六的老人，「萬一」的話，我老伴與兒女怎麼辦？尤其是這後面兩點，保費只要交七年，也是儲蓄與投資的保險，這怎不讓我對這位經紀人感激無已，而買了這十萬元的人壽全險。

十萬元的人壽保費，每年是三千九百八十二元。這不是個小數目，但想想只要交七年，總能湊合過去的。果然順順利利地交完了七年的保費，感到很開心。可是，在第八年時，依然接到要我交保費的帳單，問他們為何如此，都說，利率太低，紅利沒賺夠，保費要照交；第九年時，仍然要我如數照交保費。九年總共交了三萬五千一百五十四元。寫信申訴、抗議，沒用。九十六年二月，從新聞中獲悉，紐約州法官核准我這保險公司與提出集體訴訟的被保險人，達成一項六千五百萬元的和解，並以二億五千萬元的低利款，作為對投保人的賠償。提出集體訴訟的理由是受到誤導，和我所遭受的一樣，說是保費只要交七年，而且是儲蓄保險。受到如此誤導的投保人共有三百多萬，我自也受到通知，參與和解，可獲得理賠。滿以為由此當可獲得合理的處分，結果沒用。

這一集體訴訟和解條件是，保險公司依你保費多寡，給你低利貸款，或是一年的年金；不同意，則提出書面證據，再行送請審查、仲裁。我應選何種項目？向經紀人請教，仍然莫名其妙。於是，九十六年十一月在選擇表上簽了名，寫了一封辭情非常懇切的信，明白地表示，從這訴訟和解案中，我可不要一分錢的利益，但絕對堅持在我有生之年，決不再交一分錢的保費，寄請中心的人為我選擇適合的項目，並以電話回覆所言。

近一年過去了，未獲任何答覆。九十七年九月又致函該公司董事長，請查復上函處理的結果，並請寄給我一份，保費如何分配用於保險與投資的說明書。該中心的 G 小姐回信說，公司沒有我所要的說明書，但提示兩項令我很欣慰的「政策」：一是，雖不要我繳保費，但保險的現金值（Cash Value）依然是逐年增加；二是，按她所附保險分析表所示，在未來廿多年中，不需要我自付保費。但由於 G 小姐在她信中也附了一句，紅利是不保證的，我請問經紀人紅利是如何分配的。他要我直接向他公司要一份「紅利分配說明書」，自可瞭解。當即去電索取，承允由有關主管查送。

五個多月又過去了，保險公司並沒將該表寄給我。今年二月再函 G 小姐，副本送董事長，除了請寄該表而外，並請證實前函所示兩項「政策」，以求定心。大出意外的是，在保險公司三月的申訴部門回信，竟予我如下的「待遇」：

一、信中特別表明，投保人為我公司，不識我這受保人，拒絕為我提供任何信息，而且將我這受保人的姓名，從他的文件上剔除。二、又說集體訴訟處理中心工作已經結束，經查我這投保人並無申請仲裁的紀錄，因而喪失去集體訴訟者所應享有的，所謂無費、迅速而公正的仲裁、賠償（Claim）與解約（Release）的權利。四月我義正詞嚴地致函給他董事長，駁斥、抗議這位回信者的虐待與不法。同時，提出要求答覆「是」（今後不要我再繳保費），我不退保；或「非」（今後仍然要我繳保費），就退保。如退保，其退款的方式有三：一是依經紀人所言，全退本金外加利息（但我加了扣去經紀的費用）。其二，在所繳保險費中，扣去如定期人壽保險的保費，加上十一年的利息；三是，按該公司當初所列現金總值估算表數目退款。該函並分送州總檢察長與州險廳總監，以求獲得公正的處理。

最後仍然走上退保的一途是為：一、州總檢察長辦公室先後回了二信，認為保險廳主管並有經驗處理這問題，應依其決定。設如未獲滿意結果，可訴諸法庭，並提供我小額賠償法庭（三千元以下），與民事法庭（二萬五千元以下），以及律師公會的資料，備為提出訴訟，請求賠償。二、州保險廳承辦人說是要調查，實際上僅在為我與保險公司之間做轉信的工作，並表示該廳無權干涉其行政，本案宜向法院提出告訴。果然，保險公司回信說，該公司不修改其章程，亦即因「紅利不保證」，今後仍會要我繳保費，並說，我可辦理退保（Surrender）。如此，我能不退保嗎？我正式去函要求在六月卅日退保，並提出如上述三種退款方式。七月保險公司回信允予退保，但保費為我繳到八月十八日，所退保金額僅有三萬零四百零八元三角二分。這與他推算的現金總值相差一萬七千一百五十四元六角八分。向其追討，回信說，因紅利不保證，當年的推算表不作依據。

個人已近古稀之年，猶毅然決然地退保，為什麼？就筆者這一慘痛經驗而言，有下列數端，可供參考：其一、要買那一種的人壽保險，絕不可輕信經紀人的花言巧語。經紀人所關心的是佣金而已。筆者與一位也做保險業務的好友談過，他認為人壽全險保費非常昂貴，投保期間如繳不出保費，會將你保險現金值扣得一文不名。又說，這種全險強調有所謂儲蓄與投資的好處，是個笑話。要儲蓄，錢可存銀行；要投資，為什麼要把錢放在他口袋裡，任由他作主分配？所以，他自己買的是一百萬元的定期人壽保險，年保費只要四百元。而一般保險經紀人，其所以特別努力推銷這種保險，是因為如賣出這種保險，他第一年可拿保費的百分之五十到六十五的佣金，以後每年拿百分之十，他的上司每年也可拿到百分之五到百分之十的佣金。這不是等於賺到一筆優厚的「終身俸」？他怎不循循善誘地要你買這種保險呢？

其二、對於人壽保險公司所提任何計畫書或建議書，絕不能為其美言所迷醉，必須找出其「但書」或不太顯眼的備註，與經紀人談清楚。比如我這保險公司在計畫合約書中，明明白白標示出第八年就可不交保費了。可是它有一項「但書」，「紅利不保證」，憑這一句，他就可以否定其一切的承諾。在訴訟和解案中，我這保險公司不僅否認「誤導」投保人；也不承認這種保險有儲蓄與投資的好處。事實上，他不僅是「誤導」，而且是「欺騙」、「虐待」投保人。

總之，現在退保猶可退回不少的本金，如再等幾年，退回的更少。因該公司每年仍然要從我的保險現金總值中扣交將近四千元的保費。而我所以毫不顧慮地退保，一則由於保險公司「逼」得我如此；再則，今後如再要我交保費，以我每月幾百元的退休金去支應，真不容易，更不願意。不交，他必然扣我的保險現金值到一文不名，以致終止我的保險。這都是因為他有這「紅利不保證」的「但書」，特別是這，紅利的分配，讓你莫名其妙。而讓他能玩弄魔術數字，讓他能如吸血鬼般，可隨意要你再繳保費。不然，這家大保險公司怎能養了那麼多的人，蓋了那麼大的樓。這些錢是從那裡來的呢？

（《世界日報》，1998.12.01）

敬致王作公函簡——讀《壯志未酬》書後

作榮尊長賜鑒：

上（三）月廿三日，接奉由加州令大公子轉來，有尊長親筆簽名，賜贈愚夫婦倆的《壯志未酬》大傳，萬分驚喜，毋任感念。起初，認為您已來加州休閒旅遊，繼而想及果如此，新聞必有報導。也打算好好拜讀之後，寫點心得感想，呈報於我公，以示寸衷敬謝之忱於萬一。但尊著係四、五十萬字的巨著，一口氣讀完，真辦不到。而今斷斷續續，日日夜夜，或速讀，或精讀，有些章節也曾翻閱重讀二遍，總算終篇。但要寫篇像樣的心得報告，也是辦不到。因為，尊著所涉及的人事、政事、國是、世事，真是既廣且巨，非承武所具淺薄知識和閱歷所能著墨論說的。雖然心中有一大籮筐的話、很沉沉重重的唏噓感慨，皆是無法表達出來，但有如下兩點：

其一、您大人的「壯志未酬」，固為個人所抱憾，但更是國家的不幸，大大的不幸。

其二、愚夫婦倆對您這份紆尊，忘年神交，是分外尊敬，而深深為您祝福。

說實在的，拜讀大著時，令承武有一種似與聆聽親長故舊閑話家常，如沐春風的親切感。而巨著行文似如流水，辭藻文句之美，辯證論說之震撼力，拜讀之際，更是受益至多。這讓我不禁要問，尊長發表在《中外雜誌》（第三五七期）上一篇文章〈青春無悔〉，為何不全部收入大傳呢？在那篇文章中您談及您文章之所以寫得流暢有力，固因是理直而氣壯，但因熟讀《古文觀止》，受其影響而然。您這篇大文是我就寢時看的，看得我大笑不已。想想笑笑，幾不成眠。內子問我為啥，我就告訴她，您大人小時在武昌讀書受軍訓，在城外的古戰場上站衛兵時，「一腳踩下去一條蛇，一腳踩下去一個人頭」，因而猛背《古文觀止》以驅鬼一事。這事真實讓我想像及，您尊長小時那種憨憨可愛的一面。也體悉到《孟子》、《左傳》以及《古文觀止》三書真是可貴。《孟子》全書曾反復背過數遍。《左氏春秋》則未及終卷，就失學逃亡去了。《古文觀止》老師要我選讀的，懊悔當年沒好好讀懂，而且手邊也沒存這書，於是在一個星期日專程到世界書局買了一部回來，打算好好複習一番，這書至今猶放在床頭，可是，沒翻過幾次。說來，真感慚愧呢。

在那篇大文中讓內子很動心的是〈柴米夫妻神仙眷屬〉篇，對您與夫人那份猶如薄海雲天的真情深愛。不僅內子，承武也認為，您倆是很成功的賢伉儷。雖然如您夫人所說，由於「一切都是緣分」，她早走了一步。但我的的確確認為，您夫人對您遲來的尊榮，與未酬的壯志，在她一生一世早就認知識見到了。您大人能不引之為一生很幸運、最幸福的事。從大著中，也讓我瞭解到尊長的「壯志」不止於「上打昏君，下打奸臣」，而是要把我們國家建設成一個民主自由、經濟富裕的、偉大的、讓世人尊敬的新中國。這種為生民立命，為萬世開太平的大志，怎不令人為之感念尊敬呢？至於這一壯志是否未酬或已酬呢？這可以從兩方面來看。

其一、「壯志未酬」之因，並不在於如尊長所說，因不群、不流的個性，也就是書生氣，或是所謂鄉氣太重，而得罪人，影響了仕途，以致無施展抱負的「用武之地」。承武認為主要有下述數事，影響最大：（一）尹仲容先生走的太早了。（二）您尊長兩次出國進修，尤其是去國就業。（三）當主筆，因而更要管「閒事」，批評性的文章寫得太多。

其二、「壯志」是已「酬」或已「伸」了。如果從所謂「正其誼，不謀其利，明其道，不計其功」的觀點來說，您尊長對所曾擔任的工作，皆已竭智盡能地付出，而且付出的很多，那士人的言責已盡，壯志就已伸了。更何況尊長的文章與著作，早已對國家社會發生了影響，創作了貢獻。自是心安理得，俯仰無愧。否則的話，國父豈不為他所著的《三民主義》與《建國大綱》，未能實施而千秋萬世地痛哭於九泉？不過，在你一生仕途中，早年所遭遇到的挫折與傷痛，最讓承武為尊長抱不平與感觸最深的是，您在經合會，被「清理出局」一事。沒讀你大傳，真還不知世間竟有這等醜陋惡毒之事。所幸上帝降福，您竟由此轉而在學術與論作方面有了更大的成就。所謂，「宰相如雲煙，文章千秋業」，這份成就，較之一個什麼「長」，什麼「主任委員」的，不是更有影響，更深植人心嗎？

說及經合會改組一事，承武曾也為這問題寫過兩篇分析報告。一為〈調整經合會組織所宜採行之建議意見〉（六十二年五月廿六日），另為有關之文〈從管理觀點分析議擬設立「經濟諮詢機構」或「經濟安定局」的建議〉，建議三項較為實際的辦法（六十四年四月六日）。承武為寫這類分析報告，可說天天在拜讀各大報的社論。當年就覺得中國時報的財經社論寫得真叫人稱快。尤其是常發表一系列社論，真棒。如另篇分析報告〈有關全面合作度過經濟難關幾項可行方策的分析〉（六十三年十一月廿五日），就是因有中時的這一社論而撰述的。在承武所撰的很多報告之中，事關財經金融方面問題，引用得較多的，就是中時的社論。可惜，那時承武真是孤陋寡聞，並不知悉尊長在為中時執筆寫社論也。雖然一切皆是「俱往矣」，但現在想來，這也應視之為一種緣分吧？謹奉上該舊拙小文參證，以示由衷寸敬。

承武寫這些東西，可能因為職卑人微，很幸運的是，沒有如尊長那樣立刻惹禍上身，受到終身難忘的羞辱。但說到被打壓的經歷，受不平的待遇，以承武這個芝麻大的小小公務員，在政院服務時期，小蔣先生接掌了內閣後，尚有被第二位頂頭上司，予以「冷凍」的經歷。說來，當可讓您尊長消消氣的。但想想所謂不遭人忌是庸才。在這其後多年來，也證實到所謂「失之東偶，收之桑榆」的道理，而覺得心平氣和了。所以不說也罷。

在大傳中最大最大的特色，是論述及中華民國的四位總統。這四位總統都與我尊長有一種很難得的「緣分」。他們固然主宰或操縱了中華民國的前途或命運，但也決定與影響了您尊長的一生經歷和際遇。對於這四位總統，承武沒資格，沒學養來論說一字一詞。但在個人心目中，對他們的觀感確是不同的。此有崇敬感、親切感、神秘感，與生疏感之分。

崇敬感，這是對老蔣總統。雖然僅有一次聆過他的訓話，兩或三次瞻仰過他的遺容，也感到他是專制、獨裁的領袖，但我從心底對他是崇敬不已。親切感，這是對嚴總統而言，承武自認他是我的長官，而且是我的好長官，很感親切的好長官，雖然為他做工打雜僅四、五年。神秘感，而且，這種神秘近乎有點邪魔的程度，這是對小蔣總統的感覺，這不是因他對您尊長言而無信，也可說是他逼您離開仕途，甚至他還打算「整」您，而為您說他予我這種近乎邪魔的感受，也可能這些都是他的親信所造成的，但結果並沒不同，舉幾件我親身所經歷的很淺顯的事例。

（一）他是一隻無形的黑手。我在國防部服務時，不懂的是一些極機密重要文件總要分送給資料室的蔣主任。我在政院服務時，也有一件認為不合體制而令人迷惑不已的事，是院長有時將某些重要文件，也先送請當時國防部的蔣副部長一閱。

（二）他「人」到哪裡，「權」就到哪裡。國防部參謀本部人員向以總長為尊，但從蔣先生當了副部長以後，大家言必稱蔣副部長怎麼說的。他當了部長後，大家又改稱蔣部長怎麼說了。在行政院，各種簽呈文書上，最後都是僅寫個請「鑒核」字樣。但從他蔣先生任副院長以後，他請蔣彥士先生接替謝耿民的祕書長的職務，規定任何簽呈院長文件，必須寫明呈「副院長；院長」。公文批下來，都先看看副院長是怎麼批的。

（三）他人到哪裡，他那一群特務爪牙就滿佈到哪裡。這讓人不得不對他們產生一種邪魔感。本來，保衛領袖，是正正當當的行為，但做得太過分，就應加以考慮的了。比如，他到行政院以後，門禁改由憲兵擔任，員工們出入都要帶「職員證」，當然必要。他每次進進出出，甚至從他辦公室走到院會會議室的通道，都一律由手扶著腰間手槍的便衣特務，封堵起來，不准院中職員通行，這也可以瞭解。但整天，只要他在院辦公，每層樓的四個角落都有一個小便衣特務站在那兒，檢查來往的職員，這多讓人不自在。通常，職員們進了辦公室，大多脫去掛有職員證的上衣辦公，有時出辦公室洗手，或拿了公文到他單位會簽，並不穿上衣。現在可不行，因為小便衣特務因你沒掛職員證，會查問你，不放你行的。

有位同仁就曾告訴我說，他被小特務攔住，問他是何人，這位職員說，我是院內的職員。這小特務說：「我不認識你。」他就很生氣地告訴那位小特務，他在政院服務已廿多年了，還不認識他這個小傢伙呢。不僅如此，小蔣先生當了院長以後，一級主管都換了人，院長辦公室也換了官邸或救國團的人員而外，每個組室還增派一位，莫名其妙的「參議」。他們到底辦什麼業務，沒人知道。每天，他們大都是早到、遲退，看看每一個人。您說怎不讓人感到邪魔？有一個時期，我每天一到辦公室，如無急辦之事，大都是先行抄寫幾則《菜根譚》的文句。起初，我們這位「參議」只在我門口看看。有天，他大概忍不住了，就笑兮兮地說，練毛筆字，修身養性，其實我心中多厭惡這些爪牙啊，也不禁要問我們這位英明偉大的領袖，為何這樣待為他做工的人呢？

生疏感，這是對李總統的感覺。他在政院任政務委員時，僅有幾個照面，都是擦肩而過，沒說過一句話。主要是我乃名不見經傳的小小人物也。但記得我們留英同學會，集體去拜祭已故學會的學長沈教授剛伯，我曾見到當時的李政務委員，一個人早已坐在最前排，靜靜地在沈思追念。承武當時覺得他能念舊，有尊師重道的德性，這是很難得的。他繼任總統後，也曾經為了他主政，而寫了好幾次建議的信給蔣秘書長彥士公，希望能轉請採行，自己也為他的施政，寫了數篇文章，發表於報端，主要是希望他能做中華民國最偉大的領袖，而不要搞台獨，因而遺臭萬年。但一直對他老人家有一種生疏感。

談到台獨問題，在大傳中，第五一七至五四零頁〈台灣前途〉一章，已分析得很清楚很清楚了。中國有「五千年光榮歷史，千萬里錦繡河出，對得起任何一個中國人，任何一個中國人都應以生為中國人為榮。」（第五三六頁）中國對日抗戰，犧牲了千千萬同胞的生命，損失了天文數字的財產，而從日本鬼子手中，收回了台灣。國府遷台後，把一個瘡痍滿目的台灣，建設成為樂利富裕的台灣。中國在哪一方面虧待了台灣人的？台灣人的祖先從何而來？台灣人的「根」又在哪裡？而今，台獨鼠輩說，台灣已是一個主權獨立的國家，她的國號就是中華民國。如此，不就是說，中華民國乃是台灣人拋頭顱、灑熱血，犧牲奮鬥，創建而成的？所以，台灣人要搞台獨，可以借用孟老夫子的話，真乃「無父無君，是禽獸也」。再說，要搞台獨，究竟為的是什麼？為中國十三億人口中的在台灣的兩千一百萬人要有好日子過？還是為了要滿足少數人，有總統、有院長、有很多部長可當，也能夠恢復日本皇民的身分？大人已指出：「要統一是大陸全體人民的意志。」（第五一八頁）承武要補充的說，還有全世界所有海外華人的意思。在幾年前台獨鬧得厲害之時，承武向在台的一位黨國老前輩問安，不禁表示，如果台灣獨立，承武要參加人民解放軍來與台獨鼠輩作戰。我這位老長輩竟回信說，你打台獨，那流彈打到老夫怎麼辦？這的確是個問題。所以，您尊長向李總統建議，要他「公開堅持一個中國政策，嚴厲反對台獨，對台獨活動予以絕對壓制，此舉與目的在應付中共。」（五一九頁）不要刺激中共動武，埋首建設台灣，而以時間等待自然而然的統一。這是多切實的可行的策略，李總統會不會仍然重視而接受您這建議呢？

在大傳中，也可說是您尊長一生中，對國家社會最有貢獻的是，對台灣經濟建設的論作。承武在這方面知識確實很淺薄。真寫說不出什麼心得意見。既住，承武在校和自修所讀的僅是泛泛之論的傳統個體經濟學。在英國曾修讀幾門「開發經濟學」（Economic Development）也是一知半解。但對於主張「充分就業」的凱因斯的總體經濟，較有興趣。所以，對於您尊長的論作建議，多係實際的、具體的、著重全面的、整體的政策性建議，很敬佩，很敬佩的。您尊長知道嗎？伊仲容先生我從沒見過，但當台灣發生重大經濟問題，承武總會聽到好多在工商界，甚至政界人士在提起他，懷念他。認為如果尹仲容先生仍然在位的話，就不會如此這般的了。想及，您大人一生中最愉快的時期，就是為尹仲容先生工作的十年。所以承武認為，尹仲容先生如果老天多假他若干年歲，那不僅您的壯志已酬，今天國家社會的經濟建設，也必然大不相同也。但一切「俱往矣」。奈何，奈何。

（《世界論壇報》，1999.10.29）

驪歌送別──爲媽媽安息、手足又別離而作

我們相聚，媽媽已逝！
　　明朝又別離。
問暖綏寒，撫養恩高，
　　劬勞再難報！

媽媽叮嚀，媽媽遺命，
　　我們須遵囑。
詩書傳家，薪火相承，
　　庭訓莫或忘。

棠棣之華，芝蘭芬芳，
　　我們要相望。
棠棣之華，芝蘭馥香，
　　我們須共杖。

別矣，兄姊，慈愛已逝，
　　我們要相依；
去吧，弟妹，親情難再，
　　我們須互持。

註：以《驪歌》或《魂斷藍橋》曲調吟唱之。

二〇〇〇年九月七日，於路易斯安諾胡寓

法拉盛商業改進區的功能

筆者不是法拉盛的居民，但常來探訪親友，參與喜慶。特別是在週末假日，必要來到這裡「吃吃喝喝」、「瞎拚瞎拚」一番。那時，法拉盛地區的交通壅塞，人車爭道，垃圾滿地，市容紊亂。

法拉盛的繁榮，小小商人們慘澹經營，克勤克儉地功不可沒。然而，由市清潔局接二連三開來的罰單，更罰得他們叫苦連天。

華裔市議員劉醇逸對於設法解決上述種種問題，的的確確做了很多事。諸如邀請市議長前來巡視，要求清潔局增強服務，以致大力推動設立商業改進區等等努力皆是。然而，眾多小型商家為了是否設立商業改進區仍爭論不已。認為未見其利（商業改進區究竟能為社區做些什麼？）先受其害（每年 38 萬元的預算先要分擔）而表示異議。

商業改進區的設立，所應特別注意的要務至少有三：首為財務經費；次為組織功能；再為社區發展的策略。

在財務經費方面，主管商業改進區的市商業服務局（NYC DEPARTMENT OF BUSINESS SERVICE），關於社區發展的許多計畫，是設有基金補助的，必須依法及早爭取定案。如有任何的費用需由社區支應，不應完全由小商家來負擔。須遵守「利益共享」、「義務分擔」的原則，應該由社區裡（包括周邊地區）各種營利事業、產業地主，不論其規模大小，皆按其營利多寡的比例分攤之。而且，一旦設立了商業改進區，必須釐清其與清潔局之間對掃除髒亂的權責。如果不能獲得清潔局有關 18 吋法的預算和規費的補助，至少，清潔局不可再接二連三地對小商家開罰單才是。

所謂組織功能，如果僅是為清除髒亂而設立，則沒有必要。宜從廢止或修正清潔局的 18 吋法，及其改進解決問題方面著手才是。如果是為了推動很多開發社區的規劃，則必須將之宣告於社區的全體居民，而且要鼓勵大家積極參與其事，以保證各項工作目標的順利達成。

至於謀求社區發展，必須本著「整體規劃」、「均衡發展」原則，訂定各種運作規章，就下列所舉犖犖大略要多所著力。

1.如在社區委員會之外設置所謂「發展規劃委員會」，不論是「政策」的，或「功能」的委員會，其成員必須能代表各個行業，容納各種族裔。

2.「市場取向」當應以華人為主，但「產品取向」則力求多元化，並以提高商品品質為要，美化環境，以爭取顧客。

3.在當前小本經營而且惡性競爭情境下，開發各類大型商業自有其必要，但必須防止壟斷或獨占，以維護小商家與大眾民生。

4.法拉盛社區因交通之便與地位優勢，以及消費市場以華人為主而興起的，但發展有其侷限，特別會受限於土地面積與地價。所以不妨及早規劃，除了致力於產業升級也應考慮產業轉型。例如研究投資工業生產的可行性，經營進出口貿易，創立貨運中心，發展文教事業，以及擴大銀行金融與旅遊等等服務事業，再與跨國企業策略聯盟，法拉盛前景可期。

（《世界日報》，2003.08.05）

我喝過一肚子墨水

拜讀四月九日「上下古今」版，見石宏寬先生大文〈喝墨水的意趣〉，讓我按捺不住地，而急急寫幾句有關我這一生，早已要一吐為快的話，來印證與補充石先生大文的趣譚。石先生說，「哪有真喝墨水之事」，又引經據典地說，「喝墨水是一種處罰」。這與我喝墨水的情形就不同了。因為，我就是的的確確「喝」過墨水，但不是被處罰而喝的。

說來，我已年逾古稀，對於我喝墨水之事，仍一直感念在心，追思不已。依據我姨媽所言，我不是「喝」墨水，而是在我一出娘胎、呱呱墜地之際，我姨媽「灌」了我一肚子的墨水。我姨媽為什麼要如此？這很可能是認為，如〈喝〉文中所言，「不喝墨水，胸無點墨」之因吧？所以，我上學以後，很用功讀書，而且也讀得不錯。因此，我姨媽就常常臉上表現出一種很得意的樣子的說，這都是因為她「灌」了我一肚子的墨水所致。

〈喝〉文中又說，「他喝的墨水多，很有學問」。這就不能證實了，因為，我既然有一肚子的墨水，理應有一肚子的學問才是。其實不然。想我這一生，幼年時期，由於戰火離亂，而時常輟學逃亡，所以，無論是在校或是自修，都是分秘必爭地用功讀書，的的確確讀過好多好多的書。青少年時代，我還沒拿到大學文憑，就通過了全國性公務人員高等考試。到了中年以後，有幸「放洋」，也分別拿到英、美學府的學位。

但現在到了老年，除了覺得自己會應付「考試」、能拿到「文憑」而外，我真不知道我有哪一點點的學問？或許，是因為我在呱呱墜地之際，僅僅被「灌」了一次墨水而已，不是自己「喝」的，當然更談不上自己「會喝墨水」所致吧？

至於石先生考據《林下偶談》記述，唐王勃酣飲墨汁後，即揮灑成篇，是為不經之談，我甚同其說。不過，這種情境，對於用過毛筆書寫的人而言，可能會有補正的解說。

其實際情形很可能是這樣的，某次，先賢王勃作文時，研磨墨汁，構思文體，不知不覺地，手指黏了墨汁，又抹至嘴臉上，又因磨了大量墨汁後，手痠腕痛，執筆不力，文思也因此不暢，乃「被覆面臥」，搜索枯腸，「及寤」，頭腦清醒，友人見其「即奮筆疾書，揮灑成篇」，因而編成此說。

今天，對於用原子筆或電腦寫文章的人來說，是很難想像及此的。尤者，在這資訊氾濫的 e 世代，所謂墨是文房四寶之一的觀念，多已日益淡忘了，更談不上喝墨水之事了。所以，我很感謝「上下古今」版發表石先生這篇喝墨水的大文，讓我能因此表達我這一生中，感念我姨媽的養育之恩於萬一。

（《世界日報》，上下古今版，2005.05.20）

擾民之法有待修正

據報導，紐約市清潔局祭出「18 吋法」，八大道商家又挨罰，華協會和華商會表示願支援眾商家聯合申訴。這種情勢與 1993 年時清潔局在法拉盛對商家猛開罰單，以「逼」其社區成立商業改進區的情形很類似。

所謂「18 吋法」，係指紐約市清潔局於 1988 年為「人行道與街溝」所訂的作業規章（Sanitation Codes 16~18（2），Sidewalks and Gutters）。其中規定，所有商家必須清掃人行道，以及從人行道街溝向馬路中心 18 吋的公共道路，而且，在任何時間必須將這段道路保持清潔，否則處罰商家，其罰金至少是一百元。自該法實施後，清潔局將罰單開得滿天飛。

既往，法拉盛社區以至全紐約市的商家，其所受的罰鍰與罰金，所受的冤屈與氣憤，皆為眾所週知。由於這項規章辦「法」，涉及紐約市全體商家和市民的權益，筆者也曾親受其苦，在年前撰有〈申訴與建議〉（Complaint and Suggestion）一文，備送有關部門。茲就法論法，籲請廢除或修正該「18 吋法」，其緣由至少有下列兩項。

其一，「18 吋法」規章不合《市憲章》法律，應予廢除。依據《市憲章》（The City Charter）第 31 章之規定，清掃公共道路，保持市容整潔，是市政府清潔局的責任。在該章各條文中，除了市民不按規定放置垃圾，該局獲市議會之批准，得給罰單處分之，但並無任何一條規定讓清潔局將一已責任轉嫁於商家。「18 吋法」中 18 吋的公共道路，是清潔局編有預算，購置有掃街車輛，由有薪給的員工，按日定時清掃的，規章不能與市法相違。

其二，「18 吋法」是處罰受害者，縱容違規者。立法最基本的原則，至少要基於社會公正、人權平等，從無立法是為了懲罰無辜的。市清潔局訂立與執行這「18 吋法」，最為荒謬者，即是它處罰受害者，放縱違法者。商家並無任何權力阻止任何人在人行道以及 18 吋公共道路上，拋棄垃圾製造髒亂。甚至，清潔局未按規前來清掃，更無權過問。而每日兩次，清潔局所派官員前來檢查，凡在這 18 吋的公共道路上遺留有任何垃圾，不問其來由，即開罰單，處罰商家，形同非法奴役納稅人與小市民。

筆者更建議採行下列改進措施：

1.在現行規章中刪除去「從街溝至路中心 18 吋」之類字句。

2.處罰甚至重罰拋棄垃圾，製造髒亂者。

3.本「保持清潔，人人有責」之原則，除在「產業線」（Property Lines）三呎之內，由業主負完全清掃之責而外，人行道之清潔保持，應由所有使用或利用人行道（例如公共汽車設巴士站，市交通局設置停車表，以及電話電子公司裝設其設備以及小販等等）牟利者共同負責。所謂 18 吋之公共道路則由清潔局自負其責，否則應撤銷此項預算。

4.在採行 BID 計畫的地區，應限制清潔局責任和權力。

5.成立「清潔基金」（Sanitation Fund），並以「清潔基金」雇募「清潔大軍」，以一人負責二至四條街道為其清潔責任區，負責清掃垃圾，監視與檢舉髒亂製造者。此依實需由清潔局統一調配之。

此外，結合學校教育、社教團體以及社區家庭，實施猶如「我愛紐約」(I Love New York) 的計畫，宣導「保持清潔，人人有責」，並定期評核「責任中心」之施行成果，也公布其獎懲之結果。

（《世界日報》，民意論壇，2005.08.04）

天道酬勤，老宋勉之——也談宋楚瑜參選

最近，在網路與媒體上，對於宋楚瑜在 2012 年，是否應該或不應該參與立委與總統選舉一事，傳播種種意見相左的爭論訊息，真不知各方是何「心態」？是何「居心」？是為愛中華民國？是為「愛台灣（包括「獨台與台獨」）？或是為愛國民黨的馬，而憎恨親民黨的宋？

筆者認為，大家對宋的參選一事，其所以有如許不同的論述，要因宋先生是位頗具爭議性的政治人物！因宋有最為眾人辱罵、垢病的「罪行」是所謂「臨門一腳」，將大台獨岩里正男繼任黨主席，繼之捧李選上總統，因而國民黨被毀了！台獨由此猖獗了！但這都是從「事後發展」所知的，「事後諸葛亮」的「定論」。如衡諸當時實況，可知李以總統兼黨主席，乃是當時「黨政一元領導」的事實所需。這是對的，否則的話，由令人尊敬的蔣夫人接任黨主席，這豈不是陷國民黨成為某姓某家政黨的不義境地？而這日本人岩里正男後來毀黨滅國，也非宋所能預知，所能掌控的。大家如此對宋，為何不怪罪小蔣先生為何如此糊塗得，欽點這個大台獨當副總統呢!?那介紹這日本人入黨的王作榮，為何到李與許信良密謀廢省，才認識到這個台籍日本人台獨的真面目，而寫了《真話──談政客論國運》一書，以求保其「晚節」呢？

論及國民黨 8 大老排宋，李將之送去避禍當省主席，然後以 470 萬張票當選省長，宋「踏著蔣經國先生步履，走遍全省 309 個鄉鎮，為基層解決問題」，如此勤政愛民，建設台灣，這是不應該？

是不可以？對他有「知遇之恩」的李，應更加「孝順」才是，但宋為「建功立業」，向中央「奪權，要錢」，而「不把李放在眼裡」，這種對事不對人的作為，又豈能假借「散財童子」的瑕疵，加以非議，予以否定？

李與宋「情同父子」破裂以後，對宋可謂「恨之入骨」，讓「宋悟空」「諸法皆空」，逃不出李的「如來佛」的手掌心。李所以如此，或許是恨宋「忘恩負義」，但真實隱情應是如邱創煥對李所言，宋以 470 萬高票當選「民選省長」，他對中華民國台灣省的代表性、正當性，李是遠遠不及宋的了！這就使李要廢省，要廢國大，總統直選之故。這也是，宋所以獨立參選總統，皆是為掙脫李，所加諸於他的諸般「枷鎖」之故。試問，在民主政治選舉環境下，自由競選有何不可？宋的參選如屬不該，為何選舉結果，宋的選票高出於連的竟有 50%以上？如沒有對手「假報民調」，就不致僅以些微差額選票而落選了。當年國民黨痛失「江山」，豈能完全歸咎於宋？

這次宋先生「重出江湖」，宣示要參選，竟是「群鼓而攻」之，認為宋是因馬對他的「冷落」而參選打馬是為「報復」。這乃是「想當然耳」的推論。事實上，馬與宋同出身為「幕府」（官邸），彼此應「相濡以沫」才是，馬反而對宋的長才，似有一種「亮瑜情結」，捨而不用，豈不是令人費解？又認為宋的參選，乃是「攪局」，結果，國民黨將又失去政權。這又屬「偏見」。在標榜民主法治的自由選舉，下任總統必須讓國民黨的馬先生當選？有宋來參選，民進黨就必勝？這皆是「莫須有」的「杞憂」。此據最新民調所知，支持宋參選的民調，賡續上升到百分之十七，其吸納票源，是來自藍、綠雙方，原有藍勝於綠的格局並未變更。至於宋批評馬的「領導」能力、抨擊民進黨否認「九二共識」的「大陸政策」，皆是針對時弊的國是評言。這更不能視之為「離經叛道」，而據以交相指責，阻宋參選。

筆者認為，宋所以要來參選，應是鑒於，當初馬的選勝，是由於陳的貪腐與「兩國論」，令人為他「含淚投票」而然的。但馬當選後，立即籌謀再度連任計，以要當「全民總統」為由，視黨為「選舉機器」，而「忘恩負義」地背棄了國民黨。國民黨有 2/3 席位的立法院也置之不理。且在人事，施政上，作出一些「遠藍近綠」的「失策」。最為重大的是，捨棄他當初提出的「終統論」，而改提「不統，不獨，不武」，莫知其所以然的「政見」；以「九二共識」，來規避他據以當選的《中華民國憲法》上，所定的「一個中國」的基本國策；汲汲徨徨，只想當個「台灣總統」！現在馬所標榜的政績，因簽訂 EFCA 而讓台灣的經貿發展免予邊緣化，要在基於大陸的「讓利」所致。這予台獨者流乘隙否認「九二共識」，破壞兩岸和平發展關係，以徹底放棄「一個中國」的緣由，以致國家前途、民生福祉、人民安危將處於不可知的境地！

事實上，台灣能否賡續開發經濟，以增進民生福祉的前途在大陸；大陸能否落實政治體制的改革，以建立均富安和社會的希望在台灣。今後，兩岸終須走上「政治談判」。但兩岸能否就此和平發展，「共創雙贏」而「和平統一」，宋先生早已提出「一個中國」的「屋頂論」，且有行政領導的才幹與為民鞠躬盡瘁之心。所以，凡是真正愛中華民國、愛台灣的選民，必然支持宋先生參選。宋參選立委或總統皆可。因為，選立委，可在立院有個第三者，調節與監督的功能。選總統也不會影響國、民兩黨的勝敗，這因選舉是採「相對多數」制之故。設宋能當選，宋有網羅各方菁英才幹，組成「聯合政府」之可能，尤可確定的是，有宋的參選，不論其成敗與否，可激勵馬的進步、也可阻絕蔡的台獨陰謀，斯皆中華民族全民之福也。

（《中央日報網路報・中央論壇》，2011.09.09）

敬請會友們爲阿修的「良性台獨」說共進錚言

我們親愛的會友阿修，為反對「惡性台獨」，不僅口誅筆伐，而且無役（會）不與，歷經廿載有餘，真令人感佩之至。但他所主張的「良性台獨」也的確令人有費解之處。此因「台獨」就是「台獨」，事實上並無「良性」與「惡性」之分的。

就阿修所主張的「良性台獨」而言，係台灣在獨立之後，與中國作為兄弟之邦，彼此親善往來。這不也是「惡性台獨」鼠輩們所想，所望的？君不見「台灣之恥」的「一邊一國」論，只要中國承認台灣是個主權獨立的國家，就立可三通，而且要與中國全盤合作，發展經濟。在大陸的中國政府則是自始至終，一再堅持，只要在「一個中國」原則之下，什麼問題都可以談，給予任何優惠條件都可以商議。為何如此各持己見呢？此無他，蓋因一旦允准台灣脫離中國而獨立，成為一個主權獨立的國家，其一切地位與情勢都變質了。僅依現行國際法而言，「台灣獨立」獲得國際上外交承認，則「台灣國」與中國，就是兩者互不相屬的國與國的關係了。台灣也就「改祖棄宗」了，哪裡還有如他所說的兩者是「兄弟之邦」？再如這兩個「主權獨立的國家」一旦有了利益衝突，兵戎相見，哪裡還有什麼「兄弟之邦」的情誼？更何況，台獨鼠輩如里岩正男，其台獨的真正意圖（或是結果），係將台灣重新歸回日本，以恢復他「皇民」的身分。這又是多可恥，多可悲啊！

就政治學常識而言，一個國家組成的要素有三：國土、人民與政府組織。這三個要素在本質上，有其「變」、「可變」與「不變」

之分。其「不變」者係一個國家的國土。因它是永恆不可移動的，它是永遠永遠屬於全國全民的。除非依國際法的條約，並且獲得全體人民與政府的同意，而捨棄，而割讓，而租借，這國土是他國不可侵占，任何人更不得自行佔據的。其「可變」者係人民。因人民有遷徙之自由，也有移民他國之權利。其戶籍與國籍皆可改變的。至於「變」易者乃是一個國家的「政府」組織，它必因定期「選舉」，或是不定期的「革命」而「變」易的。

其實，「一個中國」，就是一個中國的國家。這一個中國是包括大陸與台灣、兩岸三地的全部國土與人民。但「政府組織」因內戰離亂，分區而治，而有了兩個「政府組織」。亦即有一九四九年國府兵敗於大陸，退守台灣的中華民國政府；另一是於一九五一年中共在大陸宣佈成立的中華人民共和國的「政府」。這種「主權共享，治權分轄」的一中兩治（一是三民主義，一是共產主義）的形態，就自自然然的形成了所謂的「一國兩制」了。但其時，依據國際法，在國際外交上，代表中國人民行使主權，克盡義務的「政府」，仍係在台灣的中華民國政府。迄至一九七一年，中華人民共和國的政府，在聯合國取得了代表中國的「代表權」，「一個中國」的問題於焉發生。因為這一「代表權」所代表的，係包括大陸與台灣兩岸三地的，全中國的領土與人民。但在台灣的中華民國政府係在大陸上先行成立，且是依據全民所訂立的憲法，所選舉而產生的。更因為國府在實質上，仍有效統治台海地區的國土與人民，並有在大陸上依憲法所選出的民意代表們，在台灣依法行使其職權，國祚無一日中斷，致使中共治權也從未及於台灣。所以，那時國府與中共所爭論最烈的法理是，誰是代表中國的，唯一的，合法的政府？並不是有如現在台獨鼠輩們所主張的，要主權獨立，國土與人民僅限於金馬台澎地區的「台灣共和國」。

再者，迄今，世界上並無所謂的「台灣共和國」，這不是台獨鼠輩們，數典忘祖，作黑白講所能定位的。或許，在古代如春秋戰國，三國鼎立，或兩晉五胡時代，他們誰都可以自我封王稱帝，這因為那個時代沒有今日的，所謂國際政治，外交承認的問題。甚至在民國軍閥割據，以及中共建國，他們都以「一統天下（中國）」為鵠的，為職志的，並未如今日的台獨鼠輩們，要分裂國土，要求「主權獨立」，而涉及國際政治、外交承認的問題。再者，「中華民國」與「台灣」不可混淆使用。「中華民國」係國號，「台灣」乃是地理的名詞。中華民國係孫中山先生，領導革命黨人，拋頭臚，灑熱血，於一九一一年，成立於中國大陸。這一國號係中華民國政府生存發展的依據，非依憲法，這國號是不可隨意更易的。當然，更不可剽竊竄改。台灣則是屬於全中國人民的國土。設如台獨鼠輩們在這塊國土上，逕自拋棄中華民國國號，成立所謂「台灣共和國」，宣佈獨立，這就是一群叛亂分子，霸占山頭，落草為寇了。中國政府來趕盡殺絕，乃是天經地義，無可旁貸的神聖責任。

至於台獨鼠輩們如岩里正男之流的醜惡的面貌，可歸納為：(1) 數典忘祖；(2) 忘恩負義；(3) 自我作賤；(4) 寡廉鮮恥。因此，無論在法理上，或事實上，中國必然統一，中國一定富強的。這是基於：

一、「台灣」不是個主權獨立的國家；中華民國依然屹立在台灣；

二、台灣是屬於全中國全民的領土，不容侵犯，不可分割；

三、台灣沒有獨立的「理由」與「本錢」；

四、中國現在對國土台灣所要求的是法理上的「統一」，不是實質上的「統治」。

此外，台獨鼠輩們尚有許多違義背理的囈語夢話，例如「本土化」的「居民自決」謬論（二戰後提出的「民族（居民）自決」說，係聯合國為殖民地受侵略者他國不當統治而提出的，這不能作為台獨鼠輩們對自己的國家民族，來叛亂造反，分裂國土的理由）；以及數典忘祖，自我作賤的「台灣人」非「中國人」等等黑白講，需要嚴予辯正駁斥的。但不及一一詳述，謹例拙文如下數篇，其中皆有相關論述，敬請參閱指教，以資懇請諸位會友們，向親愛的阿修共進錚言，請他捨棄「良性台獨」說，而盡其睿智與才能，賡續對台獨鼠輩們口誅筆伐，光我中華，則幸甚矣。

所陳拙文：

1.〈中華民國與台灣前途〉

2.〈「反分裂法」的問題所在〉

3.〈敬致王作公函簡》──讀《真話》書後〉

4.〈「一個中國」原則的平議與實踐〉

5.〈槍桿乎？選票乎？〉

6.〈愛祖國的真諦〉

7.〈胸懷大陸，心繫全民〉等等。

註：本文於民國九十六年一月卅一日載於台北《世界論壇報》〈台獨有「惡性」與「良性」之分嗎？〉

掃興之旅——A流感誤遭隔離記

今春去大陸旅遊，向旅行社剛剛繳了報名費，就從報端見 A 型流感報導，繼之病情迅速擴散，因假期已定，不便更改，只好按期繳團費，買機票，請家庭醫生開防 A 流感處方，也買了洗手液、口罩、保胃防瀉之類的藥品，依原定計畫成行。

5 月 21 日一行 16 人由紐約乘東航 MU588 班機直飛上海。登機前後，我們並沒戴口罩，是上機坐定後，才發現大約五分之一的人，戴上形形色色的口罩，有的還戴了護目鏡呢！環顧前後左右，緊張氣氛愈添，讓我們坐立不安。當凌晨 4 時許到達上海，空姐為大家測了體溫，紛紛起立拿行李準備下機時，空服人員又宣布要大家回座，繼之先後有兩批，戴口罩護鏡，穿白色防毒衣帽的檢疫人員上機，又為旅客再一一測量體溫完畢，未發現異況，才讓大家下機。

測量體溫　一切正常

下機後，我們隨即轉機去湖南長沙，三天後，24 日，旅行到張家界，白天，由於大霧，極富盛名的張家界山水經典未能窺及全貌，但夜晚經導遊極力推薦，由我們自費觀賞當地「魅力湘西」的大型綜藝歌舞晚會，待回到張家界度假酒店，於當夜約 11 點就寢時，突接導遊電知，有 A 型流感防控人員前來，要測量內人體溫。隨之一身穿便服之檢查人員進入房面告，內人在所乘 MU588 班機上，曾接觸 A 型流感確診患者，可能受其感染，須測量體溫，以免流感擴散。旅行團一行 16 人，我與內人並肩而坐，為何獨獨只有內子一人要測體溫呢？檢疫者答以係上級通報如此。我夫婦只好「欣然」同受測量，結果，內子 36.7℃；本人 35.2℃，一切正常，當彼此寒暄，得知他姓湯。

當我禮送湯先生出房，見門外尚有三人一字排立站在那兒。湯先生向中立者一位年約 30 餘歲女士談話，說是正向「領導」匯報檢測體溫結果呢。隨之回房就寢，不意在半夜旅行團「代表」在旅館大廳電知，他應導遊之請，一同參與當地防疫主管人員開會，決定將內人立予隔離管制，不得外出所宿之房門，如一切正常，五天後，5 月 29 日，解除管制。筆者不忍老伴獨困「囹圄」，乃請予一同接受隔離管制。

為何又「囚」我們？

24 日夜，接到立予隔離管制通知時，甚為訝異，其一，我倆體溫一切正常，已被告知明日仍隨團繼續行程，至下站鳳凰城時，僅再受測體溫而已，為何倏忽改變，立予隔離？其二，全團 16 人，特別我與內人比肩同座，係何原因惟獨「拘留」她一人？其三，他們決定管制內人，有否公文書？「代表」答以有公文，名冊上有內人之名。乃要求他：一、請立刻送閱決定隔離管制所依據的命令文書，以及受隔離管制之全部人員之名單；二、請向受害人說明真實原因；三、要求隔離管制單位，以正式文書通知美國駐中國大使館或領事館；四、請旅行社通知家屬。

當通知決定予我夫婦隔離管制後，即刻有檢疫人員及護士等，戴口罩，身穿防毒衣帽，來房間面告該等已進駐在我們的隔壁房間，執行 24 小時觀察監視，規定我倆從此刻起，不得跨出房門一步。一日三餐皆在房間內。有何需要只可對該等提出。一夕之間，竟成為「階下囚」。內人齡 70，我齡 79，從無一天遭受如此「牢獄之災」，真是其情何堪?!

自後，在隔離管制期間，提送一日三餐人員皆戴口罩，將飲食僅送至門外；旅館清潔人員，戴口罩，穿防毒衣帽，來房清理。護士來房量體溫，也穿制服，戴口罩。更無任何人進入我房。讓我倆感到有如身染劇毒且會「放蠱」，人人避之惟恐不及的「重毒犯」。老伴為此沉默不語；個人血壓從 140 升高至 158（護士來房測量得知）。無助無望，猶如跌入萬丈深淵！

審閱文書　察知錯失

為瞭解被隔離的真正原因，25 日晨，向監控人員一再追查索取，先後收到公文書複印本 2 頁及其附表「5 月 21 日在上海與患者密切接觸者名單（僅 2 人）」。經審閱得知：確診患者係由紐約與我們乘同班飛機的青年學生，回浙江溫州省親三日後，因發高燒求醫而確診為 A 流感。他在機上座位係 39F。「監控名單」上所列 2 人，內人座位欄中無號碼，另一人座位係 41D。於是察覺到「問題」所在，乃立馬電浙省應急辦查詢結果，承告：應受追蹤觀察者僅限於確診患者 39F 座位前、後三排（共 60 人）；我夫婦座號係 48J 與 48H（與 39F 座位前後相距 9 排，計 180 人），不應在受「追蹤觀察者」之內。

當即申請浙省應予通告解除管制，承應允但表示，浙省應急辦係「提供資訊」之單位，且與湖省相距甚遠，如何解除管制，宜與當地政府主管單位解說。25 日中午，將上情電告測量我夫婦體溫，執行隔離管制的湯先生，並提出五點「要求」：一、通知美國駐中國大使館或領事館；二、提供應受隔離管制全部人員之名單；三、給予對內人採取隔離管制之原由；四、予我夫婦驗血有無被感染；

並加上五、對受害人所受損害保留一切追訴之權。到了下午，湯先生派人查看我夫婦 MU588 班機座位存根，並電示，將上述要求解除管制之原由，以有受害人簽名之書面正式提出。

26 日晨，有防控單位許先生來我房，出示註有 5 月 24 日所發「關於實行醫學隔離觀察的通知」等文件，要我夫婦簽收。因其時日延誤且不合程序，拒簽。並告以我夫婦每天旅遊花費是美金 532 元以上（團費 1699×2（人）＝3398＋機票 1930.00＝5328／10（天旅遊）＝每日花費美金 532.8 元）。如果 532.8×6.6（匯率）＝（被「囚」一日損失）即人民幣 3516 元以上。乃嚴正要求最遲必須在 27 日中午 12 日以前解除管制，尚可回團參加後續三天之旅遊（5 月 30 日即結束行程）。

許先生誠懇應允必將我要求轉達決策之主管。

美國公民　何其有幸

26 日上午，不意有美國駐中國北京大使館領事處（美國公民服務組）王女士來電查詢，乃報告上述種種，並請求向中國政府有關單位要求解除管制。中午，該地區防控中心「領導」鄭女士前來，並帶來一盆鮮花，多種水果，親切面告我夫婦已立予解除管制，現在就可外出自由活動。

27 日中午，防控中心邀我夫婦在旅社共進送別午餐，敘衷至歡，並交換地址拍照留念後，即以鄭「領導」之公務專車送我夫婦，約三小時半後，車行至長沙與旅行團會合，三日的「牢獄之災」就此結束。

想及受害人設如未努力自救，追查出決策者的錯失；揭發出參與處理本案者力有所不逮之處；特別是，設如沒有美國大使館，在數小時之內，大力關切本案處理經過，決不會提前解除管制，我夫婦所受不白之「冤獄」，也恐永無「平反」之日；當美國公民服務處王女士得知我們已解除管制，並為我們後續旅途叮嚀祝福；我們回美後，美國駐北京大使館（美國公民服務處）猶來電示知，對我建議轉請中國政府就本案檢討改進之處理經過，一再關懷，讓我們感到身為美國公民，何其有幸，對美國政府由衷感謝不已。

精神傷害　難於慰平

探究我夫婦倆所以遭受如此「不白之冤」，首要者，當為中國A流感防控人員反應過度，罔顧事實，只知濫用公權力，作出錯誤之「決定」。其所以如此，可能是為A型H1N1流感病毒鋪天蓋地，來勢洶洶，迅向全世界蔓延；也可能是中國政府鑒於6年前，以「不透明」方式處理SARS疫情，受盡指責，因而對這次輸入性的A流感，採取嚴防措施，執行者過多「自由裁量」所致。

而最令人對之深感無奈者，是我們的旅行社。這次我夫婦在受「不白之冤」事件中，承辦我們旅遊的旅行社總公司，迄未應受害人之懇切要求，將我倆遭受隔離管制情事通知我家屬、向美國大使館報告，也從無一人出面協助尋求解脫之方，更無來電說句安撫之言，棄我倆如同路人於不顧。迄今，每一念及，猶難釋懷！

（註：詳見書後相資032）

（《世界日報》、《世界周刊》第1332期）

〈見識過甲等特考嗎？〉e 函回覆

德熙學長：

您好，您好。

讀您 e 送來的「政論篇」:〈見識過甲等特考嗎？〉文，想在不久前，我記得似乎用 e 函已經談說過。但因這問題在我一生中，是件很難予忘懷的感受與經歷。所以，再為您重述些許由衷的話，願能得到您的「共鳴」，並且將之轉請大家參閱，有所「認知」。

1.甲等特考創辦第一屆時，我已「留英訪美」回來，仍在政院服務。那時看到報考簡章，深覺：

a.報考該甲等考試資格，對沒具「學位」而高等考試及格者「不公」。（職位分類考試將原高等考試區分其等級；對專科學歷者降其考試等級，又皆屬「不公」。）

b.也感到它是為一些（祖上有德的）青年才俊而設，因他們尚未具備憲法上「公務員非經考試及格不得任用」的資格，但已經由「聘派條例」或「機要人員任用法」，而當了高等文官，且居要位，所辦的「黑官漂白」的考試。

c.但也認知到舉辦高、普、甲、乙等等特考有其「無奈的」情境。此因國府遷台初期，依據在大陸所訂的「考試法」，僅舉辦全國性公務人員高等（大專學歷）與普通（高中學歷）考試。那是「資格考試」（錄取後，不分發任用）。其錄取（及格）名額是如按各省人口比例，選舉立法委員然，是有一定限額的。例如江蘇省與台灣省，不論其報考人數有若干，前者錄取 36 名，後者 2 名。（因此，有認為是對本省同胞的歧視，實是誤解。）為此，那時就同時舉辦「台灣省高、普考試」，為大專畢業生舉辦「乙等特考」，其錄取名額就不限制了。其後，國府政務日益繁忙，政院成立「人事行政局」，將高、普考試由「資格考試」，改為「任用考試」，每年調查各機關需用員額，舉辦考試。及格後，按實需分發至各單位任用。

2.甲等特考又濫觴於教育制度上「學位至上」、「文憑主義」所致。高普考時代，專科以上者，皆只報考高等考試。由於國家教育日益發遠，出國留學取得博、碩士回國者，接踵而至。他們欲為公服務，但不屑與大專畢業生一同參加高考。而且那時，高考應試共同科目有《國文》、《中華民國憲法》、《公文程式》等等留學生很難應對及格的。再因他們多不屬於「弱勢族群」，加之政府也需要這類高級知識份子。於是一番「研議」，將原有的「簡、薦、委」九等文官任用制度，改為依「學位」分為十四等的「職位分類制度」。進而為「祖上有德」的「青年才俊」，又舉辦了甲等特考！

3.說來，高、普、甲、乙等等公務員考試，是「人盡其才」，掄為國用的，一種良好的制度。但這種「文憑主義」的教育制度，與以「學位取才」的人事任用制度，相互激盪，因而造成青年升學與就業非常嚴重的問題。為此，我時在政院服務，曾為首長撰擬一份研究報告（並附陳時任教育部長蔣公彥士），以供參考採行。

以上各點，皆梗述於《通識教育與有教無類》第 2 頁「再言有教無類」與第 3 頁；及〈解決青年升學與就業的途徑〉一文。

關於甲等特考，十餘年後，我「流」美了，在報端見聞及考選部長王作榮先生反對舉辦甲等特考，非常驚異，不勝欽遲。因而急急查詢經過，又經歷了 2 件很有意義的事。

1.那時我留英同學會的學長，王教座曾才任考試院祕書長，我為廢除甲等特考函詢他有何意見，順便也副請從未與我謀面的王作榮部長表示其決策態度。經多次溝通，真與聞得不少事實真知。尤以王作公就此與我成為「忘年之交」。他們都健在，您等關於國家考試制度有何不瞭解的，請詢他們是最為適當，就不會由於「道聽途說」而對此事有些許誤解的了。

2.在 1993 年，又從北美《世界日報》上先後得知，我在政院所撰〈解決青年升學與就業的途徑〉拙文中，所建議的 a.舉辦如英國 Open University 的空中大學；b.高考及格，有良好經歷的專科以上同等學歷者，可報考研究所；c.職業教育的推廣等等，皆見其實施了！讓我深深感到當年的努力並沒白費。（以上，請見拙文〈解〉最後 2 頁）。

設如認真檢討甲等特考有何缺失，或有所建議，就個人愚見是「定期舉行」、「集合考試」。再則，從您所 e 送來的「政論篇」許多觀點，以及一些帶有「省籍歧視」的「留言」，應該多方瞭解求證後，才將之表達出來才是。這因為國人對政府公共行政，猶如路人看「父子騎騾」趕集一樣，每人都有不同的「批評」。何故？「利益衝突」、「立場不同」也。您說是嗎？盼您將我這些「論述」，轉請您的有關人士指教。順祝您與 Pam 嫂兩位

儷安

承武　　NYC

泛論所得分配與所得或財富重分配之成因——兼對政府干預功能及其成效之探討

首先，對本文所論述的「所得」(Income)與「所得分配」(Income Distribution)」；「財富」(Wealth)與「財富重分配」(Wealth Re-distribution)，作一區分，可見其名詞是衍生相關但意義是有其不盡相同的。簡言之，「所得」係個人工作「收入」的「現金」(Cash)，以及其他收入如紅利，租金，利息等等。「財富」則泛指個人或家庭所擁有的「立可出售的資產」(Marketabie Assists), 要如不動產，各種有價證券以及耐用財物等等。至於「分配」與「重分配」則因各種市場經濟活動，外貿與金融運作模式，以及政府「干預」(Interfere)之不同程度而定的。

在完善的自由市場經濟(Perfect Free Market Economy) 制度下，人們從事經濟活動，其所得分配是依各別所貢獻而定的(Income According to Contribution)。此有企業家為「利潤」，地主為「租金」，工人為「薪資」，資本家為「利息」等等。亦即所謂「各盡所能，各取所需」。然因有傳統經濟學所謂的「自由市場」運作基礎，人類的「自私」不時作祟，以及人們有由於先天的不平等，如有健康／障殘，有聰穎／愚鈍之別；或由於後天的「失調」如沒受良好教育，家境貧窮等等，無能或不能從事或參與所得較高較好的經濟活動；再有國際間貿易的傾銷，或是在商業活動中，獨佔市場，哄抬物價等等非法手段結果，不僅人們所得因以不公平(Income Inequity)，財富為之重分配(Wealth Re-distribution); 再如或通膨使幣制貶值，或通貨收縮，導致經濟停滯衰退，因而百業蕭條，工人失業，造成貧富兩極化，民不聊生，社會動亂。

於是，有基於人類道德理念，有鑒於社會公平正義說，或為國民均富社會安和起見，政府不得不出而「干預」(Interfere)市場經濟運作，以社會立法方式，實施諸如累進稅率(Progressiwe Rate) ，提供醫藥保險等等的公共財政支出，與社會福利政策計畫，來貼補弱勢人群的所得之不足，促使社會財富重分配。雖然對此尚有就「經濟效率」（Economic Efficiency）說，或認為貧窮者多為懶惰之人(Lazy People)，而提出諸多反對之爭議，但皆為人類經濟活動無可避免之事。

蓋因，人類與生俱來的生存體能，遠不如許多哺乳動物，為謀生活所需，不僅不能離群索居，更須分工合作，各盡所能，各取所需。在農／牧時期，大家多能自給自足，或以物易物，彼此相安無事。及至交易日繁，交易媒介的貨幣產生，於是以商品價格，謀取利潤的「重商主義」興起。尤因人類所需的「資源」(Resources)短少，且分佈不均，一切貿易糾紛，關稅抵制，隨伴經濟發展，從「商品經濟」而「產業經濟」，而「知識經濟」而至今日的「金融經濟」之等等不同情境，而愈演愈烈。不僅國與國之間，經濟開發差距日大，外貿衝突，金融危機相繼發生；而各國一已人民貧富日益不均，生活幸福指數亦是日有下降。為解決人類經濟活動，生產與消費關係所發生的如許問題，歷來相繼產生了各種經濟學說企能抒解其困，總因情勢加速變遷，其實效也多不能盡如所願。

例如《富國論》的傳統個體經濟學(Microeconomics)，其商品價格是取決於「供／需」定律，在完全自由市場經濟下，有隻「見不到的手」在「磨合」各個「自私」的所需。但在 1929 年，市場經濟失序 (Market Failure)，世界經濟大恐慌發生，有羅斯福總統

所援用的凱因斯 (John Keynes) 「充分就業」的總體經濟學說 (Macroeconomics)，用赤字預算的「財政政策」，促成「充分就業」(Full Employment)，來增加個人所得，重新分配財富，挽救這項危機。其後，有助低度開發國家「經濟起飛」(economic Takeoff)的《開發經濟學》(Dewelopment Economics)，有著眼整體資源分配適切的《計量經濟學》(Econometrics)，有為追求最大利潤而運用雄厚資本來撐控生產供需價格的「產業經濟」(Industriai Economics)學，有維護科技發明促進經濟發展的「知識經濟」(Knowiedge Economy)學，以至今日擬用匯率與利率來調節市場經濟運作，平衡國際貿易的「金融經濟」(Financial Economics)。皆是希望能由此所得分配合理；財富重分配適當，以求人民均富，社會安和。

但不論上述各種經濟學說運作模式有何不同，當市場失序，經濟衰退，百業蕭條，工人失業，有待政府干預市場經濟活動，期使所得分配合理，財富重分配適當，所運用方法主要有二：一為「財政政策」(Financial Policy)；另為「金融政策」(Monetary Policy)，以之刺激經濟復蘇，做到充分就業。1929 年的「經濟大恐慌」是為最佳實例。

該 1929 年 10 月 29 日，美國歷史上最著名的「黑色星期二」，華爾街股市一夕崩盤，短短 2 週時間，從股市消失的資金高達 300 億美金，導致了持續 4 年的經濟大恐慌。而後在大蕭條的幾年中，銀行倒閉、民眾紛紛擠兌、工廠歇業、百業蕭條，失業率高達 25%。排隊領救濟食品的窮人長達幾個街區，許多人無家可歸流落街頭，因貧窮中途輟學的學生約有 200 萬至 400 萬人。更有許多人因為身心壓力而自殺。這次經濟危機很快從美國蔓延到其它工業國家。對千百萬人而言，生活成為吃、穿、住的掙扎，各國為維護本國利益，加強了貿易保護的措施和手段，進一步加劇惡化世界經濟形勢。其經濟衰退的後果最嚴重的問題就是大規模失業：美國 1370 萬、德國 560 萬、英國 280 萬。

為何會出現如此的大蕭條？當時英國經濟學家凱因斯（John Maynard Keynes）認為，市場上，消費者對商品需求的減少是大蕭條的主因。凱因斯強調政府應介入經濟事務來挽救蕭條。在凱因斯的影響下，總統羅斯福推動了著名的「新政」(New Deal)，以政府力量干預經濟。通過〈緊急銀行法〉，宣布停止兌換黃金和出口黃金，授權聯邦銀行增發鈔票以解決貨幣飢荒。美國國會通過了〈1933 年銀行法〉，建立由聯邦承擔責任的聯邦儲備體系。這些政策使銀行與金融秩序恢復正常，恢復人們對銀行的信心。他成立了公共事業振興署，大量興建公園、橋樑和學校，提供了數百萬個的就業機會，緩減了經濟大蕭條的危機。

但由此也造成至少有如下數點後果：1.提高政府對經濟的政策參與性，建立的一些監管機構。2.以關稅的形式強化了經濟的民族主義。3.激起了作為共產主義替代物的浪漫—極權主義政治運動（如德國納粹）。4.獨裁者的崛起，極權統治的盛行。至於往昔針對資本主義剝削勞工「剩餘價值」(Surpius Value)等等「缺失」，而有馬列第三國際共產主義所掀起的暴力革命，結果其極權暴政、階級鬥爭，除為人類帶來史無前例的殺戮，對於解決民生問題，增進人民福祉並未作有任何貢獻，自當別論。

借古鑑今。今日美國由華爾街波及全球的金融海嘯與上世紀 30 年代的經濟大蕭條似有若干相似之處，比如，金融危機、投資銀行或破產或被政府接管；股市振盪、經濟停滯、工人失業等等。但今日美國處境較之往昔嚴峻多多。要如美國正陷困於阿伊兩面戰爭；天文數字的國債（至今 2012 年已積欠 10 萬個億）；預算赤字達到上限（政府債務上限從 2900 億美元提升到了 12.4 萬億美元）；

次級債危嚴重，房市跌入谷底；中產階級委縮(Since 1970 50.3% to 2010 42.2%)，財富日益集中，貧富差距擴大（1%的美國人幾乎控制著 25%的國民收入，富裕的階層控制著全國 40%的資產。在最近 10 年之內，富人的收入增加 18%，而中產階級的收入卻在下降）。

歐巴馬總統就職後，處理金融危機，所訂刺激經濟復蘇政策等等，是否也能如當年羅斯福總統所施行的「新政」然，也能收到預期的效果？據大多數美國經濟學家認為，美國現在的金融體制優於以往，不會重蹈覆轍；且有健全的「社會安全制度」，有福利救濟、失業救濟金與糧食券等等的補助，是故失業人數雖達 10%，因此並未造成如大蕭條時期失業者無家可歸，排隊領取食物種種困苦的景象。且經歷百年來，各國政府多懂得如何善用「有形之手」，當令經濟危機不致陷入無止境的蕭條。證諸事實，歐巴馬總統的挽救經濟危機等等政策計畫施行以來，大致如斯，且有其較為適切妥當，漸收到成效者，至少有下列諸項。

其一，全面整修金融法規，嚴予管制監督金融市場；改革金融體系，嚴格監督造成系統性風險的金融機構。促進金融體系的公開與透明化，要用投資人能瞭解的淺顯語言說明。對資產規模在 500 億美元以上的大型金融機構徵收「金融危機責任費」（Financial Crisis Responsibility Fee），以收回美國納稅義務人的每一分稅金。歐巴馬對金融高階層主管年薪以 50 萬封預「蓋帽」；並規定金融機構不得自行擬訂依產品業績分配紅利獎金制度。

其二，在解決失業方面，除經參議院批准的 8380 億美元刺激經濟復蘇，用於整修基礎工程，公共設施；補助對中小企業或創業，或增僱工人等等，來創造就業機會；改變徵稅、免稅方法，獎勵開發能源，改善或增購新設備，開創新興如綠色工業者。特別對工作外包(Over Sources)者取消優惠稅，並徵收正常利得。歐巴馬就職前失業人數 4 百萬，就職後在挽救經濟法案未生效前，失業人數又增 4 百萬。但最近 22 個月，竟創造了 3 百萬工作機會。

其三，檢討修訂稅制法規，以達合理分配所得與財富重分配。就業制度造成的工資穩步上升，平均小時工資在 2010 年上半年末達到了 19 美元/小時的歷史新高，使得經濟出現穩定復蘇態勢。對高所得者課徵稅率至少 30%，收入$250,000 以下者，則降低其稅率。其醫療改革亦以低收入貧窮者為主要對象。

其四，在全面振興教育方面。徹底消弭貧窮因素，為未來經濟成長與發展奠建基礎。比如防止高中生中途輟學、發展社區大學，使成為建教合作就業中心；用減稅、免稅、低利學生貸款與增加工／讀機會，並敦促大專校院縮減學費等等，來貼補中產以下收入不足家庭的孩子皆能進入大學讀書。此外並獎勵優良師資，提高教育品質，以致修法留用外籍學生。這正如歐巴馬所說：「良好教育是消弭貧窮最有效的辦法。」是為未來經濟成長與發展奠建基礎。

至於政府干預市場經濟活動的結果，能否能做「所得分配」合理？能否將這猶如一塊大餅的「社會財富」分配適當？證諸既往歷史，毋論從市場自然法則，或是人為因素觀之，皆不能盡如人意。設有一切制度皆世界化，人我之間「利益衝突」皆予消弭，則眾所追求實現的，所謂「均富」與「安和」，或許達成有望。試拭目以待。

2012.04.11 草撰於紐約寓所

我對「紅學」研究的幾點認知——從拜讀郁丁先生兩部「紅學」研究的大作說起

一、前言

中國四大文學名著之一的《紅樓夢》一書，我從青少年時代就耳聞目睹，曾經買來翻翻看看。後來有 DVD 版本，也買了一份在電視上放了幾集。迄今，已是 83 後的老朽了，該書和 DVD 都沒讀完看完。其間，每當見聞到文人雅士，多是眉飛色舞，津津樂道地談說起，劉姥姥進了大觀園是如何的景象；賈寶玉和林黛玉又如何如何，總讓我感到一已孤陋寡聞，不學無文，而悔疚為何一直沒將這部名著讀完看完呢？而反省到可能基於兩種原因，一是從沒經歷過富貴之家那種「飲食男女」和「風花雪月」的生活；再為出身軍旅，沒有文學素養，只偏愛看看「以武犯禁」的武俠小說，對於《紅》著中那種情景，那種排場，各色人物的性格，以及他們彼此「勾心鬥角」地對白，都似乎沒有「同感」，無何「共鳴」所致吧？及至近日，拜讀郁丁先生的兩部有關研究紅學的大著，讓我對紅學有較多的識見，個人自也由之產生幾點認知。

二、「讀書報告」

我所拜讀郁丁先生的第一部大著是《細嚼慢嚥讀紅樓》。我的「讀書報告」要點是：

1.作者如未曾將《紅》著一書讀得「滾瓜爛熟」，參考過眾多相關的資料，決不能寫成如此的好書，對作者做學問是如此嚴謹，由衷敬佩不已。

2.《細》著分析《紅》書中主要人物，捨敘述「故事」，或是塑其「性格」的寫作技巧，而是先有「結論」，再予各種「論證」，的確是令讀者「信服」大增，而產生「共鳴」的好手法。

3.作者從描述大觀園的「白色恐怖」，將王夫人歸類為「白色恐怖頭子」，運用情報，殺害「敵人」。這可能是由於作者有類似的經驗閱歷之故，而將大觀園所作所為，視之為掌管一個猶如「國家」的組織？這雖然有類「古事今判」之意，但從小說中的人物情境，多是取材於「當代」的社會來說，這自是「想當然耳」也。

4.作者說任何文藝創作都留有「空白」，讓讀者去領悟。的確如此。這也是任何著者，創作文藝的主要目的或要因。但讀者所能領悟到的，則各有不同，而且程度差距甚大。這可能緣於各個讀者的教育、經歷、家庭背景，以及所處情境多有不同之故？或因社會科學不如自然科學有「一加一等於二」的定律或定則，沒有「真理」而「自圓其說」。文學作品中的人物，故事其所以多屬虛構，更是如此。

5.作者說，曹雪芹和賈寶玉不能畫等號。是如此。但筆者要請教的是，當年曹雪芹為何要寫這本書呢？其真正「價值」何在？

6.在中國文人筆下的文藝創作，總離不開「飲食男女，風花雪月」，曹的《紅》著也不例外。但曹所創作的賈、林與薛「三角戀愛」，是何主旨？亦即《紅》著示予讀者的是什麼？是自由戀愛與傳統禮教的對比？或是展示林黛玉在賈府之所以不受歡迎，成為多愁善感的病西施，皆是由於她「窮困」所致？

他的第二部大著《從文本比較看高鶚紅樓夢後四十回續書》。該作旨在用前後兩文本，在用字遣詞、寫作技巧，以及人物描述、故事情節等等前後矛盾不相一致，而來認定這後四十回非曹雪芹所寫。這種合乎「科學」的文本比較研究法，確是為紅學研究者立下了「足式足範」的例證。

關於《從文本比較看高鶚紅樓夢後四十回續書》證明其是「偽著」，是將主要人物如賈寶玉、賈母、林黛玉、妙玉、花襲人，以及寶、黛、釵的關係和賈寶玉的女性觀等，以「曹雪芹筆下的」與「高鶚筆下的」兩者從前後文本中之不同描述，來考證續書是偽著。其例：

在第八十回中，鳳姐說：「我和太太都跟著老太太吃。」這就違反了賈府吃飯的規矩；

第八十三回中為黛玉看病一節，賈璉陪大夫進來了，便說道：「這位老爺是常來的，姑娘們不用迴避。」這更與原著大相徑庭，不合常規的。

此外，後四十回續書中，多處描述家中陳設，應對禮節與原著不相一致，斯皆由於曹家與清廷皇室的關係，曹家從龍入閣，是天子近臣。曾經南巡接駕，三代四世江寧織造，鑲紅旗王妃。曹雪芹因深諳皇室宮廷之禮節生活，才能寫出《紅樓夢》之巨作的。而高鶚則否。

第八十四回中，「金玉良緣」在曹著筆下金玉陰謀的最大絆腳石就是賈母，到了高鶚筆下把賈母這塊大絆腳石搬開了，還反過來做了金玉陰謀的推手。

第九十七回中，在續書者筆下，林黛玉再也不是賈的心肝兒肉，而是眼中釘，肉中刺，去之而後快的厭物。

再則，郁丁在他的《從》著中，就研究所得，而陳述的重要論點尚有如下。

1.《紅樓夢》故事主幹，是賈府的由盛而至敗落，漸變的隕落。其中心線則是寶黛的愛情——木石前盟與金玉姻緣的對立鬥爭。

2.歷來紅學家們研究紅學，多數都集中在《紅樓夢》外部的問題上作研究，如版本問題、作者的身世問題等，很少從作品的本身看《紅樓夢》的問題。因此，對於作者曹雪芹寫了數十萬字，到底他企圖告訴讀者的是什麼？為什麼意難平？這些零零整整，該說的，已說的，都未為人注意，他不想說的反被拿來大做文章。

3.有關後四十回續書的真偽問題，紅學界早已有人認定它是偽作（如胡適、張愛玲等等），但一直缺乏一個系統性的鑑定，可以明確指出其作偽的部分來。筆者以比較文本方式，列出幾個主題，分別得出其中的不同之處確證其偽。

4.高鶚續書是受程偉元之託，也是受程偉元之累，原作寫了十年，讀了高的序文，才知道他當時還沒有欣賞文學作品的知識和見解，竟把《紅樓夢》視著稗官野史。高認為稗官野史之流，尚不謬於名教，遂襄其役。但他對《紅樓夢》的文學價值，一無所知，寫這續書，是續他心目中的稗官野史。

三、《紅樓夢》成書經過及其他版本

《紅樓夢》的成書過程很重要，這是「紅學」研究的基本知識，文學研究不可架空，文本是基礎核心，文學研究要懂得利用它。不能把歷經多次修改的《紅樓夢》當成家傳或自傳來看，書中人物寶玉、黛玉、寶釵等人的年齡忽大忽小，大觀園、寧府、榮府也可以無限擴大，因為它是一個詩意的虛擬空間，人物以虛構為主，研究《紅樓夢》應避免視其為歷史，最好將之還原為文學作品。

曹雪芹所著《紅樓夢》原稿《石頭記》，在曹雪芹生前和死後，都遭遇過離奇複雜的文本演變，八十回後的「後四十回」原稿亡佚，前八十回在抄寫流傳過程中的訛謬衍奪，即漏抄、錯抄、妄改、亂刪、胡添等種種問題，可謂千頭萬緒，複雜紛繁。

因此，《紅樓夢》版本眾多，坊間 120 回均自乾隆末年程偉元所印，除接續後四十回文稿外，對前八十回亦多做修改。自胡適 1927 年重金購得僅存十六回的《石頭記》殘卷，名之為甲戌本，開版本之研究。《紅樓夢》重要版計有：已卯本、庚辰本、甲辰本等十種。 甲戌本前十二回有脂批。其第一回文字認為是全書概說，所有的批語都暗示眾人結局。自 1921 年，上海亞東圖書館出鉛字版，成為家喻戶曉的古典小說。

周汝昌認為探考曹雪芹生平、版本、八十回後佚稿內容，及脂硯齋評語才是《紅樓夢》的內功。紅學研究如曹學，版本、探佚、脂批、索隱都屬於紅外線，探索小說《紅樓夢》的虛幻與真實，符合作者「假到真時真亦假，無為有處有還無。」的精神。

陳慶浩確認今本《石頭記》的前身是《風月寶鑑》，如它的書名，是一本勸戒不要妄動風月之情的言情小說，有一個很美麗的石頭下凡的故事開頭並貫串全書。但大概這本小說只有個雛形。曹雪芹據以披閱增删，分章回，纂目錄。以他豐富的生活經驗和文學天才，從簡單的整理變為大規模的增删，變成借別人酒杯澆自己塊壘，變成再創作。 經過了十載的批閱，五次的增删，新出來的《石頭記》中固然可以看到某些《風月寶鑑》的痕跡，但《石頭記》已是一個全新的東西，形同再造，它已突破一般言情小說而有了新的靈魂。就這一意義上，雪芹作為《石頭記》的作者正當之無愧。

「紅學」研究當然以文本最重要，其次是「脂批」,「脂評」是由三個主要部分構成：1.甲戌以前某不知批者的批；2.甲戌至己卯間以脂硯齋為主的批；3.己卯以後以畸笏叟為主的批。每一個批書的過程以一個人為主要批者，但也有其他人參加，而且還有作者的某些批語。參加批書的人，就已署名的，除了脂硯齋、畸笏叟外，還有松齋、梅溪、常村，評語中提及的還有棠村、杏齋和煦堂。這些批書人是誰？從他們的批語中可以找到作者的資料、書中的素材，及成書過程有關的記載。其中脂硯齋、畸笏叟皆為重要的研究對象。胡適將脂硯齋、畸笏叟視為同一人，脂硯齋即曹雪芹；周汝昌認為脂硯齋是史湘雲，亦即曹雪芹的妻子。其實，要指名道姓「脂批」是誰所作都不可靠。

但陳浩慶認為脂評跟一般讀者較靠近，例如他稱呼「獃寶玉」，替寶玉講好的地方佔很多；脂評畢竟不等於作者，他顯現出來的是讀者的心理反應。到了「新紅學」階段，胡適主張對《紅樓夢》的版本和作者的家世要有所了解，這樣的研究方向是對的，意義也好。因為他的提倡，使得文獻的挖掘和保存受到重視，我們今天才有那麼多的《紅樓夢》鈔本、刊本。可是另一方面，「新紅學」所強調的科學研究態度，胡適等人並未完全做到。

《石頭記》成書過程中，有明確記錄的稿子是早期稿子《風月寶鑑》，增刪修訂稿《紅樓夢》和未完成的最後定本《石頭記》。這和保留在甲戌本的凡例及脂評所提及的書名，是相配合的。《風月寶鑑》時期很可能沒有大觀園，是否有十二金釵也不好確定。

此外尚有今本與古本《石頭記》與《風月寶鑑》的版之不同，毛澤東還注意到《金瓶梅》和《紅樓夢》間的傳承、異同關系，指出「《金瓶梅》是《紅樓夢》的老祖宗，沒有《金瓶梅》就寫不出《紅樓夢》……《金瓶梅》的作者不尊重女性，《紅樓夢》、《聊齋志異》是尊重女性的」，「《金瓶梅》沒有傳開，不只是因為它的淫穢，主要是它只暴露黑暗，雖然寫得不錯，但人們不愛看。

四、《紅樓夢》與「紅學」研究

讀《紅樓夢》，談「紅學」研究，兩者雖是相承相因，很難予以截然分開，但從文學創作動機與讀者文學欣賞批評雙方面來說，其論述就需要有所區別。

郁丁先生出身鳳山陸軍官校，雖然，其後轉業從事編導電影工作，為何他化那麼大的精力，來研究「紅學」呢？《紅樓夢》一書真實「價值」何在呢？又為何有那麼多人，談紅學，說紅學，從事紅學的研究，而且，彼此意見相左而爭爭吵吵了兩百多年呢？基於「求知」，經筆者從網絡各方搜尋，歸納拾穗所得，書陳如下幾點鄙見，就教於大方。

郁丁的《從》書係屬「紅學」研究，在該著〈前言〉中，就首先指出，在討論續書之前，先應弄明白幾個與原著有關的問題：第一，曹雪芹為什麼要寫《紅樓夢》這部書；第二，曹雪芹寫作的動機是什麼。這兩問題的答案，或可見於作者引曹雪芹所言，「假語村言敷衍出來的。是因為自已曾經經歷過一番夢幻，平生所見過的女子，其行止見識皆出於作者之上，因閨閣中歷歷有人，不忍因已之不肖，而任其泯滅，因而編述一集，以告天下。」曹是為了閨閣中歷歷的幾個人，幾個作者難以忘懷的人，而有此《紅樓夢》集。而且，為寫《紅樓夢》一書，曹雪芹曾在悼紅軒中花費十年功夫增刪五次，直到最後一次，才正式定型。

《紅樓夢》是那一種書，讀者大眾都認之為是「演出這悲金悼玉的《紅樓夢》」,「好似食盡鳥投林，落了片白茫茫大地真乾淨。《紅樓夢》的宏觀題旨，無疑是賈府的整個傾覆，所形成的大悲劇結局。」而其微觀點，應是寶黛釵的三角關係，其中又以寶黛的愛情為主。但紅樓一書，給讀者也帶來兩個閱讀難題：一是後半部失傳，留下了謎霧，待猜覓，被狐疑。二是它的反描法寫作技巧迴異一般作品，使讀者難以適應，捕捉不到作者的真實意圖，從而扭曲書中人物性格，而不自知的。為此，郁丁在其《從》著一書中，從作者特有的寫作手法:「性格反描法」,為讀者加以分析,來解說上述的「疑問」。要如：

「反1描法」是以「社會我」與「真實我」的正反文，來進行人物性格的描寫。「性格反描法」,乃《紅樓夢》創作者的一大發明，此緣於曹雪芹不但未能「學而優則仕」，還揹負著家難，被抄家的惡名，在社會上落落寡歡，個人才情不為社會認可、重視。他為了抗議社會的歧視甚至藐視，故意不修邊幅，蓬首垢面。其本身便是一種自身人格的反描法，因而把真跡隱去，用放浪形骸取而代之。

高鶚續書是受程偉元之托，也是受程偉元之累，原作寫了十年，讀了高的序文，才知道他當時還沒有欣賞文學作品的知識和見解，竟把《紅樓夢》視著稗官野史。高認為稗官野史之流，尚不謬於名教，遂襄其役。但他對《紅樓夢》的文學價值，一無所知，寫這續書，是續他心目中的稗官野史。

曹雪芹原希望他寫的《紅樓夢》的故事，不必為世人稱奇道妙，也不一定要世人喜閱檢讀，「只愿他們當那醉淫飽臥之時，或避世去愁之際，把此一玩，省些壽命筋力就是了」。誰知「把玩」的結果，竟冒出一個紅學來。

對一部作品的研究成為一門專學，世界上並不多見。如果一定找例證的話，只有英國的大戲劇家莎士比亞可與之相匹比。英國有莎氏學，有專門的研究機構，也有莎士比亞研究專刊每年要開規模很大的莎學討論會。和《紅樓夢》研究一樣，莎士比亞研究現下也是公案迭出，漫無頭緒，甚至著作權問題也沒有完全解決，至今有人懷疑世界上是否真有莎士比亞其人，如同曹雪芹的著作權不斷遇到詰難一樣。而且無獨有偶，莎士比亞筆下的劇中人物也有四百多個，與《紅樓夢》裡的人物相彷彿，只不過莎翁筆下的人物分散在三十七個劇本中，《紅樓夢》二部作品裡就有四百多個。莎士比亞研究是世界性的學問，《紅樓夢》研究也在變成世界性的學問。

陳慶浩認為，最早的《紅樓夢》研究是談不上科學的研究。清代的脂硯齋等一批人的批語，只能算是一種文學欣賞、文學批評；這當中也有人去「索隱」《紅樓夢》裡的人、事、物。他們與作者處於同一時代，生活上有來往，也對作者有某種程度的了解；評語中常會提到書的正文和它的修改過程，機緣使得這些批書人，能夠接觸到《紅樓夢》的文本和作者。因此，就歷史資料與作者的寫作企圖來說，他們都比後來的人更清楚些。脂硯齋一班人其實就是最早的紅學家。作者對書中人物有愛，於人生的體察很深刻，像第八回點出寶玉本來是一個紈絝子弟。他也將人物的缺點展示給我們看，如黛玉的尖酸。

在二十世紀三四十年代，甲戌本、己卯本、庚辰本等珍貴鈔本僅在少數研究者和收藏者之間傳閱，絕大多數的專家學者因未能一睹鈔本的真貌而無法在《紅樓夢》版本問題上置喙。一九四九年，周汝昌在《燕京學報》上發表了〈真本石頭記之脂硯齋評〉，開啟了宏觀地、系統地研究《紅樓夢》版本問題的先河。但是遺憾的是，當時除了極少數的研究者（如周汝昌、吳世昌等），大多數的研究者均是孤立地研究《紅樓夢》各鈔本。

而張愛玲所著的《紅樓夢魘》，重點研究了甲戌本、庚辰本和夢稿本的文字早晚及其互相關係，兼及戚序本、甲辰本、舒序本、程甲本等。她以甲戌本的成書過程為經，以各脂本的成書早晚作緯，將版本問題放置于諸脂本中進行探討和研究，從而使其考證擺脫了當時學界普遍存在的單一化、片面化的研究傾向。

由於《紅樓夢》研究，有學術界的人參與，有政治界的人參與，各色人均有，所以「紅學」不僅是學術思潮，也是社會思潮的集中反映。比如說，胡適認為後四十回是高鶚續作的，他就通過比較前八十回與後四十回的差異去證明他的觀點；俞平伯的《紅樓夢辨》、《紅樓夢研究》在這方面也做了很多工作。但是，這種方法能夠證明後四十回與前八十回不是同一個作者，卻不能證明後四十回就是高鶚續作的。胡適把這兩個問題混為一談，就是一種方法上的缺陷。不僅胡適，很多研究者都犯過類似的毛病。現在我們已經大概知道，高鶚之前已有後四十回的稿子，他作過加工，但不能說他就是續書者。今天某些《紅樓夢》印刷品、某些文學史，還繼續將高鶚作為《紅樓夢》後四十回的作者，這是錯誤的。很多人都先持有一個固定觀點，然後去證明它，而不是通過科學的研究，慢慢再歸納、再證明。先入為主的思維方式，不僅對學術，對社會的影響也比較危險的。

五、「紅學」研究的興起及其派別

《紅樓夢》這部作品很偉大，不僅批判了過去的才子佳人小說，它還看到了人物的立體性，也不會一面倒，它能寫出對人物的全面感受，因為人生多面向也多層次。

《紅樓夢》一經問世就引起了文人學士的極大興趣，研究、評論《紅樓夢》開始盛行，點評是研究《紅樓夢》的最早形式，點評者人數眾多，點評者旨趣也不盡相同，其中最重要最神秘的是脂硯齋，其點評已成為《紅樓夢》的一部分，是研究《紅樓夢》不可或缺的極為重要的資料。至光緒年間，關於《紅樓夢》的研究已成為顯學，隨著《紅樓夢》的廣泛流傳，對《紅樓夢》的研究日益發展。「清末的民族主義思潮，激勵著索隱紅學的興盛，五四新文化運動的民族與科學精神，激勵著新紅學的誕生。1954 年由毛澤東親自介入並領導的批俞運動，使得紅學的顯學地位達到空前的顯赫狀態。此後，學者、作家、藝術家、學生乃至普通讀者都以論紅、評紅為時尚」。（陳維昭《紅學通史》）

《紅樓夢》它以一部小說成就了一門學問即「紅學」。研究者從不同角度去研究《紅樓夢》，產生了不同的紅學派別：

蔡元培等索隱派重「本事」，胡適等考證派重「史料」，王國維等評論派重「理論」，張愛玲的興奮點始終在於《紅樓夢》文本本身。這一點與新紅學創始人之一俞平伯非常相似——張愛玲與俞平伯研究《紅樓夢》的出發點和歸宿點均是《紅樓夢》的文本。

1.1 索隱派

1.1.1 順治董鄂妃故事說。以為寶玉即清世祖順治帝，黛玉即是董小宛。

1.1.2 民族主義小說，作者持民族主義甚摯，書中本事，在吊明之亡，揭清之失，主張賈寶玉即為康熙帝廢太子胤礽，金陵十二釵為擬清初江南之名士。書中「紅」字多影「朱」字，「賈」字為斥偽朝。

1.1.3 歷史小說，影康熙諸皇子爭儲說。

1.1.4 明珠家事說。認為《紅樓夢》一書即記故相明珠家事，寶玉即納蘭成德，成德乃康熙朝宰相明珠之子，金陵十二釵，皆納蘭侍衛所奉為上客者也。

1.1.5 金陵張侯家事說。

1.2 考證派：曹雪芹自傳說。胡適《紅樓夢考證》，說《紅樓夢》記的是曹雪芹的自敘傳，賈政即是曹頫，寶玉即是曹雪芹。考證派代表人物還有俞平伯、周汝昌、顧頡剛等。

1.3 新索隱派：文革結束，紅學研究進入一個新的歷史時期，這一時期紅學也呈現出市場化、普及化、大眾化、消費化的特點，各種新舊流派紛紛登場，其中最引人注目、在社會上不時引起轟動效應的是索隱紅學。新索隱派的代表人物是霍國玲和劉心武。索隱紅學與曹學合流成為這一時期索隱紅學的新趨勢。

1.3.1 雍正、曹雪芹、竺香玉故事說。將《紅樓夢》索解為雍正與曹雪芹和香玉三人之間的故事。

1.3.2 曹雪芹家族參與皇權爭鬥說。《劉心武揭秘紅樓夢》索隱出的「本事」則是曹雪芹家族參與康、雍、乾三朝宮廷內部爭奪皇權的故事。

除上述紅學派別外，還有運用西方哲學和文學理論對《紅樓夢》的思想性、藝術性、主題、人物、語言等進行研究者，代表性作品，如王國維的《紅樓夢評論》、李長之的《紅樓夢批判》、李辰冬的《紅樓夢研究》、王昆侖的《紅樓夢人物論》等等。

中國近百年來的學術界，很少有一門學問像《紅樓夢》研究這樣，既吸引大批學有專攻的專家學人，又為一般的讀者和愛好者所傾倒，而且歷久不衰，學術發展過程，大故迭起，雨雨風風，《紅樓夢》裡彷彿裝有整個的中國，每個有文化的中國人都可以從中找到自己。

在 20 世紀紅學研究史上，能夠對一代學人產生深遠影響、改變研究局面和走向者，只有兩個人：胡適和毛澤東。不過兩人的影響方式卻有著很大的差異，前者以學術自身的魅力影響了 1949 年前三十年間的紅學研究，後者則更多的依靠政治力量居於 1949 年後近三十年的主流地位，雖然其中也不乏一些精彩別致、富有魅力的見解。特殊的政治地位和社會影響力使毛澤東對《紅樓夢》的點滴評論跨越學術領域，成為一種具有信仰色彩的公眾經典和權威話語，對此間紅學研究有著十分重要而深刻的影響，大量紅學著述都是基於毛澤東的這些言論而展開話題的，不管這種影響是積極的還是消極的。無疑，探討 1949 年後三十年間的紅學研究，首先要對毛澤東的文學觀及其有關《紅樓夢》的見解有著比較充分的了解，盡管毛澤東一生都沒有寫過專門論述《紅樓夢》的著作或文章，從嚴格意義上講，他並不是一個紅學家。探討毛澤東紅學觀的文章近年來屢見報端，其中不乏一些精彩的論述，但也有不少缺乏歷史依據的溢美之詞。

六、應有的認知

對《紅樓夢》一書，毛澤東沒有作過系統完整的評述，大多為即興發揮式的隻言片語，對《紅樓夢》一書的基本見解，大體上可以將其歸納為如下幾點。

一是其社會歷史的切入角度。他曾明確地說，「對《紅樓夢》，不僅要當作小說看，而且要當作歷史看……《紅樓夢》寫的是很仔細很精細的歷史。」是一部了解中國社會的通俗歷史教科書。「不看《紅樓夢》，就不了解中國的封建社會」。

一是其社會批評的眼光。從社會歷史的角度切入，特別關注作品中的社會文化含量及其與社會現實之間的聯繫。又把《紅樓夢》看做是一部描寫封建大家族衰亡和封建社會階級鬥爭的小說，充分肯定賈寶玉對封建制度的叛逆性格。他說：「《紅樓夢》主要是寫四大家族統治的歷史。」此外，他還特別喜歡《紅樓夢》中林黛玉所說的「不是東風壓倒西風，就是西風壓倒東風」這句話，並多次引用。

角度和眼光不同，對作品的理解自然也就不同，他一反前人的看法，將第四回當做全書的總綱，指出「什麼人都不注意《紅樓夢》的第四回，那是個總綱，從社會歷史的角度切入閱讀《紅樓夢》，著眼於作品不同階層人物的衝突和鬥爭來解讀《紅樓夢》，這是毛澤東的首創。他曾明確指出：「《紅樓夢》寫四大家族，階級鬥爭很激烈，有幾十條人命，而統治者也不過二三十人。講歷史不拿階級鬥爭觀點講就講不通。《紅樓夢》寫出二百多年了，研究紅學的到現在還沒有搞清楚，可見問題之難。」這一見解所包含的閱讀視角和研究方法對 1949 年後近三十年的紅學研究有著十分深遠的影響，成為其間紅學研究的主要模式。

如果僅從學理上來講，毛澤東的紅學見解還是很有特色的，頗有一些他人見不到、想不到之處。但問題的關鍵在於，毛澤東是位對整個社會有著巨大影響力的政治人物，不管是有意還是無意，他未能將僅屬個人的閱讀意見與整個國家的文化政策進行嚴格的區分，對紅學的特殊喜愛、對紅學研究狀況的格外關注不僅沒有促進紅學自身的良性發展，反而構成了對紅學研究的嚴重干擾和阻礙。加之 1949 年後學術研究被納入政府行政控制的範圍，借助強大輿論宣傳工具的造勢，最終形成了個人意見成為官方立場和意志的不正常現象，整個紅學研究就只剩下了一種聲音，成為一言堂，盡管「百花齊放，百家爭鳴」的口號喊過多次，但從未真正落實到實處。這樣，有著合理成分的階級鬥爭說被無限放大，代替其他諸種角度的觀照，其荒謬性也就十分清晰地顯露出來。這種局面也未必是毛氏本人所願意見到的，但當局者迷，它所帶來的教訓也是非常沉重和深刻的。

再者，毛澤東談《紅樓夢》往往是隻言片語，即興之談，具有一定的含糊性，這就給大量的紅學文章以發揮的空間，不過在當時思想高度統一的政治文化環境中，這些發揮是有限度的，出現觀點、用語雷同的現象也是必然，其中不乏牽強附會處。種種主客觀因素的作用，形成了 1954 年的批判俞平伯和 70 年代中全國範圍內的評紅運動，構成了學術史上的奇觀和鬧劇，其結果也是可以想像的，紅學研究因此而喪失自己的品格，成為詮釋官方學術文化政策的一種學術工具。

在紅學研究方面又有一個「另類」是，長期以來，紅學主流意見認為，《紅樓夢》的作者是曹雪芹，後 40 回為續作。廣州青年學者陳林的紅學專著《破譯紅樓時間密碼》首先從「證據法」的角度切入論題，逐條辨析支撐主流意見的材料，有力地反駁了前人的論證，指出主流意見毫無實證，是偽造證據、曲解材料、隱匿材料以及強行論證的結果。

陳林指出，當前「主流紅學」的研究方法嚴重背離了「實事求是」的學術規範，從論據到論點，都已「全面破產」，紅學已淪為「20 世紀中國最大的學術醜聞」。在《破譯紅樓時間密碼》中，陳林提出了一條嶄新的證據，即：現存 120 回《紅樓夢》小說的情節之下，隱藏著一條貫穿始終的從 1706 年到 1724 年的真實年代序列，這個長久而寂寞地潛伏在小說中的「時間密碼」，被天文曆法、八字命理、元旦朝賀、皇家殯葬、黃河決口以及科學考試等情節充分暗示出來，它是全面、準確和徹底解開 200 多年來關於《紅樓夢》所有疑問的關鍵。

陳林指出，驗證這一切並不困難，任何具有大學文化程度和上網能力的紅學愛好者都可以很方便地從互聯網下載合適的萬年歷軟件和八字命理軟件，以及通過檢索《四庫全書》和《清史稿》的電子版本來檢驗作者的論證。通過「還原」小說隱藏的真實年代序列，陳林論證了小說主人公賈寶玉的真實生日，即 1706 年 6 月 8 日。陳林指出，這個生日就是小說原作者的生日。陳林指出該作者就是年僅 9 歲時被康熙皇帝任命為江寧織造、繼任父（曹寅）、兄（曹顒）銜職的曹頫（音義同「俯」），他就是賈寶玉的文學原型。由於從 1706 年到 1724 年的真實年代序列客觀存在於 120 回小說情節之中，因此充分證明現存 120 回小說全部出自曹頫之手。

《破譯紅樓時間密碼》不但論證了小說原作者曹頫確切的生日，而且論證了曹頫就是小說早期抄本上的批語者脂硯齋，死於「甲午人日」（1774 年 2 月 17 日）。也證了賈寶玉「遺腹子」賈桂的生日，即 1725 年 6 月 6 日，這個生日就是曹雪芹的生日，曹雪芹是曹頫之子。陳林肯定了曹雪芹死於「壬午除夕」（1763 年 2 月 4 日）的舊說，但他進一步尖銳地指出，「壬午除夕」已過立春，故曹雪芹實際上死於癸未年年初。正因為如此，標記「壬午」的所謂「曹雪芹墓碑（墓石）」是「彌天大謊」，是「醜陋怪誕的造假」。

七、未來紅學研究者繼續努力的方向

陳慶浩認為，目前《紅樓夢》只有普及本，尚缺乏一具學術性的、好的校勘本。雖然之前像俞平伯先生等都作過，但還是不夠。有志此道者應該繼續，更以它來帶動影響整個中國古代小說的校勘整理工作。《石頭記》脂評研究，是重要的基本工作，它可以突破慣性的歷史框限。只要我們對成書的過程了解愈多，就會愈曉得不宜全用「史傳傳統」的角度來閱讀、詮解小說。直到今天還是有相當多的紅學學者，站在「小說乃補史之闕」的立場，不斷去做落實求真的索隱工作，形成以有限的資料結合大量主觀的讀法，開出各種「龍門紅學」。脂批的相關研究，為的就是貼近文本的內外在世界，儘可能體察作者寫書的原意，唯有在如此細膩的共同基礎上，才有產生意味深遠的對話的可能。

再有周汝昌先生一生致力於《紅樓夢》研究，建立了一個恢弘的紅學體系，其要旨是：紅學研究應該分兩步走，第一步是基礎研究，即廓清《紅樓夢》的版本，考證曹雪芹的家世，甄別脂硯齋的批語，探索曹雪芹原著八十回後的佚稿輪廓，這樣對曹雪芹其人和《紅樓夢》其書的背景情況就有了比較清晰的認識；在此堅實的基礎上，才能昇堂入室，開始第二步，即探討《紅樓夢》的思想、哲學、藝術、審美和文化等「意義」和「美學」，進而才能真正認識到曹雪芹是中華文化史上的「文采風流第一人」，《紅樓夢》是中國文化和文學的「文采風流第一書」，曹雪芹原著和後四十回續書是性質完全不同的「兩種《紅樓夢》」，釐清這「兩種《紅樓夢》」的異同具有深邃的文化、思想、美學意義，紅學研究因此成為「中華文化之學」和「新國學」，《紅樓夢》的閱讀和研究因此不僅僅是「一部小說」的事，而是關係到中華文化精神命脈和中國人心智靈魂層次和水準的事。

晚年周汝昌仍癡戀紅樓，筆耕不輟。周汝昌是著名紅學家、古典文學專家、詩人、書法家。1947 年涉足於紅學研究，成為繼胡適諸先生之後，新中國研究《紅樓夢》的第一人，享譽海內外的考證派主力和集大成者。2012 年 5 月 31 日凌晨 1 點 59 分，「紅樓癡儒」周汝昌辭世，終年 95 歲。他說，我最重要的一點貢獻就在於我研究《紅樓夢》是用「大視野」的眼光和心態對待進行的。大視野相對於小盆景而言，《紅樓夢》不是一個好玩的小玩意兒，它是我們民族文化精華，因為它包含總結了我們民族的文史哲和真善美，是一個前無二列的最美的大整體。我還是沒有高的水平和能力把這個問題講得更好，但我的努力方向卻是如此。

八、跋

個人拜讀郁丁先生的大作後，為進一步想對「紅學」有較多的瞭解，經從網絡各方搜尋有關資訊，有所認知者皆已摘要綴成如上小文。但個人深感那「紅」著中的人、事，對於現代社會很少有嚮往取向的了；關於「紅學」研究者對「紅」推崇備至，認為它是一部中華文化的「大整體」，這不無過於自我溢美之詞了。這不妨將中國四大名著（甚至旁及其他文藝創作），作一比較研究（請參見21的實例暨另一附件《四大名著新評》），當可有所進一步的識見。因而，個人最後認知的是：《紅夢樓》只是一部文學小說，只有從文藝作品的觀點，去鑑賞其所塑造的人物，所敘述的故事，以及寫作技巧與用字遣詞等等藝術之美為已足，不必再浪費精力，去考證，去索隱，去臆測其他無關宏旨的問題；更不應受毛某將「紅學」無限上綱地「政治化」，以達其「與天鬥爭，與地鬥爭，與人鬥爭其樂無窮」，為其「階級鬥爭」找到「例證」的影響，今後依然「推波助瀾」地，再去研究什麼，爭論什麼的了。未知先進專家學者，以為然否？

Chenwu Chu Blog
Friday, September 27, 2013
Posted by Chen W (Frank) Chu at 7:50 PM

漫談文學創作

俗語有言：「富貴如雲煙，文章千秋業。」劉勰在其《文心雕龍》著述中，早就認為文章是「通天道」、「合經典」的。寫文章自是一件不可不慎的大事了。因此寫什麼？如何寫？乃是作者必須考慮的「大前題」。再則，文章是寫他給人看的，作者如何訴諸情感，來取得大眾的「共識」，引起「共鳴」，又取決於作者能否運用文字素材，將事件情境與主題內容適切配合起來，表現出來。

又，眾所週知，「嬉笑怒罵皆文章，人情世故乃學問」。作文題材似乎俯拾皆是，其實不然。此因文學是時代，生活與人性的表現。其構成的要素有四：1.情緒(Emotion)；2.想像(Imagination)；3.思想(Thought)；4.形式(Form)。此四種在創作過程中，乃作者能否寫出「經典之作」的主觀要因。亦即作者對客觀環境產生何樣的「情緒、想像、思想」，從而決定用何種「形式」將之表現出來；亦即決定於作者個人，對客觀環境的「認知」，對人世生活的「感受」；以及從一已學識、經歷的「反省」與「印證」如何而定的。此所以有「偉大時代會蘊育成偉大的作家；偉大的作家可以創作出偉大的作品」，以及「文如其人，其人如文」；或是「文體是人，人是文體」（法，勃封亨德的名言）。尤者，李時勉在《文體明辨》中說：「夫文章之見美於世以其人也，苟非其人，雖美而不傳，反以為病矣。」更著重在作者的人格品德、學識經歷。此因作者從事寫作的「動機」、「靈感」以及「見微知著」、「能近取譬」的才能，都緣由於此的。

再言，文學的形式是有多樣性的。此有詩詞歌賦、經史子集的著述；有風花雪月，史傳政論的文章。在中國文學發展史上，魏晉南北朝先賢劉勰將古今文學概分為：「為情而造文」的「文」，以詩歌為代表；與「為文而造情」的「筆」，以小說為代表，亦即「散文」。「散文」著述，流傳最為廣泛，深遠。早在先秦時代，就為官方「記言」與「記事」的史官所創作，此如《尚書》、《春秋》。此後私人相繼著述，官方的內容就日益淡化了。隨之而多樣化的是散文的形式。凡是無韻文或「律語」（Verse）的文章，皆可歸類於「散文」（Prose），如四書五經，以至檄、碑、誄、序、記、書信等等。它是主要是以「傳遞」作者的某種特定「思想」於眾為目的。其語言文字沒有一定形式，也因「思想」內容之不同，散文可分為五類：1.故事底；2.記述底；3.討論底；4.批評底；5.哲學底。這後者又可分為「諷刺」與「虛構」的兩種形式。

談及修辭，多認為應建立在一種「規範的、雅正的，同時又富於美感的文學準則」。其實可以一言以蔽之曰：「修辭立其誠。」所謂「規範的、雅正的」人皆可以理解，但為何要「富有美感的」呢？此因文學是與繪畫（用線條）、音樂（用韻律）、舞蹈（用肢體語言）等等皆為藝術的一種，只是文學所用的素材（文字）與之不同而已。那麼眾所追求的是何種的「美」？是所謂「充實之謂美」？或是「圓滿之謂美」？其實藝術的「美」是「創造」出來的。加之彼此對「美」的觀念，並無一種永恆的「標準」。此如有「負面」的「美」，所謂「缺陷之美」和「淒涼之美」的。這就涉及「文學與道德」的問題。文學是求美，道德是向善，兩者如何兼得，這就是在中國文學發展史上爭論無已的話題：「文以載道」說，亦即作者寫的都應是「歌功頌德」之類的「正面」文章？也就是「黑暗的」，「負面的」文章可以寫嗎？可以讀嗎？例如寫的是《紅樓夢》，讀的是《金瓶梅》。

這個「問題」要從「作者」與「讀者」兩方面「互動」來說，方可以得到解答：「可以寫，也可以讀」。亦即，作者心中如果沒有「妄念」，而存有「慈悲的心」，當然可以寫的。在讀者方面，如果有「見不賢而內自省也」的修養，當然可以讀的。

所以，「文以載道」僅是作者個人在寫作所應（或不予）考慮的，因為偉大而不朽的作品，是與道德不謀而合的。但文學扯上「政治」問題，那「禍害」可就大了，輕則書被禁，重則「滿門抄斬」！這仍可以「封筆」來避禍。但如有當政者獨夫暴君刻意作「文藝整風」，主動要求所有作者，一律遵從「文藝應為政治服務」，逼迫無恥的「文人」寫出「什麼東西最偉大，什麼傢伙是他的爸媽」，否則，會讓他們自已投河自盡，了此殘生。而且，這種「禍害」並不止於一人一家，整個民族的文學都受其「扭曲」，還談什麼「美」，什麼「善」的問題？這些「鄙見」僅供參考。扯得太遠了，就此打住。有關文學批評與文體鑑賞，擇機再談。

2009.03.12，于紐約市

（2014.10.01 承刊載於《廣東文獻》季刊）

洛克，爸爸想你！——追思乖兒子「走」了廿多年的獨白

「乖兒子，爸爸喜歡你。」這是在廿多年前，爸爸送你「走」時，在車上抱著你，送你去上州的「家」(Hartsdale Canine Cemetery)，就這樣一直叫呼著你的。你能不能聽到？記到嗎？再如將你生前和我們生活在一起的十多年，加起來共卅多年這期間，爸爸一直喜歡你，在想念著你的。你知道不？

洛克(Luke)，我的乖兒子，你知道嗎？那天(1983 年 7 月 2 日)，爸爸在紐約 ASPA 的欄栓裡，第一眼看到是，你躺在一個水盆前面，看到了我，突然掙著站了起來，還對我叫了一聲。那時，你雖然瘦骨嶙峋，但掩不住你那份雄偉英俊的氣勢，我就喜歡上你了。我也不聽管理人員的意見，說你已 4 歲了，不如領她喜愛的僅有 2 歲的與你同種的「孩子」，我毫不猶豫地去辦公室辦手續，將你領養來家，直至 1993 年 10 月 23 日，你「走」的那天為止，在那 10 年期間，與我形影不離，與我親親熱熱，你成為爸爸的最愛，是爸爸最乖的兒子。現在，你「走」了已逾 20 年了，在這前後 30 多年期間，爸爸一直喜歡你，永遠想念著念你！

爸爸領養你是因為需要你。那時，爸爸是年逾不惑的「老童生」，學業結束後，工作難覓；你媽媽也未找到她的專業工作，你哥、姊已上中學了。一家生活清苦，爸爸「被逼」得「棄筆從商」，盤了個從未想到，而且毫無認知的酒莊，打算做個小奸商來了。由於安保起見，而東挑西選地將你領養來家，真要謝謝上帝的是竟將你賜予給我。你不僅是爸爸的乖兒子，而且也是爸爸經營酒莊最得

力的助手；你有當之無愧的兩個「頭銜」：一是「安保主任」，另是「公關主任」。

這因為，酒莊的顧客是形形色色的，尤其在治安不好的地段，「安保」更是個大問題。在我店堂裡，有我乖兒子坐在那，真是鎮懾得「平平安安」。有次，發覺顧客偷了兩大瓶酒放在懷裡逃跑，我叫你去追，那小偷嚇得在途中拋下這兩瓶酒，疾奔而去。又一次，每天下午三點左右，附近一所初中生放學回家，經過我店門時，常有三、五個學生，總要來胡鬧一番，不是對門裡大叫一聲，就是扔塊石子，甚至放個鞭炮進來，真惱人的。有天，算準時間，當他／她們來時，將打開店門欲扔東西時，爸爸就叫你去追趕他／她們，將這些小搗蛋們嚇得飛奔而去，爬到路邊的車頂上大叫「救命」。過路的人們看得開懷大笑。自後，他／她們再也不敢來搗蛋了。

你長得是人見人愛，而且善解人意。有顧客來買酒，凡是你感知、認識到他／她們是和我們很友善的顧客朋友，你總會上前去「迎親」一番。有好多顧客一進門，有的還帶來一些餅干、玩具等等給你，總要問問找找你洛克在哪裡？我將你相片放在櫃窗裡，上面寫著「我是老闆」(I am the Boss)，人們總要駐足看看。我帶你在街上散步，人們常問我說「你是洛克酒莊的？」你真是成了我們的「親善大使」，爸爸怎能不賦予你，一個「公關主任」的頭銜呢？

乖兒子，你就這樣和我們一起，慘淡經營，在清苦中掙扎成長過來的。在 1987 年，我們搬遷到較寬大的新屋去，最興奮的就是你了。尚未進門，你就在門前台階，先跑上跳下來回七八次呢！但當我們生活漸有好轉後，你竟然因患了爸爸不能救治的，你那先天性的腿疾而去了！爸爸怎能不懷有一份歉疚而常日想念著你呢？

你雄偉健美，英姿勃勃，路人見你總要對你讚賞一番的。有天早晨，我帶你在人行道上蹓躂，忽然對街有人對我「喂，喂」的呼叫，我回頭見到有一老外在招手，問我，你幾歲了？可不可以和他的「寶貝女兒」交配？我說不，他又急急地說，我會給你這個的，他用大姆指和食指在不斷磨擦著（錢）。我仍搖搖頭走了，這因為在 ASPA 依規，已將你「去勢」了。現在想想，還真懊悔呢！否則的話，你如能留個「孩子」，讓爸爸有機會去撫愛一番，那是多麼安愉的事呀！

說你「善解人意」，那確是如此。你對家中每個人的一舉一動，都瞭解得很。早晨，你媽媽去工作，你哥姊上學，你都會看著他們出門。我早去店，晚回家，當我打開車門，不用我叫，你就會自動跳上車，坐在我後面；我開、關店門，你總會坐在我身旁看著。你對哥姊雙方都聽他們的話，要你「咬」誰，你就向誰叫，討他們的喜歡。但哥姊倆有誰先向誰舉手要「打」誰，你就「咬」誰。但我和你媽媽有「爭執」時，我要你「咬」她，你就向媽媽大叫；媽媽要你咬我，你就是不理。媽媽舉手要打你，你就閉上眼，低下頭，等媽媽來打你。媽見狀總是將手放下，而你有時還會用頭在媽媽身上擦碰一下，真讓人窩心的！

乖兒子，你還記得嗎？最初，你來家以後，你媽媽與哥姊都喜歡不迭，第一件大事，就是凡你能吃的都多多的給你吃，讓你漸漸長得肥胖起來。你也一天比一天的頑皮起來了。走在路上，見到什麼都要過去聞聞碰碰，甚至聽到人家窗戶裡有你同類的叫聲，你總要站起，爬到窗戶上向內看看，也回叫幾聲。在路上有同類經遇，那更是不放過的，總要奔去想「親近」一番。也因為這樣，有次你姊姊帶你外出蹓躂去，在路上見到你的同類，你突然一個箭步猛撲過去，將你姊姊跌個四腳朝天，臀部跌得又青又紫，痛了好多天，從此，你姊姊再也不帶你外出蹓躂了。現在說起來，爸爸真想將你摟著，也要狠狠地打你屁股的。

你和爸爸親親愛愛，那更是數說不盡的。初進家門，要你睡在客廳裡。我書桌放在臥室內，你總要避開媽媽的眼光，偷偷地蜷伏在我桌底下，我將腳放在你肚子上，暖呼呼的，一直到我就寢你才到客廳去睡。第二天一早，你必到我床邊，舌頭伸得長長的對我哈著，哈著。以後，我們搬到上下兩層的新屋去，你依然這樣，晚上，你陪我上樓在床邊坐一會兒，再下樓去睡。第二天一早，又上樓到我床邊哈著，哈著，看我起床；除了腿痛以後，你是十年如一日。平常，我走到哪裡，你就跟到哪裡。到公園去，要你獨自跑遠一點玩去，你不，你總是坐在我身邊。你坐在什麼地方，必定是在要能看得到我的位置。聽不到我的聲音，看不到我的身影，總會急急地叫！只要我叫聲「狗兒子」，你第一個就撲到我身上。我說，叫的是你哥哥，你仍然懶著不走。說來，你真是夠纏人的呢。

正因為你終日膩著，纏著，從你來家八年了，所有需要在外過宿的旅行，我們都不去了。一直到 1991 年吧，我們酒莊搬遷到新址安定下來，你哥哥也大學畢業了，在暑假期間還沒進研究所，由他約了個同學替我們看店，能讓我和你媽媽一同去歐洲，作十六天的旅遊。一上了旅途，我所思所想的就只有你這乖兒子。當晚一到倫敦，我打長途話來，要你哥哥叫你來聽電話，我叫你乖兒子，說爸爸喜歡你，爸爸想你。我似乎聽到你「哼」了兩聲。次日，我再打電話要你來聽，你哥哥不讓我和你講。等我們旅行回來後，你哥哥才告訴我原因是，那天你聽到我電話的當晚，就坐在那兒呆呆的望著，不肯回家；回家後也不肯外出方便後睡覺。甚至將排泄物拉在地毯上。你哥哥氣得曾狠狠地揍了你一頓。讓我聽得心酸不已！

我們從歐洲回來後，你的神情似乎很歡愉。但從次（第九）年起，你後腿疼痛得讓你走起路來，就越走越慢，健康就每況愈下了。每天上下車，總要我用力抱扶著你才行。繼之，你消瘦得讓你失去了雄偉英俊的氣勢。我們為你設法找針疚醫生診治未果；給你吃鈣片、酵母片、關節劑 (Move Free) 等等，藥效甚微。不久，你哥哥告訴我說，經常聽到你睡在樓下，入夜叫痛的聲音。每天早上，你必上樓來見我，但爬不上來，有時會跌滾下去，要我也睡到樓下，以免去你爬樓梯的痛苦。最後，你走路維艱，也無法蹲下大便，每夜，我用塑膠袋將你臀部包起來，有時，第二天一早竟看到裡面，有你的排泄物。有天早晨，你哥哥大聲叫我說，洛克爬不上樓梯，要跌滾下去了！我跳下床，一到樓梯口，就果真眼睜睜地看到你，前腿一鬆，叫了一聲，就跌跌滾滾到樓下去了！我奔下樓，抱住你一句話也說不出來！乖兒子啊，爸爸看到你這麼痛苦，可憐！為你多難受，多傷心啊！爸爸實在不忍心再重說這些令人痛徹肺腑的事了，只是想想人世間最痛苦的「生離死別」，就如此無奈地，如此無常地所造成的嗎?!

乖兒子，爸爸要告訴你的是，我們生活在一起雖然僅是短短的十年十個月，但在爸爸心中，你給我們的至親至情的愛，確是沒世難忘的。你知道嗎，你來家以後，有天你哥姊坐在我對面，看他們長大了，想起他們在二、三歲時，常分坐在我左右腿上的時候，我問他們「誰是爸爸的心肝？誰是爸爸的寶貝？」他們都搶著說「我是心肝」、「我是寶貝」。於是，我問他們，「誰是爸爸的心肝，誰是爸爸的寶貝？」你哥姊倆都抿嘴不答。再問，他倆竟同聲地回說：「洛克是你的心肝，寶貝。」又，我問你媽媽，在這世上，「我的最愛是誰？」妳媽媽不答。我就告訴她，「我的最愛不是妳」，而是「你乖兒子洛克」。妳媽媽無言以對。今天，在你與我們一起生活 10 年後，又「走」了 20 多年，爸爸對你說了這些永難忘懷的老故事，都是因為你是爸爸的：乖兒子，爸爸喜歡你，爸爸想念著你。

（註：詳見書後相資 033、034）

2014.10.17，於紐約市

老兵說我不該參加國府抗日的 e 函復文

諸位教座親友們：

大家好，大家安好。

昨日與親友聚會，有長者丁老詢及葉公超先生的往事，當時不克道說其要，而允予將我於 20 多年前，為葉公所撰拙文〈望雲天念故人〉e 函給丁老參閱。回舍間後搜尋舊作之餘，觀看友人 e 來的影頻《太平輪，亂世浮生》，雖然今午僅能看完上集（下集搜尋不到），讓我追憶起：童年時期所目睹的中共在我們家鄉「清算鬥爭」，在一個寒冬的午夜將僅有兩千餘戶的小鎮付之一炬，63 名善霸惡霸，或活埋，或淹死；因徐蚌會戰失利，國軍從縣城撤走，早晨開門上學時，我母強制我帶著書包逃亡去；1949 年隨流亡學校從上海乘大江輪來台時，那種「生離死別」的情景，而痛數「蒼天不仁」（其後，在報端見及龍應台發表大作《大江大海 1949》時，曾為《世周》寫了一份拙文〈1949 罪在何方?!〉）。現在，又在網絡上看到學海大兄 e 來的這份〈老兵：我不該參加國軍抗日〉影像資訊，讓我為這些參加國軍浴血抗日，而劫後餘生的老兵們同聲哭泣不已！也讓我想到日前所看的網文〈你們有何資格來紀念南京大屠殺〉，而表示中共當政者不僅沒有資格來紀念南京大屠殺，也沒資格談中國對日抗戰，更沒資格污蔑辛亥革命，竟有二、三位「世知」表示，中共既往的「錯誤」不必追究，更不應讓後人為之負責。而認為海峽兩岸三地的中國人都有資格來紀念南京大屠殺。讓我不得不在此再表示些許意見。

1.這最後一句話的的確確是對的。生為中國人不仇恨日本鬼子決不是人。但今日的中共當政者談到這些國仇家恨的，大是大非的事，就必須：

1.1.釐清歷史真相。例如今日還能說中國對日抗戰是中共八路軍用小米步槍打贏的？紀念七七抗戰，眾多犧牲的抗日英雄事蹟怎能付之闕如？

1.2.「放下屠刀」，方能立地成佛。亦即中共紅二代的當政者必須與「馬列主義」、「毛魔思想」切割；還政於民，落實政改。

1.3.更不應對外「耀武揚威」，來激發起人們與生俱有的戀鄉愛國的民族主義情操，以爭取民心，穩固其「一黨專政」的正當性、適法性。

2.對於被毛共暴政受害者，如這些老兵，必須追溯補償；六四犧牲者予以平反等等。

3.善待小民，真正做到「為人民服務」。應將所侵奪於民的在國內外近兩百萬個億的資產，多多用於社會福利。

4.尚有諸多建議意見，不及細數，僅檢附有關六份舊文，敬請諸位公知先進學者們，設如有便，不妨從字裡行間去參考研究，有得，尚盼不吝教言。

論證影片：https://youtu.be/kzo6TZGZGGQ

止戈 拜

2015.1.3

結語

由於縱觀各方情勢發展的結果，追根溯源，筆者竟覺悟到中華民族，近百年來其所承受的一切艱困與禍亂；中華民國既往，因為美國懼共、恐共而聯共所「拋棄」。現今，又為中華民國的領土，台灣及其所屬島嶼，特別是太平島，地緣戰略地位極其重要，美國與中共談判又可能將之作為「籌碼」；甚至今日，自由世界與共產國際相互激盪，在西歐、在東亞，圍共、堵共的戰火，很可能「擦槍走火，一觸即發」等等，諸般史實佐證，情勢發展所知，確確實實，都是肇因於共產第三國際，及其支部毛共所造成所加予的。

因以，筆者撰述的主題，轉而對中國大陸中共，打了江山，要坐穩江山，種種情勢的發展，諸如為沖淡六四悲情，而群起爭論政治體制的改革；為參加 WTO 被逼得國企改革；因改革開放施行城鄉二元制，而造成「三農問題」的大災害；也因耕者無分寸土地所有權，國企壟斷市場與民爭利，而不能取得「完全市場經濟地位」，讓中國大陸不能順利發展經貿；以及創設亞投行，要落實在大多政情不穩定，經濟尚較落後地帶，所開闢的「一帶一路」，能由此如所期望的成功「走出去」？甚難逆料等等，皆予莫大的關注。甚以，對於中共一黨專政，黨大於法，以民為芻狗；與美為敵，掀起四海翻騰的戰亂，多不予苟同，而對之皆有所善意的檢討與掏誠的建言。雖然如此，但有兩方面必須擁戴中共，寄望於中共的是：其一，有中共的「武統」，可以阻絕台獨鼠輩們篡奪去中國固有的領土，台灣。其二，有中共的改革開放，能和平轉變，中華民族當有真正復興的希望。

論及當前所面臨的情勢，中共如何由和平轉變而崛起，讓全中華民族同胞，皆能同臻衽席？筆者確切認為，僅憑藉「一個中國」原則，自認中華民國已經滅亡；自訂「反分裂國家法」，來消滅台獨取得台灣；用能衝出島鍊，成為海洋大國，以實現「中國夢」，那是不切實際，是不可靠的。想中共得到美國奧援，方能進入聯合國，取得中國代表權席位，總攬去中華民國犧牲奮鬥所創建的所有功蹟與榮耀；與美關係正常化簽訂條約，而取得美國認知「一個中國」的原則。有所謂「趙孟之所貴，趙孟能賤之」。中共應警覺到「奧援」可予可斷；「條約」可訂可廢。中共必須確認中華民國憲政傳承的法統地位；維護中華民國主權在民的共和政治體制，方能真正成為如胡錦濤先生所稱說的，中國共產黨是孫中山先生國民革命的繼承者；對川普總統先生所應的「尊重我們的一個中國政策」，只能順勢而為，切不可囂張，而惡言相向，而反友為敵。質言之，只有中共落實政治體制的改革，兩岸方能和平統一；惟賴中共與毛切割，讓世人可以祛除恐共懼共的意識型態；只有中共遠俄親美，與民主先進國家，共盡文國之義務，則世界和平，殆有可期。

附註：朱承武在台出版的著作

《管理之鑰》，中華民國企業經理協進會，台北，民 62 年。

《獎勵建議制度》，正中書局，台北，民 65 年。

《現代管理科學》（大學用書），台灣學生書局，台北，民 74 年三版。

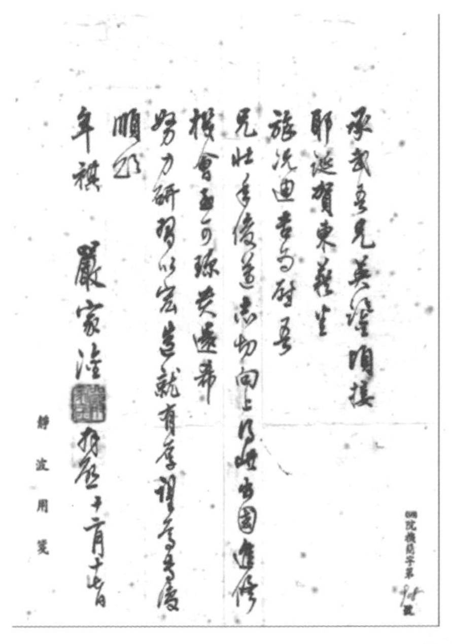

承武吾兄英鑒 頃接
郵遞賀柬藉悉
旅況迪吉為慰 吾
兄壯年俊逸志切向上乃赴英國進修
機會至為珍貴還希
努力研習以宏造就有厚望焉專復
順頌
年祺 嚴家淦 拜啟 十二月十七日

靜波用箋

001_上：嚴家淦先生賜函囑筆者在英努力進修。

002_下：1971 年筆者於美國文官委員會。

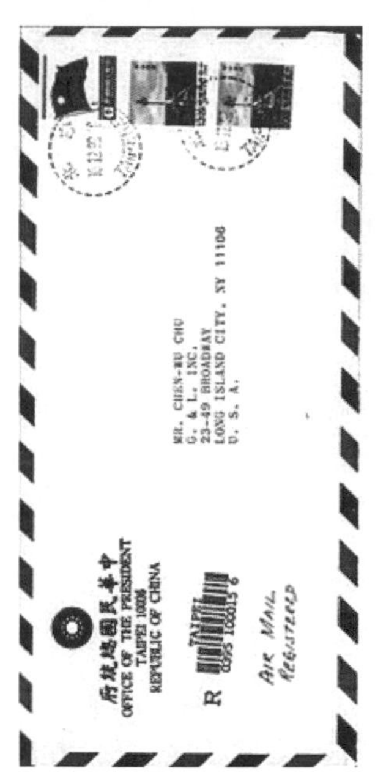

中華民國總統府
OFFICE OF THE PRESIDENT
TAIPEI 10036
REPUBLIC OF CHINA
MR. CHEN-WU CHU
G. & L. INC.
23-49 BROADWAY
LONG ISLAND CITY, NY 11106
U. S. A.
AIR MAIL
REGISTERED

承武吾兄大鑒：睽違多載，時深繫念。頃獲十一月二十四日
手書，藉悉近況，無任欣慰！大作「槍桿乎？選票乎？」一文已
奉悉，
讜論藎忱，曷勝欽佩。耑誠復謝，順頌
譔祺，并祝
歲釐

弟 蔣彥士

八十一年十二月十四日

彥士用箋

003：時任總統府秘書長蔣彥士先生的覆函

簽呈 於行政院

查我國為力求擴大國際關係，俾與共匪節節展開鬥爭，對於若干以國家
及地區為產生代表之單位而組織之國際會議，可以「台灣」字樣，派遣代
表，爭取參加，前經於十一月十八日簽奉
核可並奉批：不得用台灣政府字樣在案。茲為積極建立海外機構之主
在國際會議席上廣泛展開政治鬥爭，復經公超主持之小組於十一月廿
八日舉行第十六次會議時，反復研討，認為以在無邦交地區偏不便使用正
式國號，可使用「台灣」字樣，以及在國際會議中，可不反對他人稱
我為 FREE China，China (Nationalist)，或 China (Taiwan)。
以上二項是否可行，理合簽請
核示祇遵。

謹呈

院長

副院長 經國

葉公超 十一卅

行政院

T4 (193×273) 公厘

004 由葉公超先生所簽，有蔣經國先生批示的簽呈印本

中華民國香港之友會先後派員來紐約分會訪問。

005_上：1987 年台北總會高大使與紐約分會叢甦、朱承武合影。

006_下：1992 年台北總會張希哲先生與紐約分會成員聚會午宴。

前排左起：叢甦、張希哲、熊玠。後排左起：朱承武、劉志同、唐德剛、以及紐約市大兩位學人暨周鉅原教授。

007：筆者與教友們於伊斯坦堡

008_上：筆者於耶路撒冷

009_下：在以色列 Tel Aviv 與季大使詣聲夫婦合影

010：中華民國留英同學會於六十二（1973）年九月二日在再保大樓歡迎英國里茲大學瓊斯教授茶會。

葉公超博士致詞。右起：劉文騰、宋長志、曾約農、曾寶蓀、英國里大瓊斯教授、主席杭立武、許雨階、葉公超

011：中華民國留英同學會於六十二（1973）年九月二日在再保大樓歡迎英國里茲大學瓊斯教授茶會，瓊斯教授答葉公超博士致詞。

012_上：筆者於機場送瓊斯教授返英

013_下：理茲大學校友在台北

014《中央日報》已停刊

015　中央日報舊照

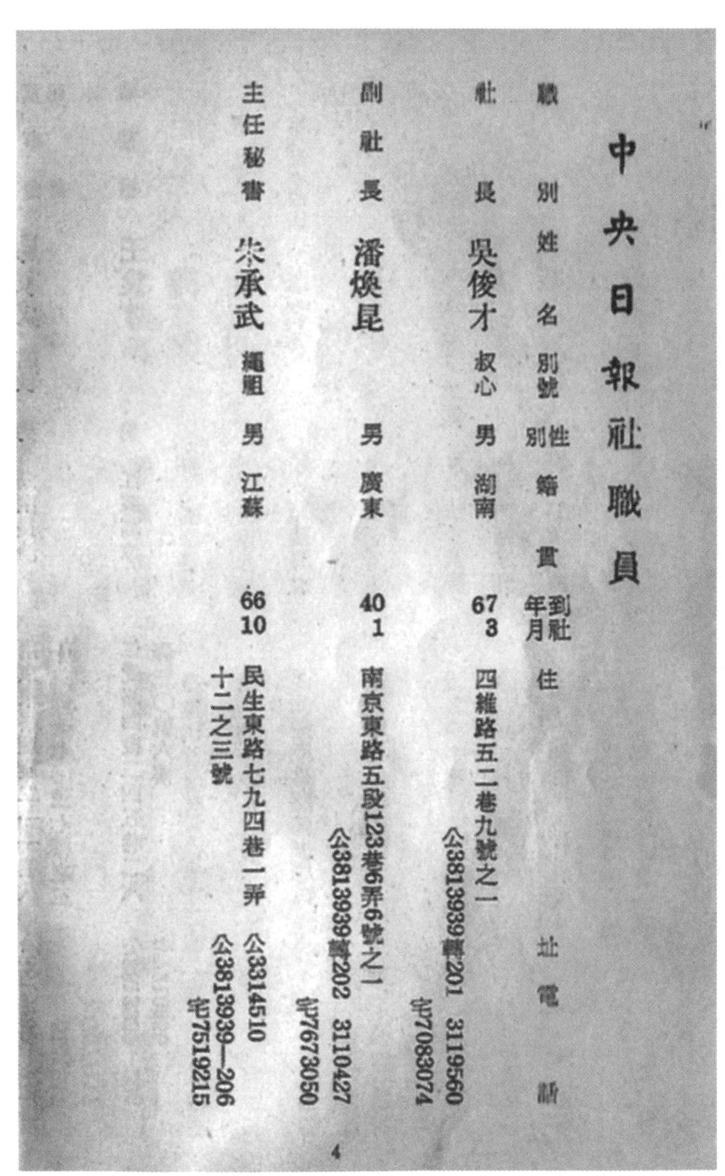

中央日報社職員

職別	姓名	別號	性別	籍貫	到社年月	住址	電話
社長	吳俊才	叔心	男	湖南	67 3	四維路五二巷九號之一	公3813939轉201 3119560 宅7083074
副社長	潘煥昆		男	廣東	40 1	南京東路五段123巷6弄6號之1	公3813939轉202 3110427 宅7673050
主任秘書	朱承武	繩祖	男	江蘇	66 10	民生東路七九四巷一弄十二之三號	公3314510 公3813939—206 宅7519215

4

016 中央日報職員列表

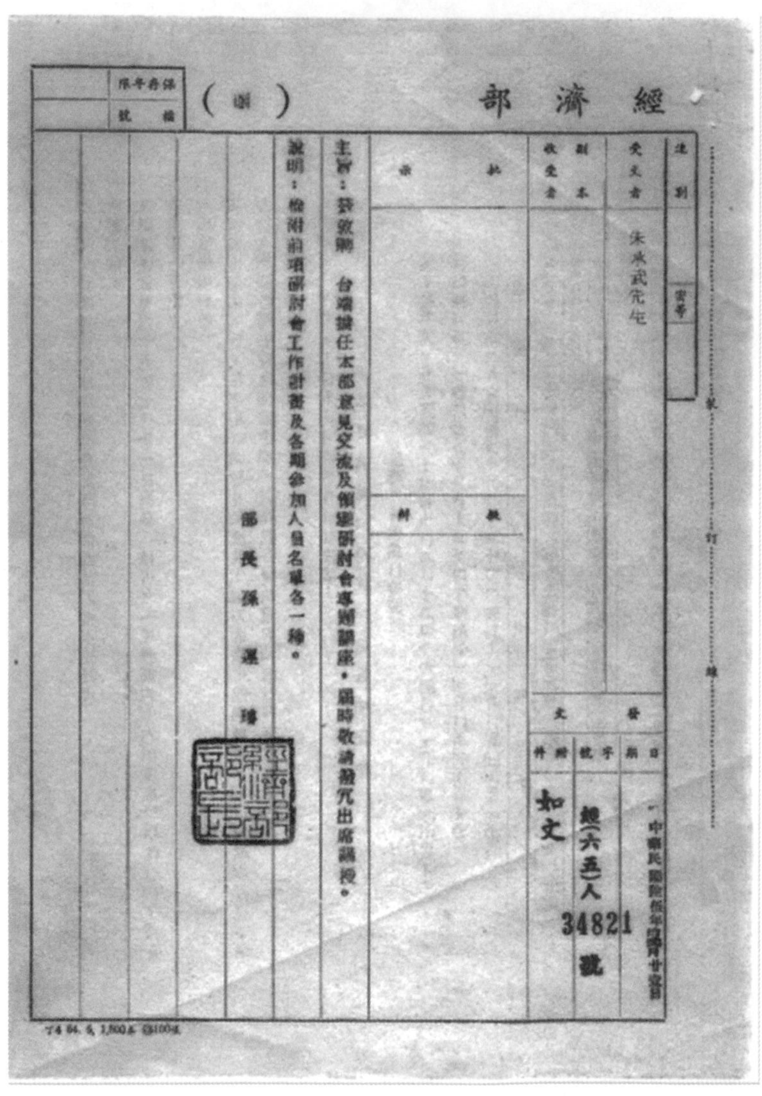

經濟部（函）

受文者：朱永武先生

主旨：茲敦聘 台端擔任本部意見交流及領袖研討會專題講座，屆時敬請撥冗出席講授。

說明：檢附前項研討會工作計畫及各期參加人員名單各一份。

部長 孫運璿

發文日期：中華民國陸拾伍年[illegible]月廿[illegible]日

發文字號：經（六五）人34821號

附件：如文

017　研討會邀請函

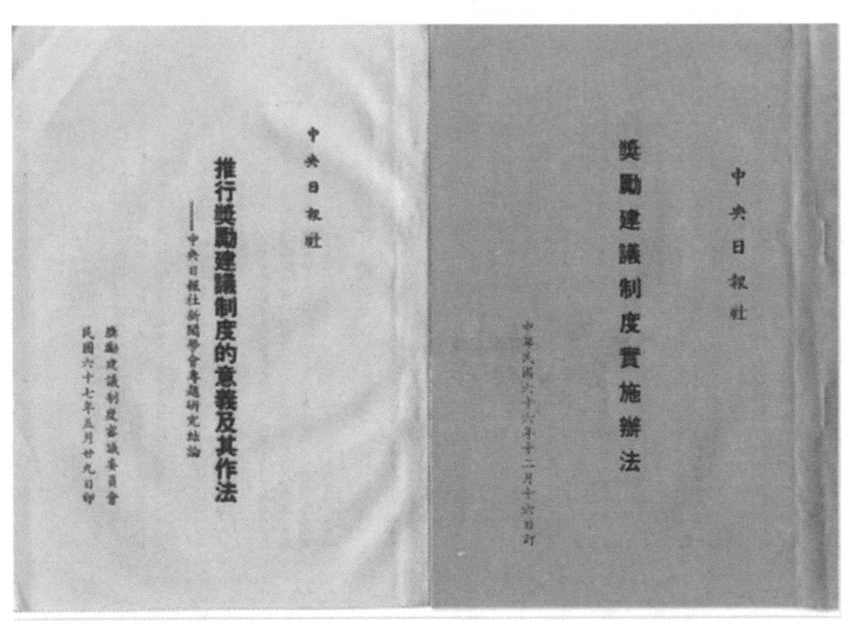

018 獎勵建議制度文件封面

（附件一）

中央日報社股份有限公司

獎勵建議制度建議書

收件日期	年　月　日　時	提案編號	

建議主旨：

現行辦法：

建議改進或創新辦法：

本案採行後可能利益之分析

以上三欄如不敷應用，請以另紙續寫，或附圖表說明，均請摺附於後。

核示	年　月　日	擬辦	年　月　日

收件日期	年　月　日　時	提案編號	

建議主旨

建議人姓名　　職務　　服務單位

通訊地址　　電話

建議日期　年　月　日　時　　簽名

同志：貴同志所提　　建議案，已於　月　日收到，該案編號為　　，今後如有詢問本項建議時，請書明本案編號以便查復，謹此致謝，並祝成功

啓　年　月　日

019 中央日報獎懲建議制度建議書附件一

（附件二）

中央日報社股份有限公司

建議案調查審議報告書

提案編號			交辦日期	
附　　件			承 辦 人	

建議主旨

調查重點及其經過

調查審議結論

1. □ 採納實施　　2. □ 修正採納　　3. □ 將來採納
4. □ 留供參考　　5. □ 不予採納　　6. □________

承辦人
蓋　章　　　　年　月　日

審議會複議結果
1. □ 採納______　　2. □ 不採行　　3. □________
執行單位________

對建議人資格審定結果
1. □ 給獎______　　2. □ 不給獎(列入人事紀錄)　　3. □________
議定獎金額數________

審議日期________　　主任委員蓋章________　　年　月　日

核定

年　月　日

020 中央日報獎懲建議制度建議書附件二

021、022 追思周孝友將軍立己立人的二三事

023 追思周孝友將軍立己立人的二三事

024：1971 年里茲大學(Leeds) 獨唱

025、026 我們中華民國青天白日滿地紅的國旗，依然飄揚在 UN 大廈與 IMF 總部

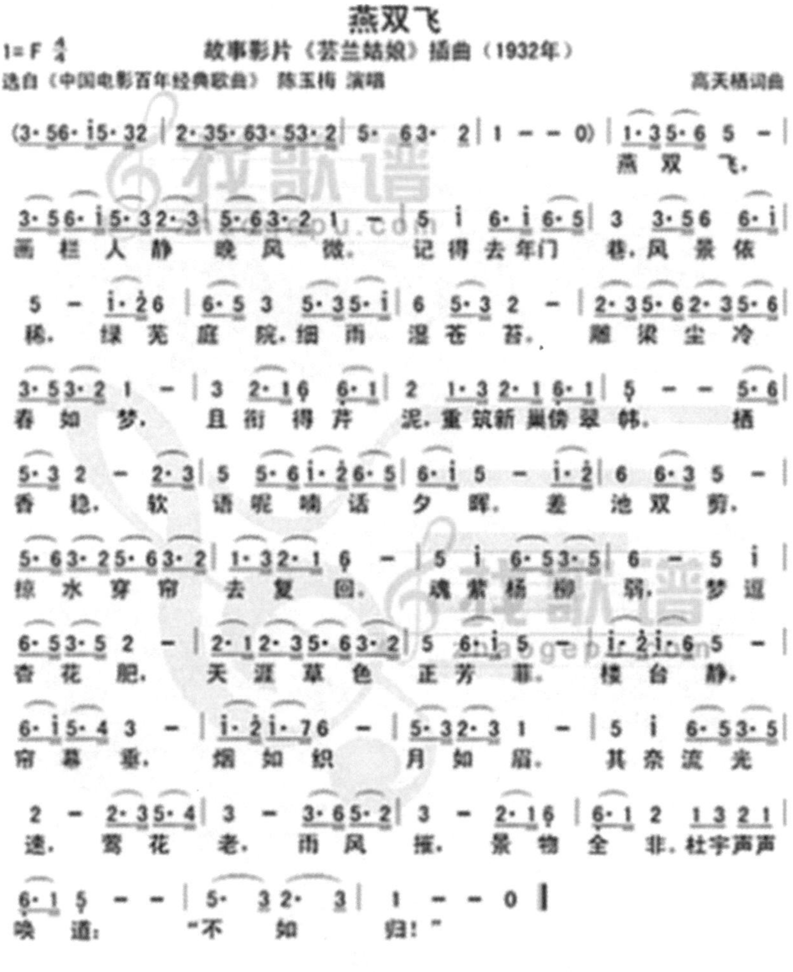

燕双飞

1=F 4/4　　故事影片《芸兰姑娘》插曲（1932年）

选自《中国电影百年经典歌曲》 陈玉梅 演唱　　高天栖词曲

燕双飞。
画栏人静晚风微。记得去年门巷，风景依稀。绿芜庭院，细雨湿苍苔。雕梁尘冷春如梦。且衔得芹泥，重筑新巢傍翠帏。栖香稳，软语呢喃话夕晖。差池双剪，掠水穿帘去复回。魂萦杨柳弱，梦逗杏花肥。天涯草色正芳菲。楼台静，帘幕垂。烟如织，月如眉。其奈流光速，莺花老，雨风摧，景物全非。杜宇声声唤道："不如归！"

027　《燕雙飛》詞曲的簡譜

028_上：五十萬大軍

029_下：父子同樂

030 我去了時報廣場迎新歲

承武老兄
淑華夫人 儷鑒：

大函早經拜悉，以接任伊始，出席紛繁，而
華函又不便給予秘書代復，致稽延時日，請諒。承
示各點甚有所見，當於適當時機與院內部之
需修缺失之檢討，尤其對於方針之調查部分，而監察委
員依法獨立行使職權，每人一山頭，各要各自為政，都是
法官閣，至其審案結果，院長不能更改一字，更不能表示
意見，但必須在文件上簽字，表示負責，僅會於此，鑒原
當盡力而為，以不負　雅望。專此致謝，即頌
儷安

弟　王作榮拜啟　一九九八.九.廿

台北市光復南路一一六巷二二號六樓用箋

96-1-20

031 對王作公領導監察院建議書

032 掃興之旅

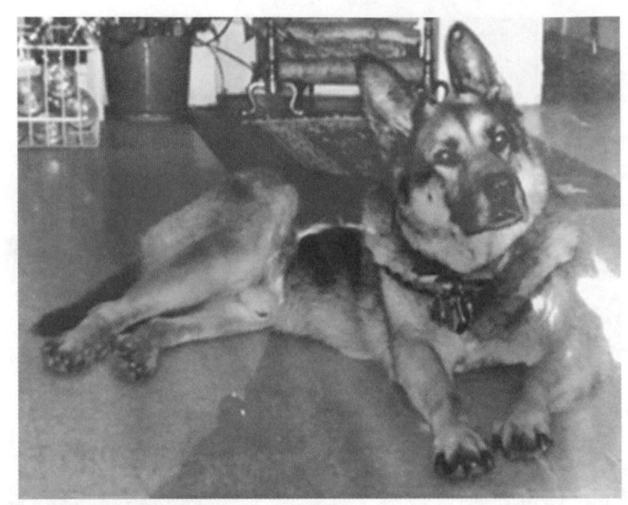

033、034 洛克，爸爸想你

國家圖書館出版品預行編目資料

浮生微言錄：從公聞政，所思所念／朱承武著.
--初版.--臺中市：白象文化，2020.09
面； 公分
ISBN 978-986-358-995-2（平裝）
1.言論集
078 109003124

浮生微言錄：
從公聞政，所思所念

作　　者　朱承武
作者信箱　leedschu@gmail.com
專案主編　林榮威
校　　對　林金郎
出版編印　吳適意、林榮威、林孟侃、陳逸儒、黃麗穎
設計創意　張禮南、何佳諠
經銷推廣　李莉吟、莊博亞、劉育姍、李如玉
經紀企劃　張輝潭、洪怡欣、徐錦淳、黃姿虹
營運管理　林金郎、曾千熏
發 行 人　張輝潭
出版發行　白象文化事業有限公司
412台中市大里區科技路1號8樓之2（台中軟體園區）
出版專線：（04）2496-5995　傳真：（04）2496-9901
401台中市東區和平街228巷44號（經銷部）
購書專線：（04）2220-8589　傳真：（04）2220-8505
印　　刷　基盛印刷工場
初版一刷　2020 年 9 月
定　　價　1000 元